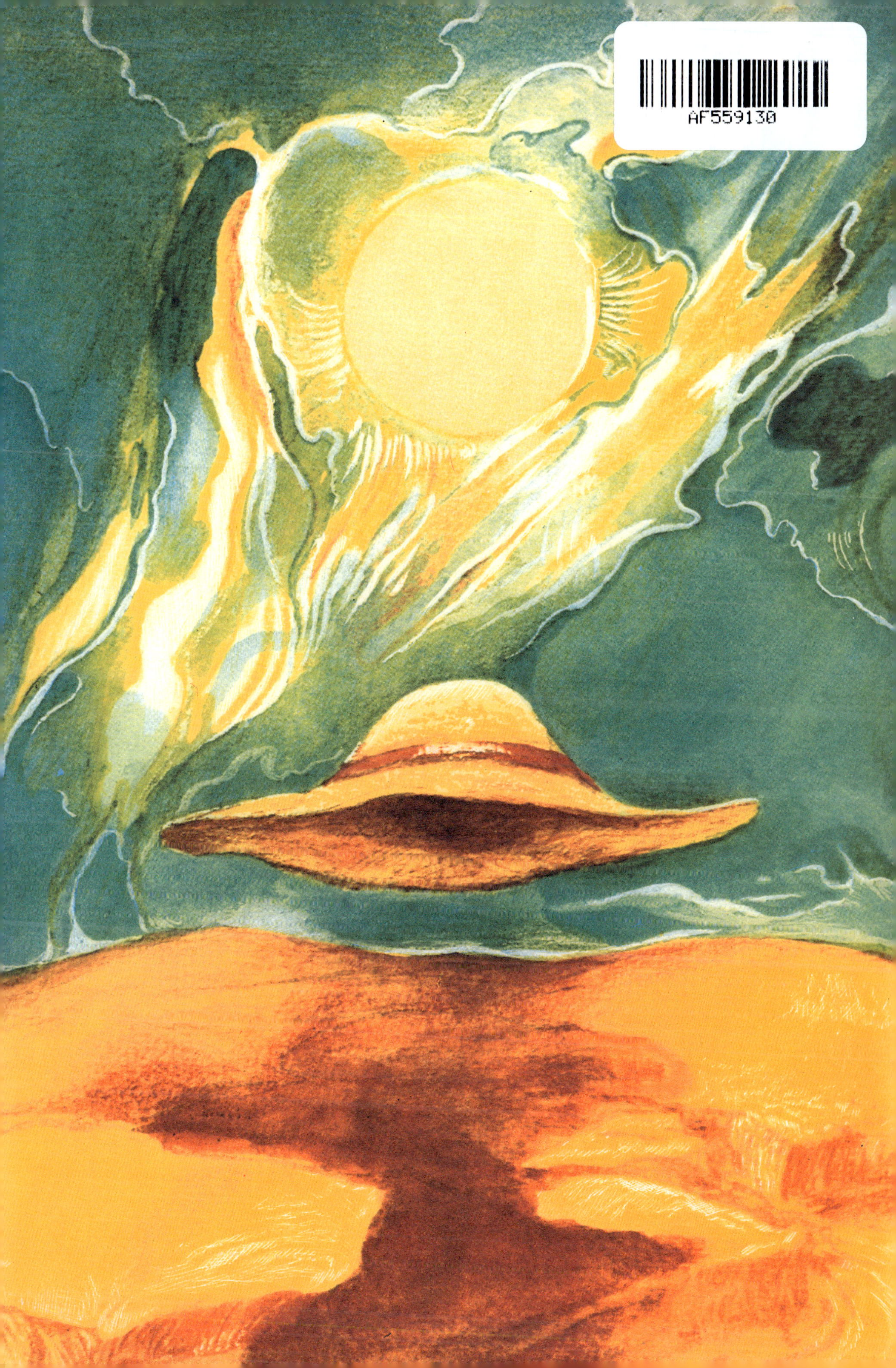

Deutsche Volkslieder für Singstimme und Gitarre

Deutsche Volkslieder

für Singstimme und Gitarre

Herausgegeben von Bernd Pachnicke
Gitarrensätze: Adalbert Quadt
Illustrationen: Heinz Zander

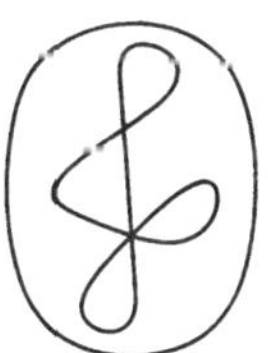

VERLAG NEUE MUSIK BERLIN · NM 332

Höre fleißig
auf alle Volkslieder;
sie sind eine Fundgrube
der schönsten Melodien
und öffnen dir den Blick
in den Charakter
der verschiedenen Nationen

Robert Schumann

Für Annchen und Nele

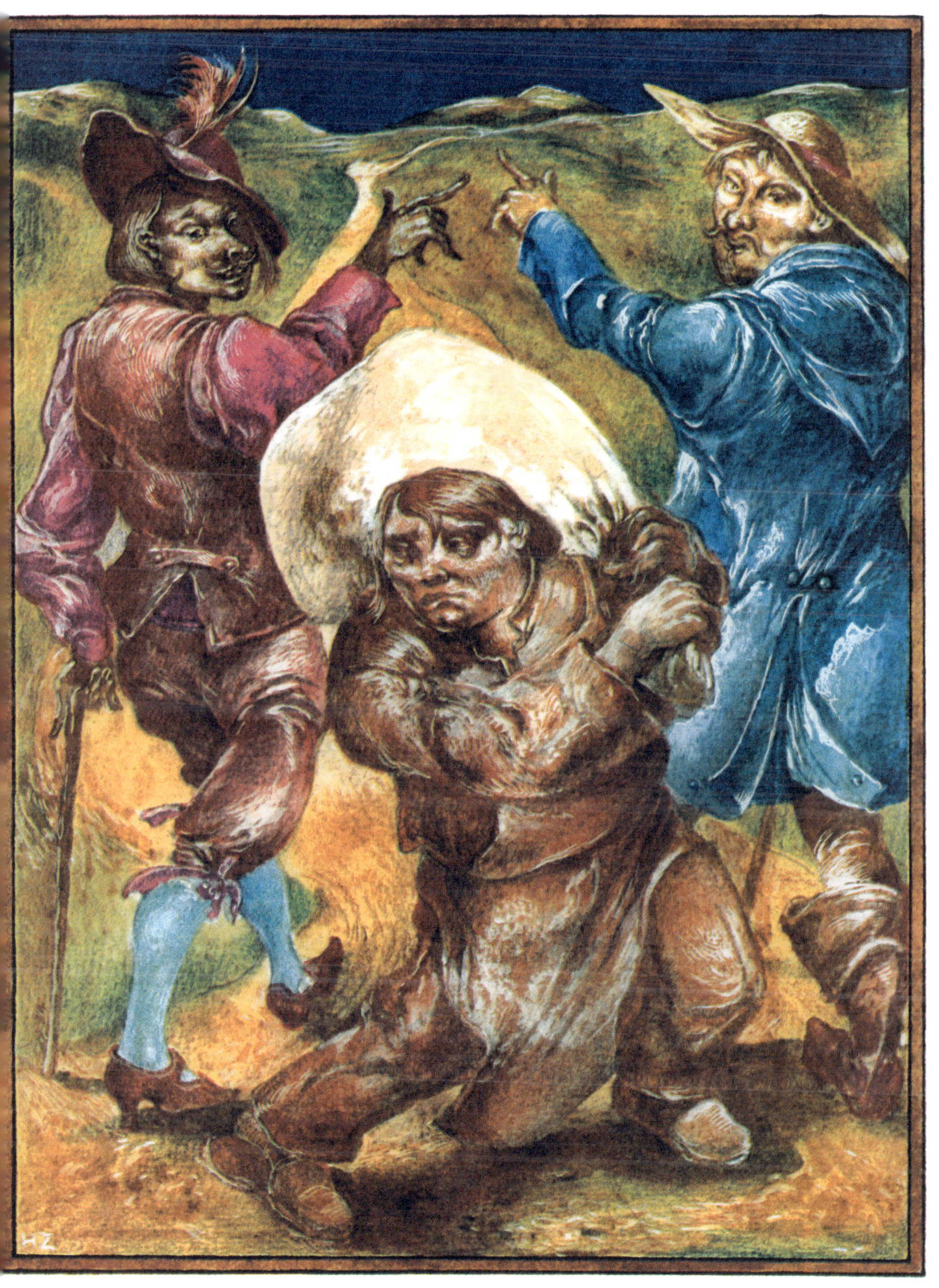

Wer will fleißige Handwerker schn

Ach, lieber Schuster du

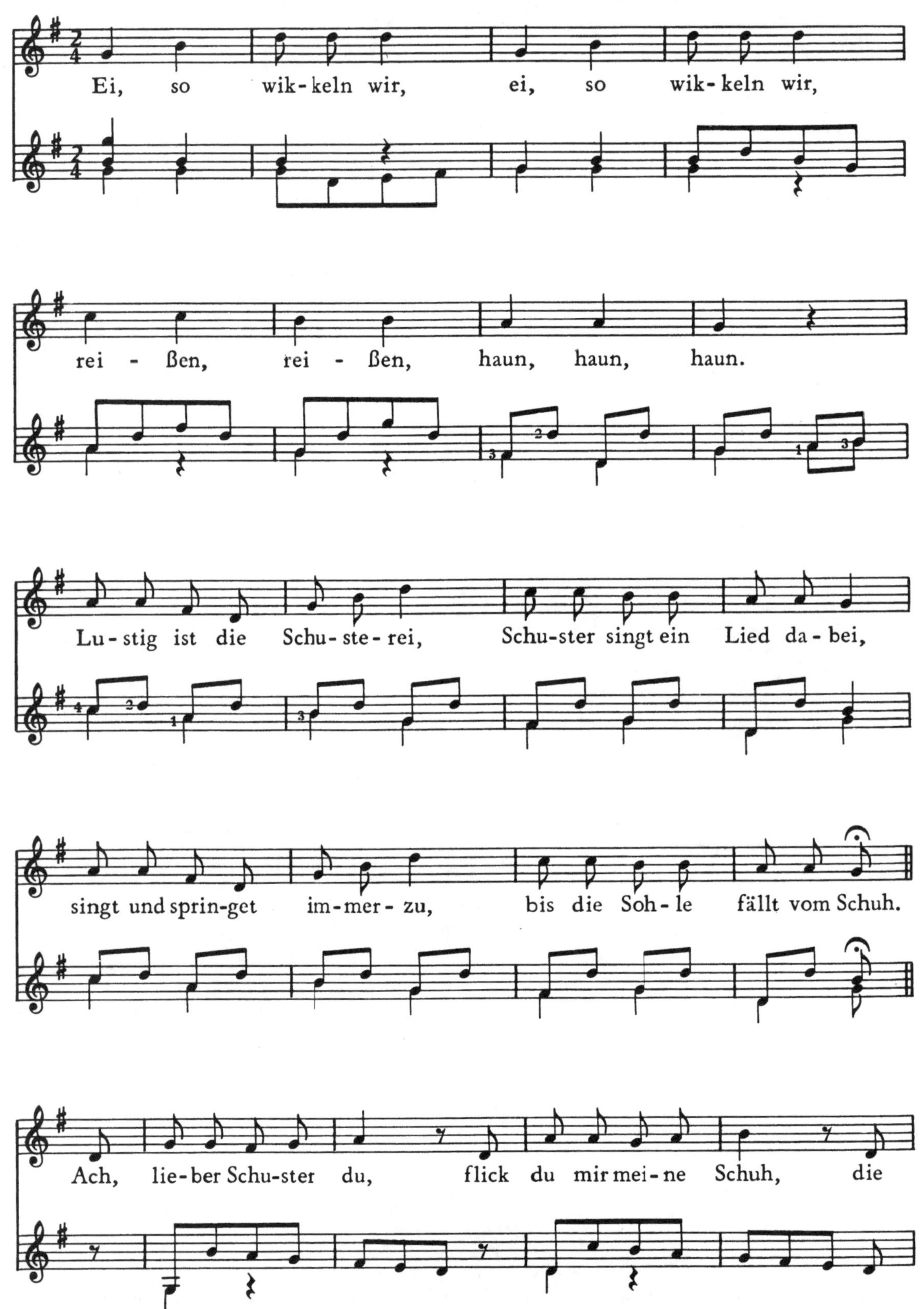

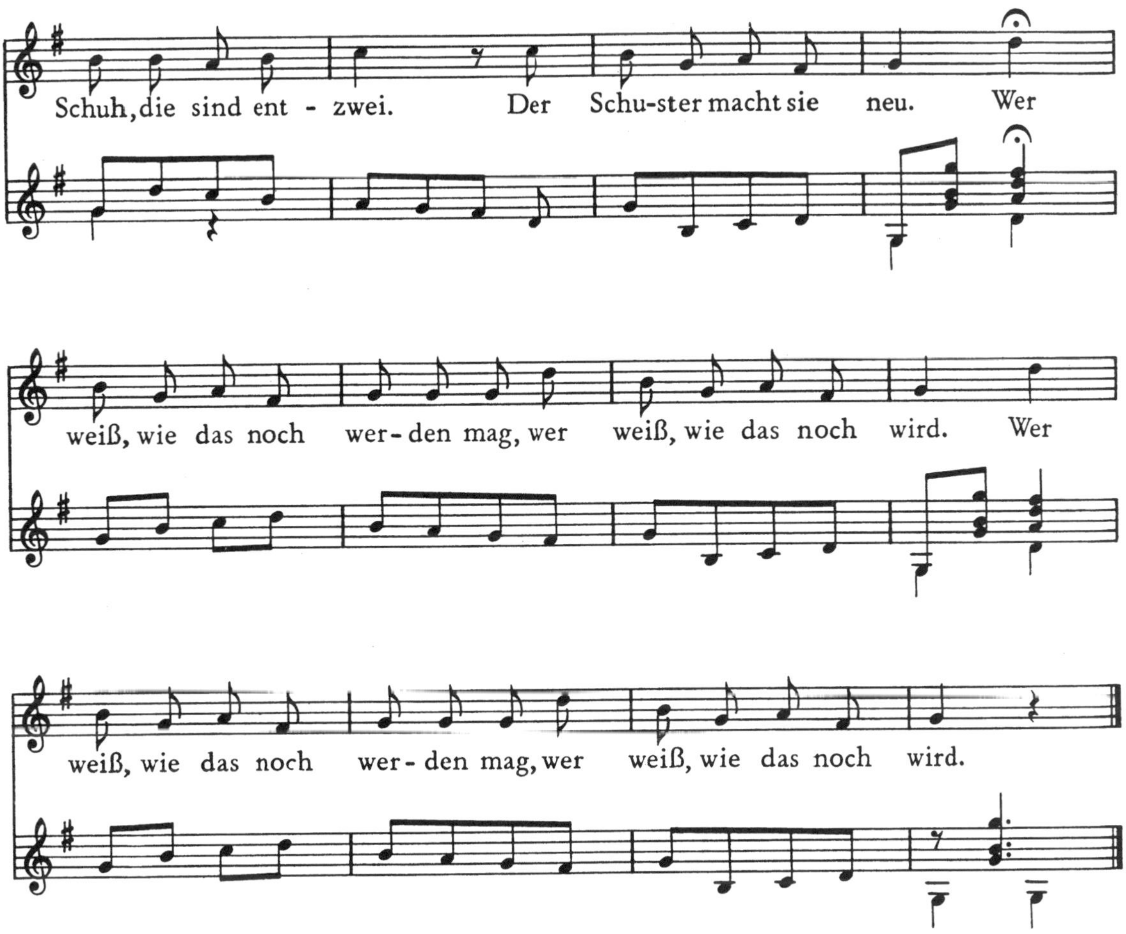

Schuh, die sind ent - zwei. Der Schu-ster macht sie neu. Wer

weiß, wie das noch wer- den mag, wer weiß, wie das noch wird. Wer

weiß, wie das noch wer- den mag, wer weiß, wie das noch wird.

Worte und Weise: alte Volksweise, in verschiedenen mundartlichen Varianten bekannt

Tanzanleitung: Takt 1–4: Die Kinder stellen sich paarweise im Kreis auf und klatschen im Takt in die Hände. – Takt 5–12: Die Kinder führen dem Text entsprechende Bewegungen aus. – Takt 13–16: Die Kinder tanzen untergehakt im Hüpfschritt am Ort herum. – Takt 17–24: Ein Kind jedes Paares (Schuster) kniet sich mit einem Bein auf den Boden und stellt das andere als „Schusterbank" auf. Das andere Kind setzt seinen Schuh auf die „Schusterbank" und deutet auf seinen kaputten Schuh, den der „Schuster" zu flicken beginnt. – Ab Takt 25: Die Kinder fassen sich paarweise an den Händen und tanzen im Galopp- oder Polkaschritt seitwärts im Kreis.

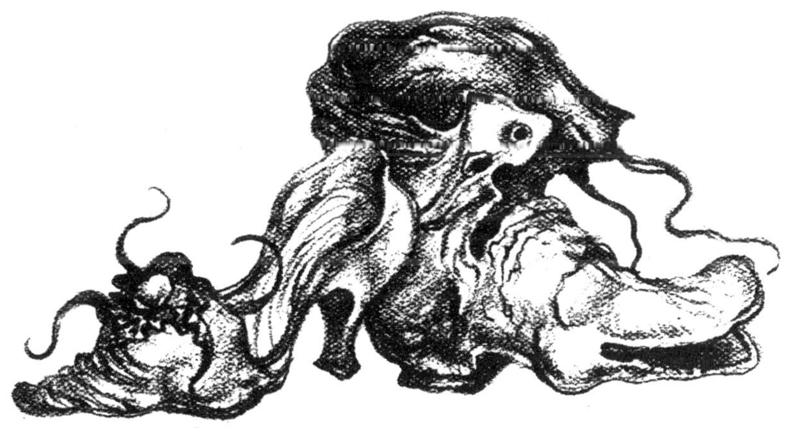

Bergmannslied

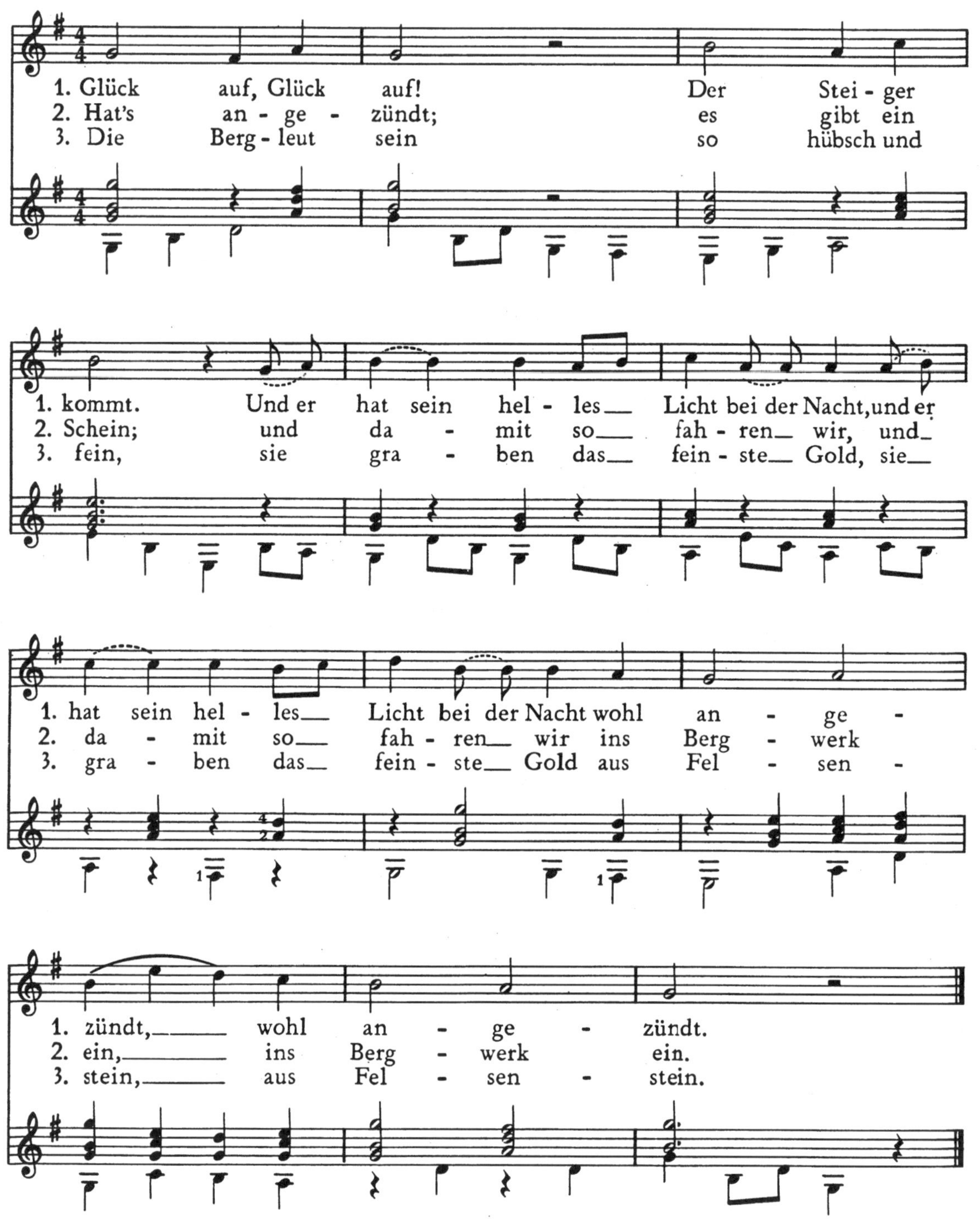

Worte und Weise: um 1700; neuerlich nach der aus der Umgebung von Zwickau mündlich durch den Bergarbeiter Friedrich Fritsch mitgeteilten Fassung aufgezeichnet

Bergmannslieder gehören neben Liedern der Bauern zu den ältesten in Wort und Weise überlieferten Arbeitsliedern. Einige von ihnen sind bis in die Gegenwart lebendig geblieben.

Das Lied von der Post

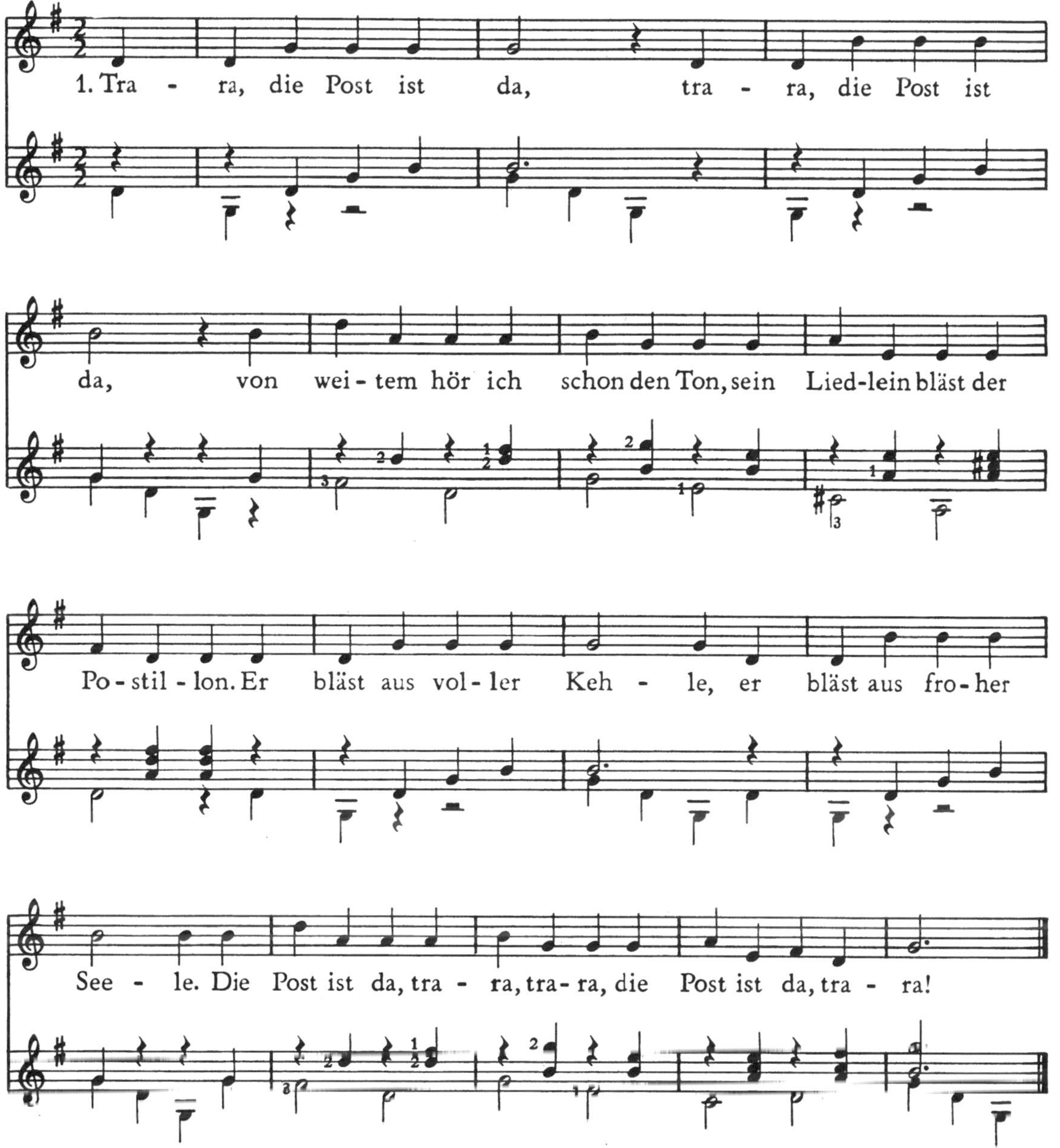

2. ... O Postillon, nun sag mir schnell, was bringst du heute mir zur Stell'? Wer hat von unsern Lieben uns aus der Fern geschrieben? usw.

3. ... Geduld, Geduld, gleich pack ich aus, dann kriegt es jeder in sein Haus: die Briefe und die Päckchen, die Schachteln und die Säckchen. usw.

4. ... Und wenn ihr's jetzt schon wissen müßt: Der Onkel hat euch schön gegrüßt, wohl tausendmal und drüber; bald kommt er selbst herüber. usw.

Worte: Richard Löwenstein · Weise: Volkslied

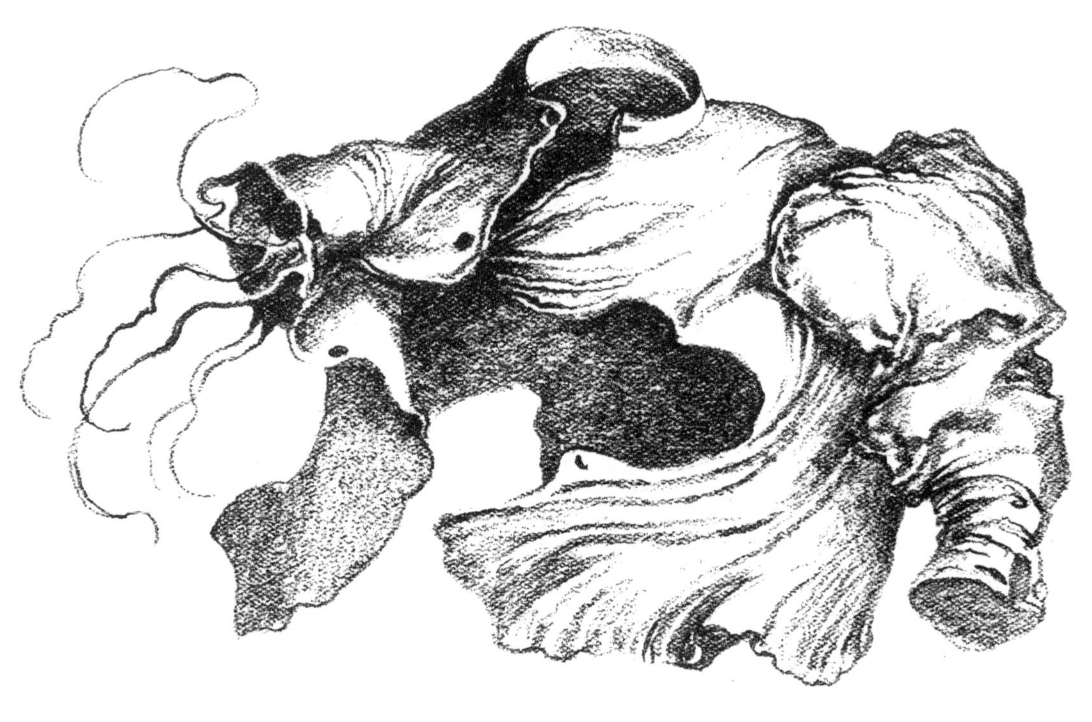

Das Spinnrad

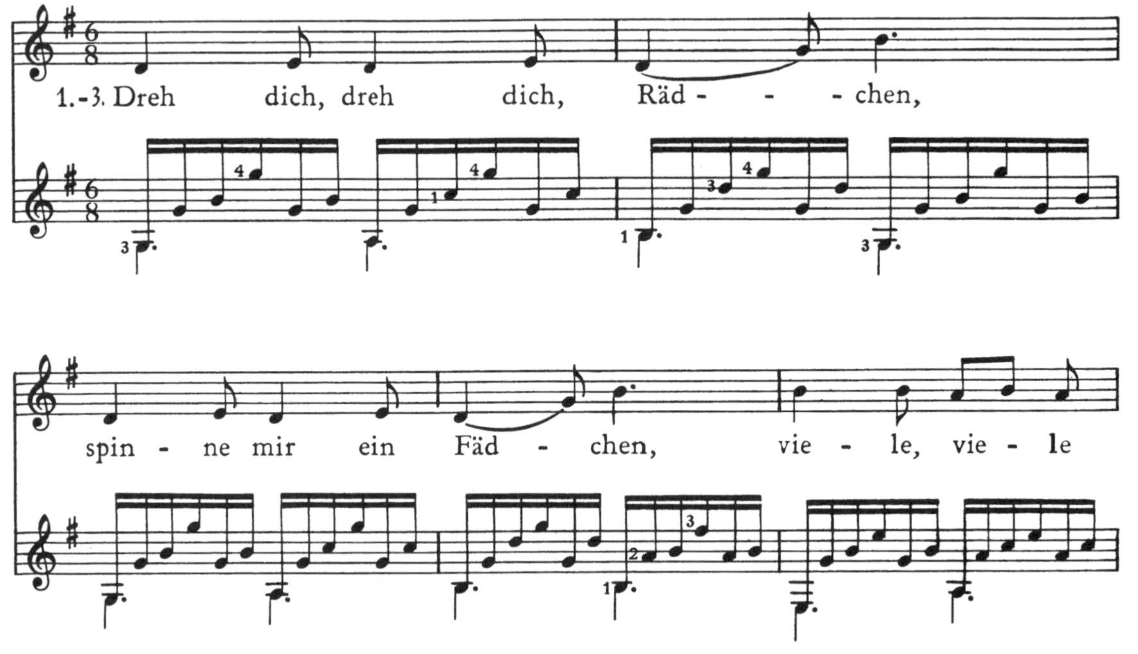

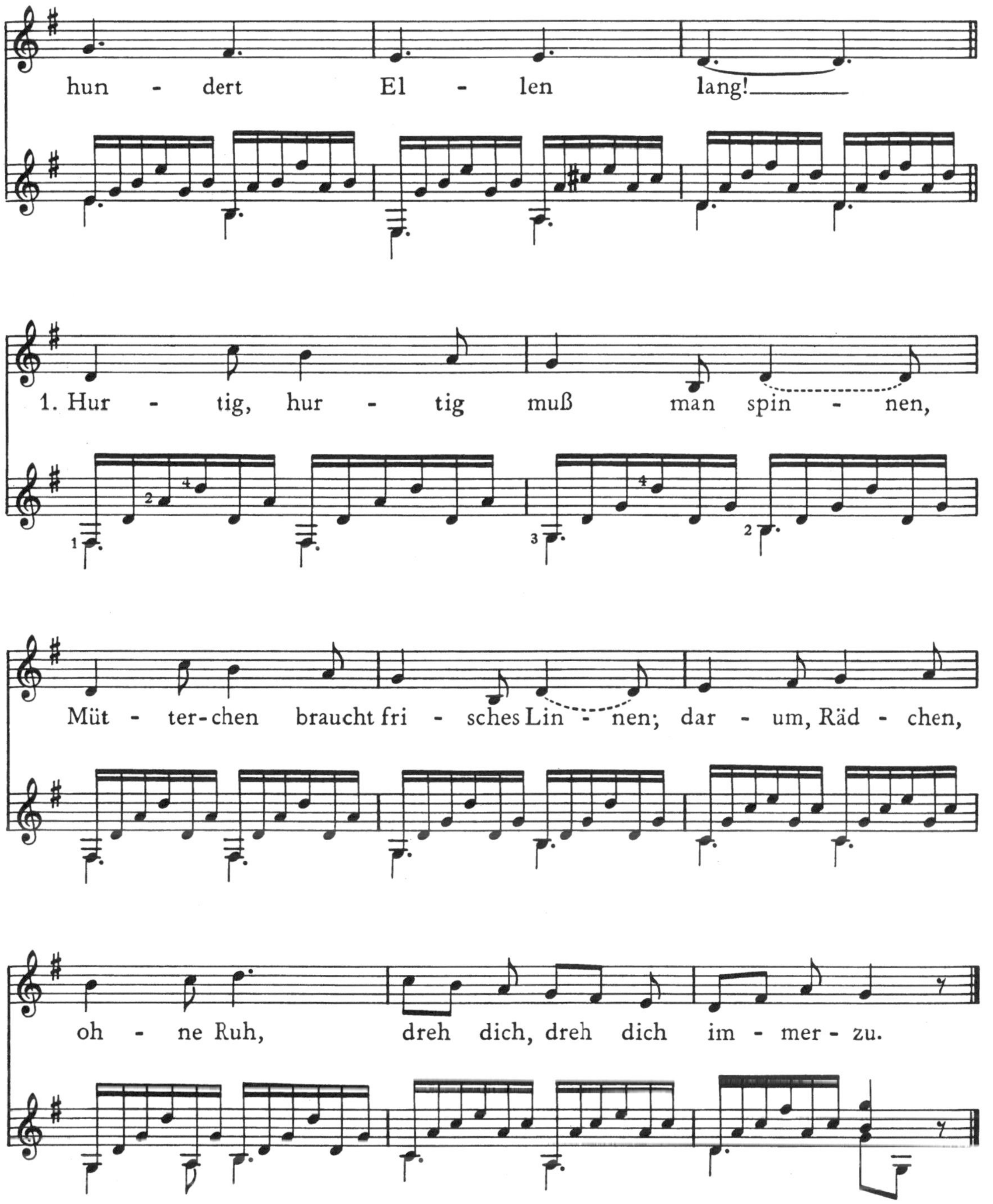

2. Dreh dich, dreh dich, Rädchen, spinne mir ein Fädchen, viele, viele hundert Ellen lang! Brauchen Tücher, Betten, Kissen, alle Tag wird was zerrissen; darum Rädchen, ohne Ruh' dreh dich, dreh dich immerzu.

3. Dreh dich, dreh dich, Rädchen, spinne mir ein Fädchen, viele, viele hundert Ellen lang! Unser kleines Brüderlein, braucht ein Dutzend Hemdelein; darum Rädchen, ohne Ruh' dreh dich, dreh dich immerzu.

Worte und Weise: neueres Volkslied aus Baden

Der Bauer

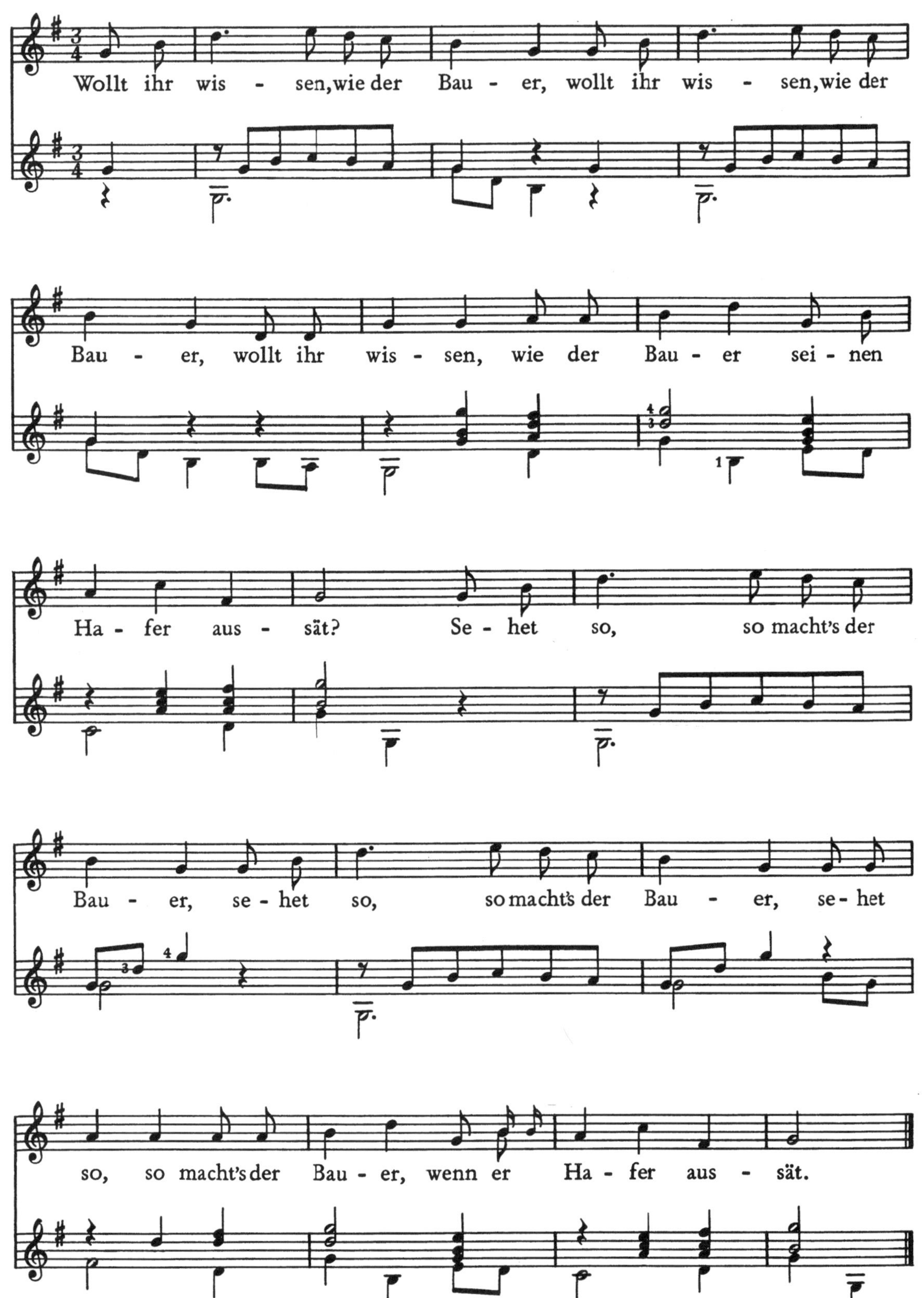

Wollt ihr wis - sen, wie der Bau - er, wollt ihr wis - sen, wie der
Bau - er, wollt ihr wis - sen, wie der Bau - er sei - nen
Ha - fer aus - sät? Se - het so, so macht's der
Bau - er, se - het so, so macht's der Bau - er, se - het
so, so macht's der Bau - er, wenn er Ha - fer aus - sät.

2. Wollt ihr wissen, wie der Bauer seinen Hafer abmäht? |: Sehet so, so macht's der Bauer, :| wenn er Hafer abmäht.

3. Wollt ihr wissen, wie der Bauer ins Wirtshaus eingeht: |: Sehet so, so macht's der Bauer, :| wenn er ins Wirtshaus eingeht.

4. Wollt ihr wissen, wie der Bauer sein Schnäpschen austrinkt? |: Sehet so, so macht's der Bauer, :| wenn er sein Schnäpschen austrinkt.

5. Wollt ihr wissen, wie der Bauer sein Schnäpschen bezahlt? |: Sehet so, so macht's der Bauer, :| wenn er sein Schnäpschen bezahlt.

6. Wollt ihr wissen, wie der Bauer aus dem Wirtshaus rausgeht? |: Sehet so, so macht's der Bauer, :| wenn aus dem Wirtshaus er geht.

Worte: in zahlreichen Varianten überliefertes Volkslied · Weise: aus dem Rheinland

Spielanleitung: Bei den Worten „sehet so, so macht's der Bauer" ahmen die Kinder pantomimisch die jeweiligen Textaussagen nach. Weitere Tätigkeiten des Bauern (pflügen, eggen, säen usw.) können vor Strophe 3 aus dem Stegreif hinzugefügt werden.

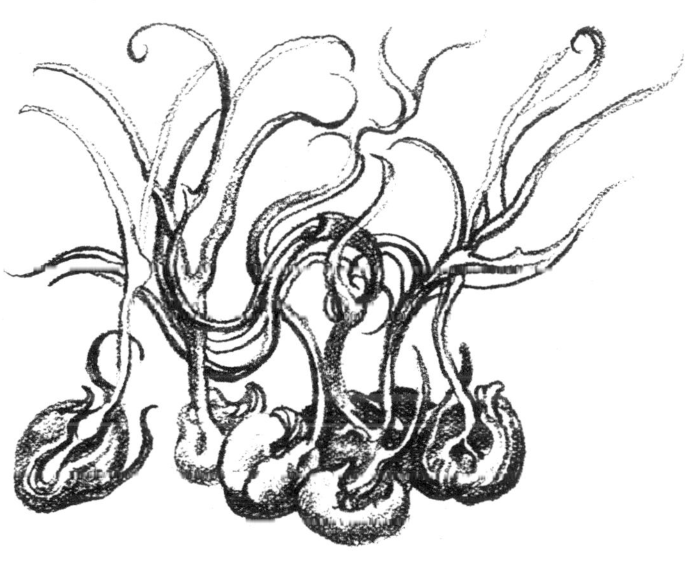

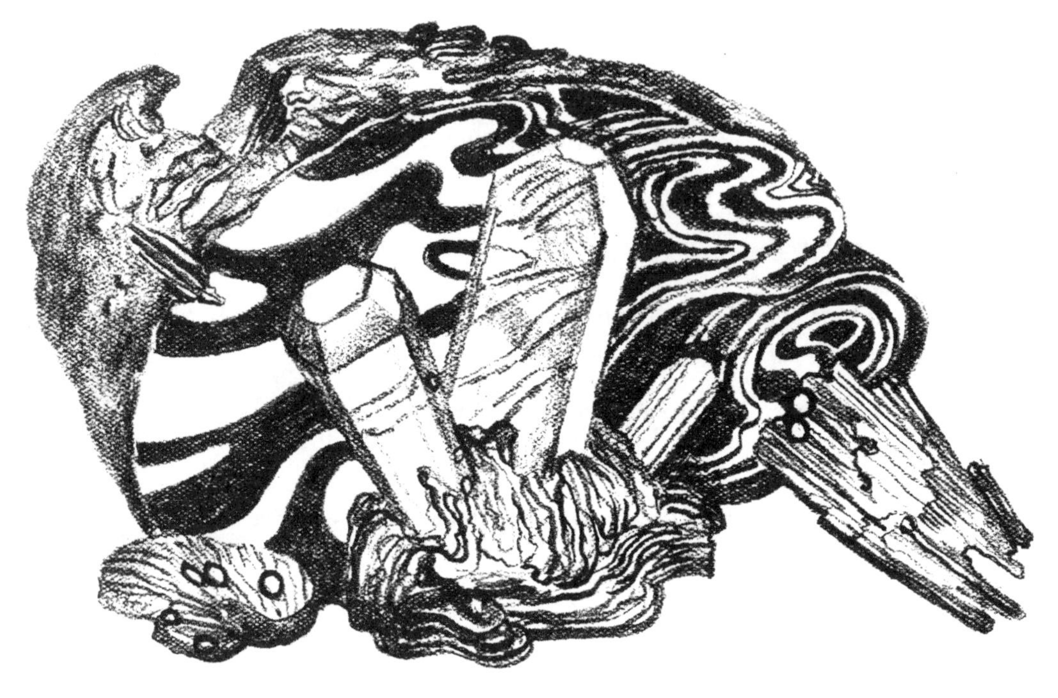

Der Bergwalzer

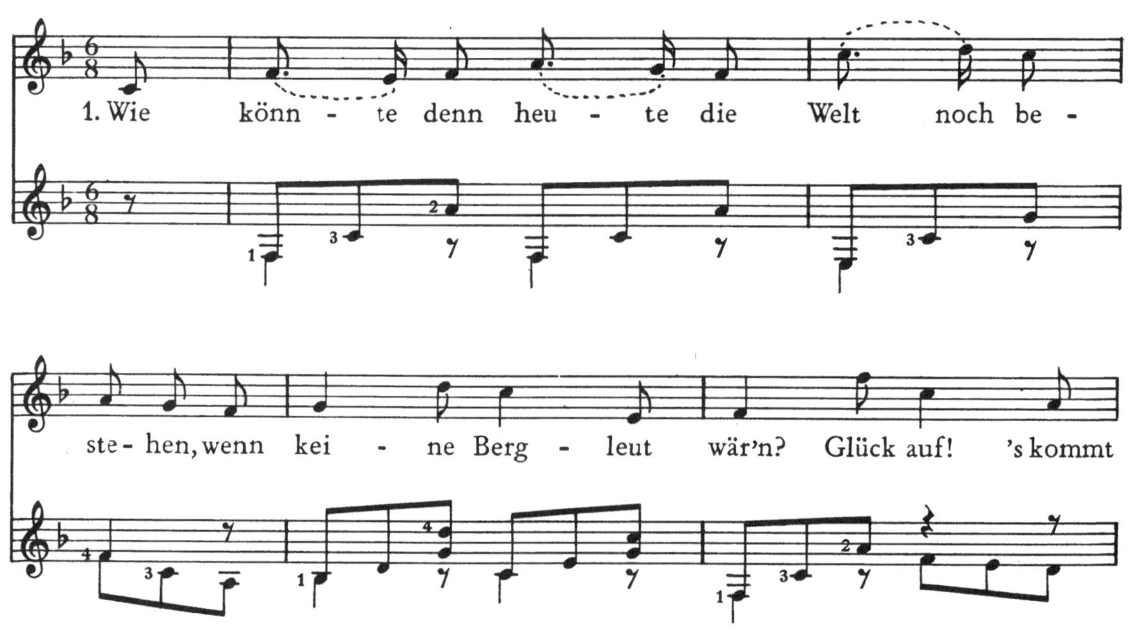

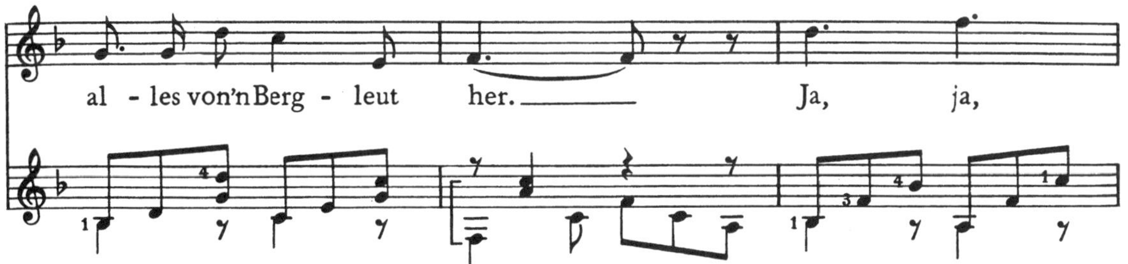

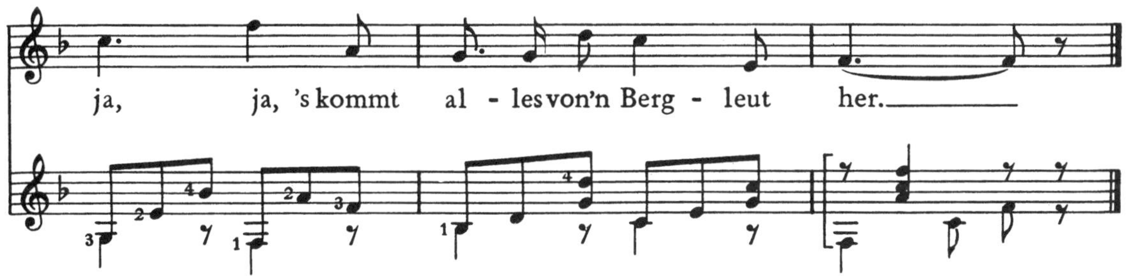

2. Es könnte der Kaiser die Krone nicht tragen, wenn keine Bergleut wär'n. Glück auf! 's kommt alles von Bergleut her. Ja, ja usw.

3. Man könnte auch heute kein' Eisenbahn fahren, wenn usw.

4. Der Landmann, der könnte den Acker nicht bauen, wenn usw.

5. Der Müller, der könnte die Frucht nicht vermahlen, wenn usw.

6. Der Schuster, der könnte die Stiefel nicht machen, wenn usw.

7. Der Schneider, der könnte die Kleider nicht machen, wenn usw.

8. Der Fuhrmann, der könnte den Wagen nicht fahren, wenn usw.

9. Der Zimmermann könnte die Häuser nicht bauen, wenn usw.

10. Der Schreiner, der könnte die Möbel nicht machen, wenn usw.

11. Der Schlosser, der konnte die Schlosser nicht machen, wenn usw.

12. Der Schmied, und der könnte kein Pferd beschlagen, wenn usw.

13. Der Sänger, der könnte von Noten nicht singen, wenn usw.
(Weitere Strophen können beliebig improvisiert werden.)

Worte und Weise: altes Bergmannslied aus der Gegend von Wetzlar

Der Jäger aus Kurpfalz

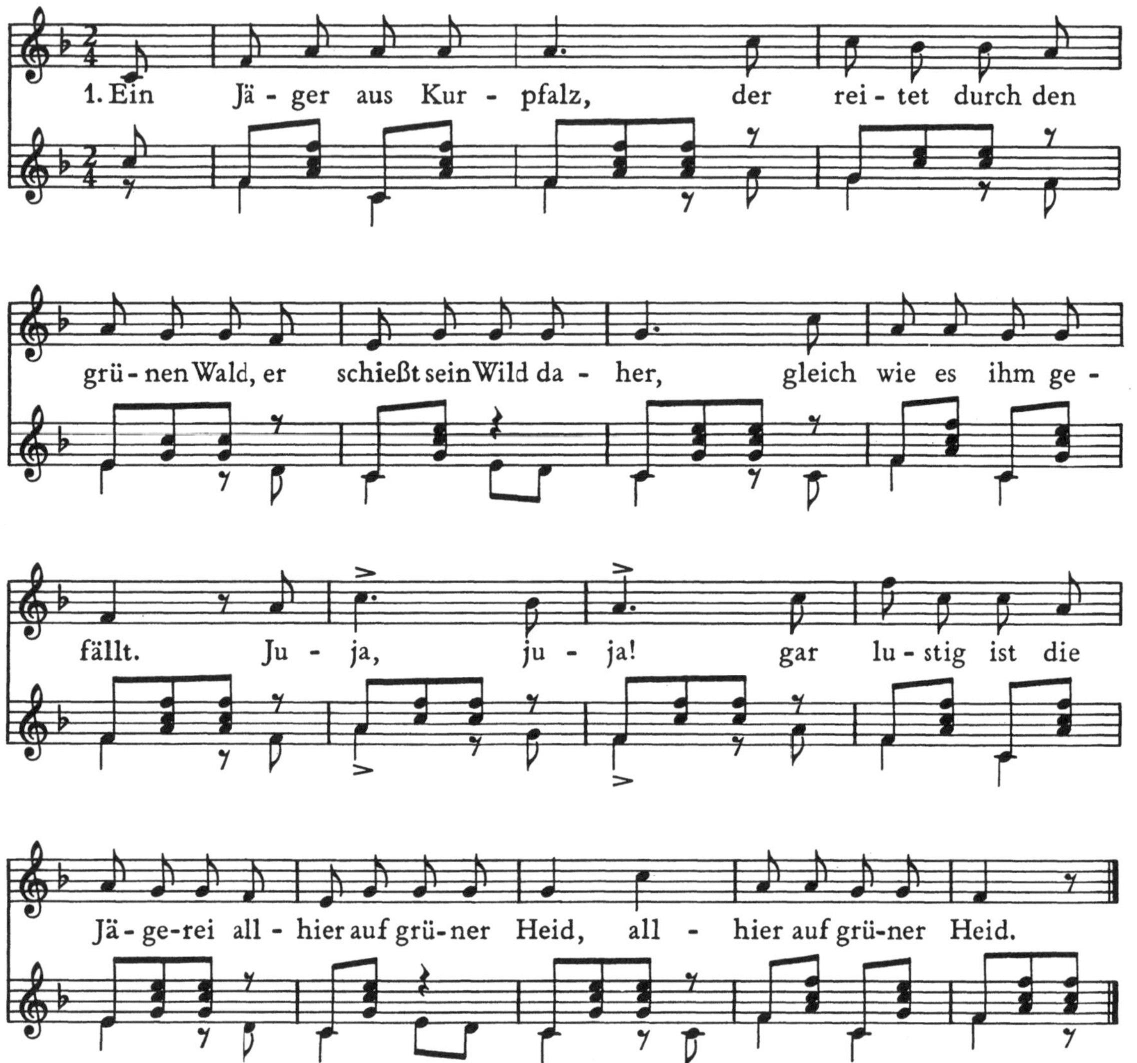

2. Auf, sattelt mir mein Pferd und legt darauf den Mantelsack, so reit ich hin und her als Jäger von Kurpfalz. Juja, juja! usw.

3. Wohl zwischen seine Bein, da muß der Hirsch geschossen sein, geschossen muß er sein, auf eins und zwei und drei! Juja, juja! usw.

4. Jetzt reit ich nicht mehr heim, bis das der Kuckuck kuckuck schreit; er schreit die ganze Nacht allhier auf grüner Heid. Juja, juja! usw.

Worte und Weise: nach Ludwig Erk seit 1763 nachweisbar. Das in zahlreichen textlichen Varianten weitverbreitete Lied dürfte in der Blütezeit des Jagdhandwerks zu Beginn des 18. Jh. entstanden sein. Felix Mendelssohn Bartholdy schreibt in einem Brief vom 15. August 1843 an Fanny Hensel: *„Das ist das pfälzische Nationallied: ‚Der Jäger aus Kurpfalz', das wird den ganzen Tag gesungen, von den Postillonen geblasen, von der Regimentsmusik als Ständchen gespielt, als Marsch gebraucht, und wenn dich ein Pfälzer besucht und du willst ihm eine Freude machen, so muß du's ihm vorspielen. Aber mit Abandon* (= Hingabe) *und mit vielem Ausdruck . . ."*.

Der Lumpenmann

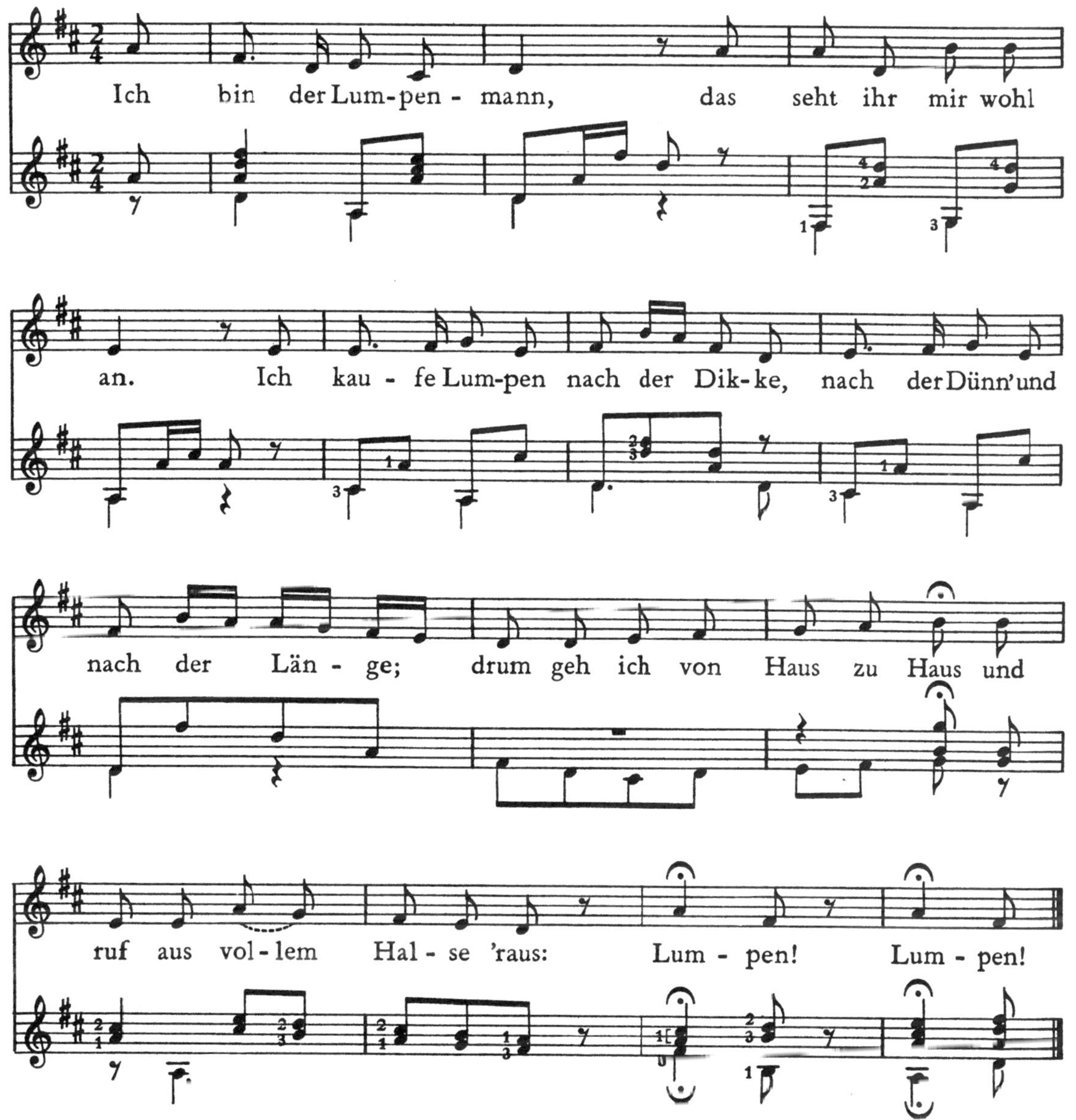

2. Die Leute sagten mir: in diesem Hause hier, da gäb' es Lumpen nach der Dicke, nach der Dünn' und nach der Länge, Lumpen, ganze Zentner schwer. Darum komm ich zu euch her. Lumpen! Lumpen!

3. Ich sehe nun gar wohl, an Lumpen ist's hier voll. Doch weiß ich nicht, bei meiner Seele, was ich hier für Lumpen wähle. Ihr paßt all' in meinen Sack, doch zu schwer wird mir der Pack. Lumpen! Lumpen!

4. Jetzt geb' ich meinen Kauf, den Lumpenhandel, auf. Es möchten sonst die Leute sagen: Will der Lump nach Lumpen fragen? Am Ende komm' ich ins Geschrei, daß ich selbst ein Lümpchen sei. Lumpen! Lumpen!

Worte und Weise: aus Franken

Der Schaffner hebt den Stab

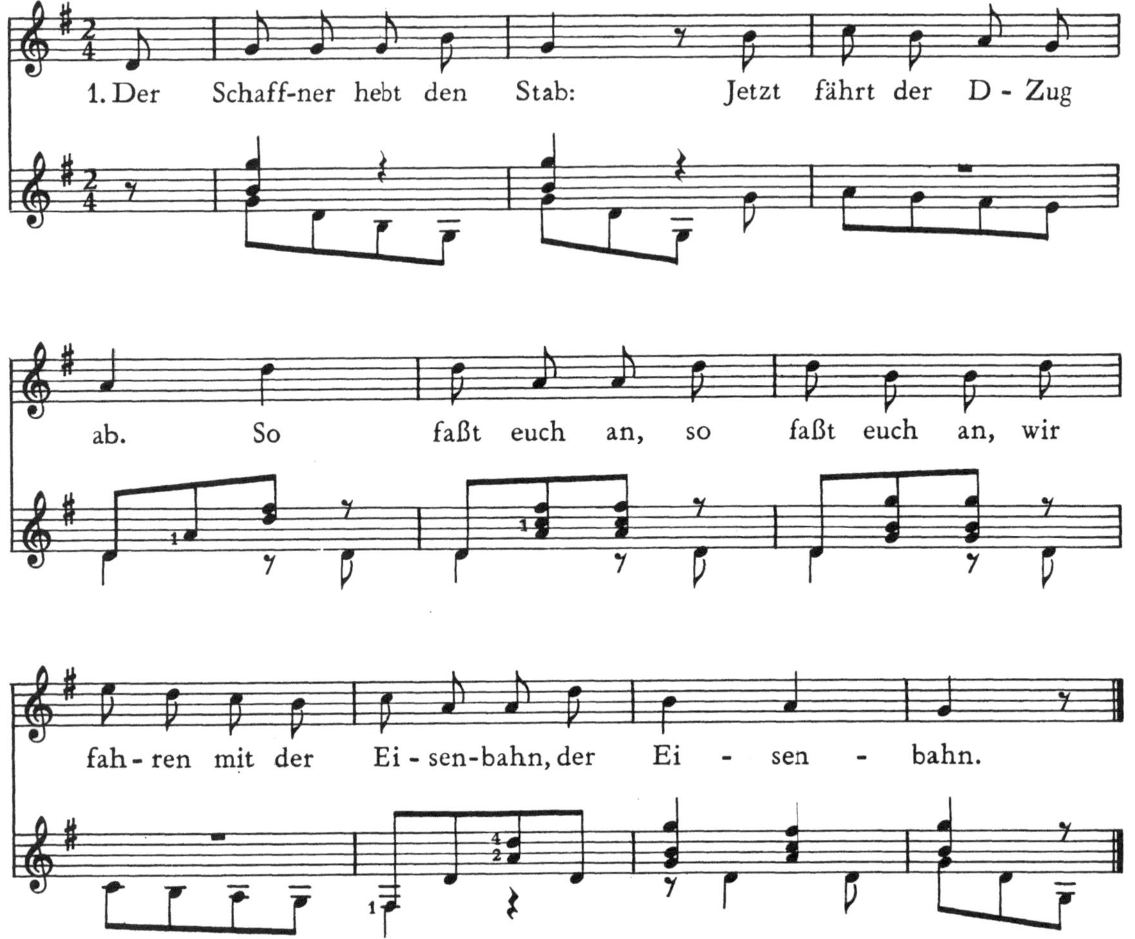

2. Nun schnauf, Maschine, schnauf, es geht den Berg hinauf! So faßt euch an, usw.

3. Der Kohlenwagen schwer, der rumpelt hinterher. usw.

4. Der zweite schleppt's Gepäck, die Koffer und die Säck'. usw.

5. Im dritten ist's bequem, da fahrn wir angenehm. usw.

6. Der rote hinterdrein, da schmeckt das Essen fein. usw.

7. Im blauen seid fein still, weil alles schlafen will. usw.

8. Jetzt kommt der letzte dran. Ich winke, was ich kann. usw.

Worte und Weise: Wilhelm Bender

Spielanleitung: Ausführung typischer Bewegungen entsprechend dem Textverlauf.

Der Schornsteinfeger

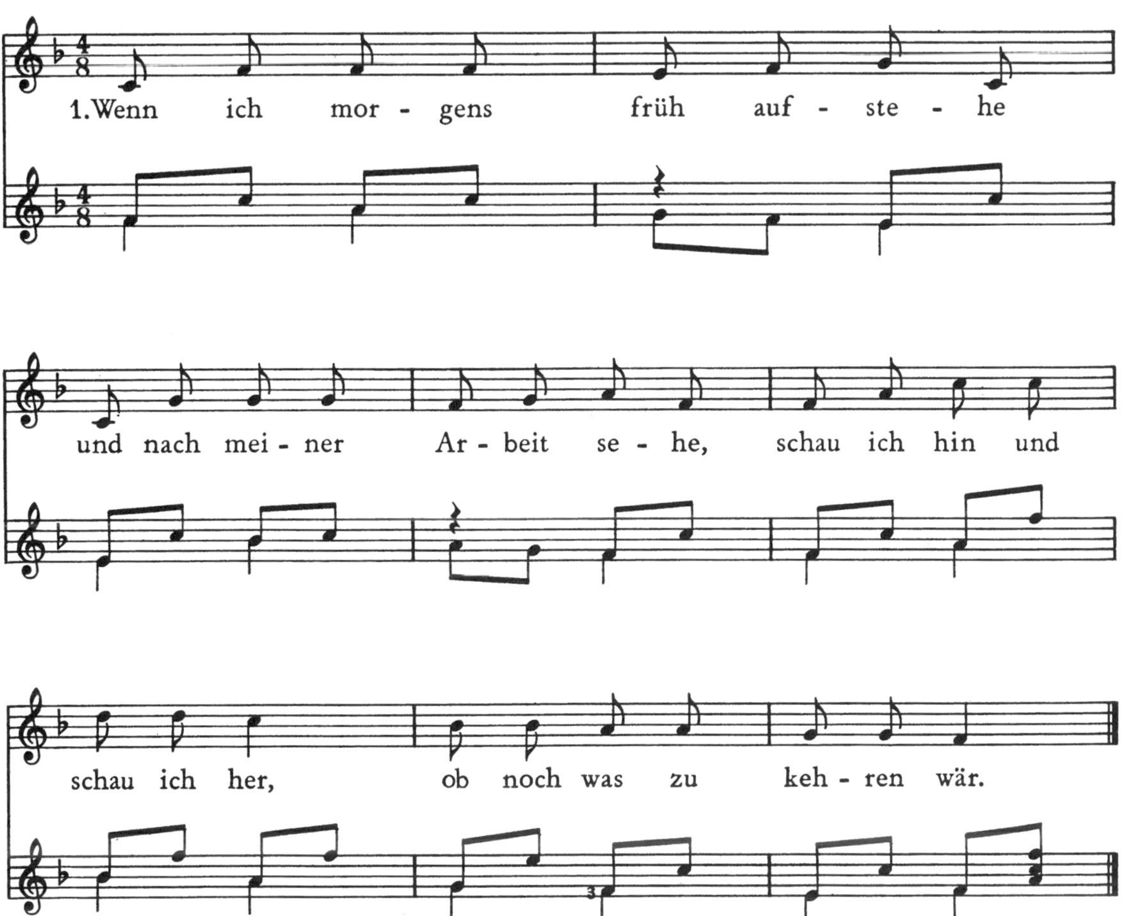

2. Mein Gesicht ist schwarz wie Kohle von dem Scheitel bis zur Sohle, und mein Herz ist frisch und frei, liebt die Schornsteinfegerei.

3. Steig ich dann auf meiner Leiter immer höher, immer weiter. Fall ich in den Schornstein 'rein, fang ich tüchtig an zu schrein: „Huuuh!"

Worte und Weise: Berliner Kinderlied

Spielanleitung: Die Kinder bilden einen Kreis und gehen links herum. Der „Schornsteinfeger" (im Kreis) geht in entgegengesetzter Richtung. Er legt die Hände an den Mund und ruft laut: „Hi, ha, ho! habt ihr alle gehört, morgen wird gekehrt!" Danach legt der Schornsteinfeger die Hände auf den Rücken und läuft mit kleinen Schritten an der Innenseite des Kreises entlang. Bei der 2. Strophe streicht er mit der Hand übers Gesicht, zeigt auf seinen Scheitel und die Sohle des lang nach hinten gestreckten Beines, legt dann die rechte Hand ans Herz; steigt bei der 3. Strophe scheinbar eine Leiter empor, um dann hinzufallen und kläglich zu rufen: „Huuuh"! Danach wird ein anderes Kind als Schornsteinfeger bestimmt.

Des Handwerksburschen Abschied

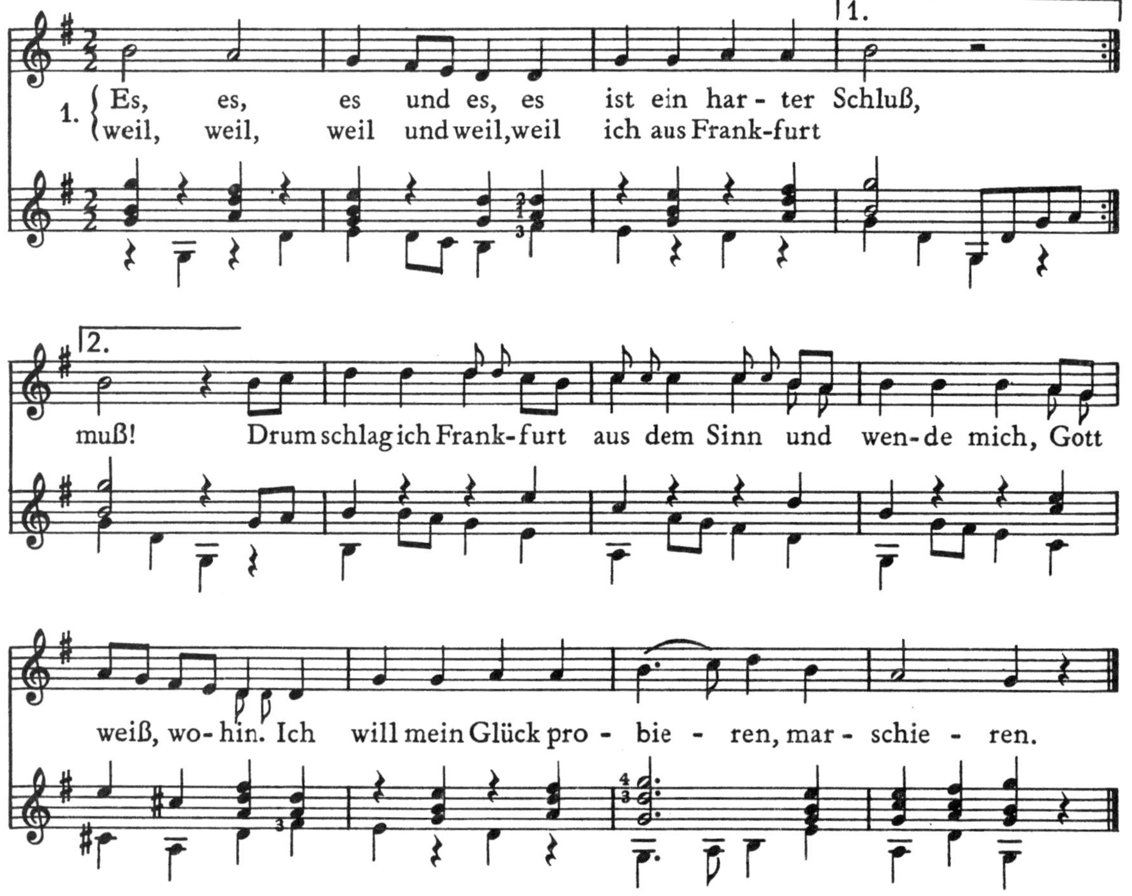

2. |: Er, er, er und er, Herr Meister, leb er wohl! :| Ich sag's ihm grad frei ins Gesicht, seine Arbeit, die gefällt mir nicht. Ich will usw.

3. |: Sie, sie, sie und sie, Frau Meistrin, leb sie wohl! :| Ich sag' ihr grad frei ins Gesicht, ihr Speck und Kraut, das schmeckt mir nicht. usw.

4. |: Er, er, er und er, Herr Vater[1], leb er wohl! :| Hätt' er die Kreid' nicht doppelt geschrieben, so wär' ich noch länger dageblieben. usw.

5. |: Ihr, ihr, ihr und ihr, ihr Jungfern, lebet wohl! :| Ich wünsche euch zu guter Letzt einen andern, der mein Stell ersetzt. usw.

6. |: Ihr, ihr, ihr und ihr, ihr Brüder, lebet wohl! :| Hab ich euch was zu Leid getan, so bitt ich um Verzeihung an. usw.

[1] Vater = Bezeichnung für den Herbergsvater, den Wirt

Worte: nach fliegenden Blättern aus der zweiten Hälfte des 18. Jahrhunderts · Weise: leicht umgesungene Fassung der seit etwa 1826 bekannten Melodie

In der Zeit zwischen 1750 und etwa 1850 waren die Handwerksburschen genötigt, auf Grund ihrer zum Teil erheblichen sozialen Notlage (mangelnde Arbeitsplätze durch ungenügende Industrialisierung und Kleinstaaterei) auf Wanderschaft zu gehen. Dabei entstanden zahlreiche Lieder, die von den Lebensumständen der walzenden Handwerksburschen künden.

Die fleißigen Waschfrauen

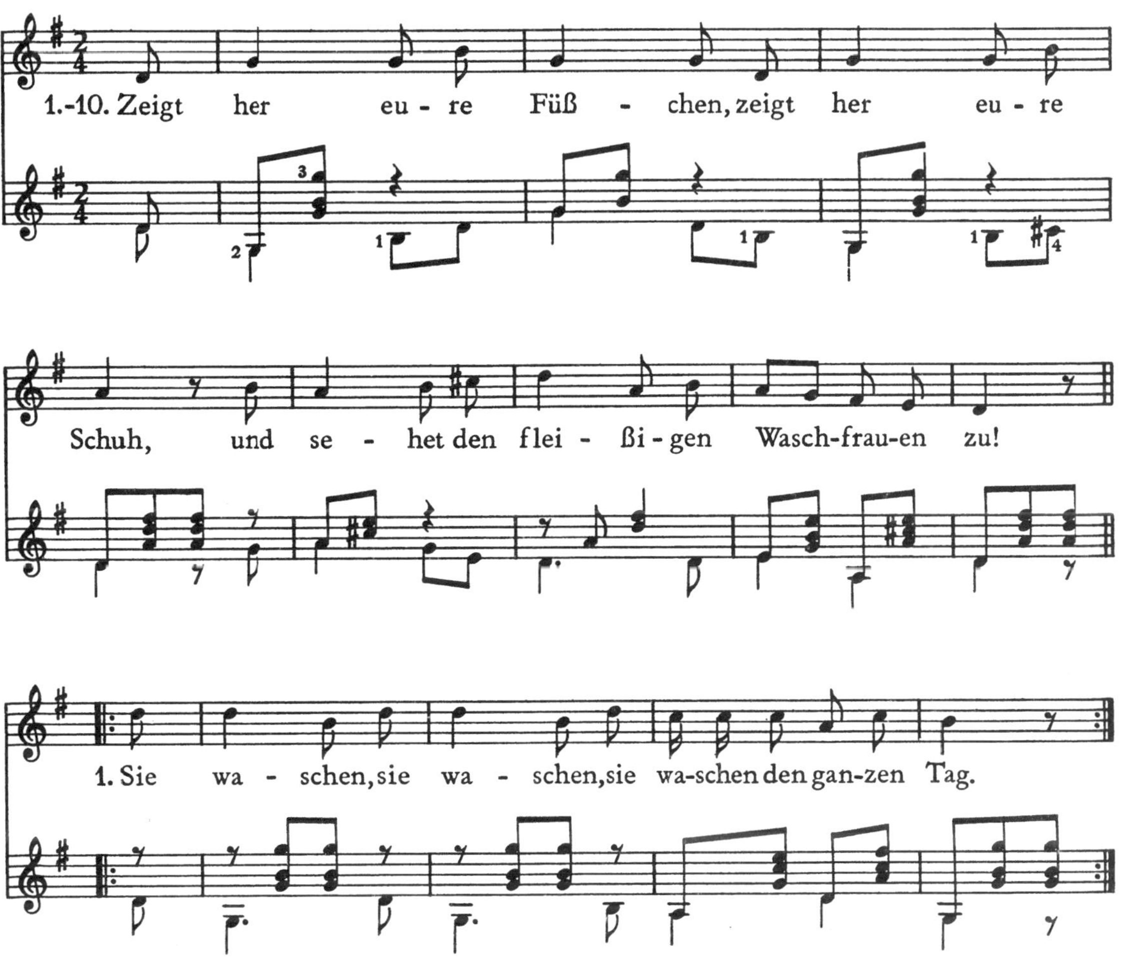

2. Sie wringen, sie wringen usw.

3. Sie spülen usw.

4. Sie hängen usw.

5. Sie legen usw.

6. Sie rollen usw.

7. Sie plätten usw.

8. Sie ruhen usw.

9. Sie schwatzen usw.

10. Sie tanzen usw.

Worte und Weise: schleswig-holsteinische Fassung des bekannten Kinderspielliedes

Tanzanleitung: Es wird ein Kreis gebildet. Die Kinder setzen den linken Fuß vor und erheben sich auf die Fußspitzen. Mit Beginn jeder neuen Strophe werden die Füße, am Ort bleibend, mit Hilfe eines federnden Absprunges gewechselt. Im zweiten Teil des Liedes werden die im Text enthaltenen Bewegungen nachgeahmt.

Die lustige Schäferei

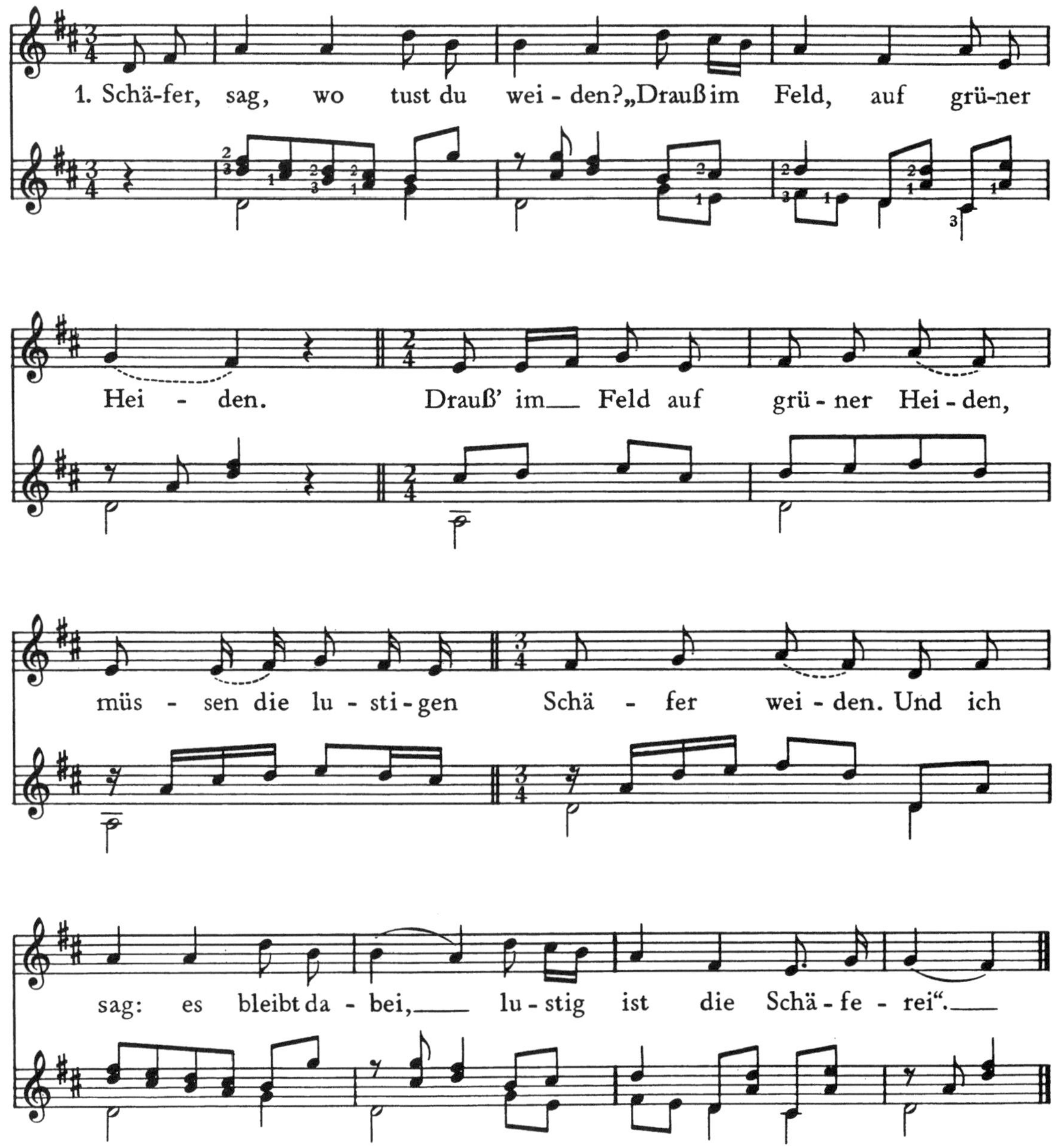

2. Schäfer, sag, was willst du trinken? „Roten Wein und Zimmet drein. Roter Wein und Zimmet drein muß für lust'ge Schäfer sein. Und ich sag'" usw.

3. Schäfer, sag, wo tust du schlafen? „Drauß' im Feld bei meinen Schafen müssen lust'ge Schäfer schlafen." usw.

4. Schäfer, sag, wo tust du tanzen? „Drauß' im Feld bei einem Ranzen müssen lust'ge Schäfer tanzen. usw.

Worte und Weise: aus dem Untertaunus (1888)

Im Märzen der Bauer

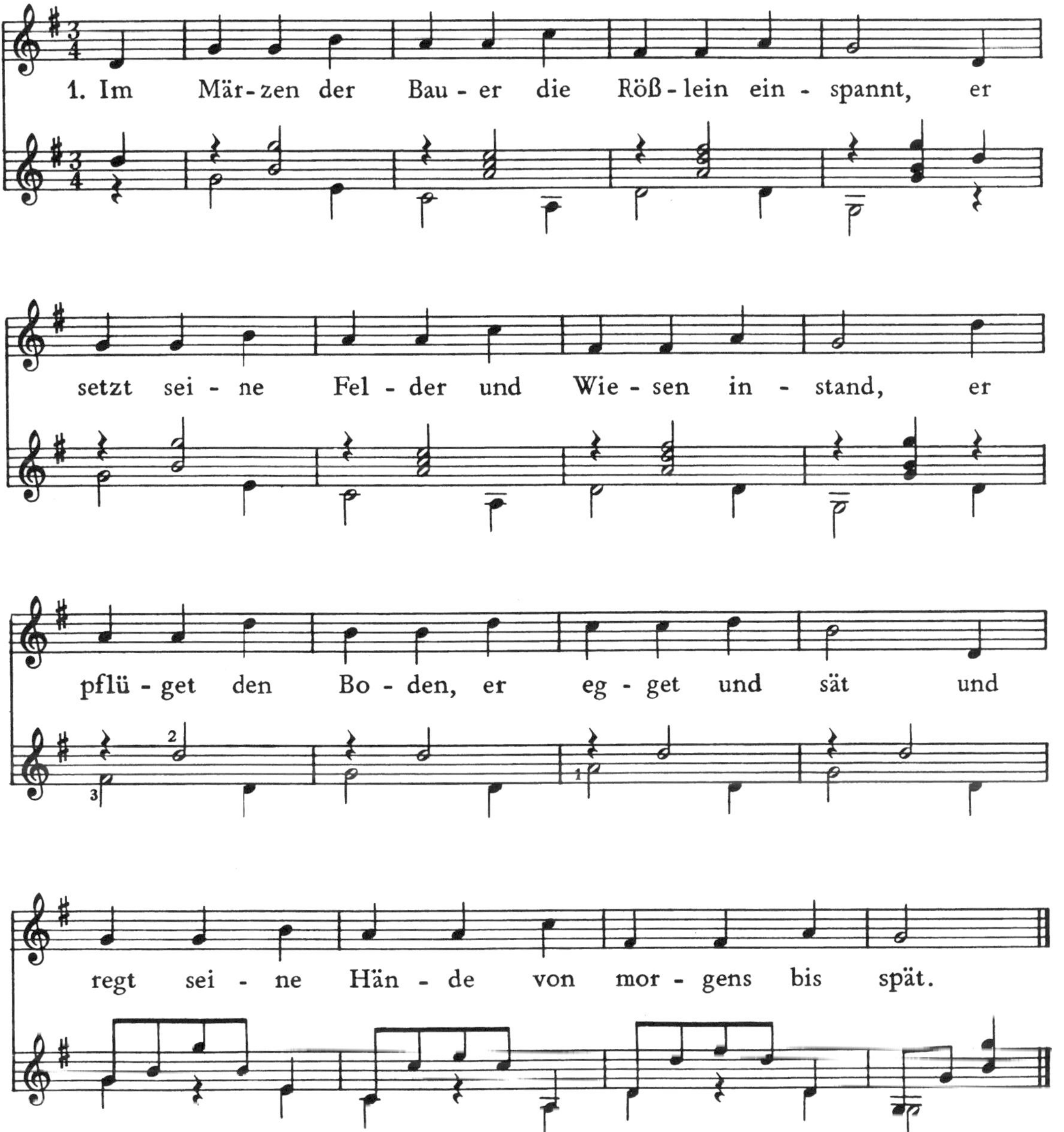

2. Die Bäuerin, der Bauer und niemand darf ruhn, sie haben im Feld und im Garten zu tun. Sie graben und rechen und singen ein Lied und freun sich, wenn alles schön grünet und blüht.

3. So geht unter Arbeit das Frühjahr vorbei, dann erntet der Bauer das duftende Heu. Er mäht das Getreide, dann drischt er es aus. Im Winter, da gibt es manch fröhlichen Schmaus.

Worte und Weise: nach dem in Joseph Pommers *Liederbuch für die Deutschen in Österreich,* Wien 1884, aufgezeichneten Volkslied aus Nordmähren. Das Lied ist in verschiedenen textlichen Varianten bekannt.

Im Wald und auf der Heide

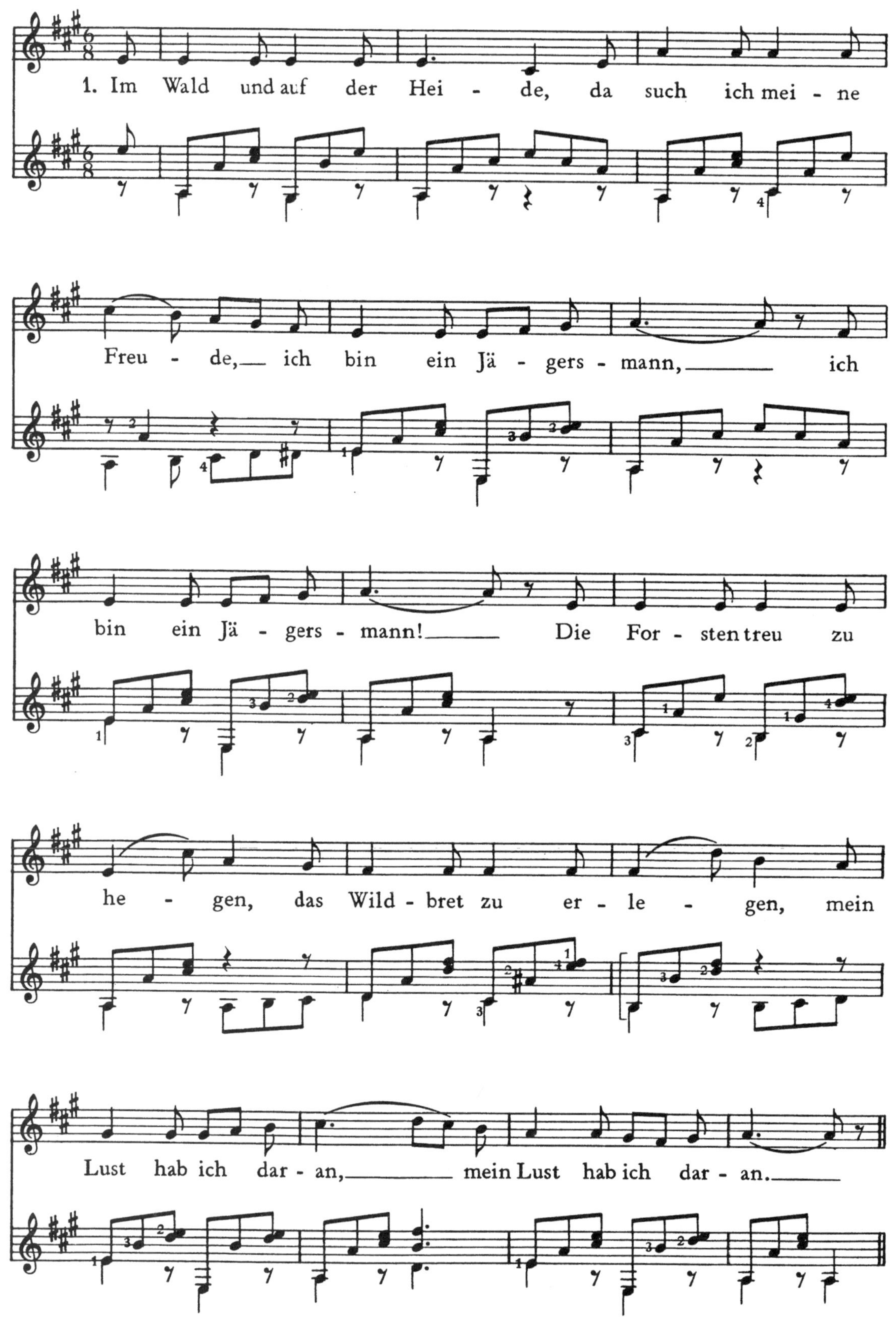

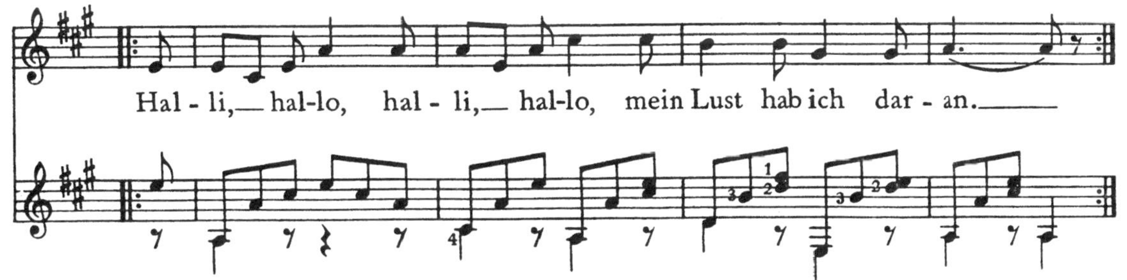

2. Trag ich in meiner Tasche ein Trünklein in der Flasche, |: zwei Bissen liebes Brot, :| brennt lustig meine Pfeife, wenn ich den Forst durchstreife, |: da hat es keine Not. :| Halli, hallo usw.

3. Im Walde hingestrecket, den Tisch mit Moos mir decket |: die freundliche Natur, :| den treuen Hund zur Seite ich mir das Mahl bereite |: auf Gottes freier Flur. :| usw.

4. Das Huhn im schnellen Fluge, die Schnepf' im Zickzackzuge |: treff ich mit Sicherheit, :| die Sauen, Reh' und Hirsche erleg ich auf der Birsche, |: der Fuchs läßt mir sein Kleid. :| usw.

5. Und streich ich durch die Wälder, und zieh ich durch die Felder |: einsam den ganzen Tag; :| doch schwinden mir die Stunden gleich flüchtigen Sekunden, |: tracht ich dem Wilde nach. :| usw.

6. Wenn sich die Sonne neiget, der feuchte Nebel steiget, |: mein Tagwerk ist getan, :| dann zieh ich von der Heide zur häuslich stillen Freude, |: ein froher Jägersmann! :| usw.

Worte: Wilhelm Bornemann (1816) · Weise: F. L. Gehricke (1827)

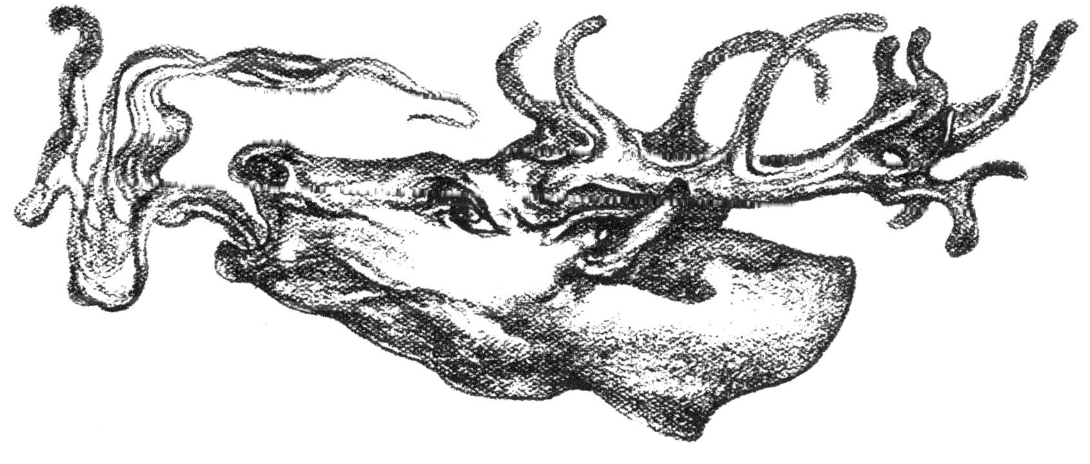

Jägerlied

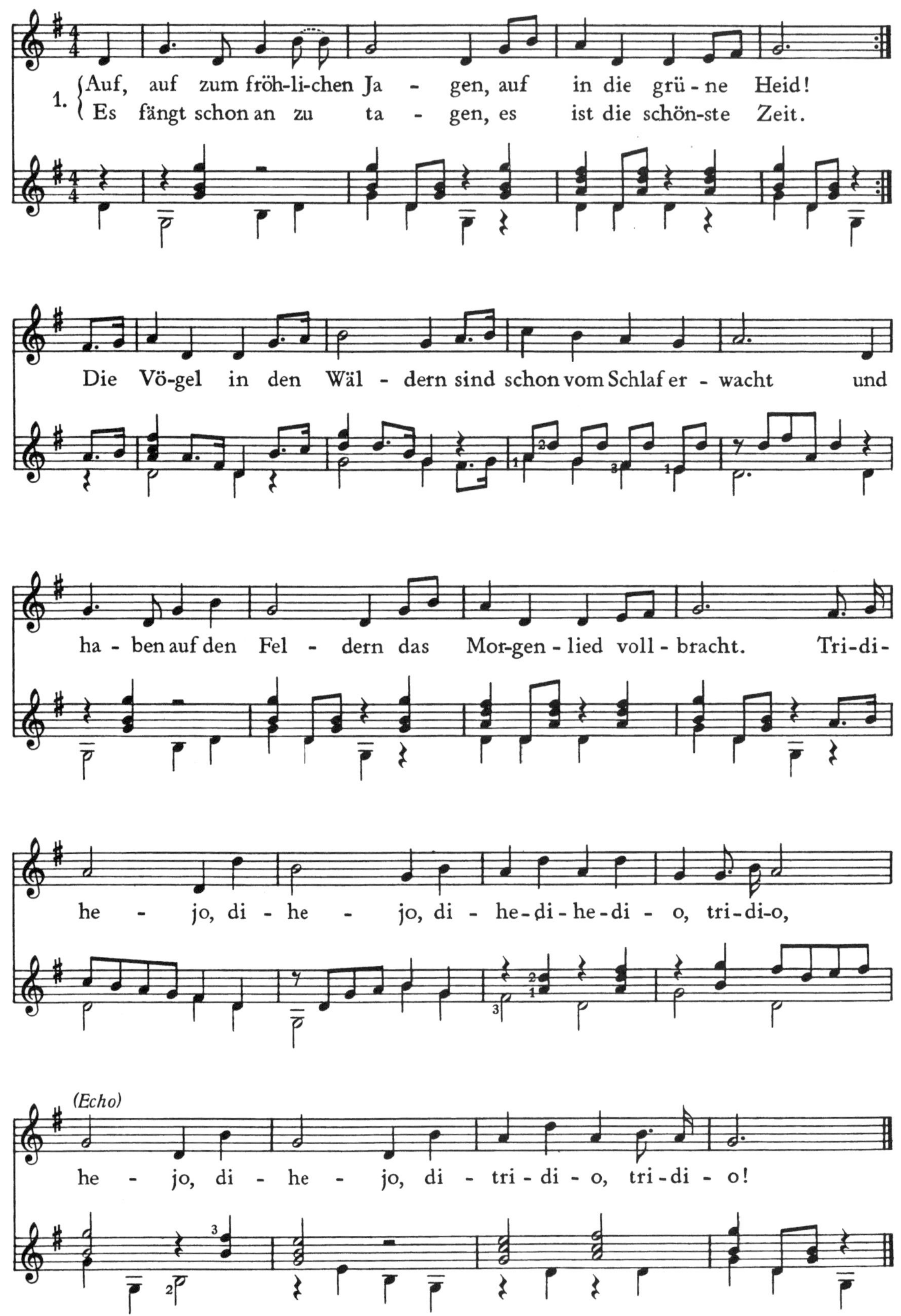
1. Auf, auf zum fröh-li-chen Ja - gen, auf in die grü - ne Heid!
Es fängt schon an zu ta - gen, es ist die schön-ste Zeit.
Die Vö-gel in den Wäl - dern sind schon vom Schlaf er - wacht und
ha - ben auf den Fel - dern das Mor-gen - lied voll - bracht. Tri-di-
he - jo, di - he - jo, di - he-di-he-di - o, tri-di-o,
(Echo)
he - jo, di - he - jo, di - tri - di - o, tri - di - o!

2. Frühmorgens, als der Jäger in' grünen Walde kam, da sah er mit Vergnügen das schöne Wildprat an. Die Gamslein, Paar und Paare, sie kommen von weit her, die Rehe und die Hirschlein, das schöne Wildprat schwer.

3. Das edle Jägerleben vergnüget meine Brust, dem Wilde nachzustreifen, ist meine höchste Lust. Wir laden unsre Büchsen mit Pulver und mit Blei; wir führn das schönste Leben, im Walde sein wir frei.

Worte: nach Gottfried Benjamin Hancke (1724) · Weise: Kärtner Fassung der auf ein altes französisches Jagdlied (1568) zurückgehenden Weise. Sie wurde um 1900 von Karl Liebleitner aufgezeichnet.

Kuchenbacken

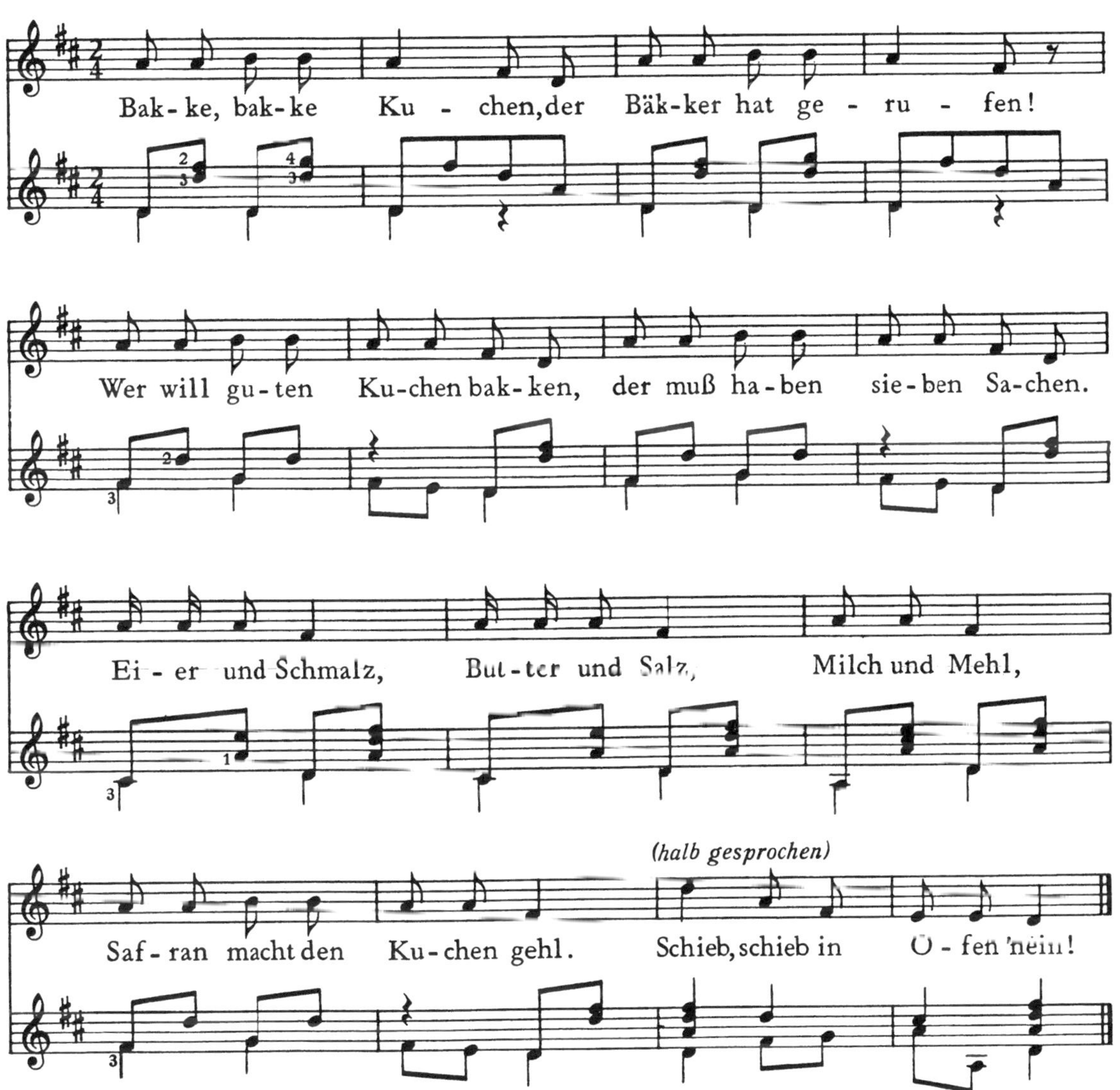

Worte und Weise: mündlich aus Sachsen und Thüringen überliefert (vor 1840); in mehreren textlichen und mundartlichen Varianten bekannt.

Spielanleitung: Das Kind sitzt auf dem Schoß der Mutter: bei jeder betonten Silbe wird in die Hände geklatscht.

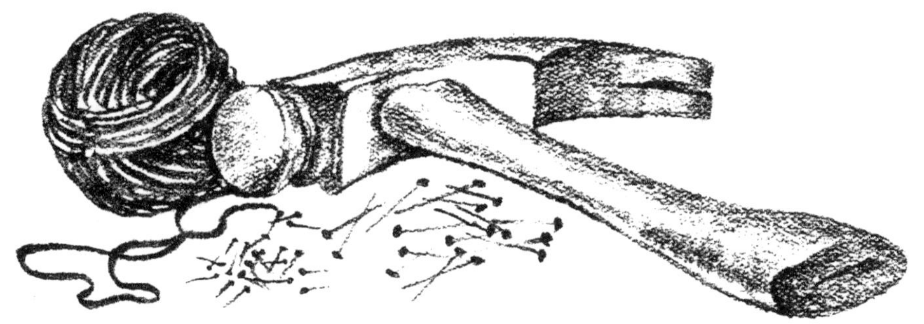

Lieber Meister, höre zu

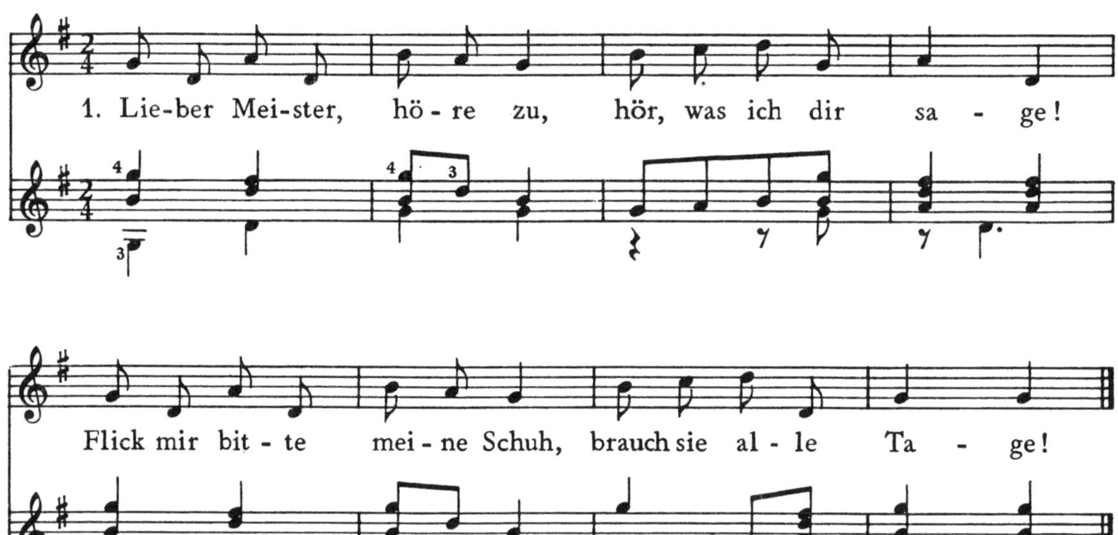

2. Hole Nadel, Zwirn und Draht, Nägel, Pech und Hammer; denn ich weiß mir keinen Rat. Ach, es ist ein Jammer!

3. Läuft das Wasser durch das Loch, krieg ich kalte Zehen. Und am Ende muß ich noch morgen barfuß gehen.

4. Sicher wirst du meine Schuh mir gleich reparieren, denn am Festtag, morgen früh, will ich mit marschieren.

Worte: Gustav Sichelschmidt und Fritz Bachmann · Weise: Fritz Bachmann

Mein Handwerk fällt mir schwer

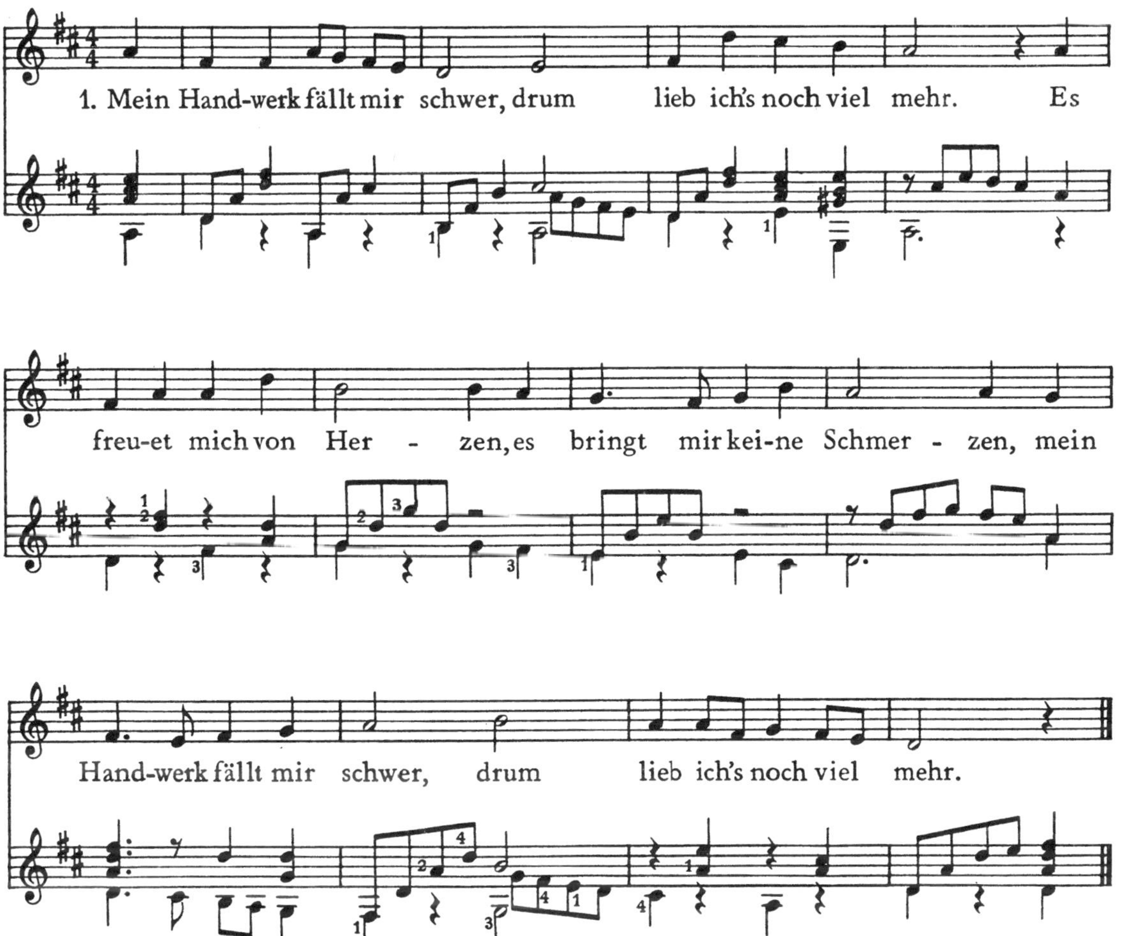

2. Im Sommer in dem Wald, wo unsre Axt erschallt, des Meisters Geld tut klingen, die Nachtigall tut singen; da spür ich nichts als Lust in meiner Herzensbrust.

3. Die Schnur, die ziehn wir auf nach rechtem Handwerksbrauch, den Zirkel zum Abstechen, den Zollstock zum Abmessen die rechte Höh und Breit, die Läng ist auch dabei.

4. Ist nun ein Bau vorbei, so gibt's auch Schmauserei; gut's Essen und gut's Trinken, gebackne Fisch und Schinken, gut Bier und kühlen Wein, da wolln wir lustig sein!

Worte und Weise: nach Franz Wilhelm von Ditfurth, *Fränkische Volkslieder* II, Nr. 329, Leipzig 1855, – Zimmergesellenlied aus Schweinfurt.

Mit dem Pfeil, dem Bogen

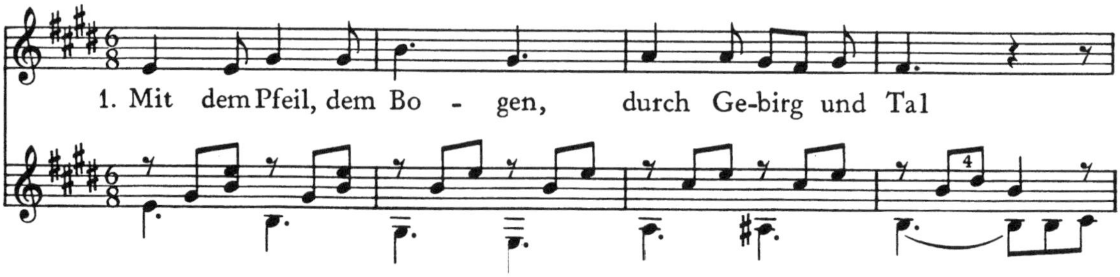

1. Mit dem Pfeil, dem Bo - gen, durch Ge-birg und Tal

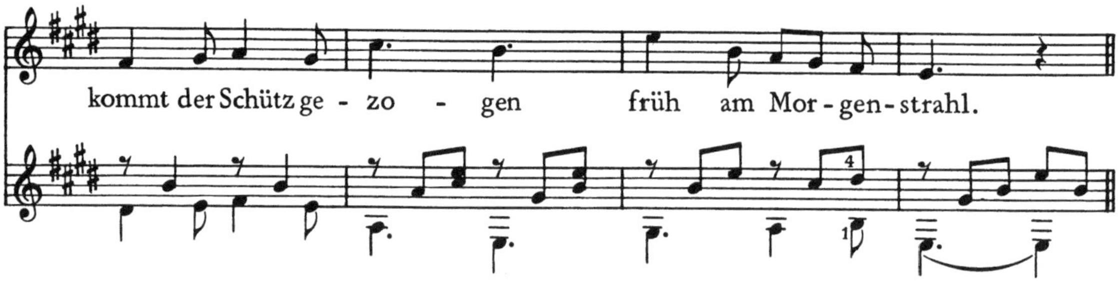

kommt der Schütz ge - zo - gen früh am Mor - gen - strahl.

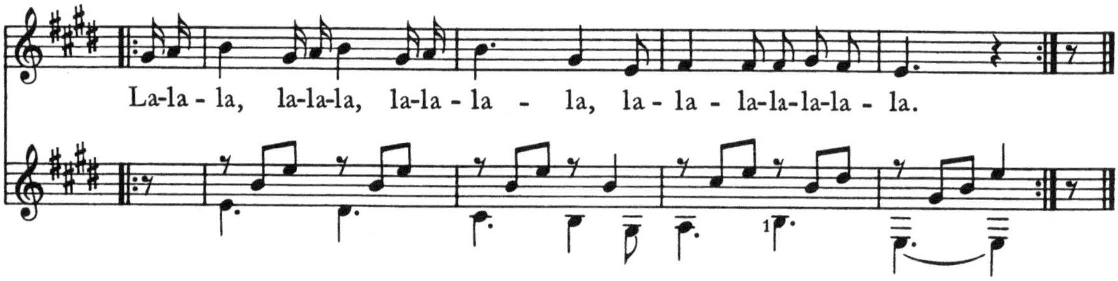

La-la - la, la-la-la, la-la - la - la, la - la - la-la-la-la - la.

2. Wie im Reich der Lüfte König ist der Weih – durch Gebirg und Klüfte herrscht der Schütze frei. La-la-la usw.

3. Ihm gehört das Weite, was sein Pfeil erreicht, das ist seine Beute, was da kreucht und fleugt. usw.

Worte: aus *Wilhelm Tell* von Friedrich von Schiller (1803). · Weise: Anselm Weber (1804)

Musikantenspiel

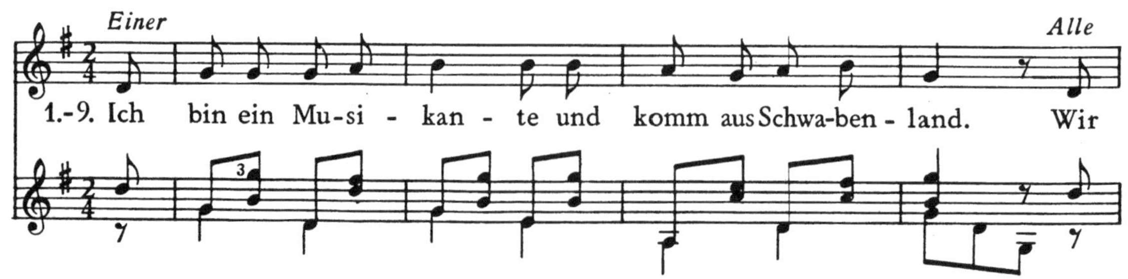

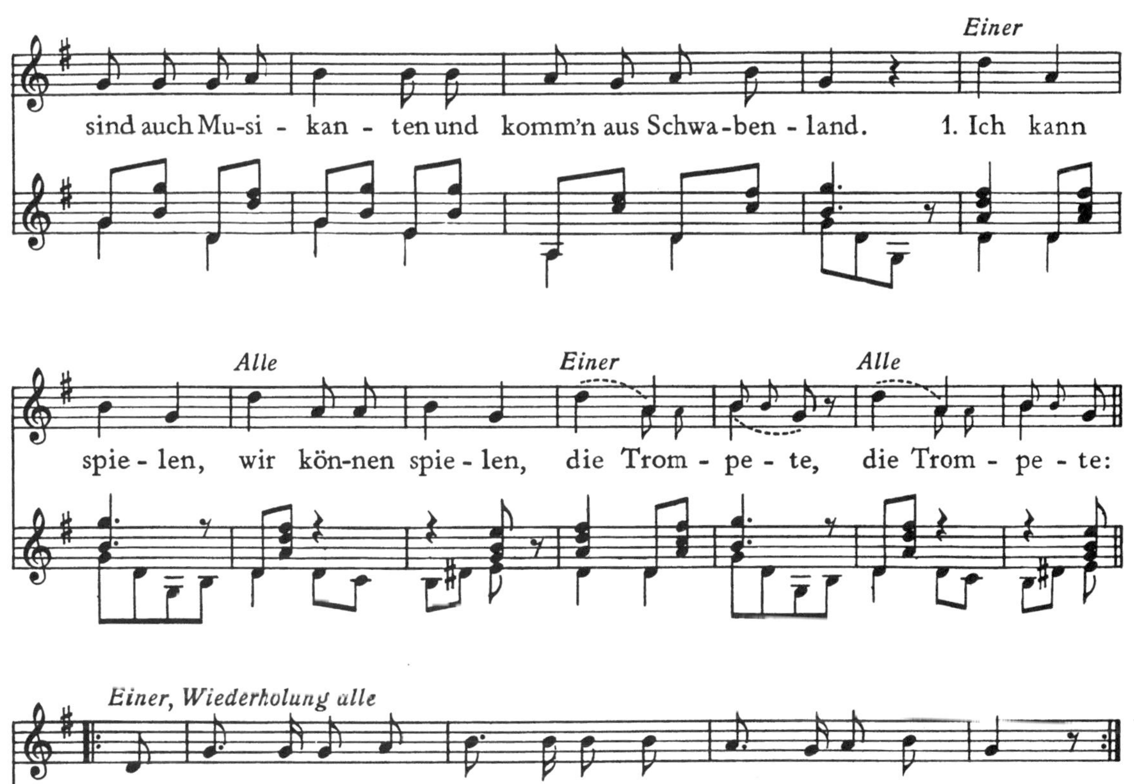

2. . . . die Posaune: dohidoha, dohidoha, dohidoha, dohi.

3. . . . die Flöte: (die Melodie pfeifen).

4. . . . die Klarinette: tühütütü, tühütütü, tühütütü, tühü.

5. . . . die Trommel: daramdamdam, daramdamdam, daramdamdam, daram.

6. . . . auf der Pauke: bumbumberum, bumbumberum, bumbumberum, bumbum.

7. . . . die Geige: simsimserim, simsimserim, simsimserim, simsim.

8. . . . den Kontrabaß: schrumschrumscherum, schrumschrumscherum, schrumschrum-scherum, schrumschrum.

9. . . . das Fagott: bobobobo, bobobobo, bobobobo, bobo.

Worte und Weise: Volkslied aus Schlesien, in unterschiedlichen textlichen und mundartlichen Varianten bekannt

Spielanleitung: Die Kinder ahmen jeweils die im Text besungenen Instrumente bzw. deren Spieltechniken und -haltungen nach. In der letzten Wiederholung einer jeden Strophe können die bereits nachgeahmten Instrumente in umgekehrter Reihenfolge wiederholt werden (also etwa: tühütütü – pfeifen – dohidoha – terengtengteng).

Schneidri, schneidra

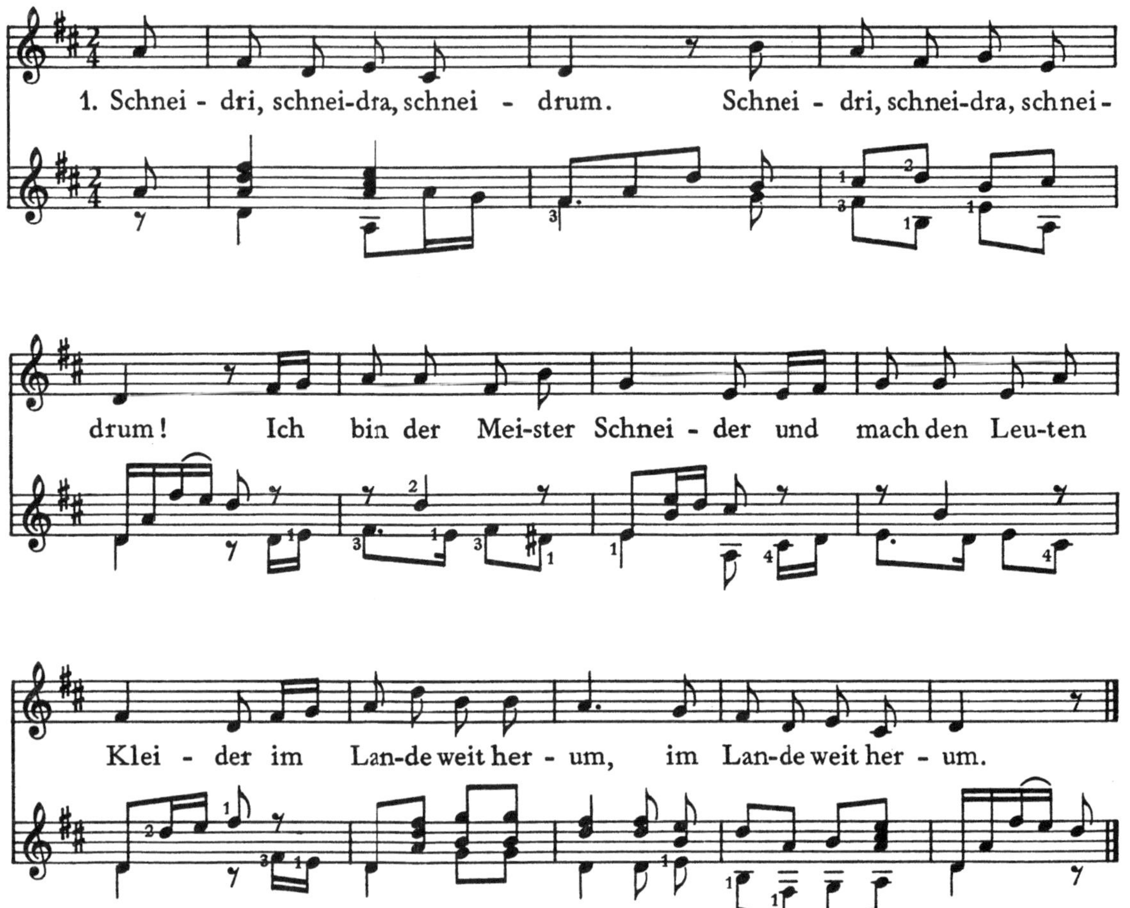

2. Schneidri, schneidra, schneidrum. Ich Schneider bin ein Mann! Kann einem neues Leben durch meine Arbeit geben, daß er passieren kann. Ich Schneider bin ein Mann!

3. Schneidri, schneidra, schneidrum. Ich sitz und schau mich um, als wenn ich Kaiser wäre, mein Zepter ist die Schere, mein Tisch das Kaisertum. Ich sitz und schau mich um.

4. Schneidri, schneidra, schneidrum. Spott keins der Schneider mehr! Man halte sie in Ehren! Wenn keine Schneider wären, wir liefen nackt herum. Schneidri, schneidra, schneidrum.

Worte und Weise: nach Franz Wilhelm von Ditfurth, *Fränkische Volkslieder* II, Nr. 324, Leipzig 1855

Was macht der Fuhrmann

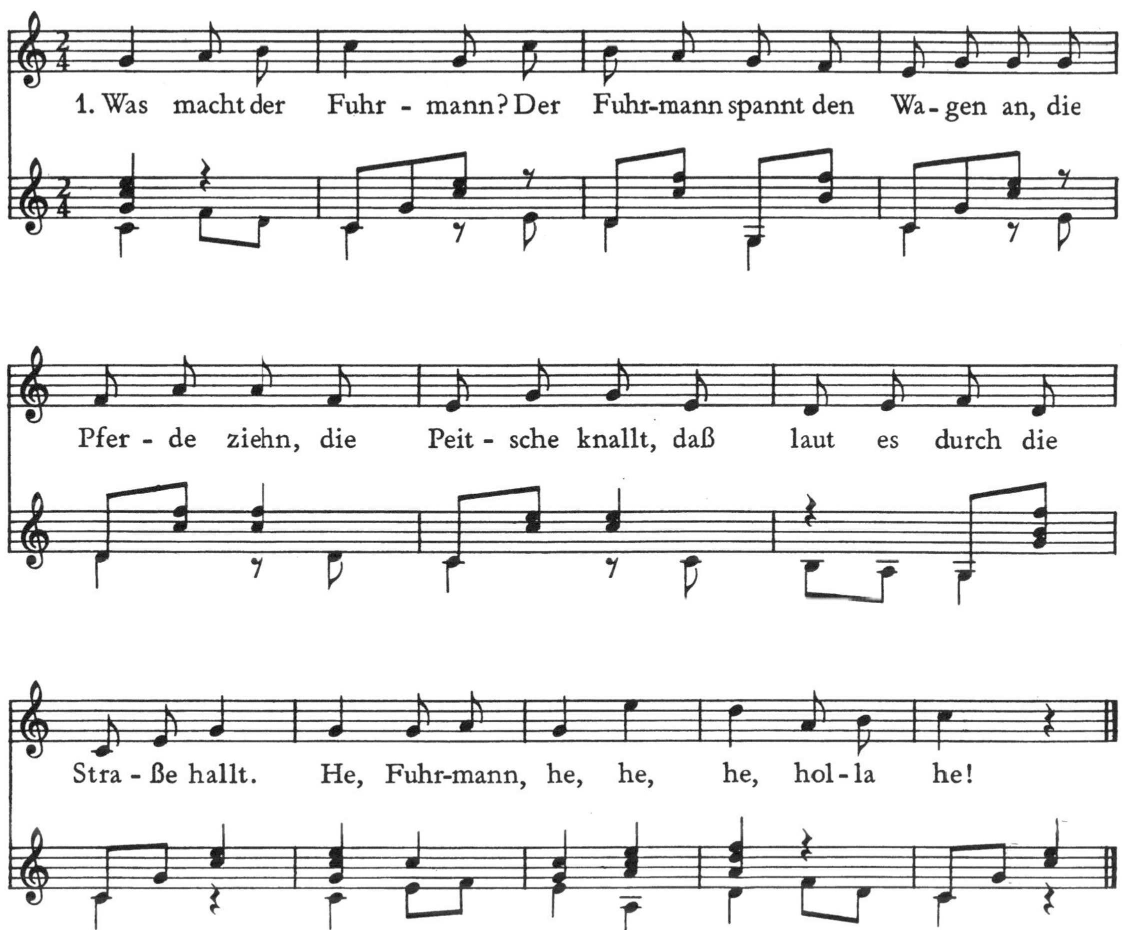

2. Was macht der Fährmann? Der Fährmann legt ans Ufer an und denkt: „Ich halt nicht lange still, es komme, wer da kommen will." He, Fährmann usw.

3. Da kam der Fuhrmann mit seinem großen Wagen an. Der war mit Kisten vollgespickt, daß sich der Fährmann sehr erschrickt. He, Fuhrmann usw.

4. Da sprach der Fährmann: „Ich fahr euch nicht, Gevattersmann, gebt ihr mir nicht aus jeder Kist' ein Stück von dem, was drinnen ist." He, Fährmann usw.

5. „Ja", sprach der Fuhrmann. Und als sie kamen drüben an, da öffnet er die Kist' geschwind, da war nichts drin als lauter Wind. He, Fuhrmann usw.

6. Schalt da der Fährmann? O nein, o nein, er lachte nur: „Aus jeder Kist' ein Stücklein Wind, dann fährt mein Schifflein sehr geschwind." He, Fährmann usw.

Worte und Weise: Volkslied aus Westfalen

Wer will fleißige Handwerker sehn

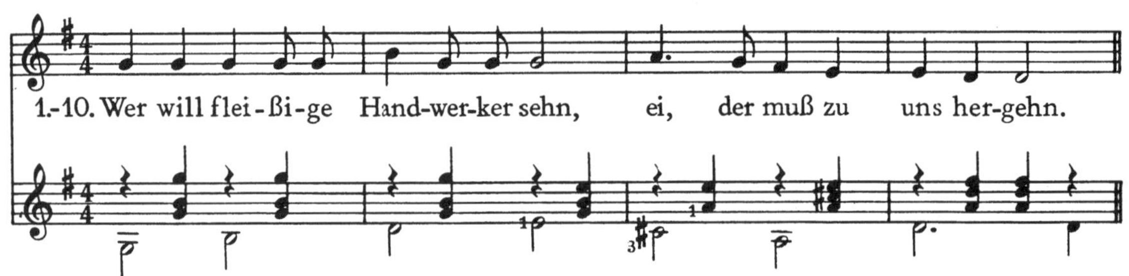

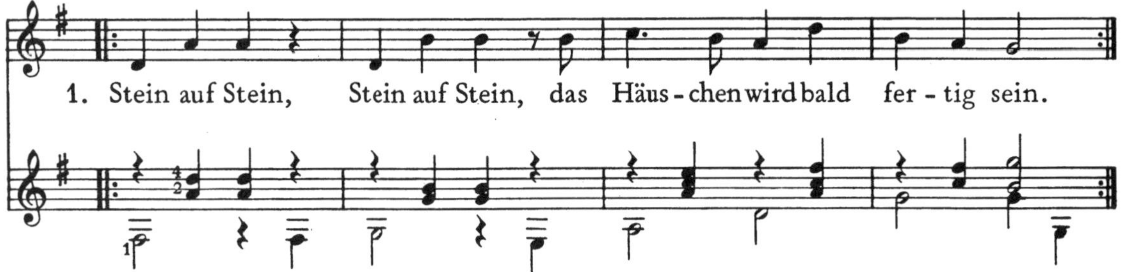

2. |: O wie fein, o wie fein, der Glaser setzt die Scheiben ein. :|

3. |: Tauchet ein, tauchet ein, der Maler streicht die Wände fein. :|

4. |: Zisch, zisch, zisch, zisch, zisch, zisch, der Tischler hobelt glatt den Tisch. :|

5. |: Schornsteinfeger auf dem Haus, kehrt uns schnell den Schornstein aus. :|

6. |: Poch, poch, poch, poch, poch, poch, der Schuster nagelt zu das Loch. :|

7. |: Stich, stich, stich, stich, stich, stich, der Schneider näht ein Kleid für mich. :|

8. |: Ramm, ramm, ramm, ramm, ramm, ramm, Steinsetzer pflastert neu den Damm. :|

9. |: Ping, pang, ping, ping, pang, ping, der Schmied beschlägt das Rößlein flink. :|

10. |: Bum, bum, bum, bum, bum, bum, der Böttcher schlägt den Reifen um. :|

11. |: Hopp, hopp, hopp, hopp, hopp, hopp, nun tanzen alle im Galopp. :|

Worte und Weise: vermutlich aus einem Kindergarten

Spielanleitung: Die Kinder bilden einen Kreis, fassen sich an den Händen und gehen links herum. Bei den Worten „Stein auf Stein" und in den anderen Strophen an dieser Stelle bleiben alle stehen und ahmen die jeweiligen, im Text genannten Tätigkeiten nach.

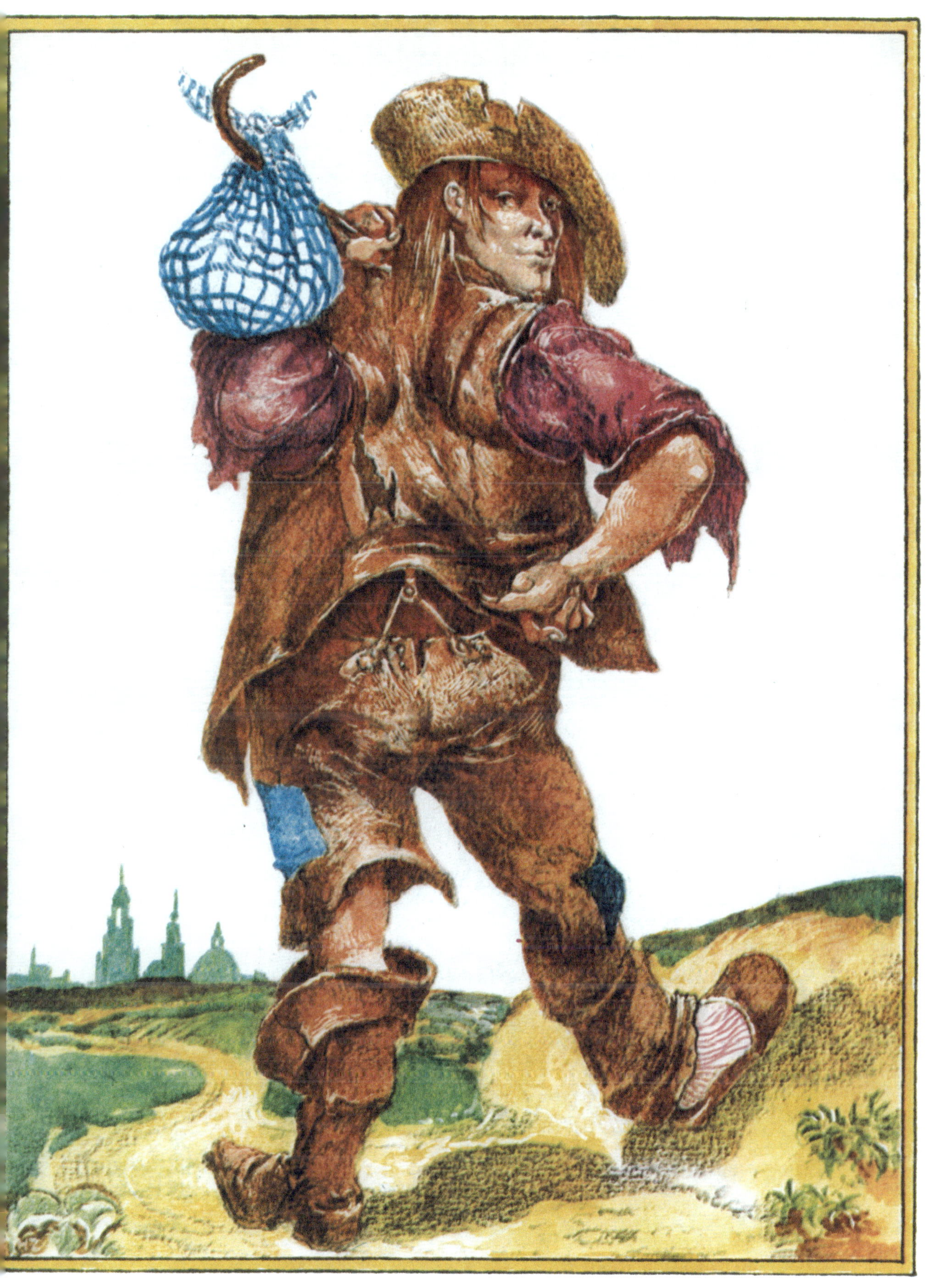

Heute wollen wir das Ränzlein schnüren

Als ich einmal reiste

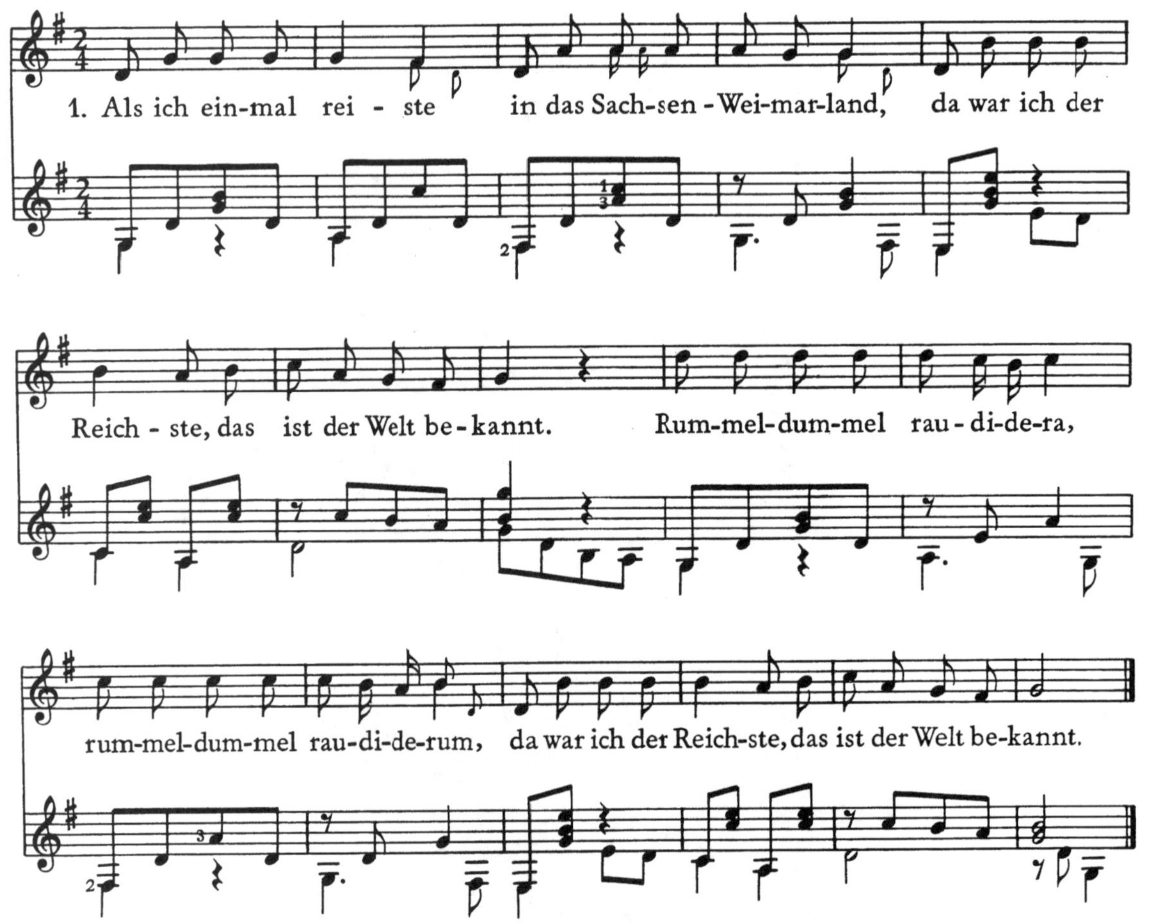

2. Zwei Jahr bin ich's geblieben, zog ich umher von Land zu Land, und was ich da getrieben, das ist der Welt bekannt. Rummel, dummel raudidera usw.

3. Als ich wied'rum kommen in unser altes Dorf hinein, da schaute meine Mutter aus ihrem Fensterlein. usw.

4. „Ach Sohne, liebster Sohne, dein Ansehn g'fällt mir gar nit wohl: dein Höslein sein verloren, die Strümpf, das Kamisol[1]!" usw.

5. „Ach Mutter, liebste Mutter, was fragt ihr nach der Lumperei? An Höslein, Rock und Futter spart ihr die Flickerei." usw.

6. „In Reußen und in Preußen wohl bei den schönsten Mägdelein, da gingen sie aut Reisen bei Bier und kühlem Wein!" usw.

7. Mein' Mutter ging zur Küchen, sie kocht' mir Nudel und Sauerkraut, stopft' Rock und Höslein, daß ich bin herrlich anzuschaun. usw.

[1] kurzes Wams

Worte und Weise: Volkslied aus Thüringen

Auf, du junger Wandersmann

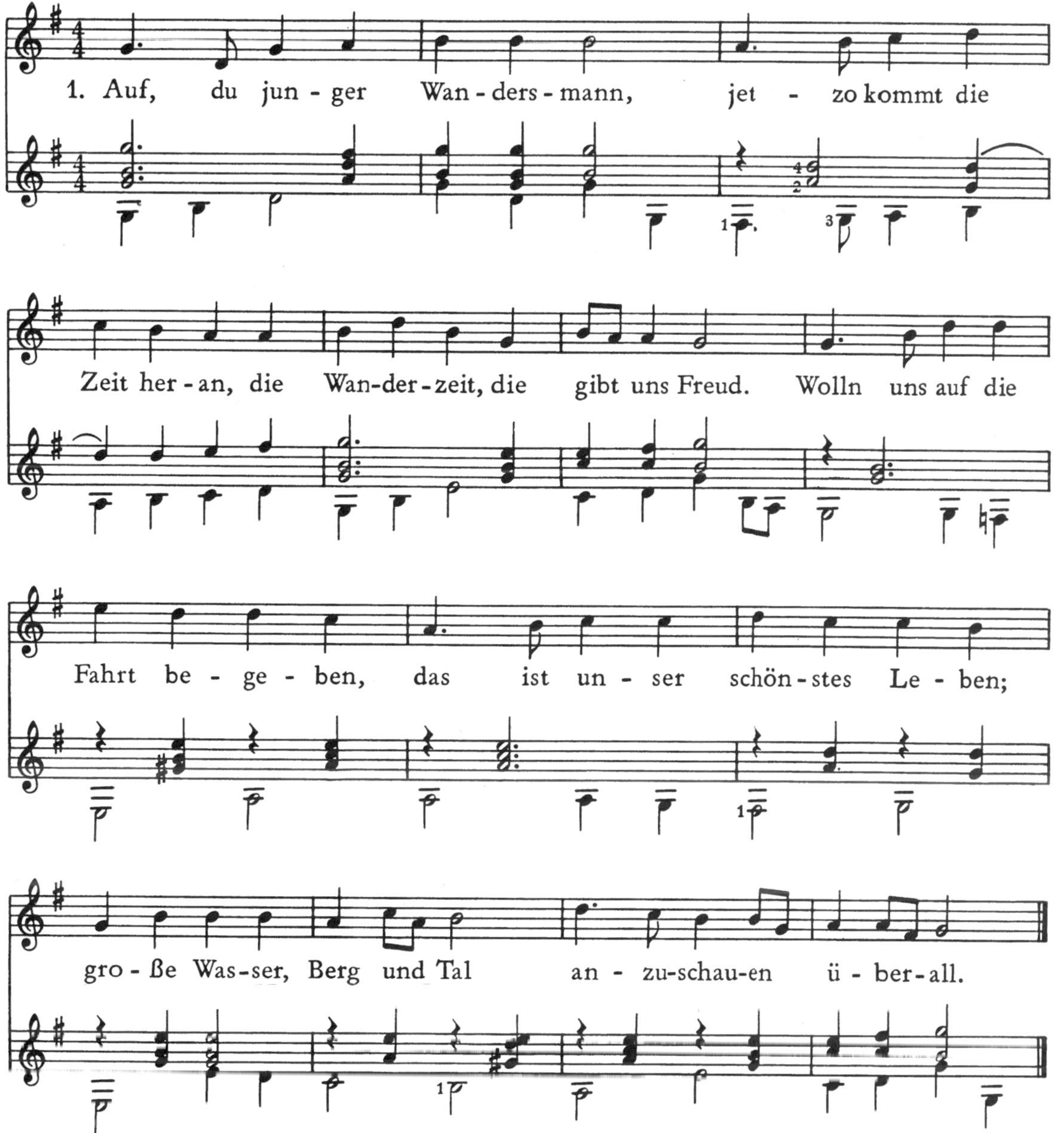

2. An dem schönen Donaufluß findet man ja seine Lust und seine Freud auf grüner Heid, wo die Vöglein lieblich singen und die Hirschlein fröhlich springen; dann kommt man vor eine Stadt, wo man gute Arbeit hat.

3. Mancher hinterm Ofen sitzt und gar fein die Ohren spitzt, kein Stund vors Haus ist kommen aus. Den soll man als G'sell erkennen oder gar ein' Meister nennen, der noch nirgends ist gewest, nur gesessen in sein'm Nest?

4. Mancher hat auf seiner Reis ausgestanden Müh und Schweiß und Not und Pein, das muß so sein, trägt's Felleisen auf dem Rücken, trägt es über tausend Brücken, bis er kommt nach Innsbruck ein, wo man trinkt Tirolerwein.

Worte: Walther Hensel · Weise: Volkslied aus Franken

Das Wandern ist des Müllers Lust

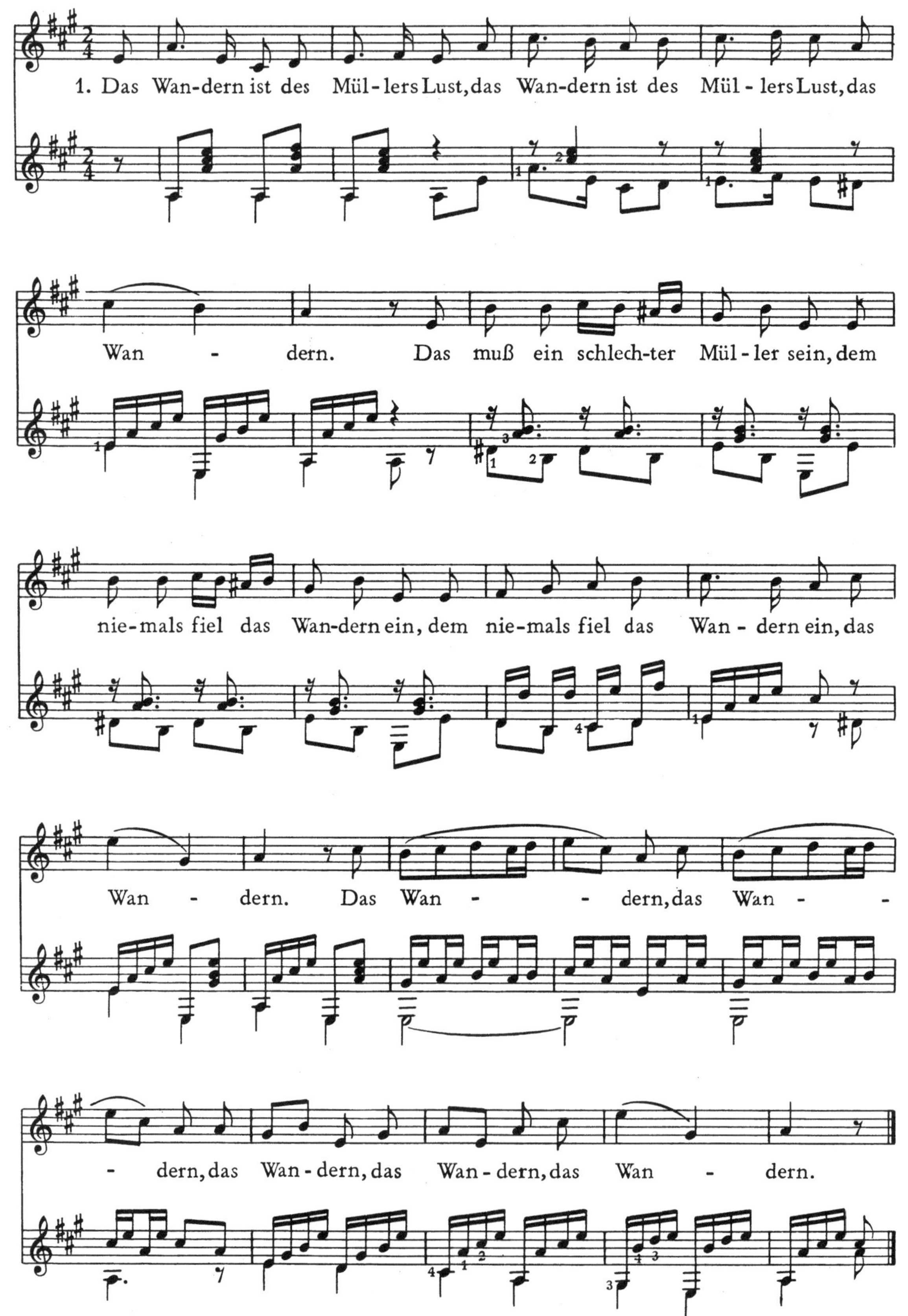

2. |: Vom Wasser haben wir's gelernt, :| vom Wasser. Das hat nicht Ruh bei Tag und Nacht, |: ist stets auf Wanderschaft bedacht, :| das Wasser.

3. |: Das sehn wir auch den Rädern ab, :| den Rädern, die gar nicht gerne stille stehn |: und sich mein Tag nicht müde drehn, :| die Räder.

4. |: Die Steine selbst, so schwer sie sind, :| die Steine, sie tanzen mit den muntern Reih'n |: und wollen gar noch schneller sein, :| die Steine.

5. |: O Wandern, Wandern, meine Lust, :| o Wandern! Herr Meister und Frau Meisterin, |: laßt mich in Frieden weiter ziehn :| und wandern!

Worte: Wilhelm Müller (1817/18), erste Dichtung des von Franz Schubert vertonten Zyklus *Die schöne Müllerin* · Weise: nach Karl Friedrich Zöllner (1844)

Ein Heller und ein Batzen

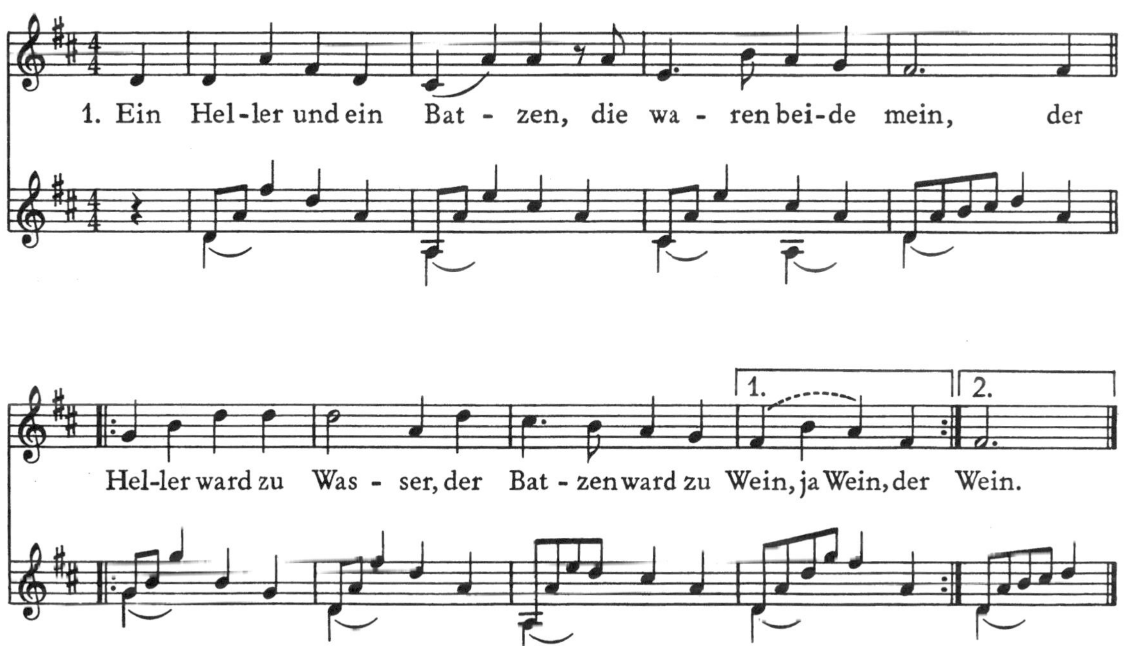

2. Die Mädel und die Wirtsleut, die rufen beid': „O weh!“, |: die Wirtsleut, wenn ich komme, die Mädel, wenn ich geh. :|

3. Mein' Stiefel sind zerrissen, mein' Schuh, die sind entzwei, |: und draußen auf der Heiden, da singt der Vogel frei. :|

4. Und gäb's kein Landstraß nirgends, da säß ich still zu Haus, |: und gäb's kein Loch im Fasse, da tränk ich gar nicht draus! :|

Worte: Albert v. Schlippenbach (1830) · Weise: aus der Wandervogelzeit

Hänschen klein

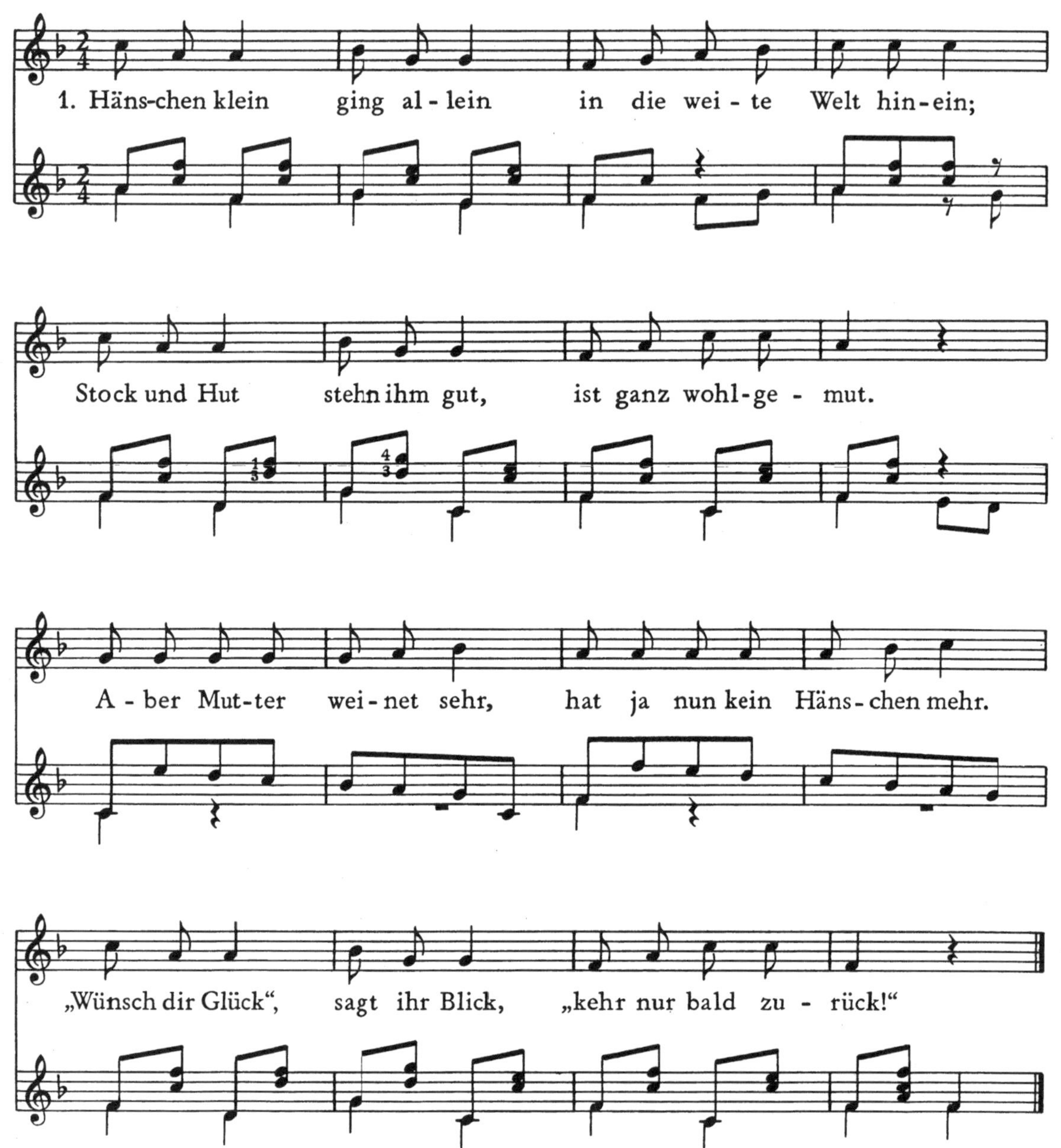

2. Sieben Jahr, trüb und klar, Hänschen in der Fremde war. Da besinnt sich das Kind, eilet heim geschwind. Doch nun ist's kein Hänschen mehr, nein, ein großer Hans ist er. Stirn und Hand braun gebrannt, wird er wohl erkannt?

3. Ein, zwei, drei gehn vorbei, wissen nicht, wer das wohl sei. Schwester spricht: „Welch Gesicht!", kennt den Bruder nicht. Kommt daher die Mutter sein, schaut ihm kaum ins Aug hinein, ruft sie schon: „Hans, mein Sohn! Grüß dich Hans, mein Sohn!"

Worte: Franz Wiedemann · Weise: wie *Alles neu macht der Mai* (Text: H. v. Kampen, 1818) oder *Turner zieht froh dahin* weitere volkstümliche Variante auf das bekannte Jugendlied *Fahret hin* (um 1710)

Heute wollen wir das Ränzlein schnüren

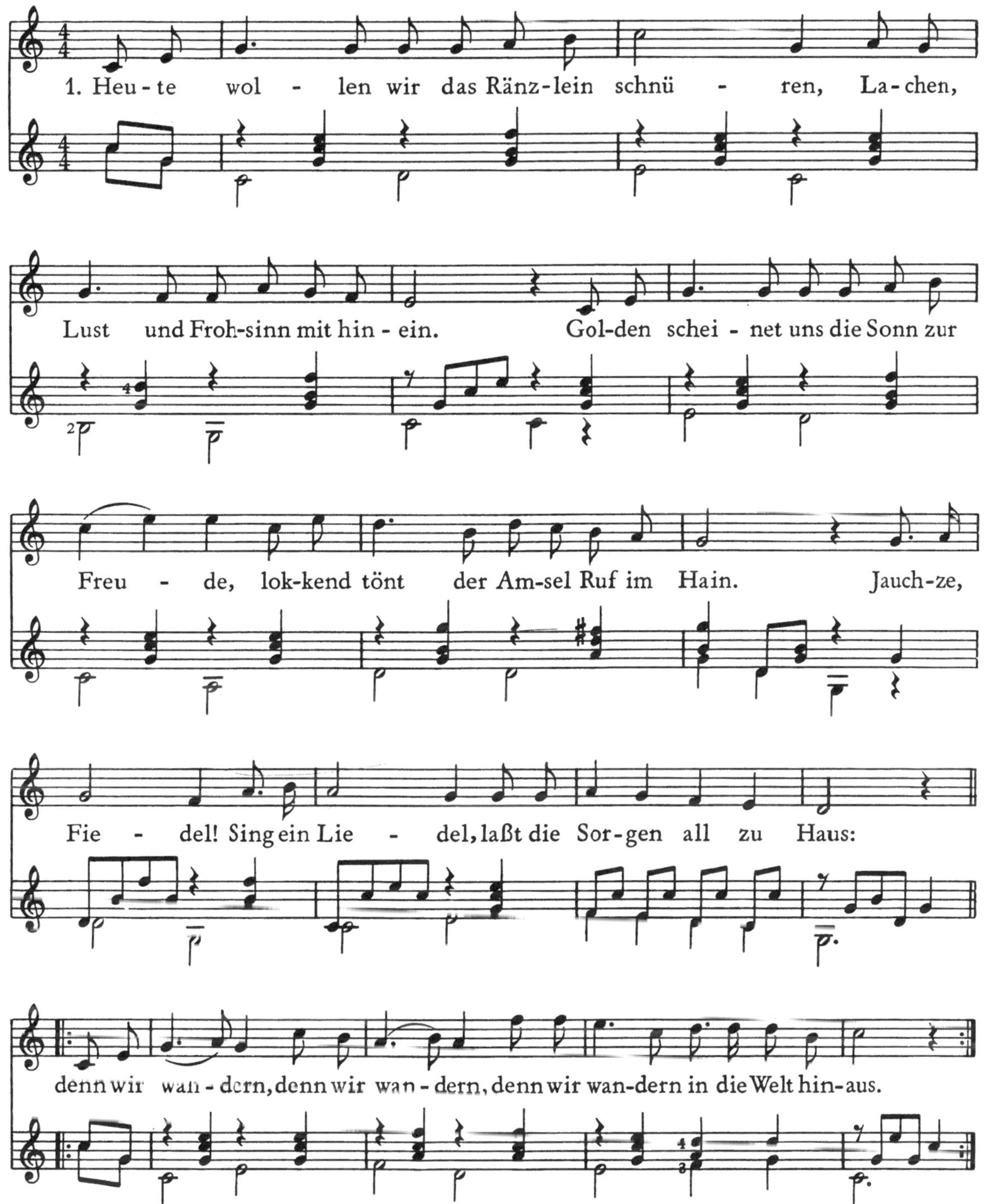

2. Haben wir des Berges Höh' erklommen, schauen lachend wir ins Tal zurück: Lebet wohl, ihr engen staub'gen Gassen, heute winkt uns der Scholaren Glück. Jauchze, Fiedel! usw.
3. Unser ist des heil'gen Waldes Dunkel und der blühend Heide Scharlachkleid und des Kornes goldne, reife Wogen, all das Blühn und Werden weit und breit. usw.

Worte: unbekannt · Weise nach Reinhold Schaad (1884)

Hoch auf dem gelben Wagen

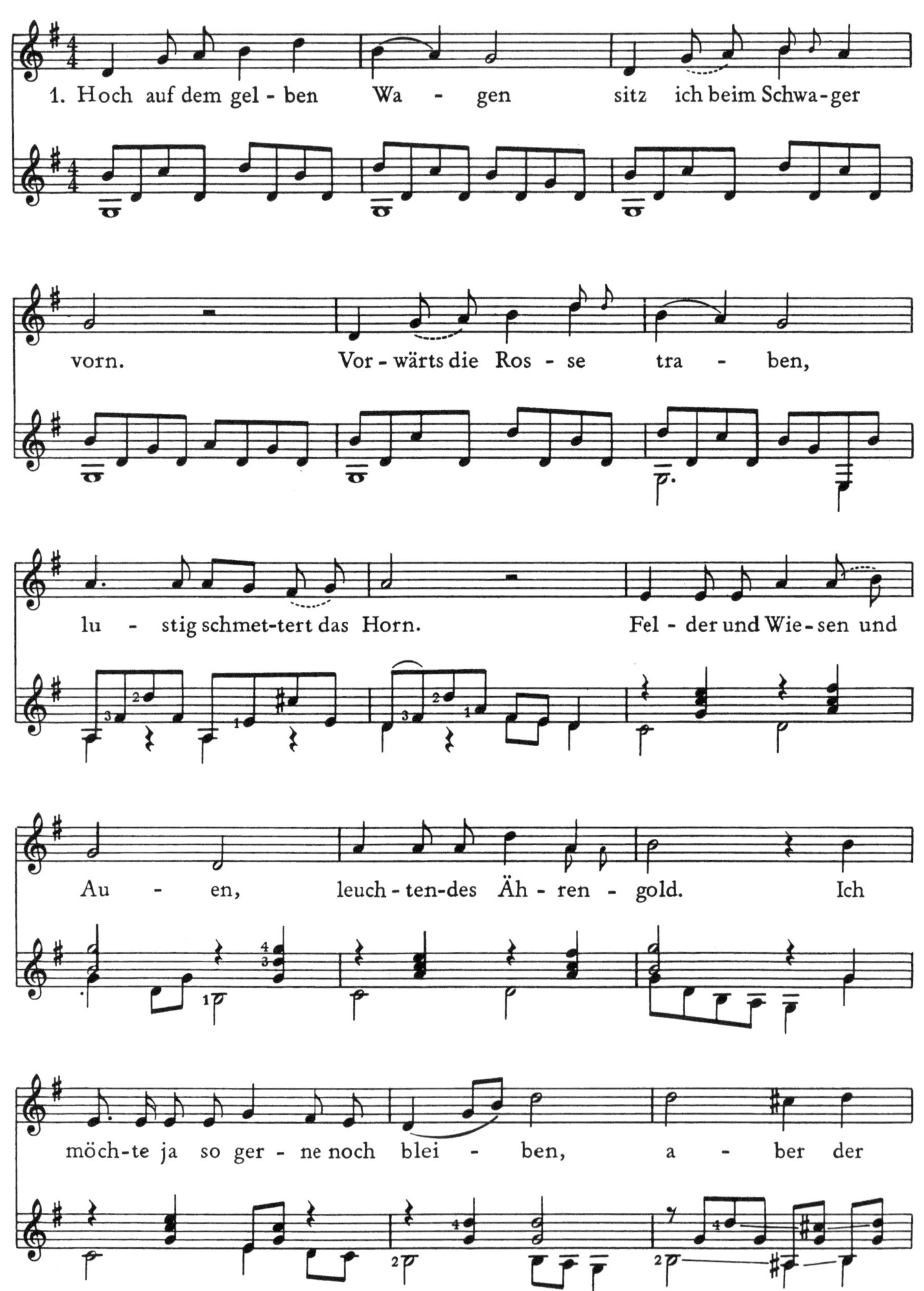

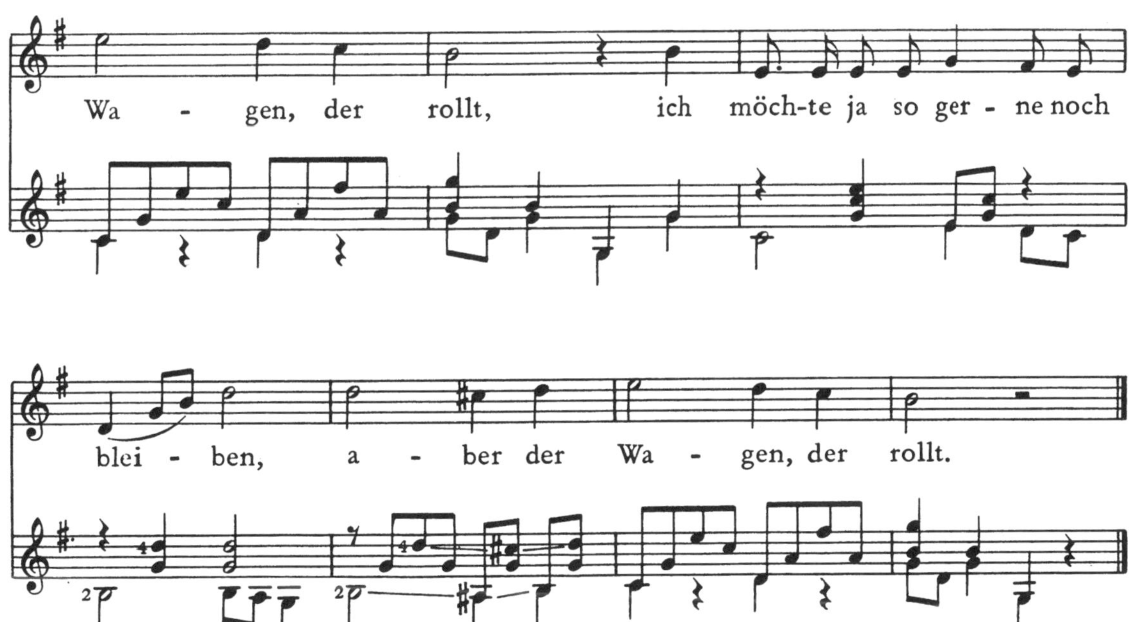

2. Postillon in der Schenke füttert die Rosse im Flug. Schäumendes Gerstengetränke reicht mir der Wirt im Krug. Hinter den Fensterscheiben lacht ein Gesicht so hold. |: Ich möchte ja so gerne noch bleiben, aber der Wagen, der rollt. :|

3. Flöten hör ich und Geigen, lustiges Baßgebrumm. Junges Volk im Reigen tanzt um die Linde herum, wirbelt wie Blätter im Winde, jauchzet und lacht und tollt. |: Ich bliebe ja so gerne bei der Linde, aber der Wagen, der rollt. :|

4. Sitzt einmal ein Gerippe dort beim Schwager vorn, schwenkt statt der Peitsche die Hippe, Stundenglas statt des Horns, sag ich: Ade nun, ihr Lieben, die ihr nicht mitfahren wollt. |: Ich wäre ja so gern noch geblieben, aber der Wagen, der rollt. :|

Worte: Rudolf Baumbach · Weise: Heinz Höhne

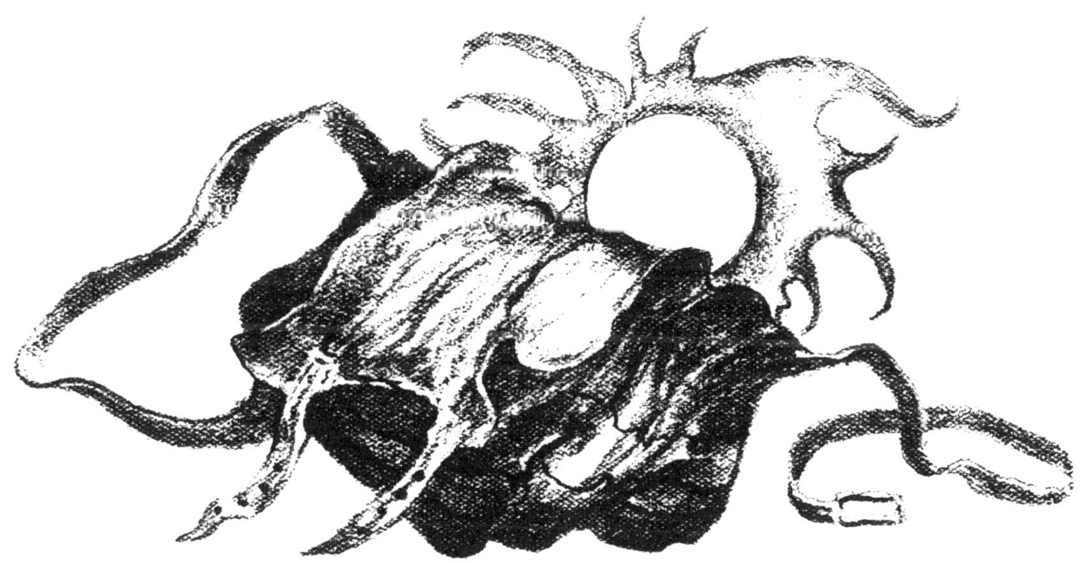

Im Frühtau zu Berge

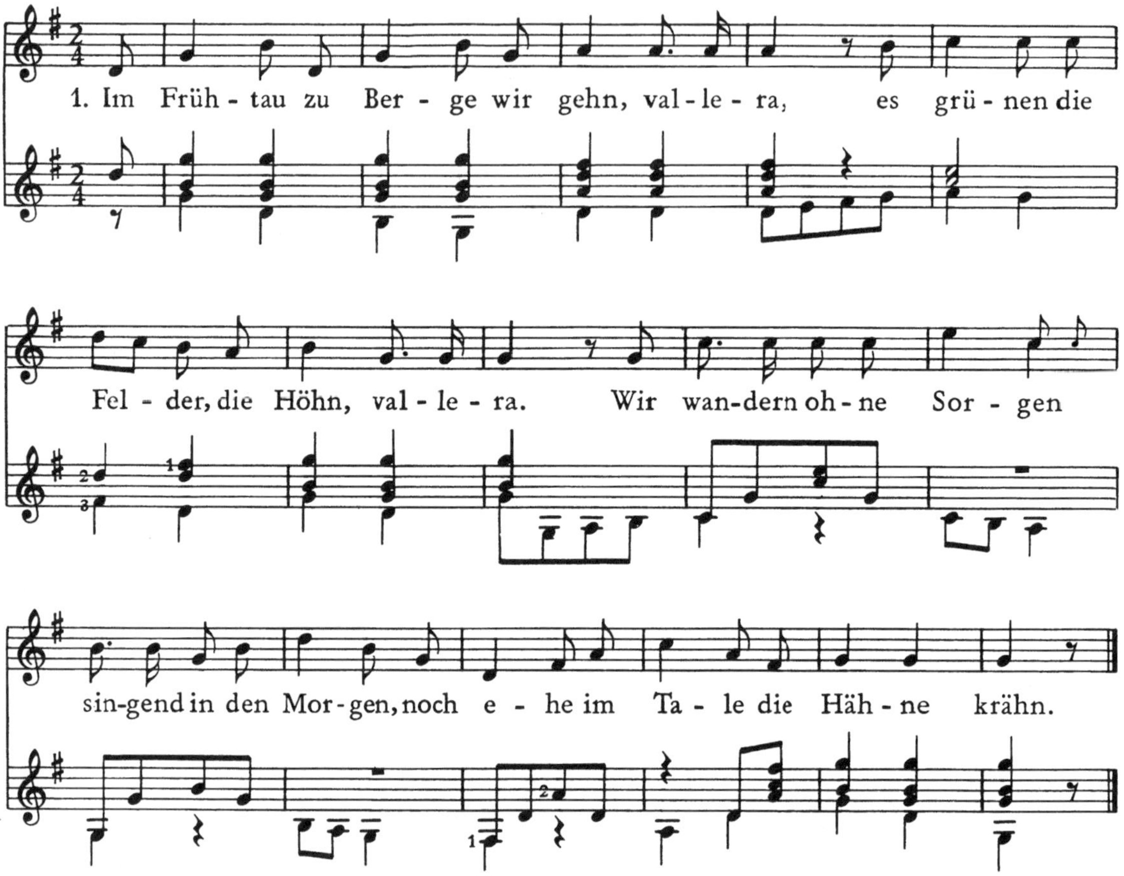

1. Im Früh - tau zu Ber - ge wir gehn, val - le - ra, es grü - nen die Fel - der, die Höhn, val - le - ra. Wir wan-dern oh - ne Sor - gen sin-gend in den Mor - gen, noch e - he im Ta - le die Häh - ne krähn.

2. Ihr alten und hochweisen Leut, vallera, ihr denkt wohl, wir sind nicht gescheit, vallera! Wer sollte aber singen, wenn wir schon Grillen fingen in dieser herrlichen Frühlingszeit!

3. Werft ab alle Sorgen und Qual, vallera, und wandert mit uns aus dem Tal, vallera! Wir sind hinausgegangen, den Sonnenschein zu fangen: Kommt mit und versucht es doch selbst einmal!

Worte und Weise: nach einem schwedischen Volkslied. Deutsche Textversion: Walther Hensel

Jetzt kommen die lustigen Tage

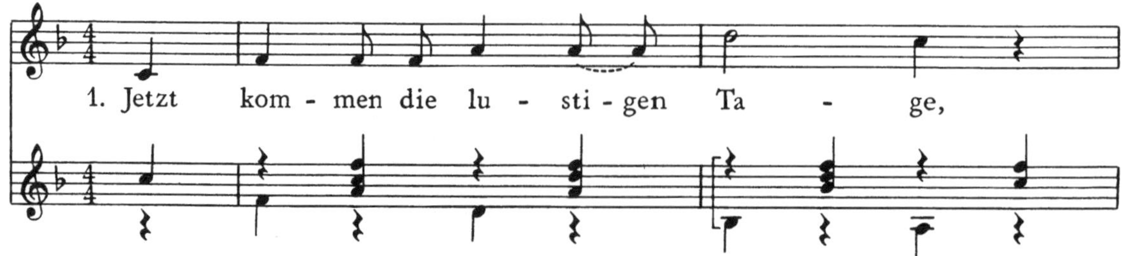

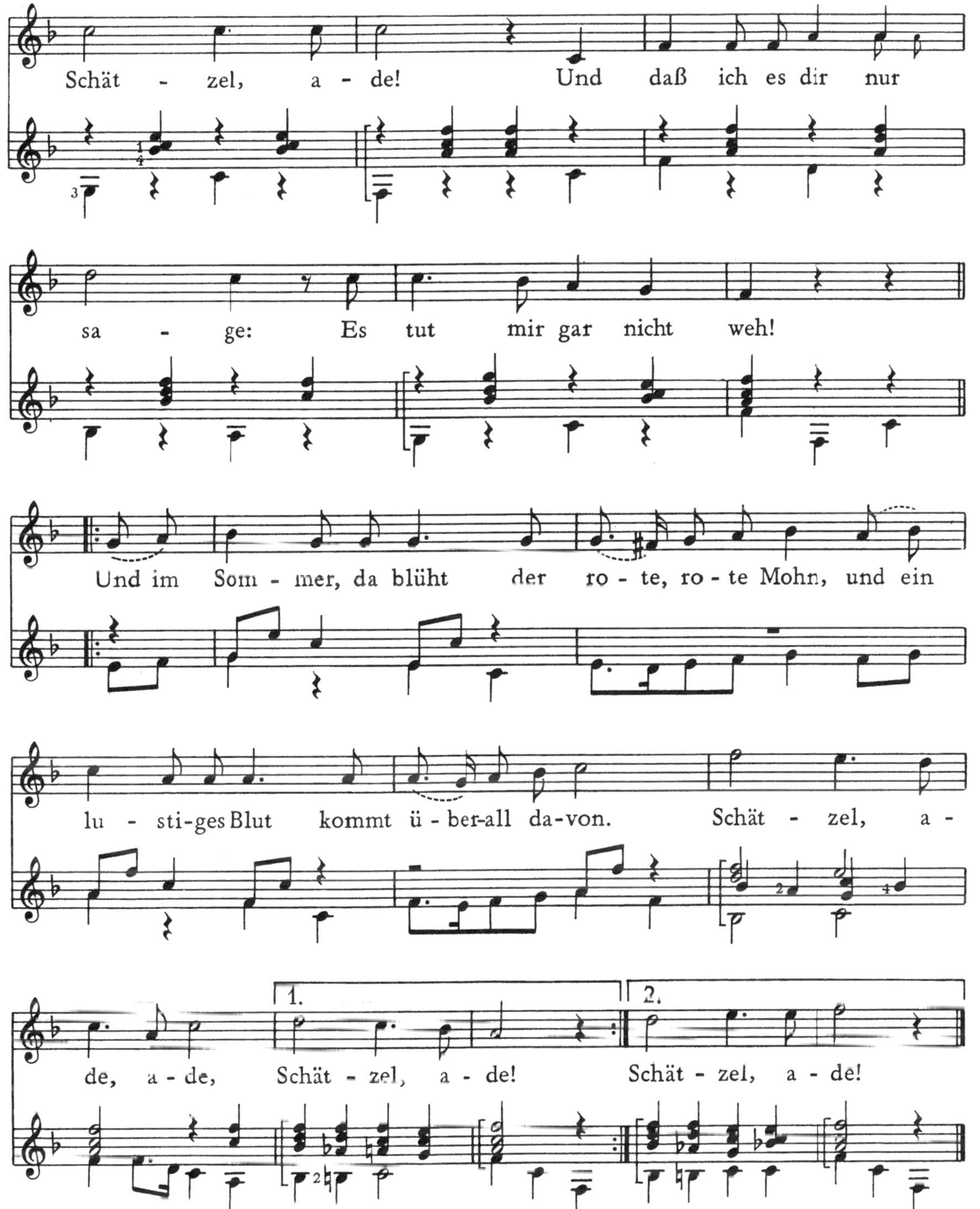

2. Im Sommer, da kann man wandern, Schätzel, ade! Und küssest du auch einen andern, wenn ich es nur nicht seh. |: Und seh' ich's im Traum, so red' ich mir halt ein, ach, es ist ja nicht wahr, es kann ja gar nicht sein. Schätzel, |: ade, :| Schätzel, ade! :|

3. Und komm ich dann einstmals wieder, Schätzel, ade, so sing' ich die alten Lieder, vorbei ist all mein Weh. |: Und bist du mir dann, wie einstmals im Mai, so bleib ich bei dir auf ewige Treu. Schätzel, |: ade, :| Schätzel ade! :

Worte und Weise: Volkslied aus Schlesien (um 1906)

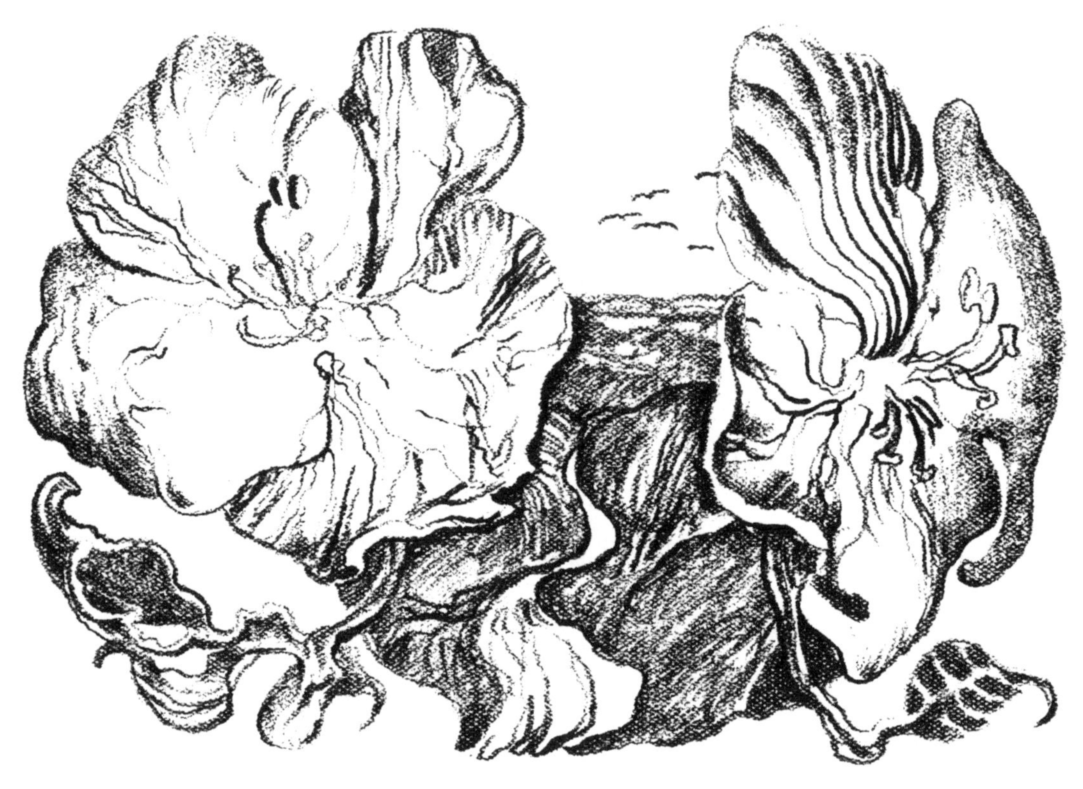

Muß i denn zum Städtele 'naus

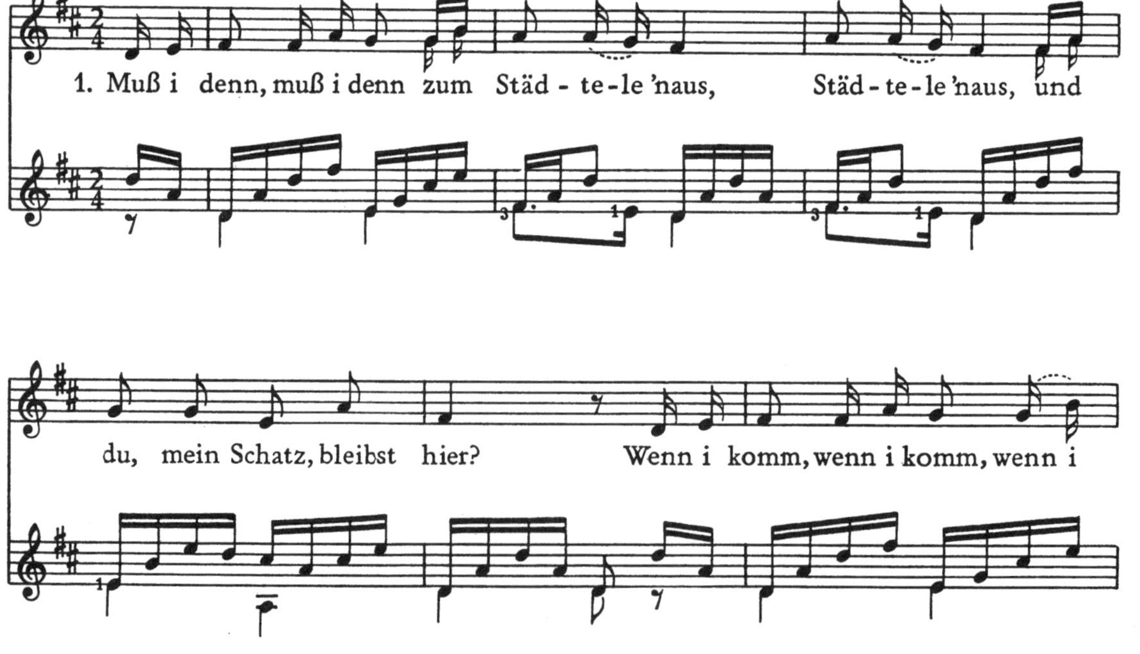

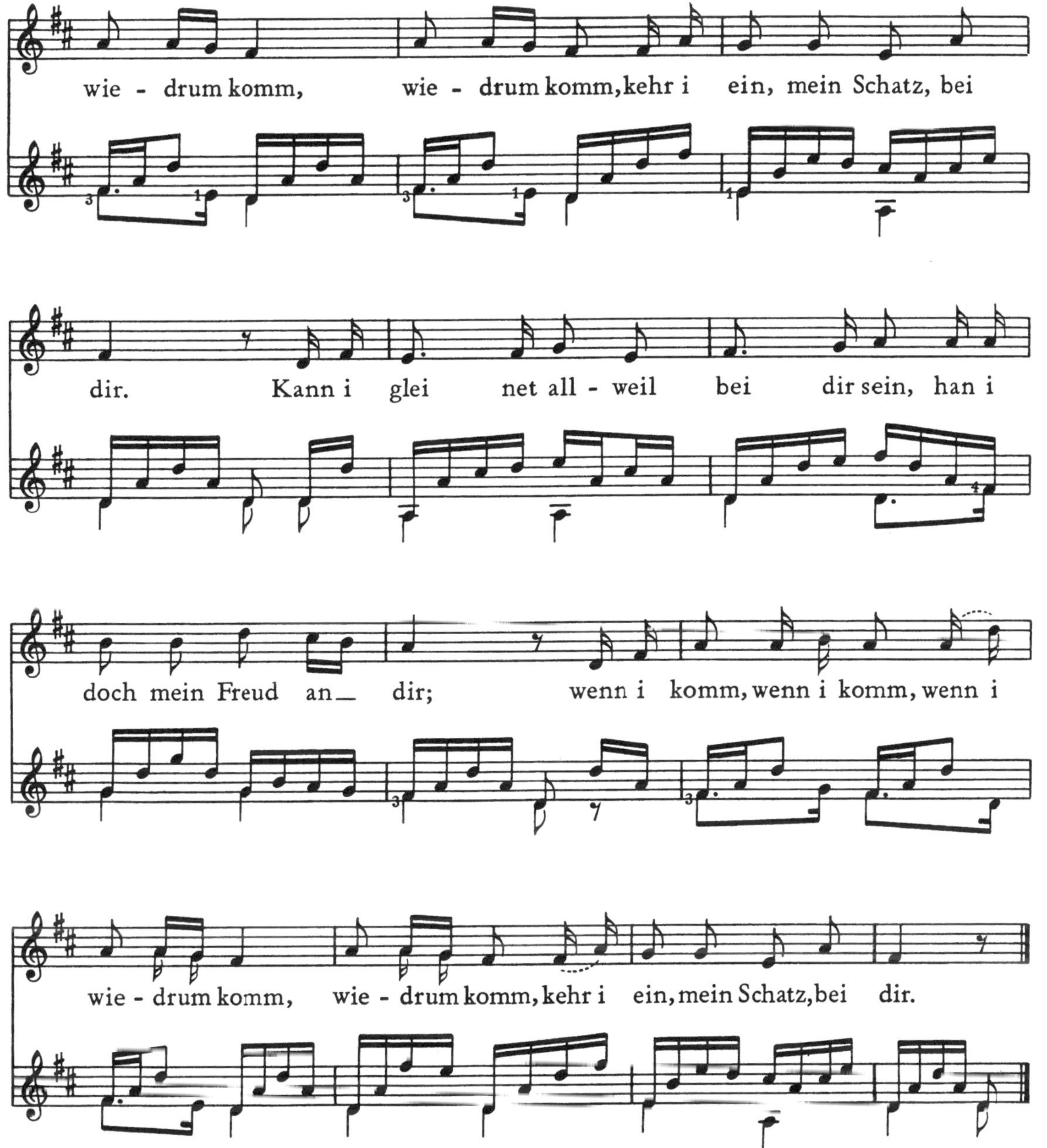

2. Wie du weinst, wie du weinst, daß i wandere muß, wandere muß, wie wenn d' Lieb jetzt wär vorbei! Sind au drauß, sind au drauß der Mädele viel, Mädele viel, lieber Schatz, i bleib dir treu. Denk du net, wenn i ne andre seh, no sei mein' Lieb vorbei! Sind au drauß, sind au drauß der Mädele viel, Mädele viel, lieber Schatz, i bleib dir treu.

3. Übers Jahr, übers Jahr, wenn me Träubele schneid't, Träubele schneid't, stell i hier mi wiedrum ein. Bin i dann, bin i dann dein Schätzele noch, Schätzele noch, so soll die Hochzeit sein. Übers Jahr, da ist mein Zeit vorbei, da g'hör i mein und dein. Bin i dann, bin i dann dein Schätzele noch, Schätzele noch, so soll die Hochzeit sein.

Worte: Strophe 1: schwäbisches Volkslied, Strophen 2 und 3: Heinrich Wagner (1824)
Weise: aus dem Remstal

Nach Leipzig steigt ein

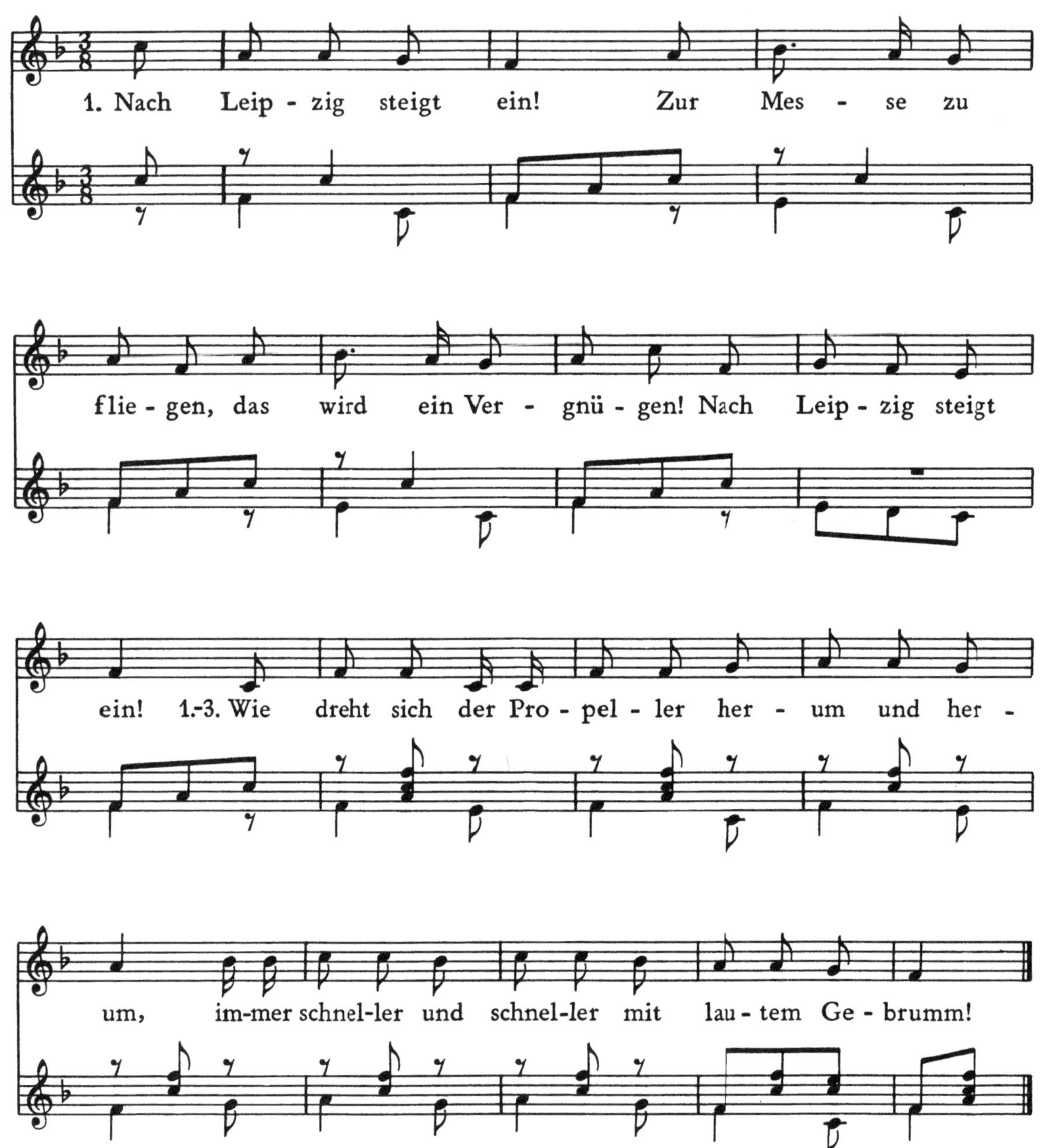

2. Nach Dresden steigt ein! Zum Zwinger zu fliegen, das wird ein Vergnügen! Nach Dresden steigt ein. Wie dreht sich usw.

3. Nach Rostock steigt ein! Zum Hafen zu fliegen, das wird ein Vergnügen. Nach Rostock steigt ein! usw.

Worte und Weise: Manfred Hinrich

Die Kinder erfinden weitere Strophen, in denen sich Orts- oder Städtenamen mit Sehenswürdigkeiten verbinden lassen.

Nun ade, du mein lieb Heimatland

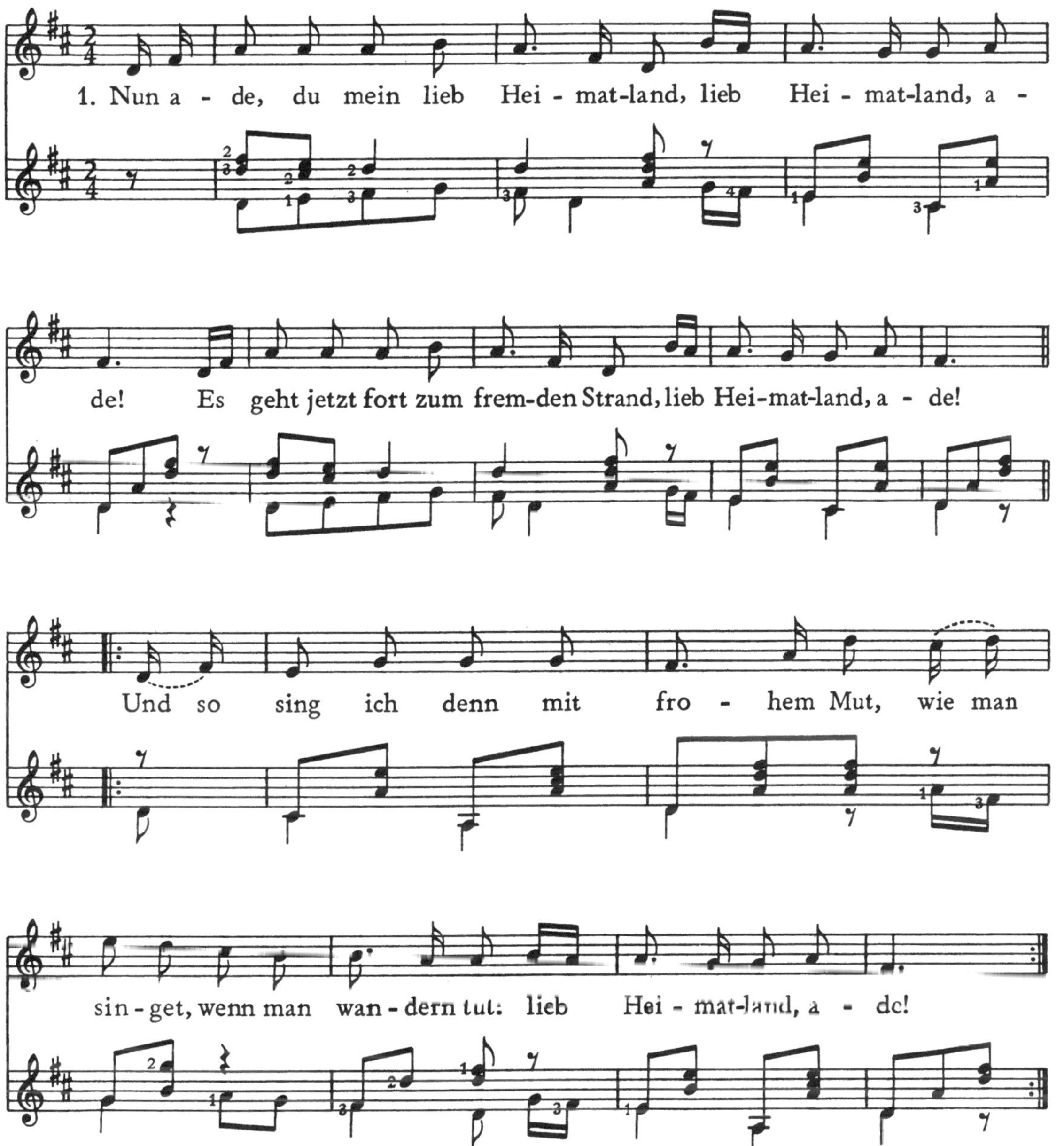

2. Wie du lachst mit deines Himmels Blau, lieb Heimatland, ade! Wie du grüßest mich mit Feld und Au, lieb Heimatland, ade! Gott weiß, zu dir steht stets mein Sinn; doch jetzt zur Ferne zieht's mich hin, lieb Heimatland, ade!

3. Begleitest mich, du lieber Fluß, lieb Heimatland, ade! Bist traurig, daß ich wandern muß, lieb Heimatland, ade! Vom moos'gen Stein am wald'gen Tal, da grüß ich dich zum letztenmal, lieb Heimatland, ade!

Worte: August Disselhoff (1851) · Weise: Volkslied (um 1855)

Wanderlied

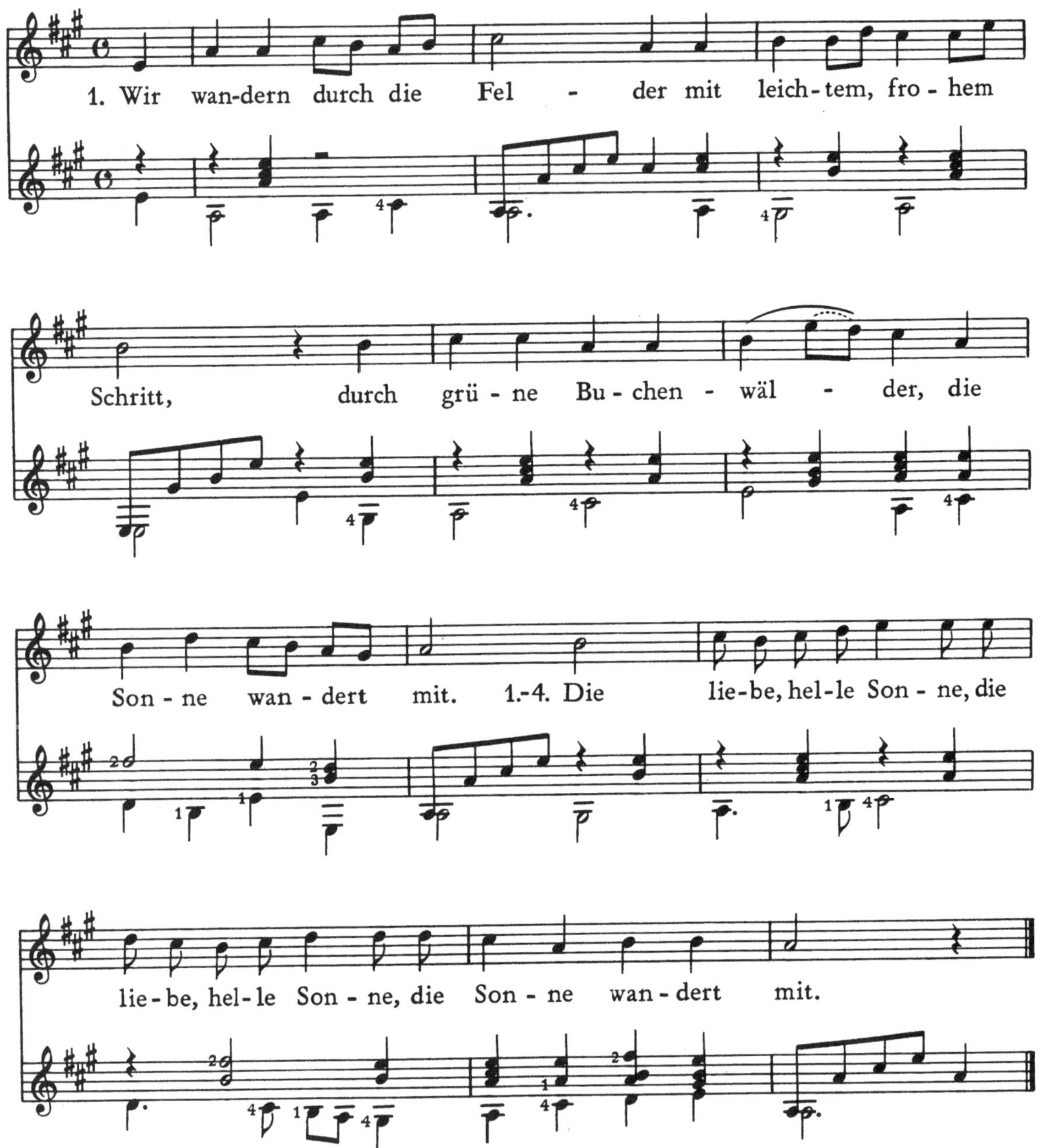

2. Die weißen Nebel steigen im frühen Morgenschein, die Vögel in den Zweigen, die stimmen jubelnd ein. Die liebe helle Sonne usw.

3. Die Amsel und die Nachtigall, die singen gar so schön, und ferne hinterm weiten Tal, da schimmern blau die Höhn. usw.

4. So laßt uns weiter wandern und haltet fröhlich Schritt, kommt einer mit dem andern, die Sonne wandert mit. usw.

Worte: Margarete Cordes · Weise: Erich Brade

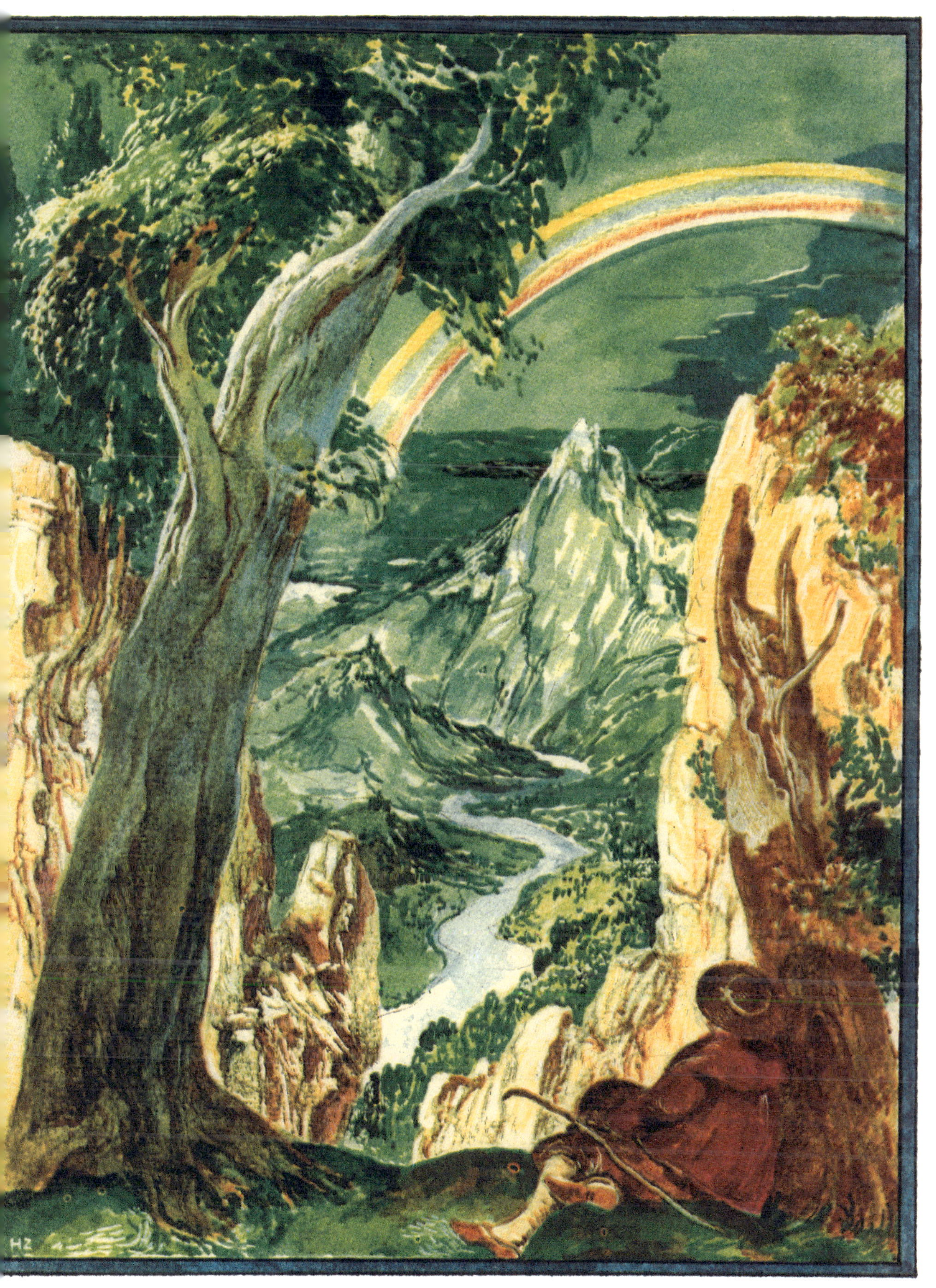

Kein schöner Land

An der Saale hellem Strande

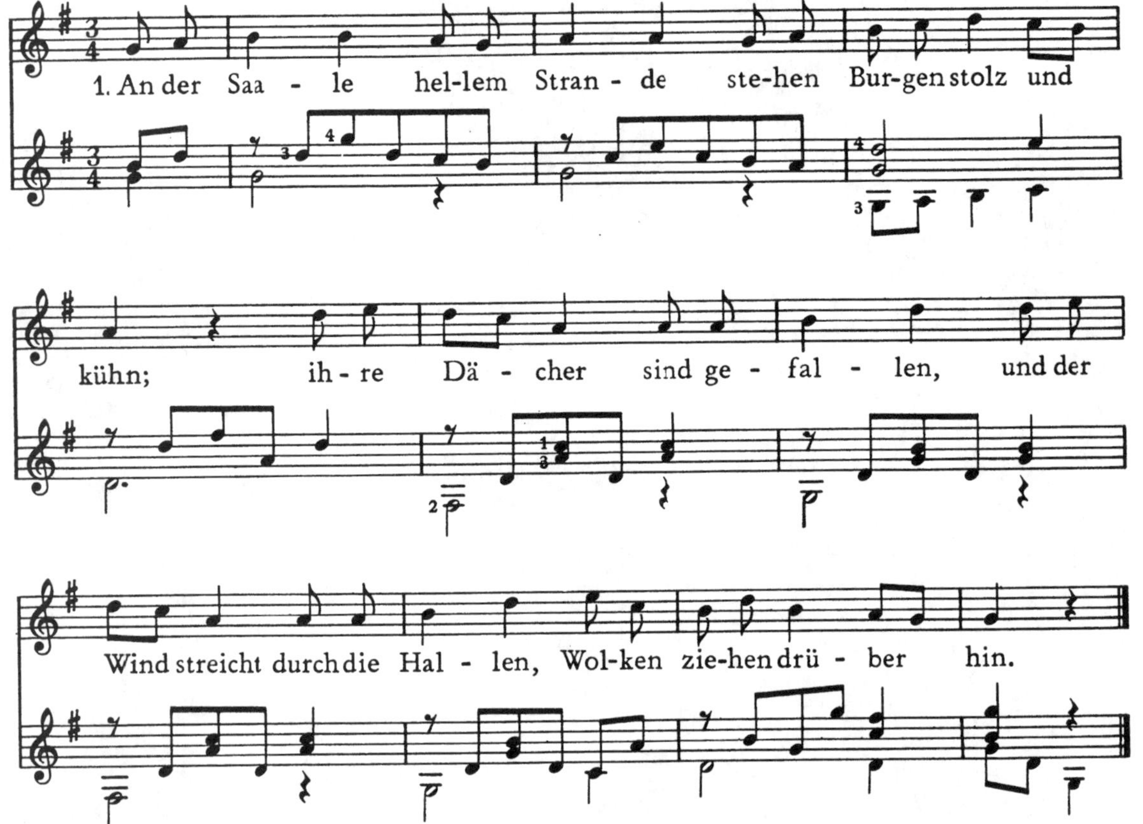

2. Zwar die Ritter sind verschwunden, nimmer klingen Speer und Schild; doch dem Wandersmann erscheinen in den altbemoosten Steinen oft Gestalten zart und mild.

3. Droben winken schöne Augen, freundlich lacht manch roter Mund; Wandrer schaut wohl in die Ferne, schaut in holder Augen Sterne, Herz ist heiter und gesund.

4. Und der Wandrer zieht von dannen, denn die Trennungsstunde ruft; und er singet Abschiedslieder, lebe wohl, tönt ihm hernieder, Tücher wehen in der Luft.

Worte: Franz Kugler (1826) · Weise: Friedrich Ernst Fesca (1822)

Der Vugelbärbaam

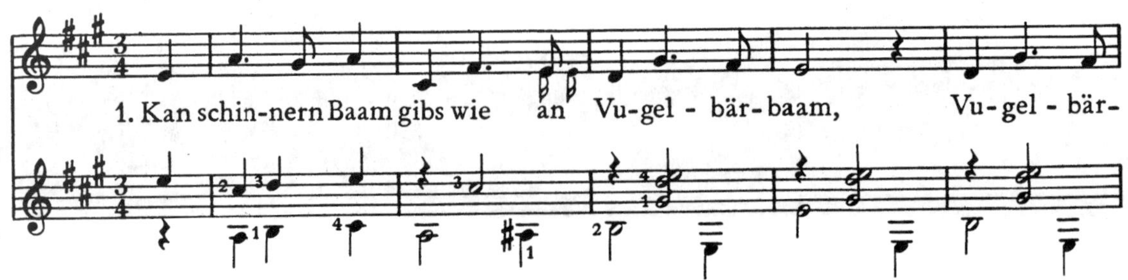

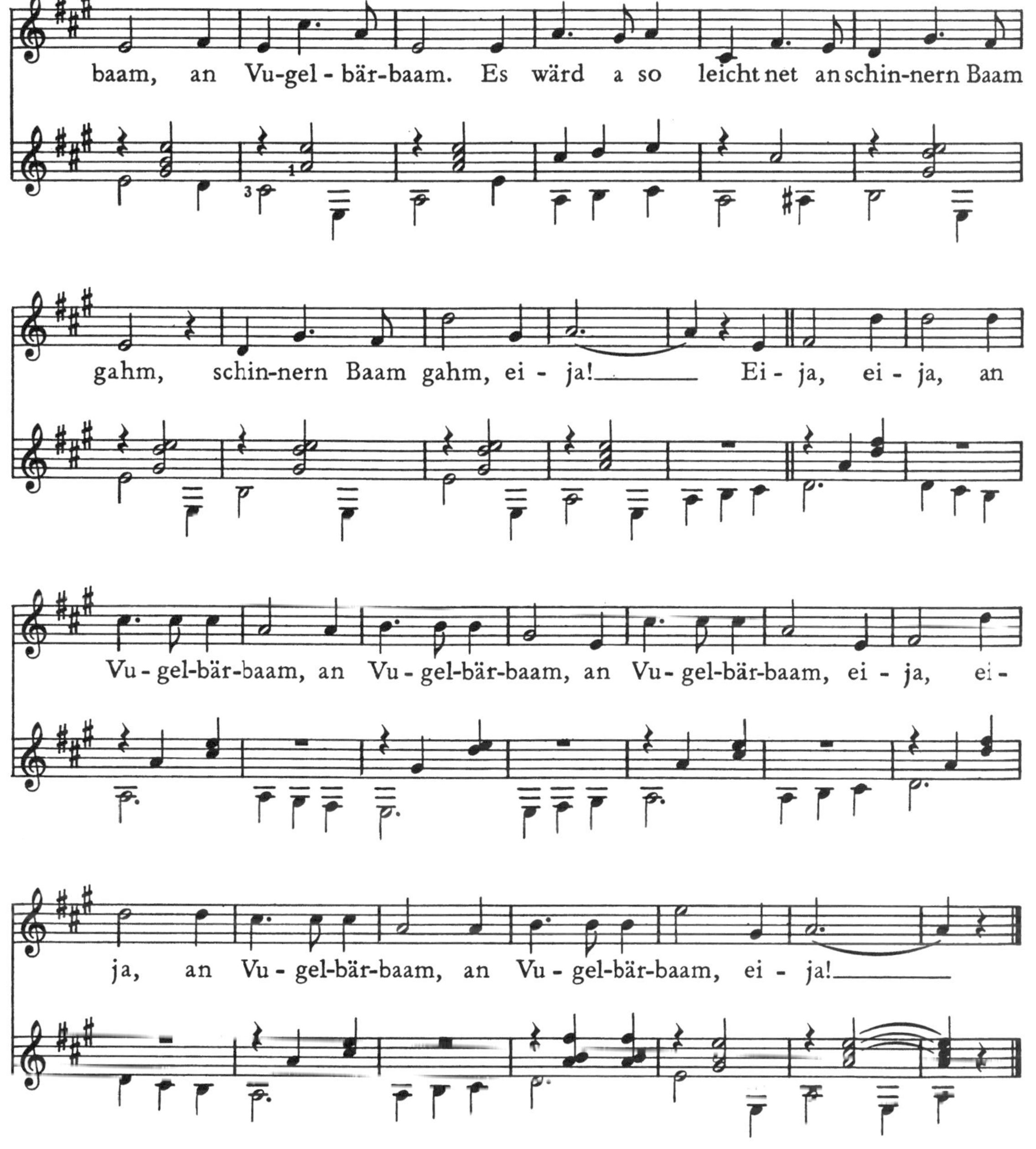

2. Bei'n Kann'r sein Haus sticht a Vugelbärbaam, do sitzt unn'rn Kann'r sei Weibs'n drnahm. Ei ja, ei ja usw.

3. Na lußt sa nähr sitzn, se schleft ja drbei, un hoht se's verschlohfn, do huln mr sche rei. usw.

4. Unn wenn iech gestorm bieh, iech wärsch nett drlaam, do pflanzt off mei Grob fei an Vuglbärbaam! usw.

5. Dann kann schinn'rn Baam gibts, wie dann Vuglbärbaam, as ka eich su lacht nett ann schinn'rn Baam gahm! usw.

Worte: Max Schreyer (um 1900) · Weise: Volkslied aus dem Erzgebirge, nach der Melodie des österreichischen Volksliedes *Mir san halt die lustigen Hammerschmiedgselln*

Die Amsel singt

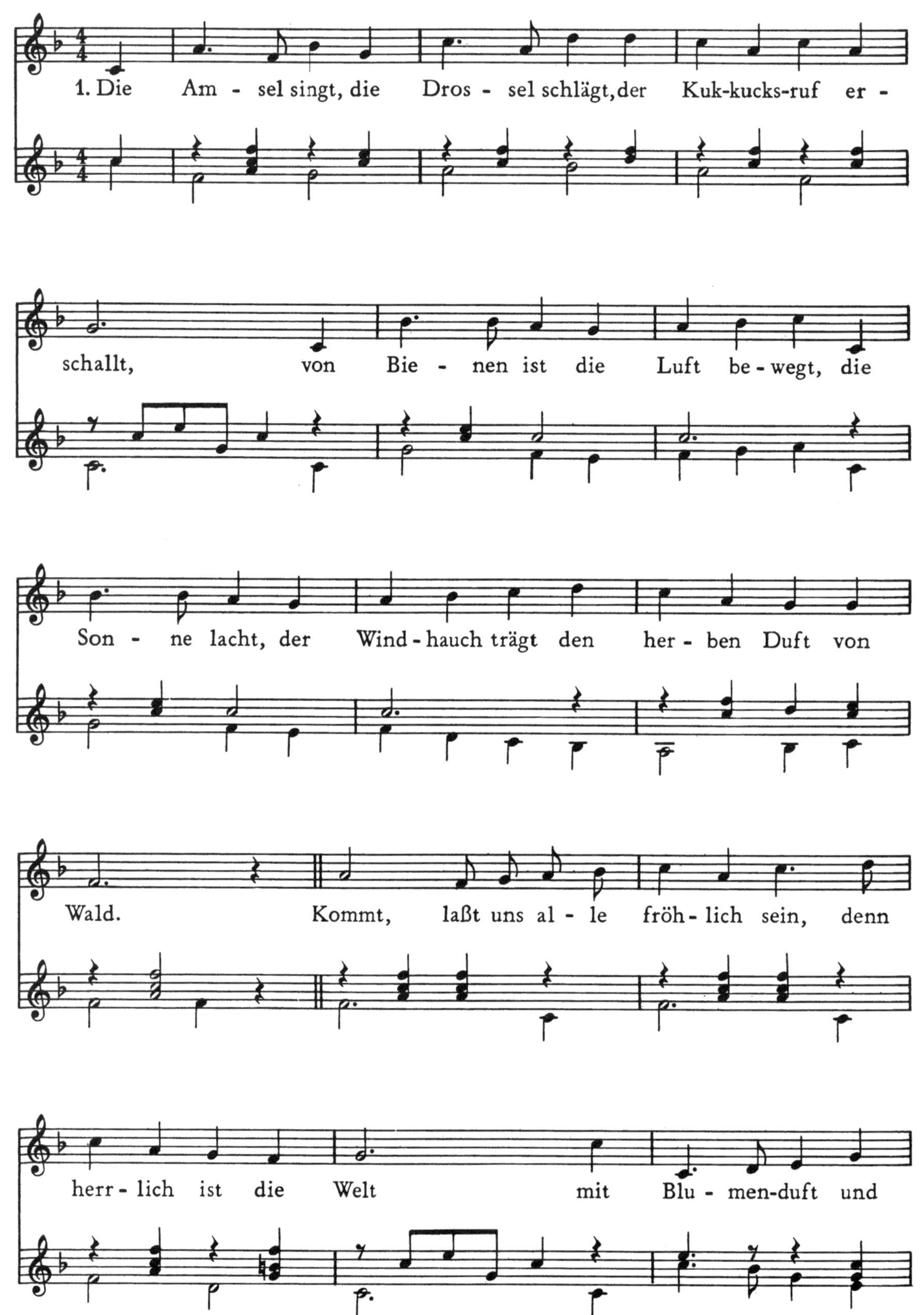

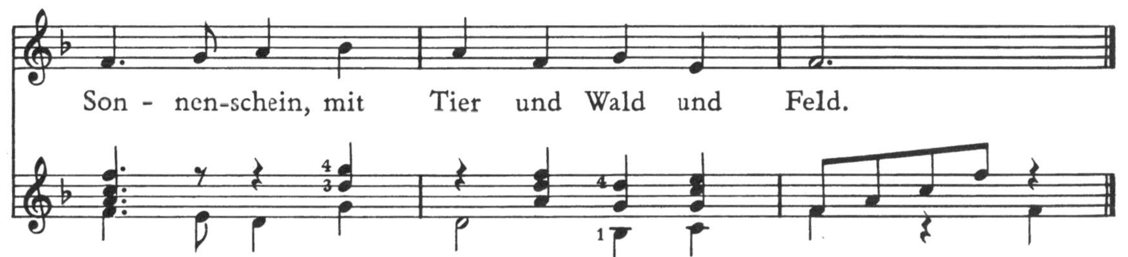

2. Es fließt der Bach, der Kiesel rollt, und die Forelle springt, das Kätzchen in den Bäumen tollt, der Teich ist wie geschmolznes Gold und tausendfach beringt. Kommt, laßt uns wandern durch das Land, das liebend uns umfängt, und faßt das Glück mit fester Hand, das uns so reich beschenkt.

3. Was uns umgibt, der grüne Hain, die Berge, Flüsse, Seen, die Äcker und der Wiesenrain gehören uns, sind mein und dein wenn wir zusammenstehn. Kommt, die ihr unsre Heimat liebt und ihre Schönheit ehrt, ergreift, was euch das Leben gibt, kommt, zeigt euch seiner wert.

Worte: Max Zimmering · Weise: Johannes Paul Thilman

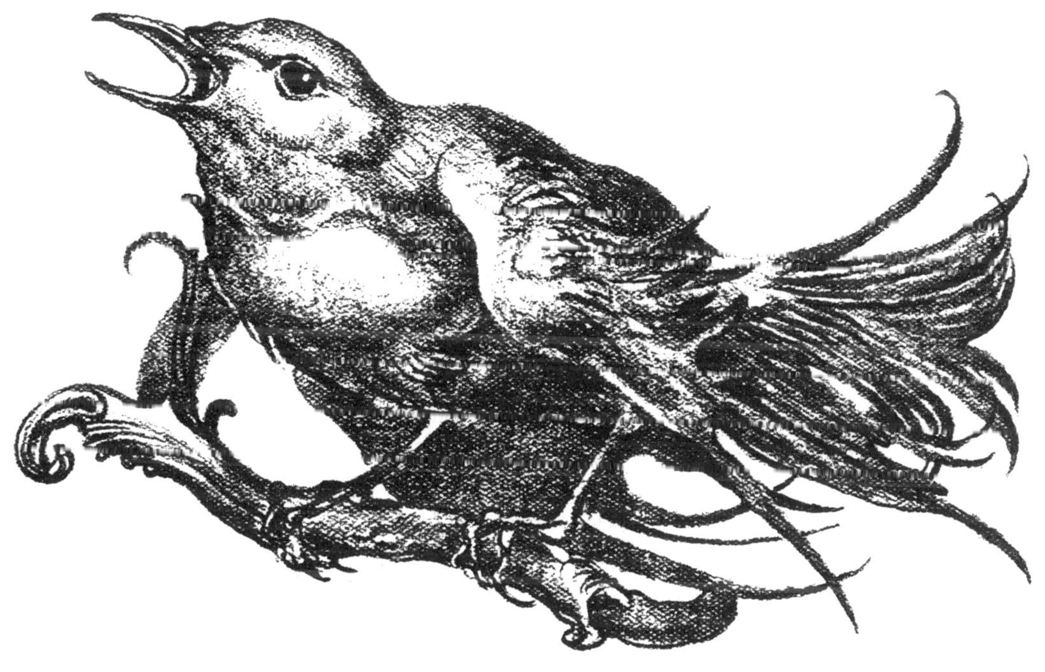

Im schönsten Wiesengrunde

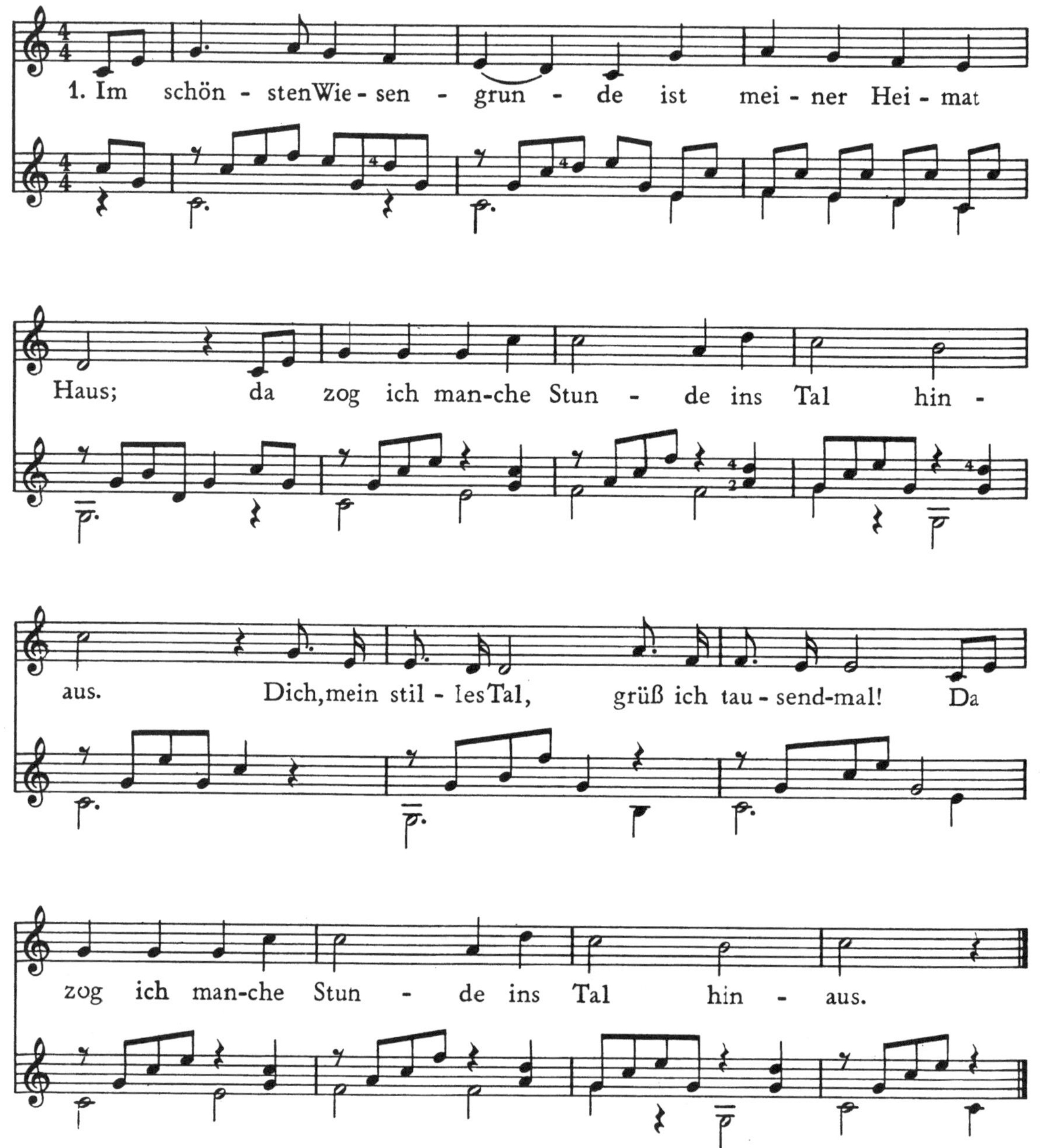

2. Muß aus dem Tal jetzt scheiden, wo alles Lust und Klang; das ist mein herbstes Leiden, mein letzter Gang. Dich, mein stilles Tal, grüß ich tausendmal! Das ist mein herbstes Leiden, mein letzter Gang.

3. Sterb ich, in Tales Grunde will ich begraben sein; singt mir zur letzten Stunde beim Abendschein: Dir, o stilles Tal, Gruß zum letztenmal! Singt mir zur letzten Stunde beim Abendschein.

Worte: Wilhelm Ganzhorn (um 1850) · Weise: nach dem um 1830 aus älteren Liedfragmenten entstandenen Volkslied *Drei Lilien*

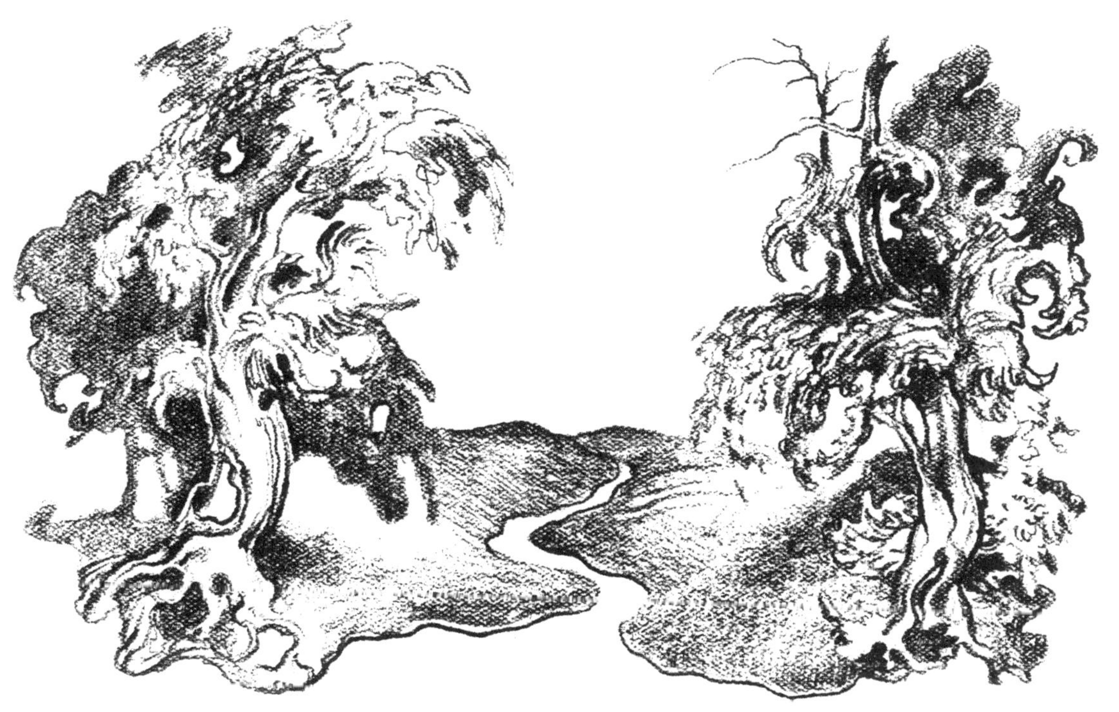

In einem kleinen Apfel

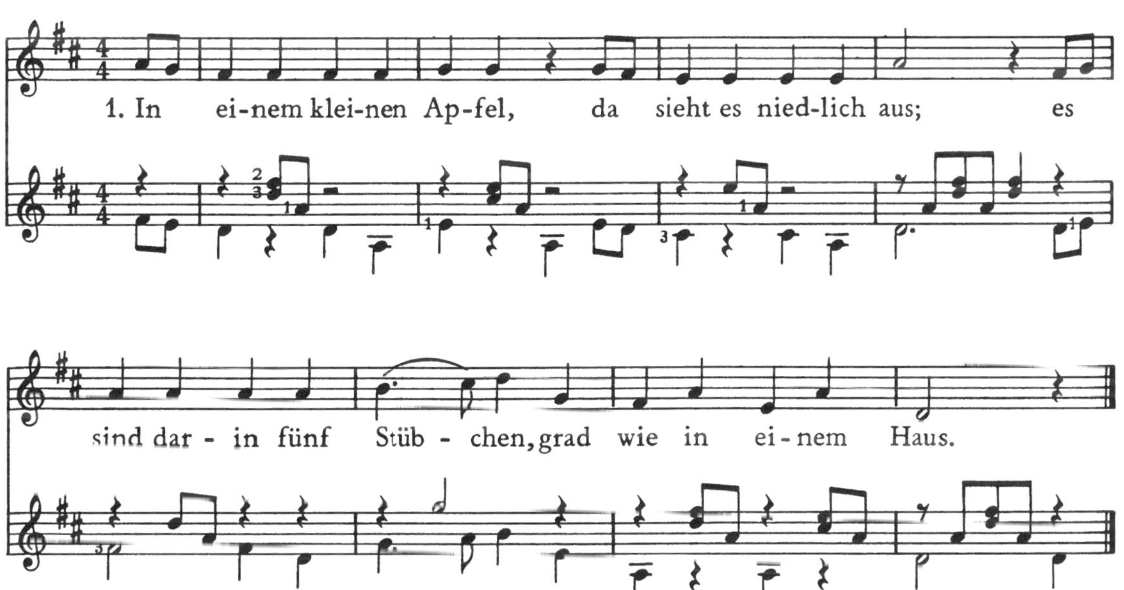

2. In jedem Stübchen wohnen zwei Kernchen, schwarz und klein, die liegen drin und träumen vom warmen Sonnenschein.

3. Sie träumen auch noch weiter gar einen schönen Traum, wie sie einst werden hängen am schönen Weihnachtsbaum.

Worte: nach Else Fromm · Weise: altes Kinderlied

Kein schöner Land

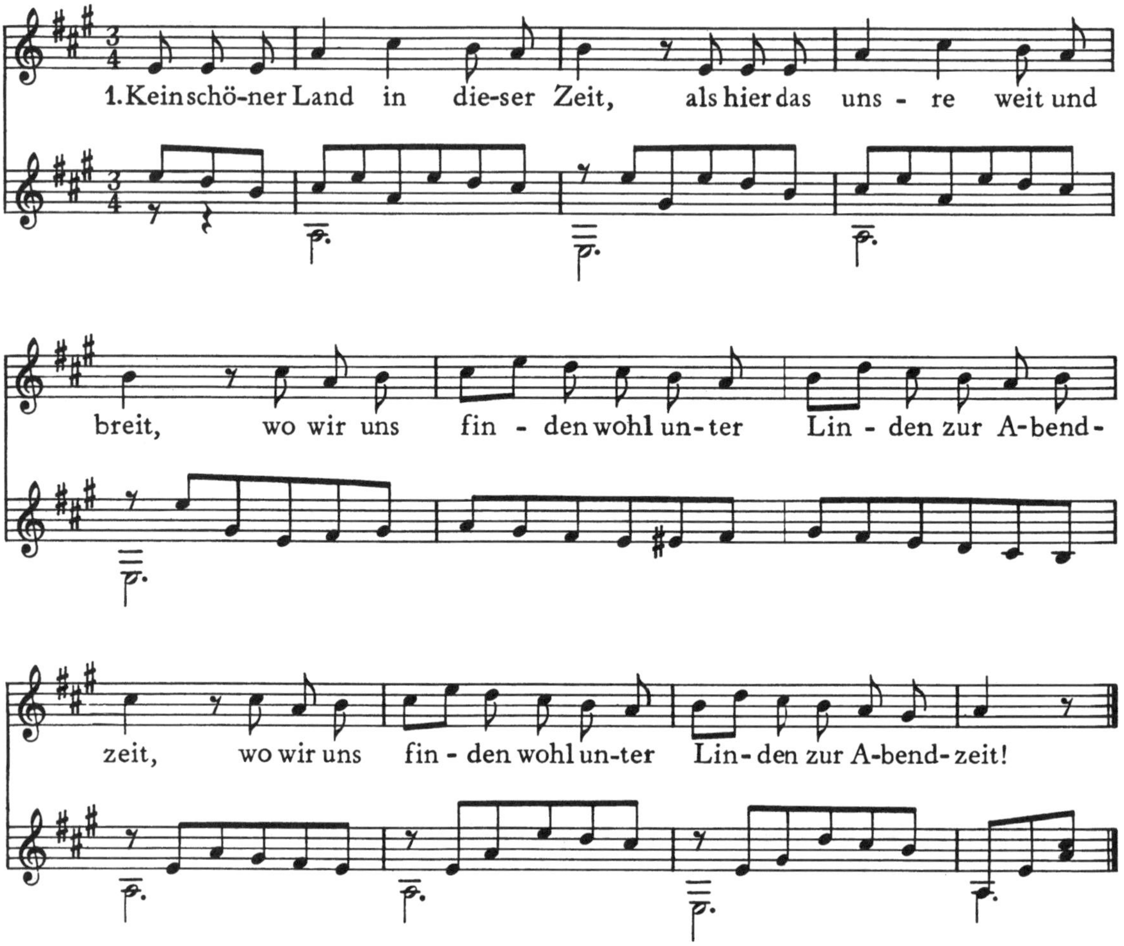

1. Kein schö-ner Land in die-ser Zeit, als hier das uns - re weit und

breit, wo wir uns fin - den wohl un-ter Lin - den zur A-bend-

zeit, wo wir uns fin - den wohl un-ter Lin-den zur A-bend-zeit!

2. Da haben wir so manche Stund gesessen all in froher Rund |: und taten singen, die Lieder klingen im Eichengrund. :|

3. Kein schöner Land in dieser Zeit, als hier das unsre weit und breit. |: Wir wolln es hegen, in Liebe pflegen für alle Zeit. :|

Worte: Anton Wilhelm Florentin von Zuccalmaglio (Strophe 1 und 2), Hans Naumilkat (Strophe 3) · Weise: A. W. F. v. Zuccalmaglio nach den alten Volksliedern *Ade, mein Schatz, ich muß nun fort* und *Ich kann und mag nicht fröhlich sein*

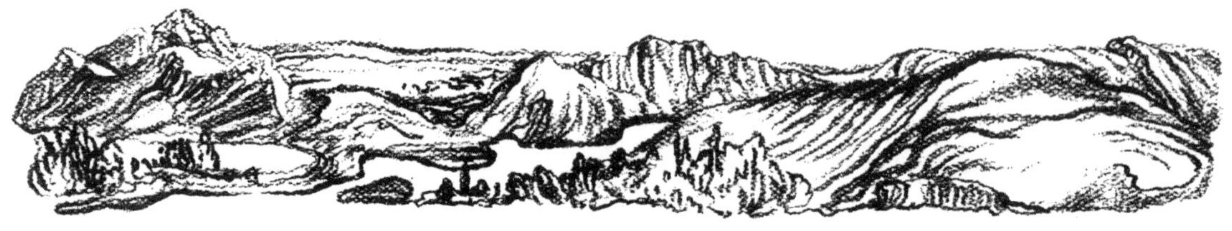

Lied der jungen Naturforscher

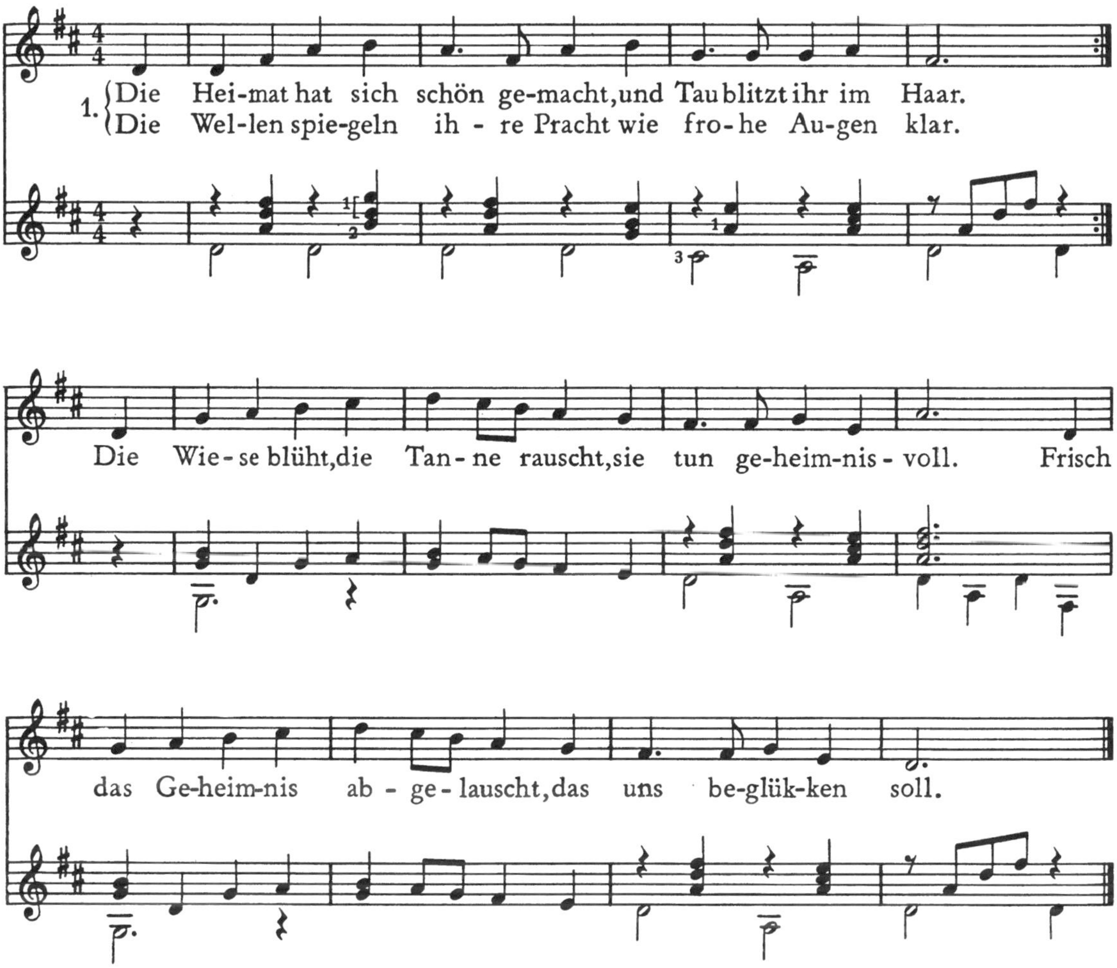

1. Die Hei-mat hat sich schön ge-macht, und Tau blitzt ihr im Haar.
Die Wel-len spie-geln ih - re Pracht wie fro-he Au-gen klar.
Die Wie-se blüht, die Tan-ne rauscht, sie tun ge-heim-nis-voll. Frisch
das Ge-heim-nis ab-ge-lauscht, das uns be-glük-ken soll.

2. Der Wind streift auch durch Wald und Feld, er raunt uns Grüße zu. Mit Fisch und Dachs und Vogelwelt stehn wir auf du und du. Der Heimat Pflanzen und Getier behütet unsre Hand. Und reichlich ernten werden wir, wo heut noch Sumpf und Sand.

3. Wir brechen in das Dunkel ein, verfolgen Ruf und Spur. Und werden wir erst wissend sein, fügt sich uns die Natur. Die Blume öffnet sich dem Licht, der Zukunft unser Herz. Die Heimat hebt ihr Angesicht und lächelt sonnenwärts.

Worte: Manfred Streubel · Weise: Gerd Natschinski

Lorelei

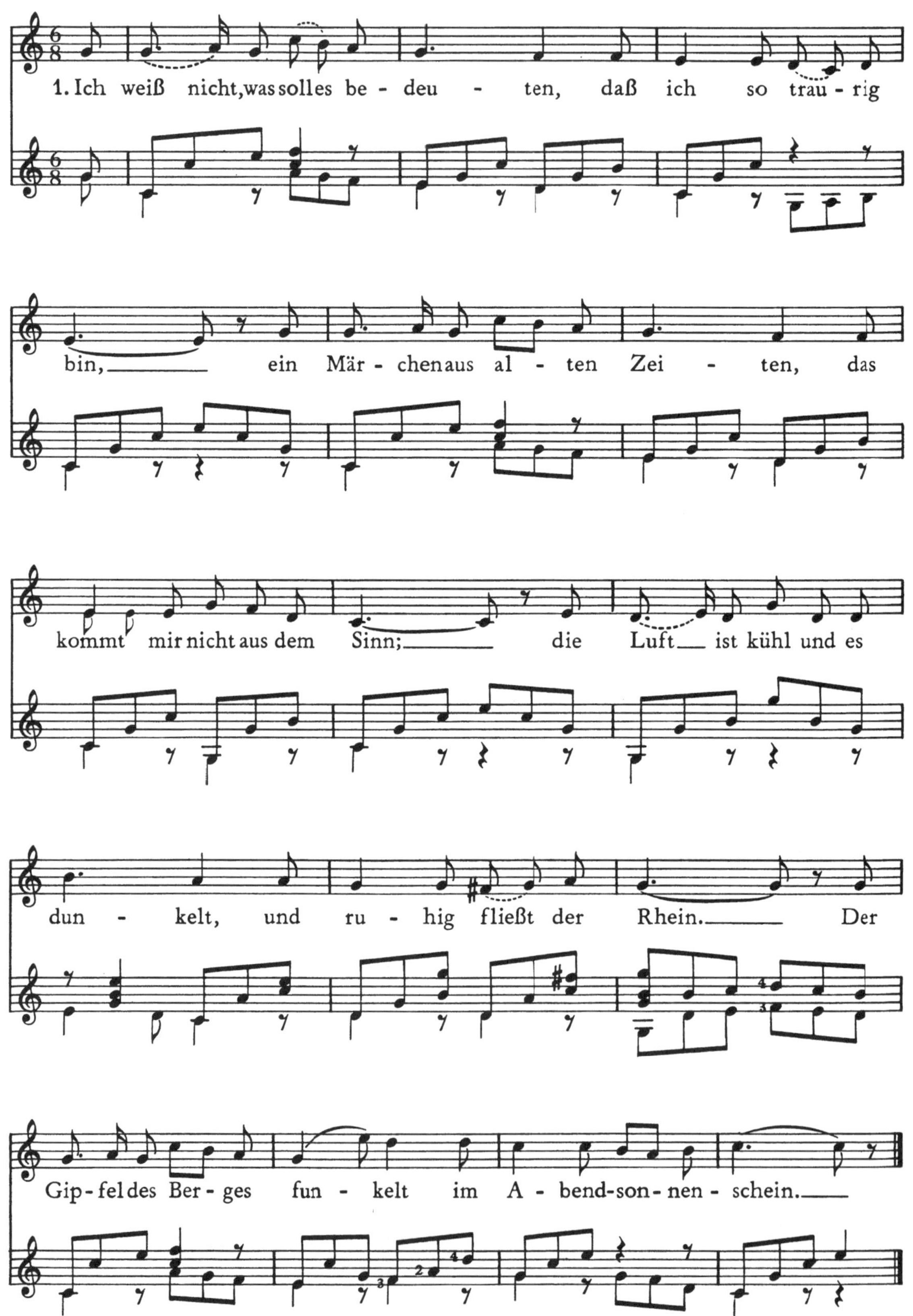
1. Ich weiß nicht, was soll es be - deu - ten, daß ich so trau - rig
bin, ein Mär - chen aus al - ten Zei - ten, das
kommt mir nicht aus dem Sinn; die Luft ist kühl und es
dun - kelt, und ru - hig fließt der Rhein. Der
Gip - fel des Ber - ges fun - kelt im A - bend-son - nen - schein.

2. Die schönste Jungfrau sitzet dort oben wunderbar, ihr goldnes Geschmeide blitzet, sie kämmt ihr goldenes Haar. Sie kämmt es mit goldenem Kamme und singt ein Lied dabei; das hat eine wundersame, gewaltige Melodei.

3. Den Schiffer im kleinen Schiffe ergreift es mit wildem Weh; er schaut nicht die Felsenriffe, er schaut nur hinauf in die Höh'. Ich glaube, die Wellen verschlingen am Ende Schiffer und Kahn; und das hat mit ihrem Singen die Lorelei getan.

Worte: Heinrich Heine (1823) · Weise: Friedrich Silcher (1838)

Meine Blümchen haben Durst

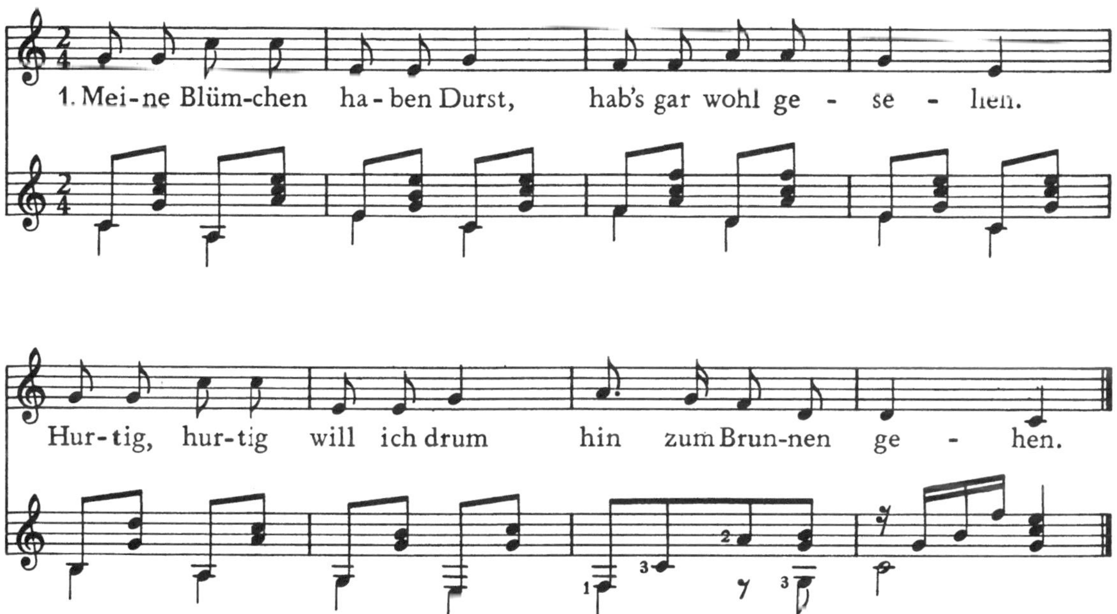

2. Frisches Wasser hol ich euch, wartet nur ein Weilchen, wartet nur, ihr Röslein rot und ihr blauen Veilchen!

3. Seht, hier habt ihr Wasser schon, trinkt nur mit Behagen! Blüht und duftet nur recht lang, wollt ihr Dank mir sagen.

Worte: Christian Diefenbach · Weise: Karl August Kern

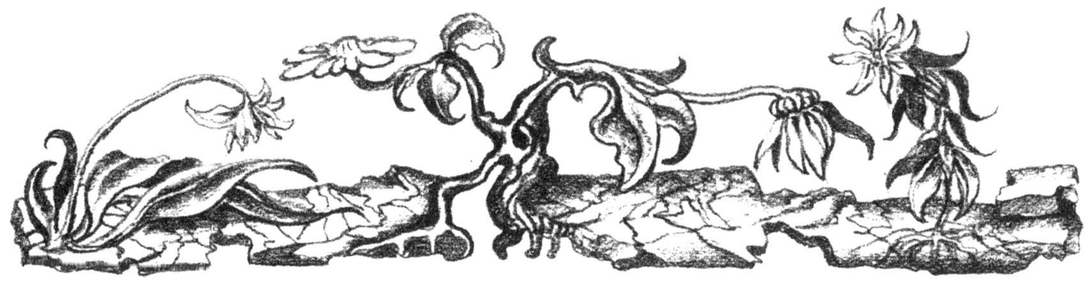

O Tannenbaum

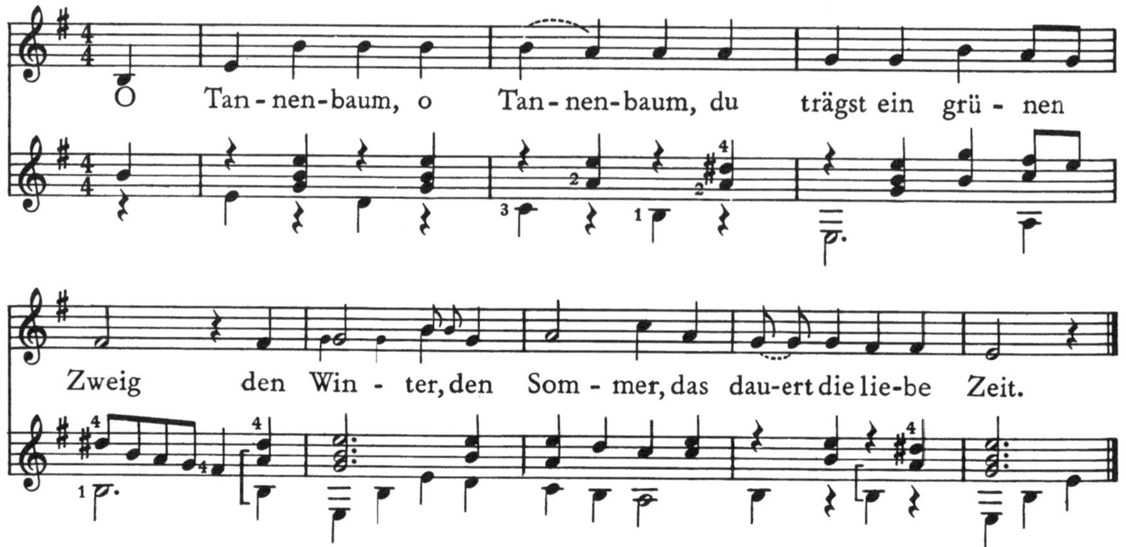

2. Warum sollt ich nicht grünen, da ich noch grünen kann? Ich hab nicht Vater noch Mutter, der mich versorgen kann.
3. Und der mich kann versorgen, das ist der Erde Schoß, er läßt mich wachsen und grünen, drum bin ich schlank und groß.

Worte und Weise: aus dem Paderbornschen (1812), aufgezeichnet von August von Harthausen. Das Lied selbst ist bereits Ende des 16. Jahrhunderts nachweisbar und in unterschiedlichen Textversionen weithin bekannt.

Regenliedchen

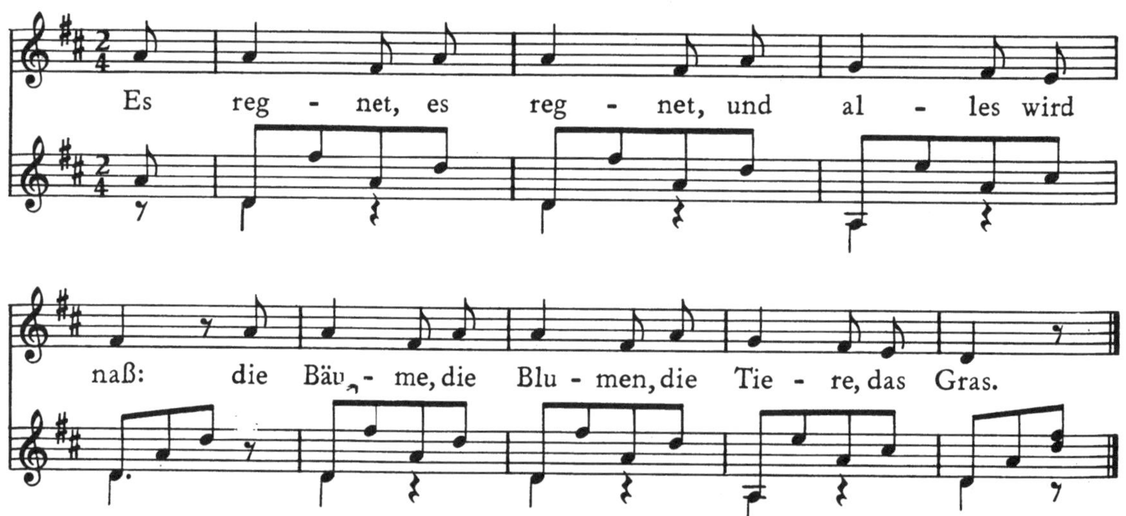

Worte und Weise: nach alten Regenliedern

Dieses weithin bekannte Kinderlied geht zurück auf Fragmente alten Brauchtums zur Besprechung des Regens.

Unsre Heimat

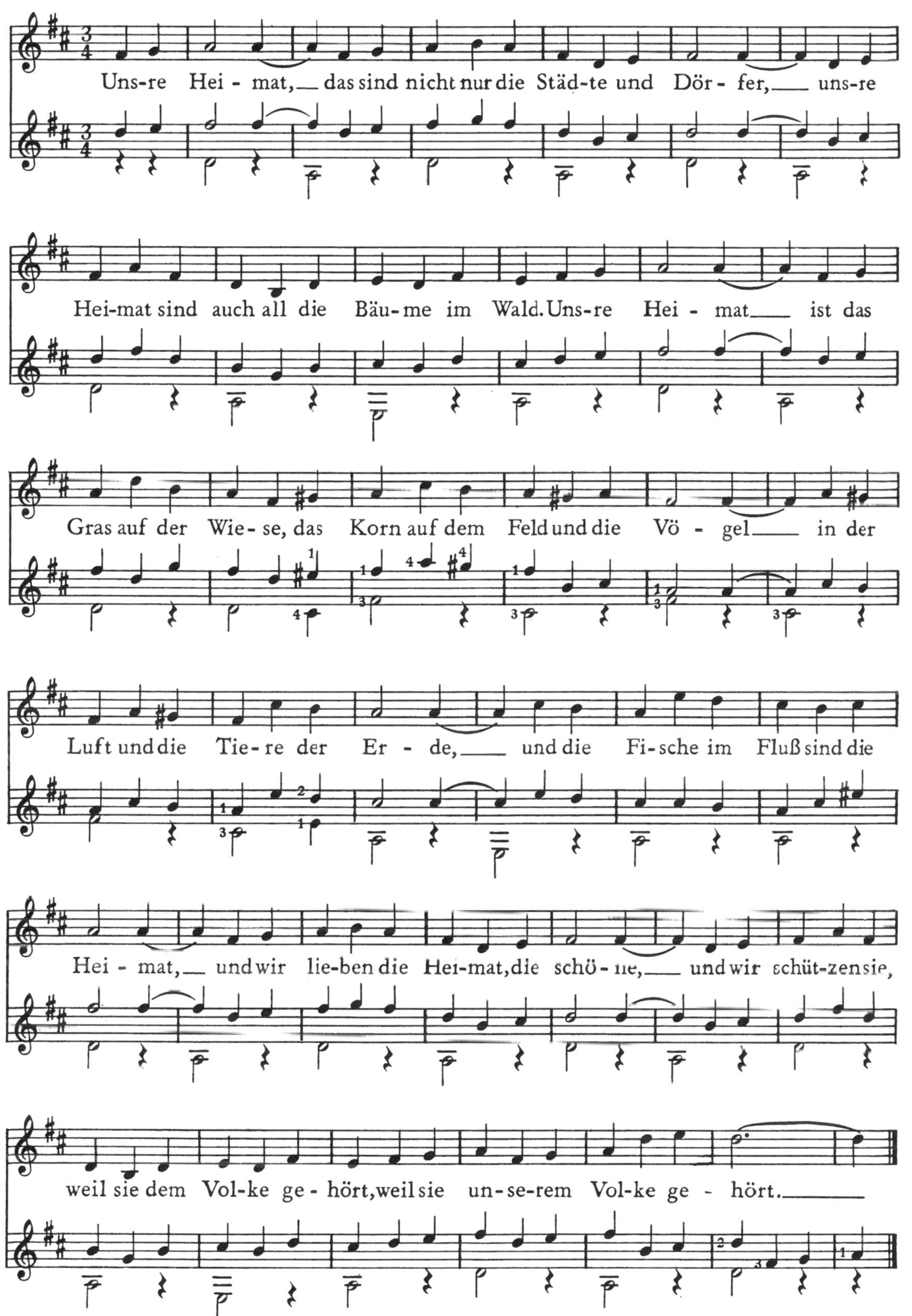

Worte: Herbert Keller · Weise: Hans Naumilkat

Wie lieblich schallt

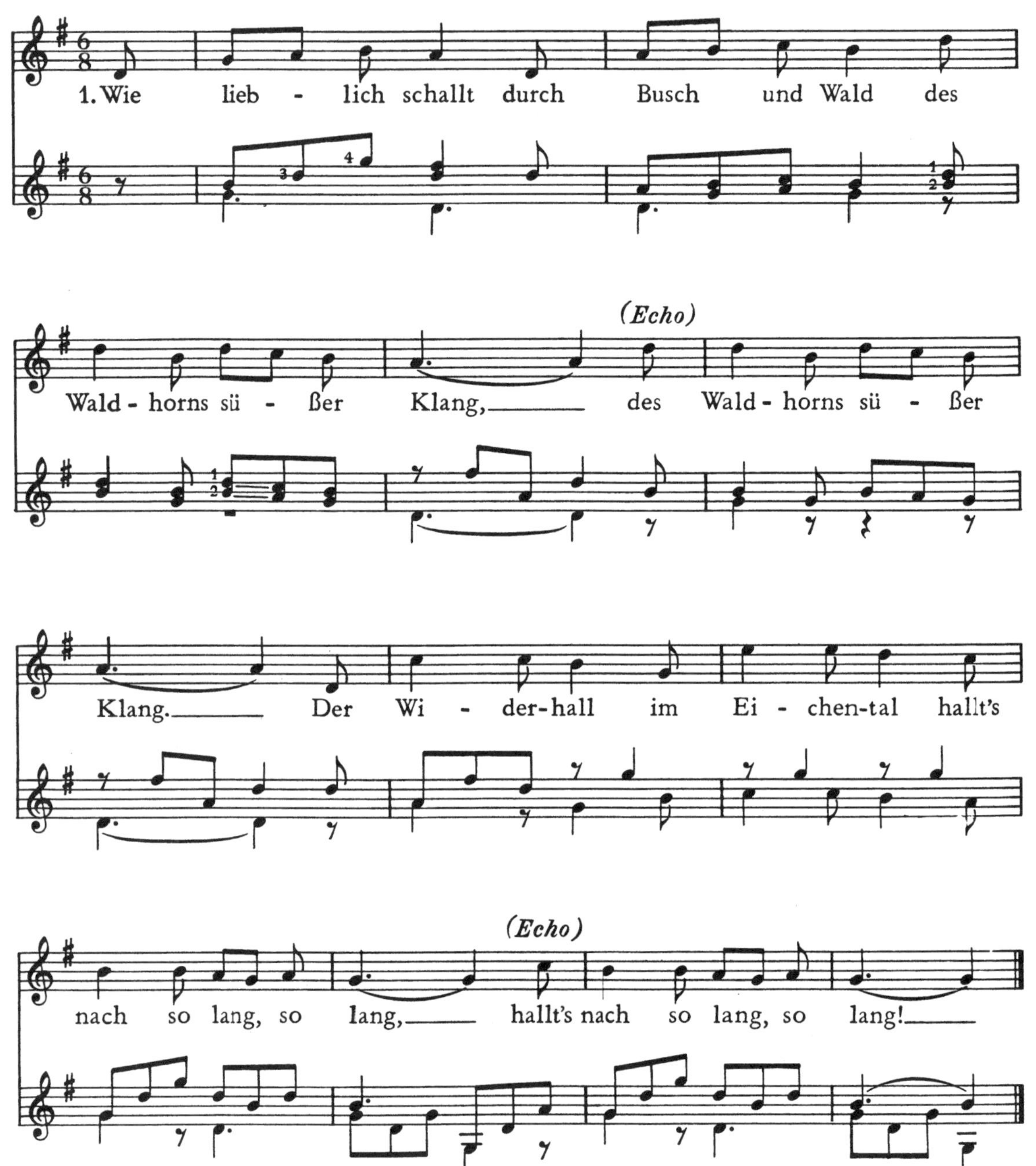

2. Und jeder Baum im weiten Raum |: dünkt uns wohl noch so grün. :| Es wallt der Quell wohl noch so hell |: durchs Tal dahin, dahin. :|

3. Und jede Brust fühlt neue Lust |: beim frohen Zwillingston. :| Es fließt der Schmerz aus jedem Herz |: sogleich davon, davon.

Worte: Christoph von Schmid (1817) · Weise: Friedrich Silcher

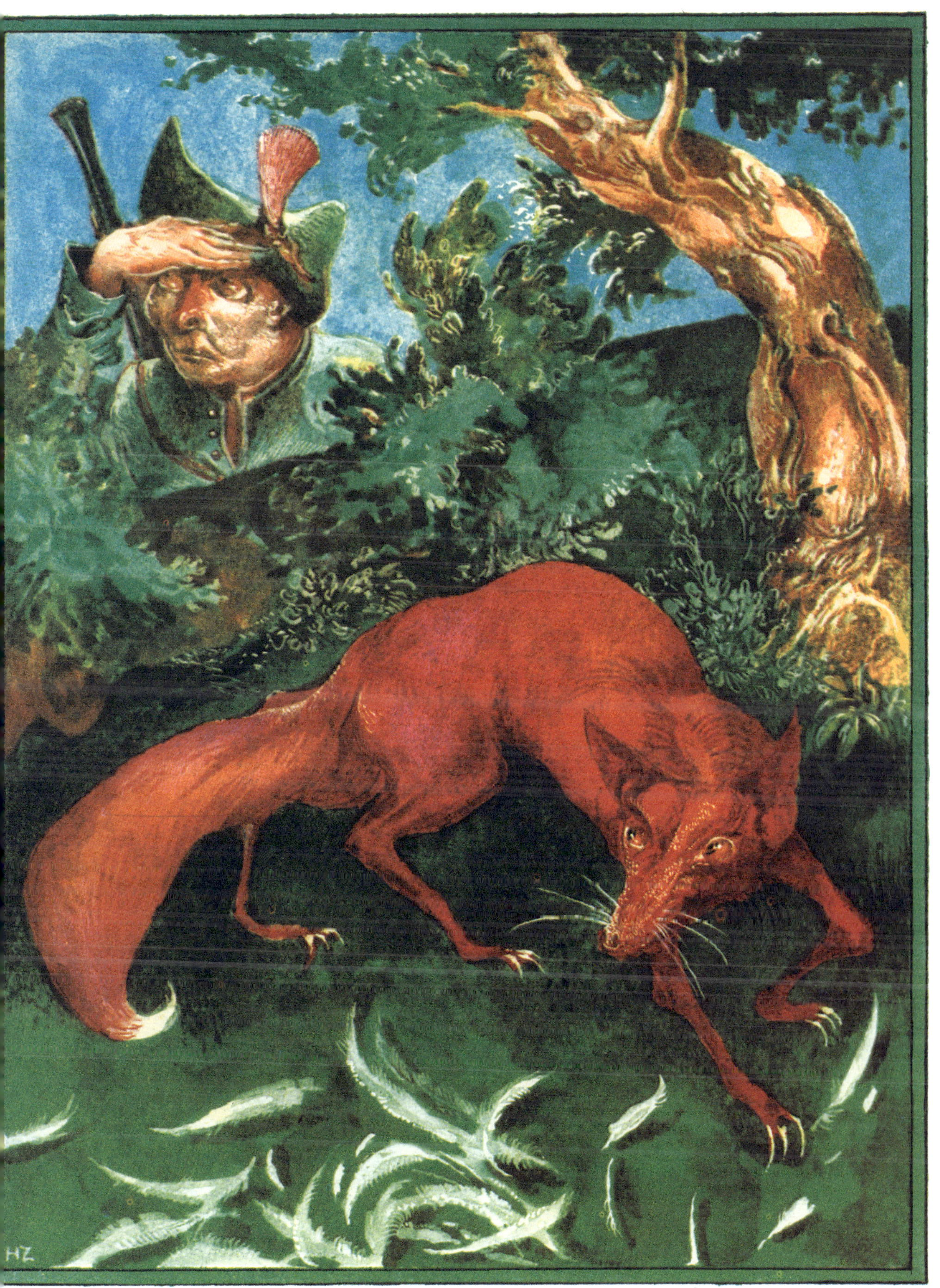

Fuchs, du hast die Gans gestohlen

ABC, das Kätzchen lief in'n Schnee

1. A B C, das Kätz - chen lief in'n Schnee. Und

als es wie - der raus kam, da hat es wei - ße Stie - fel an.

A B C, das Kätz-chen lief in'n Schnee.

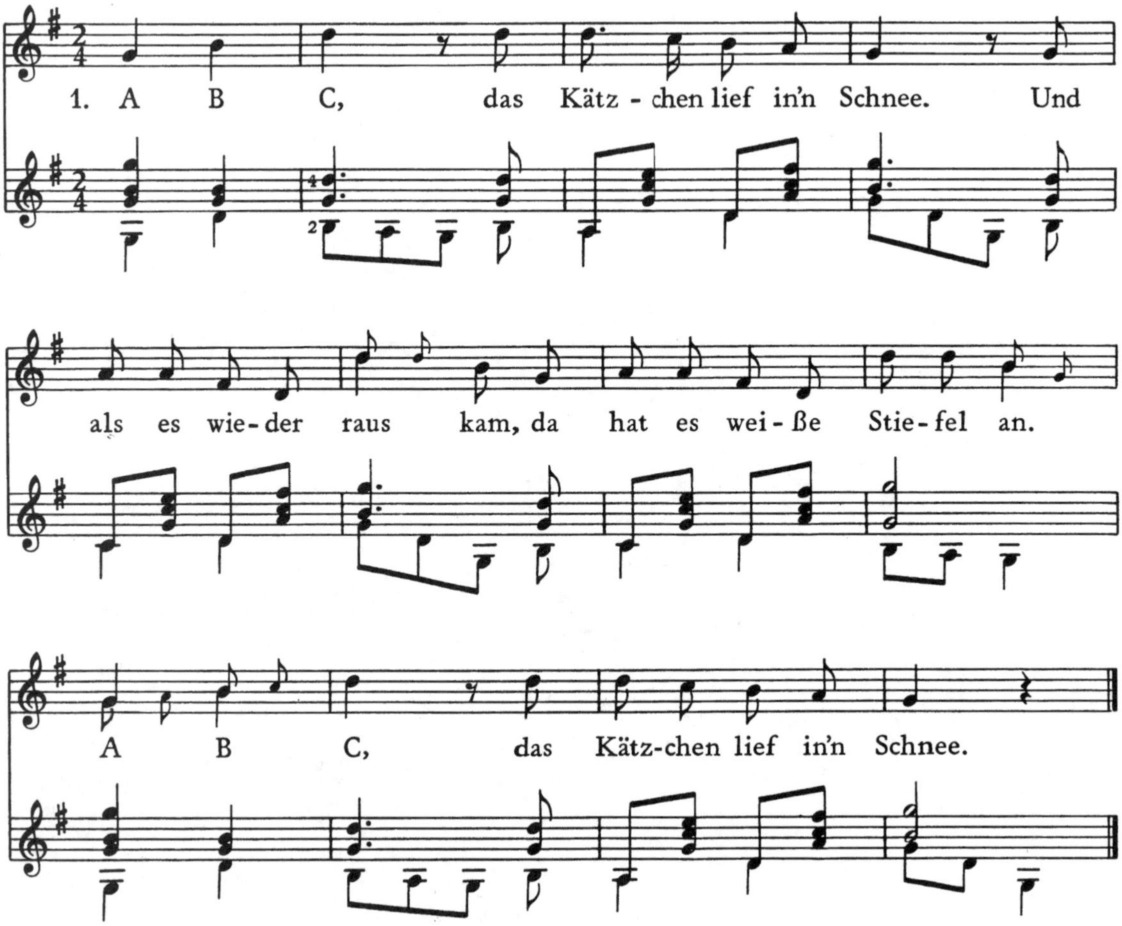

2. A B C, das Kätzchen lief zur Höh'. Es leckt' sein kaltes Pfötchen rein und putzte sich die Stiefel fein. A B C, und ging nicht mehr in'n Schnee.

Worte und Weise: nach einem alten Kinderlied aus Thüringen (um 1840)

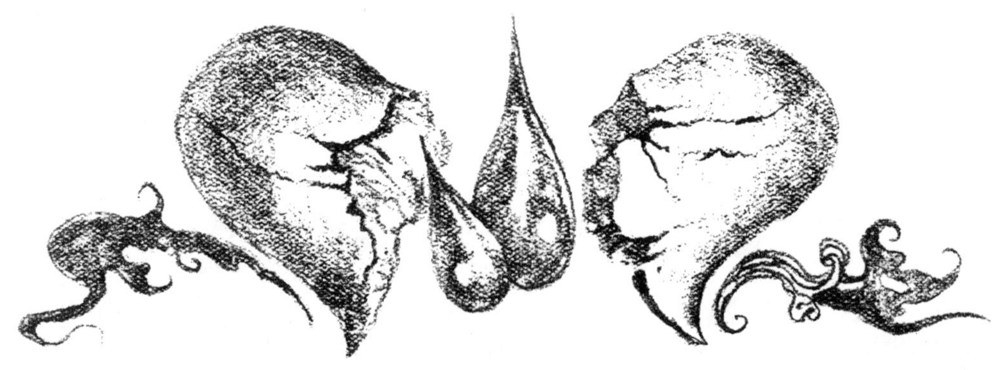

Alle meine Entchen

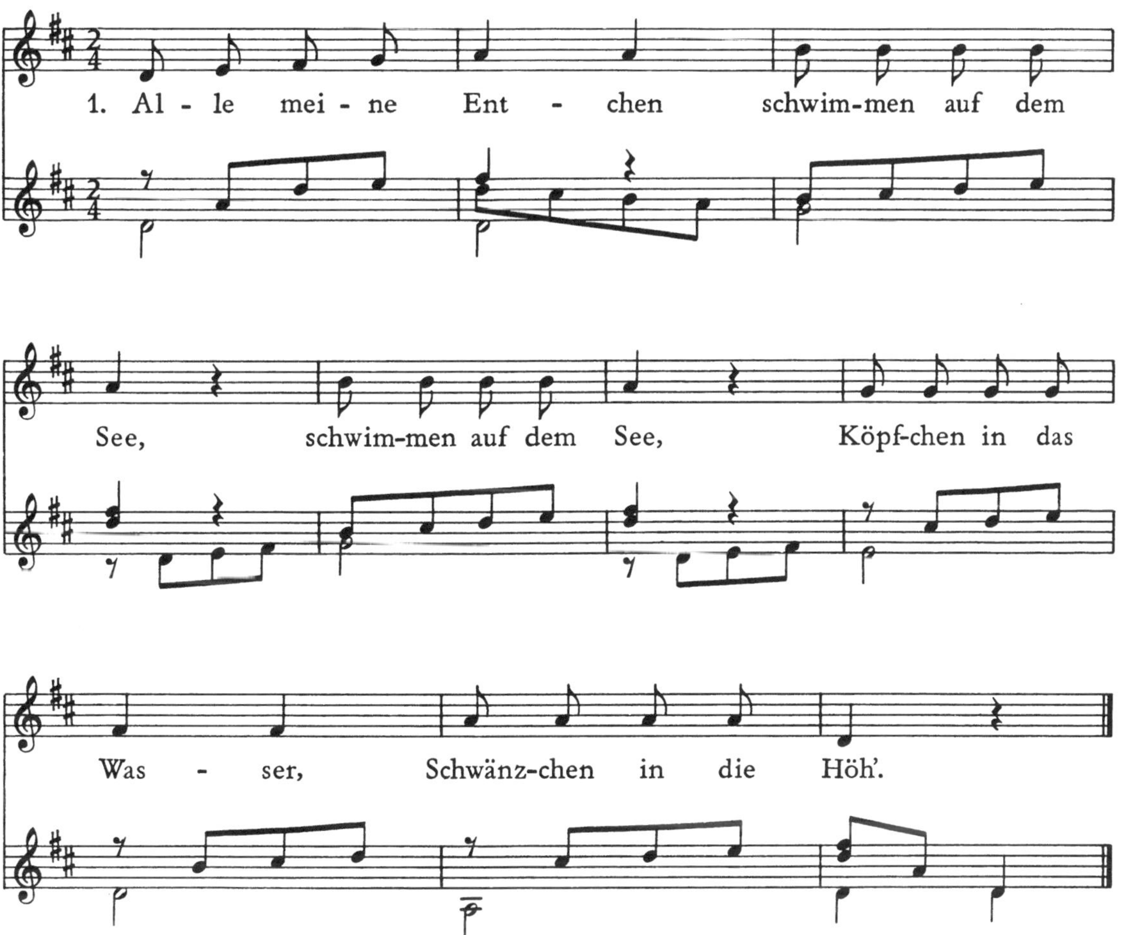

2. Alle meine Täubchen |: gurren auf dem Dach, :| fliegt eins in die Lüfte, fliegen alle nach.

3. Alle meine Hühner |: scharren in dem Stroh, :| finden sie ein Körnchen, sind sie alle froh.

4. Alle meine Gänschen |: watscheln durch den Grund, :| suchen in dem Tümpel, werden kugelrund.

Worte und Weise: altes Kinderlied

Spielanleitung: 1. Strophe: Die Kinder gehen im Kreis. Mit den seitlich herabhängenden Armen ahmen sie die paddelnden Schwimmbewegungen der Enten nach. Bei den Worten „Köpfchen in das Wasser" beugen sie den Oberkörper tief herunter, legen die Arme mit nach außen gekehrten Handtellern auf den Rücken und wackeln hastig mit den Händen. Das Kinn wird so dicht als möglich an den Oberkörper herangedrückt. – 2. Strophe: Die Kinder hocken sich in einer Reihe hin (wie Tauben auf dem Dach). Entsprechend dem Text erhebt sich ein Kind, mit den seitlich ausgebreiteten Armen den schnellen Flügelschlag der Taube nachahmend, und läuft so schnell es kann, zu einem anderen Ort. Alle anderen Kinder folgen ihm. Am neuen Platz angekommen, hocken sich alle wieder in einer Reihe nieder. – 3. Strophe: Die Kinder gehen, den Kreis auflösend, langsam umher und ahmen das Scharren und Picken der Hühner nach. – 4. Strophe: Die Kinder watscheln im Entengang umher und ahmen mit lang nach vorn gestreckten, sich auf und ab bewegenden Hälsen die Futtersuche der Gänschen nach.

Alle Vögel sind schon da

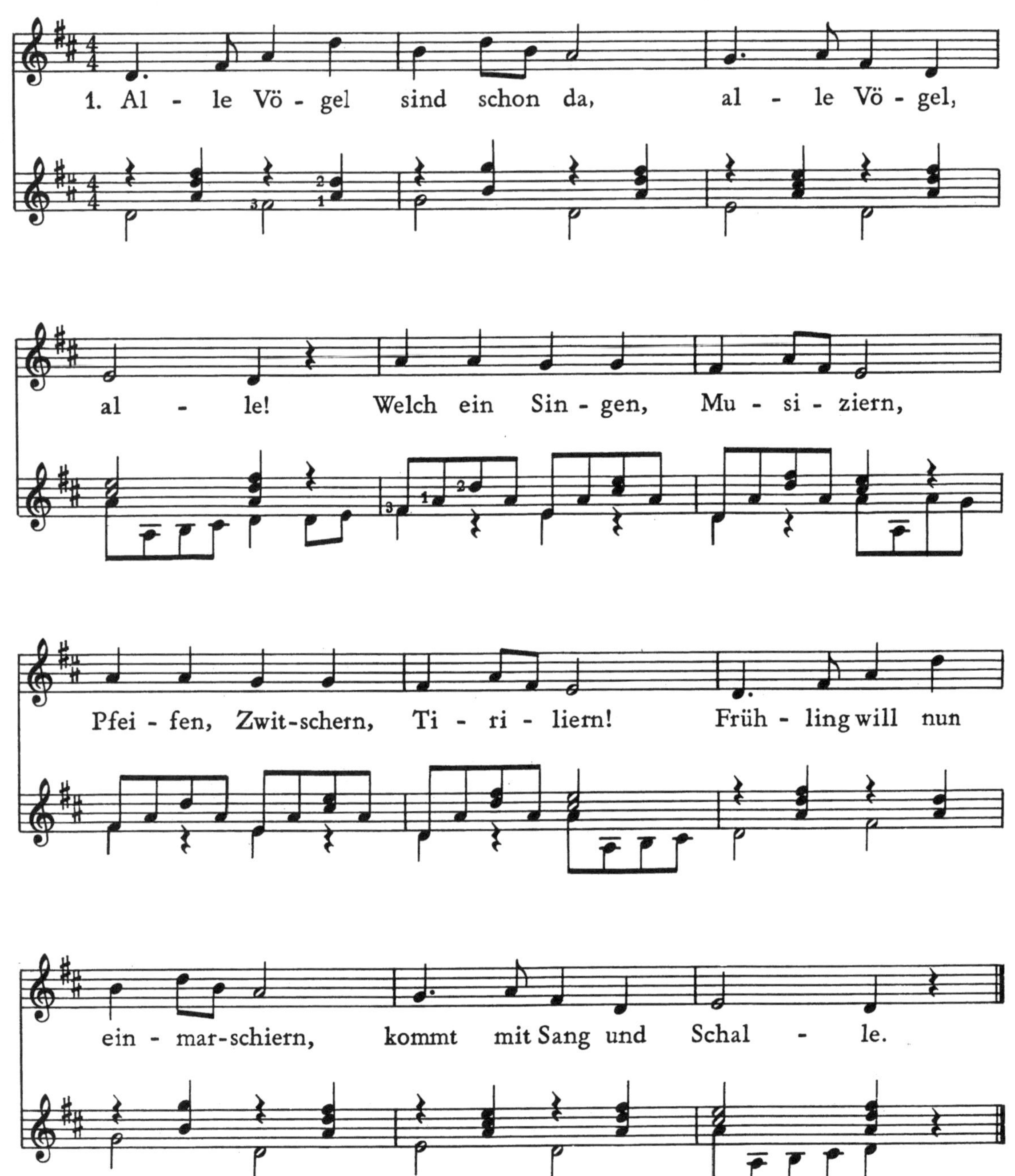

2. Wie sie alle lustig sind, flink und froh sich regen! Amsel, Drossel, Fink und Star und die ganze Vogelschar wünschen dir ein frohes Jahr, lauter Glück und Segen.

3. Was sie uns verkünden nun, nehmen wir zu Herzen: Wir auch wollen lustig sein, lustig wie die Vögelein, hier und dort, feldaus, feldein, singen, springen, scherzen.

Worte: Heinrich Hoffmann von Fallersleben · Weise: entspricht dem alten Volkslied *Nun, so reis' ich weg von hier* (18. Jh.)

Das Lied von den zwei Hasen

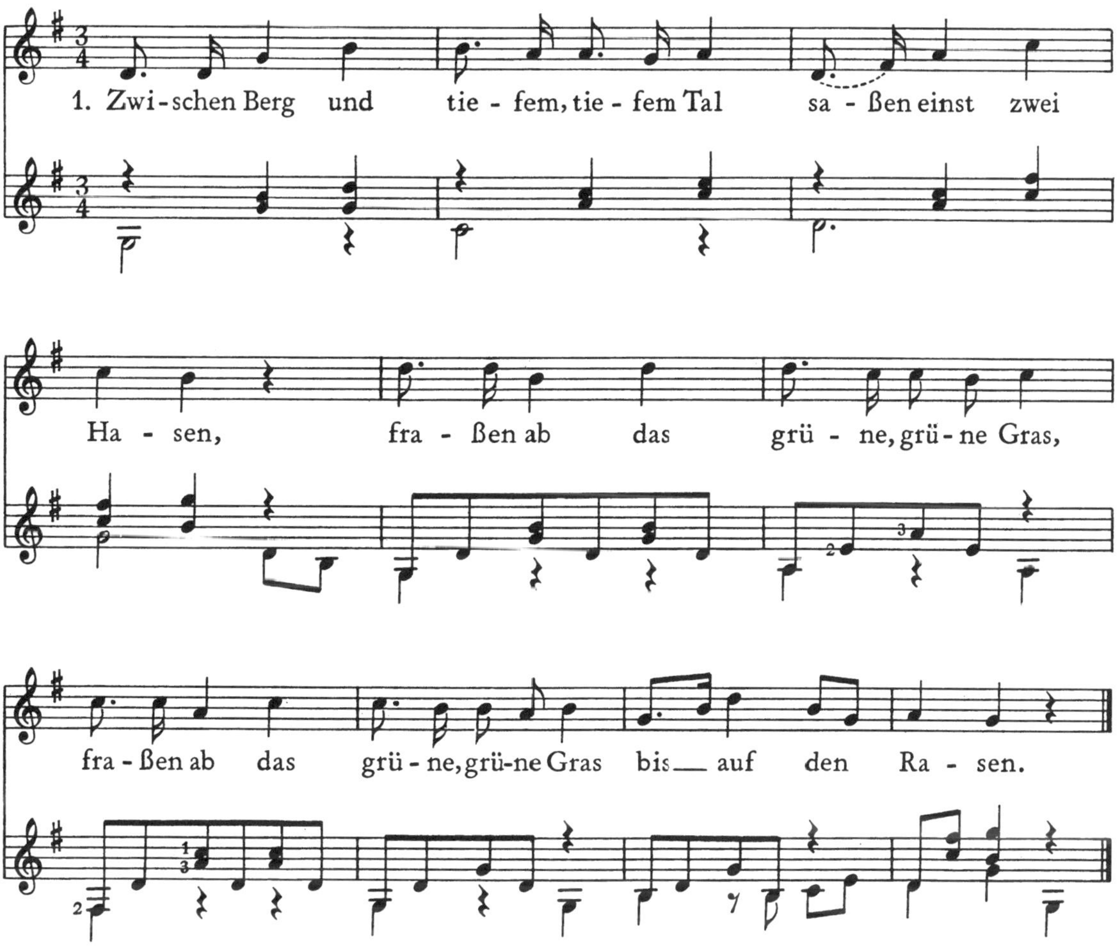

1. Zwi-schen Berg und tie - fem, tie - fem Tal sa - ßen einst zwei Ha - sen, fra - ßen ab das grü - ne, grü - ne Gras, fra - ßen ab das grü - ne, grü-ne Gras bis __ auf den Ra - sen.

2. Als sie sich nun sattgefressen hatten, setzten sie sich nieder, |: bis daß der Jäger kam :| und schoß sie nieder.

3. Als sie sich nun aufgerappelt hatten und sich besannen, |: daß sie noch am Leben, Leben wärn, :| liefen sie von dannen.

Worte: in zahlreichen Varianten seit dem 15. Jh. bekannt · Weise: nach dem alten Volkslied *Ob ich gleich kein' Schatz mehr hab*

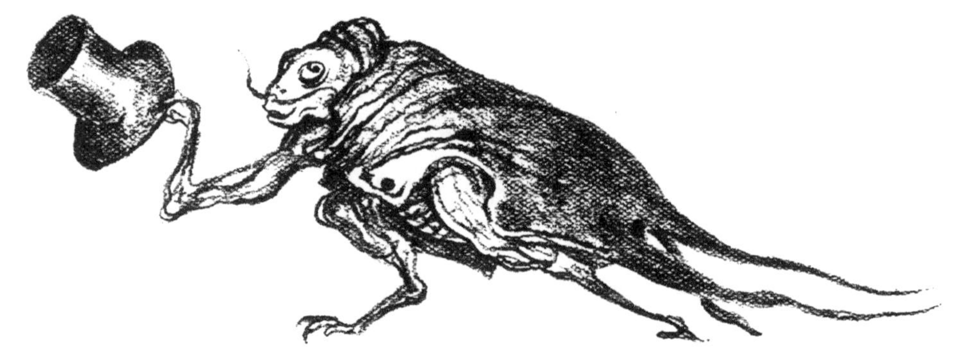

Das Steckenpferd

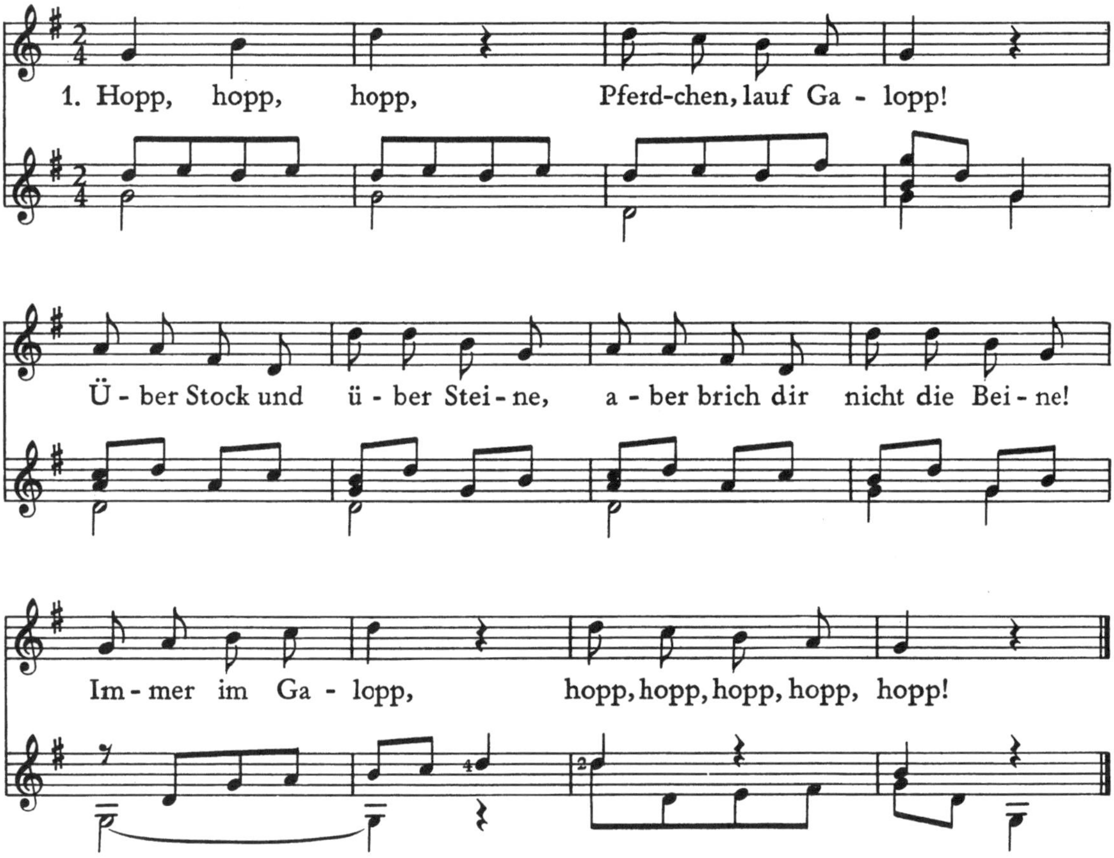

1. Hopp, hopp, hopp, Pferd-chen, lauf Ga - lopp!
Ü - ber Stock und ü - ber Stei - ne, a - ber brich dir nicht die Bei - ne!
Im - mer im Ga - lopp, hopp, hopp, hopp, hopp, hopp!

2. Tipp, tipp, tapp, wirf mich ja nicht ab! Zähme deine wilden Triebe, Pferdchen, tu es mir zuliebe, wirf mich ja nicht ab! Tipp, tipp, tipp, tipp, tapp!

3. Brr, brr, he, steh doch, Pferdchen, steh! Sollst noch heute weiter springen, muß dir doch erst Futter bringen, steh doch, Pferdchen, steh, brr, brr, brr, brr, he!

4. Ja, ja, ja, wir sind wieder da! Schwester, Vater, liebe Mutter, findet auch mein Pferdchen Futter? Ja, ja, ja, ja, ja, wir sind wieder da!

Worte: Carl Hahn (1807) · Weise: Carl Gottlieb Hering (1807)

Der Gänsedieb

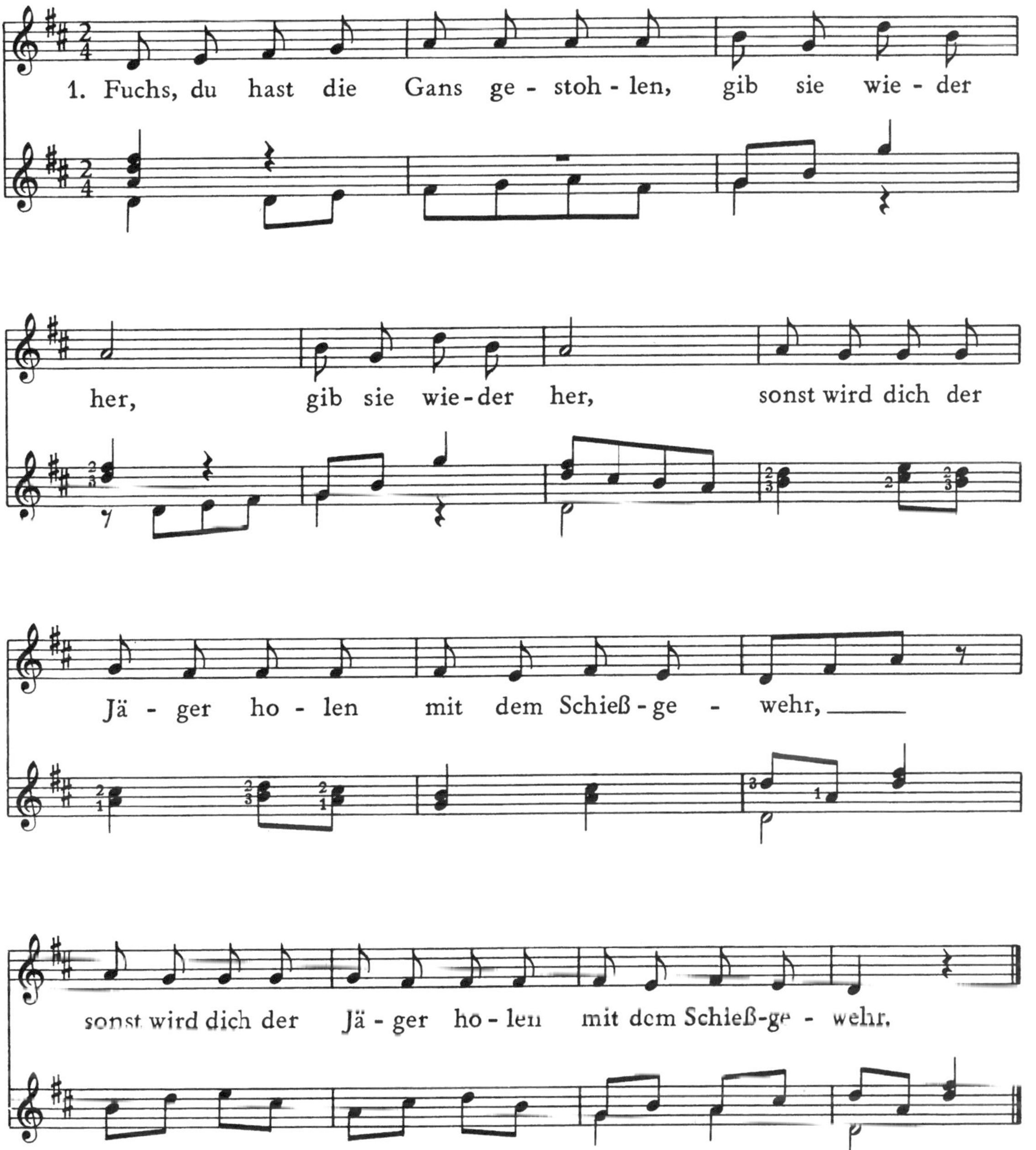

2. Seine große, lange Flinte |: schießt auf dich den Schrot, :| |: daß dich färbt die rote Tinte, und dann bist du tot. :|

3. Liebes Füchslein, laß dir raten, |: sei doch nur kein Dieb. :| |: Nimm, du brauchst nicht Gänsebraten, mit der Maus vorlieb. :|

Worte und Weise: Ernst Anschütz (1824), nach dem alten Kinderlied *Wer die Gans gestohlen hat.* Später wurde die Weise – bei geringfügigen Veränderungen im Melodieablauf – auch aus Brandenburg mit dem Text *Ei, ei, ei, ihr Hühnerchen* bekannt.

Ei, ei, ei, ihr Hühnerchen

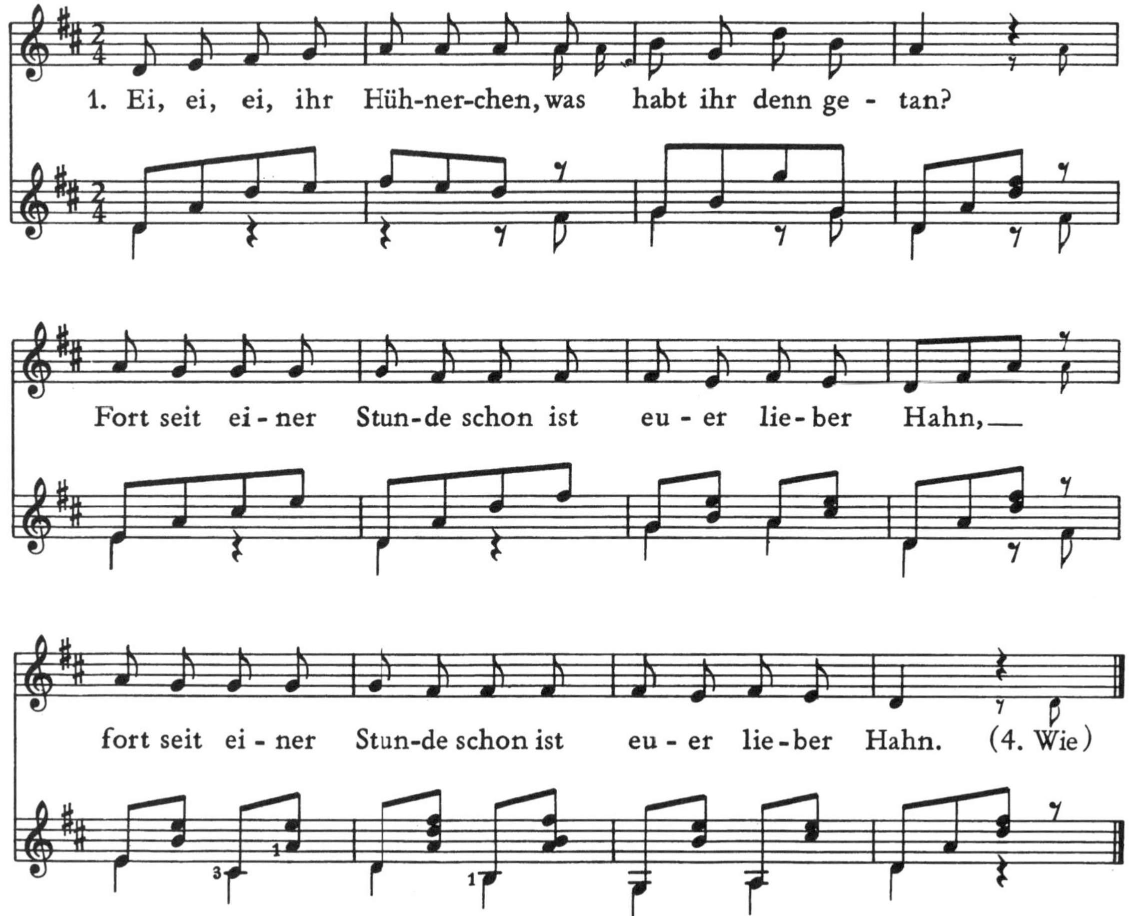

2. Hähnchen ist aufs Dach geflogen |: ins Bodenloch hinein. :| |: Da schlug der Wind die Türe zu. Es muß gefangen sein! :|

3. Doch nach einer Stunde schon |: ging wieder auf die Tür. :| |: „Tuck, tuck, tuck, ihr Hühnerchen, nun bin ich wieder hier." :|

4. Wie freuten sich die Hühnerchen, |: als sie ihn wieder sahn, :| |: wie hüpften sie und sprangen sie um ihren lieben Hahn! :|

Worte und Weise: siehe *Der Gänsedieb*

Spielanleitung: 1. Strophe: Die Kinder gehen an den Händen gefaßt im Kreis. Einige, die „Hühner" darstellend, laufen, mit den seitlich ausgebreiteten Armen den Flügelschlag der „Hühner" nachahmend, aufgeregt und suchend im Innenkreis umher. Ein Kind, der „Hahn", geht „stolz" am Außenkreis entlang. – 2. Strophe: Die Kinder im Innenkreis singen allein. Bei den Worten „aufs Dach geflogen" heben die Kinder im Kreis die gefaßten Hände schnell nach oben, bei den Worten „Türe zu" klatschen alle einmal in die Hände. – 3. Strophe: Der „Hahn flattert" durch eines der Kreistore in den Innenkreis. Er wird von allen „Hühnern" mit freudigem „Flügelschlag" begrüßt. Die Worte „Tuck, tuck, tuck, ihr Hühnerchen, nun bin ich wieder hier!" singt das den Hahn darstellende Kind allein. – 4. Strophe: „Hühner" und „Hahn" fassen sich zum Kreis und hüpfen in der dem Außenkreis entgegengesetzten Richtung ausgelassen herum.

Gänse-Kantate

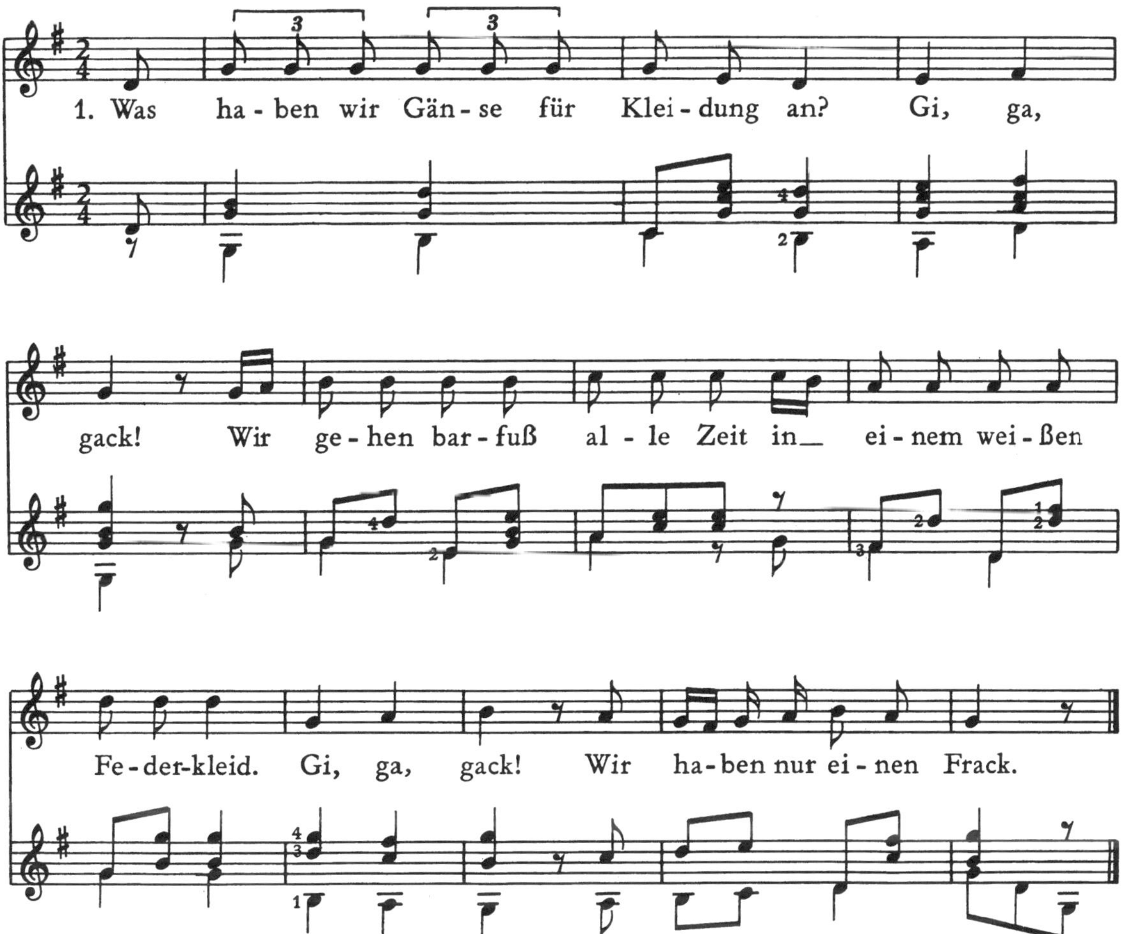

2. Was trinken wir Gänse für einen Wein? Gi, ga, gack! Wir trinken nur den stärksten Wein, das ist der Gänsewein allein. Gi, ga, gack. Ist stärker als Rum und 'rrak[1].

3. Was haben wir Gänse für eine Kost? Gi, ga, gack! Des Sommers gehn wir auf die Au, des Winters speist die Bauersfrau, gi, ga, gack, uns aus dem Habersack!

4. Was machen wir Gänse am Martinstag[2]? Gi, ga, gack! Man führt uns aus dem Stall heraus zu einem fetten Martinsschmaus, gi, ga, gick, und bricht uns das Genick.

[1] Arrak (Branntwein)
[2] Martinstag ist der 11. November

Worte und Weise: weit verbreitetes Kinderlied aus Schlesien

Häsleins Klage

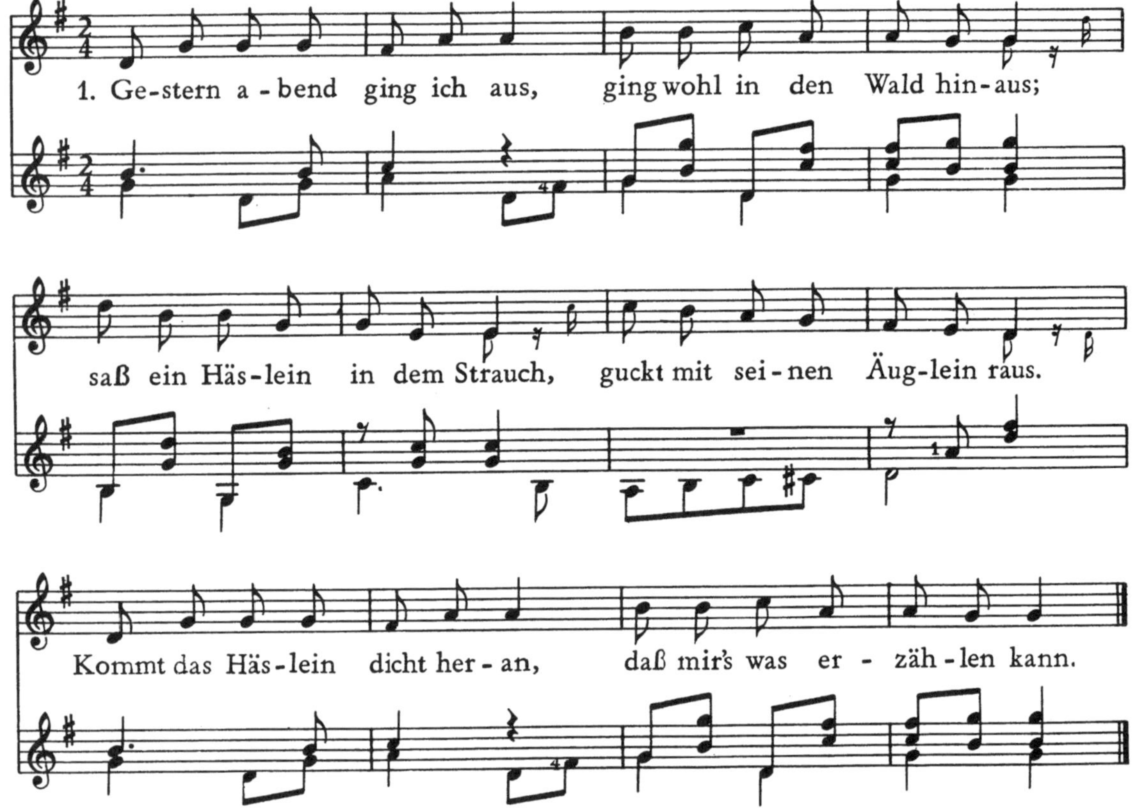

2. „Was will denn der Jägersmann? Hetzt auf mich die Hunde an? Wenn der Jäger mich ertappt und das Windspiel mich erschnappt, hält er mir die Büchse her, als gäb's sonst kein' Hasen mehr!"

3. „Bringt der Jäger mich nach Haus, zieht er Pelz und Hos' mir aus; legt mich auf das Küchenbrett, spickt den Buckel mir mit Speck; steckt mir'n Spieß von hinten ein, ich möcht ja so grob nicht sein!"

4. „Wenn ich dann gebraten bin, trägt man mich zur Tafel hin; der Erste schneid't sich ab sein Teil, der Zweite bricht mir's Bein entzwei, der Dritte nimmt sich's Allerbest: Laßt's euch schmecken, ihr werten Gäst!"

5. „Nun bin ich tot, ich armer Has, geh dem Bau'r nicht mehr ins Gras, geh dem Bau'r nicht mehr ins Kraut, hab's bezahlt mit meiner Haut. Wenn ich an mein Schicksal denk, es mich recht von Herzen kränkt!"

Textvariante

2. „Bist du nicht der Jägersmann, hetzt auf mich die Hunde an. Wenn dein Windspiel mich ertappt, hast du Jäger mich geschnappt. Wenn ich an mein Schicksal denk, ich mich recht von Herzen kränk."

3. „Armes Häslein, bist so blaß. Geh dem Bau'r nicht mehr ins Gras. Geh dem Bau'r nicht mehr ins Kraut, sonst bezahlst's mit deiner Haut. Sparst dir manche Not und Pein, kannst mit Lust ein Häslein sein."

Worte und Weise: Volkslied, gelangte in zahlreichen textlichen Varianten zwischen 1750 und 1800 in ganz Deutschland zur Verbreitung. Die Melodie zum vorliegenden Lied findet sich schriftlich fixiert zuerst im Jahre 1818.

Hummel und Biene

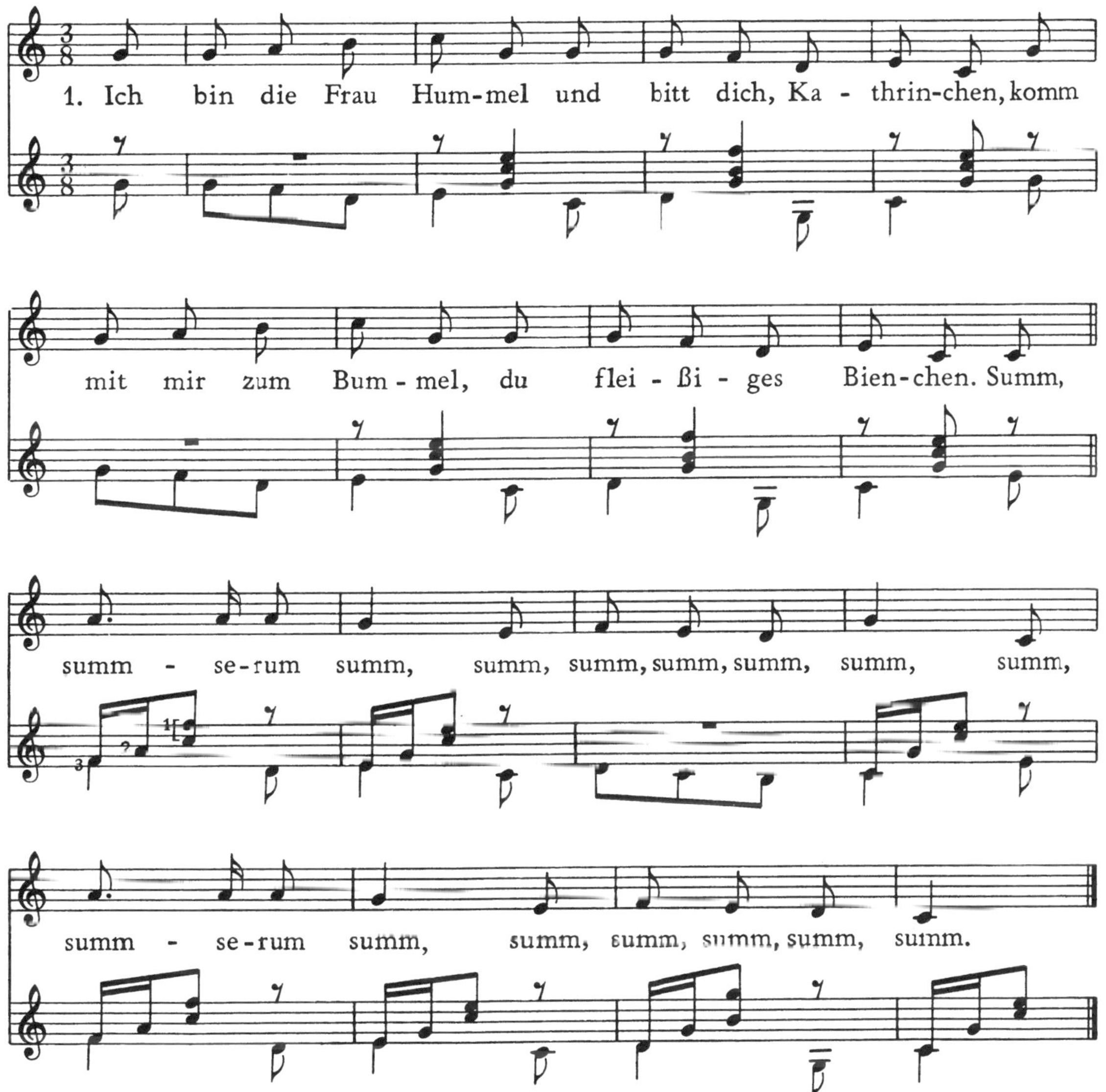

2. Ich geh nicht mit bummeln zum Gucken und Gaffen; grad will ich mich tummeln zum Sammeln und Schaffen. Summ, summserum usw.

3. Ich sammle für alle, die Honig gern schlecken, und stech nur, im Falle sie schlagen und necken. usw.

Worte: Johannes Brömsel · Weise: Annina Hartung

Ich hab ein kleines Vogelhaus

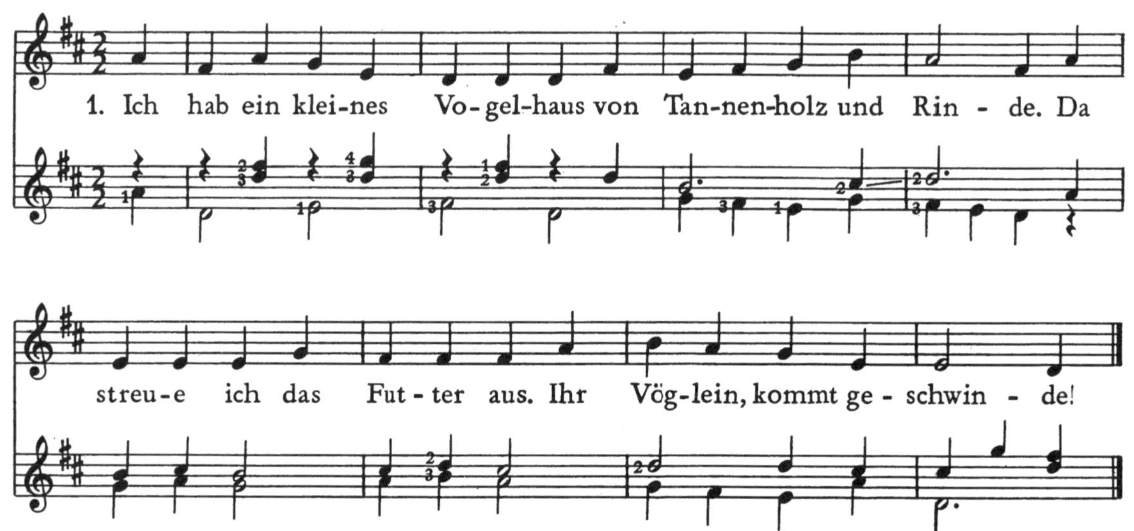

2. In meinem kleinen Vogelhaus hab ich so viele Gäste. Kein Vöglein flieget hungrig aus. Herbei zum Futterfeste!

Worte: Christine-Gisela Schmidt · Weise: Gerlinde Hoffmann

Ich war mal auf dem Dorfe

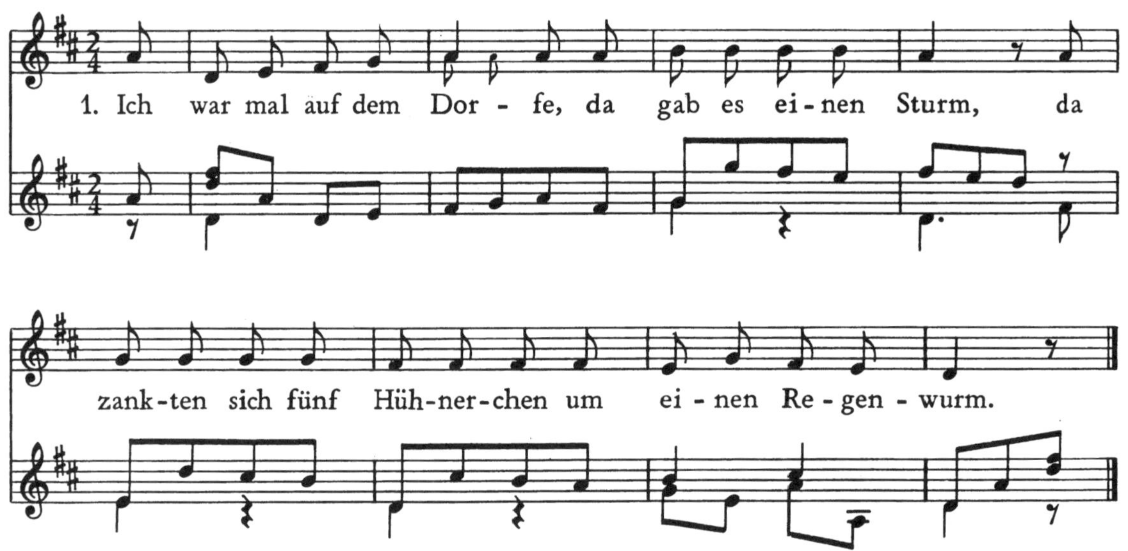

2. Und als kein Wurm mehr war zu sehn, da sagten alle: Piep! Da hatten die fünf Hühnerchen einander wieder lieb.

Worte: Victor Blüthgen · Weise: Volkslied

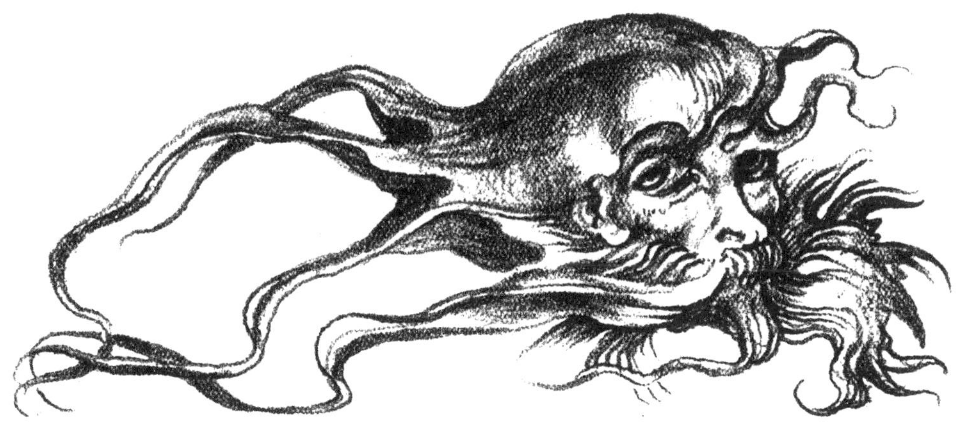

Kuckuck, kuckuck, ruft's aus dem Wald

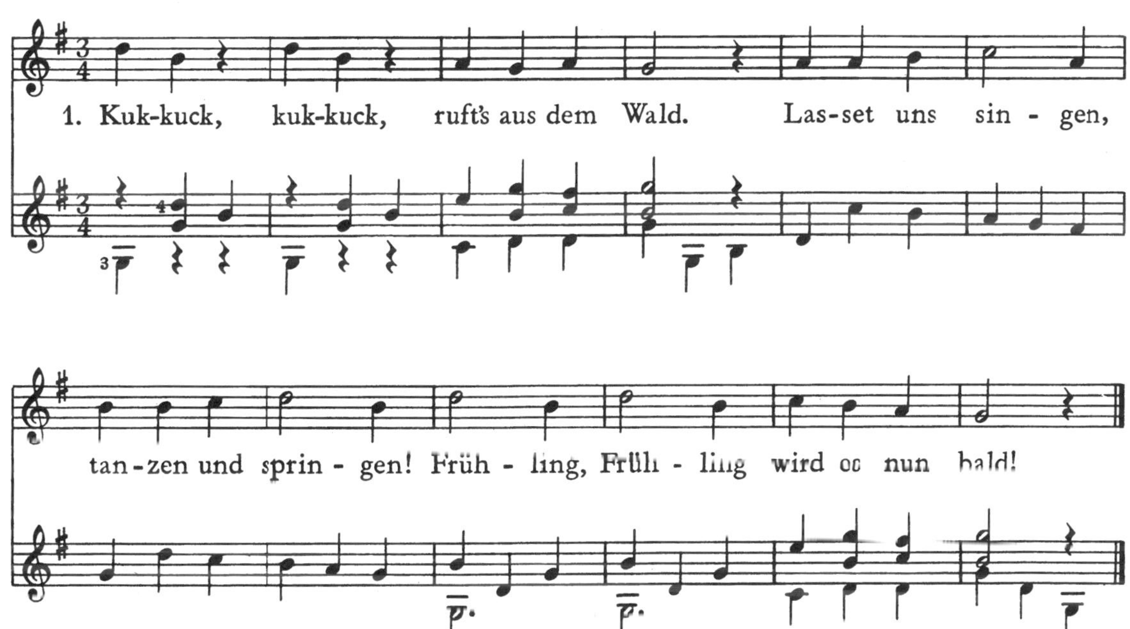

2. Kuckuck, Kuckuck läßt nicht sein Schrein. „Komm in die Felder, Wiesen und Walder! Frühling, Frühling, stelle dich ein!"

3. Kuckuck, Kuckuck, trefflicher Held! Was da gesungen, ist dir gelungen: Winter, Winter räumet das Feld.

Worte und Weise: Heinrich Hoffmann von Fallersleben frei nach dem niederösterreichischen Volkslied *Stieglitz, 's Zeiserl is krank* (1817)

Summ, summ, summ

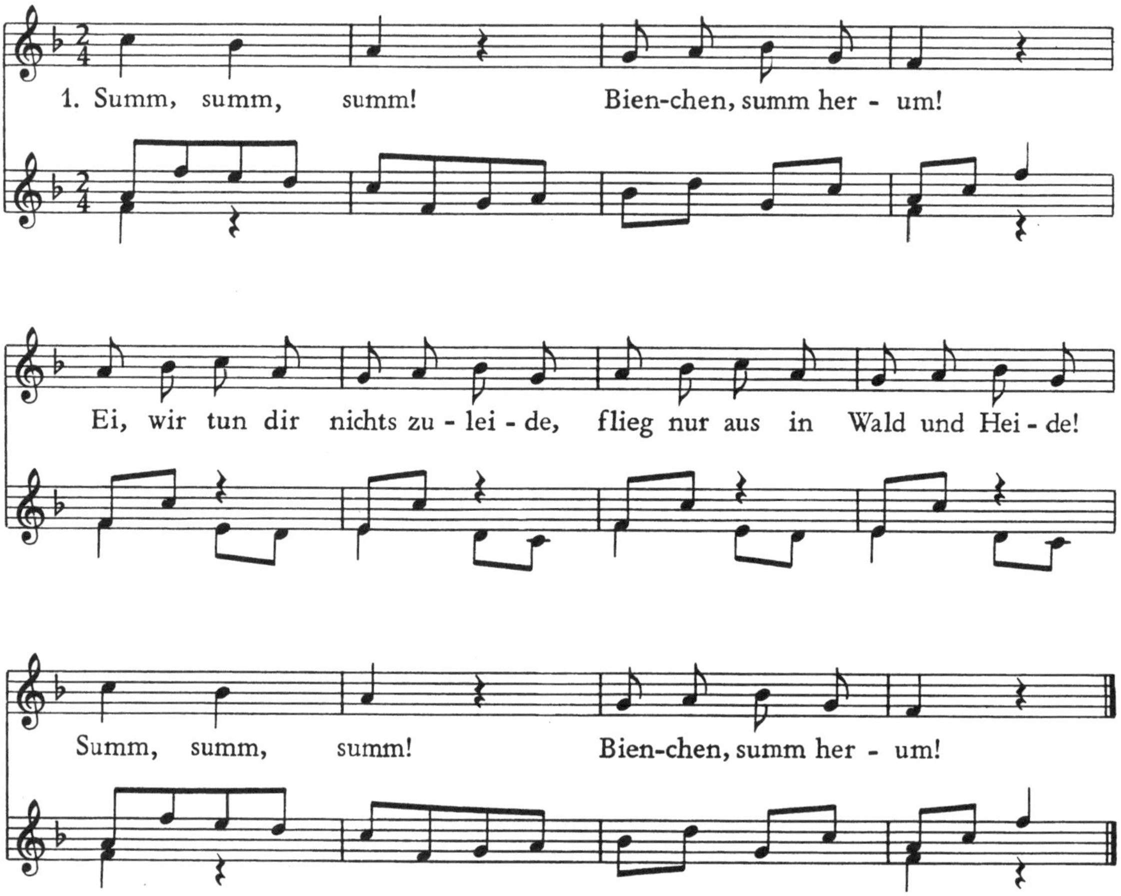

1. Summ, summ, summ! Bien-chen, summ her - um!

Ei, wir tun dir nichts zu - lei - de, flieg nur aus in Wald und Hei - de!

Summ, summ, summ! Bien-chen, summ her - um!

2. Summ, summ, summ, Bienchen, summ herum! Such in Blumen, such in Blümchen dir ein Tröpfchen, dir ein Krümchen. Summ, summ, summ! usw.

3. Summ, summ, summ, Bienchen, summ herum! Kehre heim mit reicher Habe, bau uns manche volle Wabe! usw.

Worte: Heinrich Hoffmann von Fallersleben · Weise: nach einem Volkslied

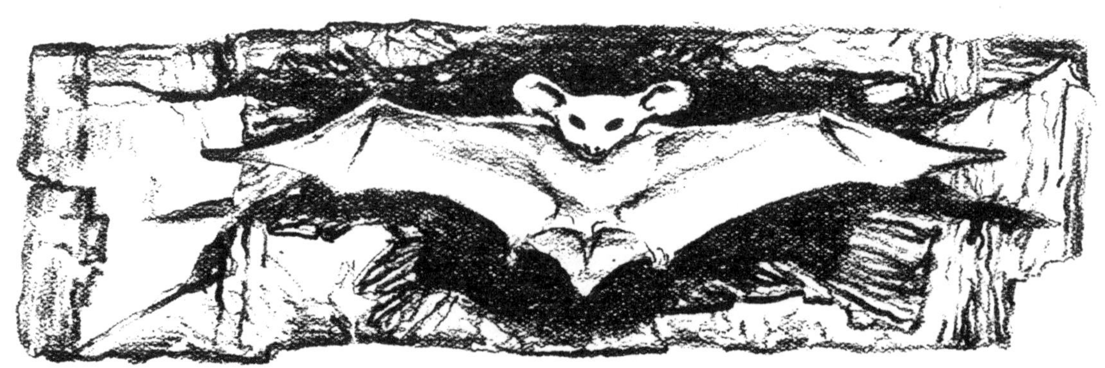

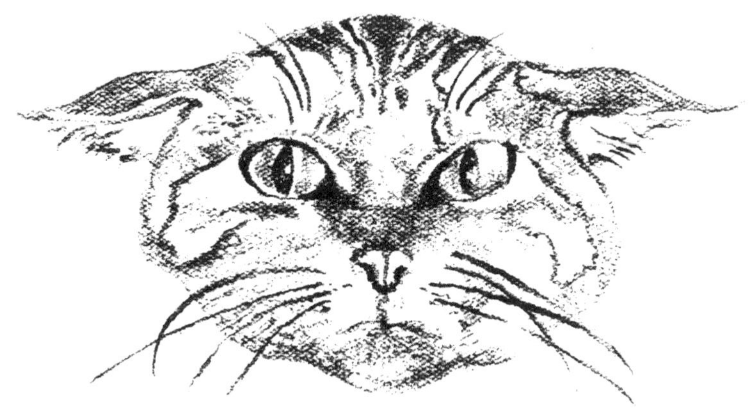

Unsre Katz heißt Mohrle

1. Uns - re Katz heißt Mohr - le, hat ein schwar - zes

Ohr - le, hat ein schwar-zes Fell, und wenn es was zu

schlek - ken gibt, dann ist sie gleich zur Stell.

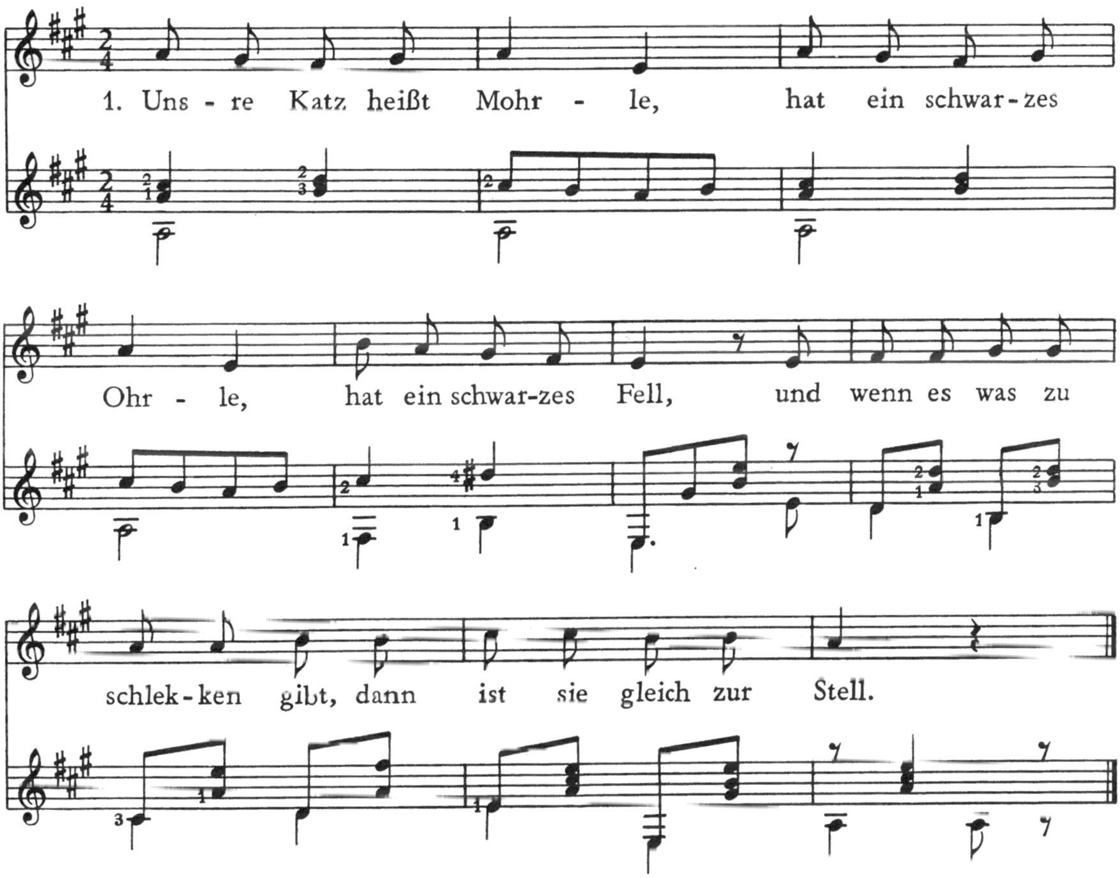

2. Unsre Katz heißt Mohrle, hat ein schwarzes Ohrle, Augen, die sind grün, und wenn es abends dunkel wird, dann fang'n sie an zu glühn.

3. Unsre Katz heißt Mohrle, hat ein schwarzes Ohrle, Pfötchen, die sind weich, und wenn das Kind im Schlafe liegt, dann schnurrt sie durch ihr Reich.

Worte und Weise: Wilhelm Bender

Was scharrt die alte Henne

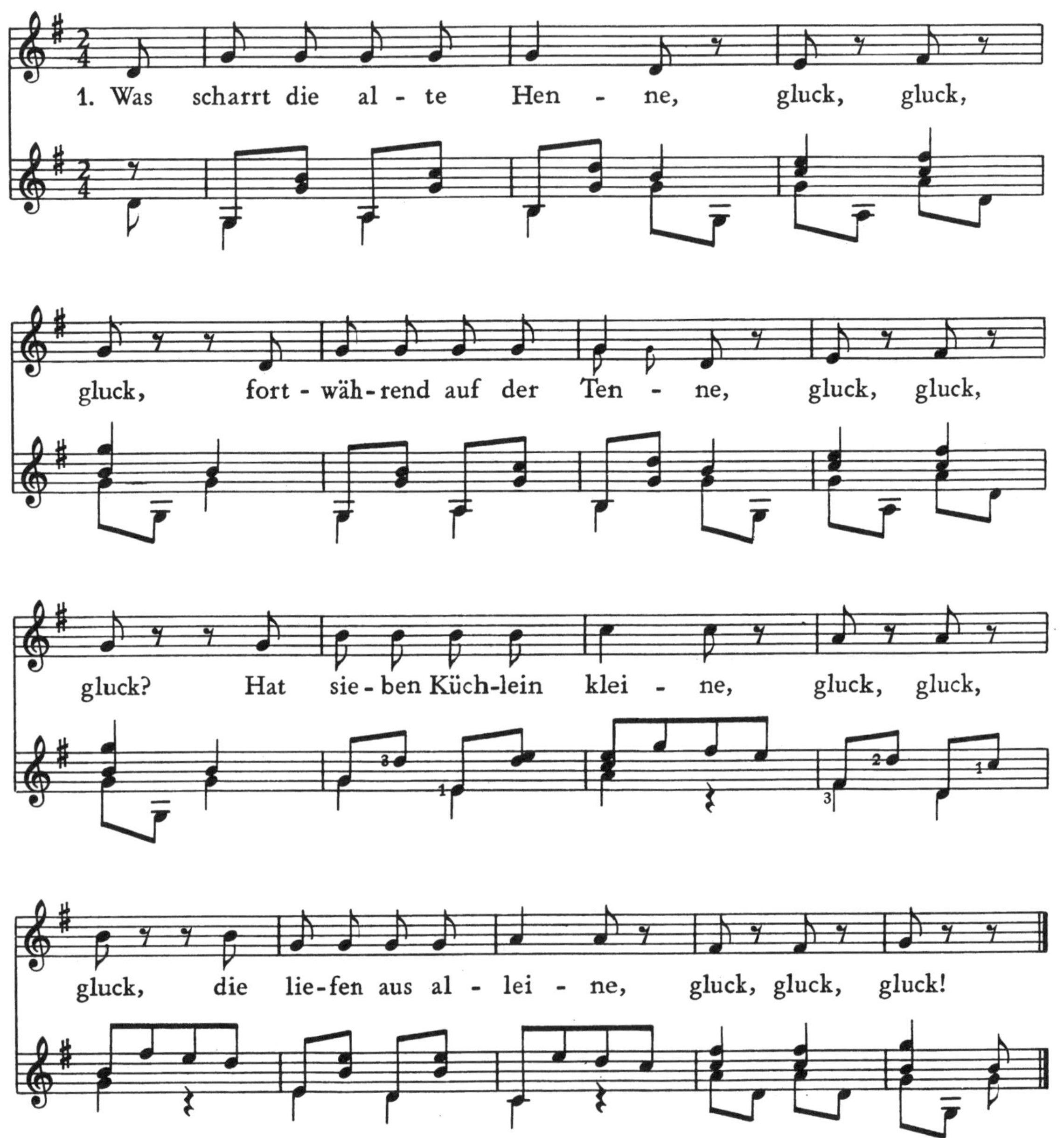

2. „Mein Weißchen, Bräunchen, Schecklein, gluck, gluck, gluck, wo seid ihr lieben Kinderlein, gluck, gluck, gluck?" Sie kamen aus den Ecken, gluck, gluck, gluck, bei Mutter sich verstecken, gluck, gluck, gluck.

Worte und Weise: Kinderlied aus der Oberlausitz

Spielanleitung: Die Kinder bilden mit gefaßten Händen einen Kreis. Ein Kind, die „Henne", befindet sich „scharrend, suchend und gluckend" im Innenkreis, während sich ihre sieben Küchlein hinter dem Kreis verborgen halten. Bei den Worten „Sie kommen . . ." (2. Strophe), versuchen die „Küchlein" so schnell als möglich, zu ihrer Mutter zu gelangen, die ihre Kinder unter einem ausgebreiteten Tuch versteckt.

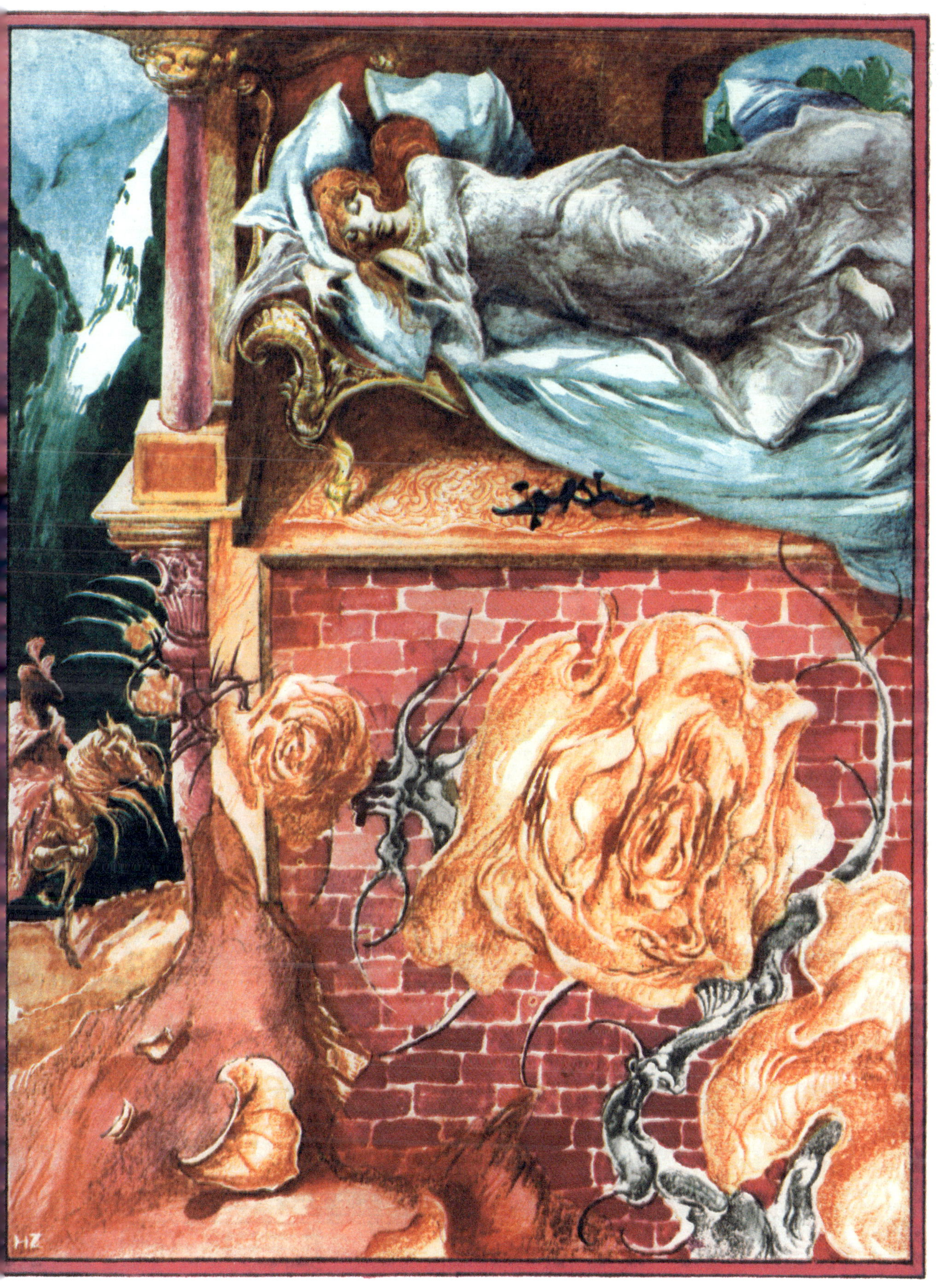

Dornröschen war ein schönes Kind

Alle Kinder, alle Puppen

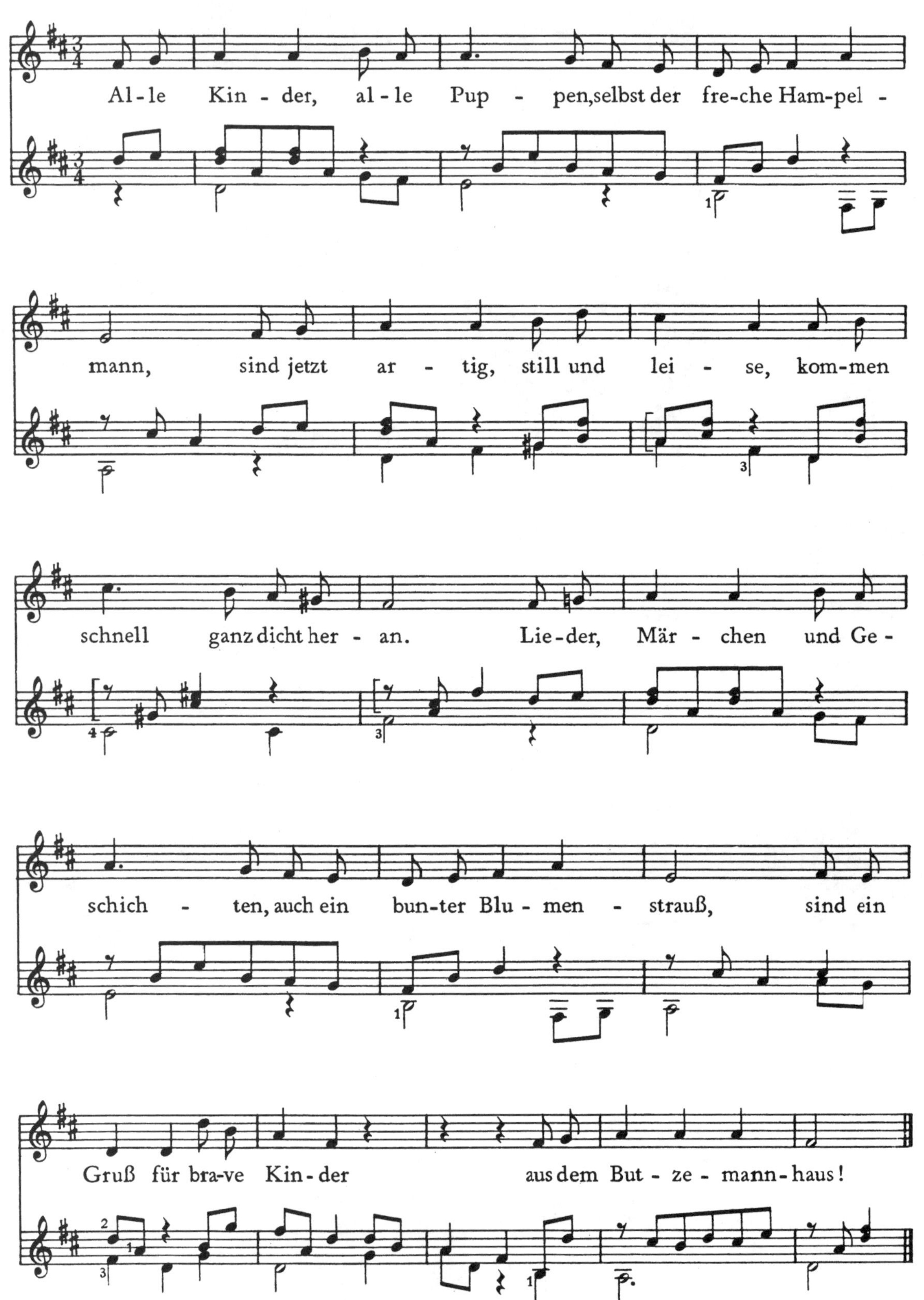

Worte: Günter Schiffel · Weise: Ernst Heinze

Dornröschen war ein schönes Kind

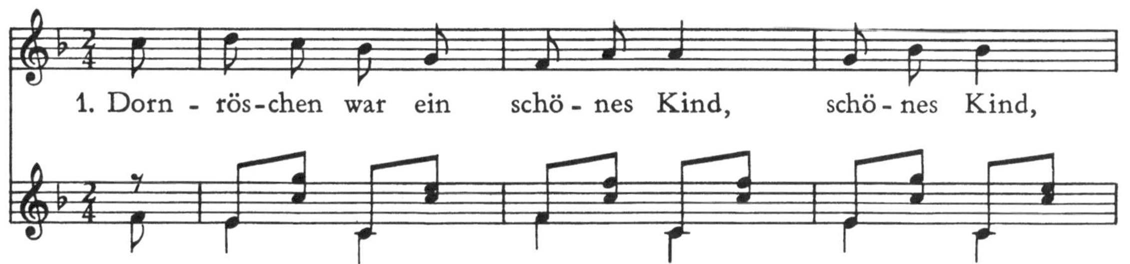

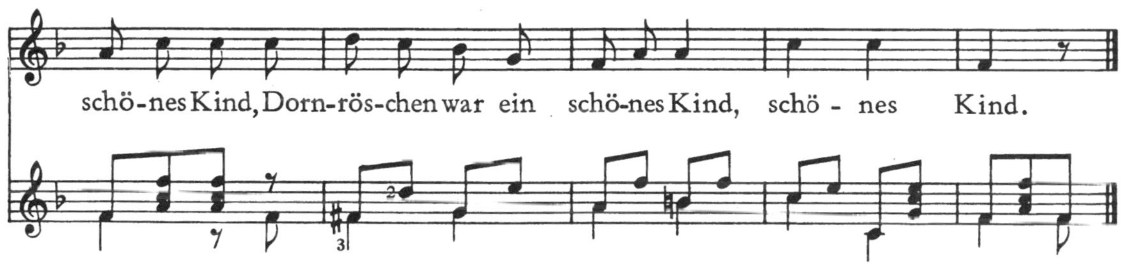

2. Dornröschen, nimm dich ja in acht vor einer bösen Fee!

3. Da kam die böse Fee herein und rief ihm zu:

4. „Dornröschen, schlafe hundert Jahr und alle mit!"

5. Da wuchs die Hecke riesengroß um das Schloß.

6. Da kam ein junger Königssohn und sprach zu ihm:

7. „Dornröschen wache wieder auf und alle mit!"

8. Sie feierten das Hochzeitsfest und alle tanzten mit.

Worte: unbekannt, frei nach dem gleichnamigen Märchen · Weise: aus Kassel

Spielanleitung: Die Kinder bilden zwei Kreise, einen kleineren Hofstaat, in dessen Mitte Dornröschen steht, und einen größeren, Dornröschen und den Hofstaat umschließenden Kreis. Außerhalb dieses Kreises befinden sich die Fee und der Königssohn. – 1. Strophe: Die Kreise bewegen sich in entgegengesetzter Richtung. – 2. Strophe: Der Kreisgang wird fortgesetzt. Die Kinder heben, zur Vorsicht mahnend, ihre Zeigefinger zu Dornröschen. – 3. Strophe: Die Fee durchbricht die sich bewegenden Kreise und ergreift Dornröschen. – 4. Strophe: (Die Fee singt allein.) Die Kreise werden langsamer, bleiben stehen, und alle knien sich hin. Dornröschen und ihr Hofstaat bedecken die Augen mit dem Unterarm. – 5. Strophe: Der Außenkreis rutscht auf den Knien dicht an den Innenkreis heran und hebt die gefaßten Hände langsam, das Wachsen der Hecke andeutend, empor. – 6. Strophe: Der Königssohn durchbricht beide Kreise. – 7. Strophe: (Der Königssohn singt allein.) Während des Gesanges erheben sich langsam Dornröschen und ihr Hofstaat. Der äußere Kreis öffnet sich mit Armsenken nach rückwärts. Der Königssohn reicht Dornröschen die Hand und alle formieren sich paarweise. – 8. Strophe: Alle tanzen freudig im Galoppschritt umher.

Frau Holle, Frau Holle

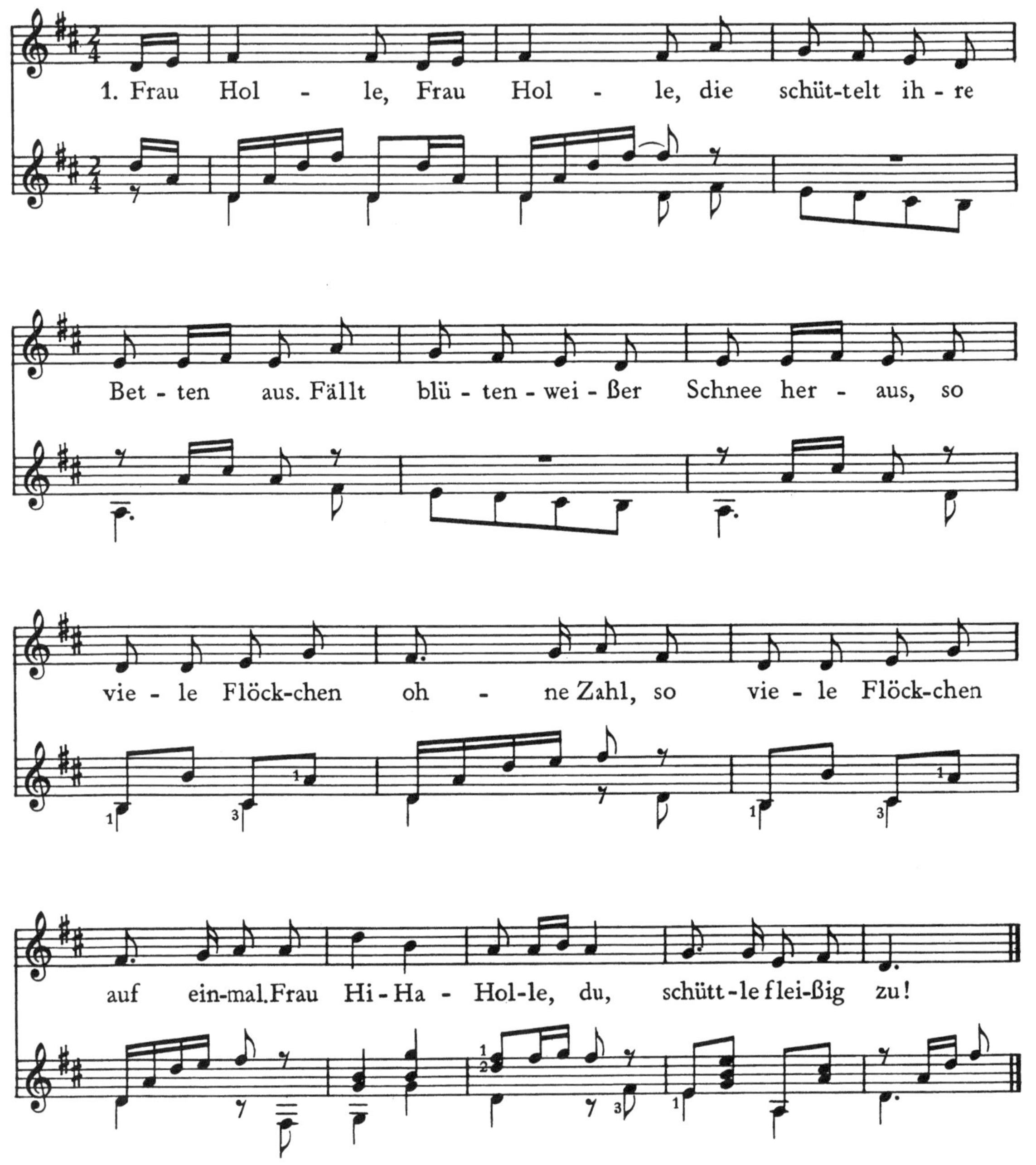

2. Frau Holle, Frau Holle, die guckt aus ihrem Haus heraus: wie sieht die Welt so prächtig aus! Da kommt ein armes Mägdelein, das ruft sie gleich zu sich hinein. Frau Hi-Ha-Holle, du usw.

3. Frau Holle, Frau Holle, die schüttelt mit dem Mägdelein viel blitzeweiße Flöckchen fein. Da freuen sich die Kinder sehr. Die beiden schütteln immer mehr. usw.

Worte: unbekannt, frei nach dem gleichnamigen Märchen · Weise: unbekannt

Hänsel und Gretel verliefen sich im Wald

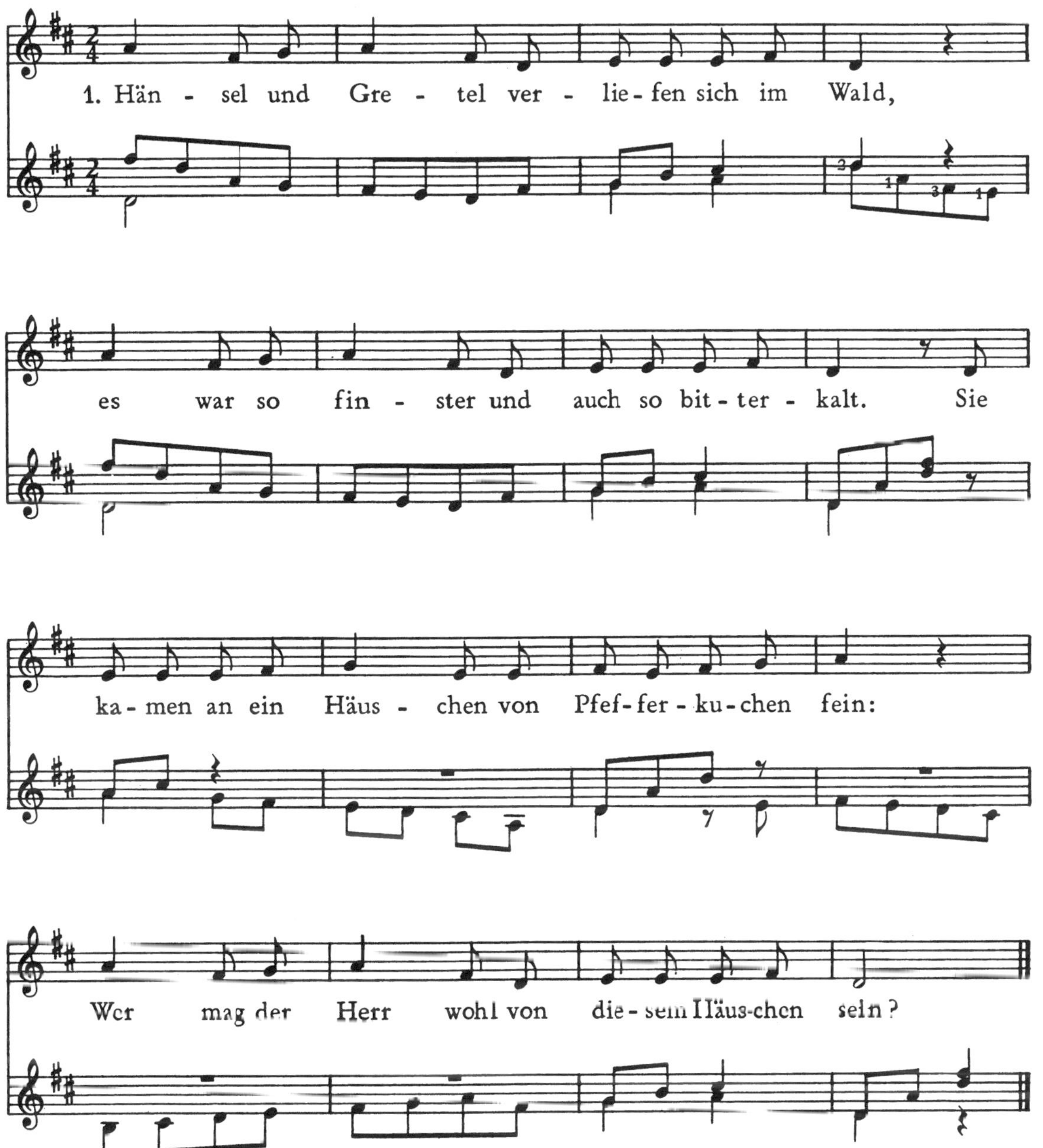

2. Huhu, da schaut eine alte Hexe raus. Sie lockt die Kinder ins Pfefferkuchenhaus. Sie stellte sich gar freundlich. O Hänsel, welche Not! Sie will dich braten im Ofen braun wie Brot!

3. Doch als die Hexe zum Ofen schaut hinein, ward sie gestoßen von unserm Gretelein. Die Hexe mußte braten, die Kinder gehn nach Häus. Nun ist das Märchen von Hans und Gretel aus.

Worte: unbekannt, frei nach dem gleichnamigen Märchen · Weise: unbekannt

Ich komme aus dem Märchenland

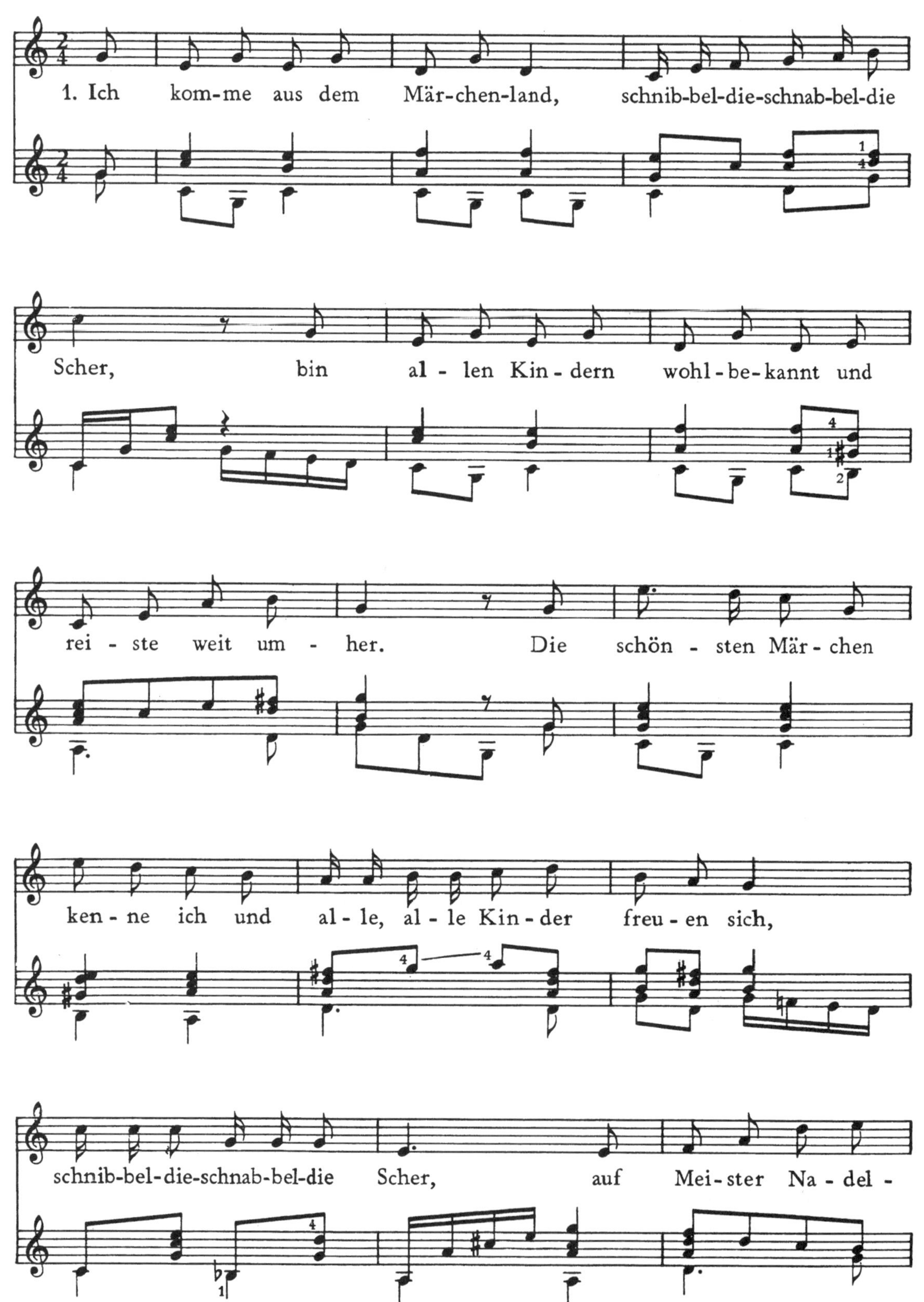

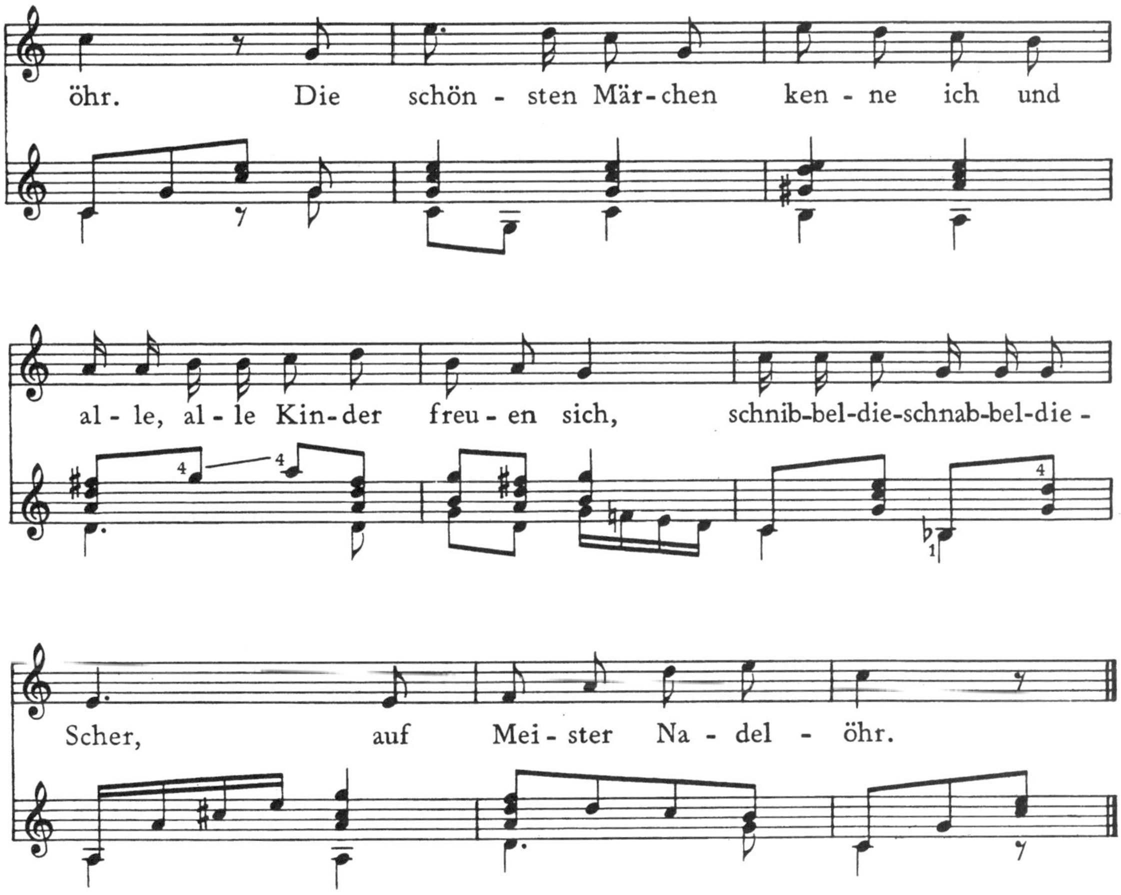

öhr. Die schön - sten Mär-chen ken - ne ich und

al - le, al - le Kin-der freu - en sich, schnib-bel-die-schnab-bel-die -

Scher, auf Mei - ster Na - del - öhr.

2. Das Spiel ist aus, ich muß jetzt gehn, schnibbel-die-schnabbel-die Scher, und sage euch auf Wiedersehn, ein andermal noch mehr. Dann hält wie stets, ihr habt doch Zeit, viel Neues schon für euch bereit, Schnibbel-die-schnabbel-die Scher, der Meister Nadelöhr.

Worte: Walter Krumbach · Weise: Wolfgang Richter

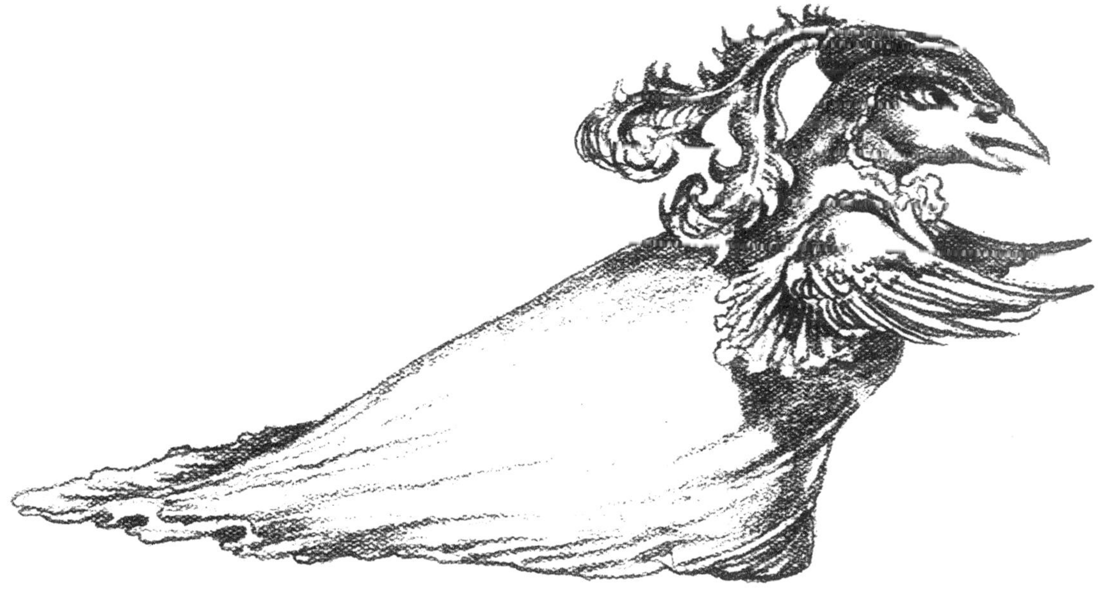

Der König in Thule

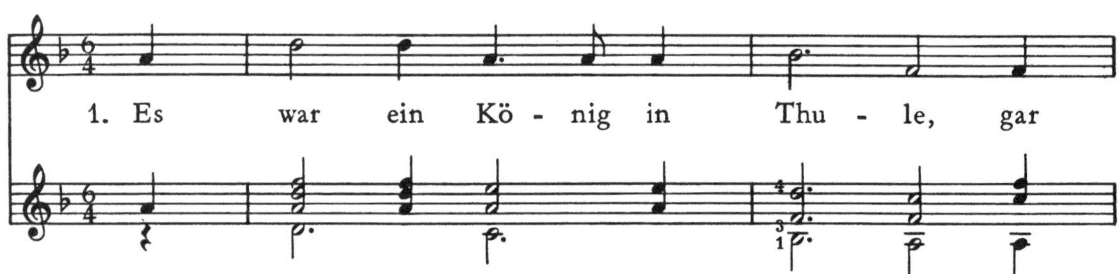

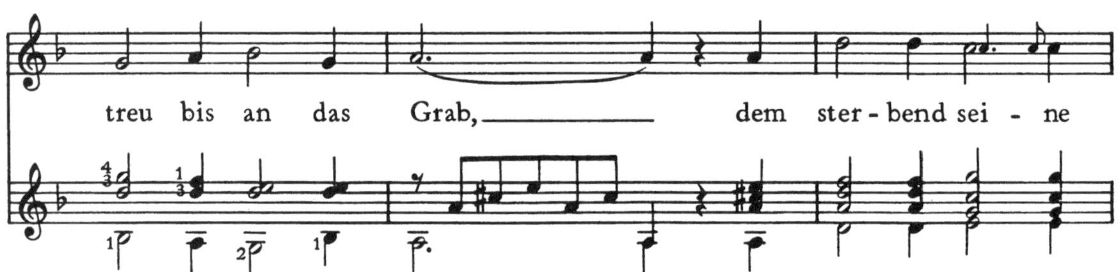

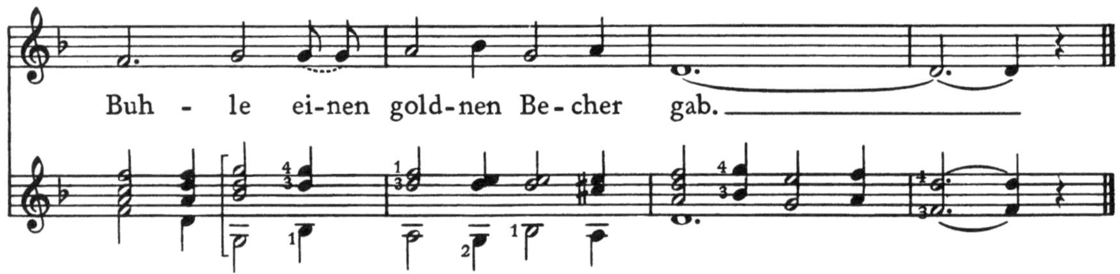

2. Es ging ihm nichts darüber, er leert' ihn jeden Schmaus, die Augen gingen ihm über, sooft er trank daraus.

3. Und als er kam zu sterben, zählt er seine Städt im Reich, gönnt alles seinen Erben, den Becher nicht zugleich.

4. Er saß beim Königsmahle, die Ritter um ihn her, auf hohem Vätersaale dort auf dem Schloß am Meer.

5. Dort stand der alte Zecher, trank letzte Lebensglut, und warf den heil'gen Becher hinunter in die Flut.

6. Er sah ihn stürzen, trinken und sinken tief ins Meer. Die Augen täten ihm sinken, trank nie einen Tropfen mehr.

Worte: Johann Wolfgang von Goethe (1774) · Weise: Carl Friedrich Zelter (1812)

Es waren zwei Königskinder

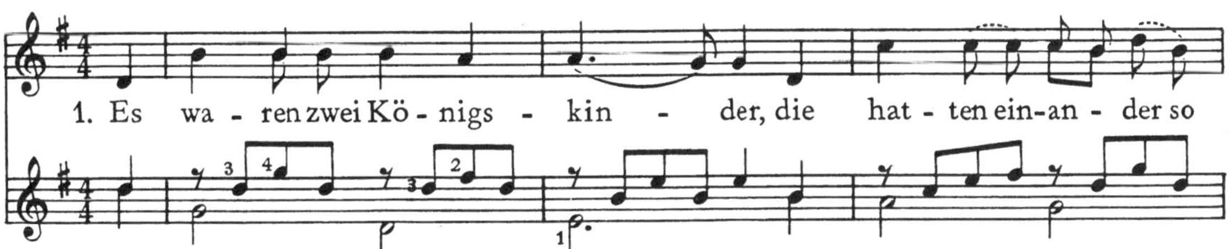

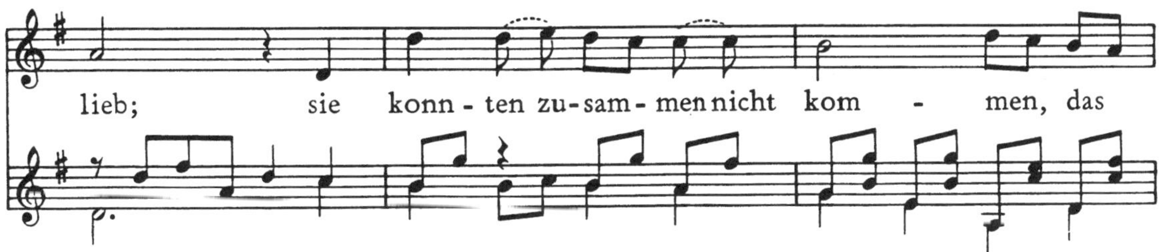

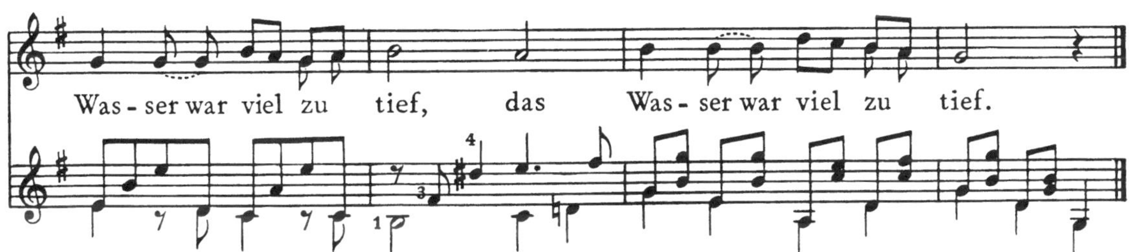

2. „Ach Liebster, könntest du schwimmen, so schwimm doch herüber zu mir! Drei Kerzen will ich anzünden, und |: die sollen leuchten dir.“ :|

3. Das hört ein falsches Nönnchen, die tät, als wenn sie schlief; sie tät die Kerzlein auslöschen, |: der Jüngling ertrank so tief. :|

4. „Ach Fischer, liebster Fischer, willst du verdienen groß Lohn, so wirf dein Netz ins Wasser |: und fisch mir den Königssohn.“ :|

5. Er warf das Netz ins Wasser, er ging bis auf den Grund; er fischte und fischte so lange, |: bis er den Königssohn fand. :|

6. Was nahm sie von ihrem Haupte? Ein goldne Königskron: „Sieh da, du wohledler Fischer, |: hast dein verdienten Lohn!“ :|

7. Was zog sie von ihrem Finger? Ein Ringlein von Gold so rot: „Sieh da, du wohledler Fischer, |: kauf deinen Kindern Brot!“ :|

8. Sie schwang sich um ihren Mantel und sprang wohl in die See: „Gut' Nacht, mein Vater und Mutter, |: ihr seht mich nimmermeh!“ :|

Worte: in Varianten aus Westfalen, vom Niederrhein und anderen Gegenden
Weise: Volkslied, früheste Version handschriftlich durch Dr. Bothe mitgeteilt (1804)

Zogen einst fünf wilde Schwäne

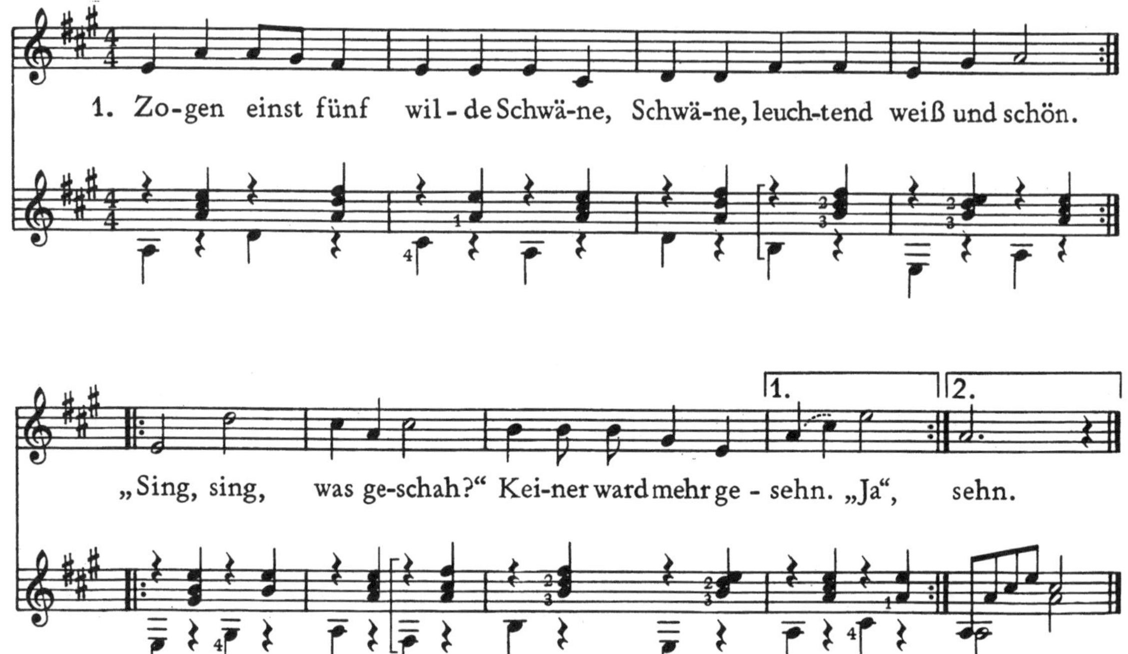

2. Wuchsen einst fünf junge Birken grün und frisch am Bachesrand. Sing, sing, was geschah? Keines in Blüten stand. Ja, sing, sing, was geschah? Keines in Blüten stand.

3. Zogen einst fünf junge Burschen stolz und kühn zum Kampf hinaus. Sing, sing, was geschah? Keiner kehrt mehr nach Haus. Ja, sing, sing, was geschah? Keiner kehrt mehr nach Haus.

4. Wuchsen einst fünf junge Mädchen schlank und schön am Memelstrand. Sing, sing, was geschah? Keines den Brautkranz wand. Ja, sing, sing, was geschah? Keines den Brautkranz wand.

Worte und Weise: Volkslied aus Litauen

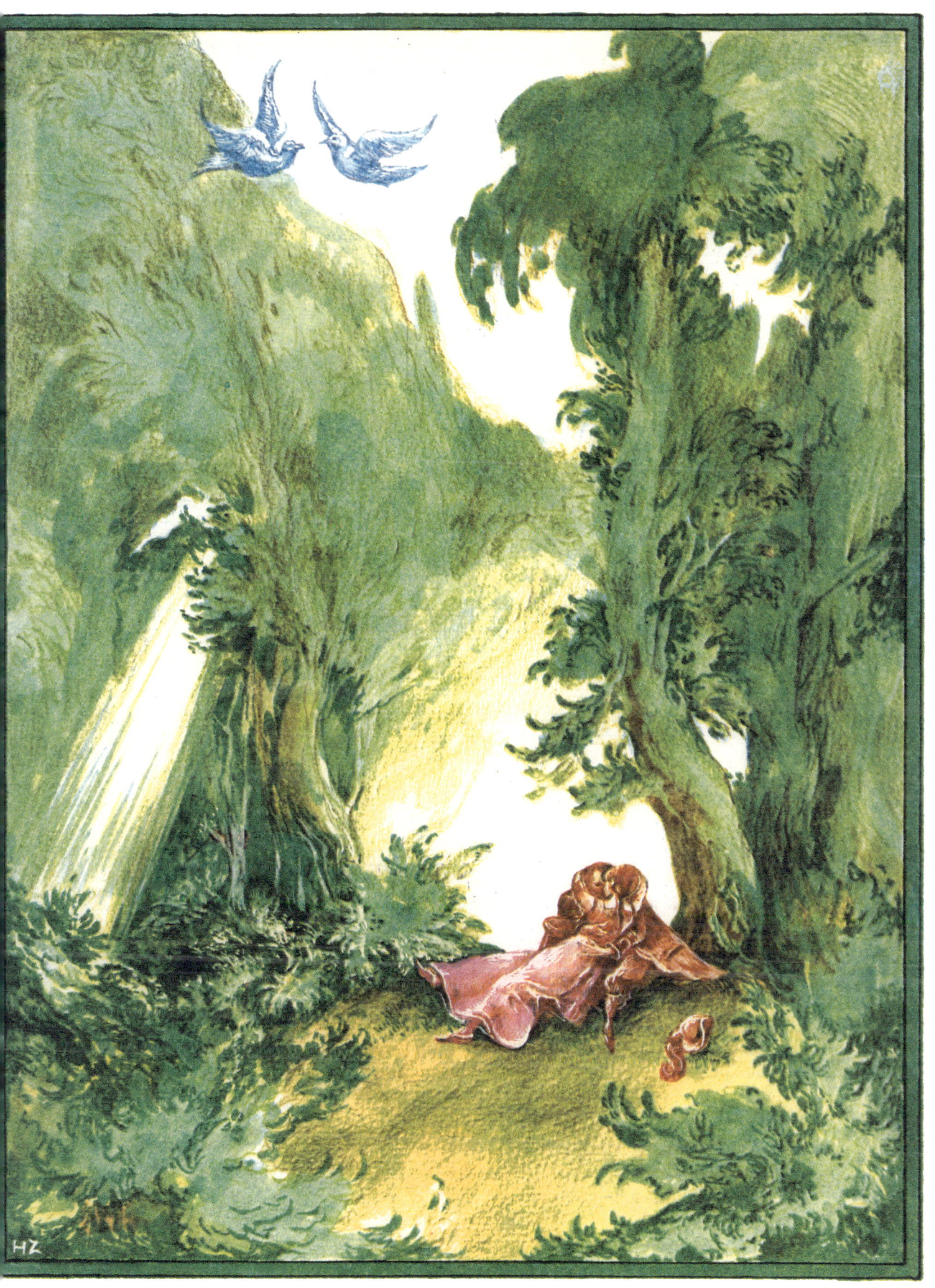

Das Lieben bringt groß Freud

Ach, wie ist's möglich dann

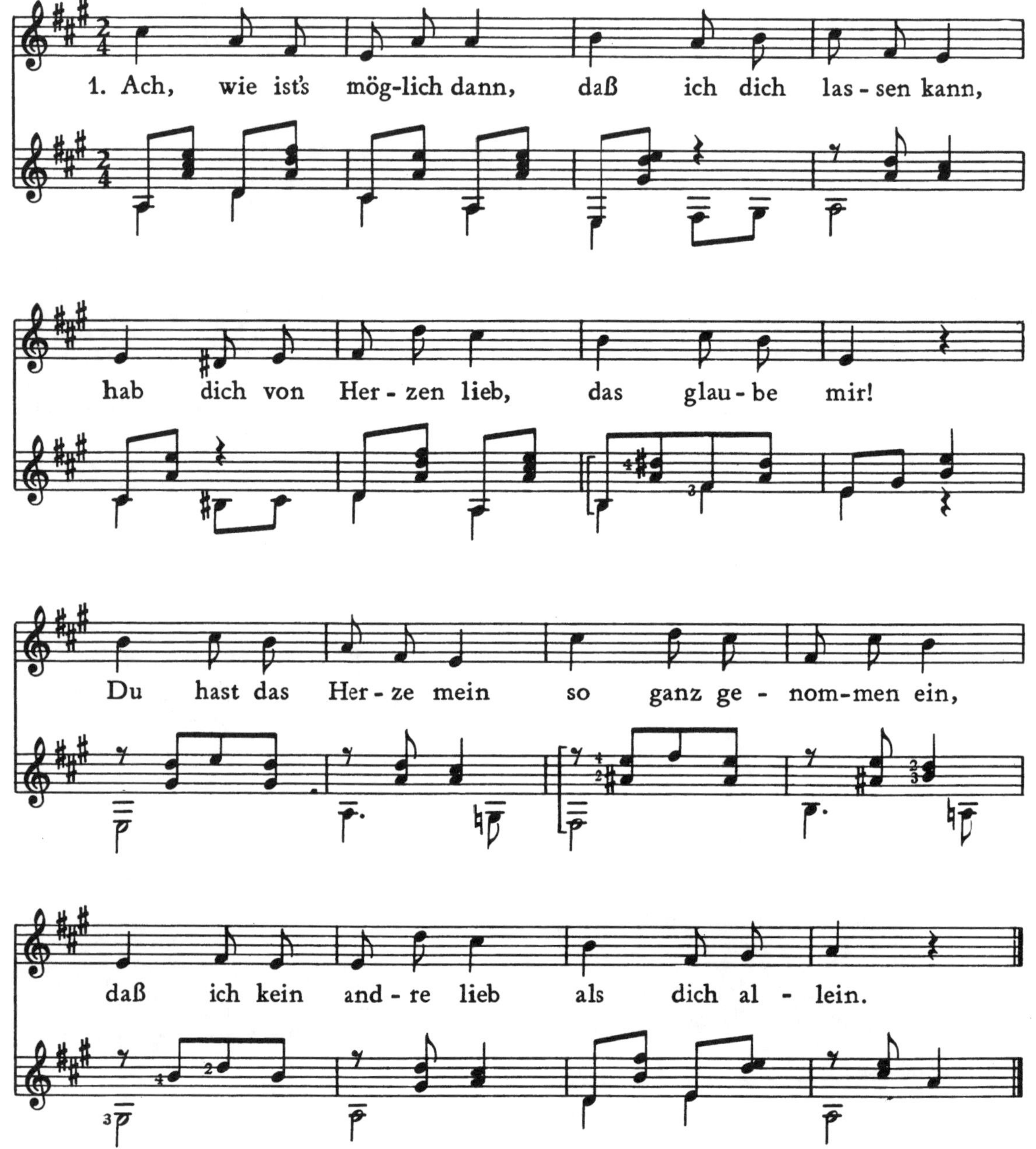

2. Blau ist ein Blümelein, das heißt Vergißnichtmein; dies Blümlein leg ans Herz und denk an mich! Stirbt Blüt und Hoffnung gleich, wir sind an Liebe reich; denn die stirbt nie bei mir, das glaube mir!

3. Wär ich ein Vögelein, wollt' ich bald bei dir sein, scheut' Falk und Habicht nicht, flög' schnell zu dir. Schöß' mich ein Jäger tot, fiel' ich in deinen Schoß, sähst du mich traurig an, gern stürb' ich dann.

Worte: Helmina von Chézy (um 1824), nach einem alten thüringischen Volkslied · Weise: umgesungene Fassung des von Friedrich Wilhelm Kücken 1827 komponierten Liedes

Ade zur guten Nacht

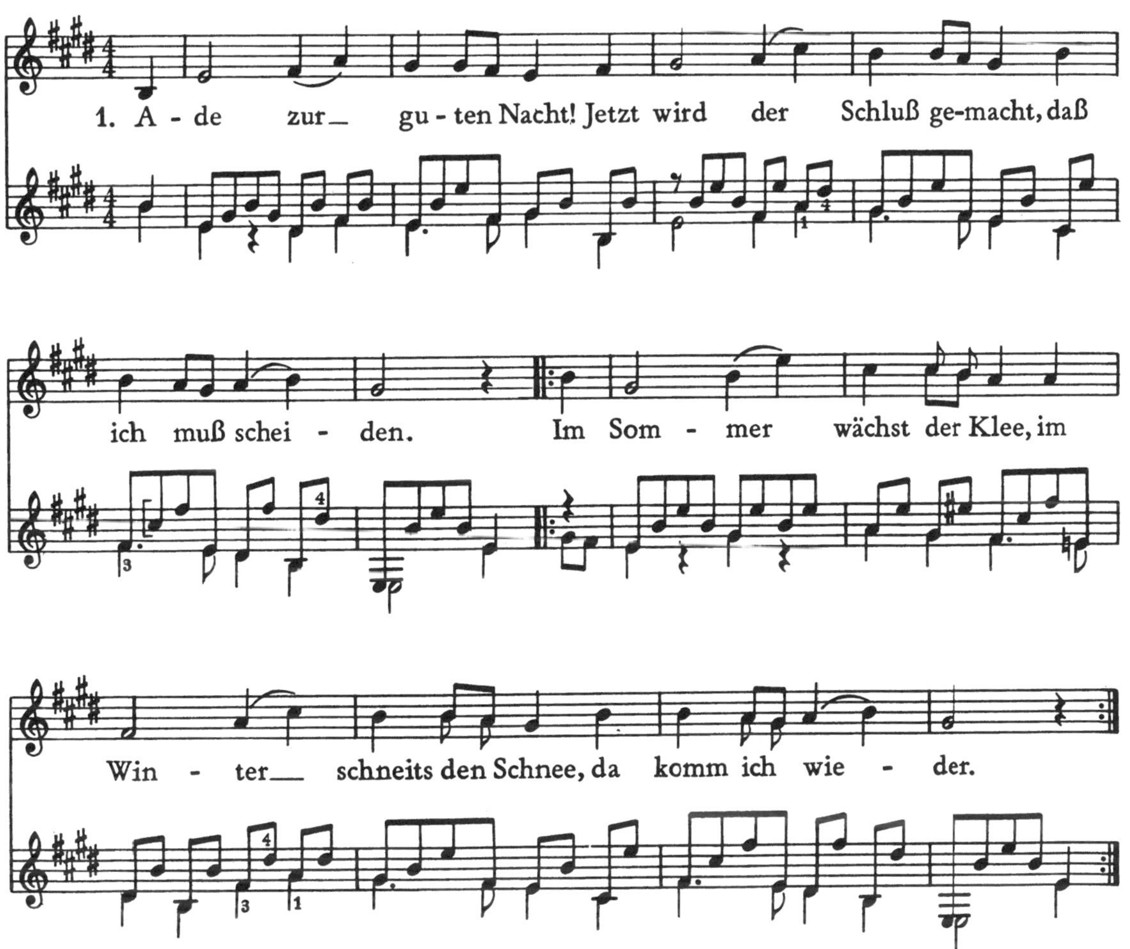

2. Es trauern Berg und Tal, wo ich viel tausendmal bin drüber gangen; das hat deine Schönheit gemacht, die mich zum Lieben gebracht mit großem Verlangen.

3. Das Brünnlein rinnt und rauscht wohl dort am Holderstrauch, wo wir gesessen. Wie manchen Glockenschlag, da Herz bei Herzen lag, das hast du vergessen.

4. Die Mädchen in der Welt sind falscher als das Geld mit ihrem Lieben. Ade zur guten Nacht, jetzt ist der Schluß[1] gemacht, daß ich muß scheiden.

Variante der 4. Strophe:
Die Mädchen allzumal sind wie ein Sonnenstrahl mit ihrem Lieben! Ade zur guten Nacht, jetzt wird der Schluß gemacht, daß ich muß scheiden.

[1] Entscheidung getroffen

Worte und Weise: Volkslied aus Sachsen (um 1848), Franken und der Rheinpfalz (um 1880)

Ännchen von Tharau

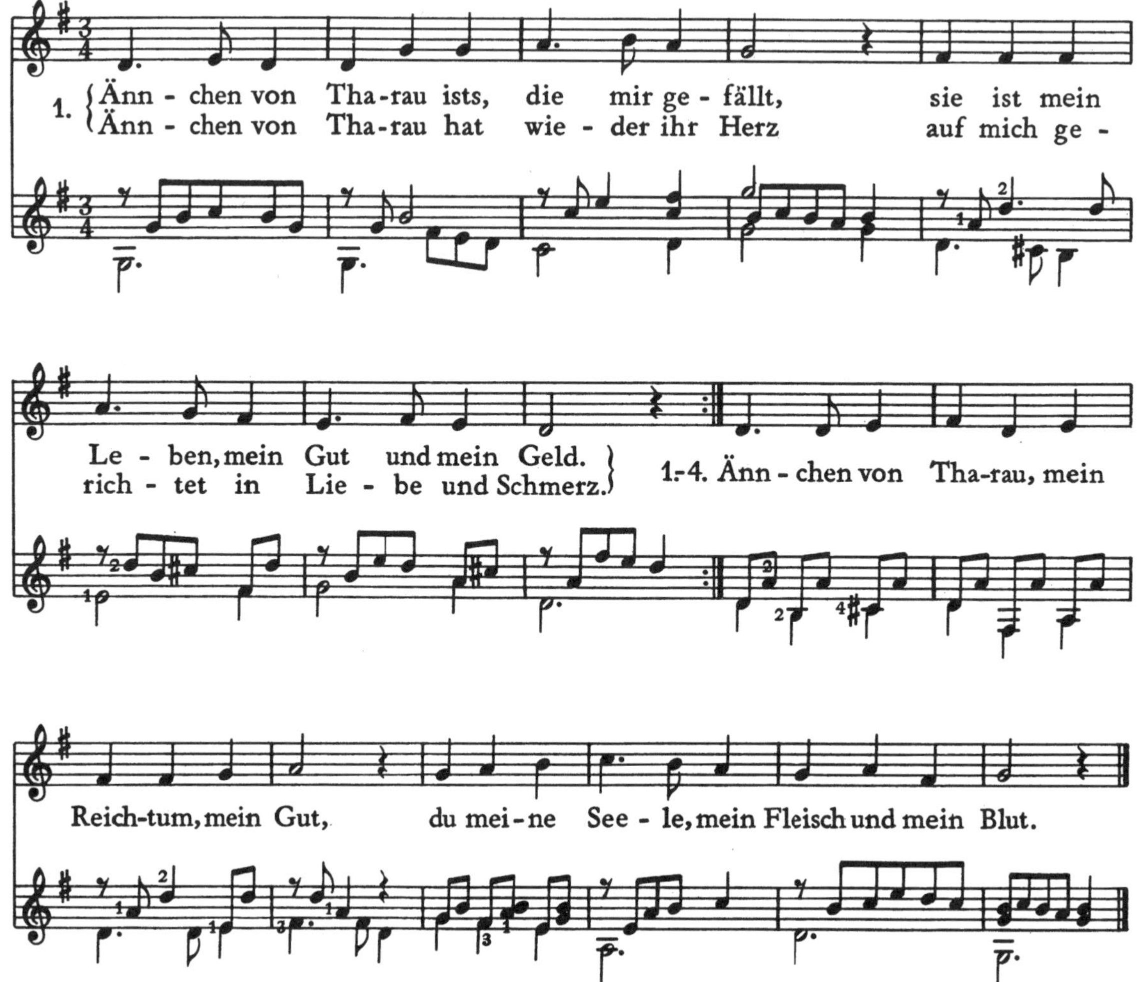

2. Käm alles Wetter gleich auf uns zu schlahn, wir sind gesinnt, beieinander zu stahn. Krankheit, Verfolgung, Betrübnis und Pein soll unsrer Liebe Verknotigung sein. Ännchen von Tharau usw.

3. Recht als ein Palmenbaum über sich steigt, hat ihn erst Regen und Sturmwind gebeugt, so wird die Lieb in uns mächtig und groß nach manchem Leiden und traurigem Los. usw.

4. Würdest du gleich einmal von mir getrennt, lebtest da, wo man die Sonne kaum kennt: ich will dir folgen durch Wälder und Meer, Eisen und Kerker und feindliches Heer. Ännchen von Tharau, mein Licht, meine Sonn, mein Leben schließt sich um deines herum.

Worte: Simon Dach (1638, Autorschaft nicht gesichert) · Weise: Friedrich Silcher (1827)

Hochzeitscarmen für die Pfarrerstochter Anke Neander aus Tharau, einem nahe dem ehemaligen Königsberg gelegenen Dorf. Der originale Text: *„Anke von Tharau öß de my geföllt“* wurde von Herder aus dem Samländischen ins Hochdeutsche übertragen. Zur Übertragung bemerkt Herder: *„Es hat sehr verloren, da ich's aus seinem treuherzigen, starken, naiven Volksdialekt ins liebe Hochdeutsch habe verpflanzen müssen.“*

Allerschönster Engel

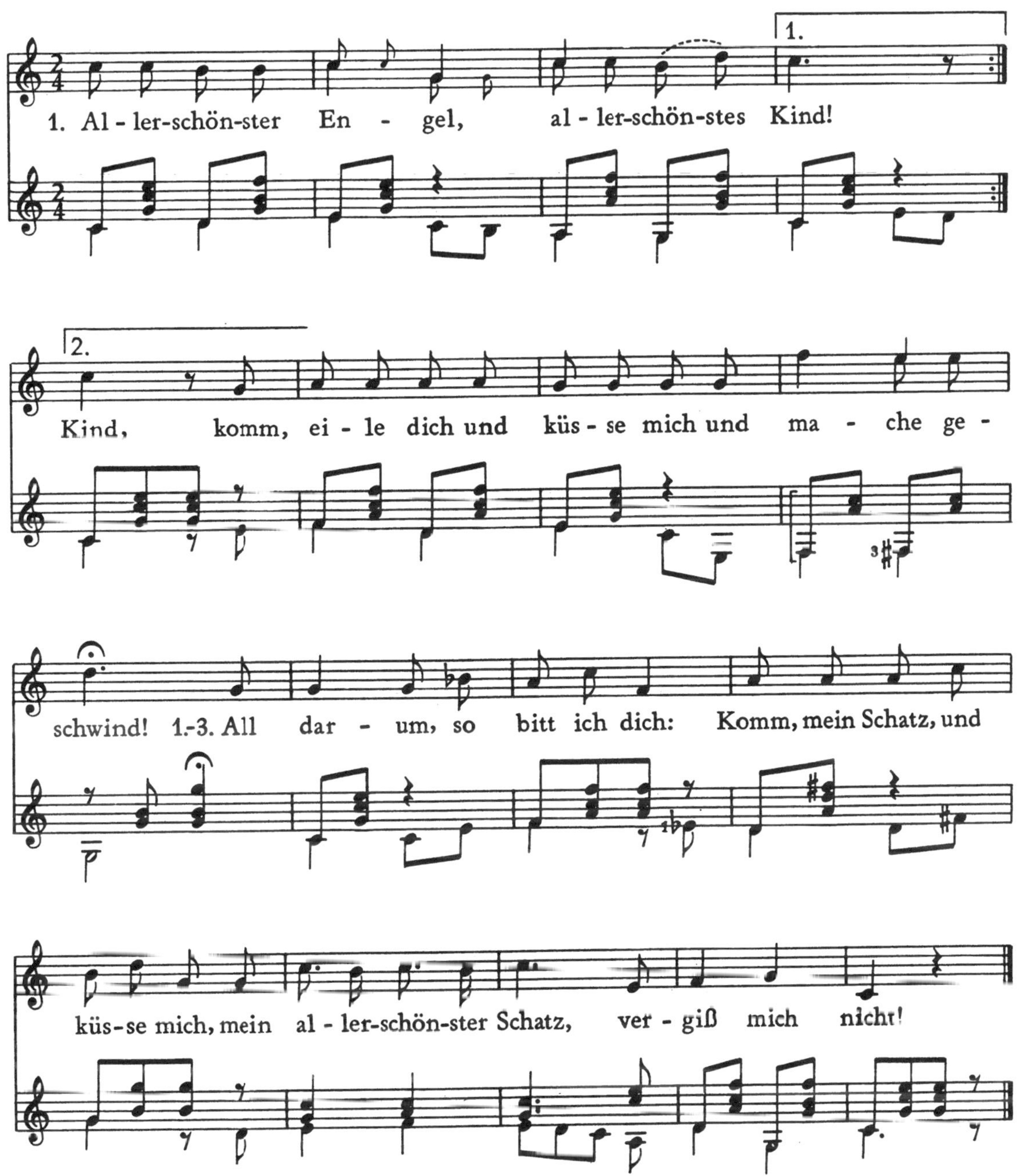

2. |: Deine schwarzen Augen haben mich verführt, |: dein Zuckermund hat manche Stund mein Herz gerührt. All darum usw.

3. |: Ich reis' in der Welt herum und du bleibst hier! :| Doch schicke ich tagtägelich mein Seufzer zu dir. usw.

4. |: Wasser, Wasser, Wasser her, es hat Gefahr! :| Komm, kühle, denn ich fühle, daß mein Herz verbrennt. usw.

Worte und Weise: Volkslied (18. Jh.)

All mein Gedanken

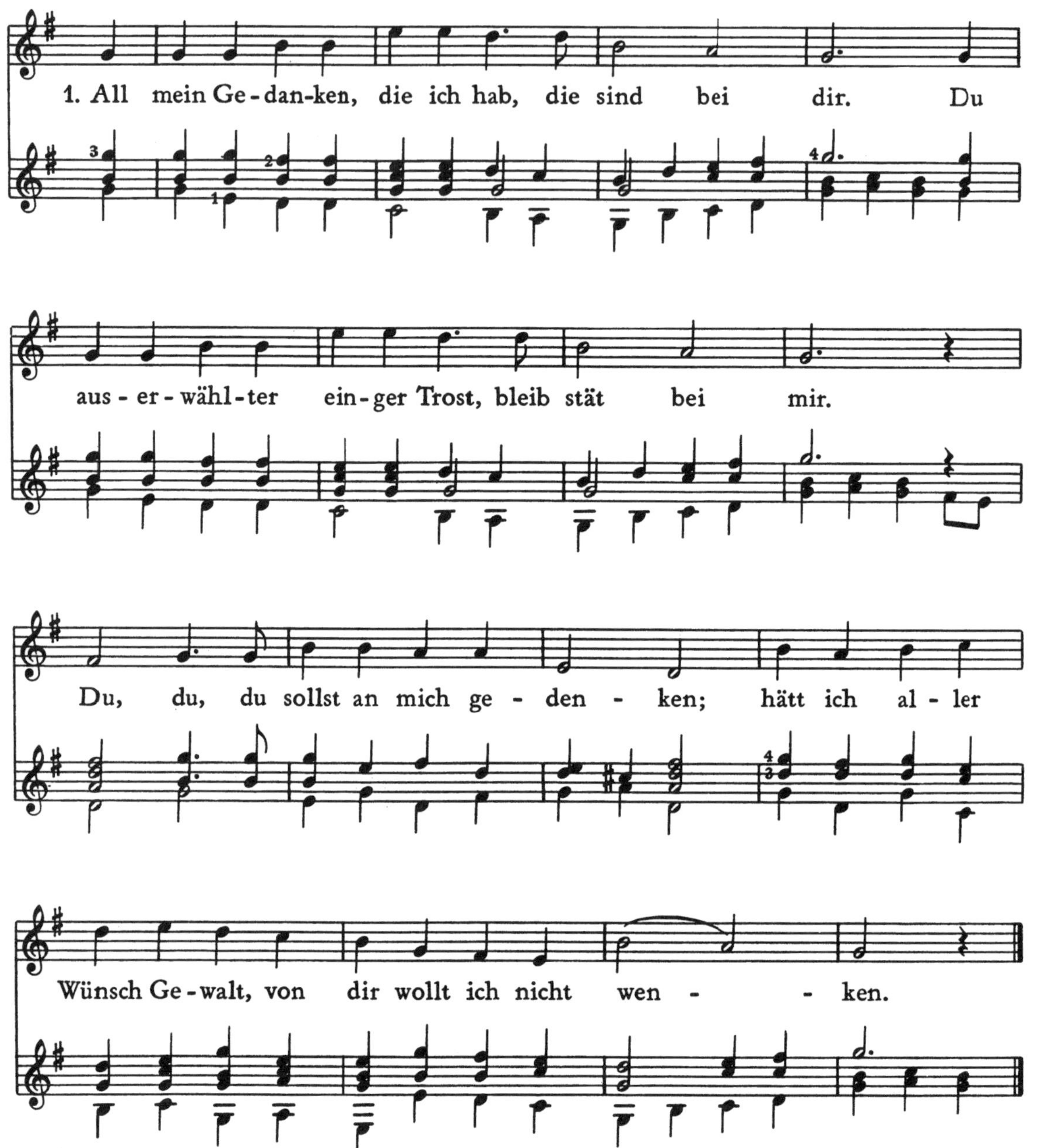

2. Du auserwählter ein'ger Trost, gedenk daran! Mein Leib und Seel, das sollst du gar zu eigen han! Dein, dein, dein will ich ewig bleiben; du gibst Freud und hohen Mut, kannst all mein Leid vertreiben.

3. Du Allerliebst und Minniglich, du bist so zart, deinsgleichen wohl in allen Reich, die findt man hart. Bei dir, bei dir ist mein Verlangen. Nun ich von dir scheiden soll, so hältst du mich umfangen.

Worte und Weise: aus dem *Lochamer Liederbuch;* die Originalunterschrift lautet: *„Agdorf 1460. Wolflein von Lochamen ist das gesangkpuch.“* Das Original umfaßt fünf Strophen.

Blaublümelein

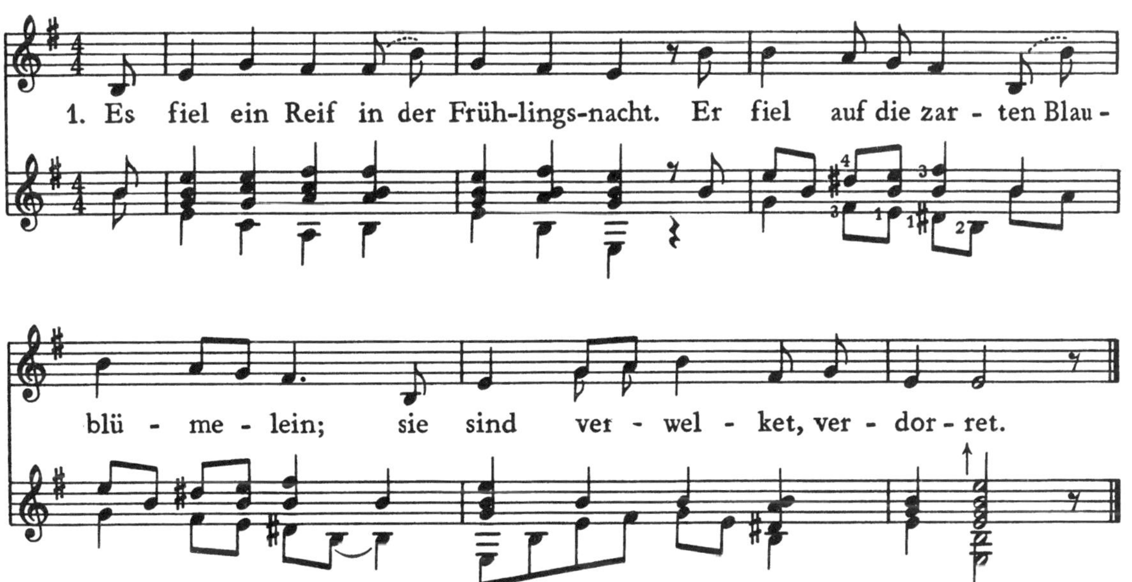

2. Ein Jüngling hatte ein Mägdlein lieb, sie flohen gar heimlich von Hause fort; es wußt's nicht Vater noch Mutter.

3. Sie sind gewandert hin und her, sie haben gehabt weder Glück noch Stern, sie sind verdorben, gestorben.

4. Auf ihrem Grab Blaublümlein blühn, umschlingen sich zart wie sie im Grab, der Reif sie nicht welket, nicht dorret.

Worte: vermutlich von Anton Wilhelm Florentin von Zuccalmaglio (1823) · Weise: nach dem elsässischen Volkslied *Es fuhr ein Fuhrknecht übern Rhein* (1807)

Mit dem Bild des fallenden Reifs verbindet sich in literarischen Zeugnissen seit dem 16. Jh. die Vernichtung des Glückes. Das *Blaublümelein* betreffend schreibt Zuccalmaglio an Hermann Kestner, einen Enkel von Goethes Jugendfreundin Charlotte Buff: *„Sie entsinnen sich des Liedes ‚Es fiel ein Reif in der Frühlingsnacht wohl über die schön Blaublümelein'. Welche Blüte ist damit gemeint? Ich habe lange dabei an das Vergißmeinnicht gedacht. Aber dieses blüht nicht in der Frühlingsnacht, erst im Hochsommer, hat daher keine Gefahr zu erfrieren. Zuletzt entdeckte ich, daß die scylla bifolia (zweiblättrige Meerzwiebel) im Siebengebirge Blaublümlein heißt und dort am Drachenfels, als nördlichsten Standpunkt meines Wissens, im Rheinlande blüht. Und zwar fällt dessen Blütezeit in den April, oft schon in den Februar, so daß ich mich entsinne, diese schöne Blüte vom Reife welk gesehen zu haben."*

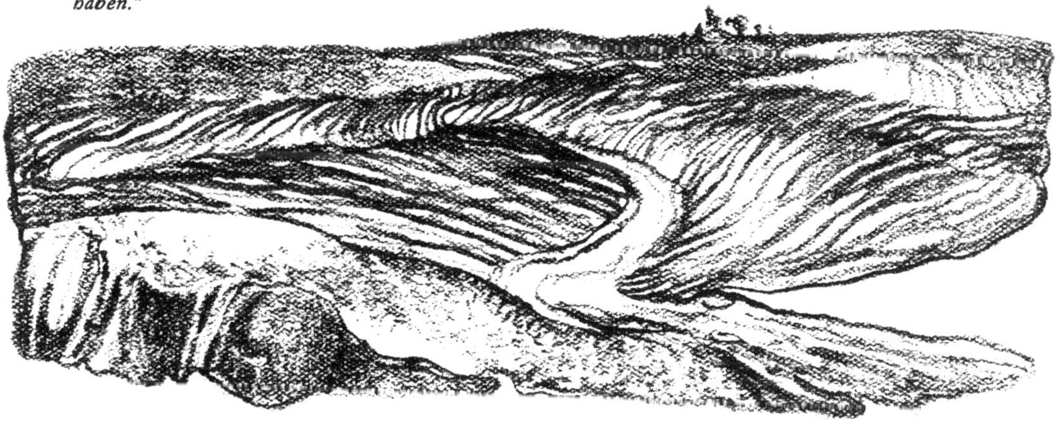

Braunes Maidelein

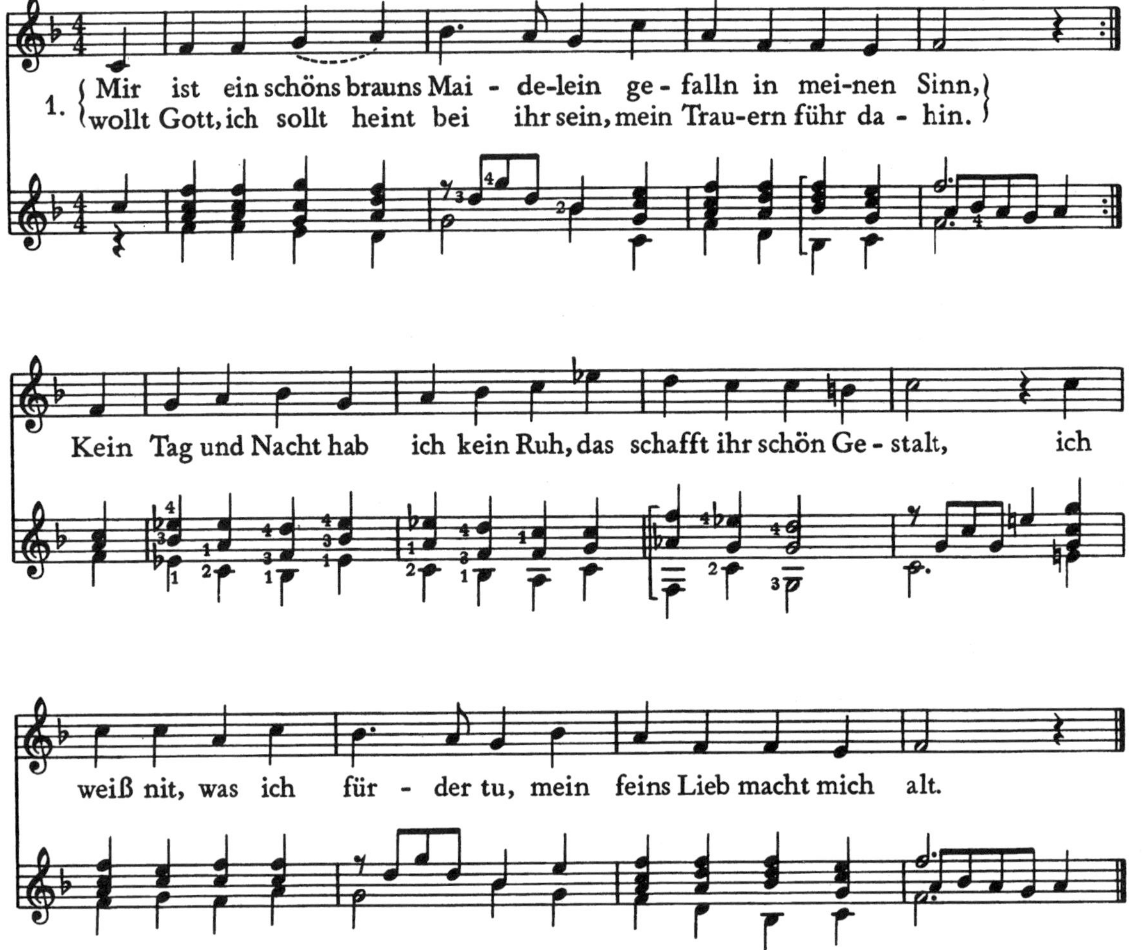

2. Dem Maidlein ich gern dienen wollt, wenn ich's mir fügen könnt, darumb hab ich der Neider viel, daß mir nicht wird vergunnt. Ich hoff, sie soll's erfahren bald, wie ich's so treulich mein, auf Erd ich mir nichts wünschen wollt, denn sein bei ihr allein.

3. Dem Maidlein ich mein Treu versprich zu Ehr und anders nicht, als was doch gut und ehrlich ist, darnach ich mich stets richt. Soll denn mein Treu verloren sein, kränkt mir mein Sinn und G'müt, ich hoff, sie soll's erfahren schier, mein Sach soll werden gut.

Worte und Weise: Volkslied aus dem 16. Jh. Mit insgesamt fünf Strophen in Georg Forsters Sammlung *Frische teutsche Liedlein* III, Nürnberg 1549, enthalten

Das Lieben bringt groß Freud

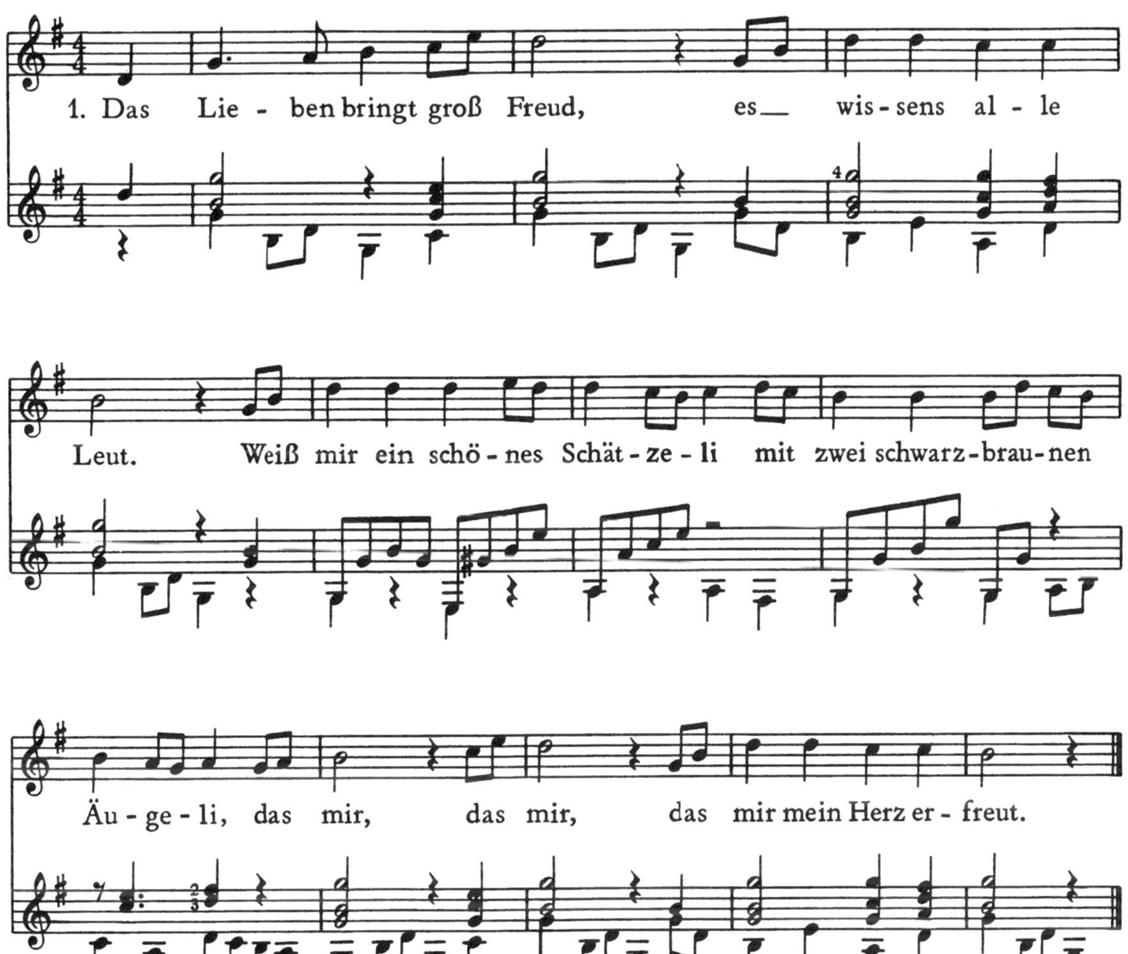

2. Sie hat schwarzbraune Haar, dazu zwei Äuglein klar; ihr sanfter Blick, ihr Zukkermund hat mir das Herz im Leib verwundt, |: hat mir, :| hat mir das Herz verwundt.

3. Ein Brieflein schrieb sie mir, i soll treu bleiben ihr. Drauf schickt ich ihr ein Sträußele, schön Rosmarin und Nägele[1], |: sie soll, :| sie soll mein eige sein!

4. Mein eige soll sie sein, kein'm andern mehr als mein. So leben wir in Freud und Leid, bis uns Gott, der Herr, auseinander scheidt. Ade, ade! Ade, mein Schatz, ade!

[1] Nelken

Worte und Weise: Volkslied aus Schwaben (19. Jh.), auch aus dem Schwarzwald und in textlichen Varianten aus der Lahngegend sowie dem Taunus bekannt

Das zerbrochene Ringlein

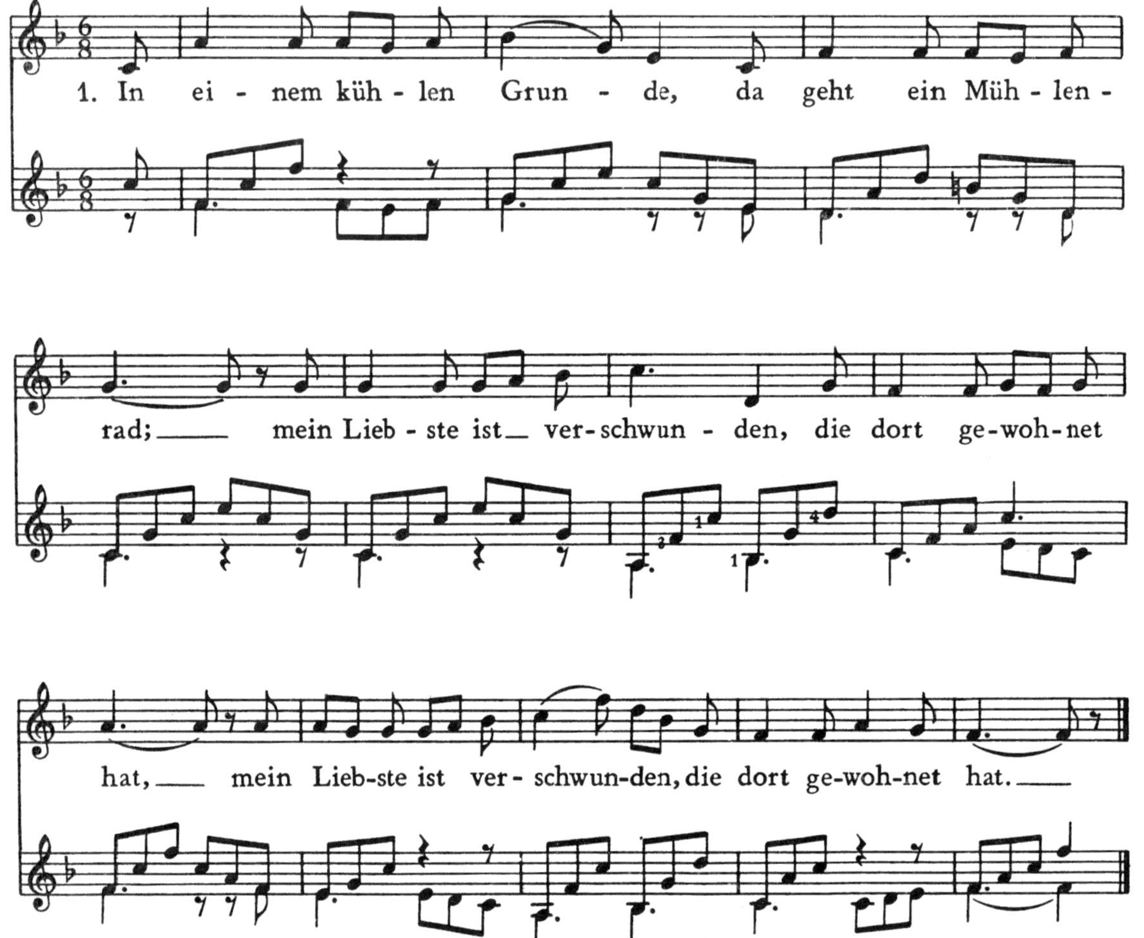

2. Sie hat mir Treu versprochen, gab mir ein'n Ring dabei; |: sie hat die Treu gebrochen, mein Ringlein sprang entzwei. :|

3. Ich möcht als Spielmann reisen, weit in die Welt hinaus, |: und singen meine Weisen und gehn von Haus zu Haus. :|

4. Ich möcht als Reiter fliegen wohl in die blut'ge Schlacht, |: um stille Feuer liegen im Feld bei dunkler Nacht. :|

5. Hör ich das Mühlrad gehen: ich weiß nicht, was ich will – |: ich möcht am liebsten sterben, da wär's auf einmal still. :|

Worte: Joseph von Eichendorff (1809) · Weise: Friedrich Glück (1814)

Der Flug der Liebe

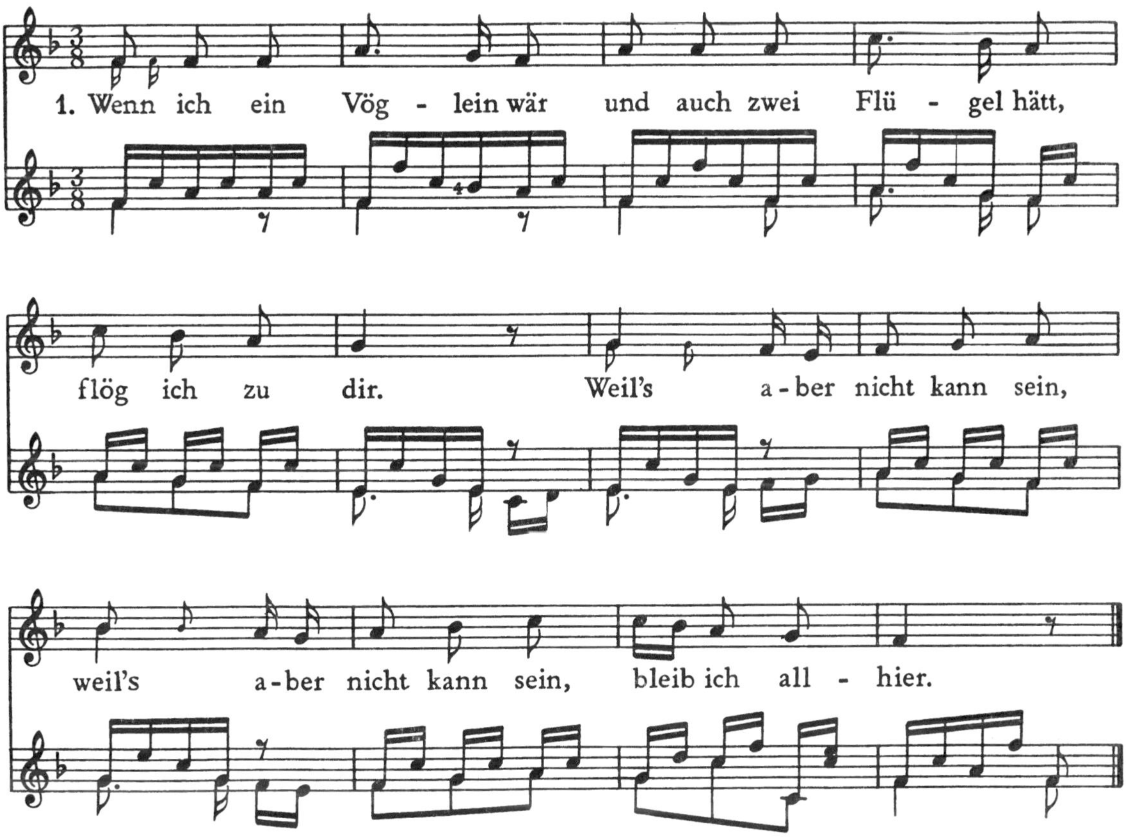

1. Wenn ich ein Vög - lein wär und auch zwei Flü - gel hätt,
flög ich zu dir. Weil's a - ber nicht kann sein,
weil's a - ber nicht kann sein, bleib ich all - hier.

2. Es vergeht kein Stund in der Nacht, da nicht mein Herz erwacht und an dich denkt, |: daß du mir viel tausendmal, :| dein Herz geschenkt.

3. Bin ich gleich weit von dir, träum ich doch stets von dir, bin nicht allein. |: Wenn ich erwachen tu, :| bin ich allein.

4. Wenn's die Leut nicht haben wolln, daß wir uns lieben solln, so gute Nacht! |: Ob's gleich die Leut verdrießt, :| lieb ich dich doch!

Worte: nach Johann Gottfried Herder, *Stimmen der Völker in Liedern,* 1778 · Weise: vermutlich Johann Friedrich Reichardt (um 1800)

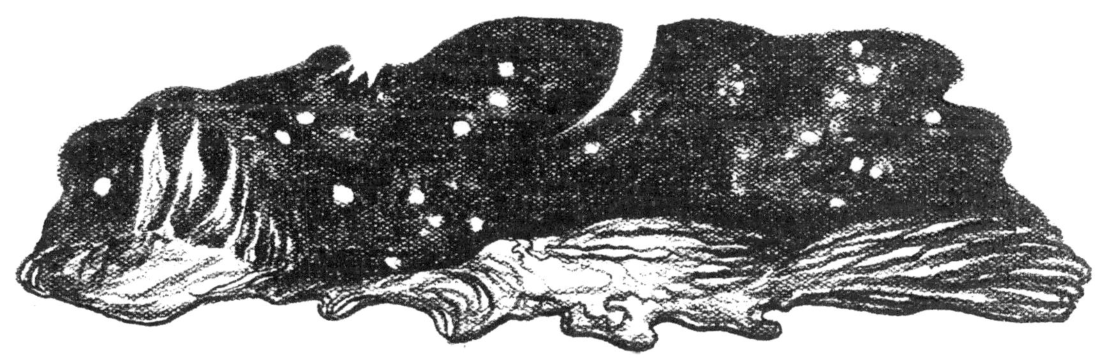

Der Jäger und die schwarzbraune Hexe

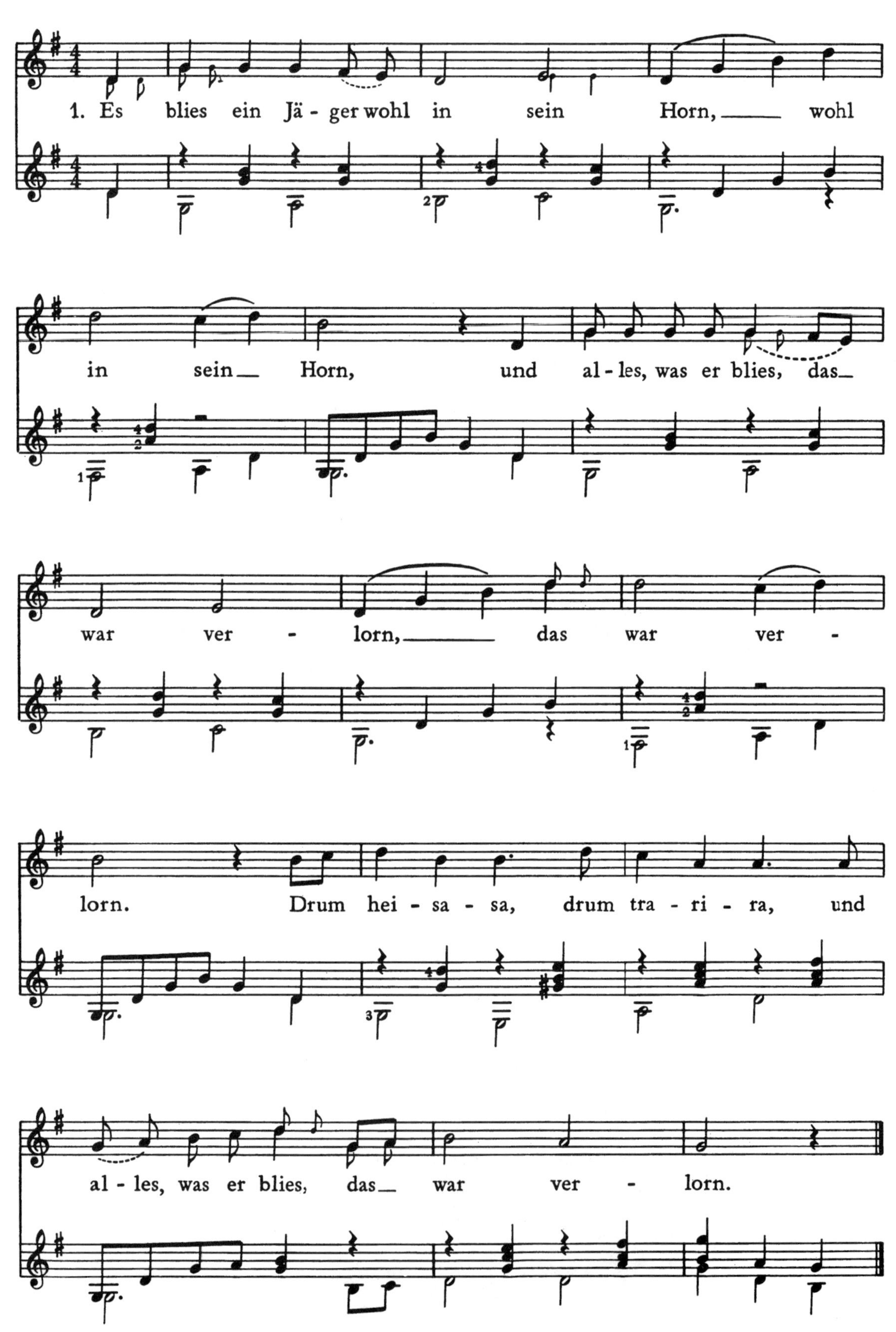

2. „Soll denn mein Blasen verloren sein? Viel lieber möchte ich kein Jäger sein." Heidi hussassa, dirallala usw.

3. Er warf sein Netz wohl übern Strauch, da sprang ein schwarzbraunes Mädel heraus. usw.

4. „Ach, schwarzbraunes Mädel, entspring mir nicht! Ich habe große Hunde, die holen dich." usw.

5. „Deine großen Hunde, die hol'n mich nicht, sie wissen meine hohen weiten Sprünge nicht." usw.

6. „Deine hohen weiten Sprünge, die wissen sie wohl, sie wissen, daß du heute noch sterben sollst." usw.

7. „Und sterbe ich denn, so bin ich tot, begräbt man mich unter Rosen rot." usw.

8. „Wohl unter die Rosen, wohl untern Klee, darunter vergeh ich nimmermeh'." usw.

9. Es wuchsen drei Lilien auf ihrem Grab, da kam ein Reiter, wollt sie brechen ab. usw.

10. „Ach Reiter, ach laß die Lilien stahn, es soll sie ein junger Jäger han." usw.

Worte und Weise: altes, in Worten und Weise vielfach umgesungenes Volkslied (Jägerlied). Es wurde in jeweils eigenständigen Fassungen aus Nicolais *Almanach* I, Nr. 8 (1777), aus der Umgebung von Berlin, aus Schlesien, der Gegend von Köthen sowie aus Württemberg, Bayern und Thüringen bekannt. Die älteste Textfassung geht auf das Jahr 1700 zurück.

Goethe vermerkte zur vorliegenden Fassung des Liedes: *„Durch Überlieferung etwas verworren, der Grund aber unschätzbar."*

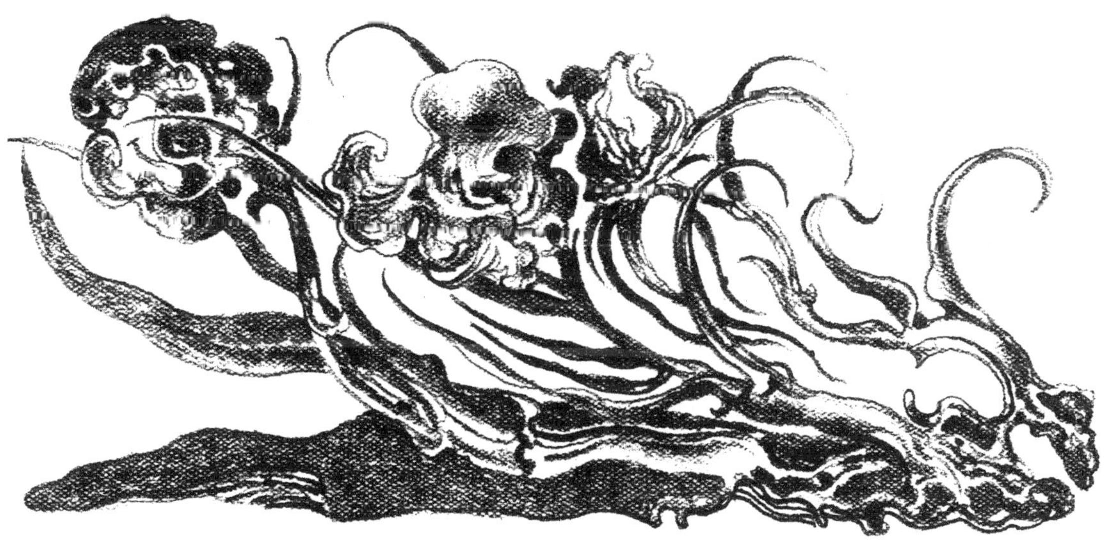

Der Jungbrunnen

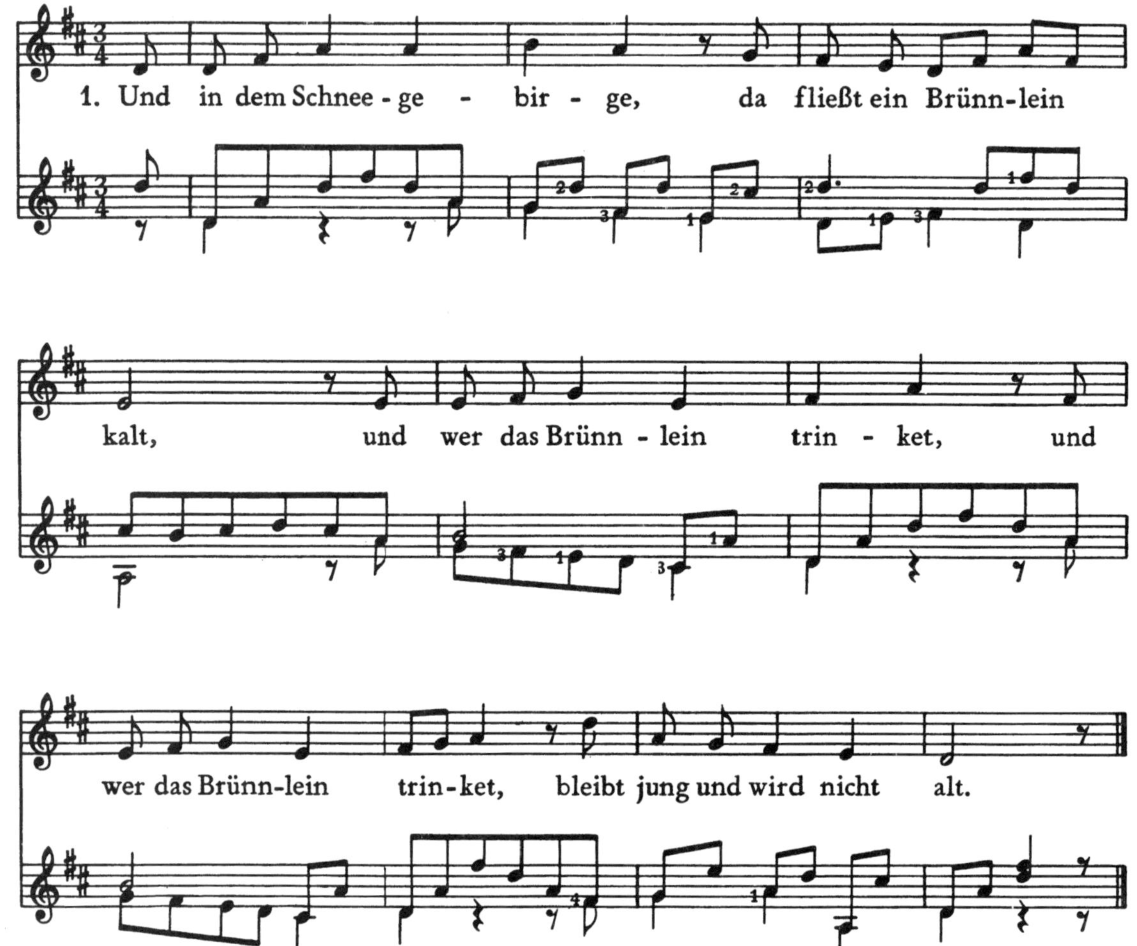

2. „Ich hab' daraus getrunken gar manchen frischen Trunk; |: ich bin nicht alt geworden, :| ich bin noch allzeit jung."

3. „Ade, mein Schatz, ich scheide, ade, mein Schätzelein! |: Wann kommst du aber wieder, :| Herzallerliebster mein?"

4. „Wenn's schneiet rote Rosen und regnet kühlen Wein. |: Ade, mein Schatz, ich scheide, :| ade, mein Schätzelein!"

5. „Es schneit ja keine Rosen und regnet keinen Wein: |: So kommst du auch nicht wieder, :| Herzallerliebster mein!"

Worte und Weise: Volkslied aus dem Glatzer Bergland; es handelt sich um eine umgesungene Fassung des alten schlesischen Volksliedes gleichen Titels. Das Textsujet des Liedes läßt sich bis zum Jahre 1533 zurückverfolgen.

Der leichtfertige Liebhaber

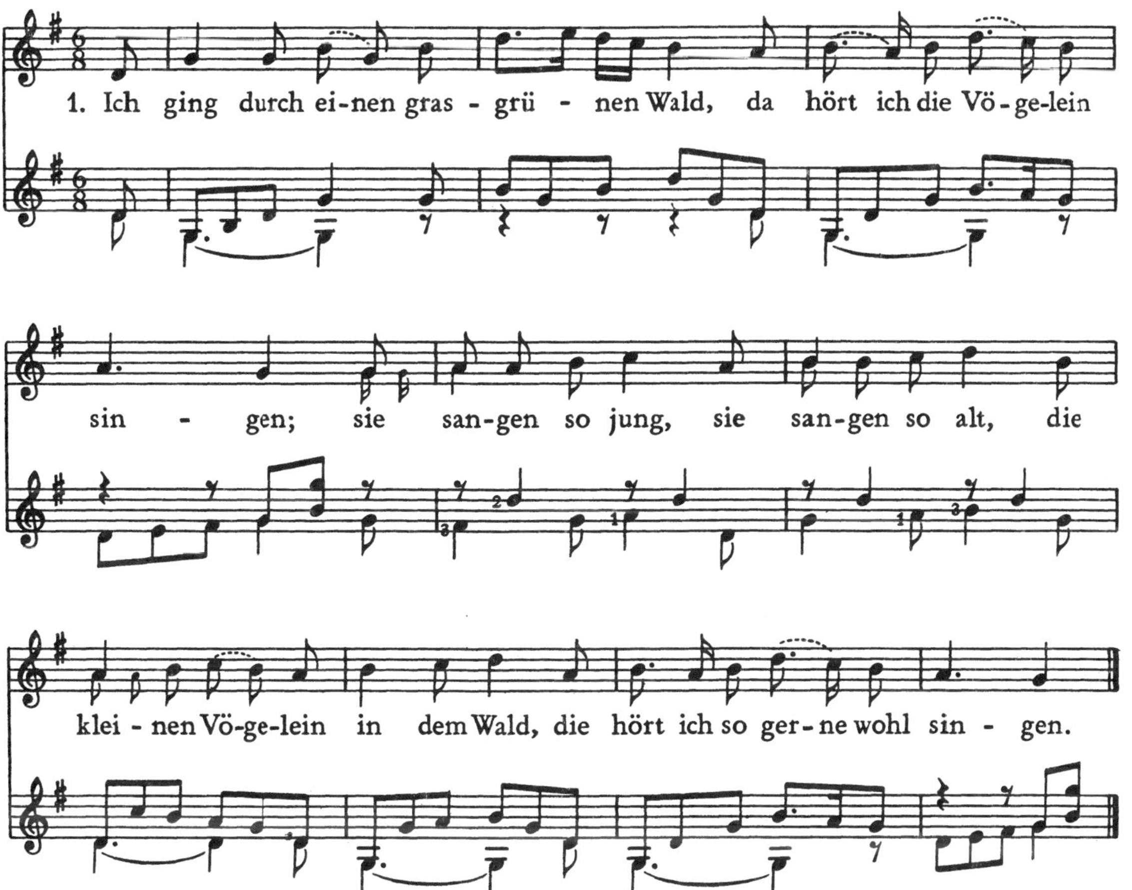

2. „Stimm an, stimm an, Frau Nachtigall, sing mir von meinem Feinsliebchen, sing mir so hübsch, sing mir so fein: zu Abend, da will ich bei ihr sein, will schlafen in ihren Armen."

3. Der Tag verging, die Nacht brach an, Feinsliebchen, das kam gegangen; es klopfte so leise mit seinem Ring: „Mach auf, mach auf, herzliebstes Kind, ich habe schon lange gestanden!"

4. „So lange gestanden, das hast du nicht, ich hab ja noch nicht geschlafen; hab immer gedacht in meinem Sinn: wo ist mein allerliebst Schätzchen hin – wo bist du so lange geblieben?"

5. „Wo ich so lange gewesen bin, das kann ich dir, Schätzchen, wohl sagen: wohl bei dem Bier, wohl bei dem Wein, allwo die schönen Mädelchen sein, da bin ich auch jederzeit gerne."

6. Ihr Jungfern, nehmt euch wohl in acht und traut keinem Junggesellen! Sie versprechen euch viel und halten's nicht, sie führen euch alle nur hinter das Licht und tun sich nur immer verstellen.

Worte und Weise: aus dem Hessen-Darmstädtischen, nach mündlicher Überlieferung von Ludwig Erk aufgezeichnet

Der Lindenbaum

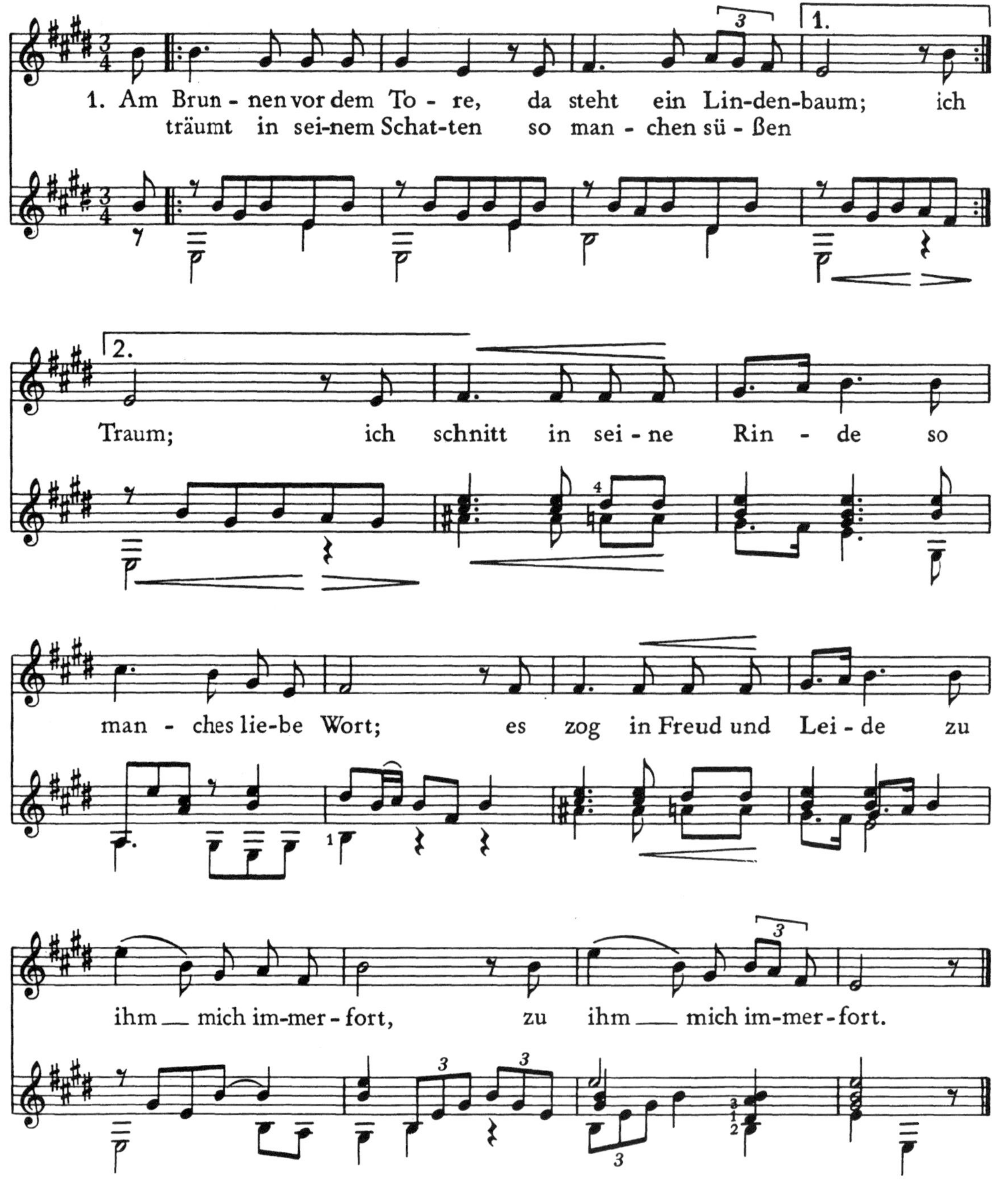

2. Ich mußt' auch heute wandern vorbei in tiefer Nacht; da hab' ich noch im Dunkel die Augen zugemacht; und seine Zweige rauschten, als riefen sie mir zu: „Komm her zu mir, Geselle, |: hier findst du deine Ruh." :|

3. Die kalten Winde bliesen mir grad ins Angesicht, der Hut flog mir vom Kopfe, ich wendete mich nicht. Nun bin ich manche Stunde entfernt von jenem Ort, und immer hör ich's rauschen: |: Du fändest Ruhe dort. :|

Worte: Wilhelm Müller (1822) · Weise: nach Franz Schubert (aus *Die Winterreise,* 1827)

Der schwere Traum

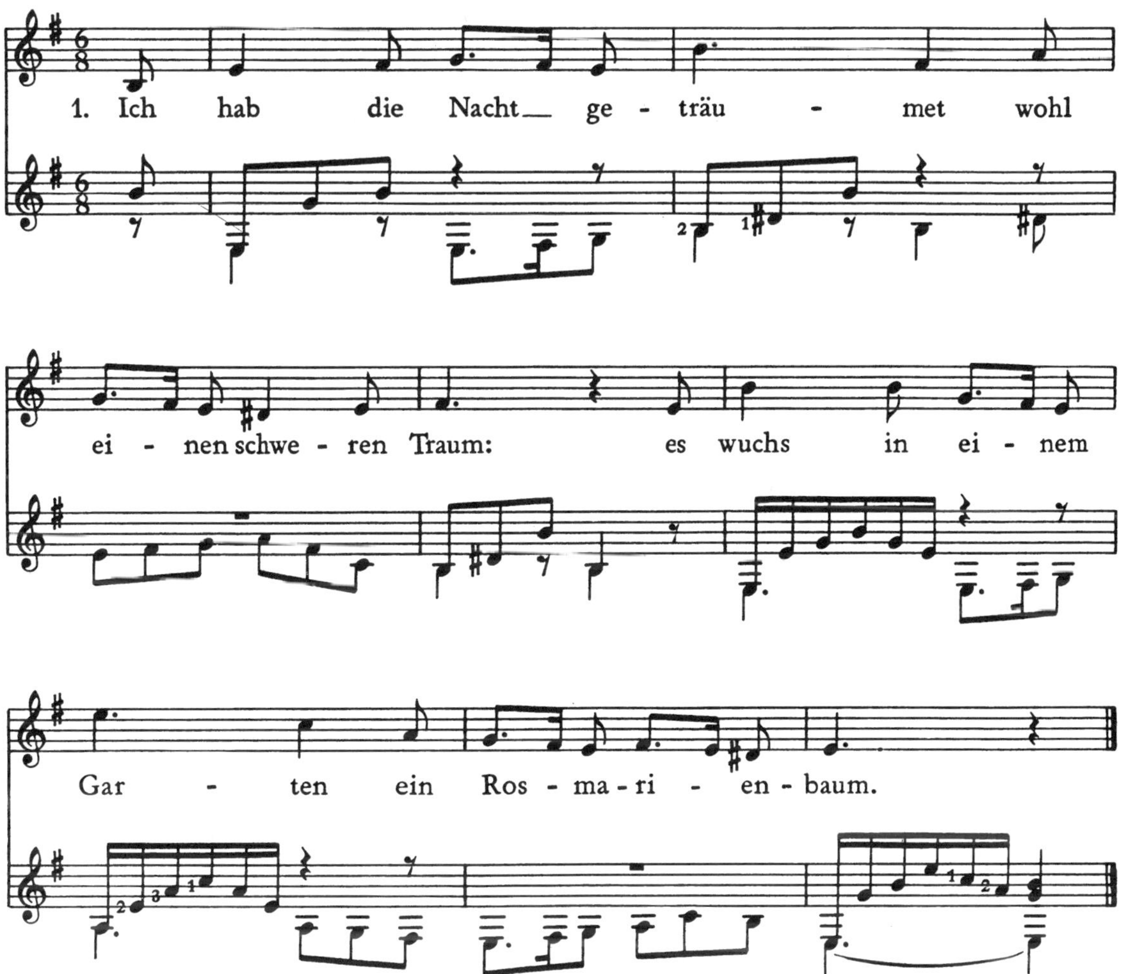

2. Ein Kirchhof war der Garten, ein Blumenbeet das Grab, und von dem grünen Baume fiel Kron' und Blüte ab.

3. Die Blätter tät ich sammeln in einen goldnen Krug, der fiel mir aus den Händen, daß er in Stücke schlug.

4. Draus sah ich Perlen rinnen und Tröpflein rosenrot. Was mag der Traum bedeuten? – Ach Liebster, bist du tot?

Worte und Weise: nach Christoph Friedrich Nicolai eine alte Volksweise, die zuerst in seinem *Kleynen feynen Almanach* I, Nr. 11, 1777, mit dem Text *Es wollt ein Jäger jagen ein Hirschlein oder Reh* auftaucht. Da Text und Musik in dieser Version jedoch einen ungewöhnlichen Bruch aufweisen (schwermütige Mollweise in einem Jagdlied), muß eine andere Ursprungsvariante (als das eigentliche Original von Wort und Weise) vermutet werden. Die Weise wird vielfach auch zu dem Herbstlied von Hoffmann von Fallersleben *Das Laub fällt von den Bäumen* gesungen.

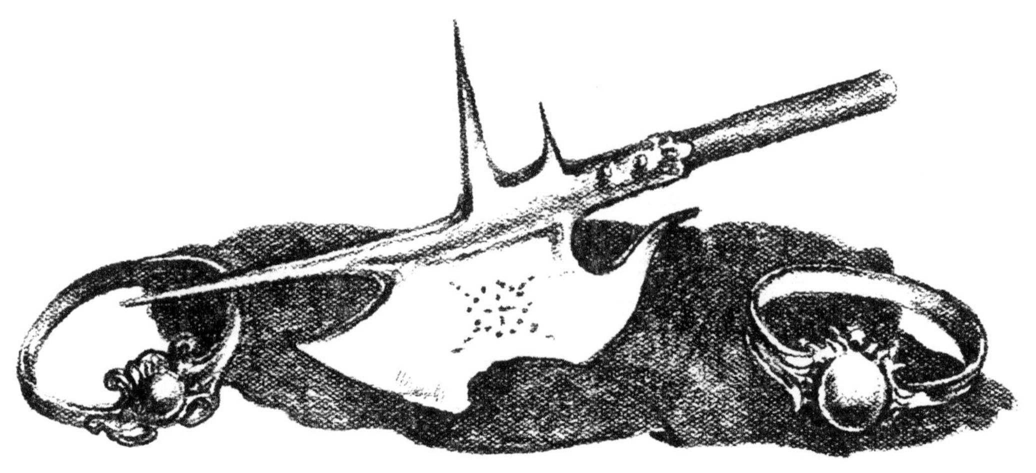

Die Auserwählte

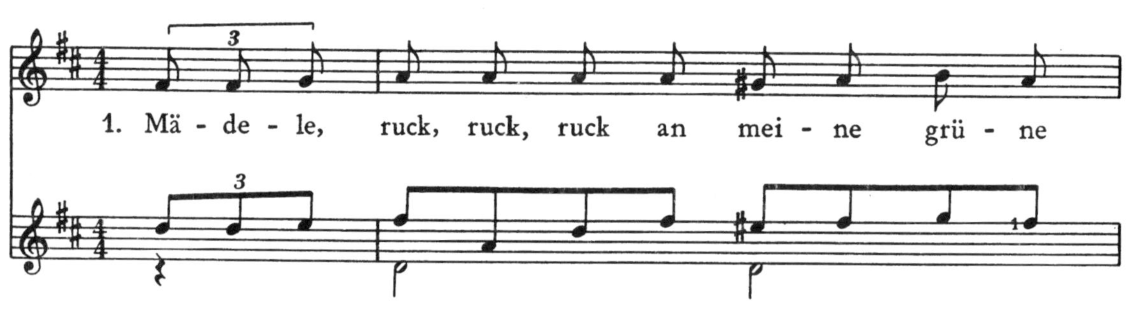

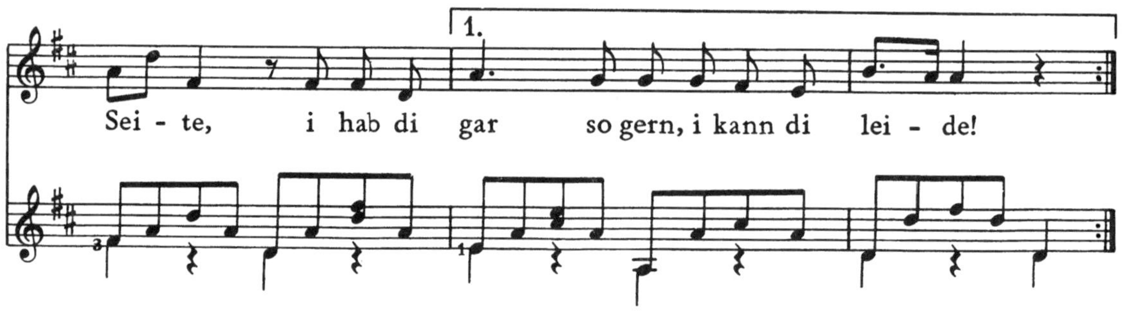

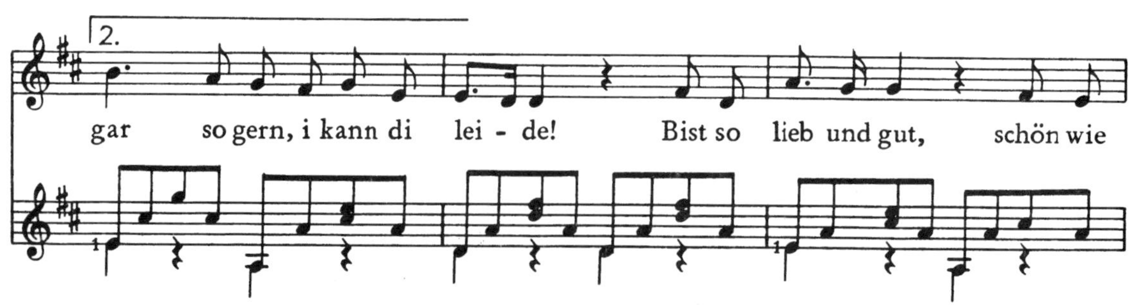

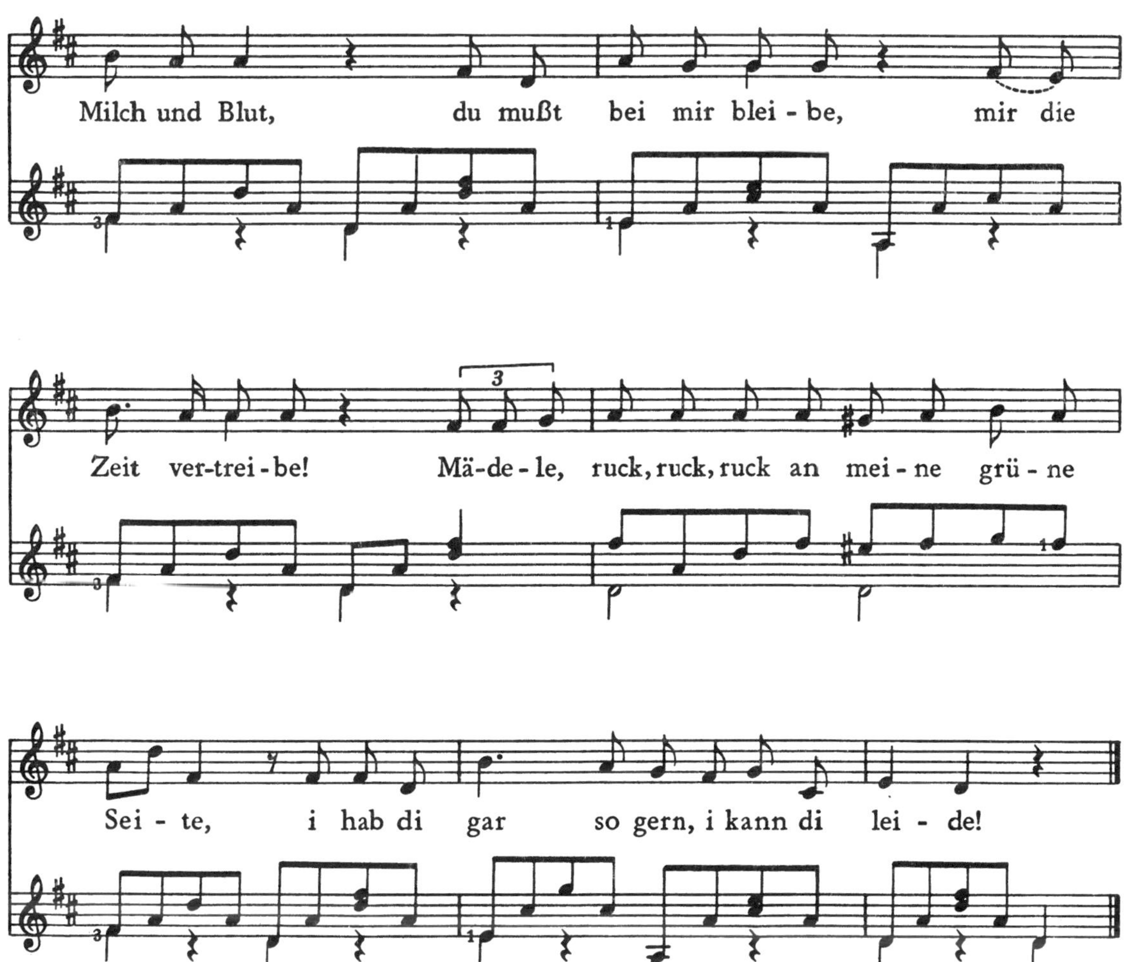

2. |: Mädele, guck, guck, guck in meine schwarze Auge, du kannst dei lieblichs Bildle drinne schaue! :| Guck no recht drei nei, du mußt drinne sei; bist du drinne z'Haus, kommst au nimme 'raus! Mädele, guck, guck, guck usw.

3. |: Mädele, du, du, du mußt mir den Trauring gebe, denn sonst liegt mir ja nix mehr an mei'm Lebe! :| Wenn i di net krieg, gang i fort in Krieg, wenn i di net hab, ist mir d'Welt a Grab. Mädele, du, du, du usw.

Worte und Weise: vielfach umgesungenes schwäbisches Volkslied (von der älteren 1. Strophe abgesehen, seit 1836 bekannt). Die Strophen 2 und 3 wurden von Heinrich Wagner (Pseudonym Wergan) gedichtet.

Die schöne Lilofee

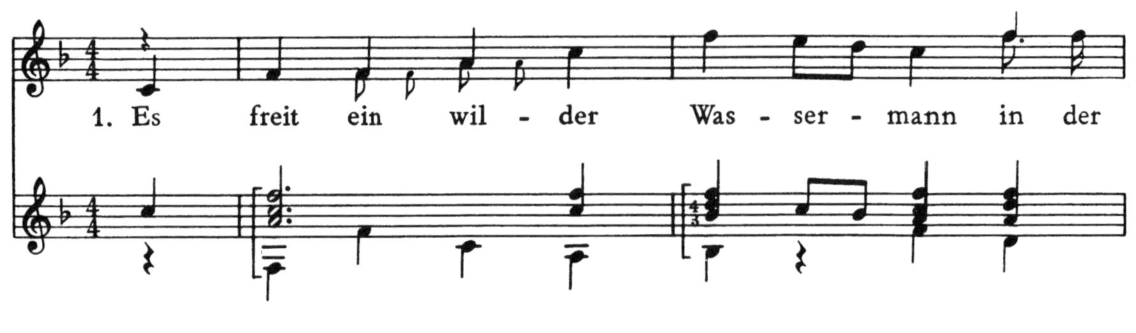

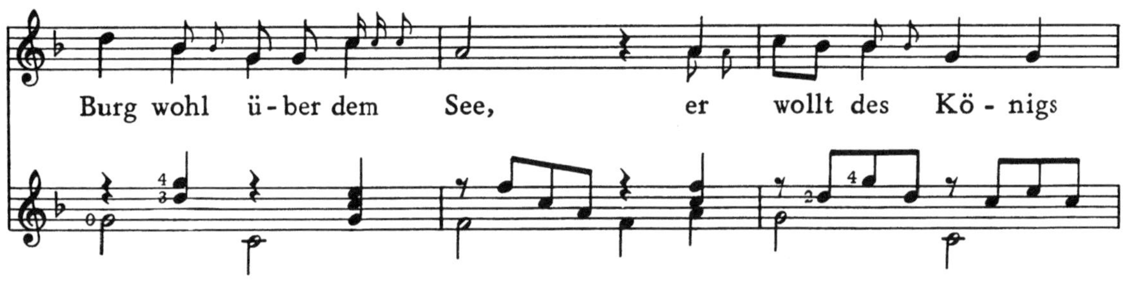

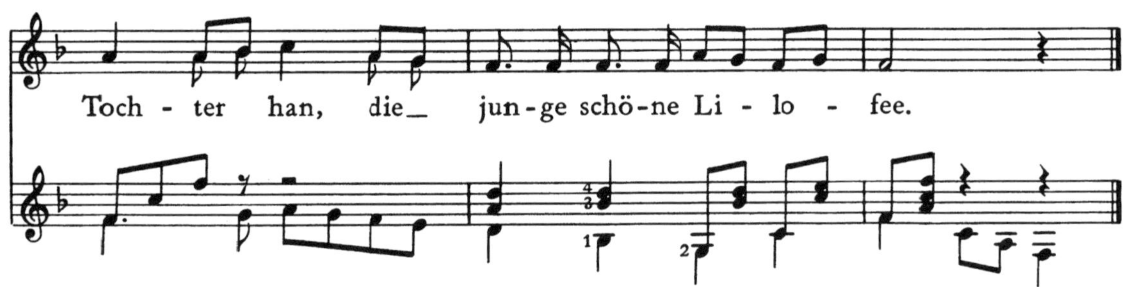

2. Sie hörte drunten die Glocken gehn im tiefen, tiefen Schnee, wollt' Vater und Mutter wiedersehn, die schöne, junge Lilofee.

3. Und als sie vor dem Tore stand auf der Burg wohl über dem See, da neigt' sich Laub und grünes Gras vor der schönen, jungen Lilofee.

4. Und als sie aus der Kirche kam von der Burg wohl über dem See, da stand der wilde Wassermann vor der schönen, jungen Lilofee.

5. „Sprich, willst du hinunter gehn mit mir von der Burg wohl über dem See, deine Kindlein unten weinen nach dir, du schöne, junge Lilofee."

6. „Und eh ich die Kindlein weinen laß im tiefen, tiefen See, scheid' ich von Laub und grünem Gras, ich arme, junge Lilofee."

Worte: populäre, aus verschiedenen Lesarten zusammengesungene Version · Weise: aus der Gegend um Joachimsthal (1813)

Dort drunten im Tale

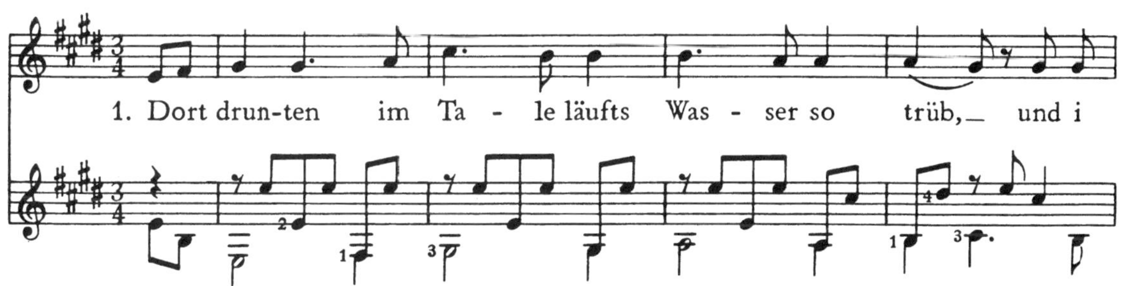

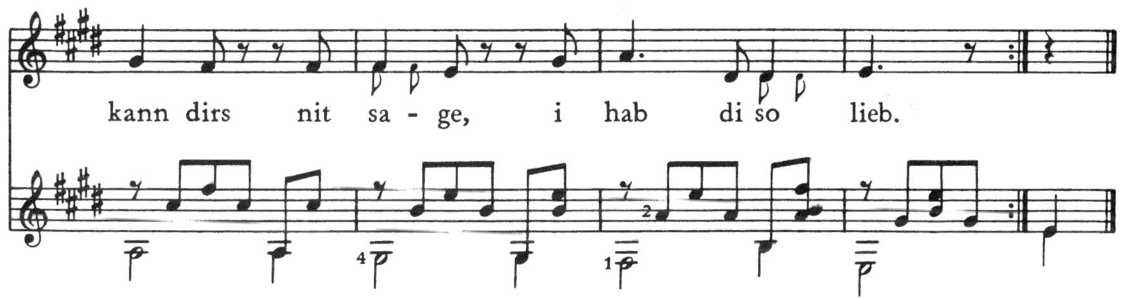

2. Sprichst allweil von Liebe, sprichst allweil von Treu, und a bissele Falschheit is au wohl dabei.

3. Und wenn i dir's zehnmal sag, daß i di lieb, und du willst nit verstehen, muß i halt weiter gehn.

4. Für die Zeit, wo du g'liebt mi hast, dank i dir schön, und i wünsch, daß dir's anderswo besser mag gehn.

Worte und Weise: schwäbisches Volkslied (vor 1832). Den Melodiebeginn übernahm später Justus W. Lyra für sein Lied *Der Mai ist gekommen*.

„Im Volke faßt man das Lied durchaus heiter und schelmisch auf. Das Mädchen mag den weichen, sie überschwänglich anschwärmenden Schatz nicht mehr, da sie ihn als falschen Biedermann erkannt hat, und läßt ihn kurz abfahren." (Max Friedlaender)

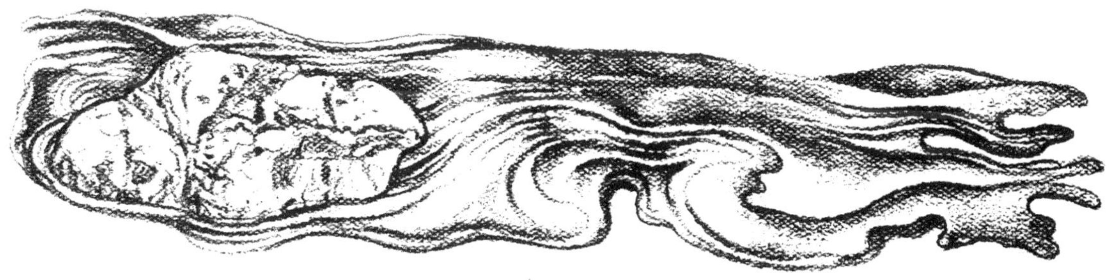

Drei Rosen

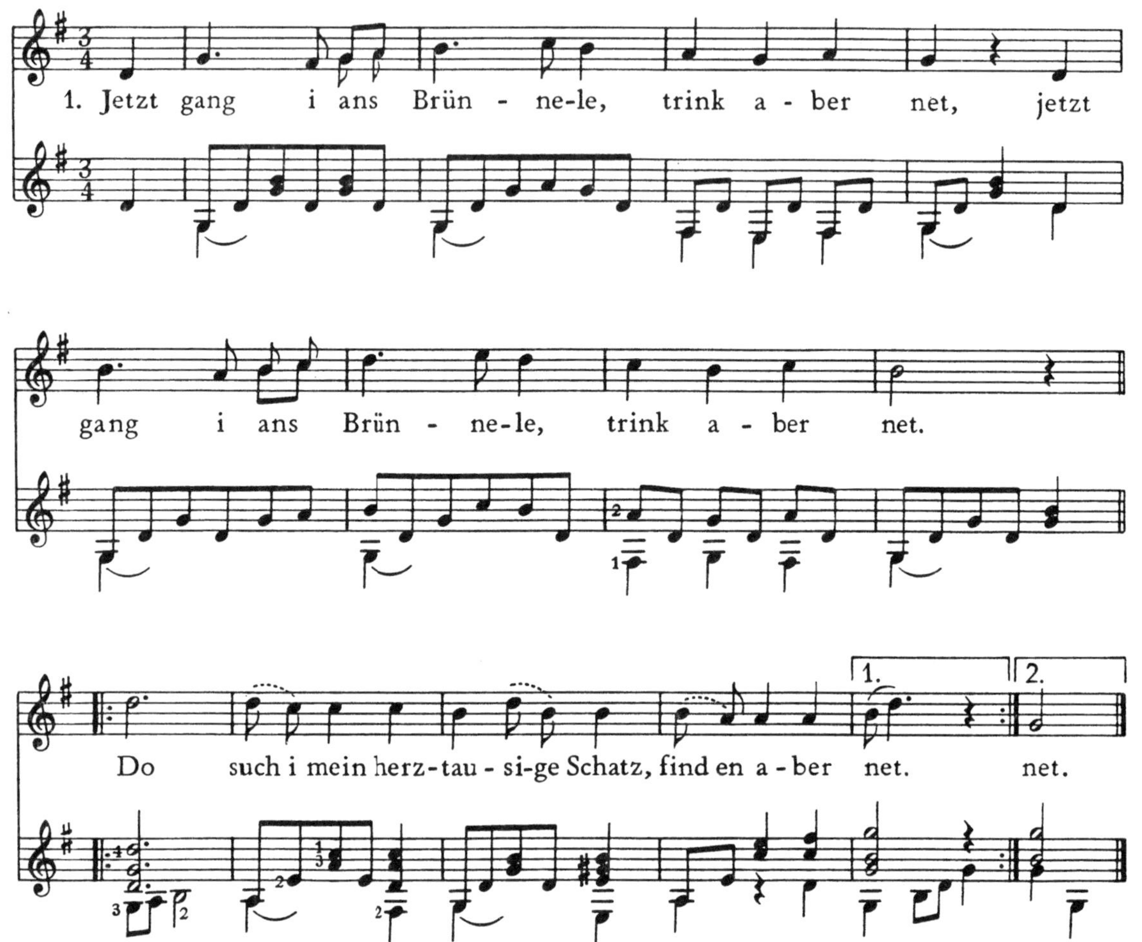

2. |: Do laß i meine Äugelein um und um gehn, :| |: do sieh i mein herztausige Schatz bei 'na Andre stehn. :|

3. |: Und bei 'ne Andre stehn sehn, ach das tut weh! :| |: B'hüt di Gott, herztausige Schatz, di b'sieh i nimme meh! :|

4. |: Jetzt kauf i mir Tinte und Fedr und Papier :| |: und schreib mei'm herztausige Schatz einen Abschiedsbrief. :|

5. |: Jetzt leg i mi nieder aufs Heu un aufs Stroh, :| |: do fallen drei Rösele mir in den Schoß. :|

6. |: Und diese drei Röselein sind blutigrot: :| |: jetzt weiß i net, lebt mei Schatz oder ist er tot? :|

Worte und Weise: schwäbisches Volkslied aus dem Remstal in der Fassung von Friedrich Silcher (1826). Das Lied selbst ist seit 1780 auch aus Hessen bekannt.

Fallende Rosen im Traum zu sehen bedeutet nach altem Volksglauben zerstörtes Liebesglück (durch Untreue oder Trennung). Johann Wolfgang von Goethe bemerkte zu diesem Lied: *„Ein Ereignis zwischen Liebesleuten, von der zartesten Art, dargestellt wie es besser nicht möglich ist."*

Du, du liegst mir im Herzen

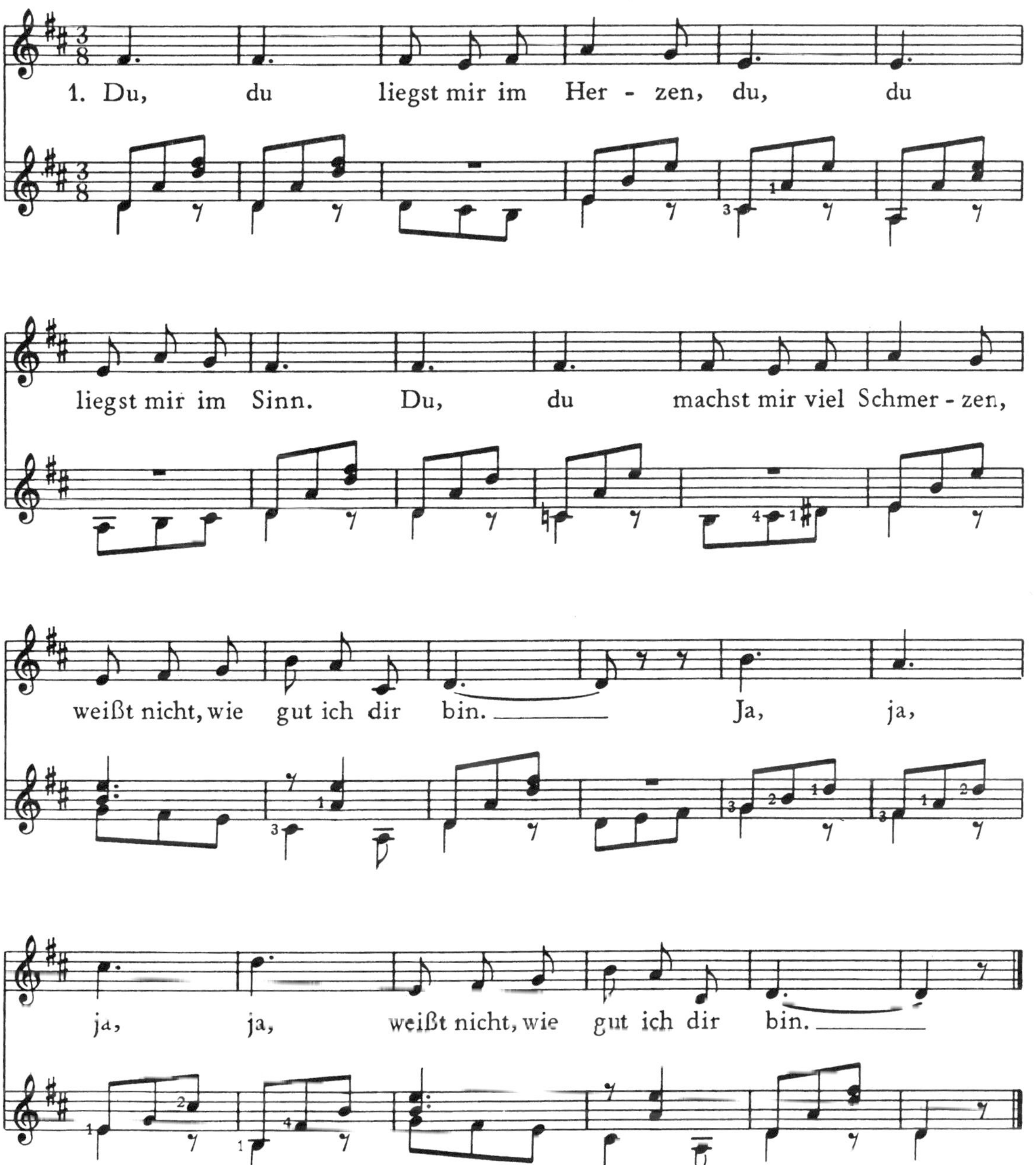

2. So, so wie ich dich liebe, so, so liebe auch mich! Die, die zärtlichsten Triebe fühle ich ewig für dich! Ja, ja usw.

3. Doch, doch darf ich dir trauen, dir, dir mit leichtem Sinn? Du, du kannst auf mich bauen, weißt ja, wie gut ich dir bin! usw.

4. Und, und wenn in der Ferne mir, mir dein Bild erscheint, dann, dann wünscht' ich so gerne, daß uns die Liebe vereint. usw.

Worte und Weise: Volkslied aus Norddeutschland (um 1820)

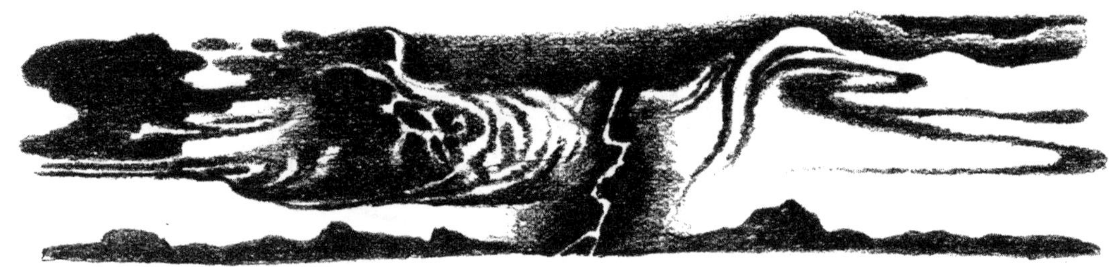

Dunkle Wolken

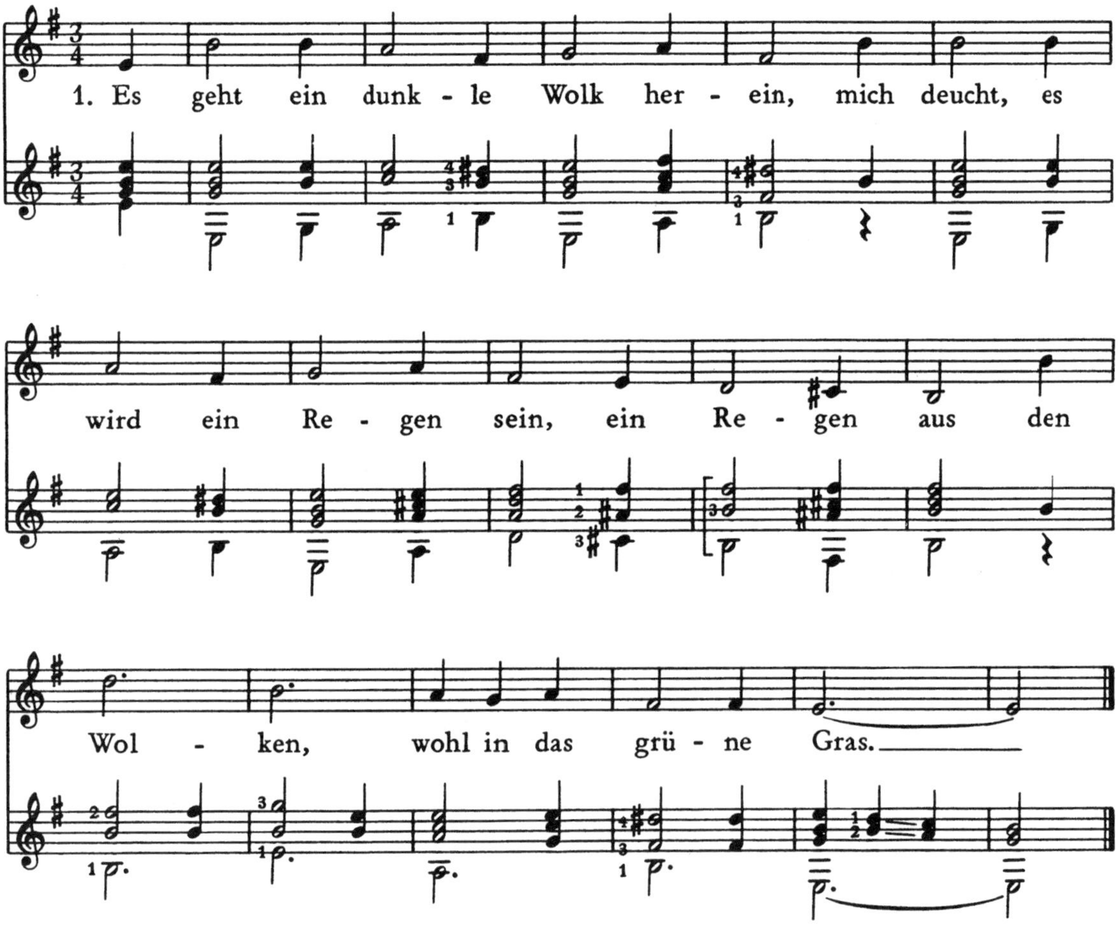

1. Es geht ein dunk - le Wolk her - ein, mich deucht, es
wird ein Re - gen sein, ein Re - gen aus den
Wol - ken, wohl in das grü - ne Gras.

2. Und kommst du, liebe Sonn, nit bald, so 'weset alls im grünen Wald, und all die müden Blumen, die haben müden Tod.

3. Es geht ein' dunkle Wolk herein; es soll und muß geschieden sein. Ade, feins Lieb, dein Scheiden macht mir das Herze schwer.

Worte und Weise: aus der Liederhandschrift des Pater Werlin vom Kloster Seeon (1646). In der Handschrift selbst ist nur eine Textstrophe überliefert. Die zweite Strophe entstammt – wenn auch mit geänderter Schlußzeile – dem alten Wanderlied *Ich waß wohl, wenn's gut wandern is*".

Es flog ein kleins Waldvögelein

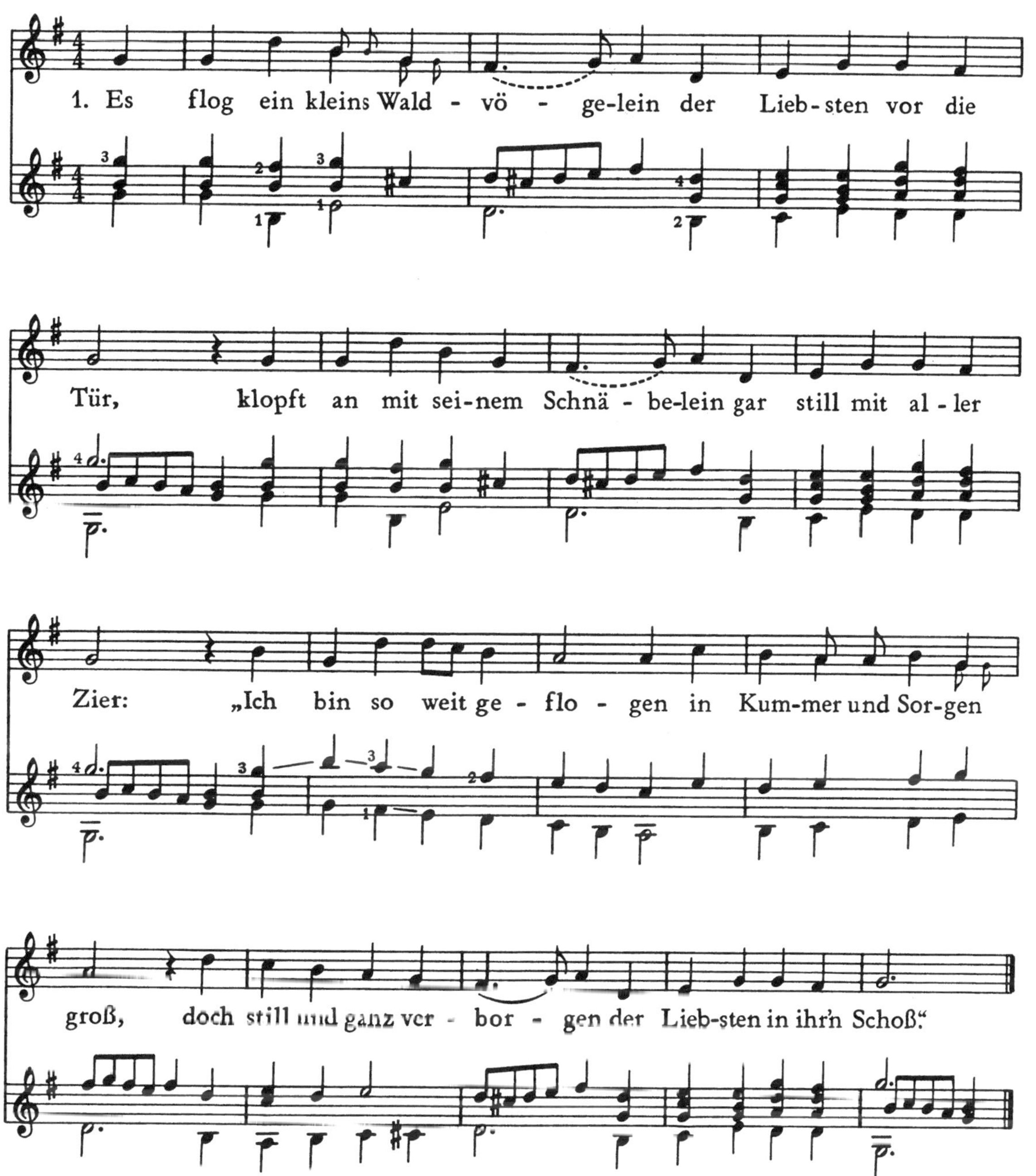

2. „So grüß dich Gott im Herzen, du schön's Waldvögelein! Vertreibst mir viel der Schmerzen, daß du bei mir kehrst ein: Bist du so weit geflogen in Kummer und großer G'fahr: Dir bleib ich g'neigt und g'wogen mit großer Liebe gar!"

3. „Bin ich geflogen über Berg und Tal, doch mit sehr großer Müh: und such mein Lieb ganz überall, trag Sorg, sie sei nicht hie. Herzlieb! bist du vorhanden, tröst mich, Waldvögelein, in dein schneeweiße Hände, schleuß du, Herzlieb, mich ein!"

Worte: aus *Tugendhaffter Jungfrauen und Junggesellen Zeitvertreiber* (um 1690) · Weise: aus einem Memminger Tabulaturbuch (Anfang 17. Jh.)

Feinsliebchen

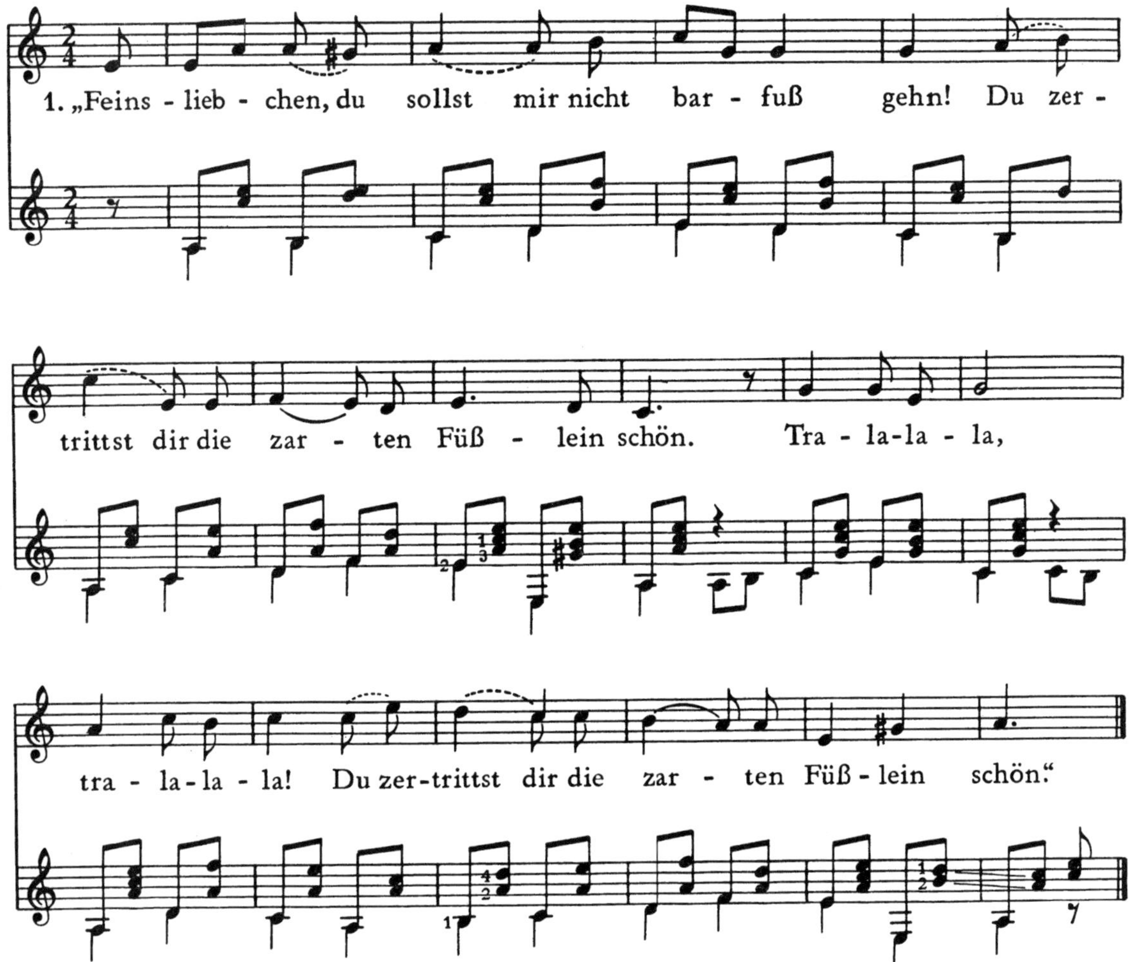

2. „Wie sollte ich denn nicht barfuß gehn, hab' keine Schuh ja anzuziehn. Tralalala . . ."

3. „Feinsliebchen, willst du mein eigen sein, so kaufe ich dir ein Paar Schühlein fein. Tralalala . . ."

4. „Wie könnte ich euer eigen sein? Ich bin ein armes Mägdelein. Tralalala . . ."

5. „Und bist du auch arm, so nehm ich dich doch! Du hast ja die Ehr' und die Treue noch. Tralalala . . ."

6. „Die Ehr' und die Treue mir keiner nahm, ich bin, wie ich von der Mutter kam. Tralalala . . ."

7. Was zog er aus seiner Taschen fein? Von lauter Gold ein Ringelein. Tralalala . . .

Worte: Anton Wilhelm Florentin von Zuccalmaglios hochdeutsche Übersetzung nach dem Text in der 1817 erschienenen Sammlung kuhländischer Lieder von Jos. Georg Meinert (Kuhland ist eine viehreiche Gegend in Mähren). Veröffentlicht in *Deutsche Volkslieder,* 1840 · Weise: nach der westfälischen Ballade *Winterrosen,* die Anfang des 19. Jh. von Haxthausen aufgezeichnet und von A. Reifferscheid veröffentlicht wurde. Brahms bearbeitete die Melodie in seinen *Deutschen Volksliedern*.

Finstern[1]

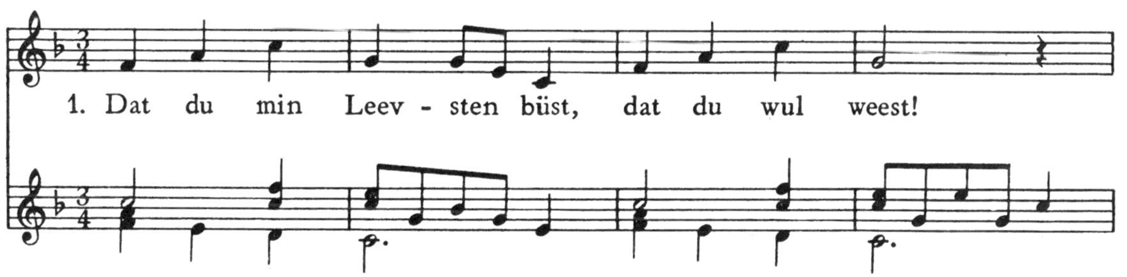

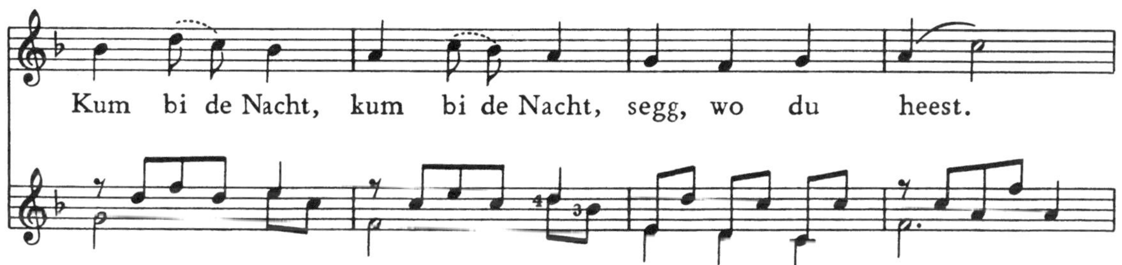

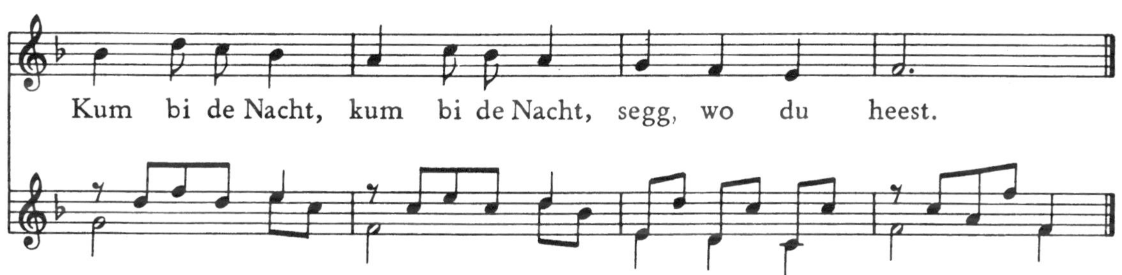

2. Kum du üm Middernacht, kum du Klock een! |: Vader slöpt, Moder slöpt, ik slaap alleen. :|

3. Klop an de Kamerdör, faat an de Klink! |: Vader meent, Moder meent, dat deit de Wind. :|

[1] fensterln

Worte und Weise: Volkslied aus Norddeutschland (19. Jh.)

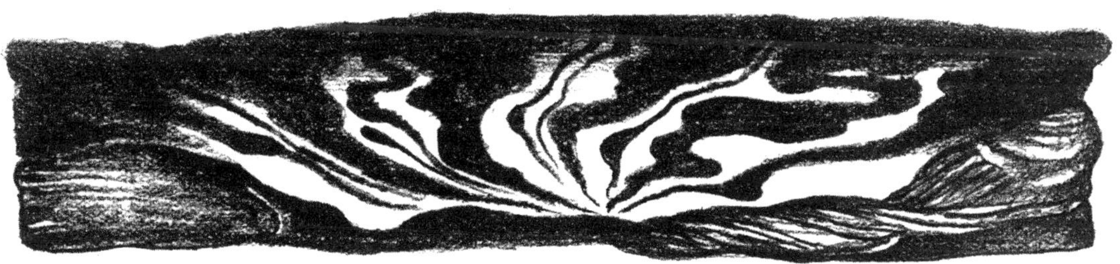

Gesegn dich Laub

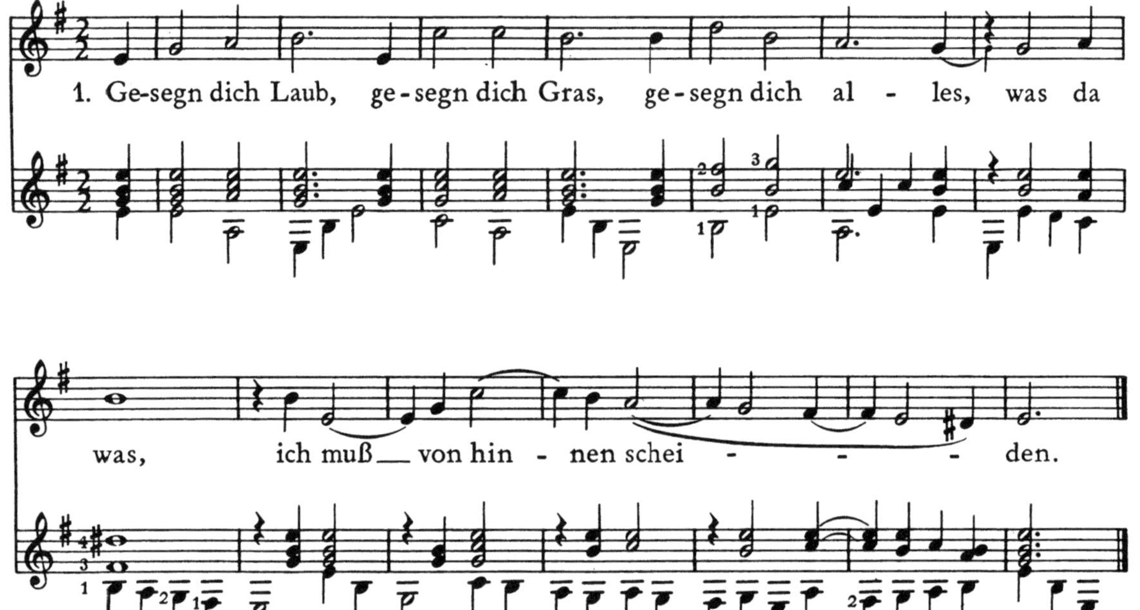

2. Ihr lieben Englein, steht mir bei, weil Leib und Seel beinander sei, daß mir mein Herz nicht breche.

3. Gesegn dich Mond, gesegn dich Sonn, gesegn dich Trautlieb, meine Wonn, da ich von hinnen fahre.

Worte: nach der 10., 11. und 12. Strophe des Liedes *Peter Unverdorben* (Handschrift des Klosters St. Georgen zu Villingen, heute Landesbibliothek Karlsruhe). Diese Ballade aus dem 15. Jahrhundert beschreibt in insgesamt vierzehn Strophen den Abschied eines Gefangenen vor seiner Hinrichtung. Die vermutlich zugrundeliegende wahre Begebenheit ist historisch jedoch nicht mehr zu belegen. · Weise: aus dem Nachlaß von Martin Plüddemann (1854–1897), wo sie sich als *„Altdeutsches Volkslied"* bezeichnet findet. Die eigentliche choralartige Originalmelodie ist als Nr. 60 im ersten Band *Deutscher Liederhort* (Erk/Böhme), Leipzig 1893, abgedruckt.

Heideröslein

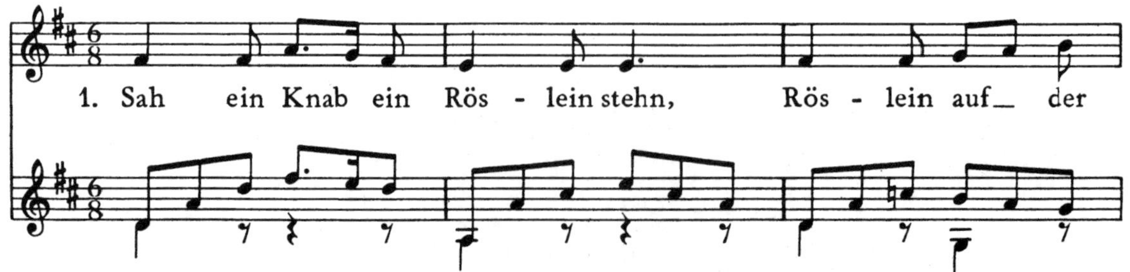

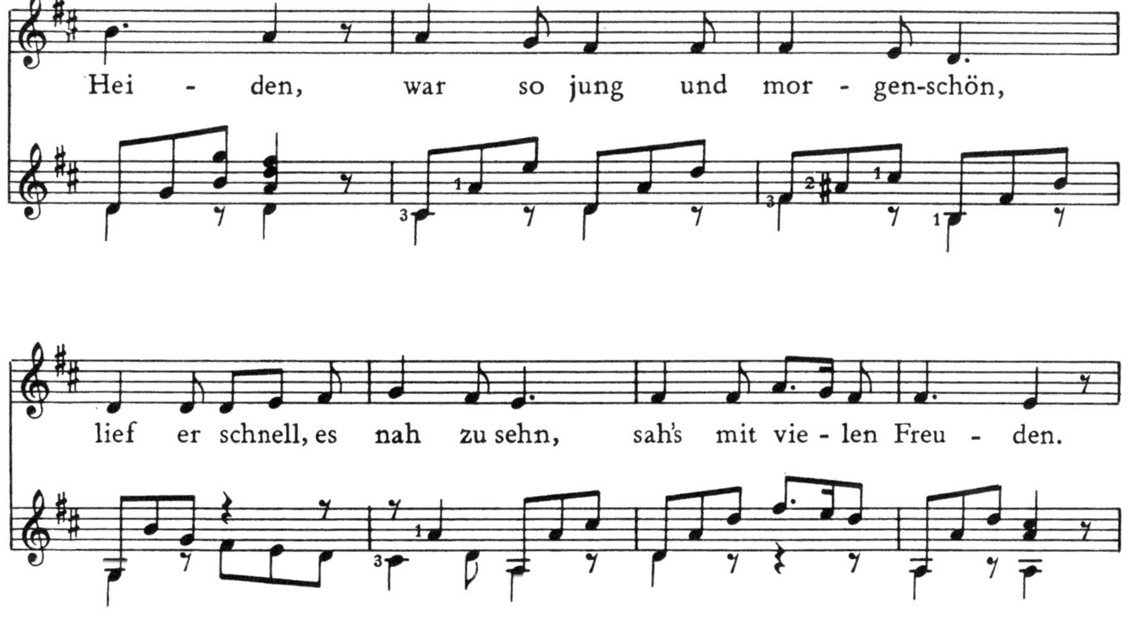

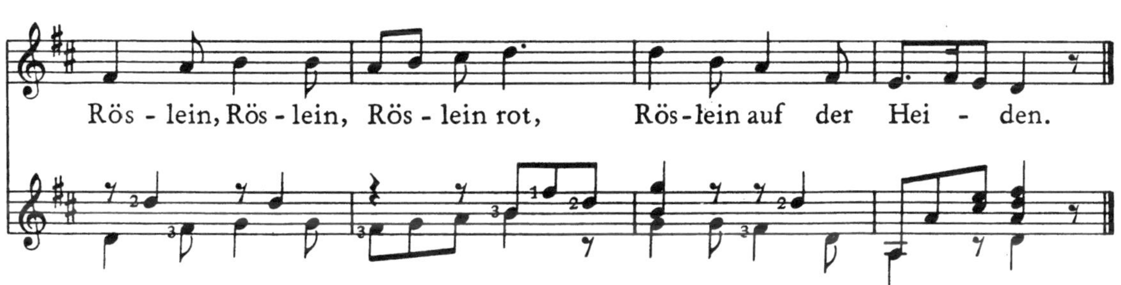

2. Knabe sprach: „Ich breche dich, Röslein auf der Heiden!" Röslein sprach: „Ich steche dich, daß du ewig denkst an mich, und ich will's nicht leiden." Röslein, usw.

3. Und der wilde Knabe brach 's Röslein auf der Heiden; Röslein wehrte sich und stach, half ihm doch kein Weh und Ach, mußt' es eben leiden. usw.

Worte: Johann Wolfgang von Goethe (1771) · Weise: Heinrich Werner (Braunschweig 1827).

Die Entstehung des Gedichtes geht vermutlich auf die Erlebnisse des jungen Goethe in Sesenheim zurück. Früheste nachweisbare Belege finden sich im Nachlaß von Friederike Brion sowie in den Tagebuchaufzeichnungen Karoline Flachsmanns (1771), Herders späterer Frau. Das Gedicht zeigt in verschiedener Sicht starke Beziehungen zu dem aus dem 16. Jahrhundert stammenden Volkslied *Sie gleicht wohl einem Rosenstock,* das Goethe gekannt haben muß. Goethes *Heidenröslein* wurde über 50mal vertont, u. a. von Reichardt (1794), Schubert (1815), Schumann (1849). Als Volkslied durchgesetzt hat sich jedoch nur die Melodie des Braunschweiger Musiklehrers und Chorleiters Heinrich Werner, die 1829 in der Sammlung *Arion* veröffentlicht wurde.

Heimliche Liebe

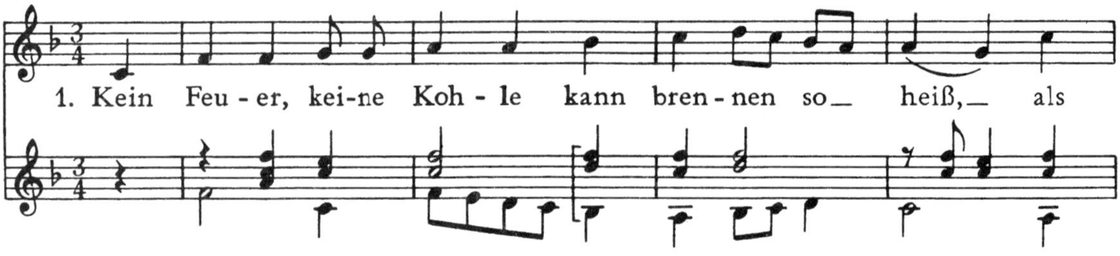

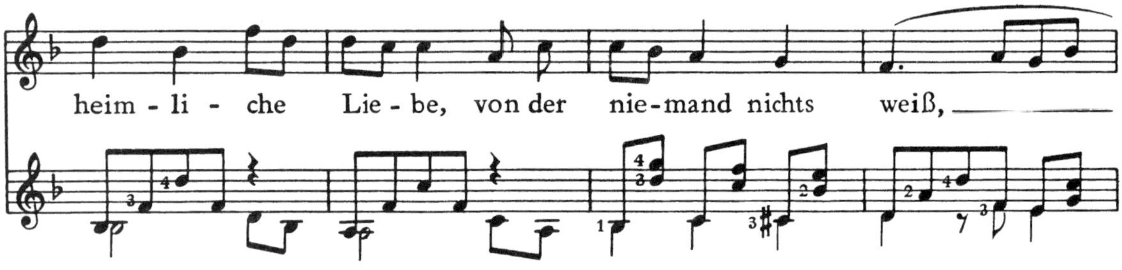

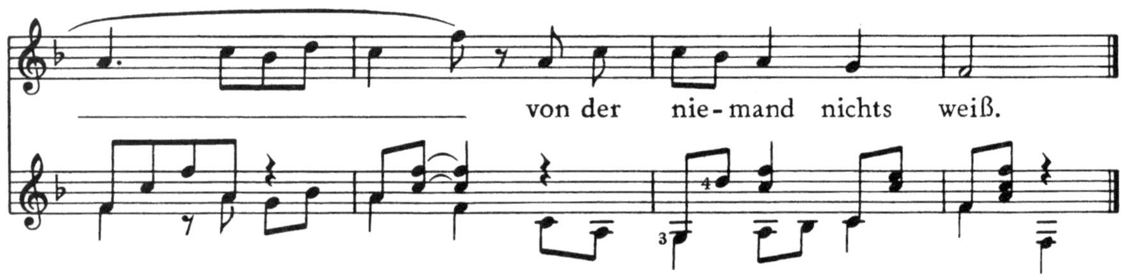

1. Kein Feu - er, kei-ne Koh - le kann bren - nen so_ heiß,_ als
heim - li - che Lie - be, von der nie - mand nichts weiß,___
von der nie - mand nichts weiß.

2. Keine Rose, keine Nelke kann blühen so schön, als wenn zwei verliebte Seelen |: beieinander tun stehn. :|

3. Setze du mir einen Spiegel ins Herze hinein, damit du kannst sehen, |: wie so treu ich es mein. :|

Worte und Weise: Volkslied, in Büschings und von der Hagens *Sammlung deutscher Volkslieder* veröffentlicht (Berlin 1807). Der Text des Liedes findet sich jedoch schon früher auf einem aus Schlesien stammenden fliegenden Blatt in Verbindung mit einem alten, acht Strophen umfassenden Schäferlied.

Horch, was kommt von draußen 'rein

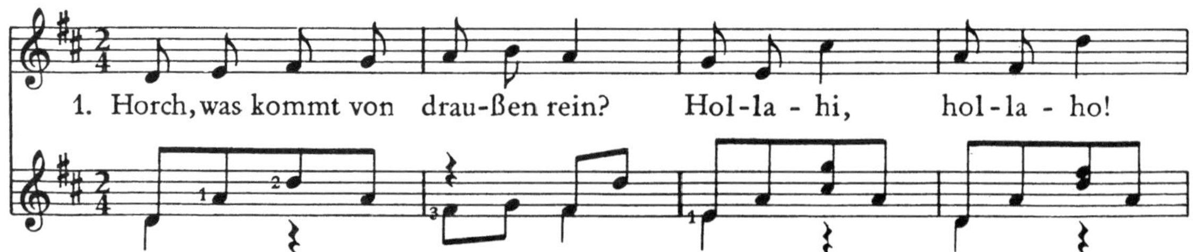

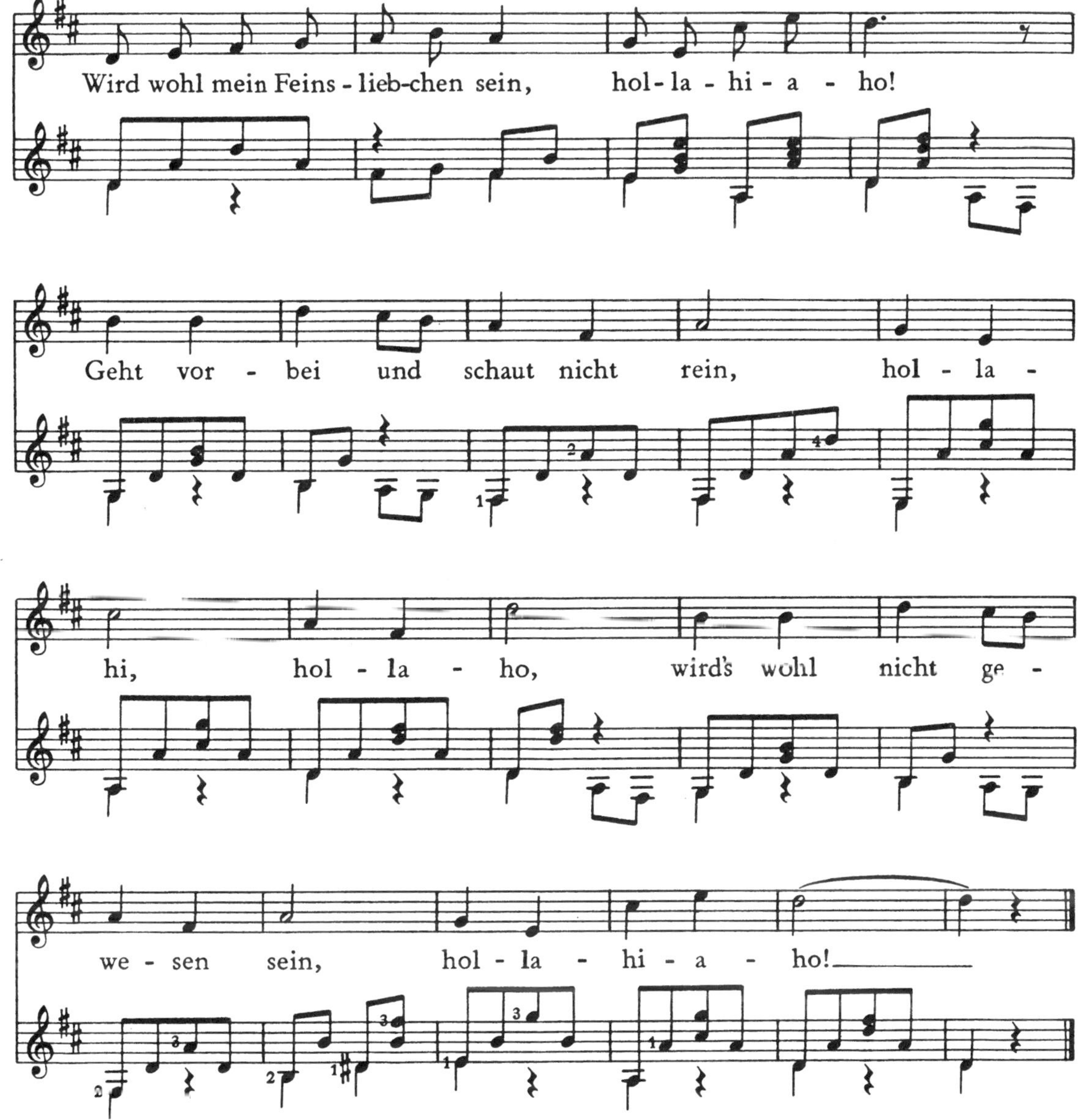

2. Leute haben's oft gesagt, hollahi, hollaho, daß ich ein Feinsliebchen hab, hollahiaho! Laß sie reden, schweig fein still, hollahi, hollaho, kann ja lieben, wen ich will, hollahiaho!

3. Sagt mir Leute, ganz gewiß, hollahi, hollaho, was das für ein Lieben ist, hollahiaho! Die ich liebe, krieg ich nicht, hollahi, hollaho, und 'ne andre mag ich nicht, hollahiaho!

4. Wenn mein Liebchen Hochzeit hat, hollahi, hollaho, hab ich meinen Trauertag, hollahiaho! Geh dann in mein Kämmerlein, hollahi, hollaho, trage meinen Schmerz allein, hollahiaho!

5. Wenn ich dann gestorben bin, hollahi, hollaho, trägt man mich zum Grabe hin, hollahiaho! Setzt mir keinen Leichenstein, hollahi, hollaho, pflanzt mir drauf Vergißnichtmein, hollahiaho!

Worte und Weise: Studentenlied aus der badischen Pfalz

Ich hört' ein Sichelein rauschen

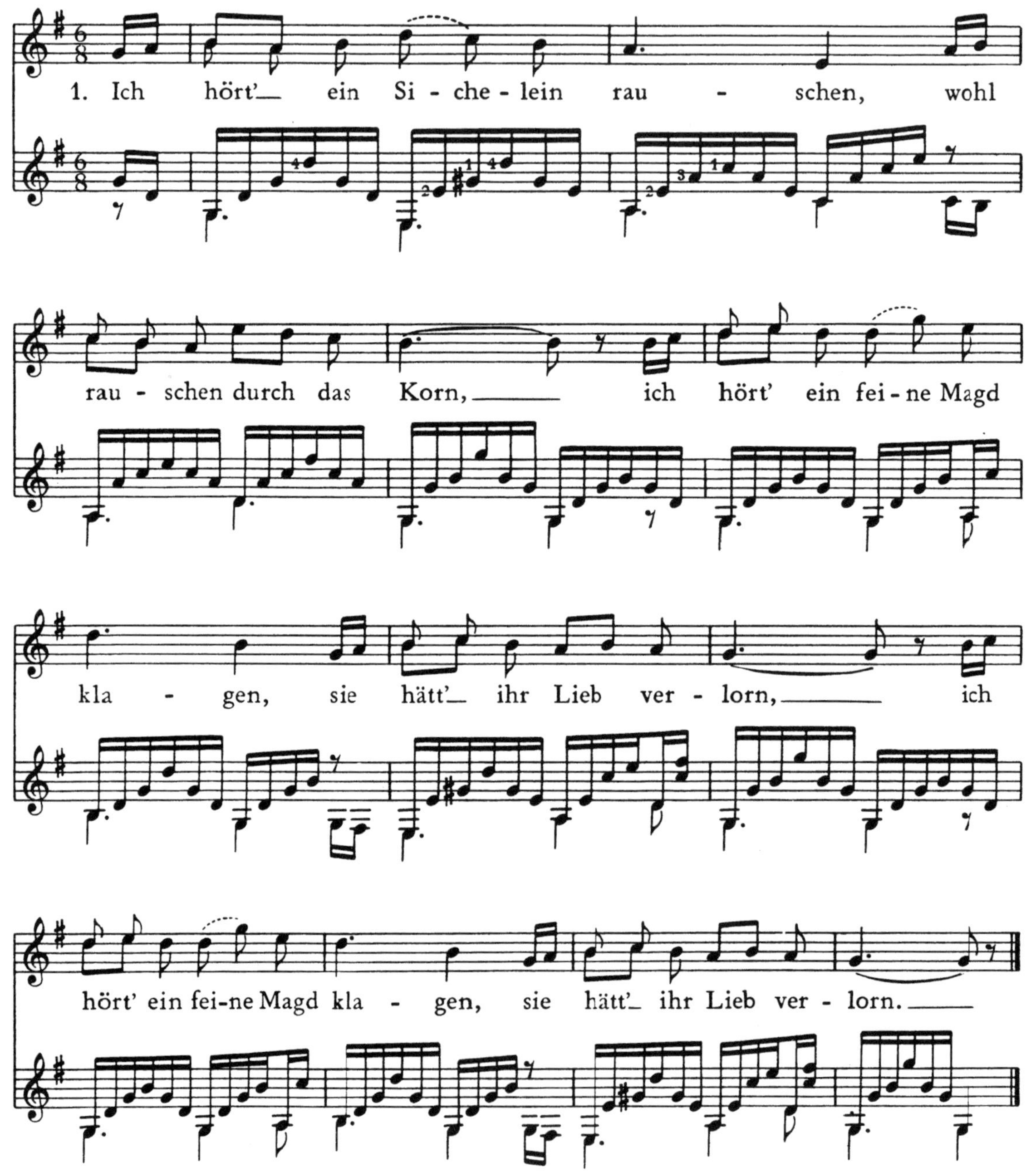

2. Laß rauschen, Lieb, laß rauschen! Ich acht nicht, wie es geh, ich hab mir ein' Buhlen erworben in Veil' und grünem Klee.

3. Hast du ein' Buhlen erworben in Veil' und grünem Klee, so steh ich hier alleine, tut meinem Herzen weh.

Worte und Weise: Volkslied aus dem 16. Jh., in zahlreichen textlichen und melodischen Varianten überliefert. Der früheste Nachweis des Liedes findet sich in der *Rostocker Liederhandschrift* aus dem Jahre 1478 *(„Nu wol hen, lat ruschen")*. Die vorliegende Melodie ist jüngeren Datums. Sie wurde laut Friedlaender 1858 von Zuccalmaglio in Heidelberg aufgezeichnet.

Ich trag ein goldnes Ringelein

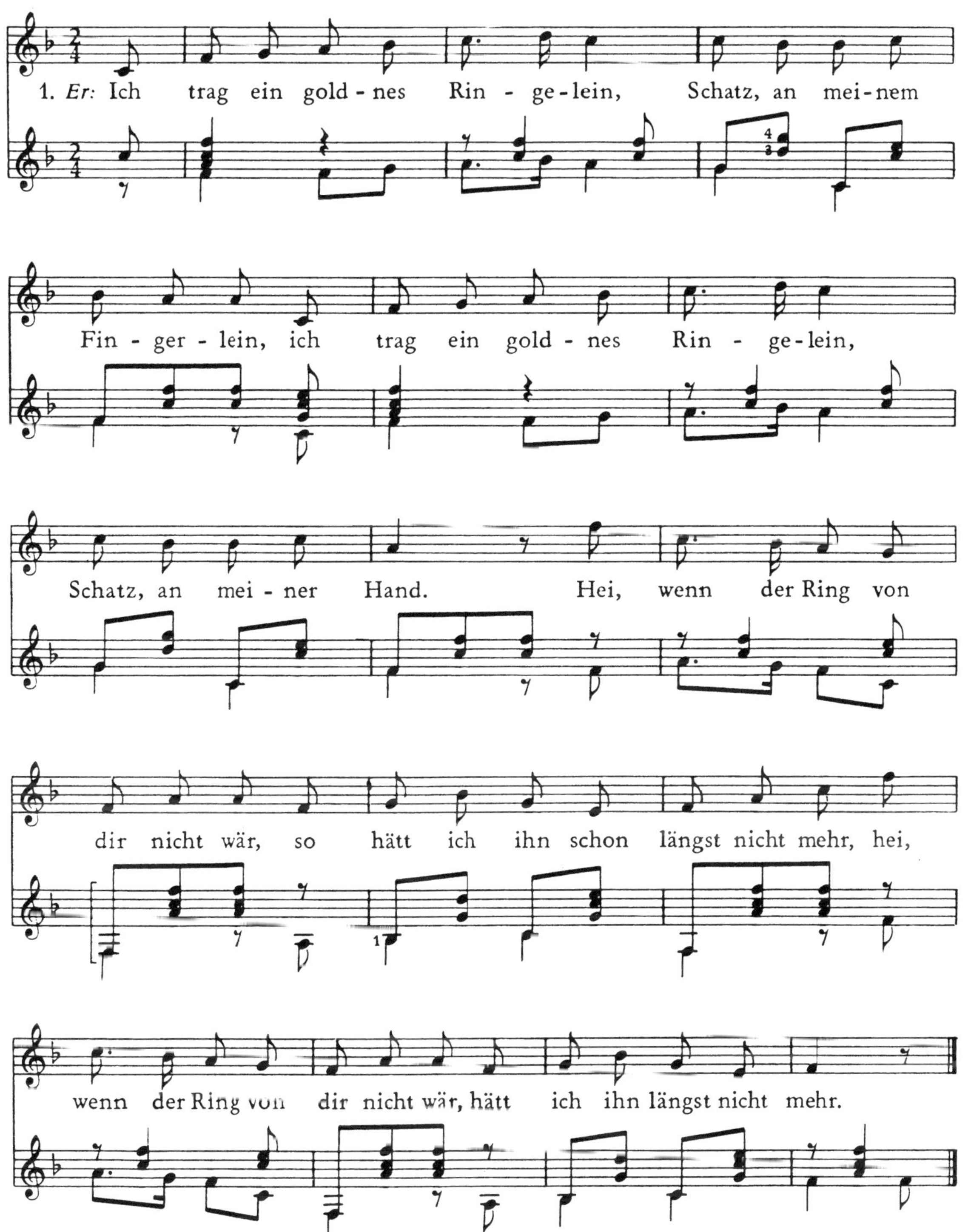

Mädchen:

2. „Trügst du auch nicht mein Ringelein, Schatz, an deinem Fingerlein, ich würde drum nicht traurig sein, Schatz, ich weinte nicht. |: Hei, weil ein Ring, der fester sitzt, längst um dein Herz geschmiedet ist.“ :|

Worte und Weise: Hessisches Volkslied, 2. Strophe von A. Brüning

Ich wollt' ein Bäumlein steigen

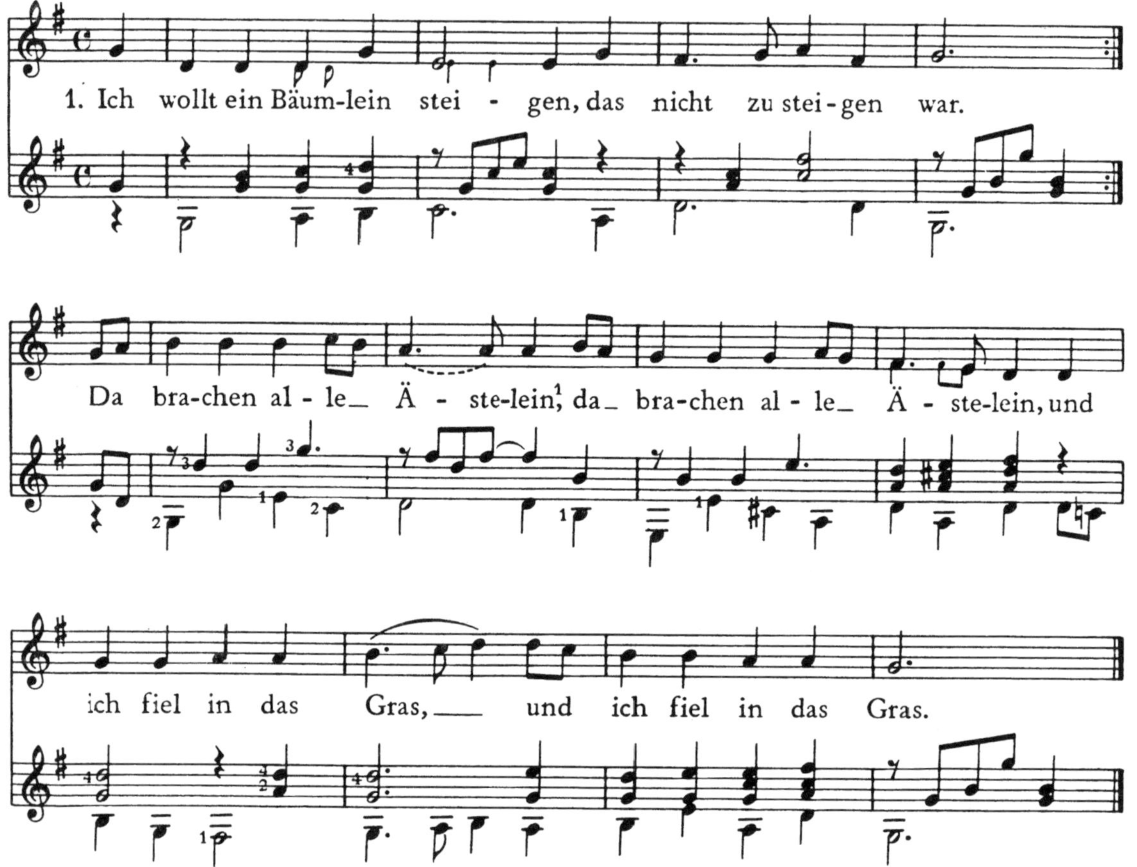

2. |: Ach, wenn das doch mein Schätzchen wüßt, daß ich gefallen wär, :| |: es tät so manchen weiten Schritt, :| |: bis daß es bei mir wär. :|

3. |: Die Blätter von dem Bäumelein, die fielen[2] all auf mich. :| |: Daß mich mein Schatz verlassen hat, :| |: das kränket mich ja nicht. :|

4. |: Daß mich mein Schatz verlassen hat, das ist noch so und so. :| |: Er wird bald wiederkommen, :| |: von Herzen bin ich froh. :|

5. |: Und kommt er dann nicht wieder, so bleibt er weg von mir, :| |: heirat' ich einen anderen, :| |: was frag ich denn nach dir? :|

6. |: Es ist kein Apfel so rosenrot, es steckt ein Wurm darin. :| |: Es ist kein Bürschchen auf der Welt, :| |: es führt ein' falschen Sinn. :|

7. |: Ein falscher Sinn, ein froher Mut verführt das junge Blut. :| |: Ich hab's gehört von Alten, :| |: die Lieb tut selten gut. :|

[1] Mit dem Brechen der Äste ist Untreue gemeint.
[2] Blätterfallen steht als Symbol für gebrochene Treue.

Worte und Weise: Volkslied aus der Harzgegend (um 1855) und der Gegend um Hannover (um 1860); die Melodie des Liedes zeigt auffallende Ähnlichkeit zu dem thüringischen Volkslied *Ein Schüssel und ein Häfelein* (mündlich um 1840 überliefert).

Ihren Schäfer zu erwarten

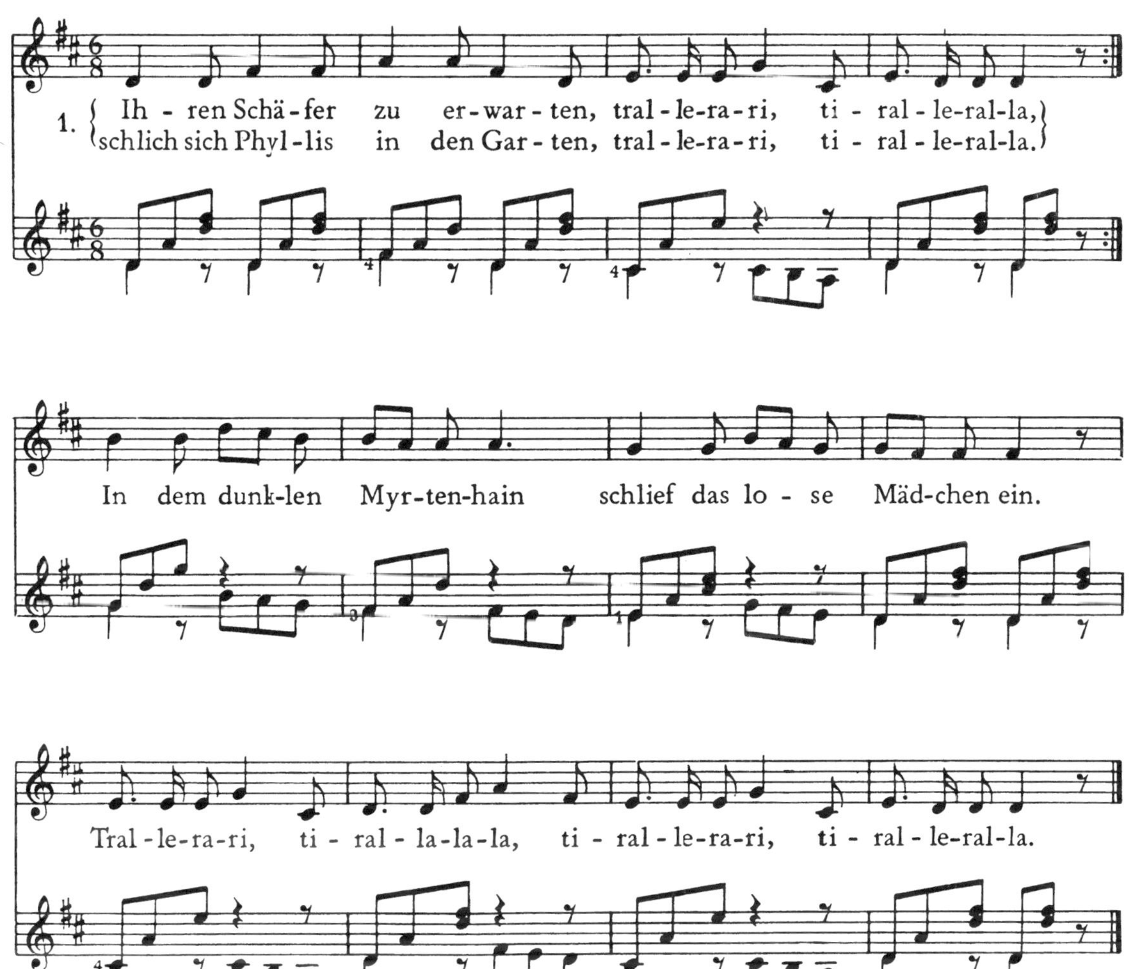

2. Ihre Mutter kam ganz leise, trallerali, tirallerala! nach der alten Mütter Weise, trallerali, tirallerala! nachgeschlichen, o wie fein, fand das Mädchen ganz allein. Trallerali usw.

3. Ihrem Schlummer halb entrissen, ... von den zarten Mutterküssen, ... rief die Kleine: „O Damöt, warum kommst du heut so spät?“ usw.

4. „Ei, so hast du mich belogen? ... Deine Unschuld ist betrogen! ... Ihm zur Schmach und dir zur Pein sperr ich dich ins Kloster ein!“ usw.

5. „Kloster ist nicht mein Verlangen. ... Du bist selbst nicht ’neingegangen. ... Und wenn’s allen so sollt gehn, möcht ich mal die Klöster sehn!“ usw.

Worte: der Text wurde ohne Autorenangabe in der *Wochenschrift ohne Titel* (Nürnberg 1771) veröffentlicht · Weise: Volkslied aus Oberschlesien; wurde von Ludwig Erk im Bergischen und Clevischen aufgezeichnet. Laut Friedlaender findet sich das Lied bereits 1833 in einer polnischen Sammlung. Die hier notierte Melodie unterscheidet sich nur unwesentlich von der Erkschen Aufzeichnung.

Innsbruck, ich muß dich lassen

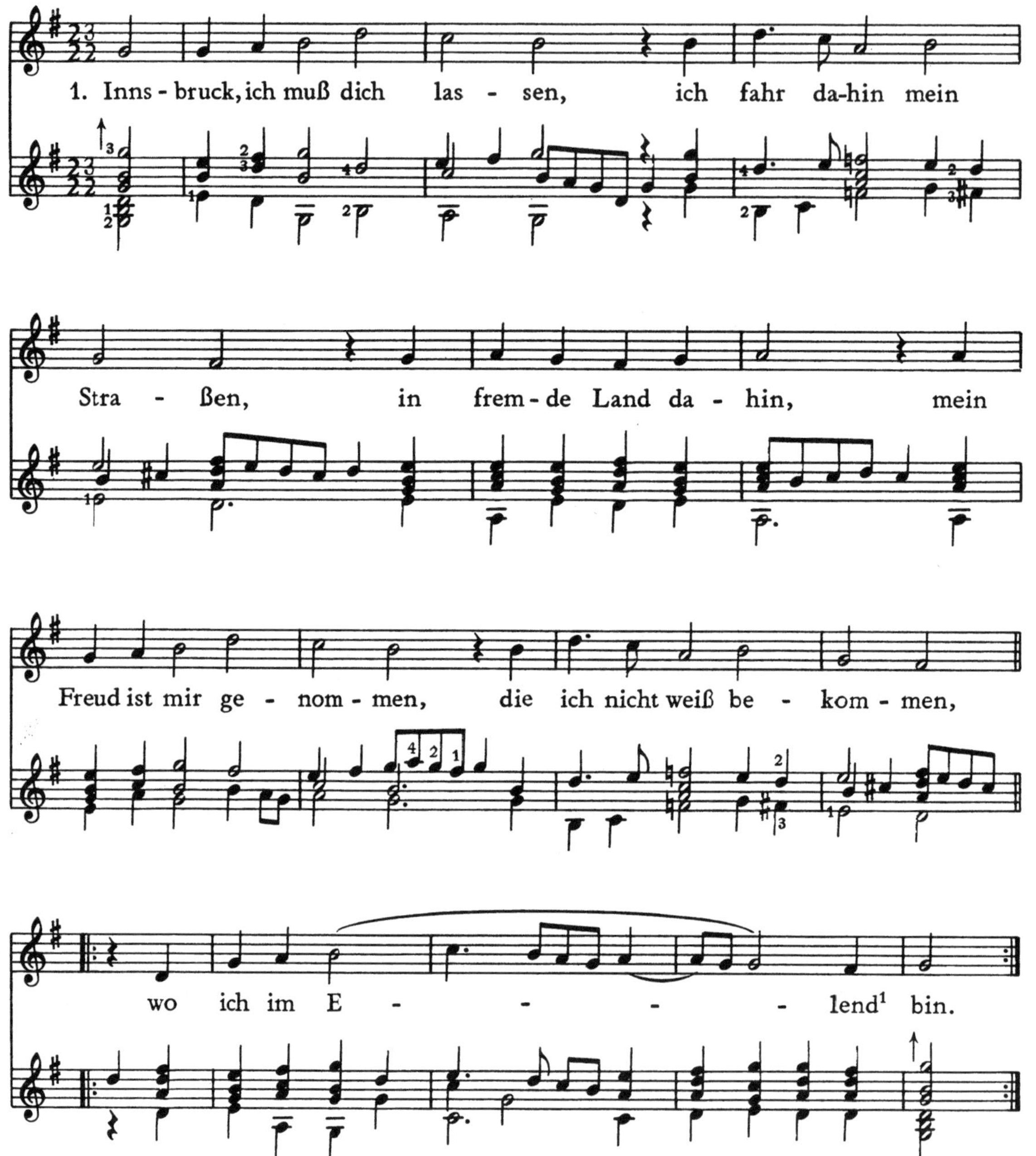

2. Groß Leid muß ich ertragen, das ich allein tu klagen dem liebsten Buhlen mein. Ach Lieb, nun laß mich Armen im Herzen dein erwarmen, |: daß ich muß dannen[2] sein. :|

3. Mein Trost ob allen Weiben, dein tu ich ewig bleiben, stet, treu, der Ehren frumm. Nun muß dich Gott bewahren, in aller Tugend sparen[3], |: bis daß ich wiederkumm. :|

[1] Elend: Leben in der Fremde
[2] dannen: von da, nämlich von Innsbruck
[3] sparen: erhalten

Worte: unbekannt; einer nicht beweisbaren Überlieferung zufolge könnte Maximilian I. der Dichter des Liedes sein (1493) · Weise: unbekannt; möglicherweise Heinrich Isaac (um 1495)

In der Sammlung des Nürnberger Arztes Georg Forster *Auszug guter alter und neuer teutscher Liedlein,* Nürnberg 1539, finden sich Text, Melodie und der – hier nicht wiedergegebene – meisterliche vierstimmige Satz von Heinrich Isaac.

Kommt a Vogerl geflogen

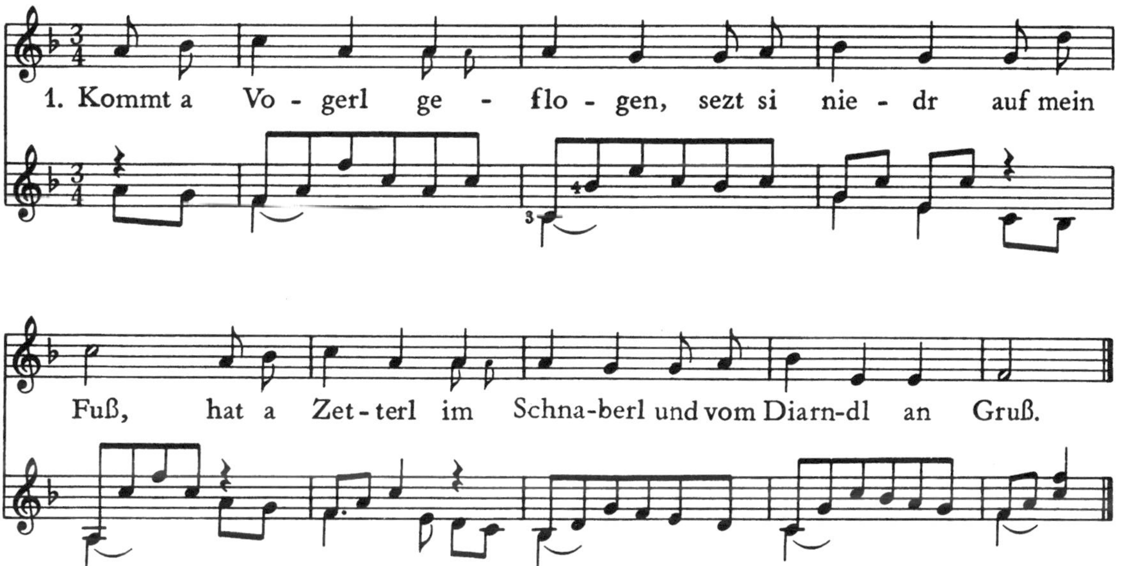

2. Hast mi allweil vertröstet auf die Summeri-Zeit, und der Summer is kumma und mein Schatzerl is weit.

3. Daderheim is mein Schatzerl, in der Fremd bin i hier, und es fragt halt kei Katzerl und kei Hunderl nach mir.

4. Liebes Vogerl, flieg' weiter, nimm a Gruß mit un'n Kuß, und i kann di nit b'gleiten, weil i hier bleiben muß.

Worte: Adolf Bäuerle (1822) · Weise: Wenzel Müller (1822)

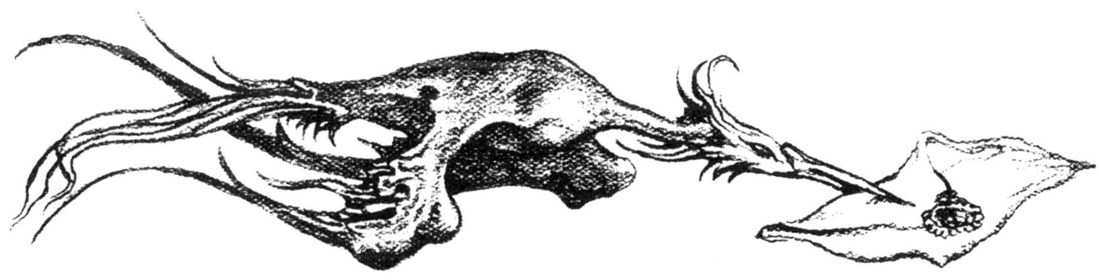

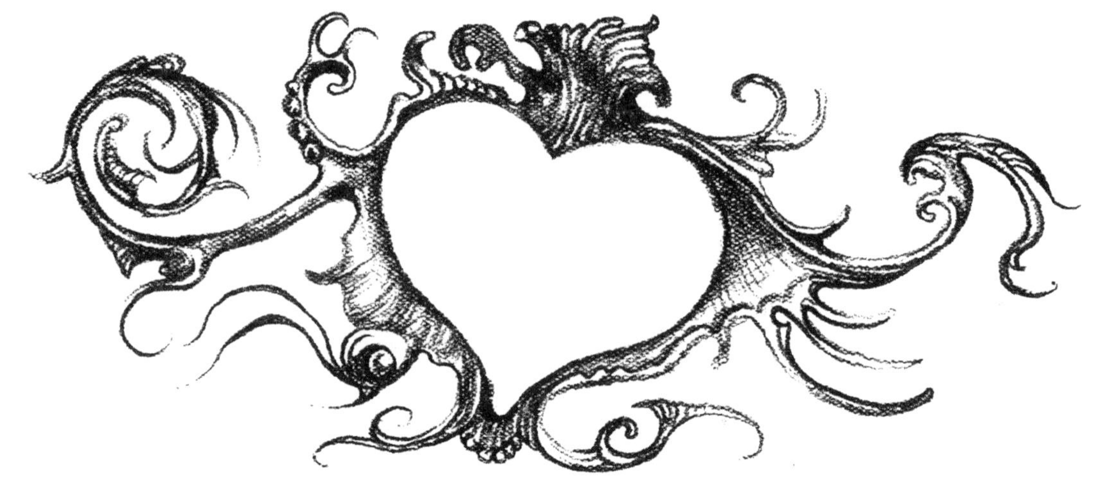

Kume, kum, Geselle min

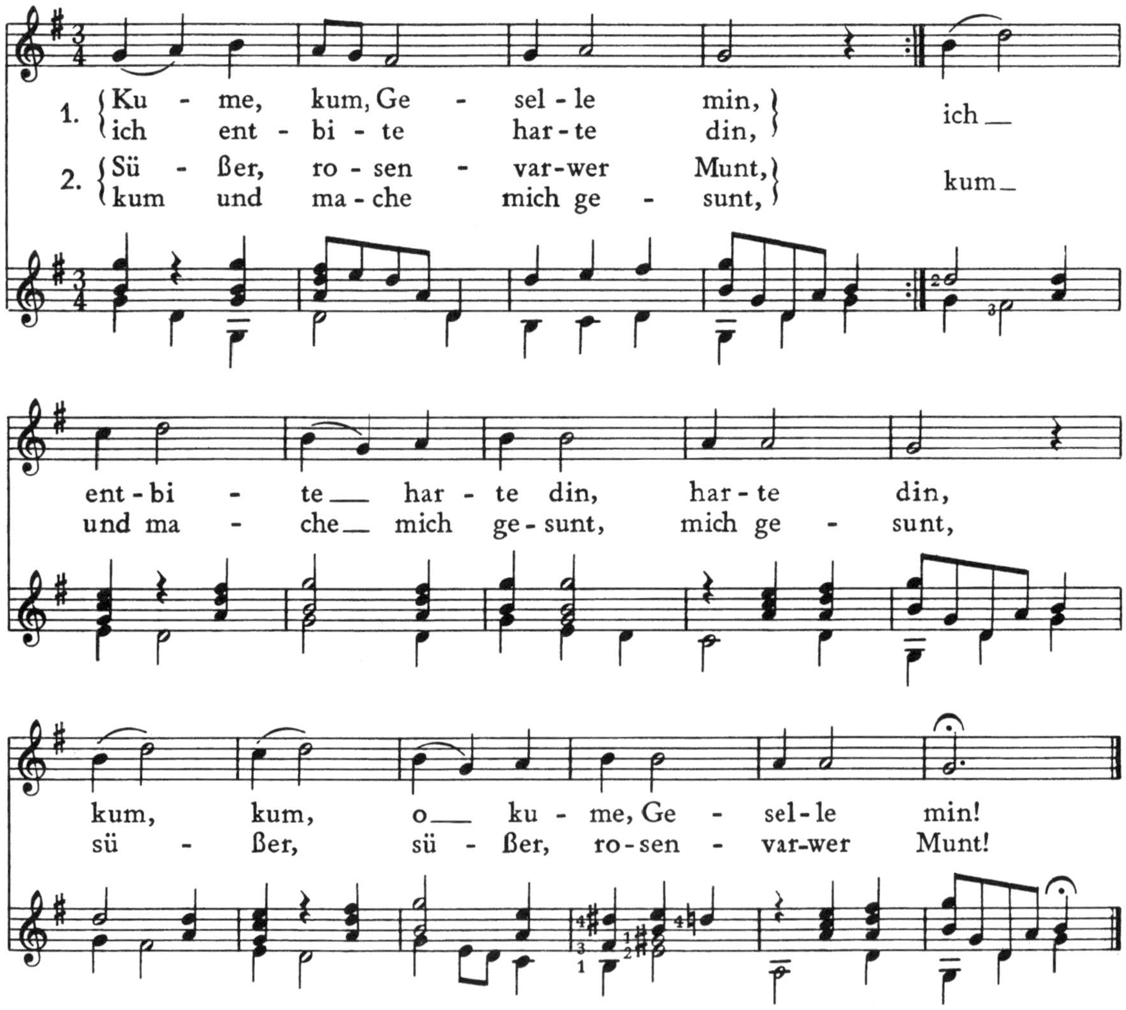

1. Kume, kum, Geselle min, ich entbite harte din, ich entbite harte din, harte din, kum, kum, o kume, Geselle min!

2. Süßer, rosenvarwer Munt, kum und mache mich gesunt, kum und mache mich gesunt, mich gesunt, süßer, süßer, rosenvarwer Munt!

[1] entbite harte din (mhd.): warte sehr auf dich

Worte: in den *Carmina burana,* eine Handschrift aus dem Kloster Benediktbeuren (13. Jh.); in dieser Art kann man sich die *Winelieder* (Wine = Freund, Geselle) im 10. Jh. vorstellen, die bei den Nonnen ebenso beliebt wie verboten waren · Weise: Adam de la Halle

Liebesjammer

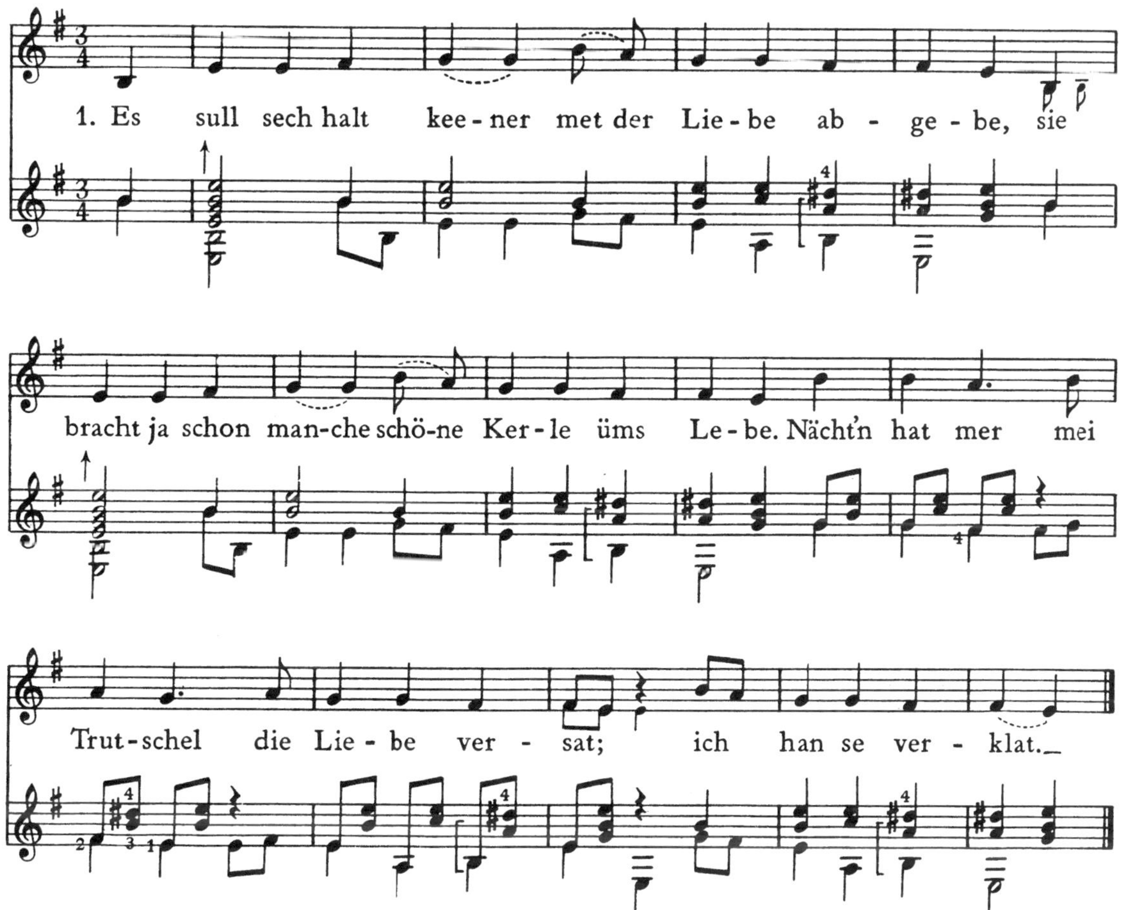

2. Ich hatt' nu mei Trutschel ins Herz nei geschlosse, un sie hat gesagt, sie woll mich nit losse. Do reit mer der Teufel den Schulze sein Hans, der führt sie zum Tanz.

3. Nu schmeckt mer ke Esse, nu schmeckt mer ke Trinke, und wenn ich soll arbeit, so möcht ich versinke. Ich geh auch nicht unter die anderen Knecht; su Mädche sin schlecht.

4. Un bin ich gestorbe, so laßt mich begrabe, un laßt mer vom Schreiner sechs Bretter abschabe. Un laßt mer zwee feurige Herze druffmale; ich kann's ja bezahle.

Worte und Weise: altes, in zahlreichen textlichen und musikalischen Varianten bekanntes Lied. Es wurde um 1820–1830 sehr oft in den Spinnstuben Thüringens und Hessens gesungen. Die hier abgedruckte, textlich gekürzte Variante kommt aus Thüringen. Die eigentliche und ursprüngliche Textversion soll 1706 von Veit Räumschüssel im Altenburger Dialekt gedichtet worden sein.

Lindenlaub

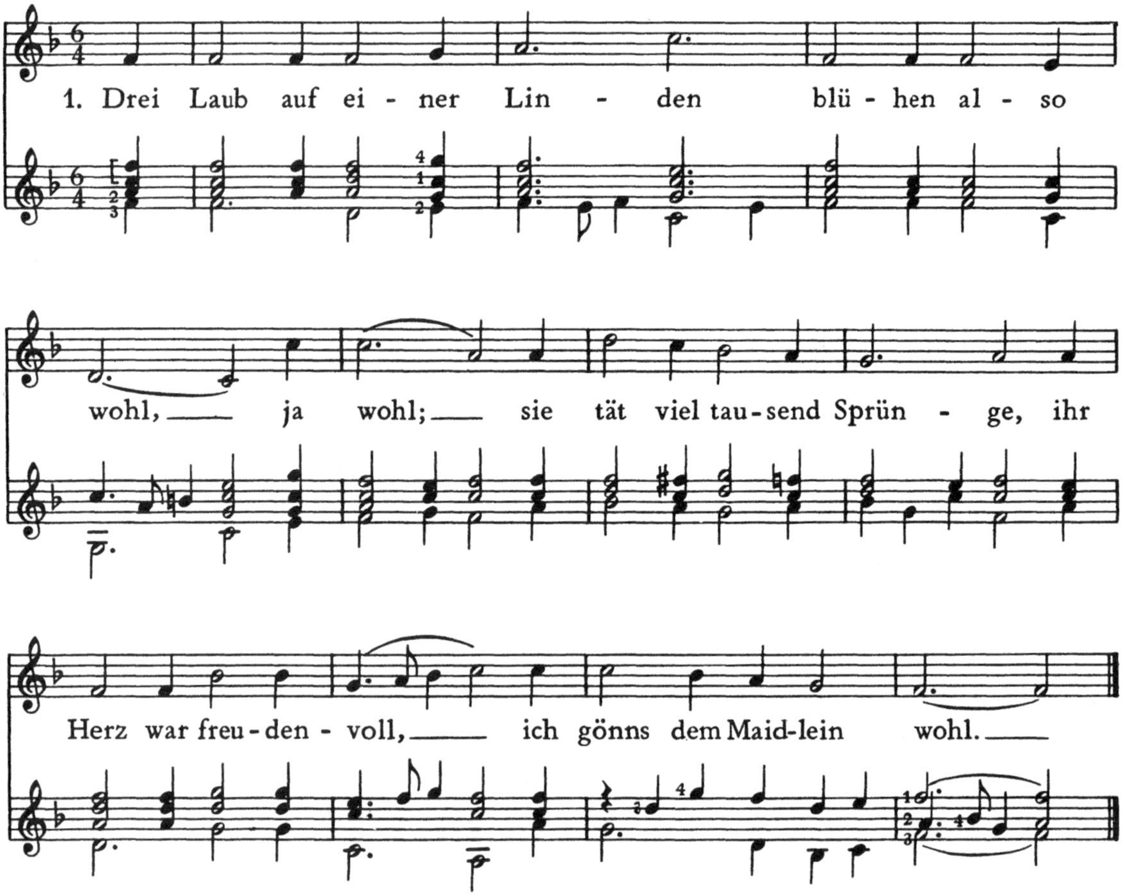

1. Drei Laub auf ei - ner Lin - den blü - hen al - so
wohl, ja wohl; sie tät viel tau - send Sprün - ge, ihr
Herz war freu - den - voll, ich gönns dem Maid - lein wohl.

2. Das Maidlein, das ich meine, ist so hübsch und fein, ja fein; wenn ich dasselb anblicke, freut sich das Herze mein; des eigen will ich sein.

3. Sie hat ein roten Munde und zwei Äuglein klar, ja klar; auch ein schneeweißen Leibe, dazu goldfarbnes Haar, das zieret sie fürwahr.

Worte und Weise: aus Georg Forsters *Frische teutsche Liedlein* II, Nr. 76 (Nürnberg 1540). Die Melodie ist jedoch älter und erinnert ihrem ganzen Duktus nach an die Tanzlieder (Reigen) des 14. Jahrhunderts.

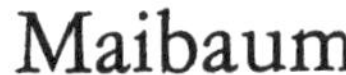

Maibaum

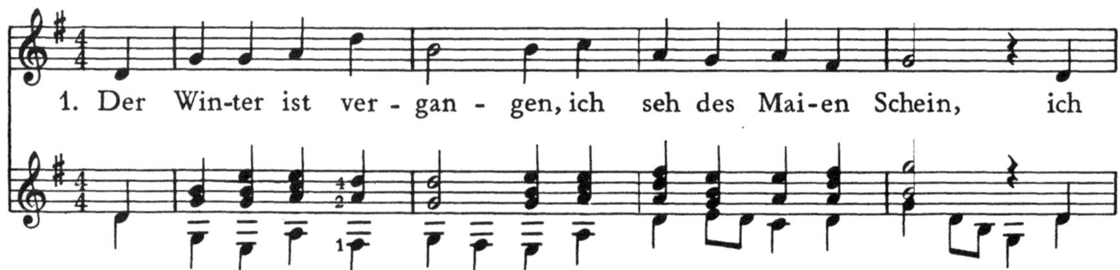

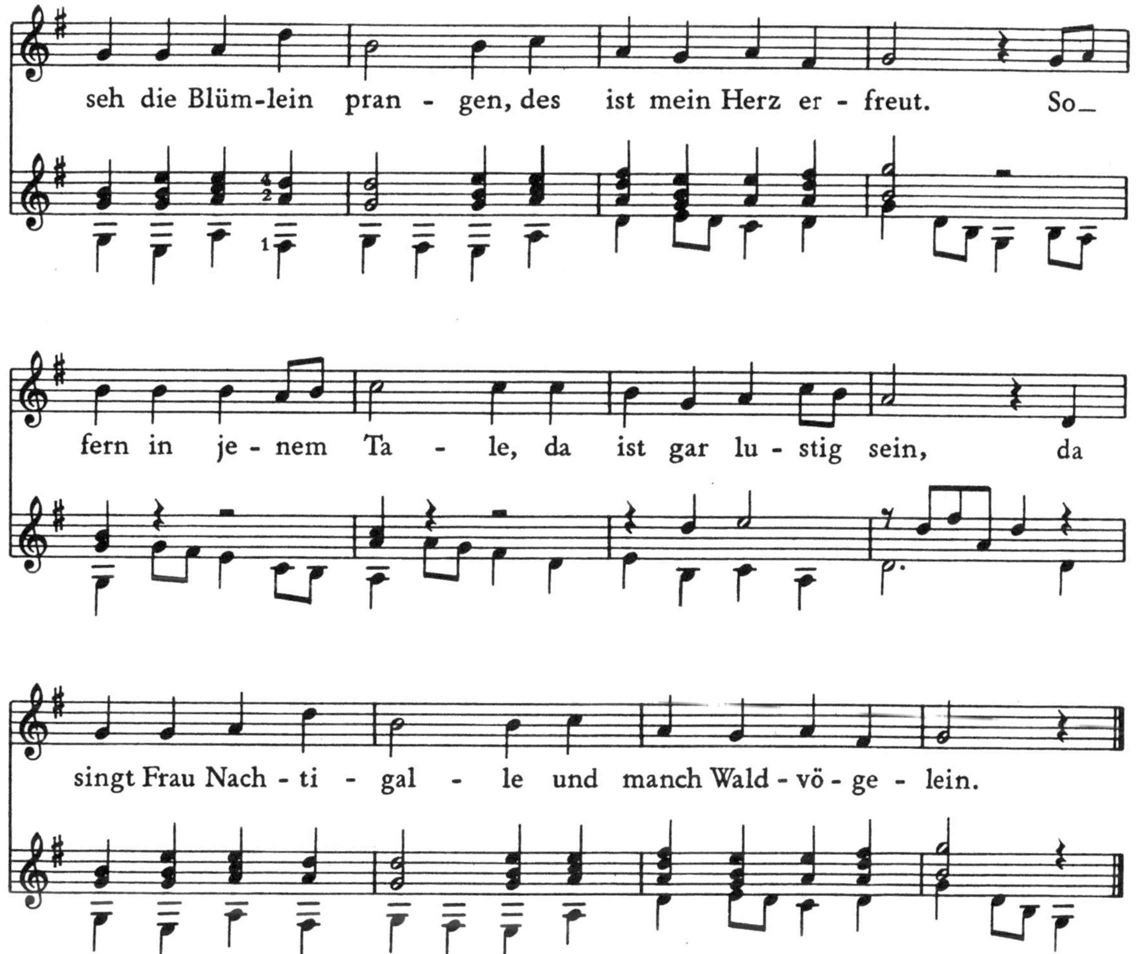

2. Ich geh, ein Mai zu hauen, hin durch das grüne Gras, schenk meinem Buhln die Treue, die mir die Liebste was, und bitt, daß sie mag kommen all an dem Fenster stahn, empfangen den Mai mit Blumen, er ist gar wohl getan.

3. Und als die Säuberliche sein Rede hat gehört, da stand sie traurigliche, indes sprach sie die Wort: „Ich hab den Mai empfangen mit großer Würdigkeit!" Er küßt sie an die Wangen, war das nicht Ehrbarkeit?

4. Er nahm sie sonder Trauern in seine Arme blank, der Wächter auf der Mauern hub an ein Lied und sang: „Ist jemand noch darinnen, der mag bald heimwärts gahn. Ich seh den Tag her dringen schon durch die Wolken klar."

5. „Ach, Wächter auf der Mauern, wie quälst du mich so hart! Ich lieg in schweren Trauern, mein Herze leidet Schmerz. Das macht die Allerliebste, von der ich scheiden muß; das klag ich Gott, dem Herren, daß ich sie lassen muß."

6. „Adieu, mein' Allerliebste, adieu, schön Blümlein fein, adieu, schön Rosenblume! Es muß geschieden sein. Bis daß ich wiederkomme, bleibst du die Liebste mein; das Herz in meinem Leibe gehört ja allzeit dein!"

Worte und Weise: aus Joh. F. Thysius' Lautenbuch (um 1600). Die dort aufgezeichnete Version geht auf ein altes niederländisches Mailied zurück, das sich in der aus den Niederlanden stammenden *Weimarer Liederhandschrift* findet (1537).

Mein Mädel hat einen Rosenmund

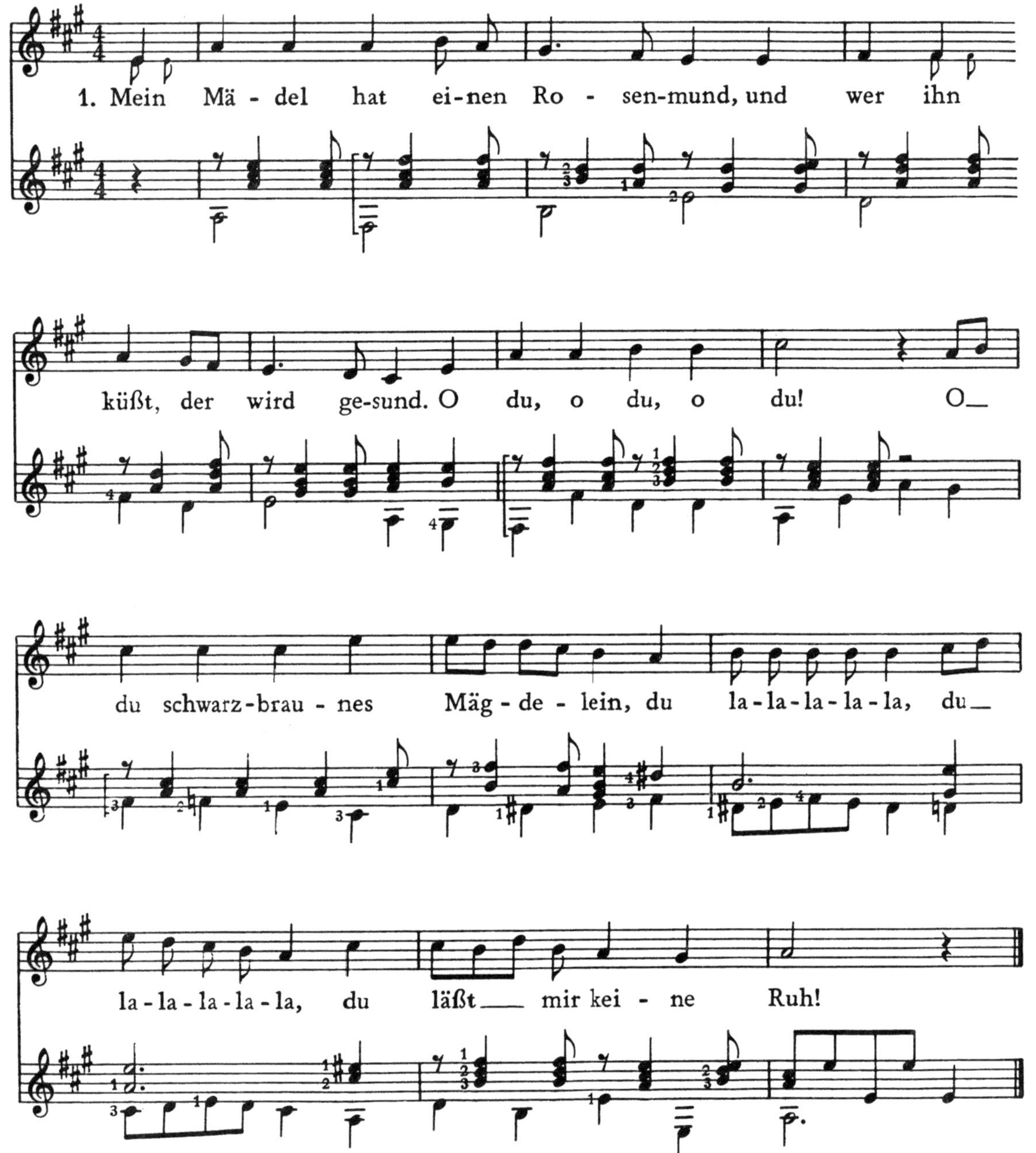

2. Die Wangen sind wie die Morgenröt, wie sie steht überm Winterschnee. O du usw.

3. Deine Augen sind wie die Nacht so schwarz, wenn nur zwei Sternlein funkeln drin. usw.

4. Du Mädel bist wie der Himmel gut, wenn er über uns blau sich wölben tut. usw.

Worte und Weise: in Kretzschmer – Zuccalmaglio, *Deutsche Volkslieder,* Berlin 1840, nach einem nicht zu belegenden hessischen Volkslied. Das Lied wurde vor allem durch die Bearbeitung von Johannes Brahms bekannt *(Deutsche Volkslieder,* 1894).

O du schöner Rosengarten

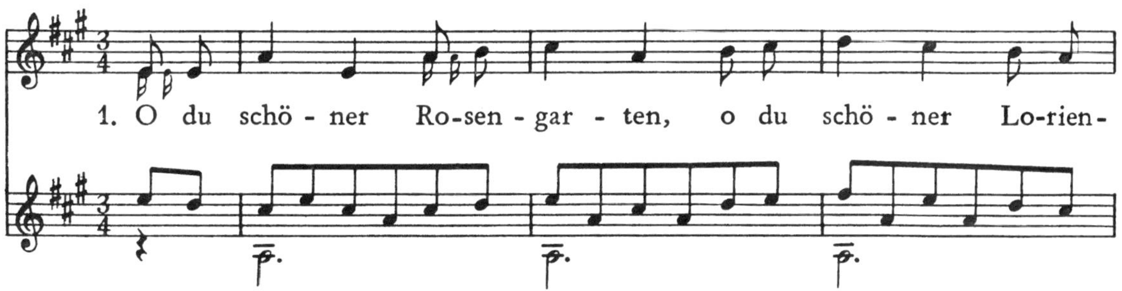

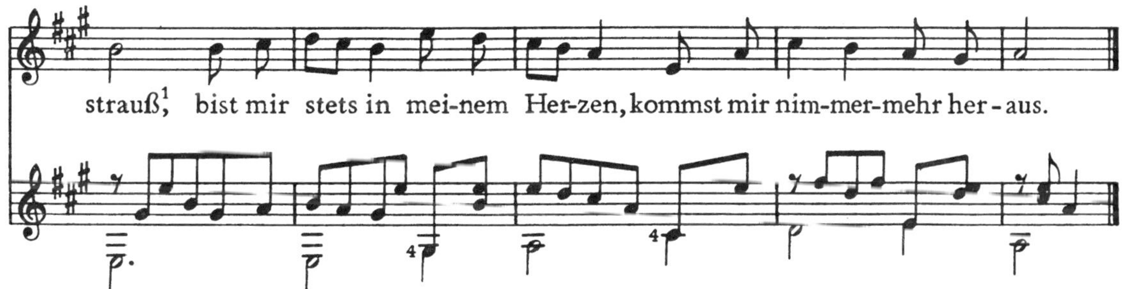

2. Vater und Mutter wolln's nit leiden, gelt, mein Schatz, das weißt du wohl; sag mir die gewisse Stunde, wo ich zu dir kommen soll.

3. Bin so oft bei dir gewesen, manche schöne halbe Nacht, und bei dir den Schlaf vergessen und in Liebe zugebracht.

4. O du schöner Rosengarten, o du schöner Himmelsthron! Ei, wie lang muß ich noch warten? Hätt ich dich nur wirklich schon.

[1] Lorbeer (lat. laurus nobilis)

Worte und Weise: Volkslied aus Lothringen

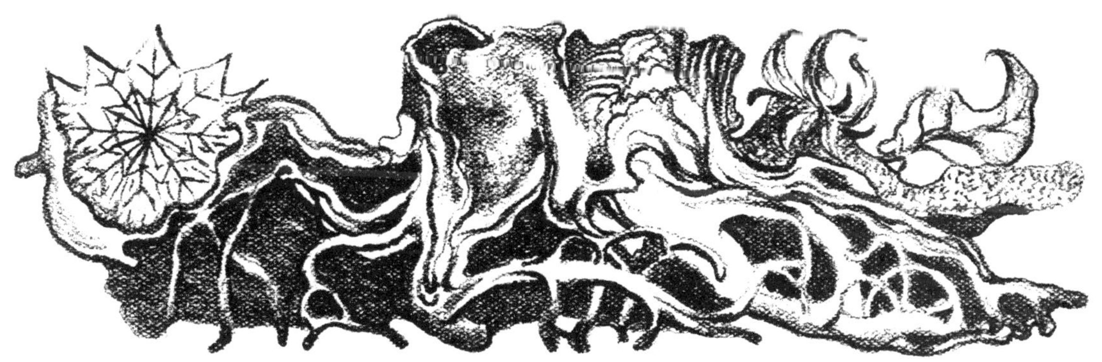

Schwesterlein, wann gehn wir nach Haus

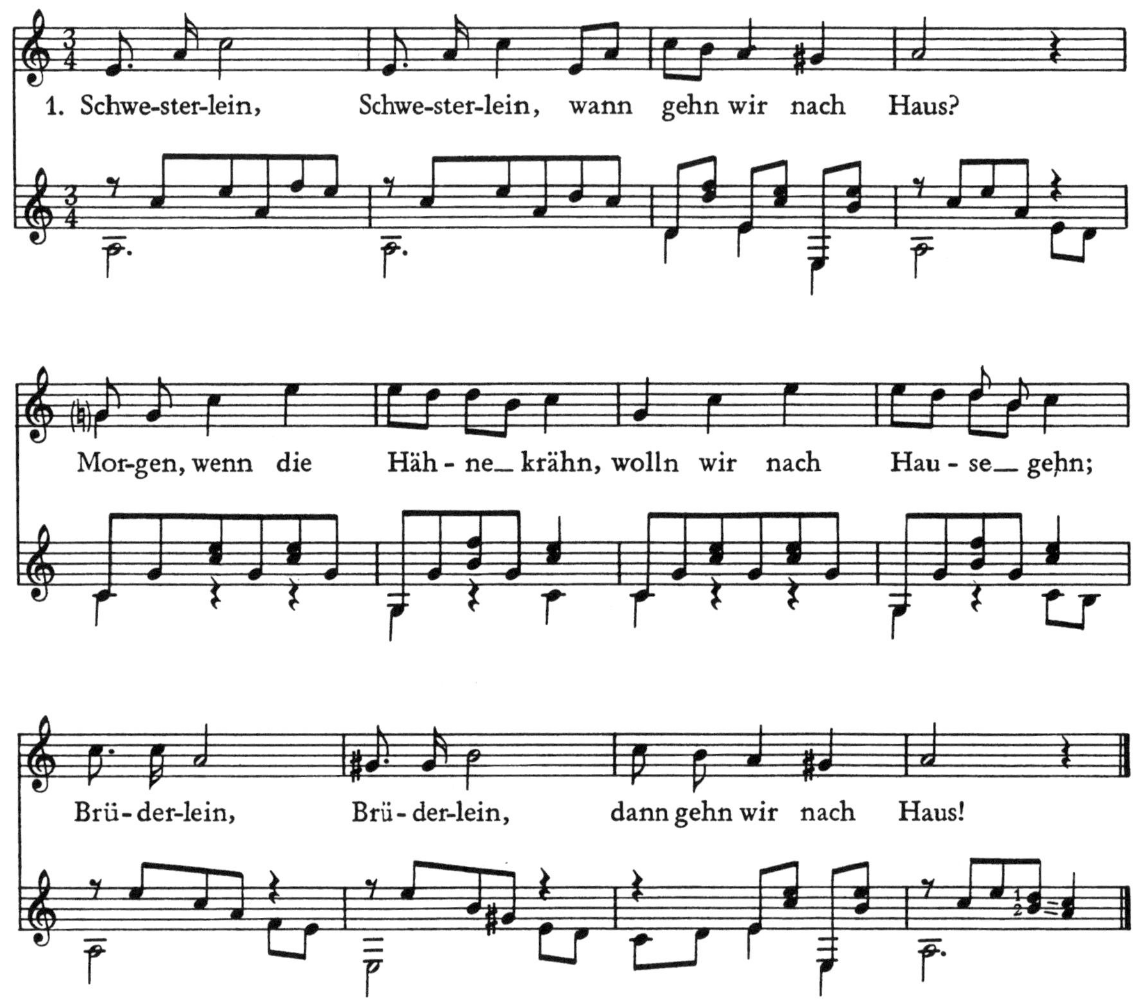

2. |: „Schwesterlein, :| wann gehn wir nach Haus?" „Morgen, wenn der Tag anbricht, eh' end't die Freude nicht, |: Brüderlein, :| der fröhliche Braus."

3. |: „Schwesterlein, :| wohl ist's an der Zeit?" „Mein Liebster tanzt mit mir, geh ich, tanzt er mit ihr, |: Brüderlein, :| laß du mich doch heut!"

4. |: „Schwesterlein, :| was bist du so blaß?" „Das macht der Morgenschein auf meinen Wängelein, |: Brüderlein, :| die vom Taue naß."

5. |: „Schwesterlein, :| du wankest so matt?" „Suche die Kammertür, suche mein Bettlein mir, Brüderlein, es wird fein unterm Rasen sein."

Worte und Weise: Anton Wilhelm Florentin von Zuccalmaglio (1838), nach den Volksliedern *Brüderchen, ach Brüderchen* und *Laß doch der Jugend ihren Lauf*

Sichlein rauschen

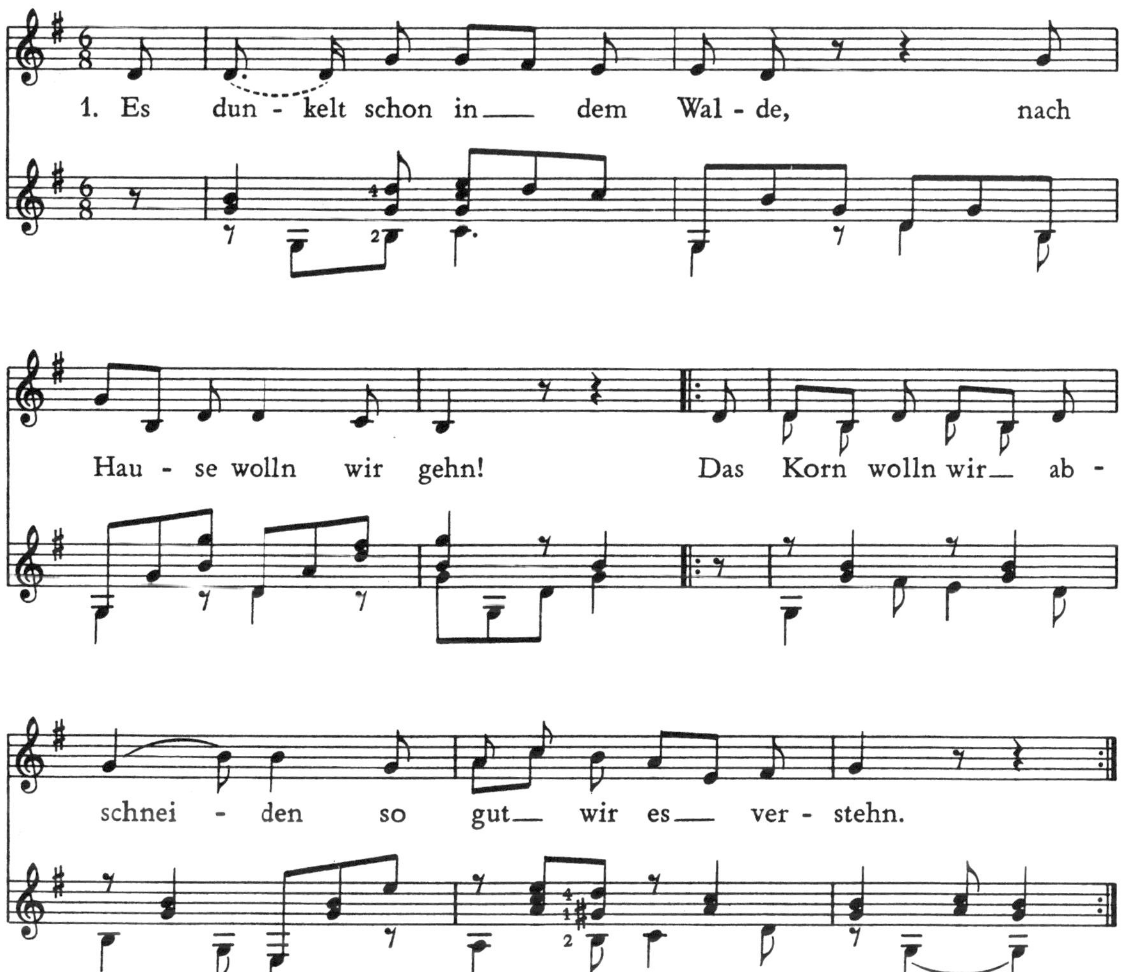

2. Ich hörte ein Sichlein rauschen, wohl rauschen durch das Korn. |: Ich hört mein Feinslieb klagen, ihr Lieb hat sie verlorn. :|

3. Hast du dein Lieb verloren, so hab ich ja doch das mein'. |: So gehn wir beide zusammen und winden zwei Kränzelein. :|

4. Ein Kränzelein von Rosen, ein Kränzelein von Klee. |: Zu Frankfurt auf der Brücken, da liegt ein tiefer Schnee. :|

5. Der Schnee, der ist geschmolzen, das Wasser läuft dahin. |: Kommst du mir aus den Augen, kommst du mir aus dem Sinn. :|

Worte und Weise: Volkslied, in zahlreichen textlichen und melodischen Varianten bekannt, so aus Franken, der Gegend um Potsdam, aus Brandenburg und Sachsen (1840) sowie aus Heidelberg, wo es 1858 von Zuccalmaglio aufgezeichnet wurde. Das Sujet des Liedes läßt sich bis zur Rostocker Liederhandschrift aus dem Jahr 1478 zurückverfolgen (*„Nu wol hen, lat ruschen"*).

Sitzt e kloins Vogerl

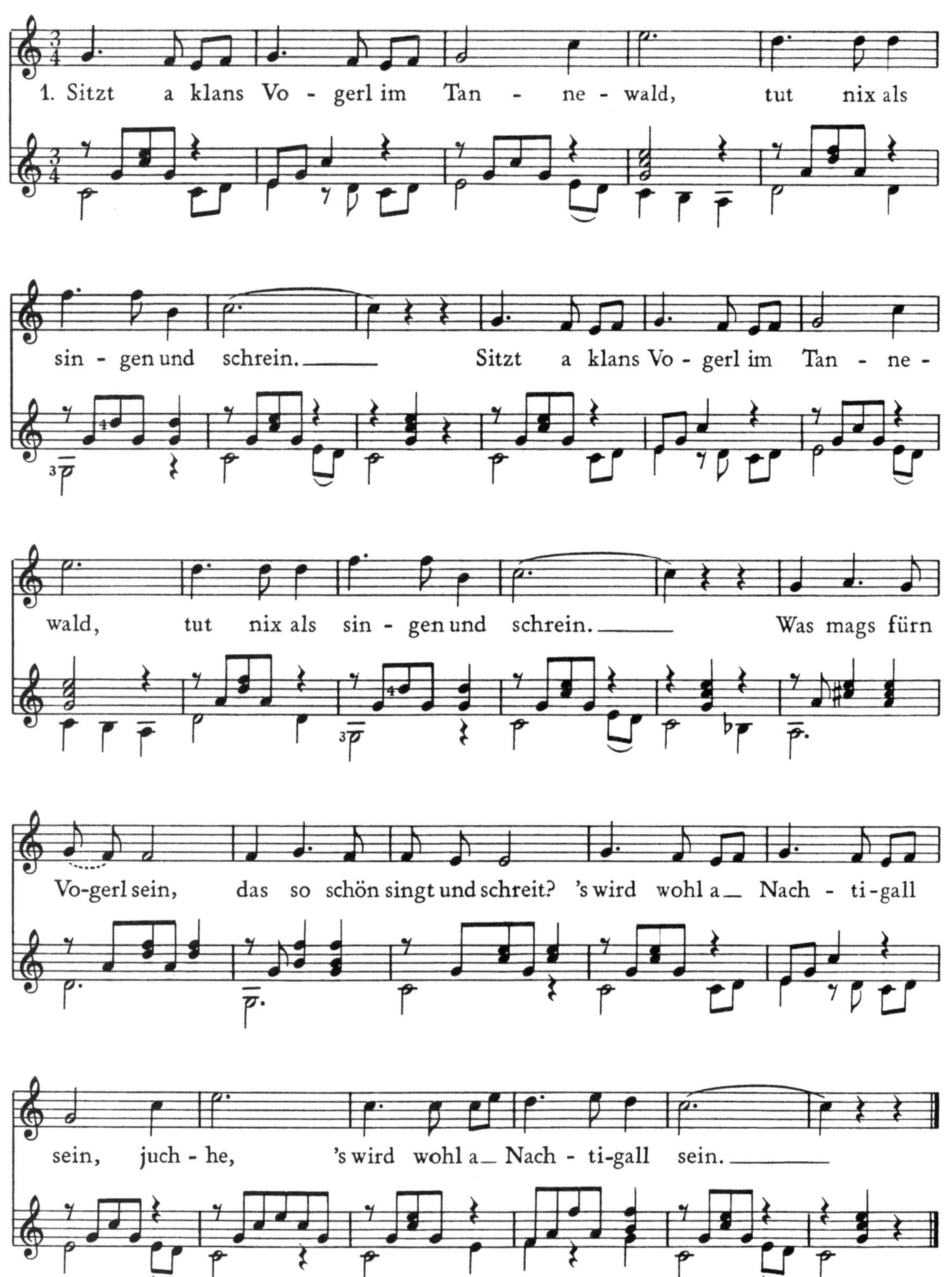

2. |: „Hörst du de Vogerl? Es pfeift so schön, tut nix als singen und schrein." :| „'s isch ja koi Nachtigall, schlägt in koim Tannewald, sitzt uf 'ner Haselnußstaud, juchhe, sitzt uf 'ner Haselnußstaud."

3. |: „Mädle, was sage denn deine Leut, daß di de Liebe so freut?“ :| „Mei Leut sagen allezeit, ’s Liebe geht weit und breit! ’s Liebe sei allweil im Schwang, juchhe! ’s Liebe sei allweil im Schwang.“

4. |:„Mädle, was kriegscht für e Heiratsgut, daß de des Köpfle so trägscht?“ :| |: „La, la la la la la, :| Nadel und Faden und Fingerhut und ’ne verroschtete Scher!“

Worte und Weise: badisches Volkslied, eine von der Wandervogelbewegung umgesungene Version der von Elisabeth Marriage aufgezeichneten Handschuhheimer Fassung (1902).

Stehn zwei Stern am hohen Himmel

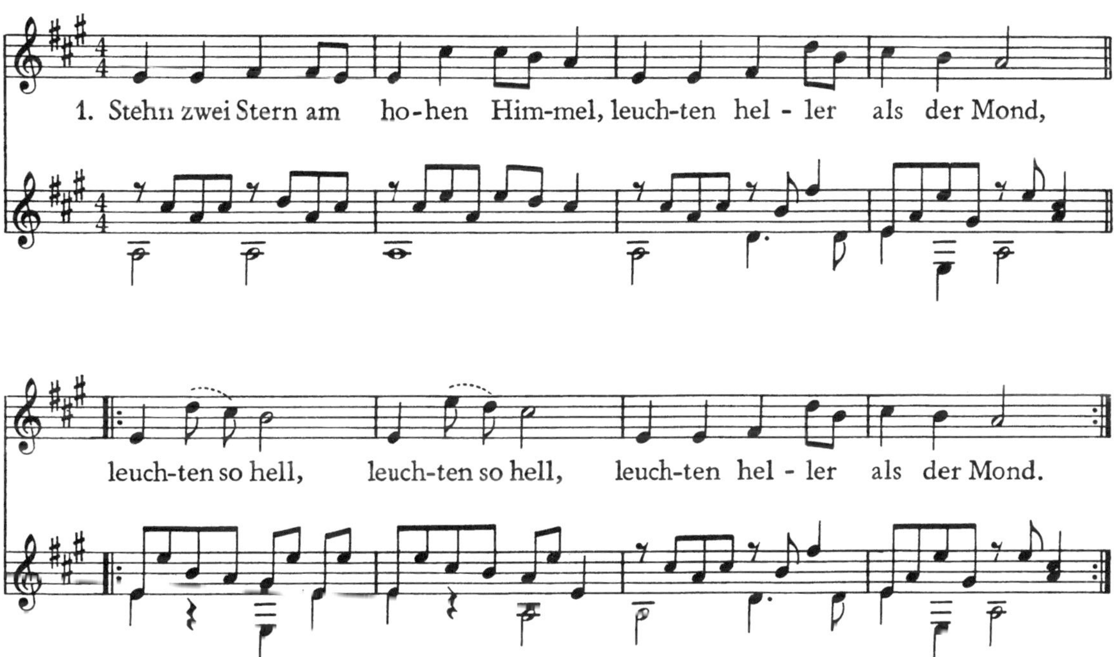

2. Ach, was wird mein Schätzle denken, weil ich bin so weit von ihr, |: weil ich bin, :| weil ich bin so weit von ihr.

3. Gerne wollt’ ich zu ihr gehen, wenn der Weg so weit nicht wär, |: wenn der Weg, :| wenn der Weg so weit nicht wär.

4. Gold und Silber, Edelsteine, schönster Schatz, gelt, du bist mein, ich bin dein, du bist mein, ach, was kann denn schöner sein.

Worte und Weise: Volkslied aus dem Westerwald; in der vorliegenden Form zuerst in Franz Magnus Böhme, *Alte Lieder aus dem Volksmund,* Mainz 1885, veröffentlicht

Verstohlen geht der Mond auf

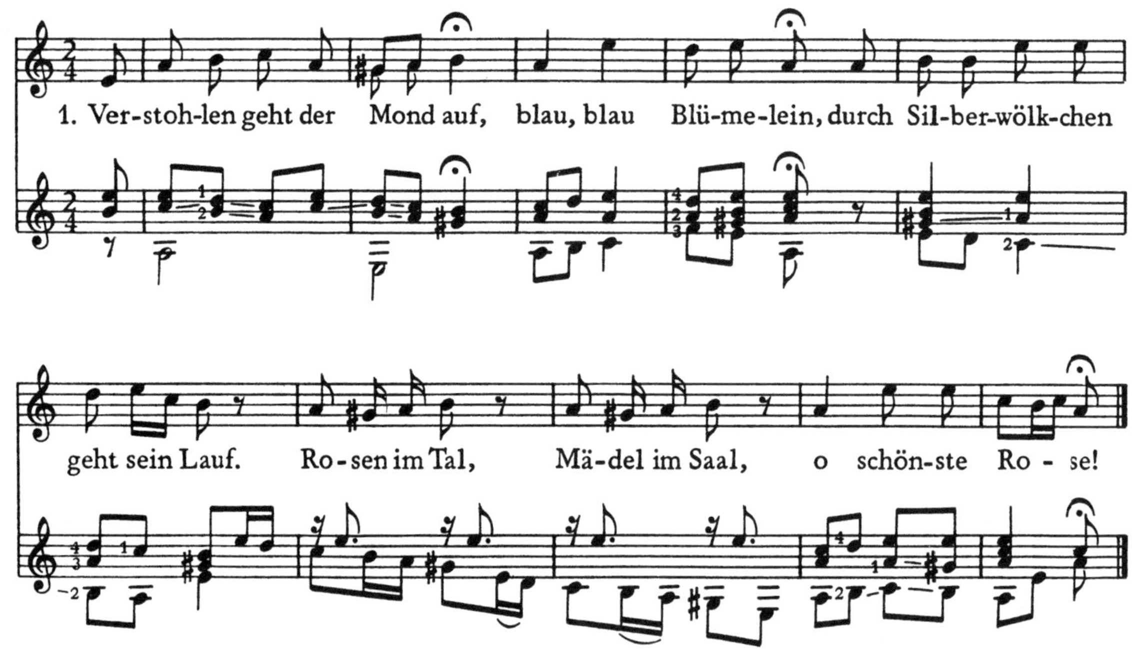

2. Er steigt die blaue Luft hindurch, blau, blau Blümelein, bis daß er schaut auf Löwenburg[1]. Rosen im Tal usw.

3. O schaue, Mond, durchs Fensterlein, blau, blau Blümelein, schön Trude, lock mit deinem Schein! usw.

4. Und siehst du mich und siehst du sie, blau, blau Blümelein, zwei treure Herzen sahst du nie. usw.

[1] Ruine auf dem Löwenberg im Siebengebirge

Worte und Weise: bergisches Volkslied, aufgezeichnet und veröffentlicht von Anton Wilhelm Florentin von Zuccalmaglio (1829). Das Lied wurde von jungen Mädchen bei der Flachsbereitung Ende Oktober gesungen.

Wach auf, meins Herzens Schöne

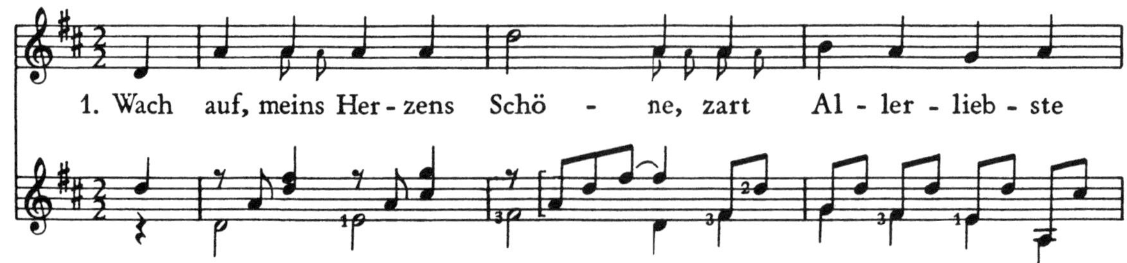

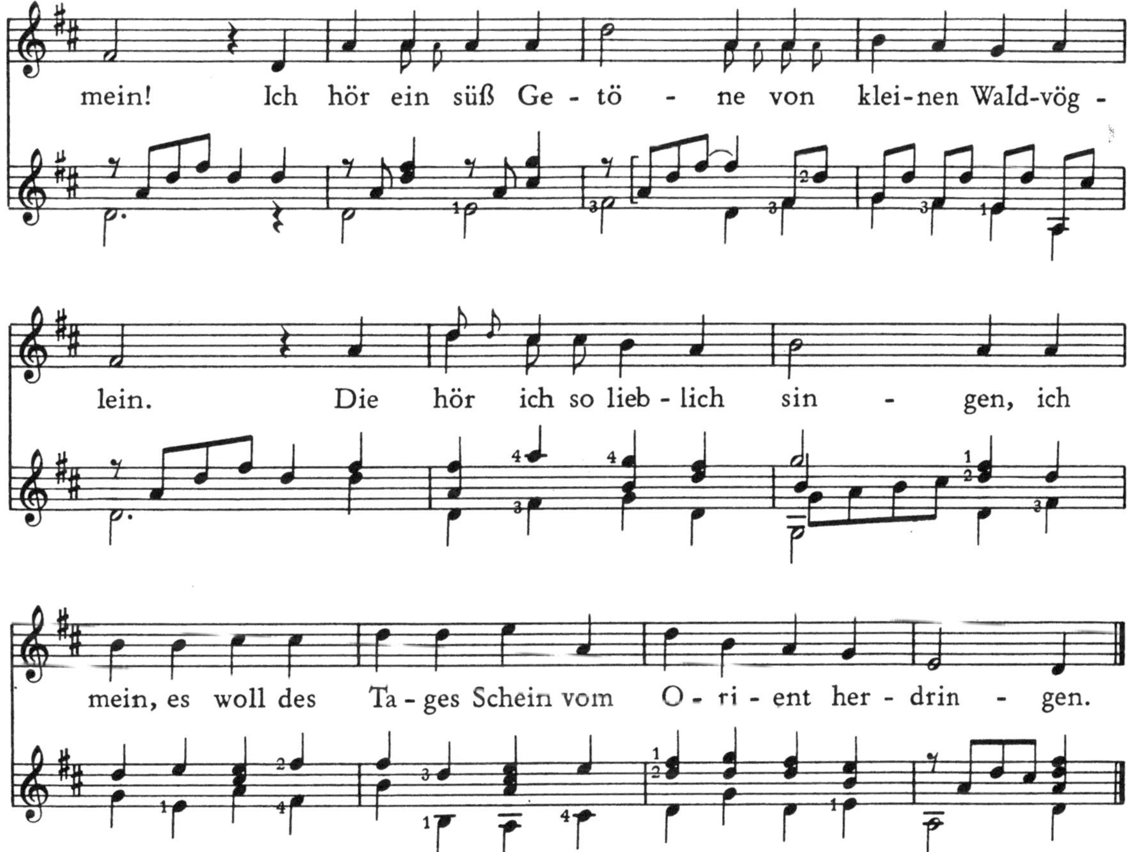

2. Ich hör die Hahnen krähen, ich spür den Tag dabei, die kühlen Windlein wehen, die Sterne leuchten frei. Singt uns Frau Nachtigalle, singt uns ein süße Melodei; sie meld't den Tag mit Schalle.

3. Der Himmel tut sich färben aus weißer Farb in blau, die Wolken tun sich färben aus schwarzer Farb in grau. Die Morgenröt tut herschleichen: Wach auf, mein Lieb, und mach mich frei! Die Nacht will mir entweichen.

4. Ich sollt dir ein Boten senden, der mir ein Botschaft würb, ich forcht, er tut sich wenden, daß unser Lieb verdürb. Schick dich zu mir alleine, feins Lieb, feins Lieb, bis[1] unverzagt! In Treuen ich dich meine.

5. So darf ich niemands vertrauen, Herzlieb in diesem Fall; die Klaffer machen uns ein Grauen, der ist so große Zahl. Wenn unser Lieb sich soll meiden, der Klaffer find't man überall, noch will ich mich nicht scheiden.

6. Du hast mein Herz umfangen mit aller inbrünstigen Gier; ich bin so oft gegangen, feins Lieb, nach deiner Zier. Ob ich dich möcht ersehen, so wird erfreut das Herz in mir, die Wahrheit tu ich jehen[2].

[1] sei
[2] jehen (mhd.): bekennen

Worte: Taglied aus dem 16. Jh. (überliefert sind insgesamt 9 Strophen) · Weise: Johann Friedrich Reichardt (1778)

Wahre Freundschaft

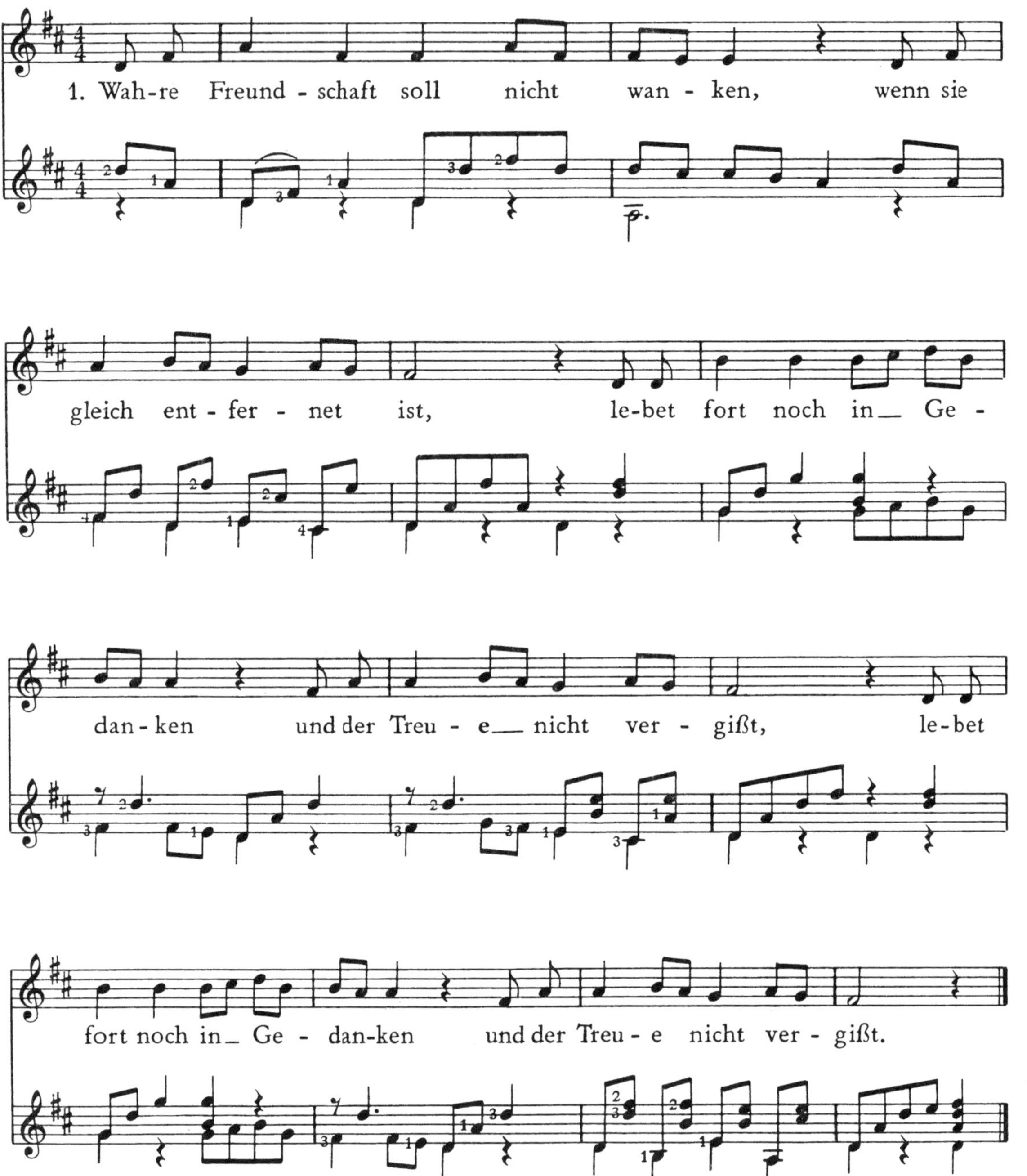

2. Keine Ader soll mehr schlagen, wo ich nicht an dich gedacht. |: Ich will Sorge für dich tragen bis zur späten Mitternacht. :|

3. Wenn der Mühlstein trägt die Reben und daraus fließt kühler Wein, |: wenn der Tod mir nimmt das Leben, hör ich auf, getreu zu sein. :|

Worte und Weise: Volkslied aus Franken, in mehreren textlichen und melodischen Varianten seit Mitte des 18. Jh. bekannt

Weiß mir ein Blümlein blaue

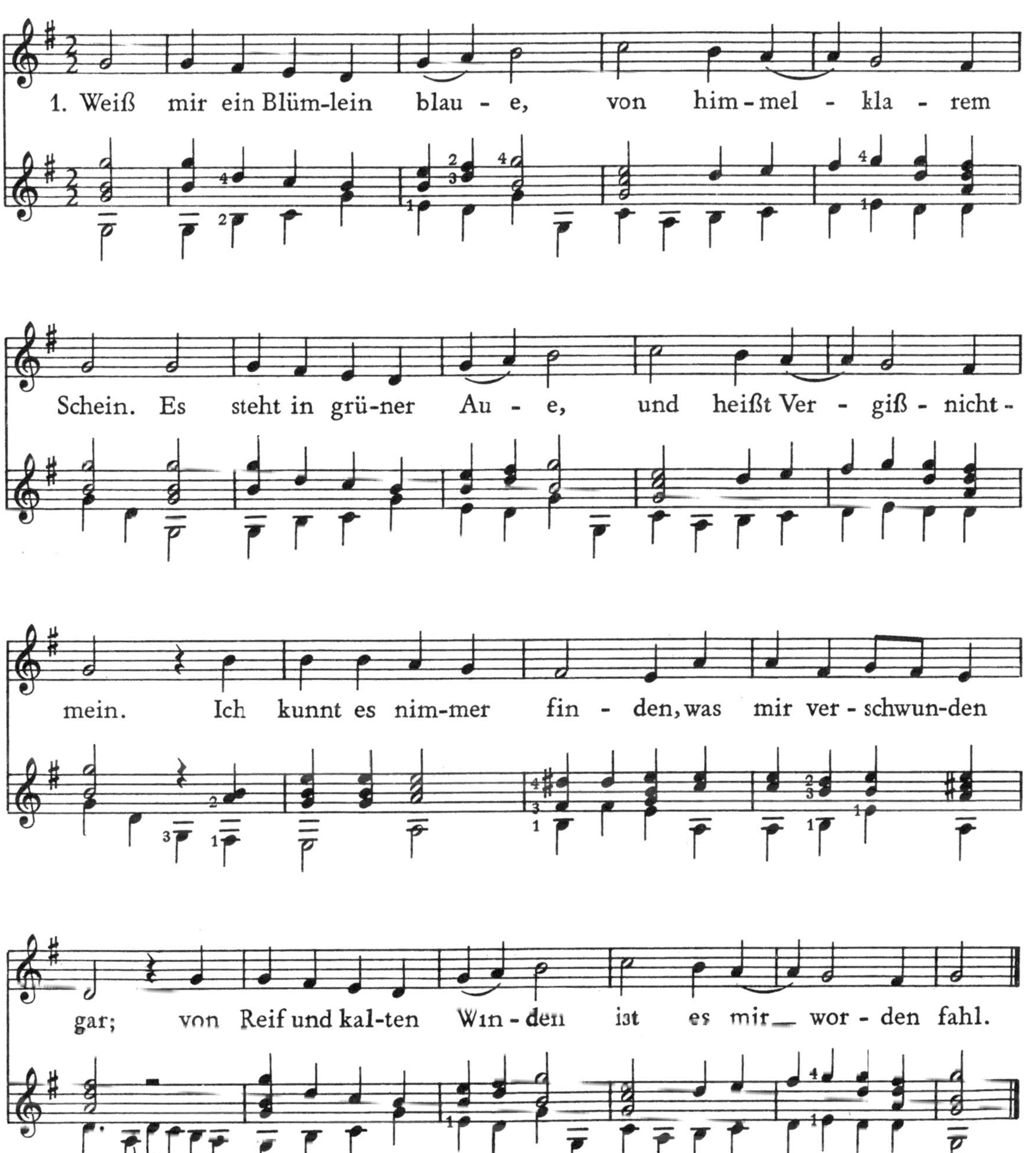

2. Das Blümlein, das ich meine, ist braun, steht auf dem Ried. Von Art ist es so kleine, es heißt: Nun hab mich lieb! Das ist mir abgemähet wohl in dem Herzen mein, mein Lieb hat mich verschmähet. Wie mag ich fröhlich sein?

3. Mein Herz, das liegt in Kummer, daß mein vergessen ist, so hoff ich auf den Sommer und auf des Maien Frist. Der Reif, der ist vergangen, dazu der kalte Schnee, mein Lieb hat mich umfangen, nun, Winter, heißt's: Ade!

Worte: nach einem fliegenden Blatt bei Uhland, *Volkslieder,* Nr. 54 (1570) · Weise: aus Winneberg, *Christliche Reuterlieder,* Straßburg 1582

Wenn alle Brünnlein fließen

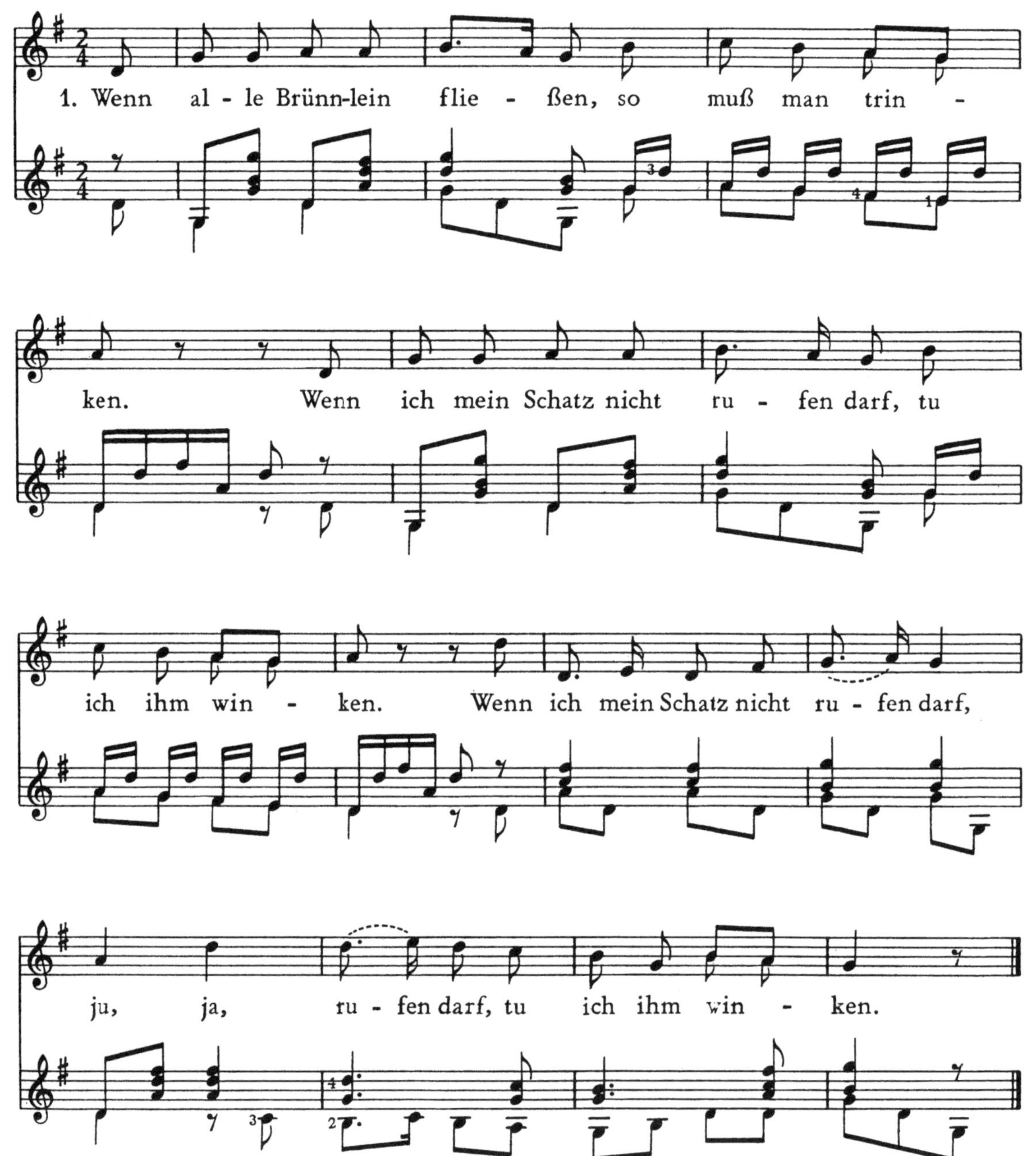

2. Ja, winken mit den Äugelein und treten auf den Fuß, |: 's ist eine in der Stuben drin, (ju, ja . . .,) die meine werden muß. :|

3. Warum soll sie's nicht werden, ich hab sie ja so gern. |: Sie hat zwei blaue Äugelein, (ju, ja . . .,) die leuchten wie zwei Stern. :|

4. Sie hat zwei rote Wängelein, sind röter als der Wein. |: Ein solches Mädel find't man nicht (ju, ja . . .) wohl unterm Sonnenschein. :|

Worte und Weise: schwäbisches Volkslied nach Friedrich Silcher (vor 1840)

Wildvögelein

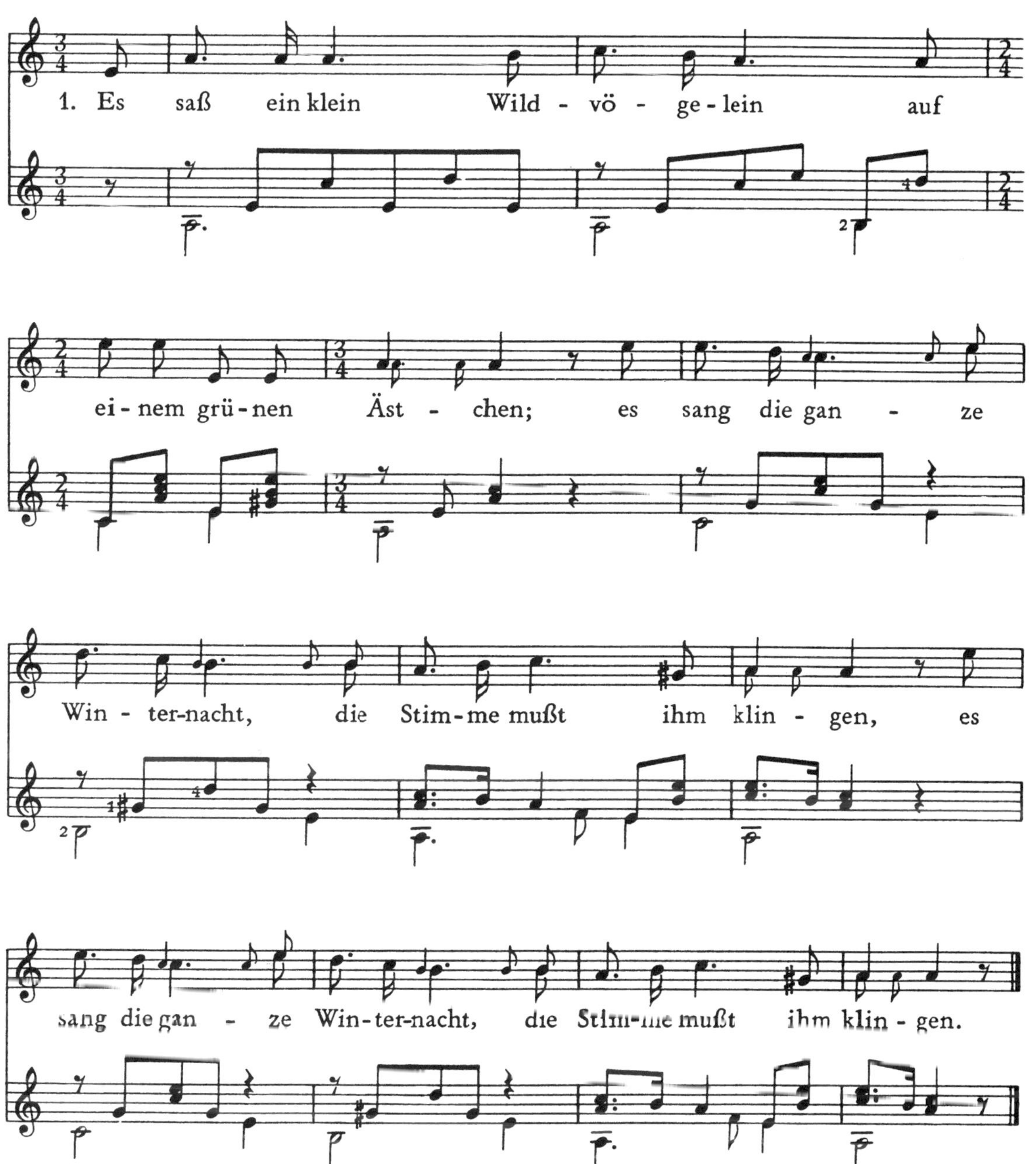

2. „Sing du mir mehr, sing du mir mehr, du kleines, wildes Vögelein! |: Ich will dir schreiben auf deine Flügel mit gelbem Gold und grüner Seid.“ :|

3. „Behalt dein Gold, behalt dein Seid, ich will dir nimmer singen. |: Ich bin ein klein Wildvögelein, und niemand kann mich zwingen.“ :|

4. „Geh nur herauf aus tiefem Tal, der Reif wird dich auch drücken.“ |: „Drückt mich der Reif, der Reif so kalt, Frau Sonne wird mich erquicken.“ :|

Worte und Weise: Volkslied aus Siebenbürgen. Deutsche Nachdichtung: Franz M. Böhme

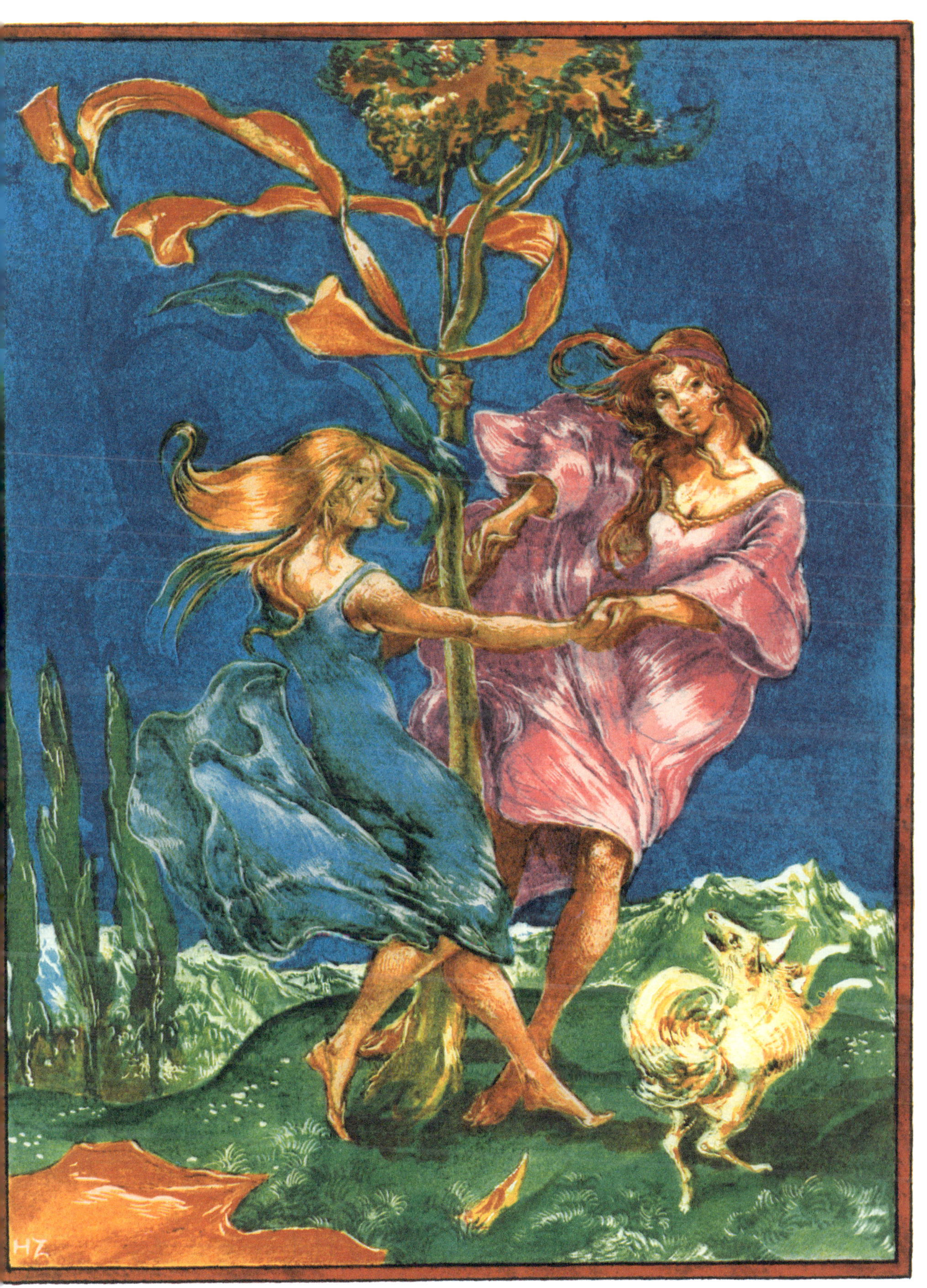

Tanzen und springen

Bald gras ich am Neckar

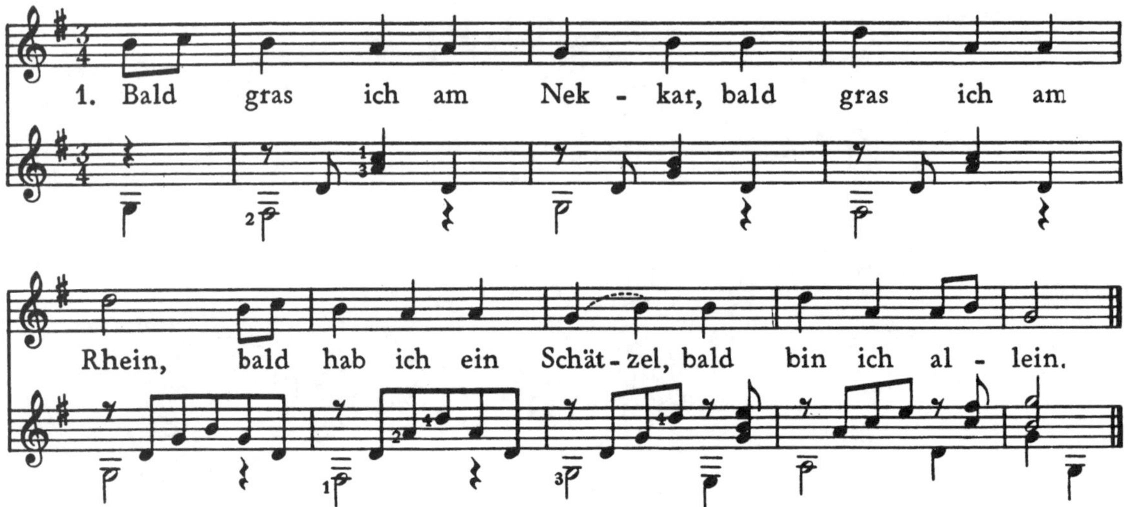

2. Was hilft mir mein Grasen, wann d' Sichel nit schneidt? Was hilft mir mein Schätzel, wenn's bei mir nit bleibt?

3. Und soll ich dann grasen am Neckar, am Rhein, so werf ich mein schönes Goldringlein hinein.

4. Es fließet im Neckar, es fließet im Rhein, soll schwimmen hinunter ins tiefe Meer 'nein.

5. Und schwimmt es, das Ringlein, so frißt es ein Fisch, das Fischlein soll kommen aufs Königs sein Tisch.

6. Der König tät fragen, wem's Ringlein soll sein, da tät mein Schatz sagen: „Das Ringlein g'hört mein!"

7. Mein Schätzlein tät springen bergauf und bergein, tät wieder mir bringen das Goldringlein fein.

8. „Kannst grasen am Neckar, kannst grasen am Rhein, wirf du mir nur immer dein Ringlein hinein!"

Worte: aus *Des Knaben Wunderhorn* (1808); das Lied entstand aus den alten Tanzreimen der Strophen 1 und 2. Die ursprüngliche Textversion lautete: *Bald gras ich am Acker, bald gras ich am Rain*". · Weise: allbekannte Schnaderhüpferlmelodie, vor 1830

Beim Kronenwirt

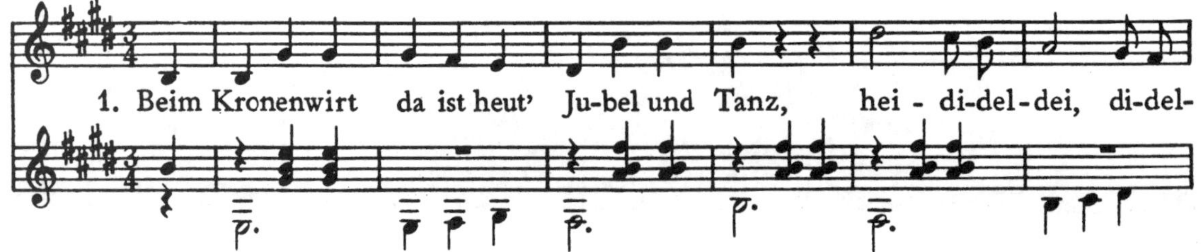

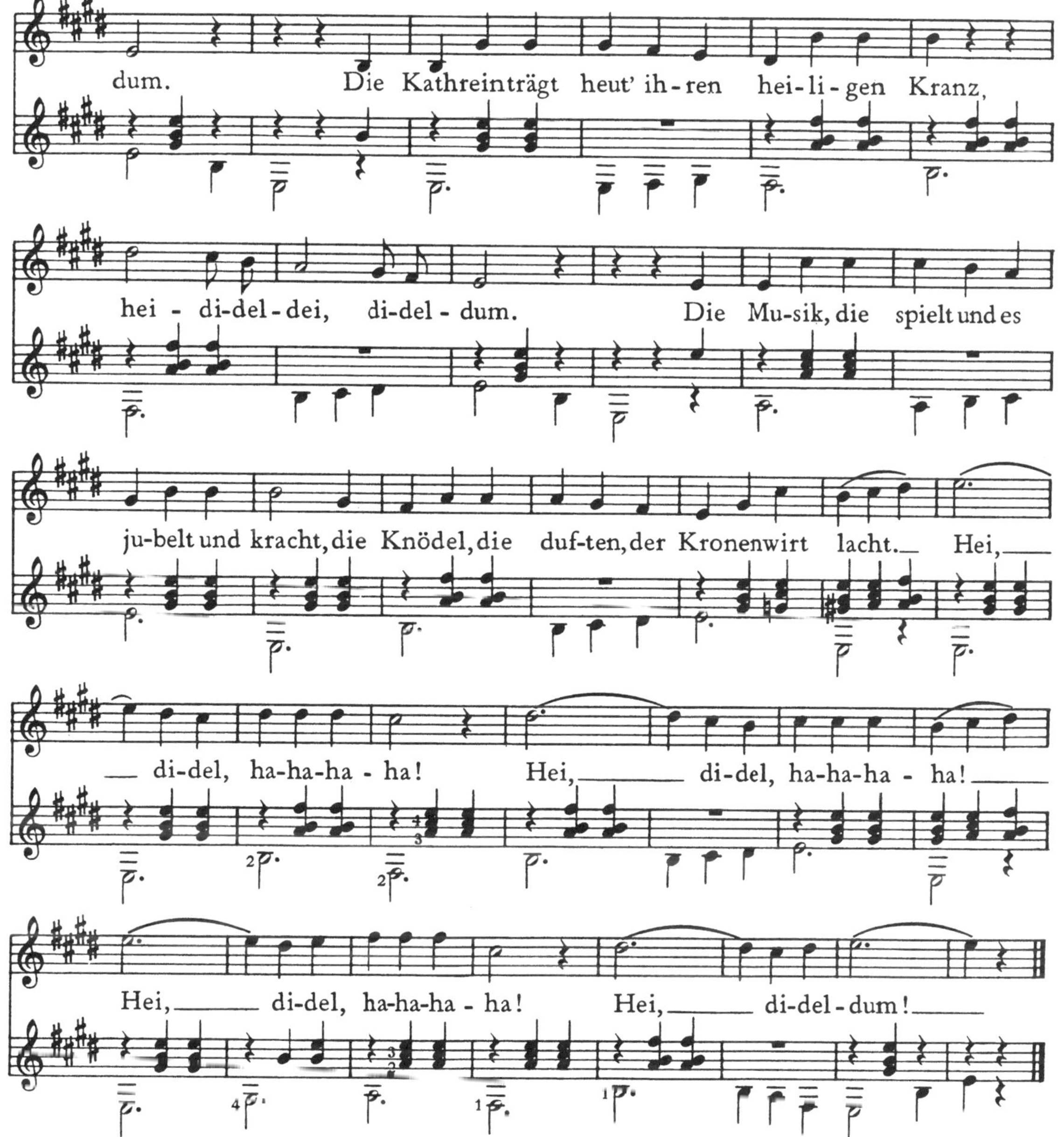

2. Der Krischan, der hat bei dem Pfarrer sein Platz, hei ... und rot wie der Mohn glüht die Kathrein, sein Schatz, hei ... Er sieht nach der Uhr, und es ist erst halb vier, und bis sieben Uhr bleiben die Brautleute hier. Hei usw.

3. Der Lehrer, der hält heut' ne feurige Red, ... weil er weiß, daß es ohn' sein Redn gar net geht. ... Und weil er beim Meßtun und Läuten dabei, so schafft er für zwei, aber frißt auch für drei. usw.

4. Auf einmal wird's still und der Hans bläst 'nen Tusch, ... das Brautpaar ist plötzlich verschwunden, husch husch. ... Die Mädel, die blicken verlegen und stumm, die Burschen, die schwenken sie jauchzend herum. usw.

5. Die Nacht ist so still, und der Mond scheint so klar, ... noch einmal jetzt schreiten zum Tanze die Paar. ... Vom Tanze erdröhnet das uralte Haus, beim Kronenwirt geht nun das Lämpeli aus. usw.

Worte: Heinrich Binder (1909) · Weise: nach einem badischen Tanzlied

Der Butzemann

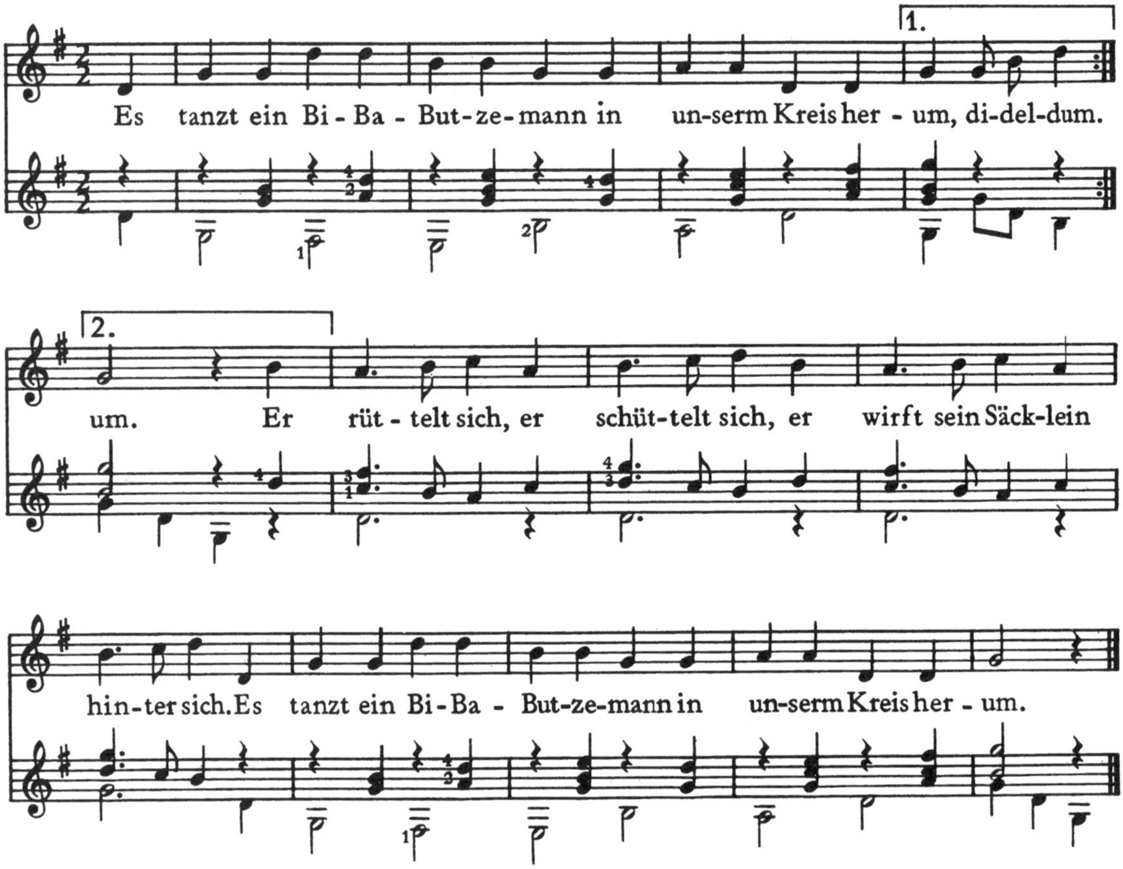

1.

Es tanzt ein Bi - Ba - But-ze-mann in un-serm Kreis her - um, di-del-dum.

2.

um. Er rüt - telt sich, er schüt-telt sich, er wirft sein Säck-lein

hin-ter sich. Es tanzt ein Bi - Ba - But-ze-mann in un-serm Kreis her - um.

Worte: frei nach der in *Des Knaben Wunderhorn* III veröffentlichten Version · Weise: umgesungene Fassung der aus Hessen und Thüringen gleichermaßen bekannten Melodie

Spielanleitung: Takt 1–8: Die Kinder gehen, an den Händen gefaßt, im Kreise. Ein Kind, der „Butzemann", tanzt in gebückter Haltung (andeutend, daß es einen Sack auf dem Rücken zu tragen hat) im Innenkreis umher. – Takt 9–16: Die Kinder im Kreis bleiben stehen und wenden sich mit dem Gesicht der Kreismitte zu. Der „Butzemann" führt den Worten entsprechende Bewegungen aus. Bei „hinter sich" bleibt er stehen. Dasjenige Kind des Kreises, dem der „Butzemann" den Rücken zukehrt, ist bei der Wiederholung der Butzemann. Ab Takt 9 klatschen die Kinder des Kreises in die Hände.

Der Butzemann oder Bozemann ist nach altem Aberglauben ein winziger, im Wuchs zurückgebliebener Hausgeist (Kobold), der als vermummter Wicht erscheint und Kinder, die nicht folgsam sind, in einen Sack steckt. Dieser Sinnbezug des Liedes ist verlorengegangen – geblieben ist ein lustiges Tanzlied.

Der Plumpsack

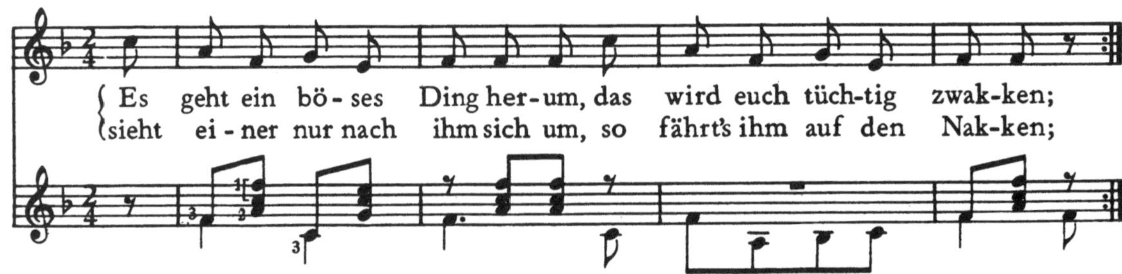

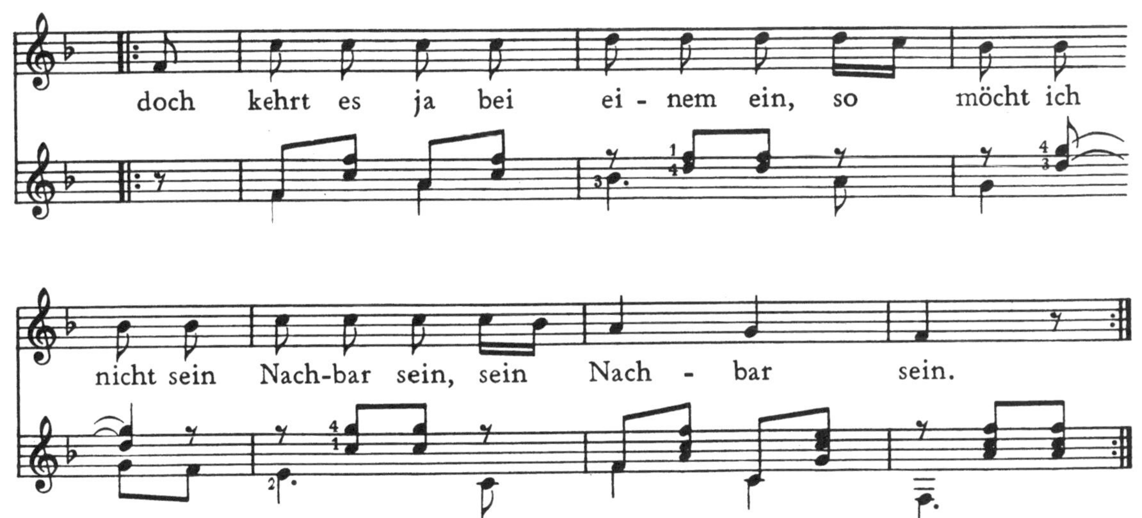

Worte und Weise: Kinderlied (seit 1820 bekannt)

Spielanleitung: Die Kinder bilden einen Kreis (stehend, hockend oder sitzend). Sie halten die Hände (Handflächen nach oben) auf dem Rücken. Ein Kind geht mit dem „bösen Ding" (einem Taschentuch mit einem Knoten) um den Kreis herum und legt es, für die Mitspieler im Kreis möglichst unbemerkt, einem Kind in die Hände. Bei „Plumps" schlägt dieses mit dem geknoteten Taschentuch auf seinen rechten Mitspieler los, der sich durch Flucht um den Kreis herum zu retten sucht. An seinem Platz angelangt, darf dieses Kind den Plumpsack übernehmen, und das Spiel beginnt von vorn.

Der Sandmann ist da

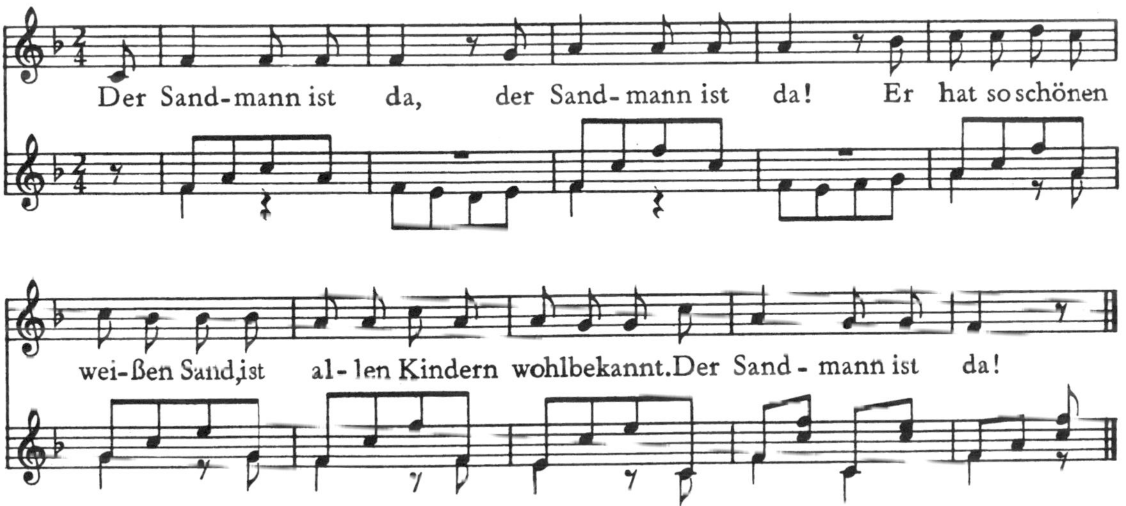

Worte und Weise: Volkslied, in verschiedenen mundartlichen Varianten bekannt

Der Sandmann zog ursprünglich als Händler von Dorf zu Dorf und verkaufte weißen Scheuersand.

Spielanleitung: Die Kinder stellen sich, eine Gasse bildend, gegenüber auf. Sie singen und klatschen in die Hände. Das jeweils letzte Pärchen tanzt im Galoppschritt durch die „Gasse" und stellt sich vorne wieder auf, während das nächste Pärchen schon unterwegs ist. Das Spiel kann beliebig lange wiederholt werden.

Der Spielmann

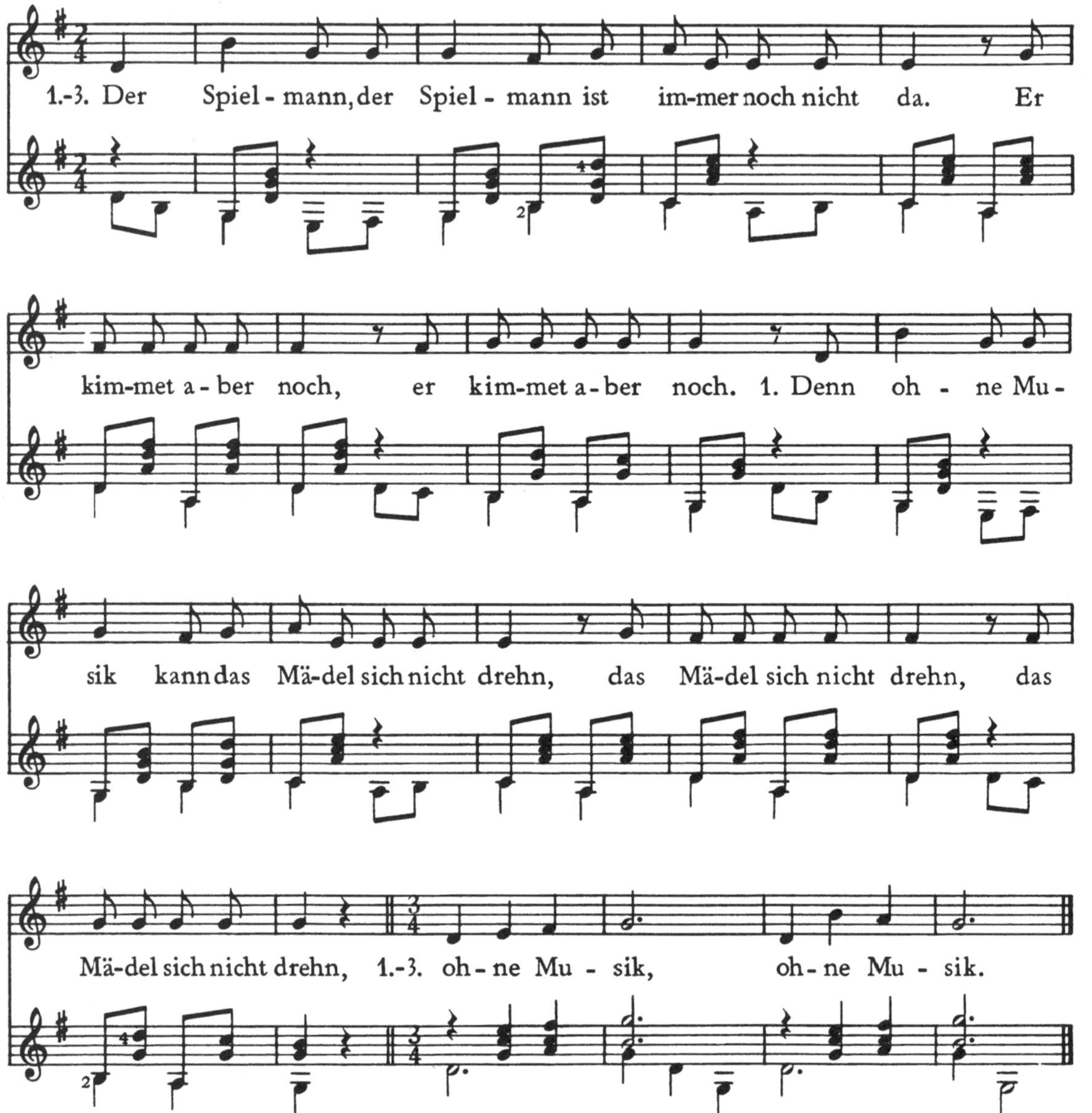

2. ... Denn ohne Musik kann der Junge sich nicht drehn ...

3. ... Denn nur mit Musik kann im Tanze man sich drehn ...

Worte und Weise: Volkslied

Spielanleitung: 1. Strophe: Takt 1–4: Die Kinder bilden, sich paarweise gegenüberstehend, einen Kreis. Sie fassen sich an den Händen und stellen wechselweise, jeweils mit den Fußspitzen den Boden berührend, das rechte bzw. linke Bein vor und zurück. – Takt 5–8: Die Paare klopfen sich gegenseitig im Takt auf die Schultern (rechte Hand linke Schulter, linke Hand rechte Schulter). – Takt 9–20: Die Mädchen drehen sich am Ort, die Jungen klatschen in die Hände. 2. Strophe: Takt 1–8: wie 1. Strophe. – Takt 9–20: Die Jungen drehen sich am Ort, die Mädchen klatschen in die Hände. 3. Strophe: Takt 1–8: wie 1. Strophe. – Takt 9–20: Die Paare fassen sich an den Schultern und tanzen gemeinsam im Kreis.

Es geht eine Zipfelmütz

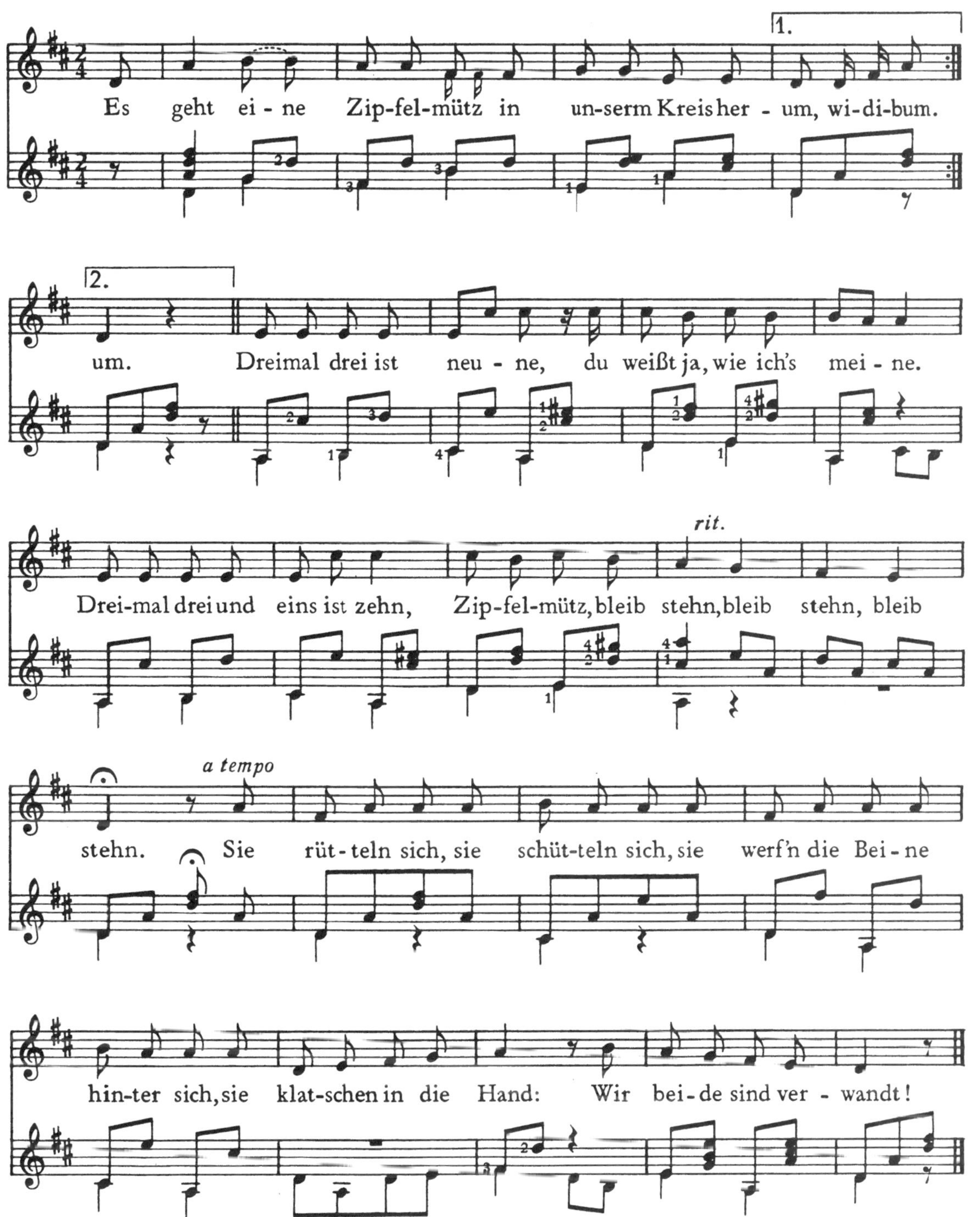

Worte und Weise: Kinderlied aus Pommern

Spielanleitung: Die Kinder gehen im Kreis. Ein Kind („Zipfelmütz") befindet sich im Innenkreis und geht, die Hände über dem Kopf als Zipfelmütze aneinandergelegt, in der entgegengesetzten Richtung. Bei „bleib stehn" halten alle an. Die Kinder des Kreises wenden sich mit dem Gesicht zur Kreismitte. Dasjenige Kind, das der „Zipfelmütz" gegenübersteht, führt nun gemeinsam mit diesem die dem Text entsprechenden Bewegungen aus. Beim vorletzten Takt haken sie sich unter und hüpfen einmal im Kreis herum. Die anderen Kinder klatschen dazu im Takt. Zum Schluß des Liedes geht das Kind in den Innenkreis zur „Zipfelmütz" und das Lied beginnt von vorn: „Es gehn zwei Zipfelmützen . . ." usw.

Es geht nichts über die Gemütlichkeit

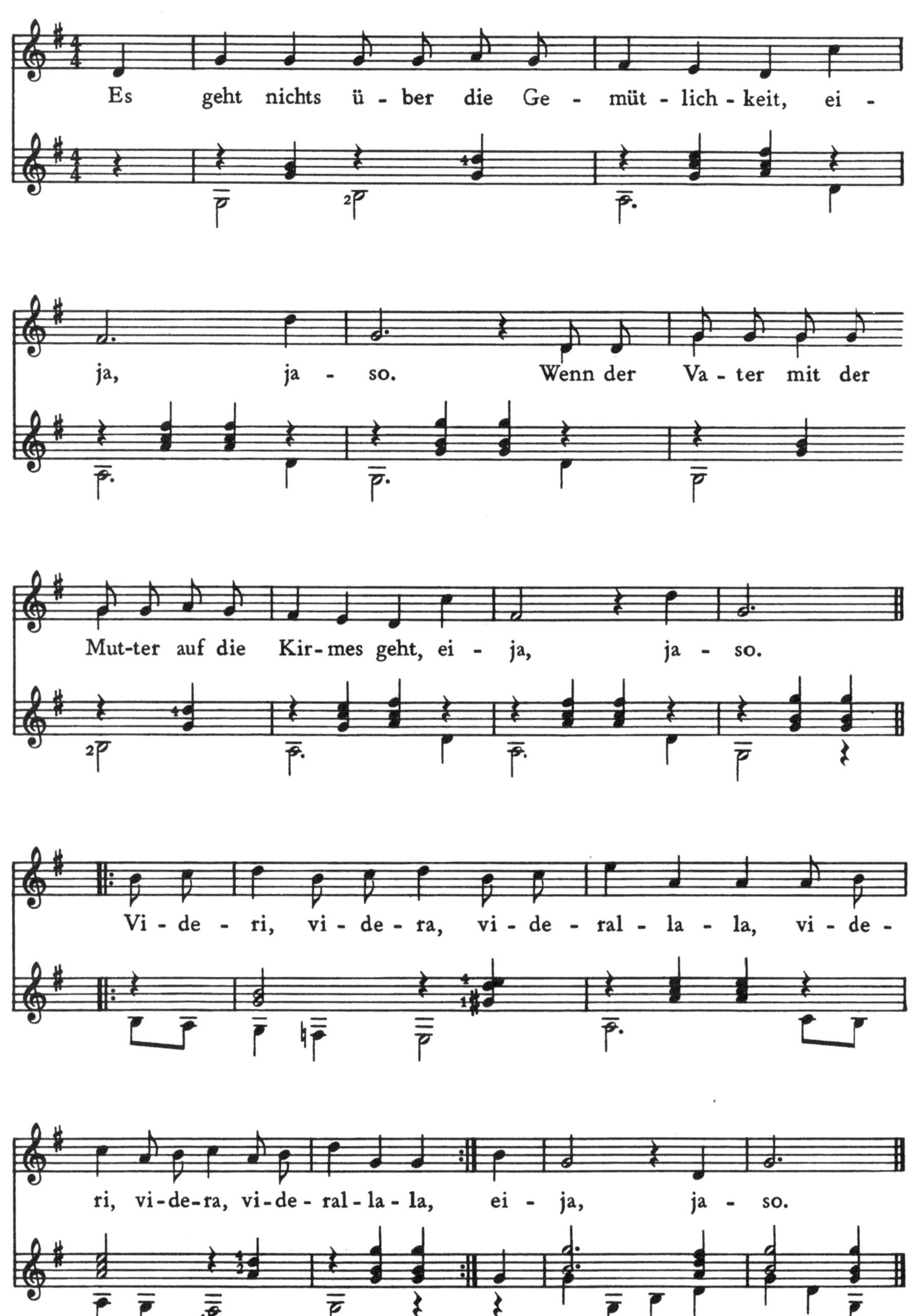

2. Es geht nichts über die Gemütlichkeit, ei ja, ja so, hab'n wir kein Geld, so haben's andre Leut, ei ja, ja so. Videri, videra usw.

3. Es geht nichts über die Gemütlichkeit, ei ja, ja so. Zum Trübsal blasen ist es lang noch Zeit, ei ja, ja so. Videri, videra usw.

Worte und Weise: Volkslied vom Niederrhein, Text ursprünglich im Dialekt *(„Et geiht nix üwer die Gemütlichkeit")*

Fiedelhänschen, geig einmal

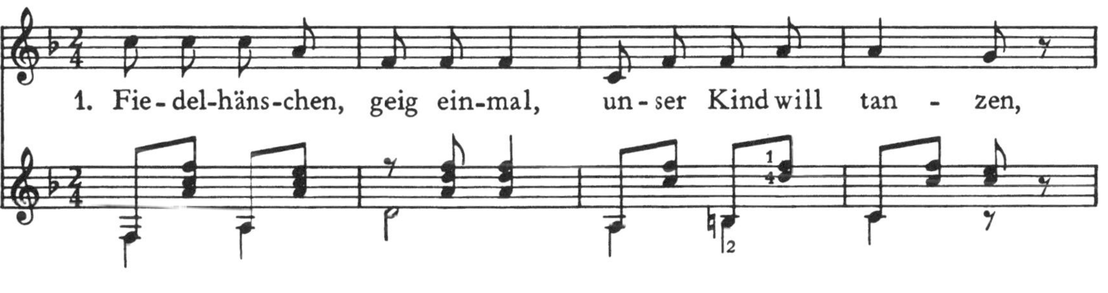

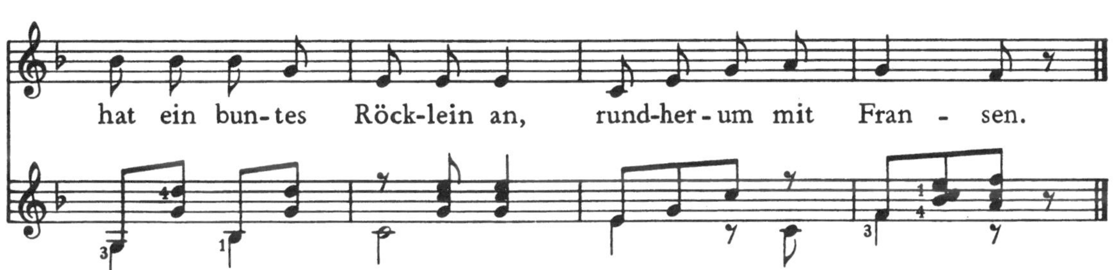

2. Fiedelhänschen, spiel einmal, unser Kind will singen, klingt das Liedchen hell und klar, hüpfen wir und springen.

3. Fiedelhänschen, trommle mal, unser Kind will spielen, hat sich einen Freund erwählt unter diesen vielen.

4. Fiedelhänschen, flöt einmal, unser Kind will fliegen, wie ein Vöglein in die Luft, würd' ihm schon genügen.

5. Fiedelhänschen, pfeif einmal, klingt das nicht gediegen, tausend Strophen wüßt' ich noch, doch dies soll genügen.

Worte und Weise: Kinderlied, in mehreren textlichen und melodischen Varianten bekannt, Strophen 2–5 nach Herbert Oetke

Spielanleitung: Die Kinder fassen sich an den Händen und gehen im Kreise herum. Ein Kind, das „Fiedelhänschen", steht in der Kreismitte und sucht sich bei jeder Strophe ein Kind aus dem Kreis, mit dem es den Worten entsprechende Bewegungen ausführt. Nach Abschluß der 5. Strophe geht „Fiedelhänschen" in den Kreis zurück, und das Spiel beginnt mit dem zuletzt in die Kreismitte geholten neuen „Fiedelhänschen" von vorn.

Goldne, goldne Brücke

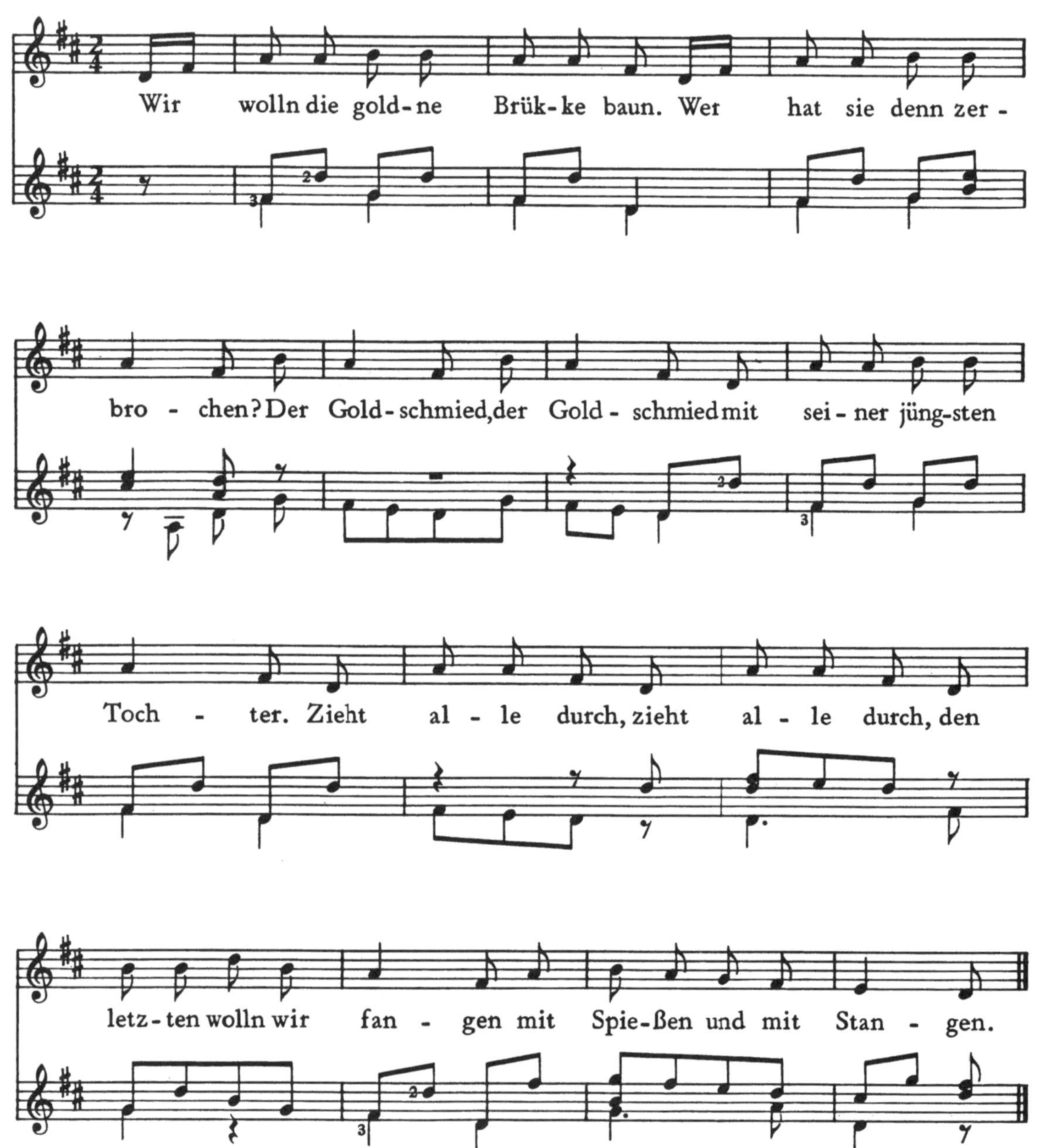

Worte und Weise: altes Reigenspiel aus Sachsen, in verschiedenen textlichen und melodischen Varianten bekannt

Spielanleitung: Zwei sich gegenüberstehende Kinder bilden mit den erhobenen Armen ein „Tor". Die anderen Kinder ziehen, an den Händen gefaßt, in langer Reihe durch das „Tor" hindurch. Bei dem Wort „Stangen" geht das Tor zu (die Arme herunter). Das dabei gefangene Kind wird von den „Tor-Kindern", die sich vorher abstimmen, gefragt, ob es Fisch oder Vogel (Birne oder Apfel usw.) sein möchte. Entsprechend seiner Entscheidung stellt es sich hinter das eine oder das andere „Tor-Kind". Das Spiel wird so lange fortgesetzt, bis alle Kinder gefangen sind und kann mit einem Tauziehen zwischen den beiden „Tor"-Parteien beendet werden.

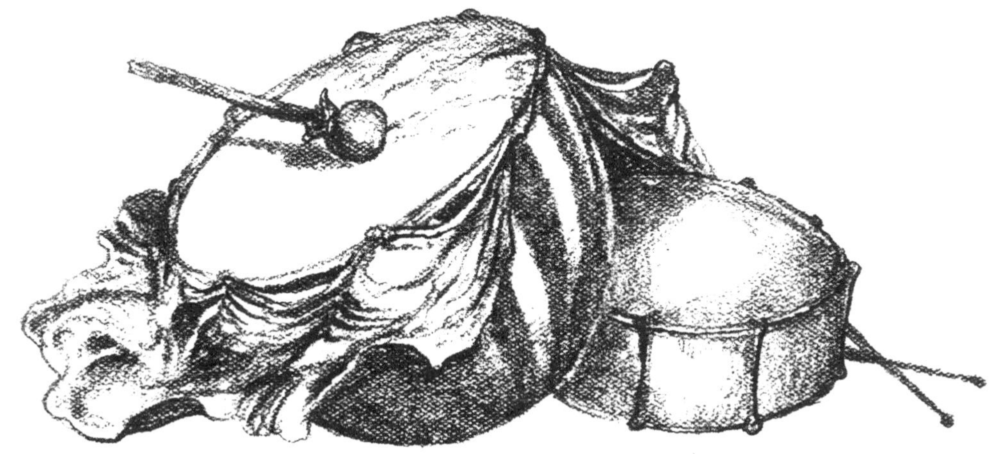

Guten Abend, Herr Spielmann

{Gu-ten A - bend, Herr Spiel-mann, wie geht es euch denn,
{mit der klei-nen Vi - o - li - ne, mit der gro - ßen Schrum - schrum?

Da ras-selt der Kes-sel, da klin-gelt der Topf, da

tan-zen die Mäd - chen ei - nen Ga - lopp. Tra - la - la - la - la - la!

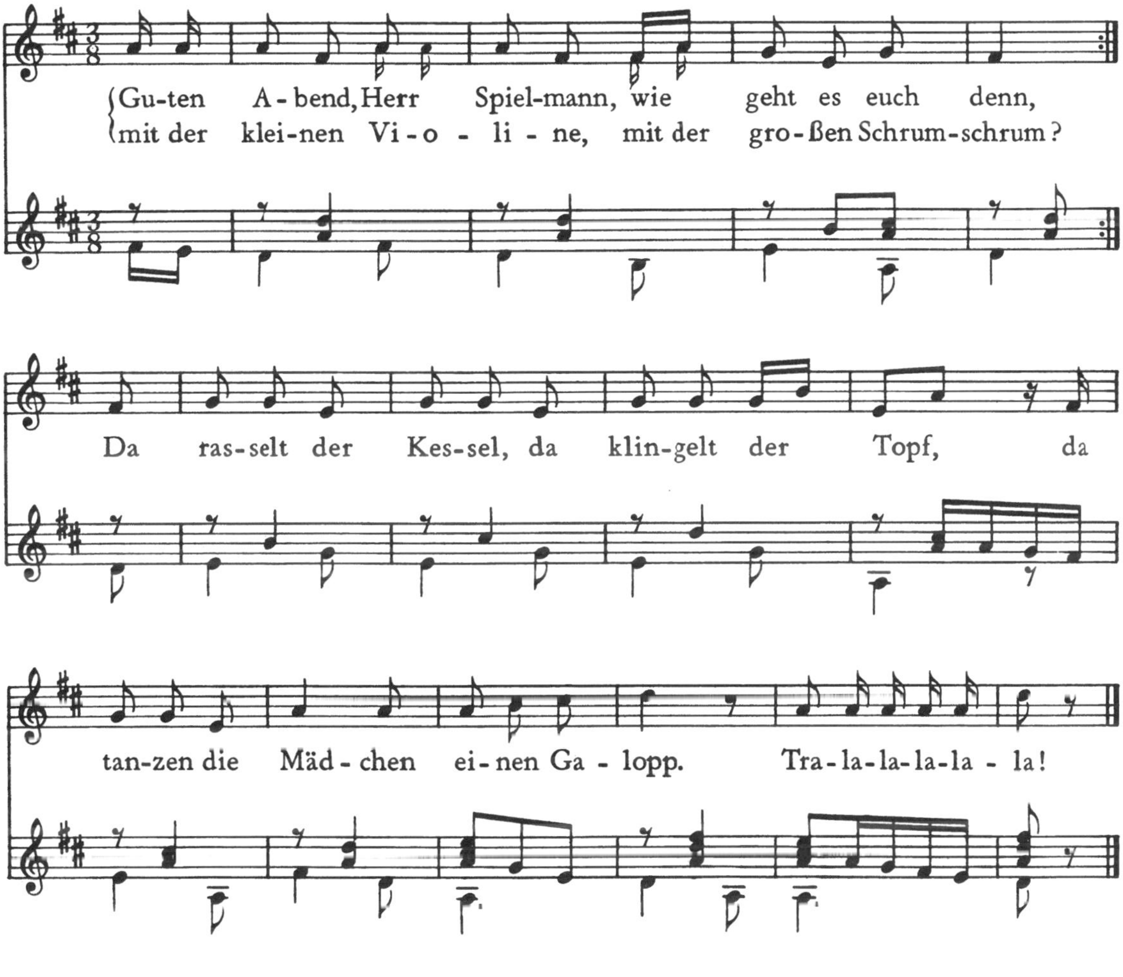

Worte und Weise: Kinderlied bzw. Kinderspiel, seit 1896 als Tanzlied aus Oberdiebach bei Bacharach am Rhein bekannt

Spielanleitung: Die Kinder singen und gehen mit gefaßten Händen im Kreis. Bei dem Wort „Galopp" lassen sie sich los und tanzen paarweise oder einzeln im Galoppschritt.

Häschen in der Grube

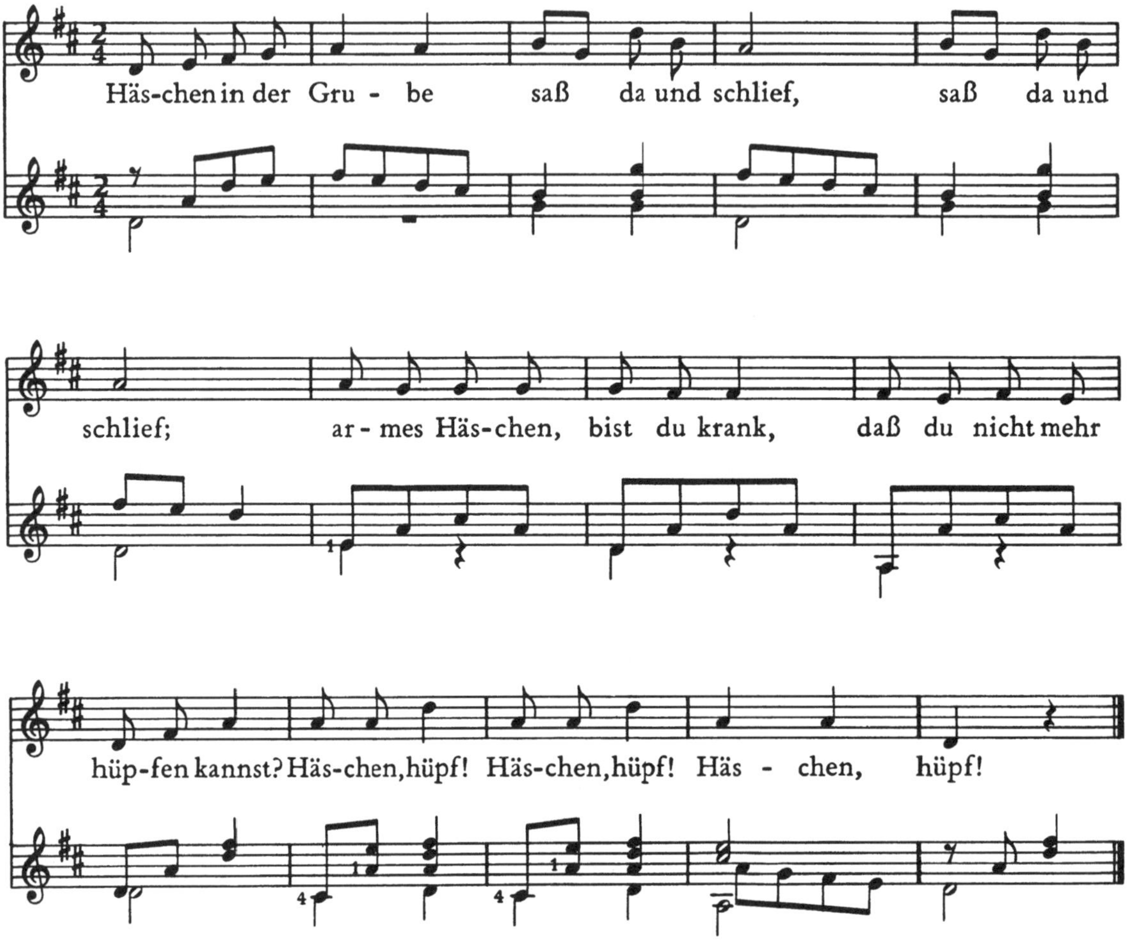

Häs-chen in der Gru - be saß da und schlief, saß da und schlief;
ar - mes Häs-chen, bist du krank, daß du nicht mehr
hüp-fen kannst? Häs-chen, hüpf! Häs-chen, hüpf! Häs - chen, hüpf!

Worte: altes Kinderlied, in der vorliegenden Fassung zuerst bei Friedrich Wilhelm August Fröbel (1782–1852) · Weise: frei nach dem Volkslied *Wer die Gans gestohlen hat*

Spielanleitung: Die Kinder fassen sich an den Händen und gehen im Kreis. Ein Kind hockt als „Häschen" mit vor den Augen gehaltenen Händen in der Kreismitte. Bei den Worten „Häschen, hüpf" bleibt der Kreis stehen. Das „Häschen" hüpft zu einem Kind, das beim nächsten Spiel das „Häschen" sein darf.

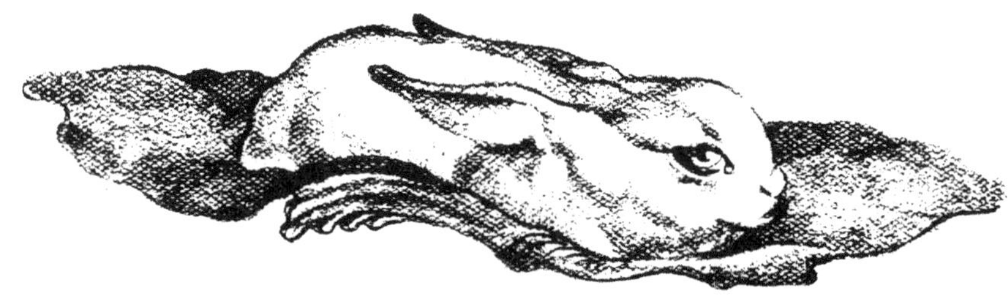

Heißa, Kathreinerle

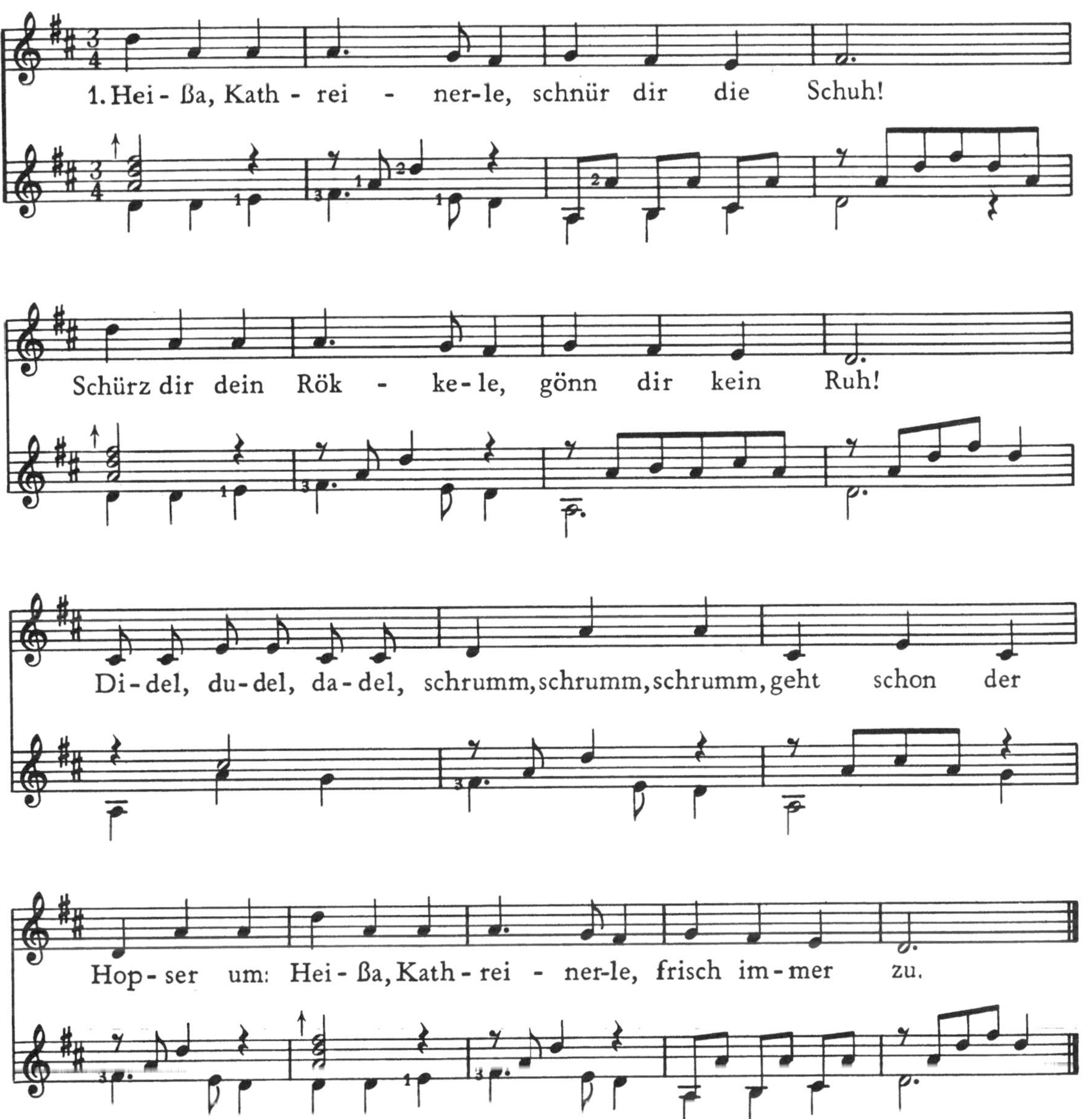

2. Dreh wie ein Rädele flink dich im Tanz! Fliegen die Zöpfele, wirbelt der Kranz. Didel, dudel, dadel, schrumm, schrumm, schrumm, lustig im Kreis herum: Dreh dich, mein Mädel, im festlichen Glanz!

3. Heute heißt's lustig sein, morgen ist's aus! Sinket der Lichterschein, gehn wir nach Haus. Didel, dudel, dadel, schrumm, schrumm, schrumm, morgen mit viel Gebrumm fegt die Frau Wirtin den Tanzboden aus.

Worte: gegenüber der Melodie spätere Zudichtung; Erstveröffentlichung in Clemens Neumanns *Spielmann,* 9. Auflage, Mainz 1928 · Weise: Takte 1–8 alte deutsche Pfeiferweise aus dem Elsaß, veröffentlicht in Jean-Baptiste Weckerlins *Chansons populaires d'Alsace,* Paris 1883, Tom. II, S. 82, unter dem Titel *Le coucou (Gügük im Häfele).* Die Originalmelodie läßt sich bis zum 14. Jh. zurückverfolgen. Sie wurde bis 1730 von der Zunft der Pfeifer auf ihren Jahresversammlungen, den sogenannten Pfeifertagen, gespielt.

Heut soll das große Flachsernten sein

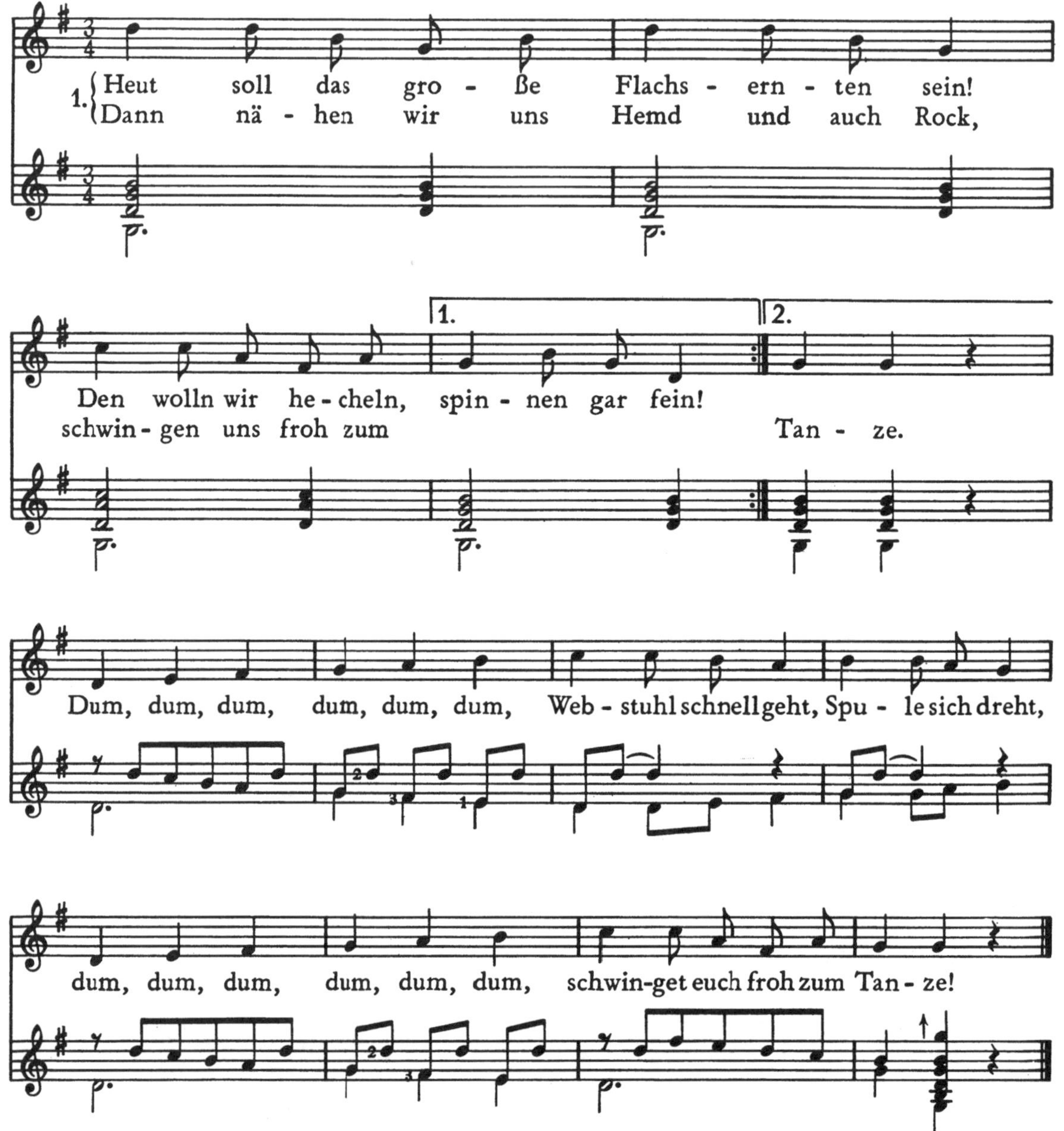

2. Heut soll das große Flachshecheln sein! Den wolln wir spinnen, weben gar fein! Dann nähen wir uns usw.

3. Heut soll das große Flachsspinnen sein! Den wolln wir raufen, hecheln gar fein! Dann nähen wir uns usw.

4. Heut soll das große Leinweben sein, weil wir den Flachs gesponnen so fein! usw.

5. Heut soll für uns ein Freudentag sein, weil uns gelang die Arbeit so fein! usw.

Worte und Weise: Volkslied aus Schweden (19. Jh.), seit 1922 in den deutschsprachigen Gebieten weit verbreitet

Hopsa, Schwabenliesel

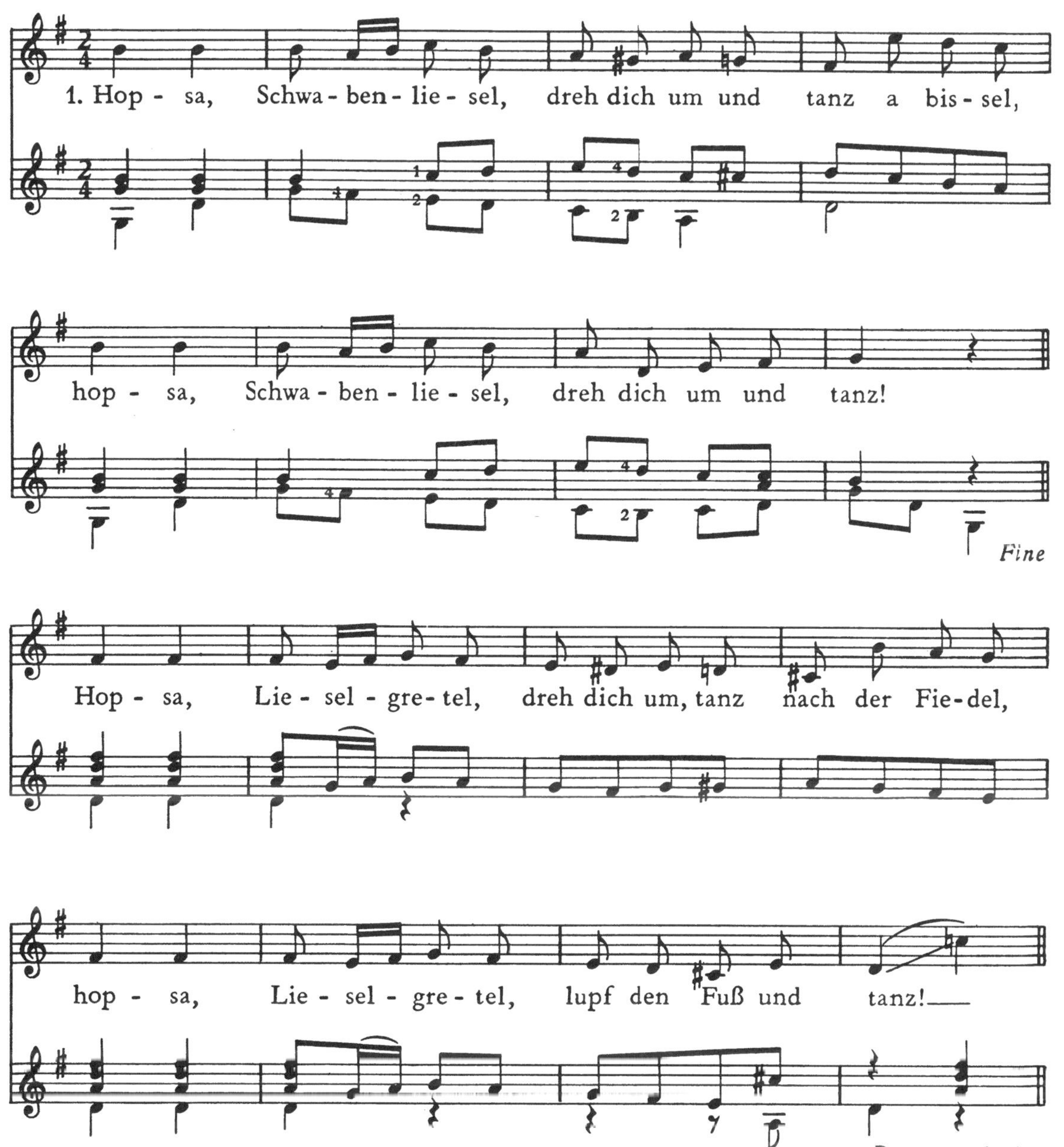

2. Hopsa, hüben, drüben, wo ist denn mein Schatz geblieben, hopsa, hüben, drüben, wo ist denn mein Schatz? Hopsa, Liesel-Gretel, tanz mir nicht mit Nachbars Peter! Hopsa, Liesel-Gretel, komm und tanz mit mir!

3. wie 1.

Worte und Weise: schwäbisches Tanzlied um (1800), Strophe 2 von Max Pohl

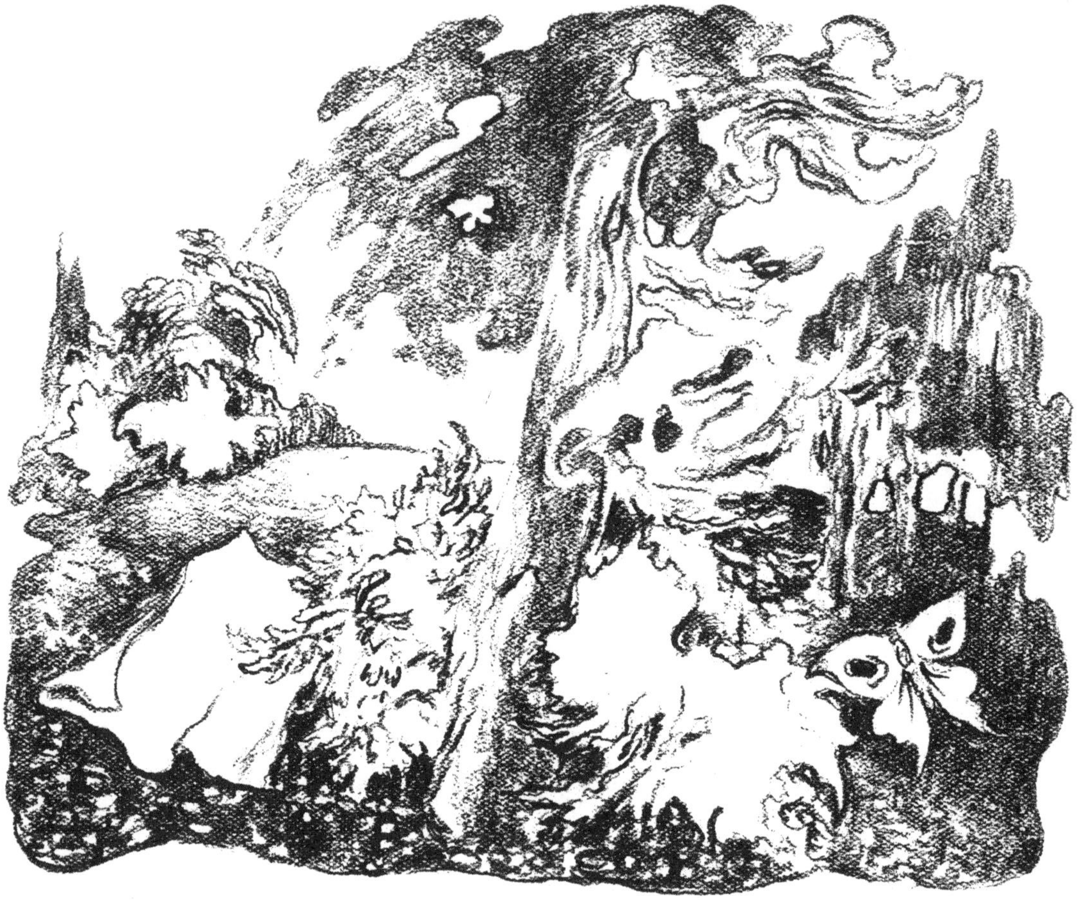

Ich habe eine Flöte

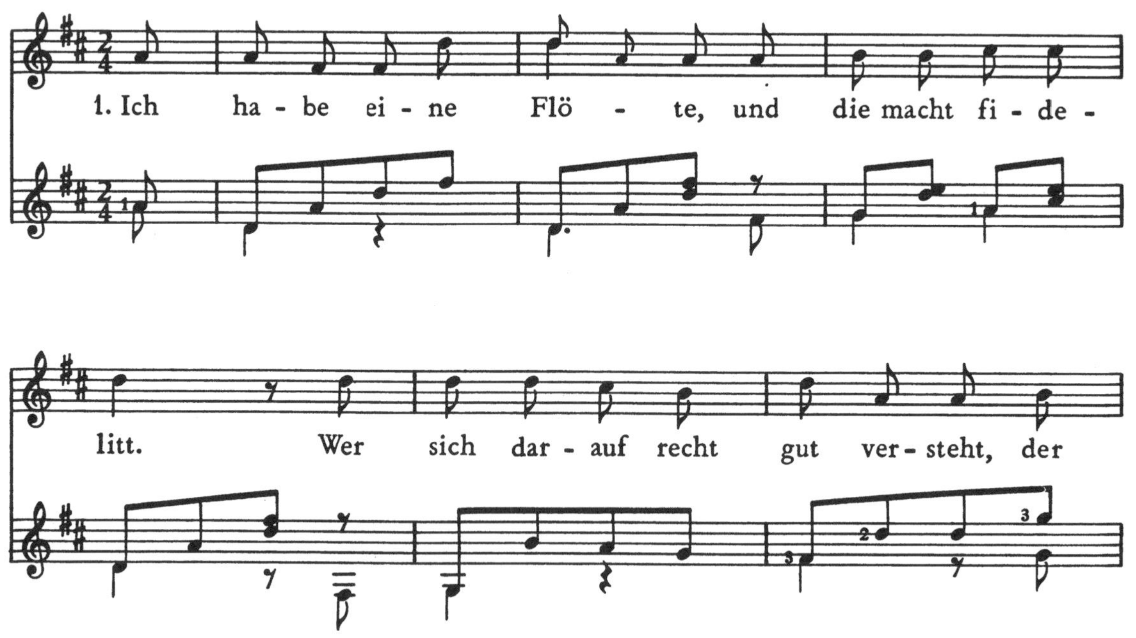

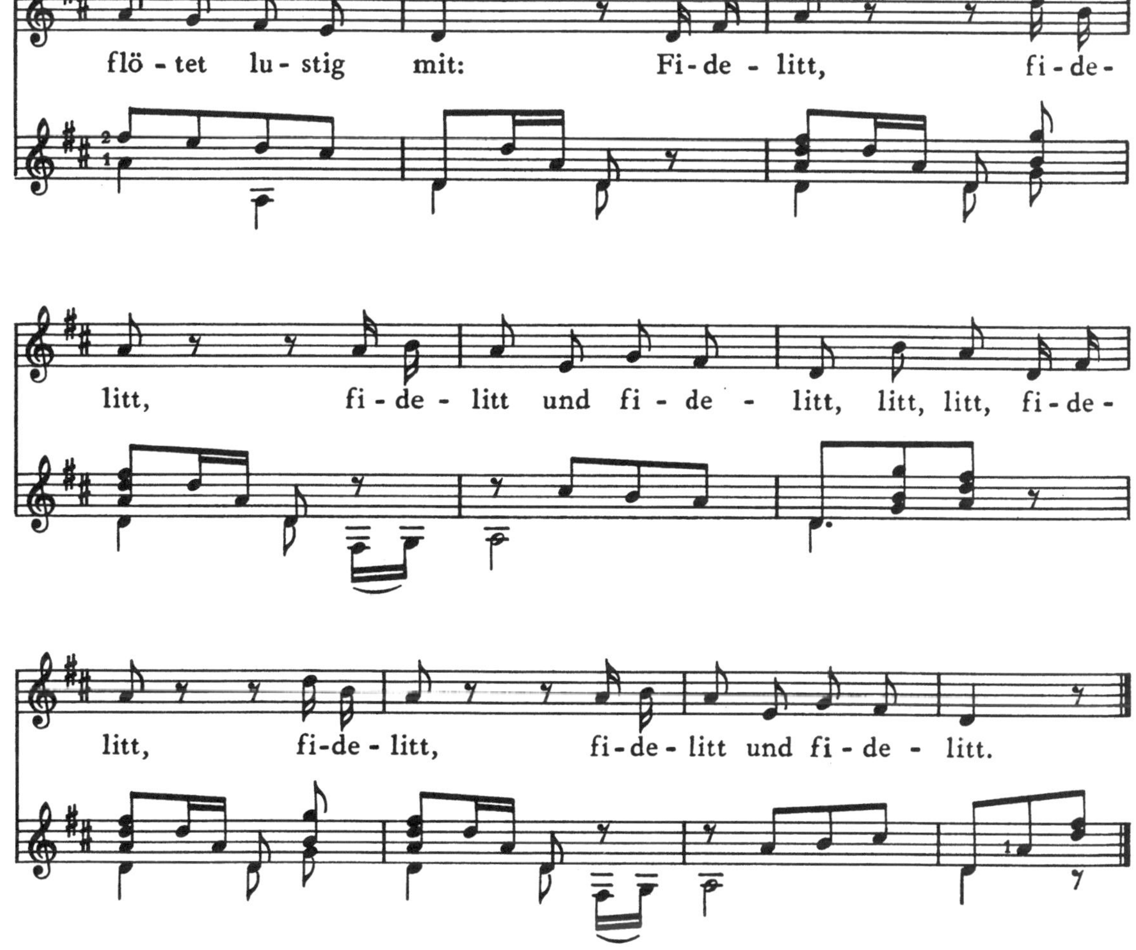

2. Ich habe einen Triangel, er klingt mit hellem Ton. Man schlägt leis mit dem Stäbchen an. Hör zu! Ich spiele schon: Kling, klang, kling, kling, klang, kling usw.

3. Ich habe eine Trompete, die schmettert was sie kann. Ich übe fleißig jeden Tag, fang stets von vorne an: Tätärä usw.

4. Ich habe eine Trommel und spiel in euren Reihn. Bei mir geht's ganz genau im Takt; das will verstanden sein: Tromterom usw.

5. Ich habe eine Pauke, seht, die ist groß und schwer. Da schlag ich feste darauf los, und das gefällt mir sehr: Bumberum usw.

6. Ich bin der Dirigente, nun spielt, daß alles klingt! Stimmt eure Instrumente gut, daß uns das Stück gelingt.
(Es wird dirigiert und jedes Kind spielt sein Instrument.)

Worte und Weise: Elsbeth Friemert

Spielanleitung: Die Kinder stehen im Kreis und führen den Worten entsprechende Bewegungen und Gesten aus. Zunächst wird jedes Instrument von nur einem Mitspieler vorgestellt; in der Wiederholung beteiligen sich alle Kinder.

Jetzt zieht Hampelmann

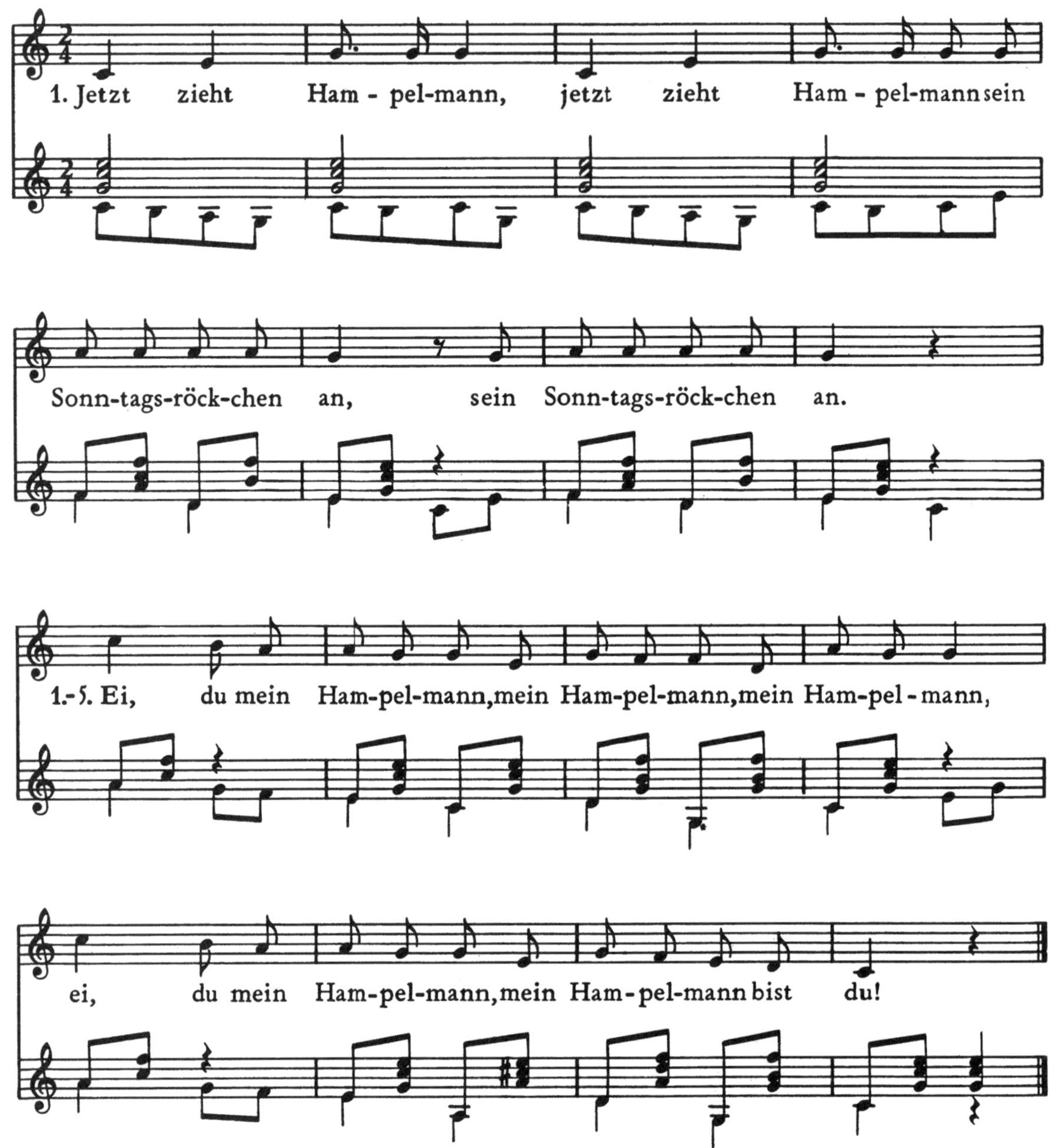

2. |: Jetzt zieht Hampelmann :| |: sein Sonntagshöschen an. :| Ei, du mein Hampelmann usw.

3. |: Jetzt zieht Hampelmann :| |: seine Sonntagsweste an. :| usw.

4. |: Jetzt setzt Hampelmann :| |: sein Sonntagshütchen auf. :| usw.

5. |: Jetzt tanzt Hampelmann :| |: mit seiner lieben Frau. :| usw.

Worte und Weise: Berliner Kindertanz, in verschiedenen textlichen und melodischen Varianten bekannt

Spielanleitung: Die Kinder fassen sich bei den Händen und gehen im Kreis. Ein Kind, der „Hampelmann", befindet sich in der Kreismitte und gestaltet pantomimisch den Inhalt des Liedes. Kurz vor den Worten „Ei, du mein Hampelmann" bleibt der Kreis stehen, die Kinder des Kreises beginnen im Takt zu klatschen, das Kind im Kreis vollführt in ausgelassener Freude Hampelmannsprünge. An der gleichen Stelle der 5. Strophe wählt sich „Hampelmann" ein Kind aus dem Kreis und tanzt mit ihm. Weitere Strophen können beliebig hinzugefügt werden. Als Abschluß des Liedes sollte jedoch die 5. Strophe stehen.

Dialektfassung des vorangegangenen Liedes

1. |: Jetzt danzt Hannemann :||: und siene liewe Fru. :| O, du mei Möppelken, mei Möppelken, mei Möppelken, o, du mei Möppelken, mei Möppelken bist du.

2. Er hätt Stäbel an, er hätt Stäbel an |: un sie'n paar blanke Schuh. :| O, du mei usw.

3. Er hätt'n schew's Gesicht, er hätt'n schew's Gesicht, |: un sie'n paar grote Ohrn. :| O, du mei usw.

Kommt, ihr G'spielen

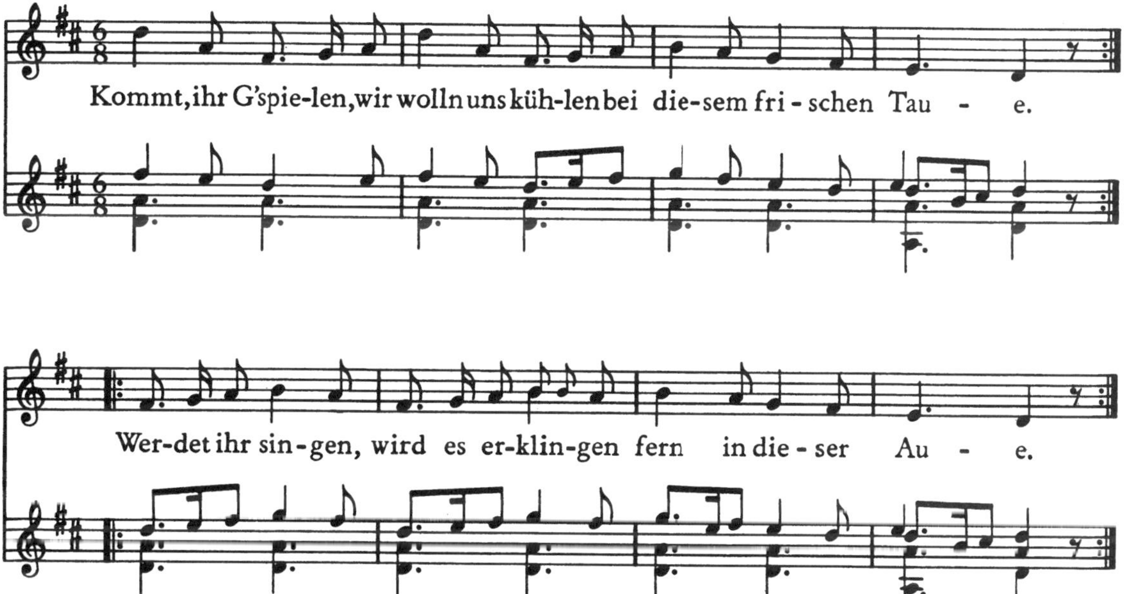

2. Hört, ihr G'sellen, die Hündlein bellen, was wollen wir beginnen? Lasset uns kriegen, lasset uns siegen, Sommerlust gewinnen.

3. Auf, ihr Brüder, singt hoch und nieder, den Sommer zu gewinnen! Ist es nicht Schande, weit in dem Lande, wenn wir uns besinnen!

Worte: nach Melchior Francks Singspiel *Actu Oratorio* (aufgeführt am 16. Juni 1630); das Original beinhaltet einen zahlreiche Strophen umfassenden Wettgesang, der im Laufe der Zeit auf die Anfangsstrophen reduziert wurde · Weise: ursprünglich englische Jagdmelodie (1537)

Laßt nur der Jugend

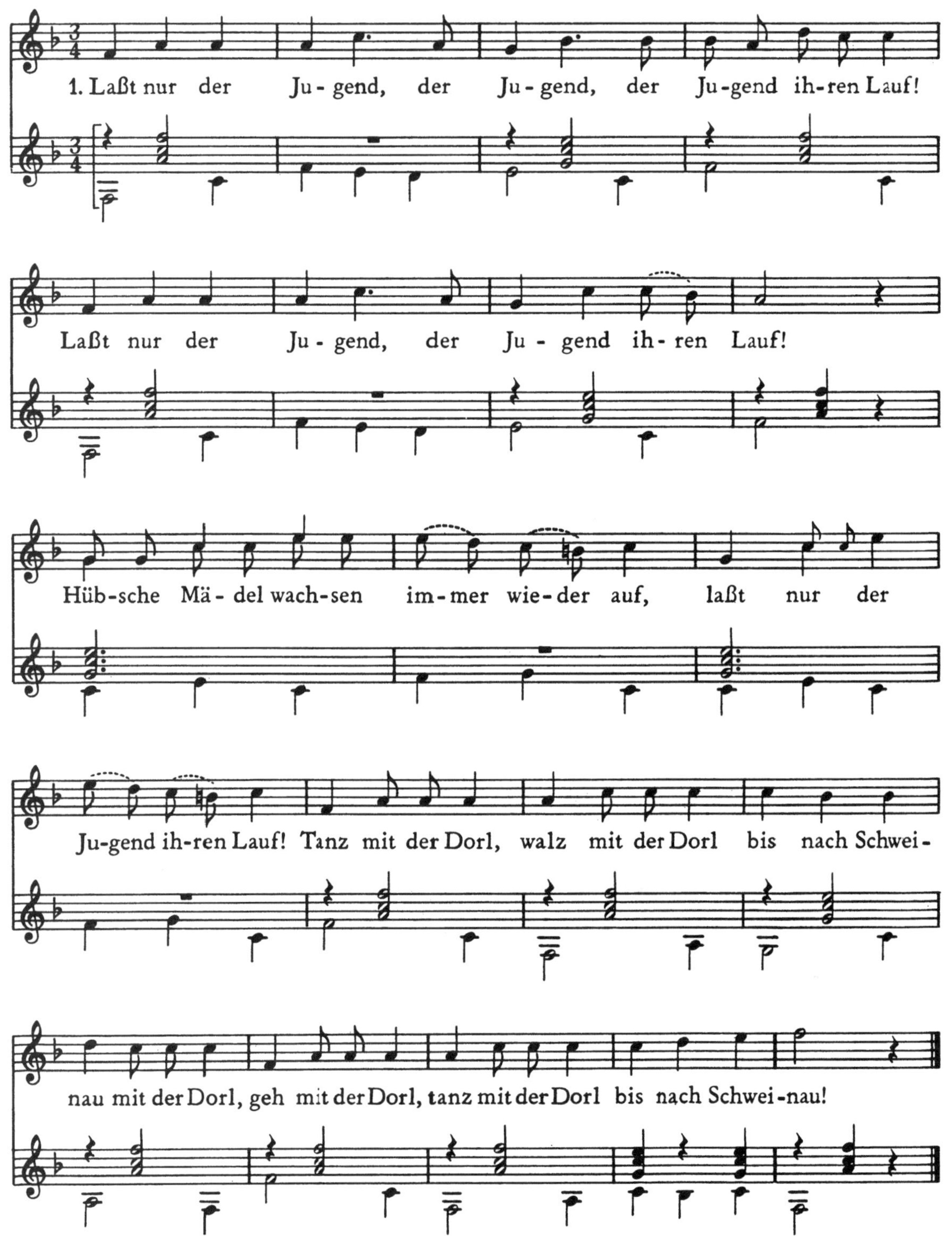

2. Nur noch ein Walzer, ein Walzer zu guterguterletzt! Nur noch ein Walzer, ein Walzer zuletzt! Seht nur, wie allerliebst und nett mein Mädchen sein Füßchen setzt! Tanz mit der Dorl, usw.

Worte und Weise: Volkslied, zusammengesetzt aus einem der ältesten und typischsten deutschen Walzer *Nur noch einen Walzer* (1820) und dem aus der Gegend von Darmstadt überlieferten *Schweinauer Tanz* (1859). Ersterer – mitgeteilt in Dithfurth, *Fränkische Volkslieder* (1855) – umfaßt insgesamt 9 Strophen, von denen nur die erste und sechste (Kehraus) übernommen wurden.

Angeregt durch die Strophen des erwähnten Walzerliedes wie den Gedanken des „letzten Walzers" und die Folgen der Tanzwut eines Mädchens schrieb Anton Wilhelm Florentin von Zuccalmaglio das Lied *Schwesterlein, wann gehn wir nach Haus.*

Liebe Schwester, tanz mit mir

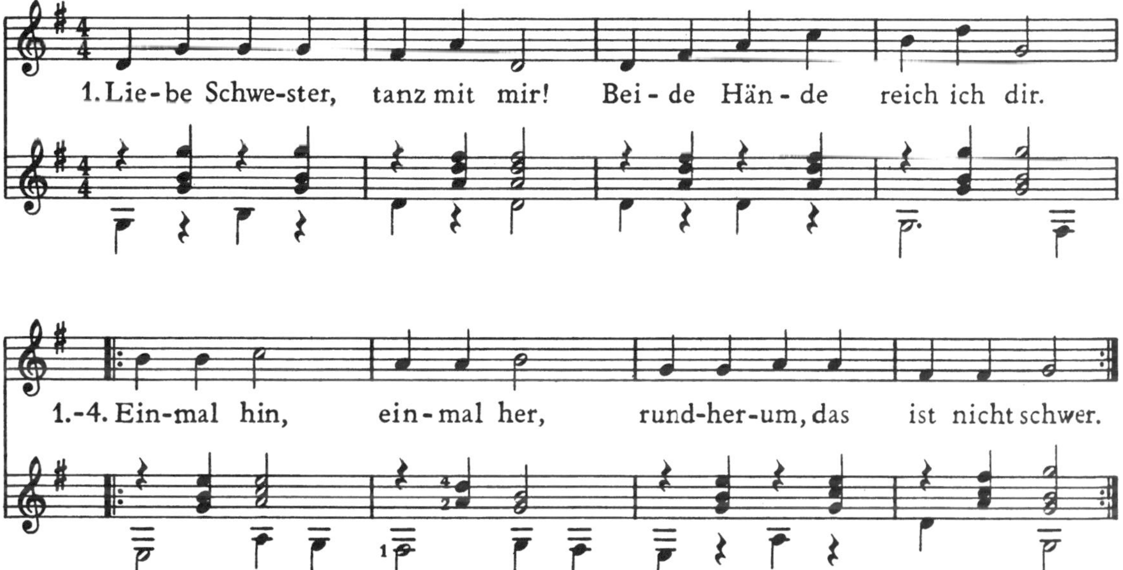

2. Mit den Händen klapp, klapp, klapp, mit den Füßchen trapp, trapp, trapp, einmal hin, einmal her usw.

3. Mit dem Köpfchen nick, nick, nick, mit dem Fingerchen tick, tick, tick, einmal hin usw.

4. Noch einmal das schöne Spiel, weil es mir so gut gefiel! Einmal hin usw.

Worte und Weise: Volkstanz aus Thüringen (vor 1840) mit dem ursprünglichen Text: *„Jakob hat kein Brot im Haus, Jakob macht sich gar nichts draus. Jakob hin, Jakob her, Jakob ist ein Zottelbär."*

Tanzanleitung: 1. Strophe: Takt 1–4: Die Kinder stellen sich, paarweise gegenüberstehend, im Kreis auf und fassen sich an den Händen. – Takt 5: „einmal hin" (seitlicher Ausfallschritt nach links) – Takt 6: „einmal her" (seitlicher Ausfallschritt nach rechts) – Takt 7–8: „rundherum" (die Kinder drehen sich paarweise am Ort); Strophe 2 und 3: Takt 1–4: Die Kinder führen den Worten entsprechende Bewegungen aus (Aufstellung wie 1. Strophe) – Takt 5–8: wie in Strophe 1; 4. Strophe: wie in Strophe 1.

Mädel, wasch dich

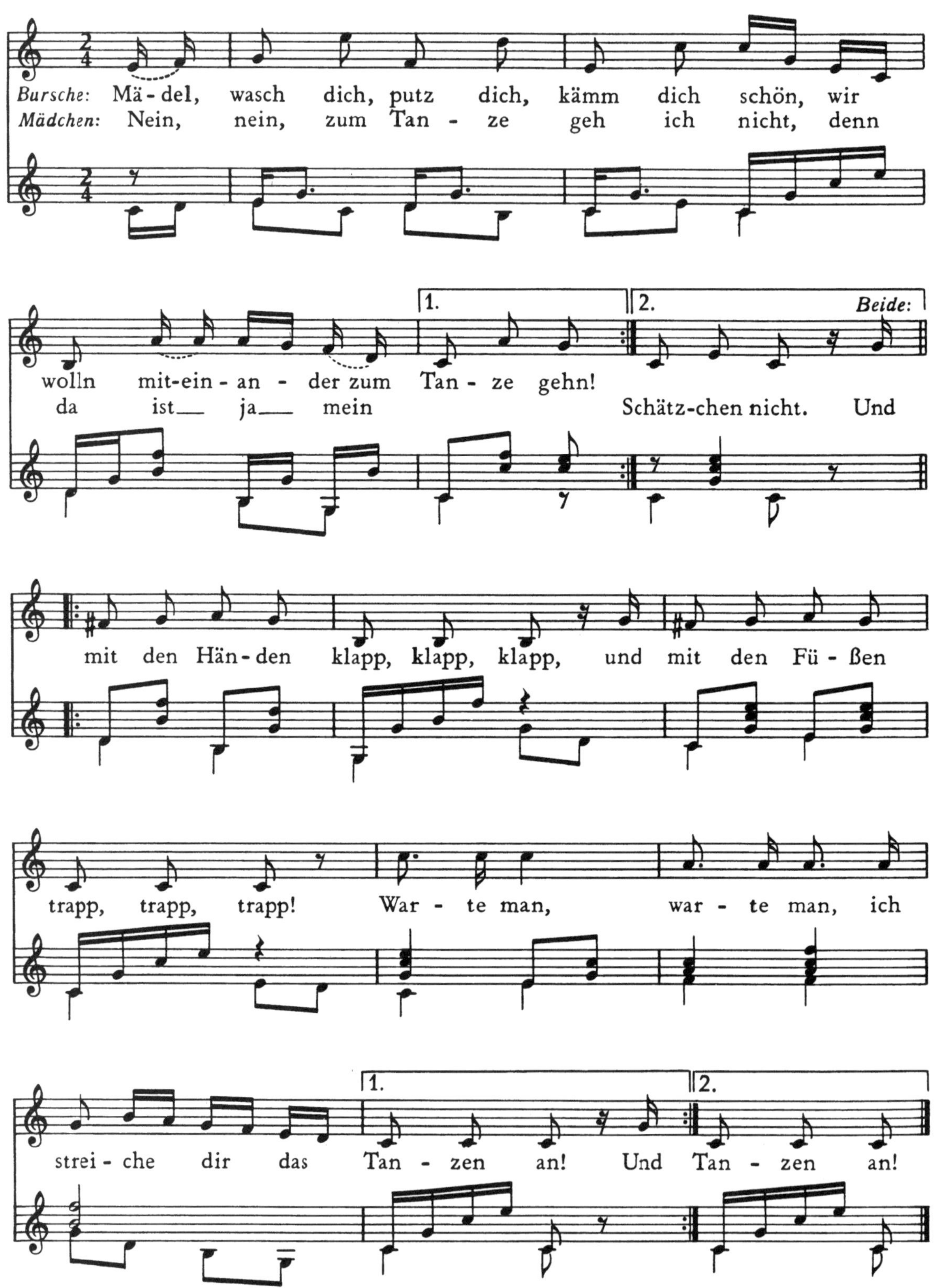

Worte und Weise: Tanzlied aus Schleswig-Holstein, nach einer russischen Polka (um 1840)

Ringel, Ringel, Reihe

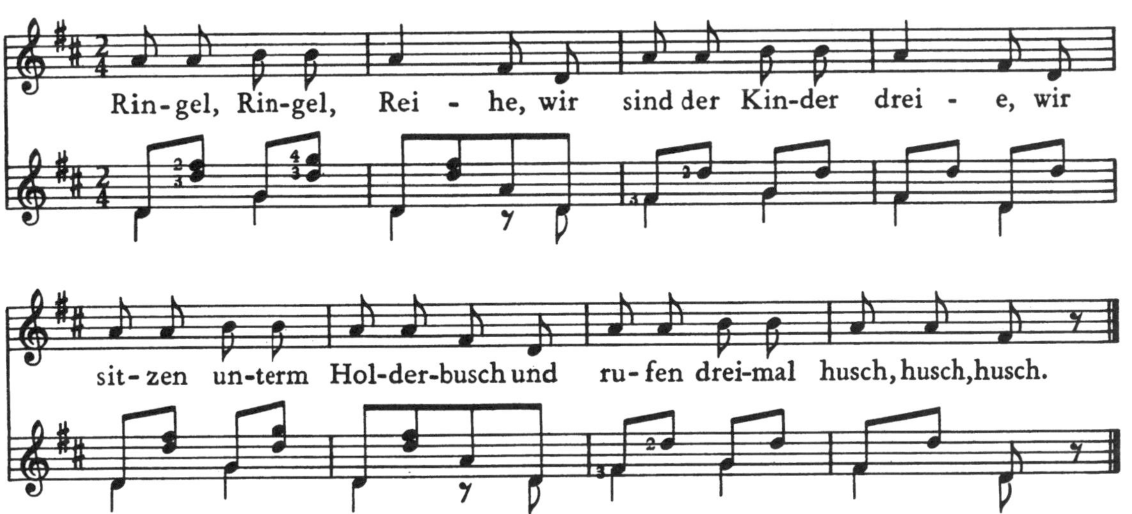

Worte und Weise: altes Kinderlied, in zahlreichen textlichen, mundartlichen und melodischen Varianten bekannt

Spielanleitung: Die Kinder fassen sich bei den Händen und gehen singend im Kreis. Bei den Worten „husch, husch, husch" lassen sich alle auf den Boden fallen oder hocken sich hin. Danach beginnt das Spiel von vorn.

Ringlein, Ringlein, du mußt wandern

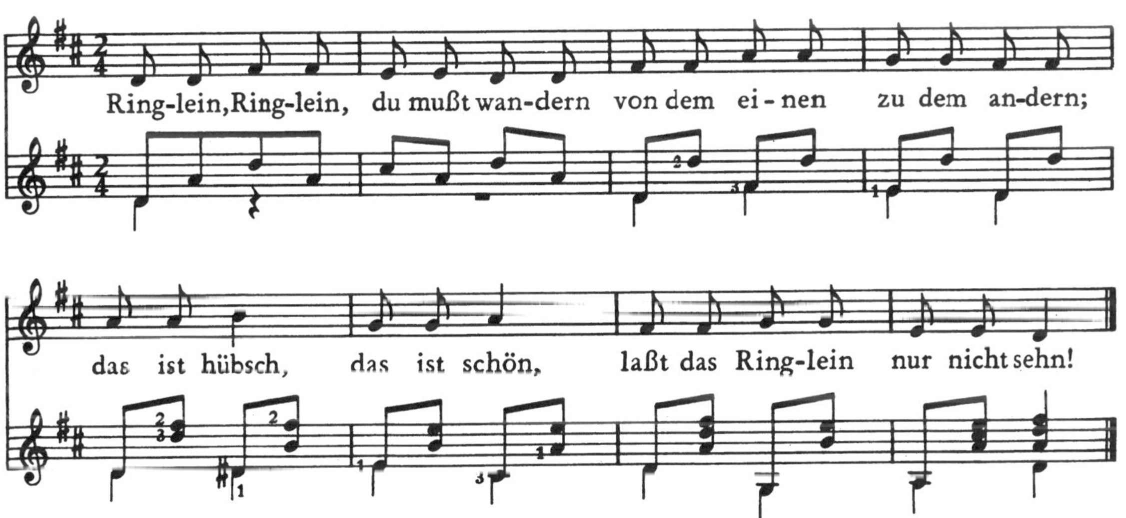

Textvariante: Taler, Taler, du mußt wandern . . .

Worte und Weise: altes Kinderlied

Spielanleitung: Die Kinder sitzen im Kreis und halten die Hände geschlossen vor sich hin. Ein Kind steht in der Mitte und hält das Ringlein (den Taler) in seinen ebenfalls geschlossenen Händen. Es läßt seine Hände im Rhythmus des Liedes durch die Hände der Kinder gleiten, wobei es einem Kind das Ringlein unbemerkt von den anderen in dessen Hände legt. Dann spricht es den Abzählreim:

„Nun rat einmal, mein liebes Kind, wer das Ringlein hat, geschwind?"

Hat das durch den Abzählreim bestimmte Kind den Ring gefunden, so darf es in die Mitte. Andernfalls geht d a s Kind in die Mitte, bei dem das Ringlein sich befand, und das Spiel beginnt von vorn.

Rosestock, Holderblüh

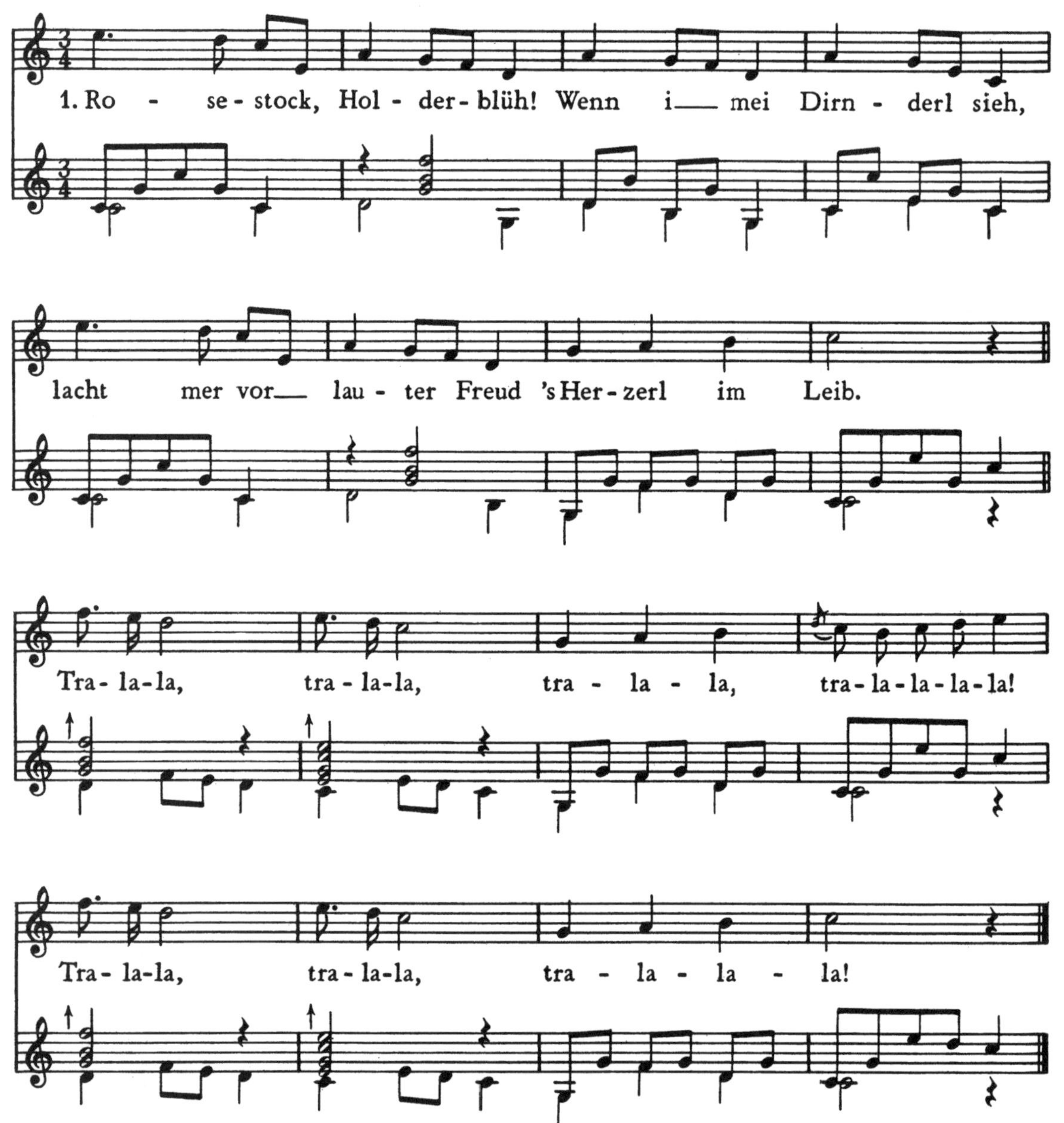

2. G'sichterl wie Milch und Blut, 's Dirnderl ist gar so gut, um und um dockerlnett,[1] wenn i's no hätt. Tra-la-la usw.

3. Armerl so kugelrund, Lippe so frisch und g'sund, Füßerl so hurtig g'schwind; 's tanzt wie der Wind. Tra-la-la usw.

4. Wenn i ins dunkelblau, funkelhell Äugerl schau, mein i, i seh in mei Himmelreich nei. Tra-la-la usw.

[1] Docke: Puppe, Mädchen

Worte und Weise: schwäbisches Volkslied, veröffentlicht in Friedrich Silcher, *Volkslieder für vier Männerstimmen,* Heft 7, Tübingen 1837

Tanzen und springen

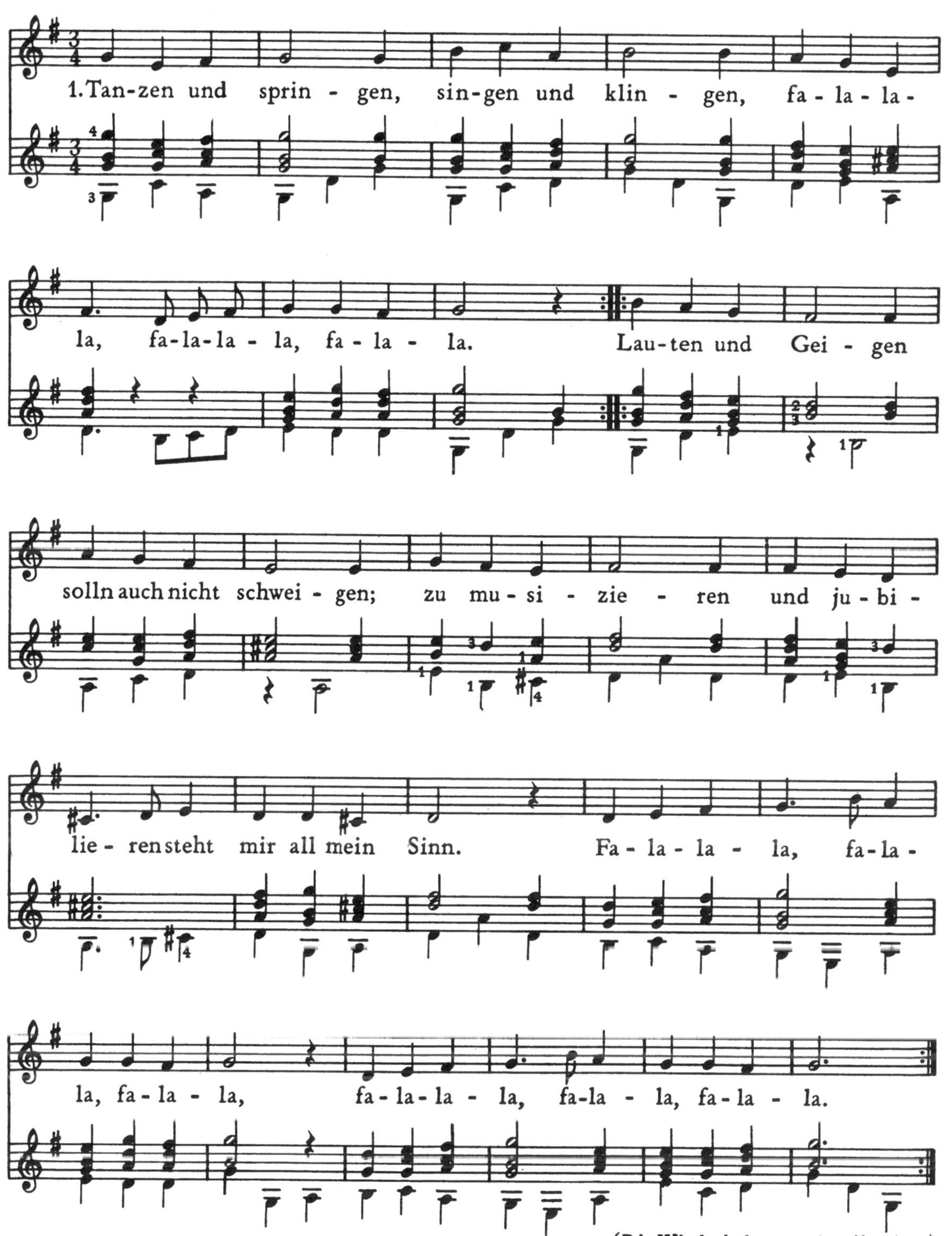

(*Die Wiederholungen jeweils piano*)

2. Schöne Jungfrauen in grüner Auen, fa-la-la-la, ... Mit ihn'n spazieren und konversieren, freundlich zu scherzen, freut mich im Herzen für Silber und Gold. Fa-la-la-la usw.

Worte und Weise: Hans Leo Haßler. Als *Gagliarda* enthalten in seiner Sammlung *Lustgarten neuer teutscher Gesäng*, Nürnberg 1601.

Tanz mit mir

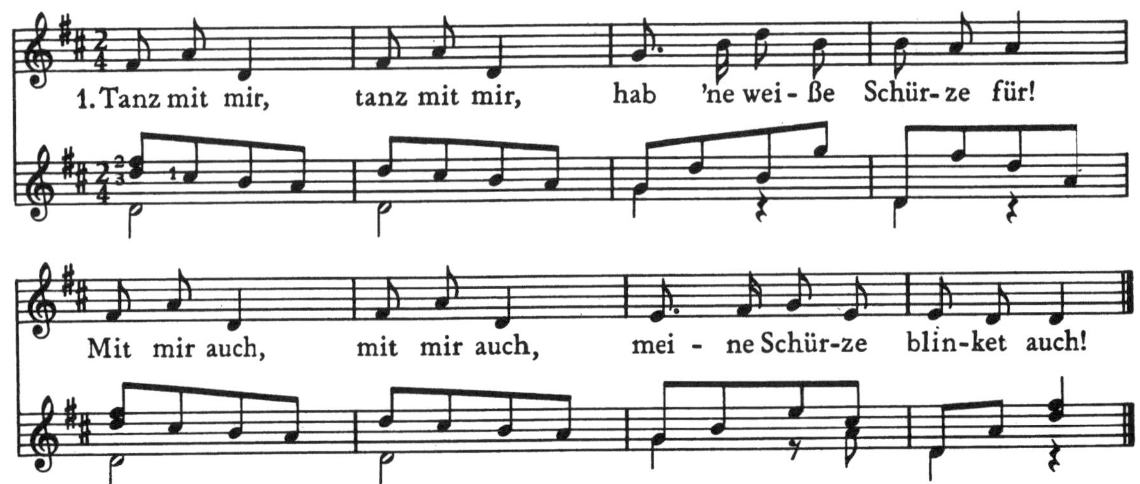

2. Tanz mit mir, tanz mit mir, hab 'ne weiße Schürze für! Laß nicht ab, laß nicht ab, bis die Schürze Löcher hat!

Worte und Weise: Kinderlied (um 1825), die Melodie entspricht der Weise *Lott' ist tot* (um 1800), die später auch zu dem Berliner Kinderreim vom Robinson *(Robinson, Robinson, fuhr in einem Luftballon)* gesungen wurde.

Spielanleitung: Die Kinder stehen sich – einen Innen- und Außenkreis bildend – paarweise gegenüber. 1. Strophe: Takt 1–2: Mit einer Verbeugung fordern sie sich gegenseitig zum Tanz auf. – Takt 3–4: Sie deuten auf ihre Schürzen. – Takt 5–8: Sie tanzen paarweise am Ort. 2. Strophe: Takt 1–4: wie Strophe 1 – Takt 5–8: Die Kinder des Innenkreises danken mit einer Verbeugung für den Tanz und gehen winkend im Seitwärtsschritt zum nächsten Tanzpartner des Außenkreises. Das Spiel beginnt von vorn.

Und wer im Januar geboren ist

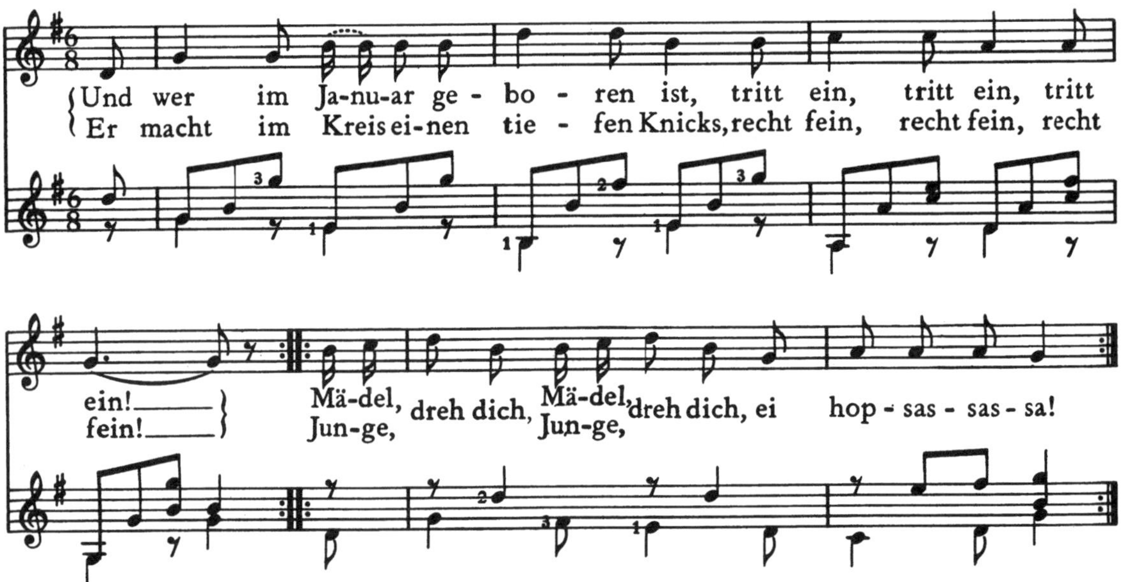

Worte und Weise: weitverbreitetes Kinderspiel

Spielanleitung: Die Kinder fassen sich zum Kreis und gehen links herum. Bei „tritt ein . . ." hält der Kreis an, und die in dem betreffenden Monat geborenen Kinder gehen in den Kreis und machen einen tiefen Knicks bzw. eine tiefe Verbeugung. Bei „Mädel, dreh dich" tanzen die Kinder im Innenkreis am Ort, während die Mitspieler des Außenkreises im Takt in die Hände klatschen.

Wenn die Bettelleute tanzen

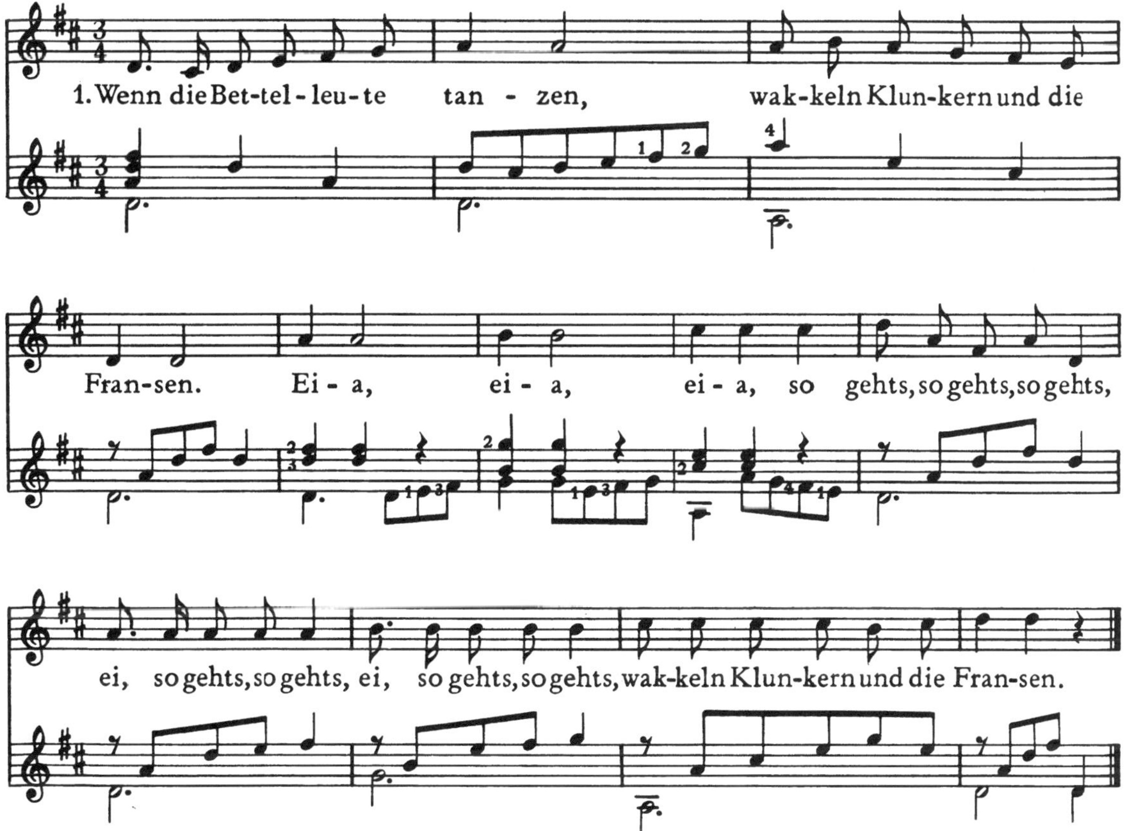

2. Kommt man über eine Brücke, klappern sie mit Stock und Krücke. Ei-a usw.

3. Kommt ein Bauer vor die Türe, stehn da gleich der Stücke viere. usw.

4. Kommen sie in eine Schänke, spring'n sie über Tisch und Bänke. usw.

5. Haben sie nun ausgesaufet, wird der Bettelsack verschmauset. usw.

6. Nun wohlan, ihr Schwestern, Brüder! Seid ihr satt, so legt euch nieder. usw.

7. 's wird uns keiner etwas mausen. Morgen woll'n wir wieder schmausen. usw.

Worte und Weise: Volkslied aus Schlesien, erstmals veröffentlicht in Erk-Irmer, *Deutsche Volkslieder,* Berlin 1839, später – mit insgesamt 9 Strophen – in Gottfried Wilhelm Fink, *Musikalischer Hausschatz,* Leipzig 1843. Die Melodie des Liedes ist nahezu mit der des Volksliedes *Wenn die Nachtigallen schlagen* identisch.

Wenn hier en Pott

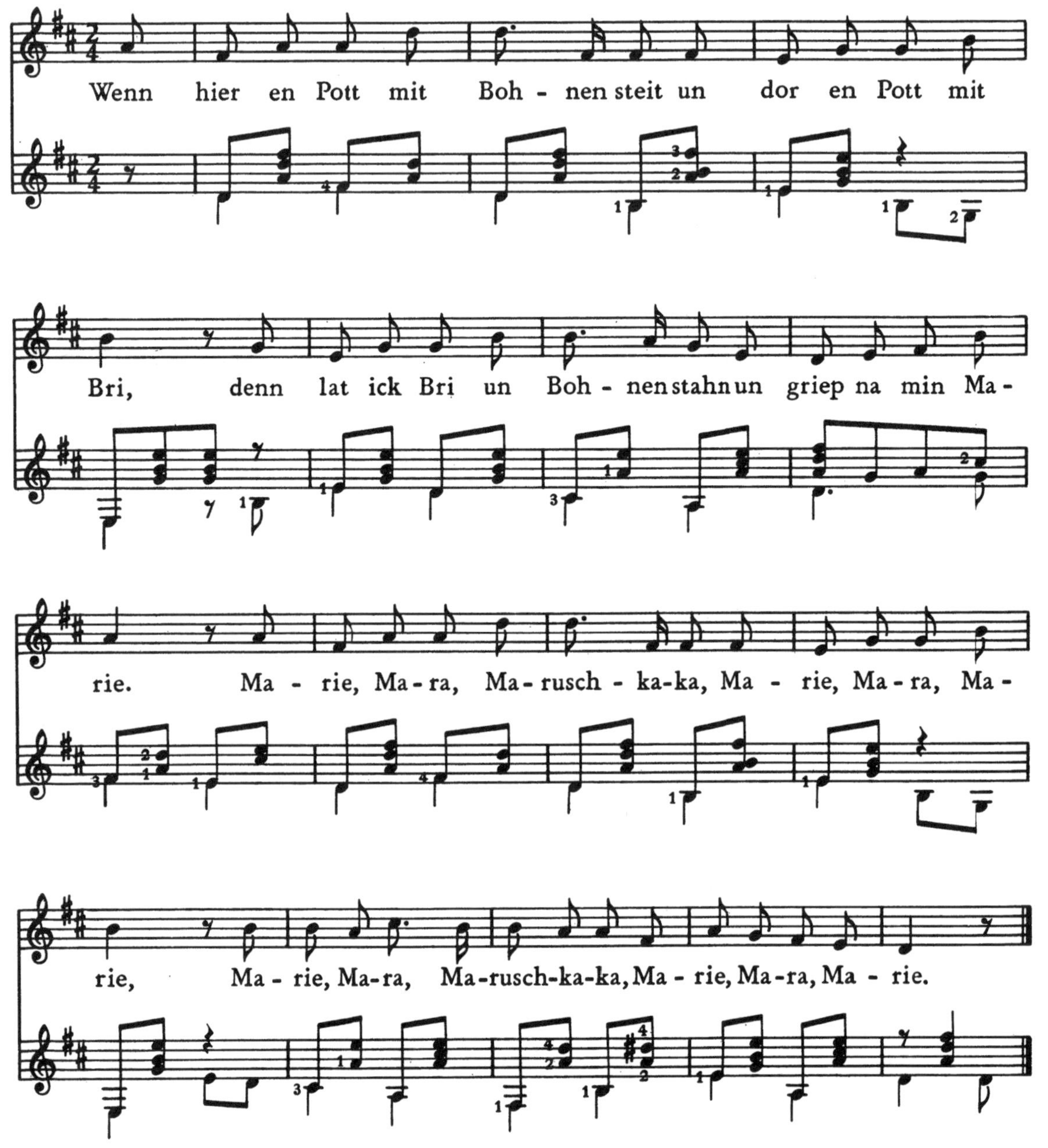

2. De Deern, de is so prick un nett, so schön as Melk un Blot; de krusen Hoor op ehren Kopp wägt mihr as hunnert Lot. Marie usw.

3. Ehr Hand, de is so putt un week, ehr Arm so prall un rund. Ick drück de Deern fast an min Bost un küß ehr op den Mund. usw.

4. Un wenn se mi denn wedder küßt, so hartlich un so tru, denn segg ick: „Eh'r en Johr vergeiht, büst du min söte Fru." usw.

5. Un wenn dat Johr aflopen is, denn hört den Deern mi ganz; denn driggt se en sneewitte Huw staats eenen Jungfernkranz. usw.

6. Un is denn noch 'n Johr vörbi, so schenkt uns Gott en Kind; denn lach ick un denn frei ick mi, dat we so glücklich sünd. usw.

Worte und Weise: Volkslied aus Norddeutschland

Wollt ihr wissen

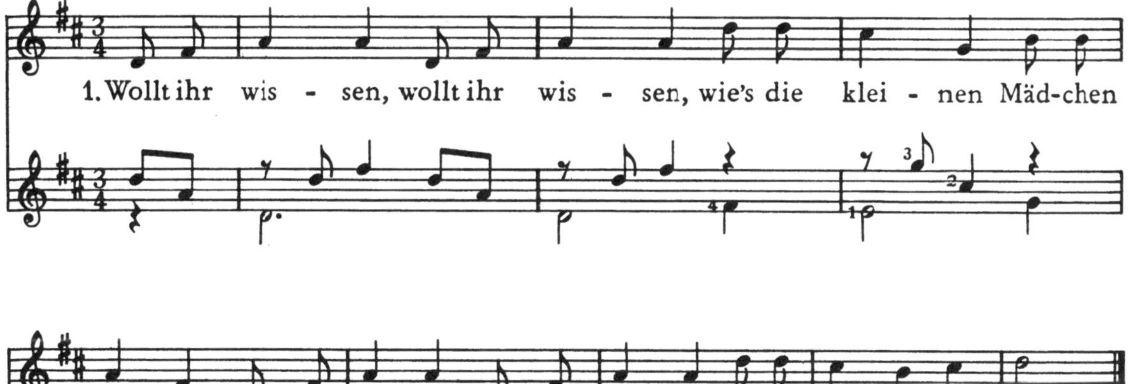

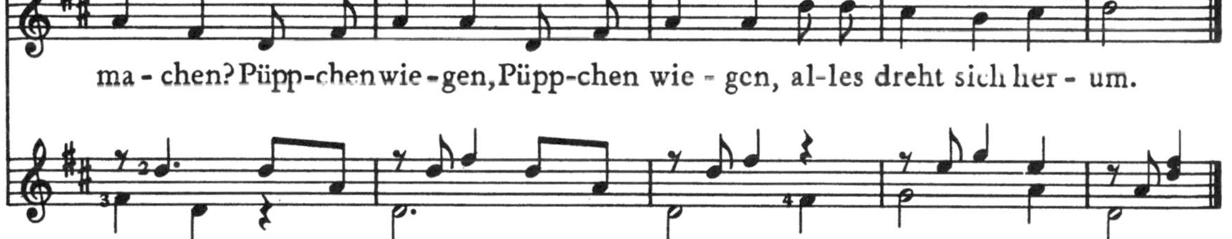

2. |: Wollt ihr wissen, :| wie's die kleinen Knaben machen? |: Peitschen knallen, :| alles dreht sich herum.

3. |: Wollt ihr wissen, :| wie's die jungen Damen machen? |: Löckchen drehen, :| alles dreht sich herum.

4. |: Wollt ihr wissen, :| wie's die jungen Herren machen? |: Hütchen schwenken, :| alles dreht sich herum.

5. |: Wollt ihr wissen, :| wie's die alten Damen machen? |: Kaffee trinken, :| alles dreht sich herum.

6. |: Wollt ihr wissen, :| wie's die alten Herren machen? |: Prise nehmen, :| alles dreht sich herum. „Hatschi!"

Worte und Weise: Kinderlied, in verschiedenen textlichen und mundartlichen Varianten bekannt

Spielanleitung: Die Kinder fassen sich an den Händen und gehen während der Frage im Kreis links herum. Ein Kind steht in der Mitte des Kreises. Mit Beginn der Antwort bleibt der Kreis stehen, und alle führen dem Text entsprechend pantomimische Bewegungen aus. Bei den Worten „alles dreht sich ..." dreht sich jedes Kind am Ort einmal links herum und klatscht dabei jeweils auf die erste Zählzeit der letzten beiden Takte kräftig in die Hände.

Zum Tanze, da geht ein Mädel

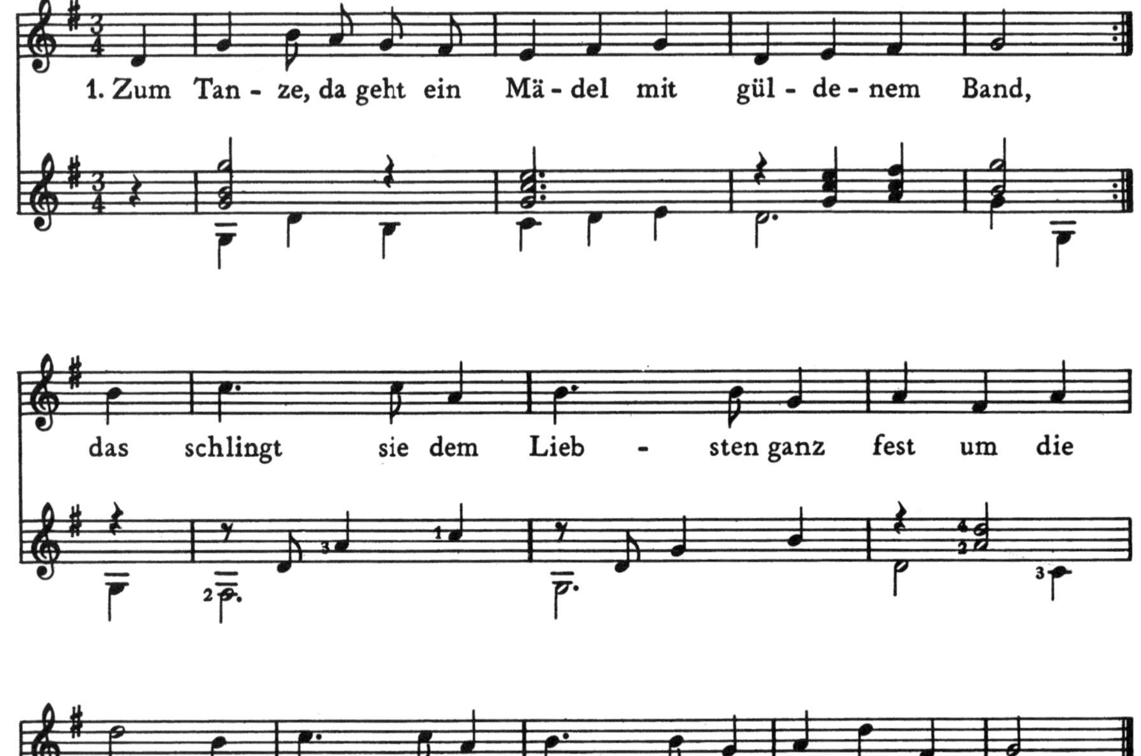

2. |: „Ach, herzallerliebstes Mädel, so laß mich doch los, :| |: ich lauf dir gewißlich auch so nicht davon!" :|

3. |: Kaum löset die schöne Jungfer das güldene Band, :| |: da war in den Wald schon der Bursche gerannt. :|

Worte und Weise: ursprünglich ein schwedisches Volkslied (19. Jh.), als Tanzlied seit dem ersten Jahrzehnt des 20. Jh. in deutschsprachigen Gebieten weithin bekannt

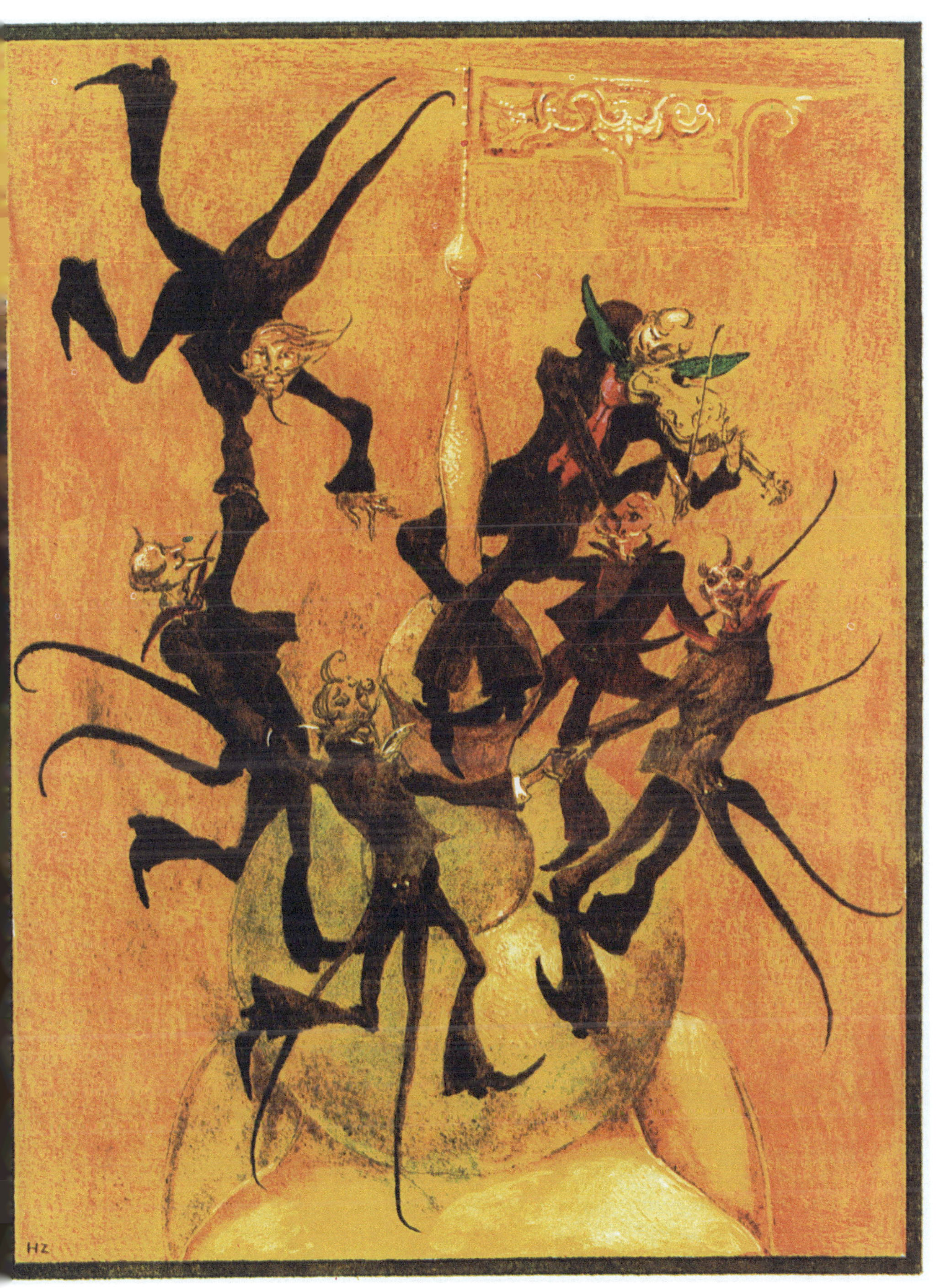

Zu Regensburg auf der Kirchturmspitz

An Schlosser hot an G'sellen g'hot

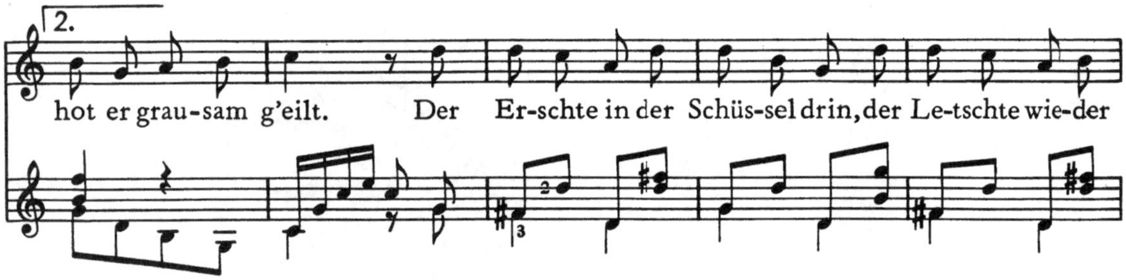

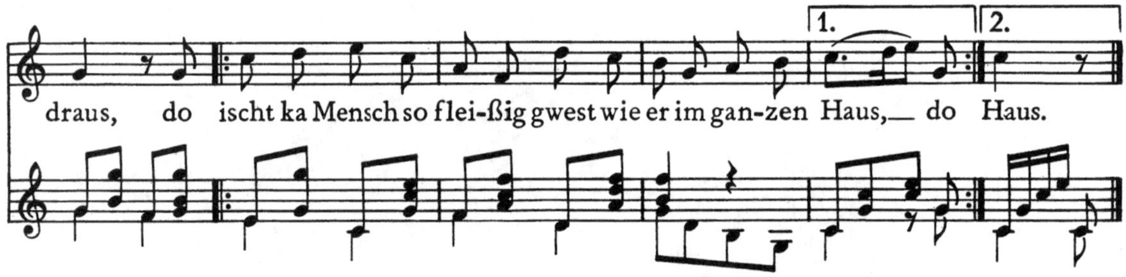

1. { An Schlos-ser hot an G'sel-len ghot, der hot gar lang-sam gfeilt;—
doch wenn's zum Fres-se gan-ge ischt, do hot er grau-sam g'eilt. Der Er-schte in der Schüs-sel drin, der Le-tschte wie-der draus, do ischt ka Mensch so flei-ßig gwest wie er im gan-zen Haus,— do Haus.

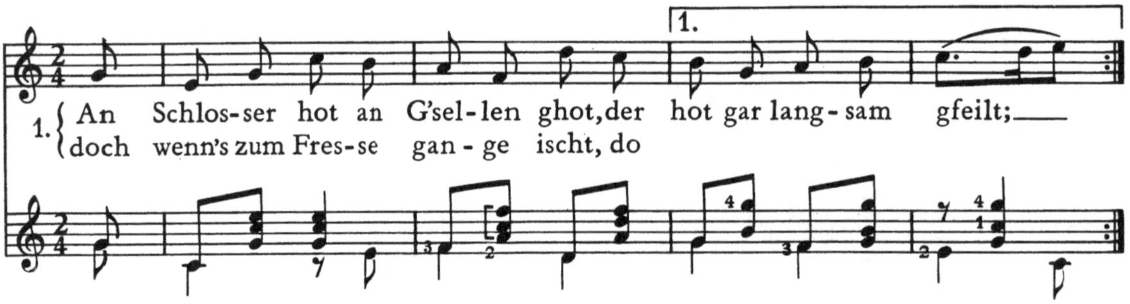

2. „G'sell", hot emal der Meister g'sogt, „hör, dös begreif i net! Es ischt doch all mei Lebtag g'west, solang i denk, die Red: So wie ma frißt, so schafft mer au. Bei dir ischt's net a so: |: So langsam hot no kaner g'feilt und g'fresse so wie du!" :|

3. „Ho", sogt der G'sell, „dös b'greif i scho; 's hot alls sei gute Grund: Es Fresse währt holt gar net lang und d' Arbeit vierzehn Stund. Wenn aner sollt den ganzen Tag in ein Stück fresse fort, |: 's wird au gar bald so langsam geh als wie beim Feile dort!" :|

Worte: Johann Conrad Grübel (1800) · Weise: Volkslied aus Bayern (1830)

Auf de schwäbsche Eisebahne

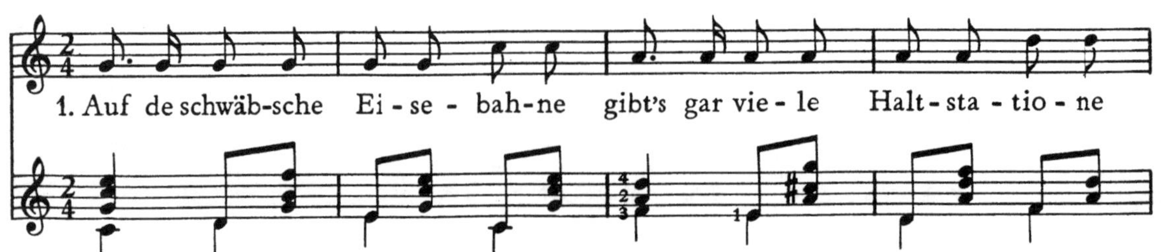

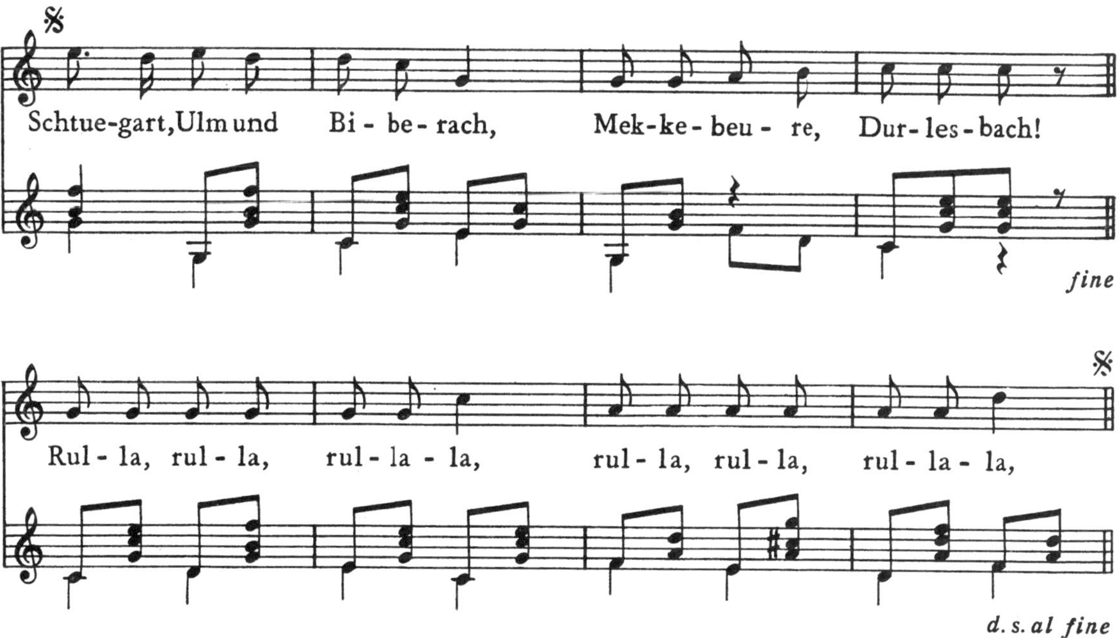

2. Auf de schwäbsche Eisebahne gibt es viele Restauratione, wo ma esse, trinke ka, alles, was der Mage ma. Rulla, rulla usw.

3. Auf de schwäbsche Eisebahne braucht mer keine Postillone. Was uns sonst das Posthorn blies, pfeifet jetzt die Lokomotiv. usw.

4. Auf de schwäbsche Eisebahne könne Kuh und Ochse fahre, d' Studente fahre erste Klass, s' mache das halt nur zum Spaß. usw.

5. Auf de schwäbsche Eisebahne wollt amal a Bäurle fahre, geht am Schalter, lüpft de Hut. „Oi Billettle, seid so gut!" usw.

6. Eine Geiß hat er sich kaufet und daß sie ihm nit entlaufet, bindet sie de guete Ma hinte an de Wage a. usw.

7. „Böckli, tu nuer woidle springe, 's Futter werd i dir scho bringe." Setzt si zu seim Weible na und brennt's Tabakspfeifle a. usw.

8. Auf de nächste Statione, wo er will sei Böckle hole, findt er nur no Kopf und Soil an dem hintre Wagetoil. usw.

9. Do kriegt er en große Zorne, nimmt de Kopf mitsamt dem Horne, schmeißt en, was er schmeiße ka, d'm Konduktör an Schädel na. usw.

10. „So, du kannst de Schade zahle, warum bist d' so schnell gefahre! Du alloin bist schuld dara, daß i d' Geiß verlaure ha!" usw.

11. So, jetzt wär das Lied gesunge, 's hätt euch wohl in d' Ohre g'klunge. Wer's no nit begreife ka, fang's no mal von vorne a! usw.

Worte und Weise: schwäbisches Volkslied, veröffentlicht im *Tübinger Kommersbuch* (1853)

Auf einer Meierei

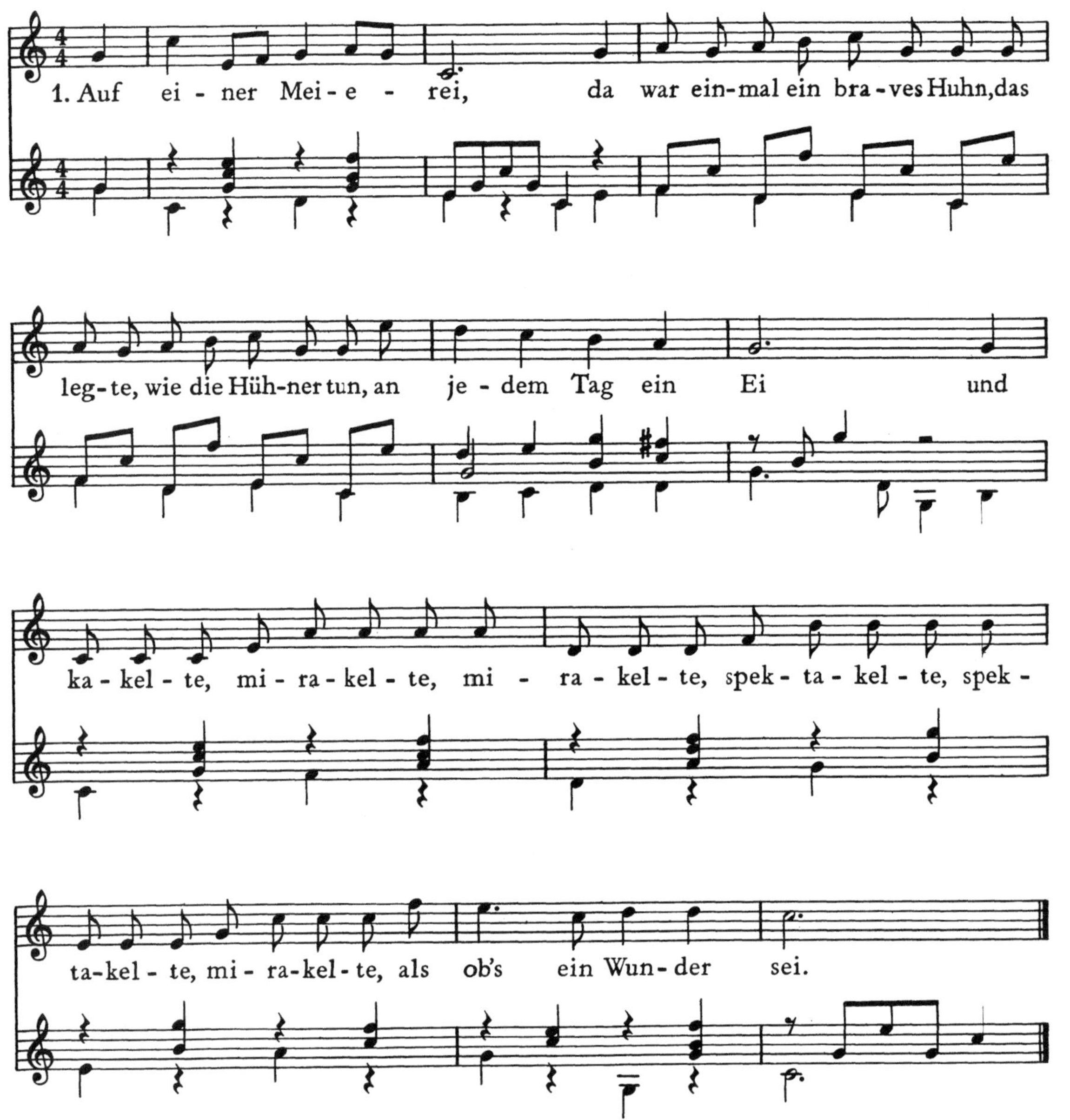

2. Es war ein Teich dabei, darin ein braver Karpfen saß, der stillvergnügt sein Futter fraß, der hörte das Geschrei, wie's kakelte, mirakelte, mirakelte, spektakelte, spektakelte, mirakelte, als ob's ein Wunder sei.

3. Da sprach der Karpfen: „Ei! alljährlich leg ich 'ne Million und rühm mich des mit keinem Ton; wenn ich um jedes Ei so kakelte, mirakelte, mirakelte, spektakelte, spektakelte, mirakelte, was gäb's für ein Geschrei!"

Worte: Heinrich Seidel · Weise: Volkslied

Auf unsrer Wiese gehet was

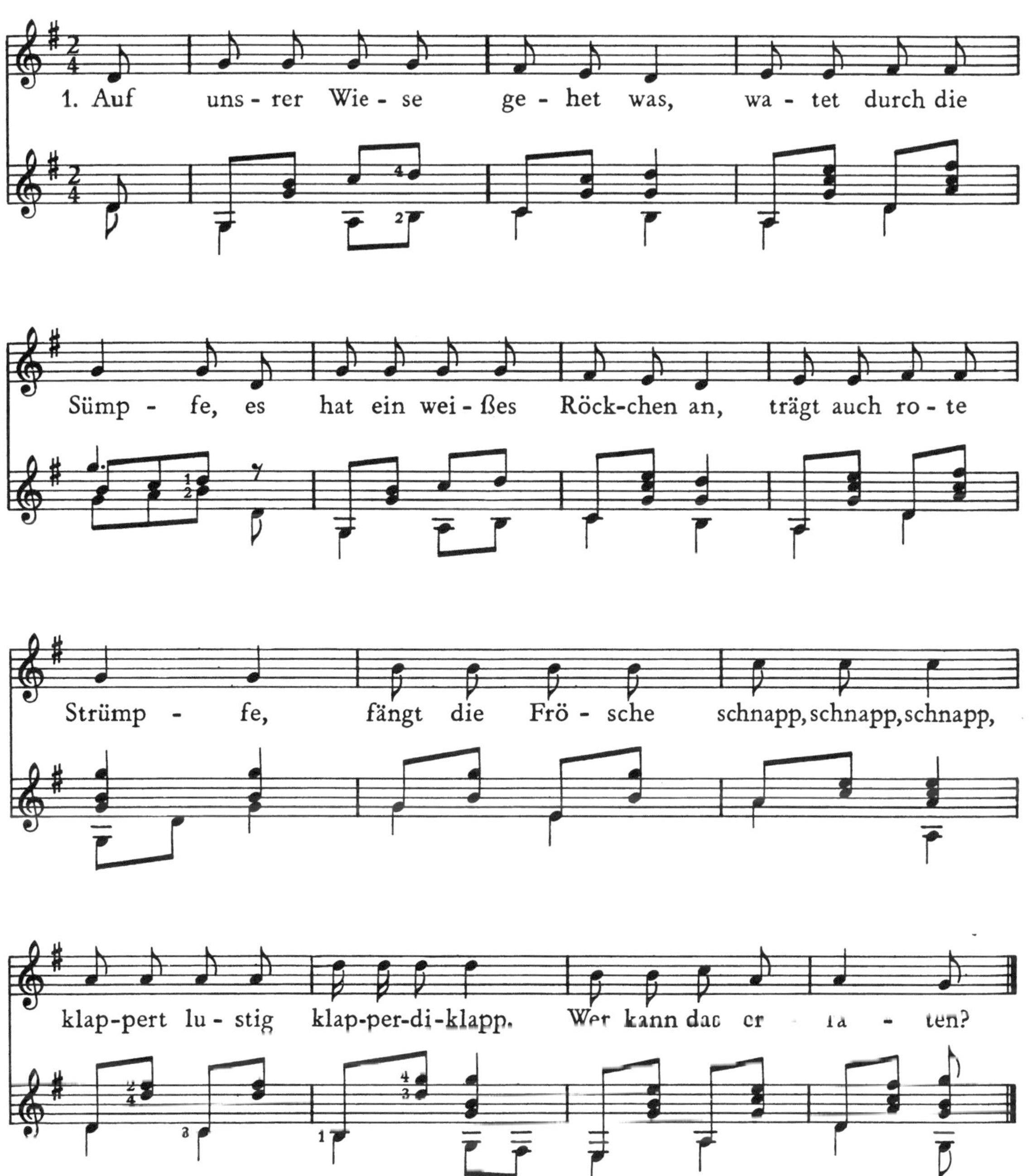

2. Ihr denkt, es ist der Klapperstorch, watet durch die Sümpfe, es hat ein weißes Röckchen an, trägt auch rote Strümpfe, fängt die Frösche schnapp, schnapp, schnapp, klappert lustig klapperdiklapp – nein, es ist Frau Störchin!

Worte: 1. Strophe: Heinrich Hoffmann von Fallersleben (1843), 2. Strophe: Rudolf Löwenstein · Weise: Volkslied

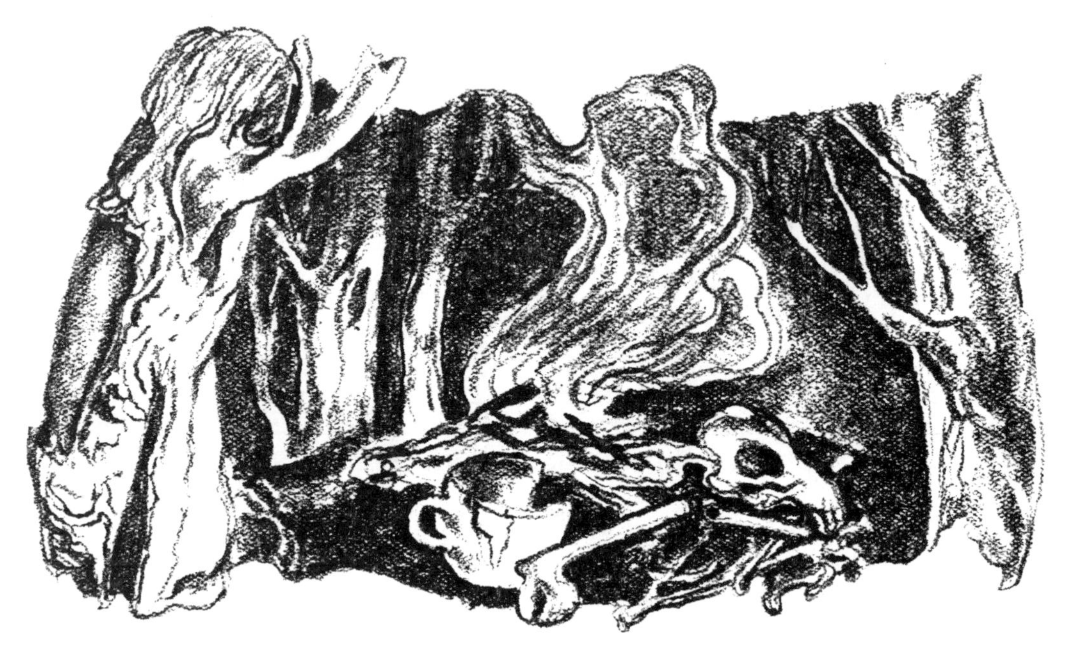

Bettelmanns Hochzeit

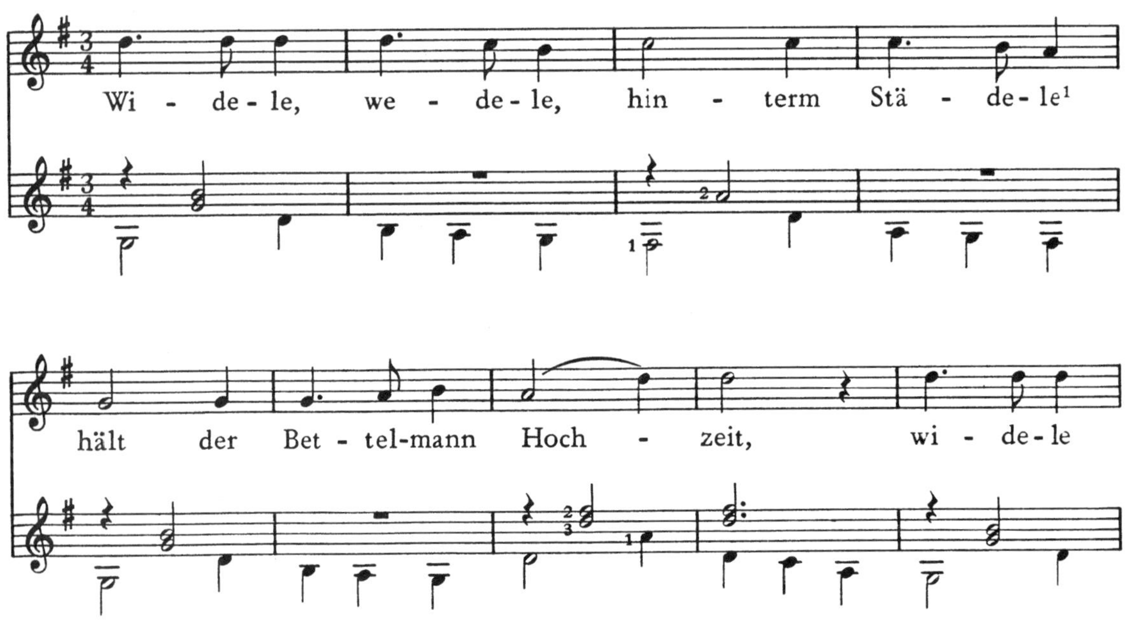

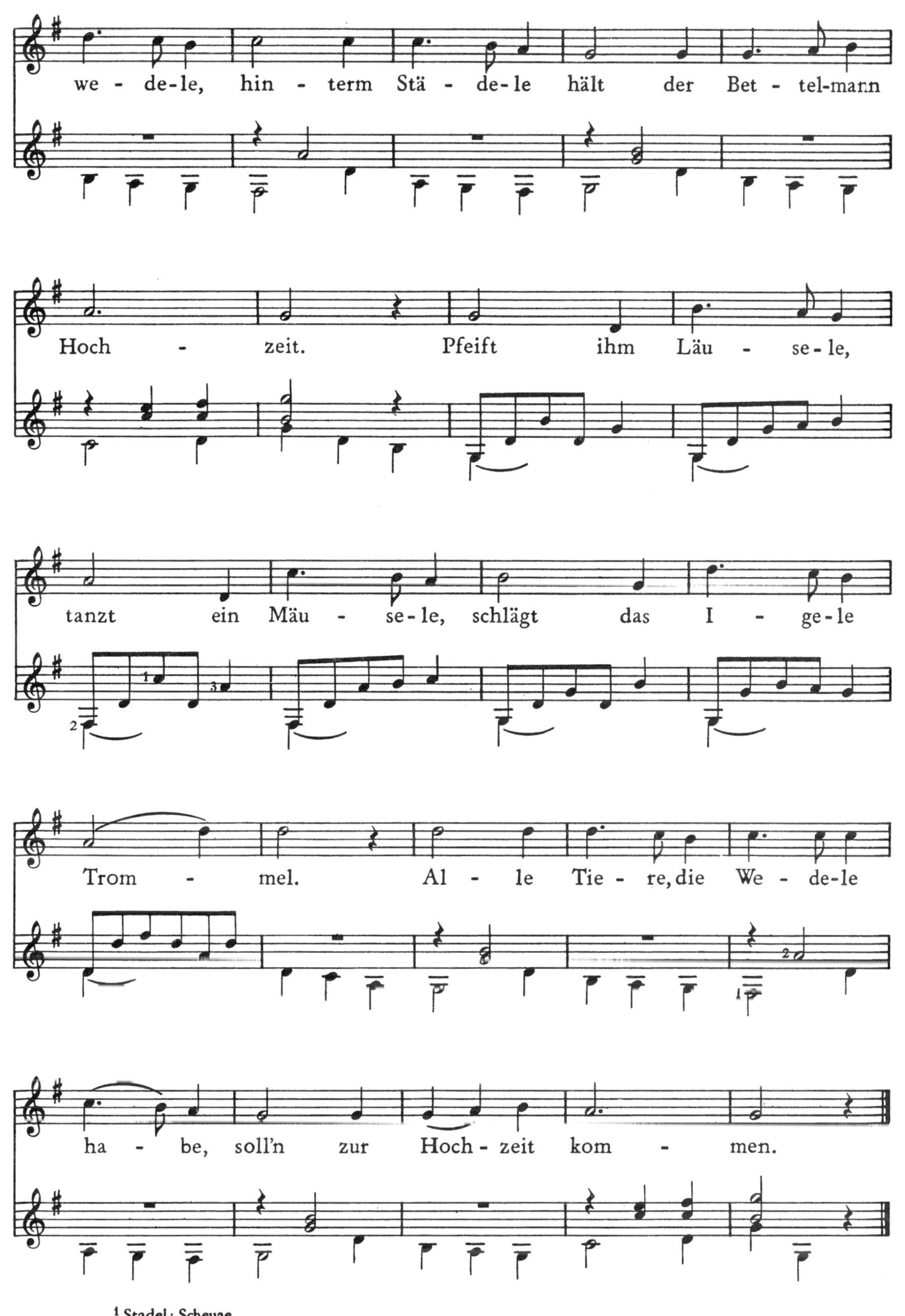

[1] Stadel: Scheune

Worte und Weise: Kinderlied aus Schwaben (vor 1808)

Bruder Liederlich

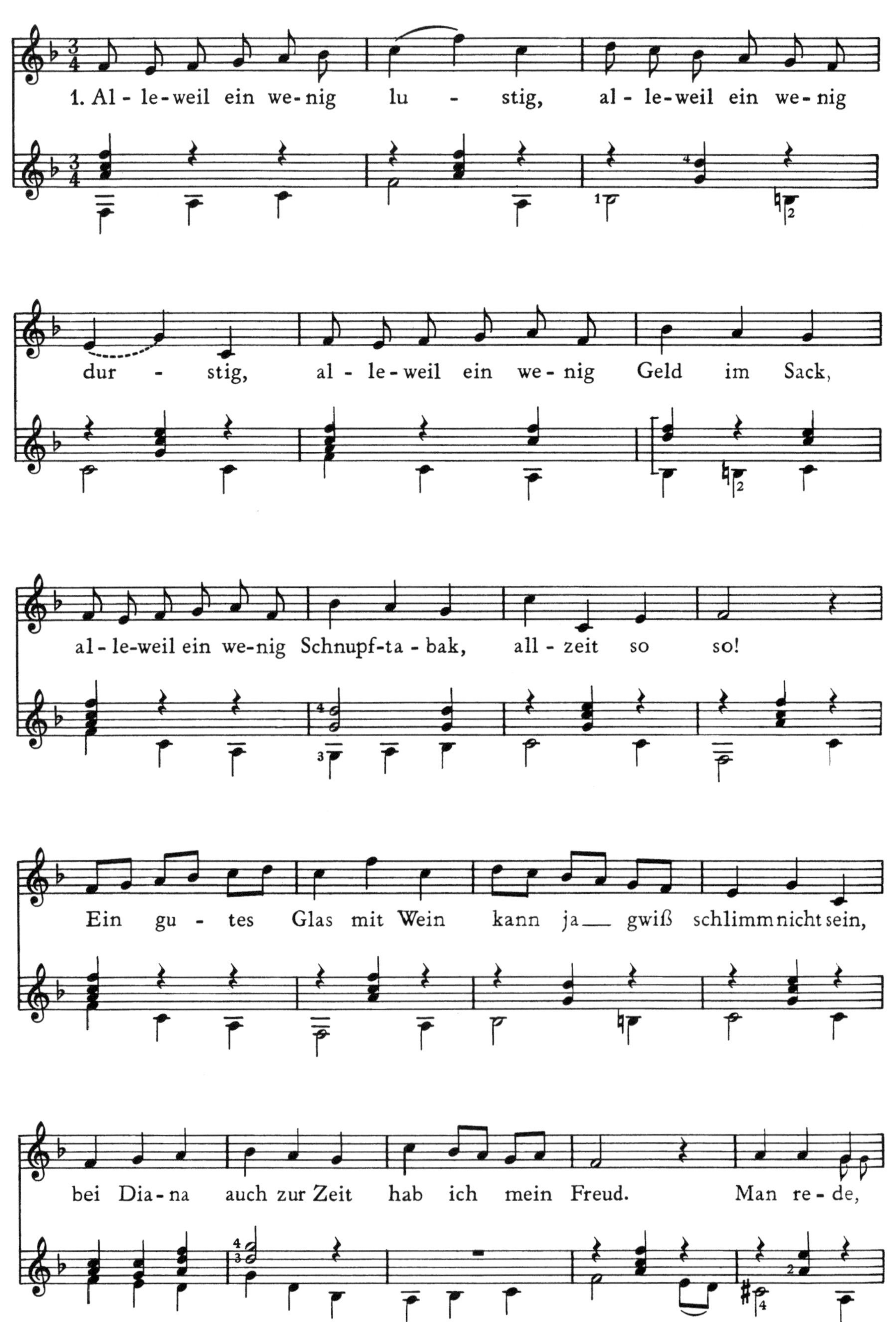

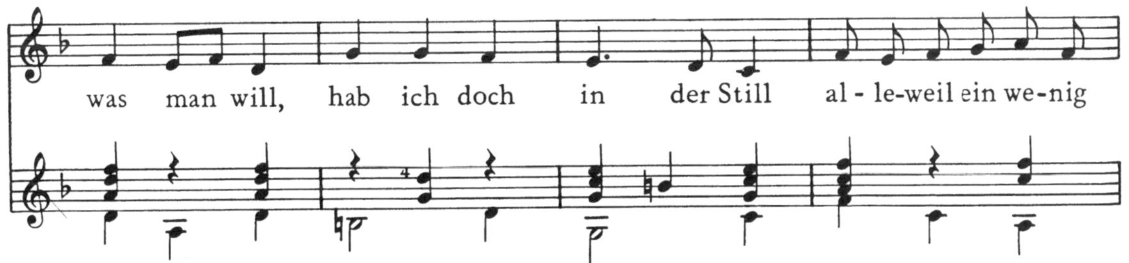

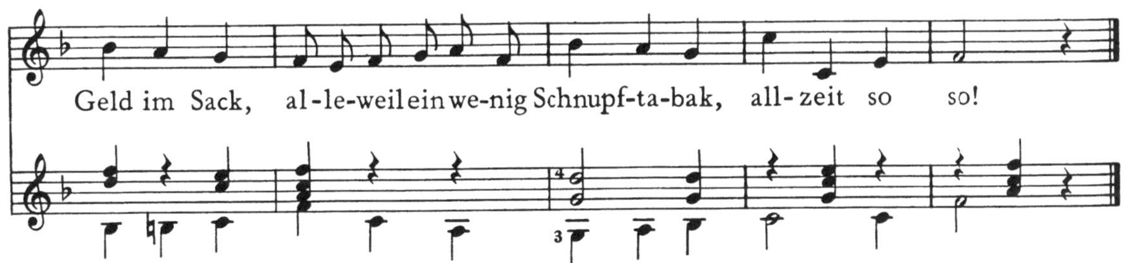

2. Alleweil vom Weine schwanken, alleweil nach Hause wanken, alleweil ein wenig brüderlich, alleweil ein wenig liederlich, allzeit so so! Mein, was hilft Sorg und Müh, die man hat spat und früh; tragst nicht die g'ringste Gab mit dir ins Grab. Alls v'rsoffen vor dem End ist 's beste Testament. Alleweil ein wenig grad und krumm, alleweil ein wenig bös und frumm, allzeit so so!

3. Alleweil ein wenig Buß g'tan, alleweil nochmal gefangen an, alleweil ein wenig 'n Tod betracht', alleweil ein wenig wieder g'lacht, allzeit so so! Es ist Zeit über Zeit; morgen g'wiß und nicht heut, will ich, potz Sapperment, machen ein End. Aber, was denk ich doch, morgen doch muß ich noch alleweil ein wenig trinken Wein, alleweil ein wenig trunken sein, allzeit so so!

Worte und Weise: Valentin Rathgeber, *Augsburger Tafelkonfekt,* 1733

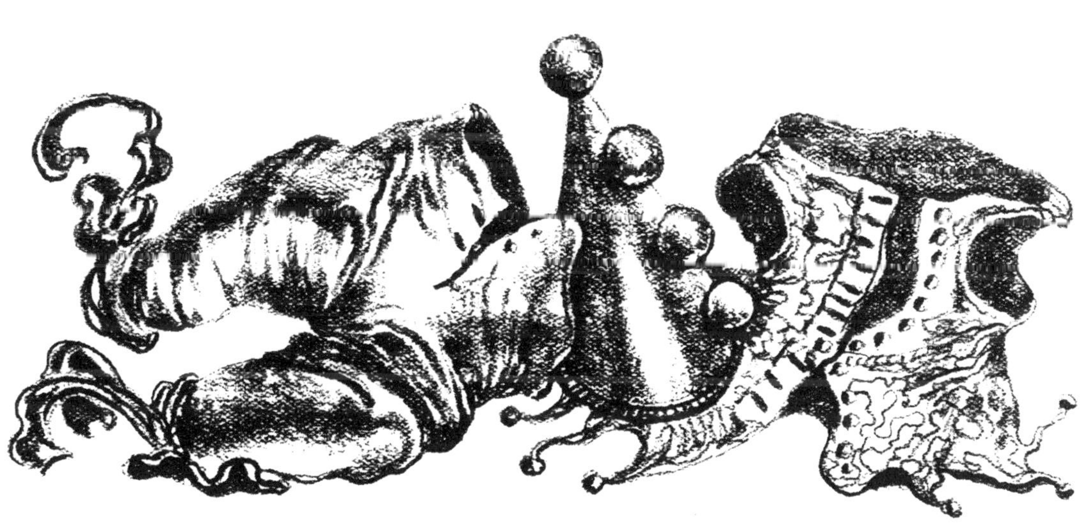

Buerlala

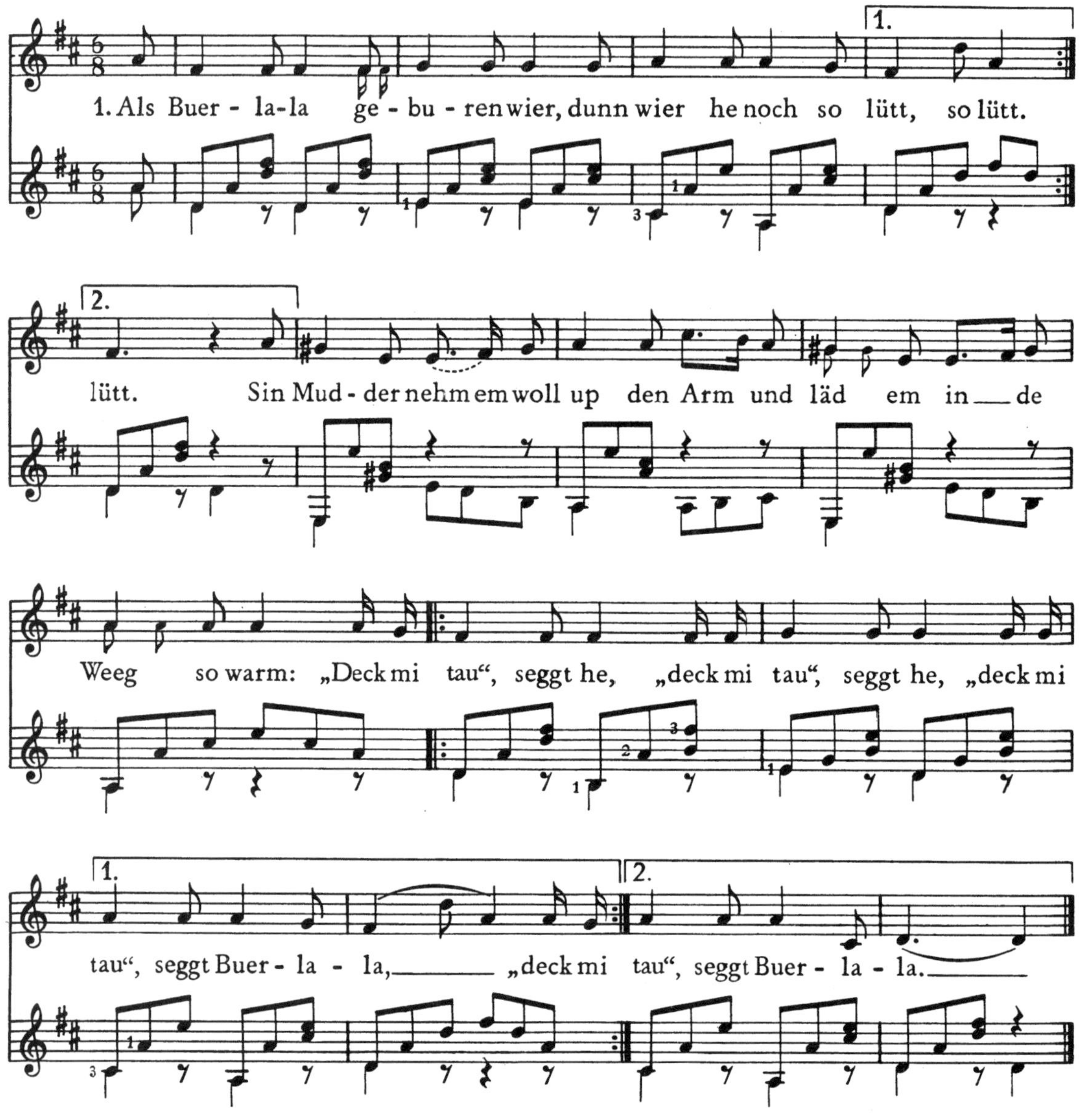

2. |: A's Buerlala nah de Schaul henkeem, dunn wier he noch so dumm, so dumm. :| He wüßt ok nich, wo ut, wo ans, verlat sick ganz up Hans un Franz. |: „Segg mi tau", seggt he, „segg mi tau", seggt he, „segg mi tau", seggt Buerlala. :|

3. |: A's Buerlala ranwussen wier, en'n staatschen Kierl he wier, he wier. :| Dat Hoor wier kort von'n Kopp afschoorn, de Kragen güng em woll oewer de Ohrn. |: „Steiht mi gaut", seggt he, „steiht mi gaut", seggt he, „steiht mi gaut", seggt Buerlala. :|

4. |: A's Buerlala nun storben wier, ganz musingstill he legg, he legg. :| Sin Öllern stünnen woll an sin Graff un wischten sich de Tranen af. |: „Weent man nicht", seggt he, „weent man nich", seggt he, „weent man nich", seggt Buerlala. :|

Worte und Weise: Volkslied aus Flamen. Das umgebildete deutsche Lied vom Pierlala (Pier = Peter) wurde vor allem durch Studenten verbreitet; siehe Hoffmann von Fallersleben, *Holländische Volkslieder,* Breslau 1833.

Das Hofgesind

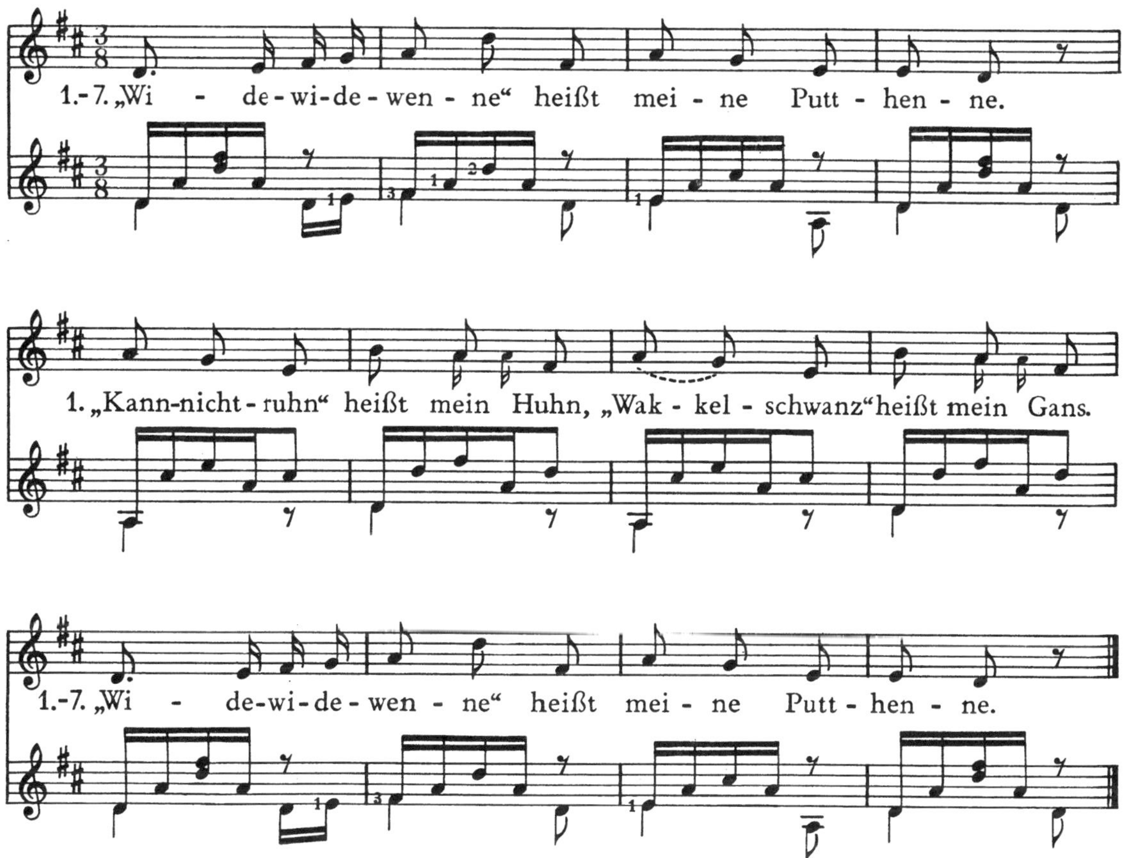

2. Widewidewenne" ... „Schwarz-und-Weiß" heißt meine Geiß, „Treibe-ein" heißt mein Schwein. „Widewidewenne" usw.

3. „Widewidewenne" ... „Ehrenwert" heißt mein Pferd, „Gute Muh" heißt meine Kuh. usw.

4. „Widewidewenne" ... „Wettermann" heißt mein Hahn, „Kunterbunt" heißt mein Hund. usw.

5. „Widewidewenne" ... „Guck-heraus" heißt mein Haus, „Schlupf-hinaus" heißt meine Maus. usw.

6. „Widewidewenne" ... „Wohlgetan" heißt mein Mann, „Sausewind" heißt mein Kind. usw.

7. „Widewidewenne" ... „Lebe-recht" heißt mein Knecht, „Spät-betagt" heißt meine Magd. usw.

gesprochen:
Nun kennt ihr mich mit Mann und Kind und meinem ganzen Hofgesind.

Worte und Weise: Kinderlied aus Holstein (vor 1897)

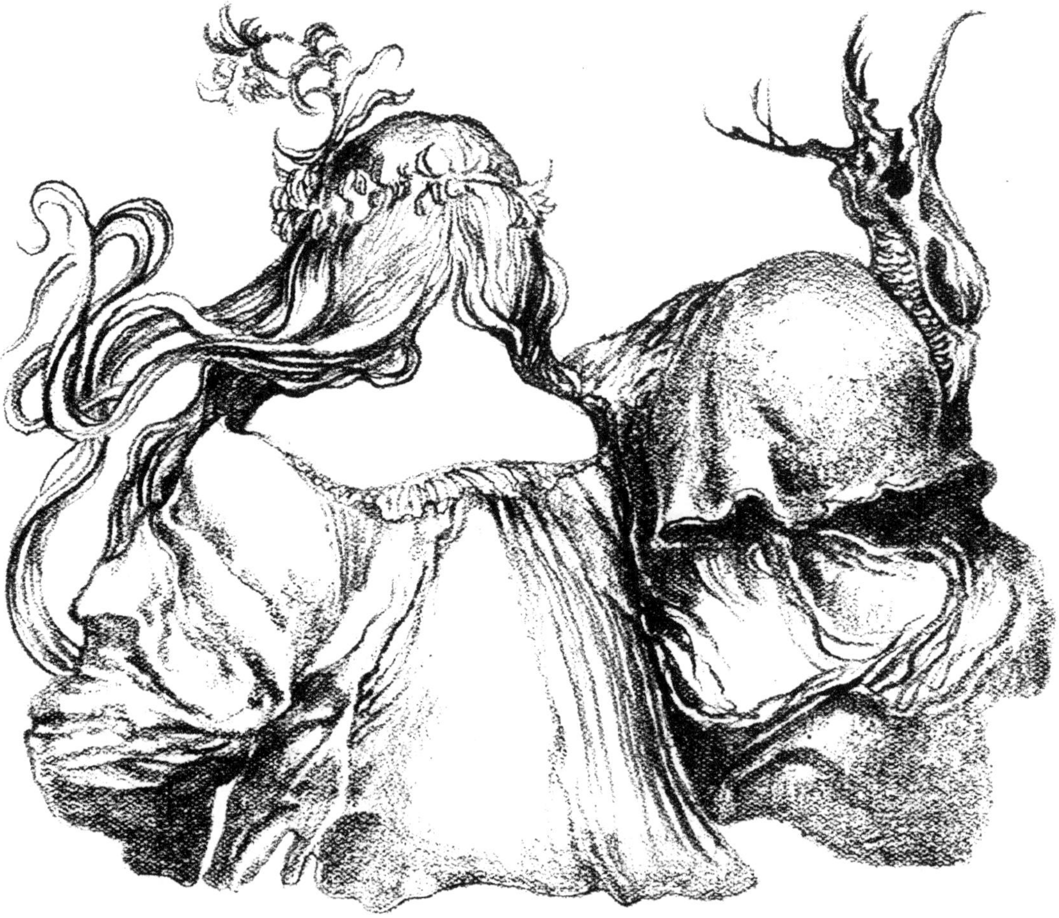

Das Lügenlied

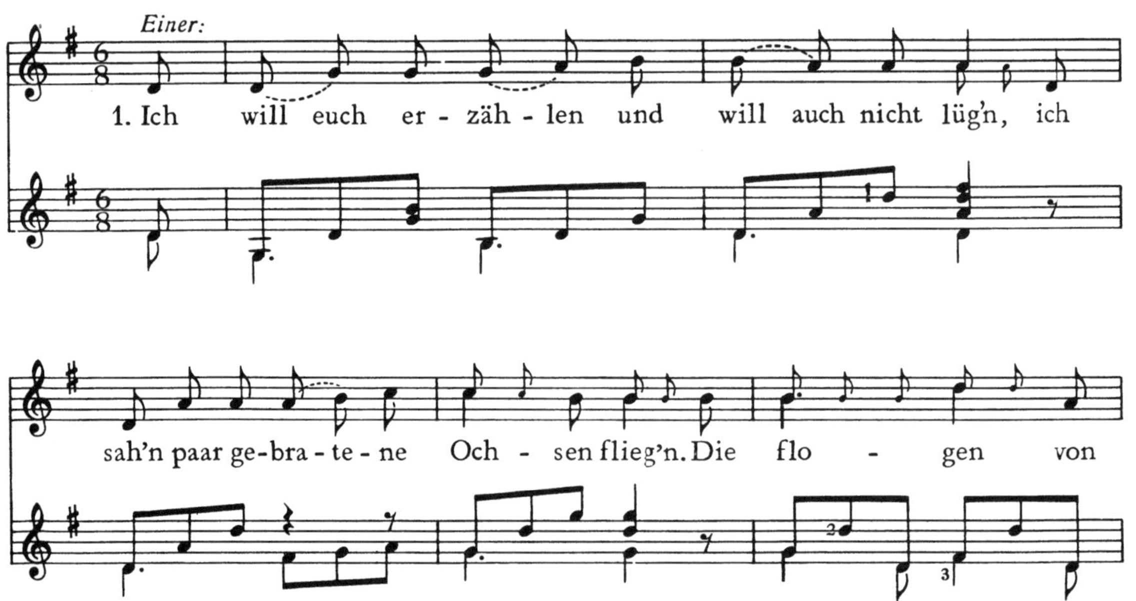

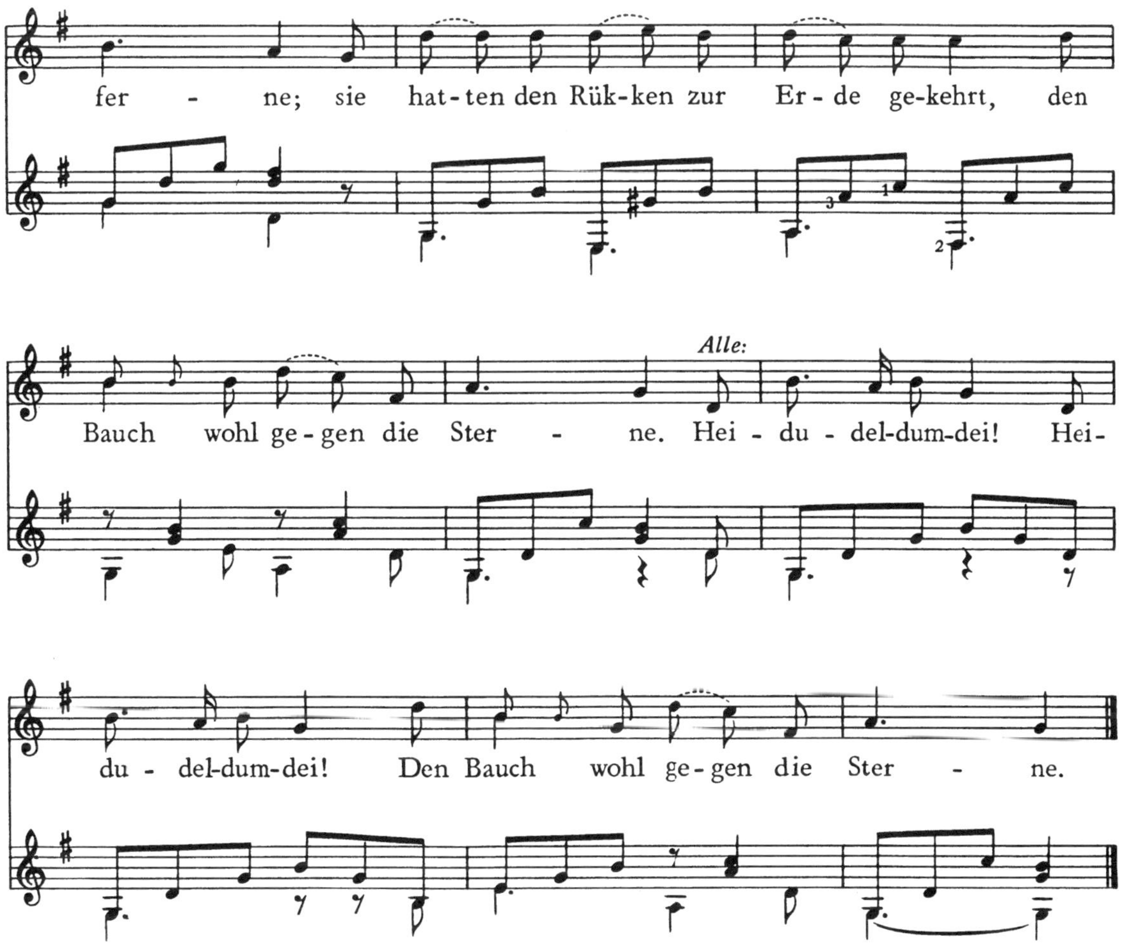

2. Ein Amboß und ein Mühlenstein, die schwammen bei Köln wohl über den Rhein. Sie schwammen so leise; ein Frosch verschlang sie alle beid zu Pfingsten wohl auf dem Eise. |: Heidudeldumdei! :| zu Pfingsten wohl auf dem Eise.

3. In Schlawe, da war ein großer Hahn, der hat unendlich viel Schaden getan: zertrat eine steinerne Brücke. 'ne Mücke stieß den Kirchturm ein – war das nicht ein großes Unglücke? |: Heidudeldumdei! :| war das nicht ein großes Unglücke?

4. In Stralsund stand ein hoher Turm, der trotzte Schnee, Hagel, Regen und Sturm, stand fest über alle Maßen. Den hat ein Kuhhirt mit seinem Horn auf einmal umgeblasen. |: Heidudeldumdei! :| auf einmal umgeblasen.

5. In Greifswald stand ein hohes Haus, da flog eine Fledermaus hinaus; da barst es in tausend Stücken. Da kamen elftausend Schock Schneidergesell'n, die wollten das Haus wieder flicken. |: Heidudeldumdei! :| die wollten das Haus wieder flikken.

6. So will ich denn hiermit mein Liedchen beschließen, und sollt's auch die ganze Gesellschaft verdrießen, will trinken und nicht lügen: In meinem Land sind die Mücken so groß als hier die größten Ziegen. |: Heidudeldumdei! :| als hier die größten Ziegen.

Worte und Weise: Volkslied aus der Gegend von Stralsund und Greifswald (um 1830)

Der Edelmann im Habersack

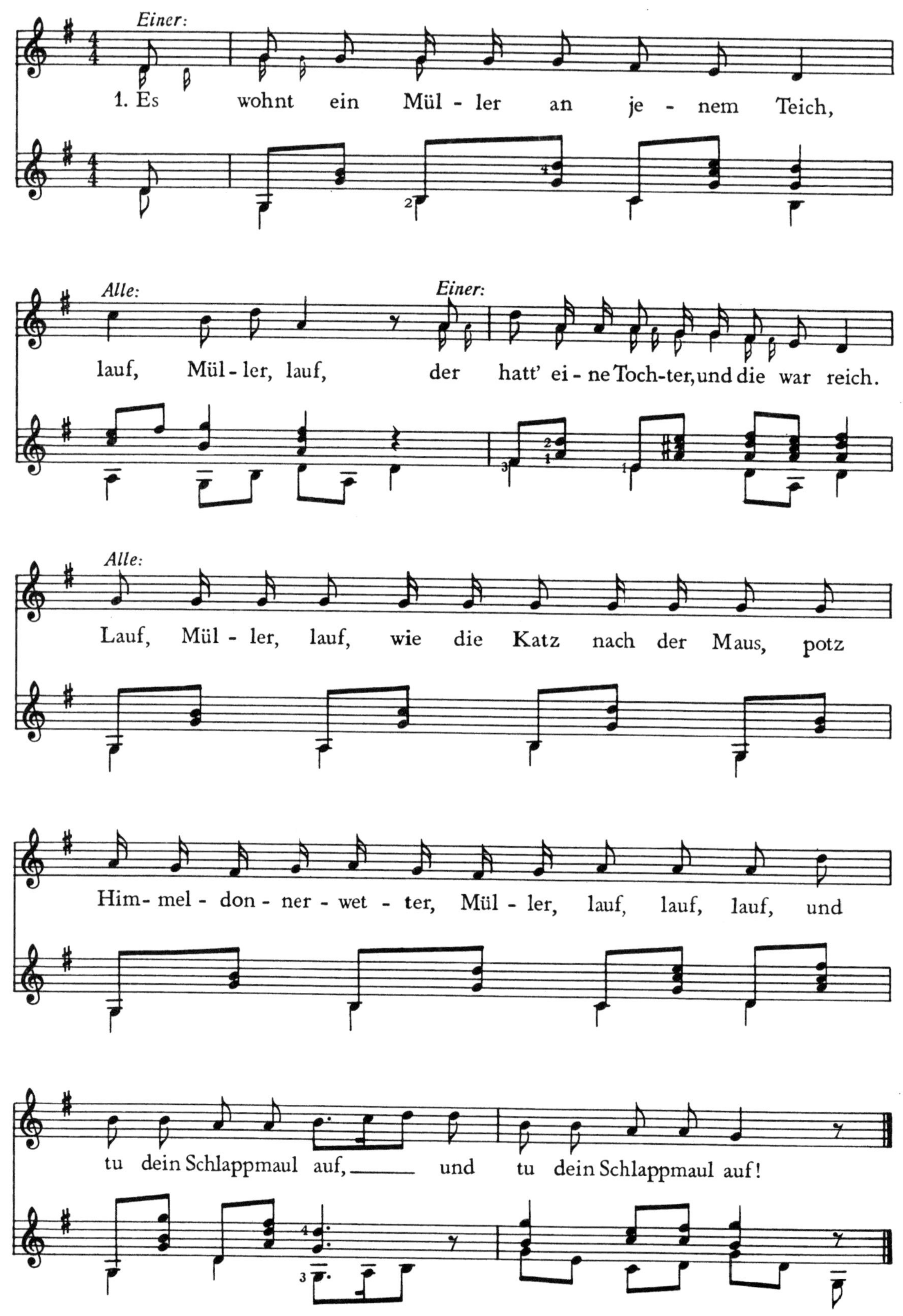

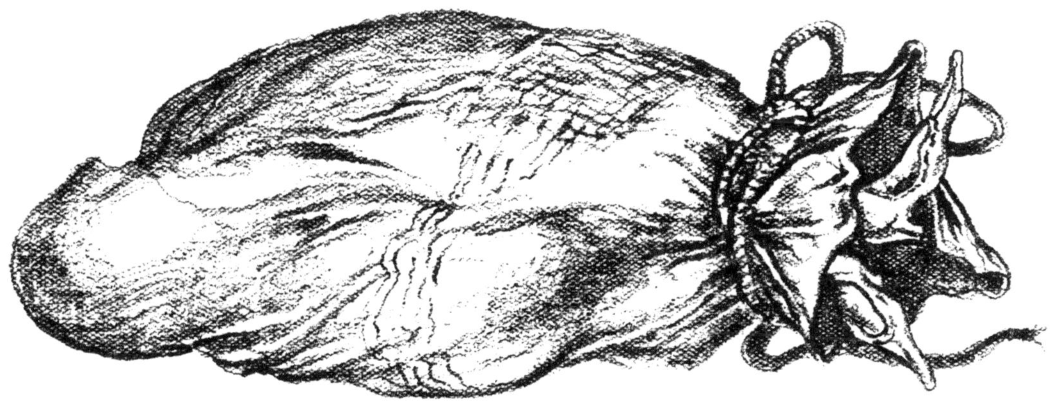

2. Nicht weitab wohnt ein Edelmann, lauf, Müller, lauf, der wollt des Müllers Tochter han. Lauf, Müller, lauf, wie die Katz nach der Maus, usw.

3. Der Edelmann hat einen Knecht, . . . und was er tat, das war ihm recht. usw.

4. „Guten Tag, guten Tag, Frau Müllerin, . . . wo stell ich denn meinen Habersack hin?" usw.

5. „Stell er ihn nur in jenes Eck, . . . nicht weit von meiner Tochter Bett!" usw.

6. Und als es kam um Mitternacht, . . . der Habersack lebendig ward. usw.

7. Die Tochter schrie, die Tochter schrie: . . . „Es ist ein Dieb in unsrer Mühl!" usw.

8. „Es ist kein Dieb, es ist kein Dieb, . . . es ist der Edelmann, der hat dich lieb." usw.

9. „Einen Edelmann, den will ich nicht, . . . einem braven Burschen versag ich mich nicht." usw.

10. „Einen braven Burschen muß ich habn, . . . und müßt ich ihn aus der Erde grabn." usw.

Worte: die älteste Fassung des Textes findet sich bereits in Johann Hecks Liederhandschrift (1679). Im 19. Jh. wurde es von Erk aufgezeichnet und bildet die Grundlage für die vorstehend abgedruckte Textversion. Das Lied ist in mehreren textlichen und mundartlichen Fassungen bekannt · Weise: Volkslied, es wurde 1836 im Brandenburgischen aufgezeichnet und 1838 bei Erk-Irmer veröffentlicht. Anton Wilhelm Florentin von Zuccalmaglio unterlegte der leicht veränderten Melodie des Liedes vom *Edelmann im Habersack* den ebenfalls weitverbreiteten Text *Ein Jäger längs dem Weiher ging*.

Der Schneider Jahrestag

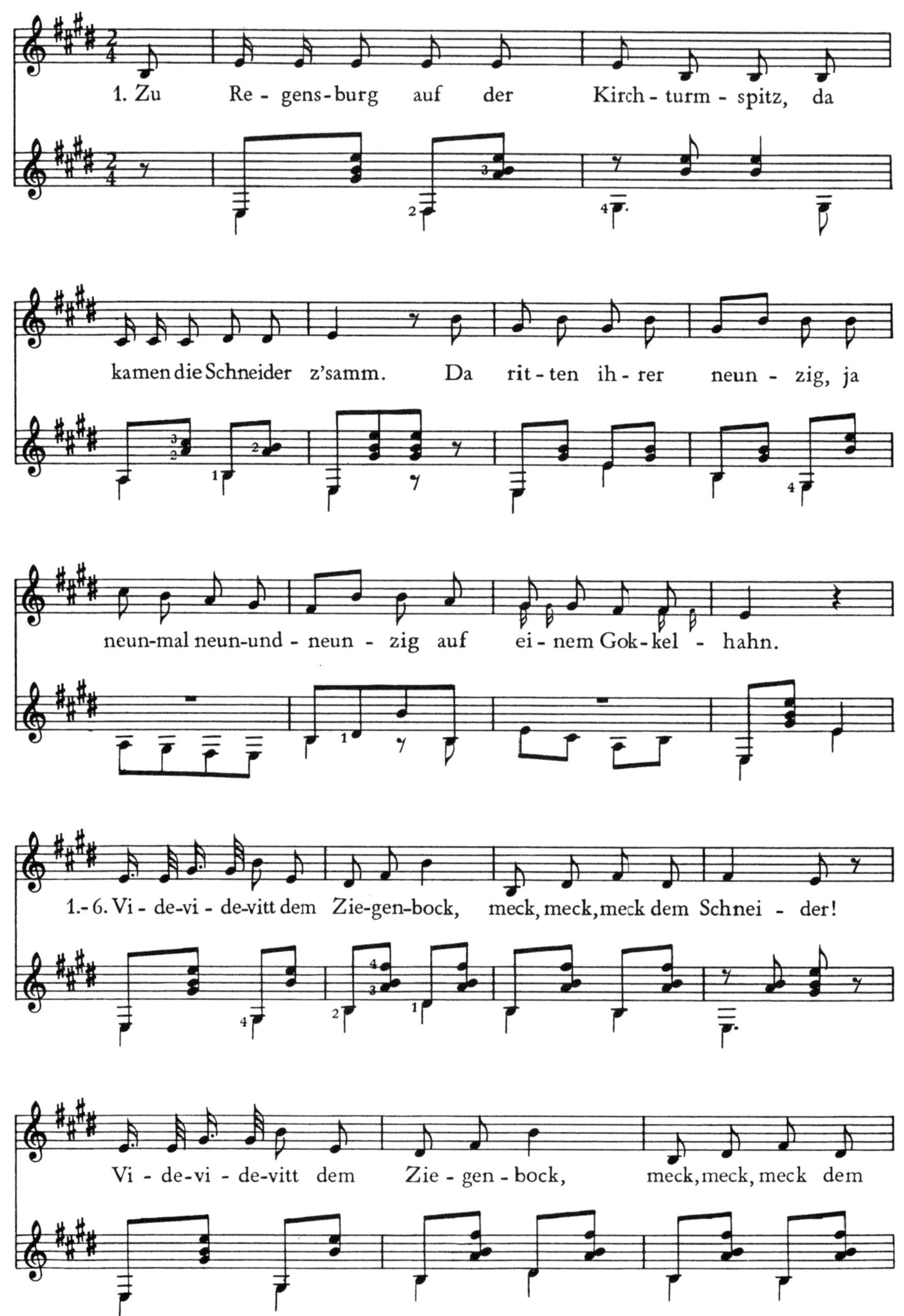

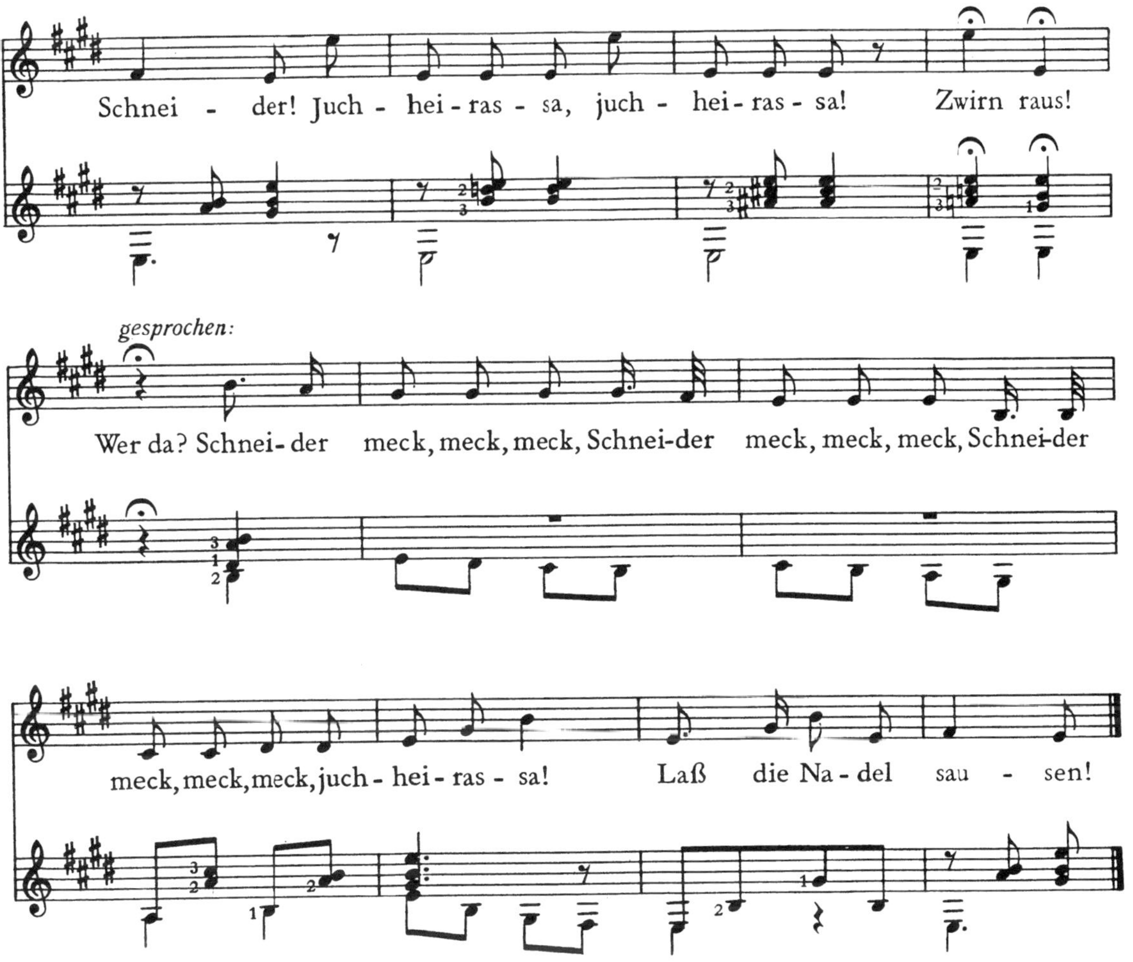

2. Und als die Schneider Jahrestag hattn, da waren sie alle froh; da aßen ihrer neunzig, ja neunmal neunundneunzig von einem gebratenen Floh. Videvidevitt usw.

3. Und als sie nun gegessen hattn, da waren sie voller Mut, da tranken ihrer neunzig, ja neunmal neunundneunzig aus einem Fingerhut. usw.

4. Und als sie nun getrunken hattn, da kamen sie in die Hitz; da tanzten ihrer neunzig, ja neunmal neunundneunzig auf einer Nadelspitz. usw.

5. Und als sie nun getanzet hattn, da gingen sie zur Ruh; da schliefen ihrer neunzig, ja neunmal neunundneunzig auf einem Halmen Stroh. usw.

6. Und als sie nun im Schlafe warn, da raschelt eine Maus; da schlüpften ihrer neunzig, ja neunmal neunundneunzig zum Schlüsselloch hinaus. usw.

Worte und Weise: Volkslied (Anfang 19. Jh.). Früheste gedruckte Version in *Des Knaben Wunderhorn* (1808). In mehreren textlichen, mundartlichen und melodischen Varianten überliefert. Die heutige Anfangsstrophe ist erst seit dem Abdruck des Liedes im *Zupfgeigenhansl* bekannt. Vorher begann das Lied mit dem Vers: *Und als die Schneider Jahrestag hatten.*

Der Tod von Basel

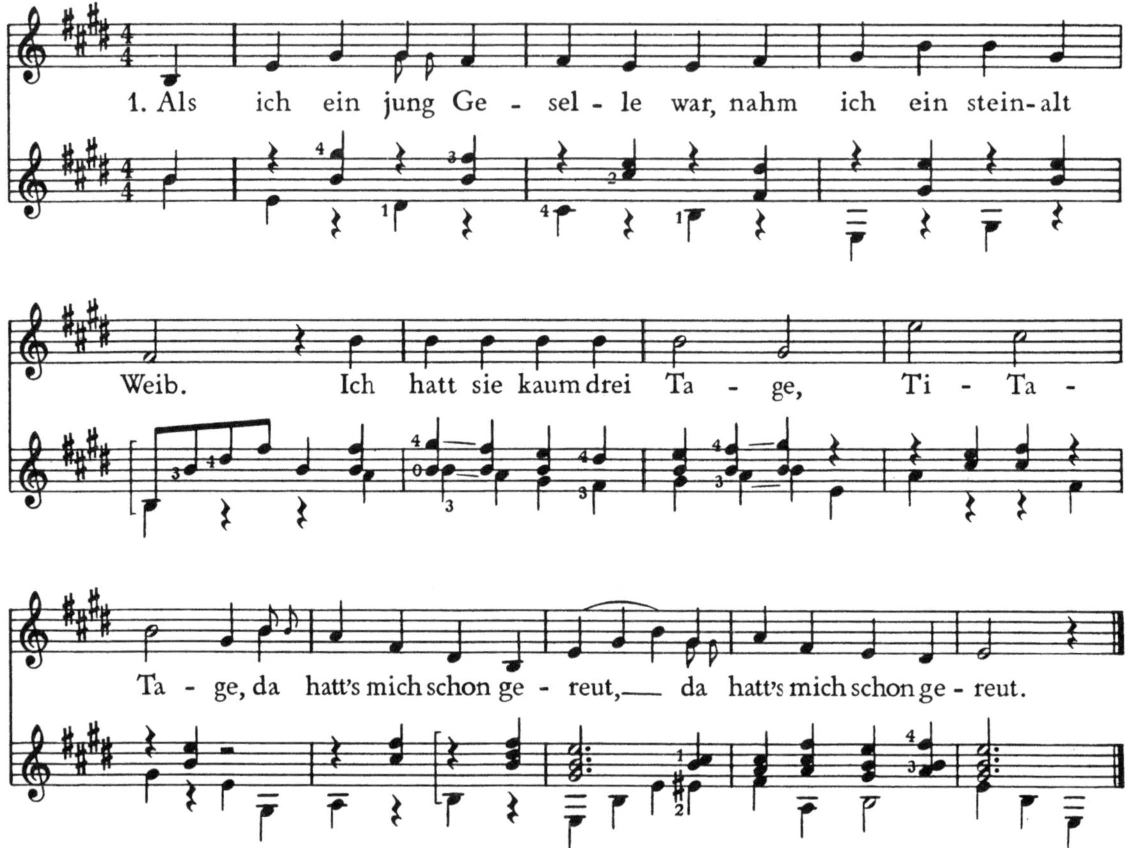

2. Da ging ich auf den Kirchhof hin und bat den lieben Tod: „Ach lieber Tod von Basel, Bi-Ba-Basel, |: hol mir mein' Alte fort!" :|

3. Und als ich wieder nach Hause kam, mein' Alte war schon tot; ich spannt' die Roß an 'n Wagen, Wi-Wa-Wagen |: und fuhr mein' Alte fort. :|

4. Und als ich auf den Kirchhof kam, das Grab war schon gemacht. „Ihr Träger tragt fein sachte, si-sa-sachte, |: daß die Alte nicht erwacht!" :|

5. „Scharrt zu, scharrt zu, scharrt immer zu, das alte, böse Weib! Sie hat ihr Lebetage, Ti-Ta-Tage, |: geplagt mein' jungen Leib." :|

6. Und als ich wieder nach Hause kam, warn Tisch und Bett zu weit. Ich wartet' kaum drei Tage, Ti-Ta-Tage, |: und nahm ein junges Weib. :|

7. Das junge Weibel, das ich nahm, das schlug mich alle Tag. „Ach lieber Tod von Basel, Bi-Ba-Basel, |: hätt ich mein' alte Plag!" :|

Worte und Weise: Volkslied, in mehreren textlichen und melodischen Varianten seit dem 16. Jh. bekannt, veröffentlicht u. a. in Friedrich Nicolai, *Eyn feyner kleyner Almanach,* Berlin 1777

Das Lied bezieht sich wahrscheinlich auf das Fresko *„Basler Totentanz"* aus dem 15. Jh., das sich an der Kirchhofsmauer des dortigen Predigerklosters befand.

Der Weltlauf

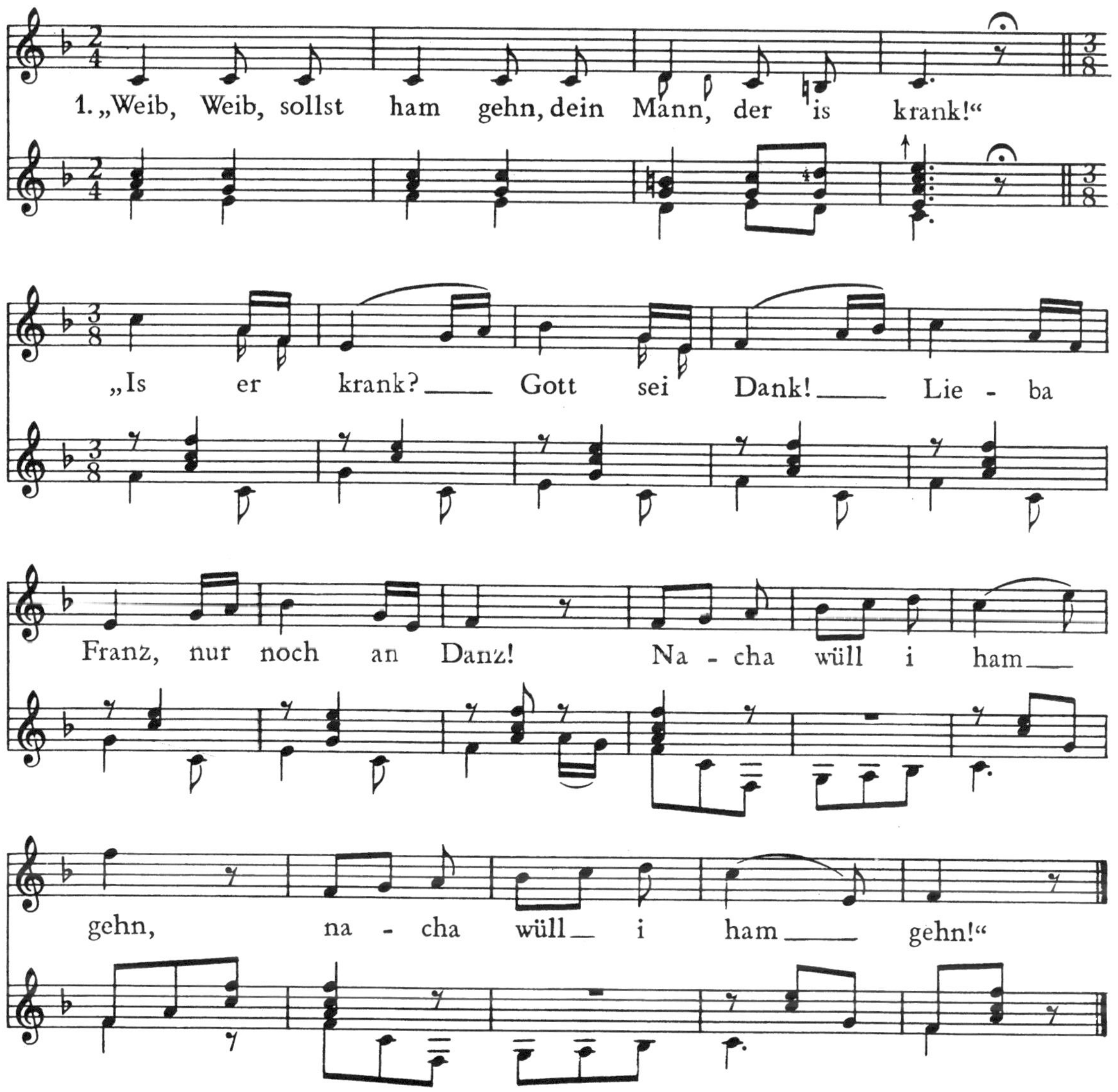

2. „Weib, Weib . . ., dein Mann is recht schlecht!“ „Is a schlecht, gschiacht eam recht! Liaba Franz“ usw.

3. „Weib, Weib . . ., dein Mann liegt in Zign[1]!“ „Liegt in Zign? Laßt 'n liegn.“ usw.

4. „Weib, Weib . . ., dein Mann, dear is dod!“ „Is er dod? Drest 'n[2] Gott!“ usw.

5. „Weib, Weib . . ., dein Mann wiard bigrabn.“ „Wiard bigrabn, braucht ma's nid zsagn.“ usw.

6. „Weib, Weib . . ., a Frei'r is im Haus.“ „Is ar im Haus? Laßts 'n nid aus! Liaba Franz, hiazt kan Danz! |: Denn ich wüll glai ham gehn!“ :|

[1] Zign: in den letzten Zügen [2] drest 'n: tröste ihn

Worte und Weise: Volkslied aus dem Wienerwald (vor 1819), in mehreren textlichen, mundartlichen und melodischen Varianten auch aus anderen Gegenden bekannt

Der Wettstreit

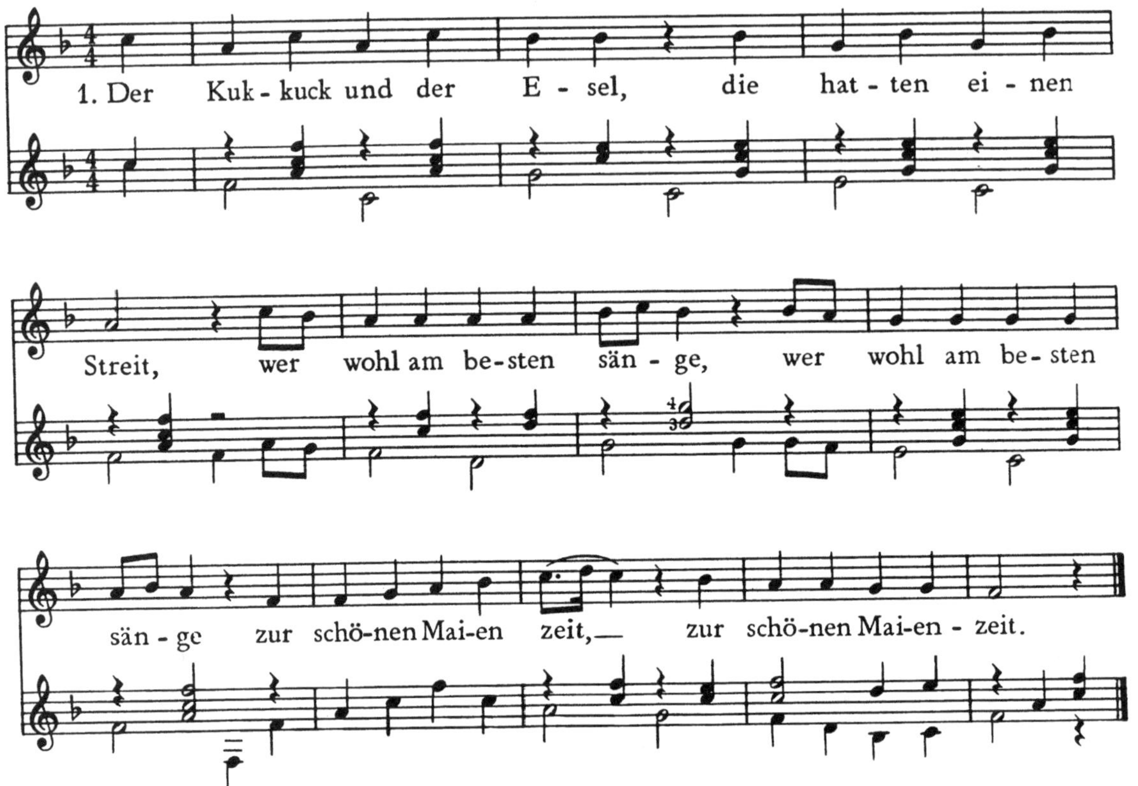

2. Der Kuckuck sprach: „Das kann ich!" und hub gleich an zu schrein. : „Ich aber kann es besser!" :| |: fiel gleich der Esel ein. :|

3. Das klang so schön und lieblich, so schön von fern und nah; |: sie sangen alle beide: :| |: „Kuckuck, kuckuck, i – a!" :|

Worte: Heinrich Hoffmann von Fallersleben (1835) Weise: Carl Friedrich Zelter (1810)

Die Weise schrieb Carl Friedrich Zelter ursprünglich zu Goethes Scherzgedicht *Es ist ein Schuß gefallen.* Heinrich Hoffmann von Fallersleben war jedoch von der Melodie des Liedes so angetan, daß er sie seinem Wettgesang vom Kuckuck und dem Esel zu Grunde legte.

Die Leineweber

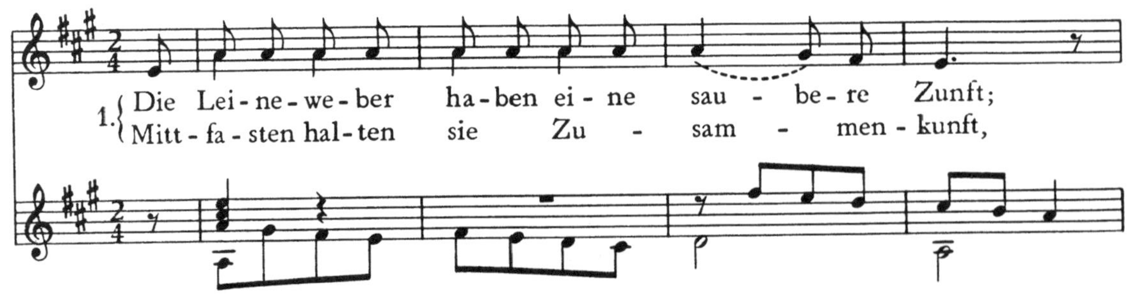

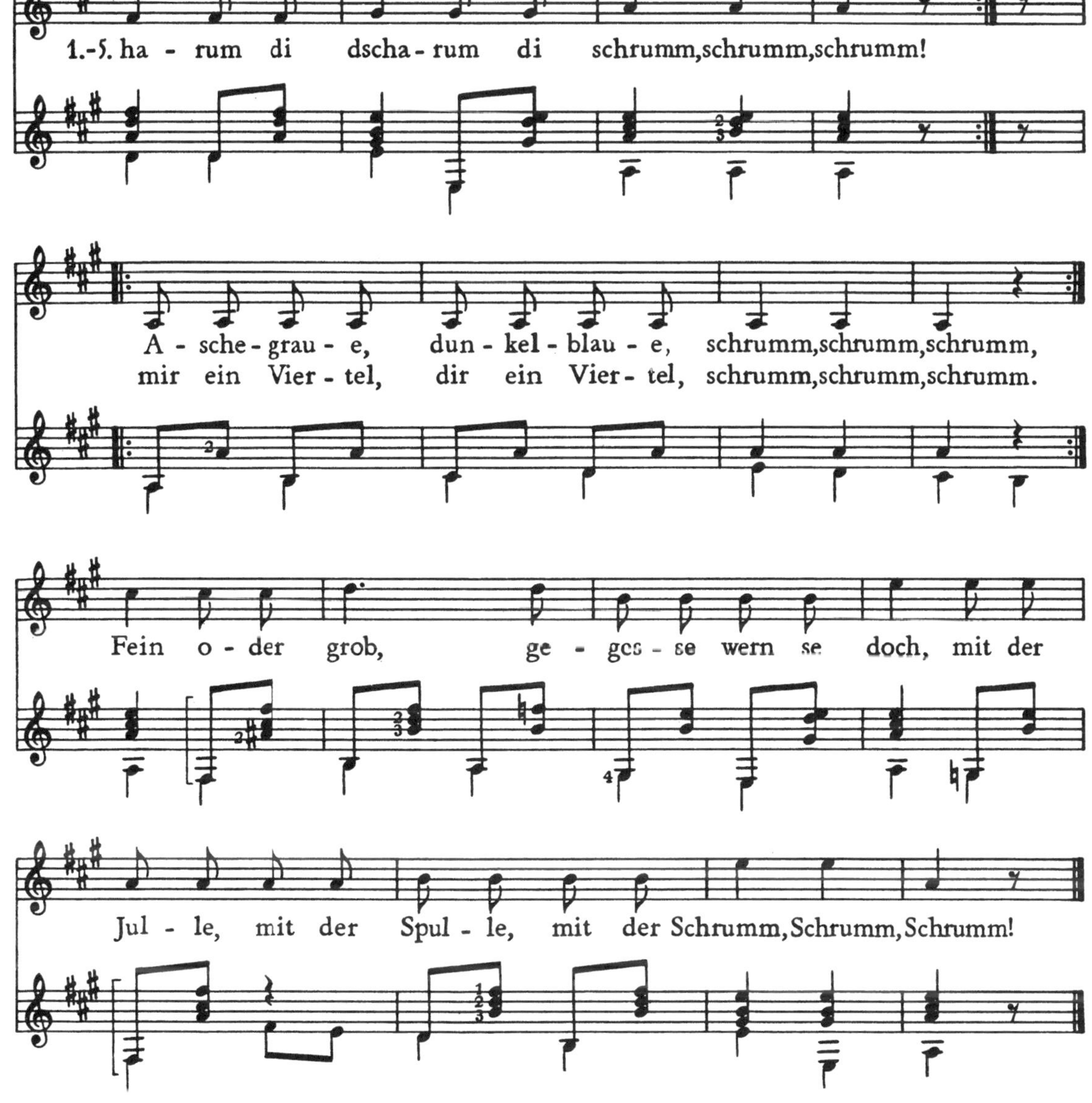

2. Die Leineweber nehmen keinen Lehrjungen an, harum ... der nicht sechs Wochen lang fasten kann. Aschegraue, dunkelblaue usw.

3. Die Leineweber schlachten alle Jahr zwei Schwein, ... das eine ist gestohlen, und das andre ist nicht sein. usw.

4. Die Leineweber haben ein Schifflein klein, ... da setzen sie die Wanzen und Flöhe hinein. usw.

5. Die Leineweber machen eine zarte Musik, ... wie wenn zwölf Müllerwagen fahren über die Brück. usw.

Worte und Weise: Volkslied aus Schlesien (vor 1833). Die erste bekannte Veröffentlichung erfolgte in Kugler-Reinicks *Liederbuch für deutsche Künstler,* Berlin 1933

Das Lied vermittelt mit Galgenhumor eine der drastischsten Schilderungen über die menschenunwürdigen Lebensbedingungen der schlesischen Weber zu dieser Zeit. Zwei Generationen später (1892) griff Gerhart Hauptmann dieses Thema in seinem Schauspiel *Die Weber* auf und schuf ein soziales Bild von erschütternder Wirkung und Anklage.

Die Vogelhochzeit

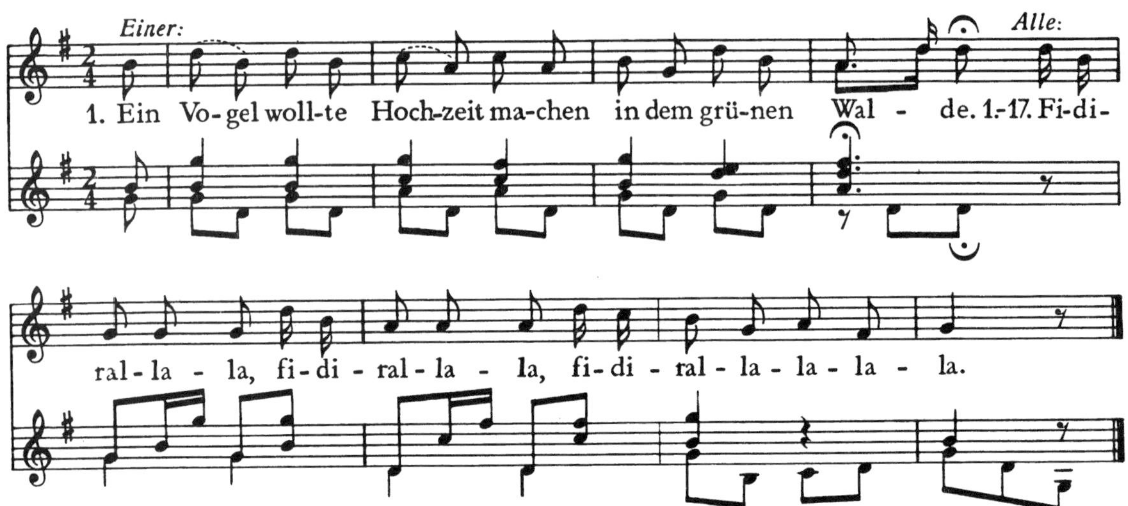

2. Die Drossel war der Bräutigam, die Amsel war die Braute. Fidirallala usw.

3. Die Lerche, die Lerche, die führt die Braut zur Kerche. usw.

4. Der Auerhahn, der Auerhahn, derselbig war der Kapellan. usw.

5. Die Meise, die Meise, die sang das Kyrieleise. usw.

6. Die Gänse und die Anten, das warn die Musikanten. usw.

7. Der Pfau mit seinem bunten Schwanz macht mit der Braut den ersten Tanz. usw.

8. Der Kibitz, der Kibitz, der macht dabei den schönsten Witz. usw.

9. Der Seidenschwanz, der Seidenschwanz, der sang das Lied vom Jungfernkranz. usw.

10. Die Puten, die Puten, die machten breite Schnuten. usw.

11. Brautmutter war die Eule, nahm Abschied mit Geheule. usw.

12. Das Finkelein, das Finkelein, das führt das Paar zur Kamm'r hinein. usw.

13. Der Uhu, der Uhu, der macht die Fensterladen zu. usw.

14. Der lange Specht, der lange Specht, der macht der Braut das Bett zurecht. usw.

15. Die Fledermaus, die Fledermaus, die zieht der Braut die Strümpfe aus. usw.

16. Frau Kratzefuß, Frau Kratzefuß gibt allen einen Abschiedskuß. usw.

17. Der Hahn, der krähet: „Gute Nacht!“ Nun wird die Kammer zugemacht. usw.

Worte und Weise: Volkslied, seine Wurzeln reichen bis zum Jahr 1530 zurück. In der Lautentabulatur Hainhofers (1604) ist es mit 40 Strophen enthalten. Die vorliegende Fassung stammt aus der Gegend von Bunzlau und Hainau

Donaustrudel

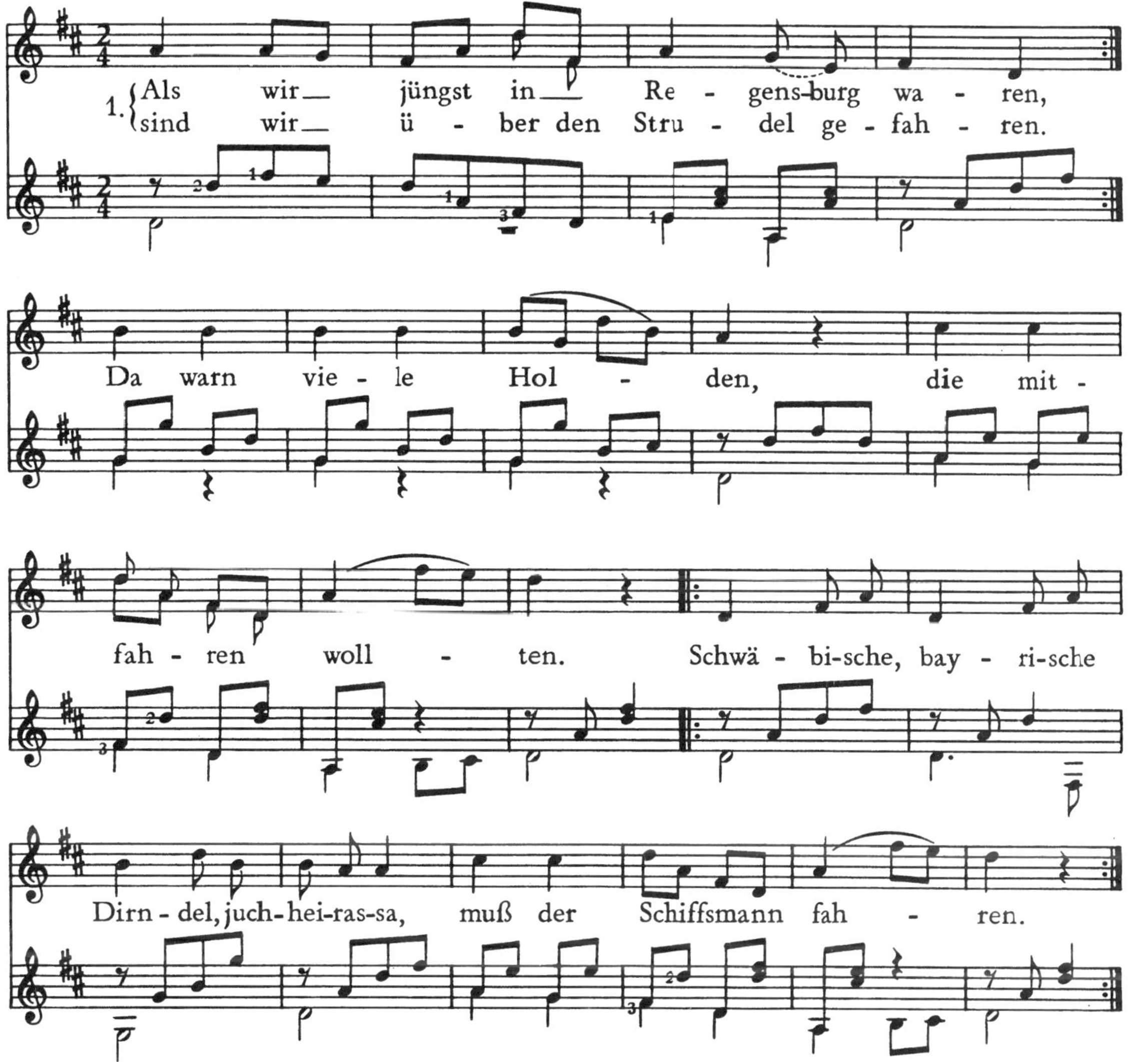

2. Und von hohem Berges-Schlosse kam auf stolzem, schwarzem Rosse adlig Fräulein Kunigund, wollt' mitfahren über's Strudels Grund. Schwäbische, bayrische usw.

3. „Schiffsmann, lieber Schiffsmann mein, sollt's denn so gefährlich sein? Schiffsmann, sagt mir's ehrlich, ist's denn so gefährlich?" usw.

4. „Wem der Myrtenkranz geblieben, landet froh und sicher drüben; wer ihn hat verloren, ist dem Tod erkoren!" usw.

5. Als sie auf die Mitt gekommen, kam ein großer Nix geschwommen, nahm das Fräulein Kunigund, fuhr mit ihr in des Strudels Grund. usw.

6. Und ein Mädel von zwölf Jahren ist mit über den Strudel gefahren; weil sie noch nicht lieben kunnt, fuhr sie sicher über Strudels Grund. usw.

Worte und Weise: bayrisches Volkslied, in mehreren textlichen und melodischen Varianten seit 1750 bekannt

Drunten im Unterland

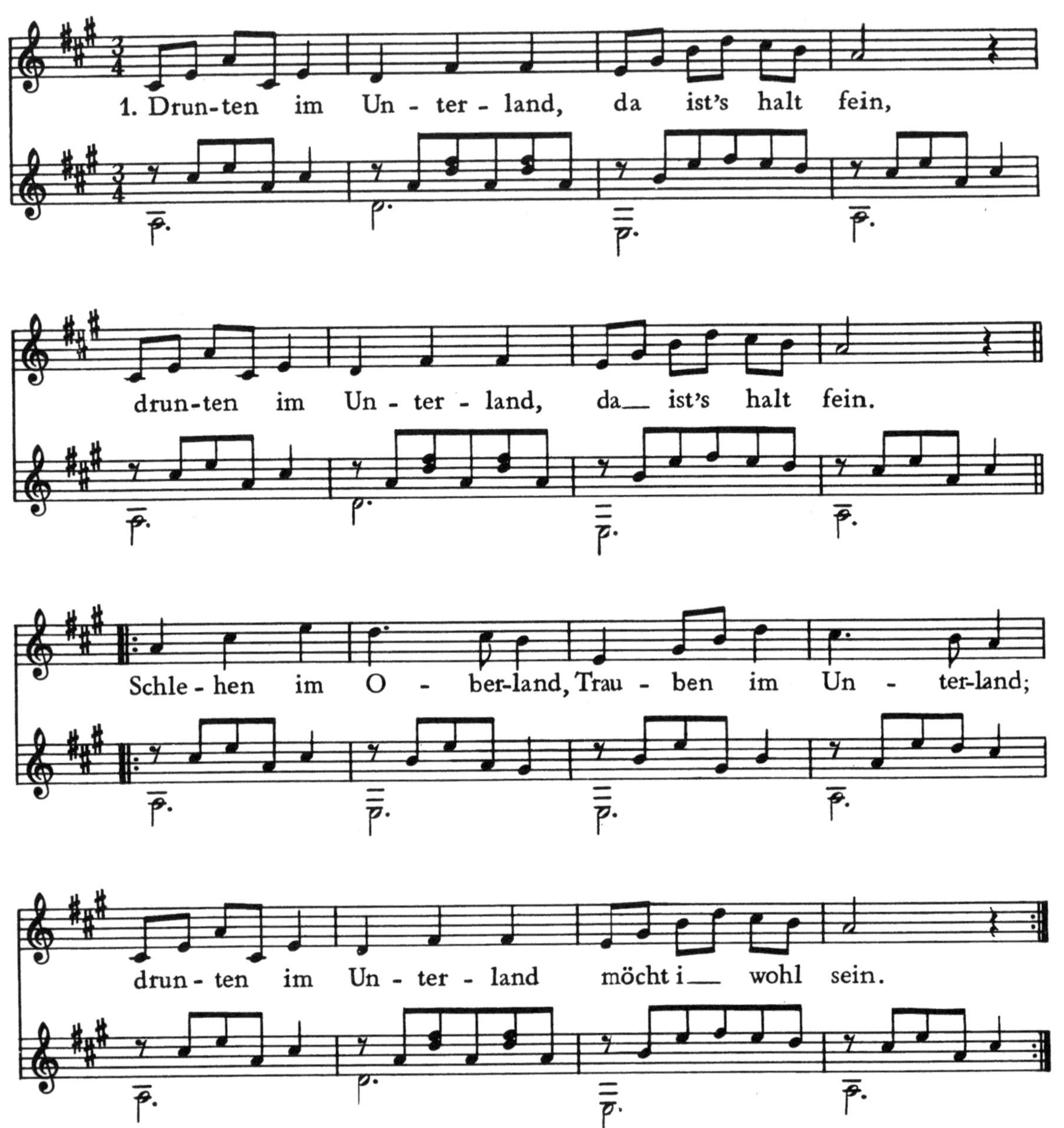

2. |: Drunten im Neckartal, da ist's halt fein. :| Ist mer's da oben rum manchmal au noch so dumm, han i doch alleweil drunten guts Blut.

3. |: Kalt ist's im Oberland, drunten ist's warm; :| oben sind d'Leut so reich, d'Herzen sind gar net weich, b'sehnt mi net freundlich an, werdet net warm.

4. |: Aber da unten rum, da sind d'Leut arm; :| aber so froh und frei und in der Liebe treu; drum sind im Unterland d'Herzen so warm.

Worte: Gottfried Weigle (1835), der Text entstand auf Anregung von Friedrich Silcher
Weise: nach dem schwäbischen Volkslied *Draußen im Schwabeland wächst a schöns Holz,*
Bearbeitung: Friedrich Silcher

Eine kleine Geige möcht' ich haben

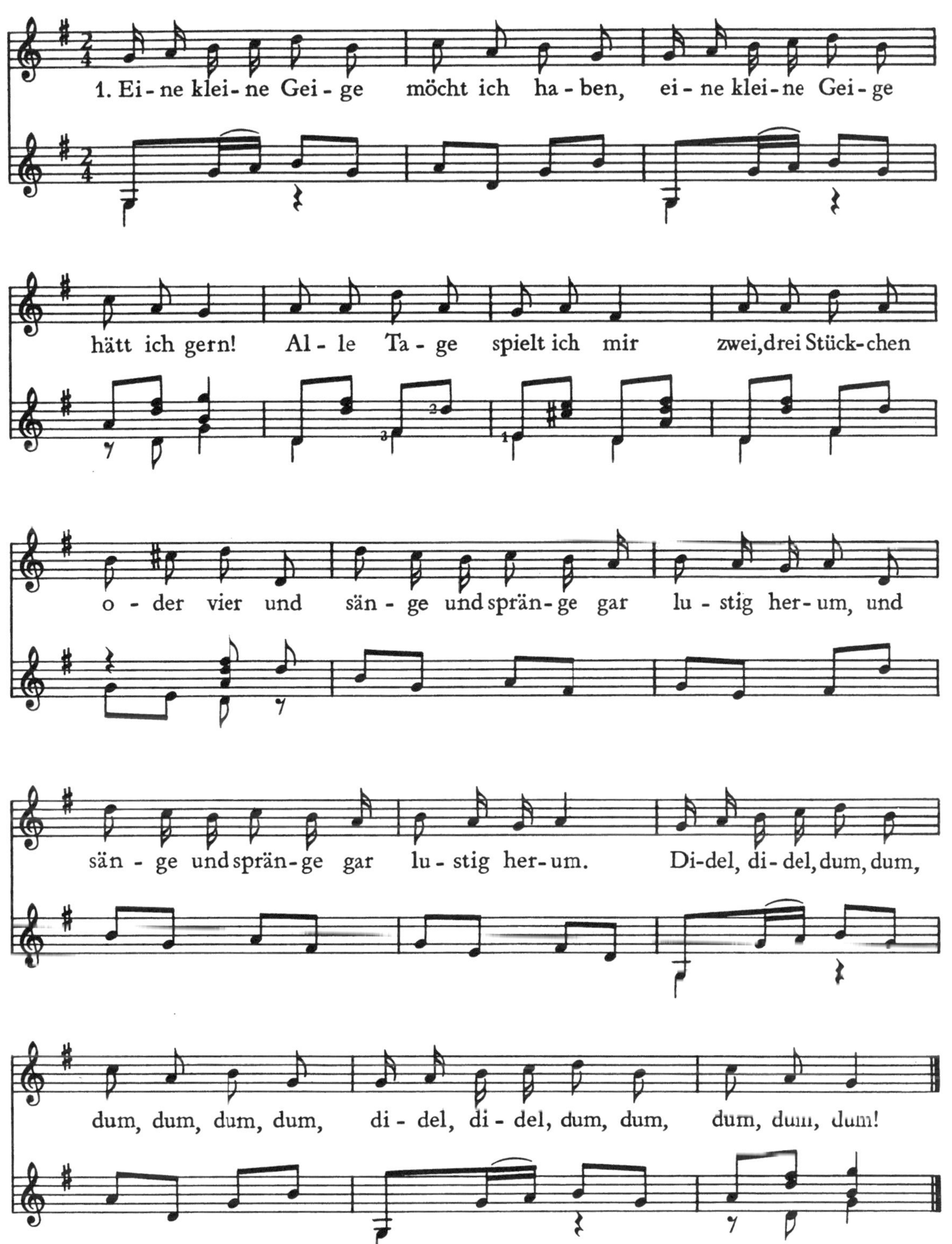

2. Eine kleine Geige klingt gar lieblich, eine kleine Geige klingt gar schön. Nachbars Kinder, unser Spitz, alle kämen wie der Blitz |: und sängen und sprängen mit mir auch herum. :| Didel, didel, dum, dum usw.

Worte: Heinrich Hoffmann von Fallersleben · Weise: Volkslied

Ein Jäger längs dem Weiher ging

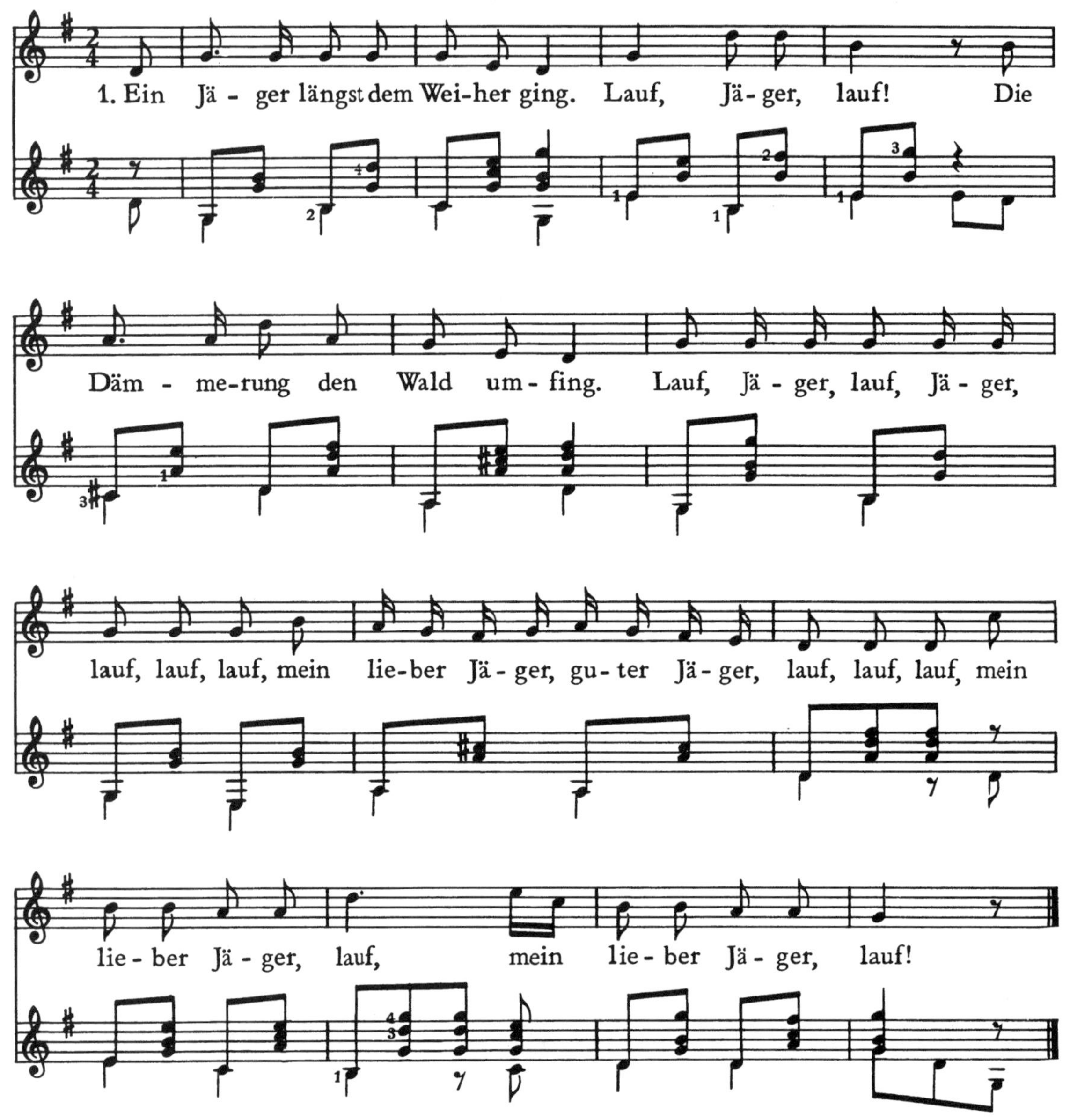

2. Was raschelt in dem Grase dort? Lauf, Jäger, lauf! Was flüstert leise fort und fort? Lauf, Jäger, lauf, Jäger, lauf, lauf, lauf, usw.

3. Was ist das für ein Untier doch? . . . Hat Ohren wie ein Turm so hoch. usw.

4. Der Jäger furchtsam um sich schaut. . . . „Jetzt will ich's wagen, o mir graut!" usw.

5. „O Jäger, laß die Büchse ruhn! . . . Das Tier könnt dir ein Leides tun!" usw.

6. Der Jäger lief zum Wald hinaus, . . . verkroch sich flink im Jägerhaus. usw.

7. Das Häschen spielt im Mondenschein, ... ihm leuchten froh die Äugelein. usw.

Worte und Weise: Volkslied, wurde von Anton Wilhelm Florentin von Zuccalmaglio aus den vorliegenden Textstrophen und der leicht abgewandelten Melodie der alten Volksballade *Der Edelmann im Habersack – Es wohnt ein Müller an jenem Teich* geschaffen. Die Melodie der Ballade wurde im Jahre 1836 im Brandenburgischen aufgezeichnet.

Ein Männlein steht im Walde

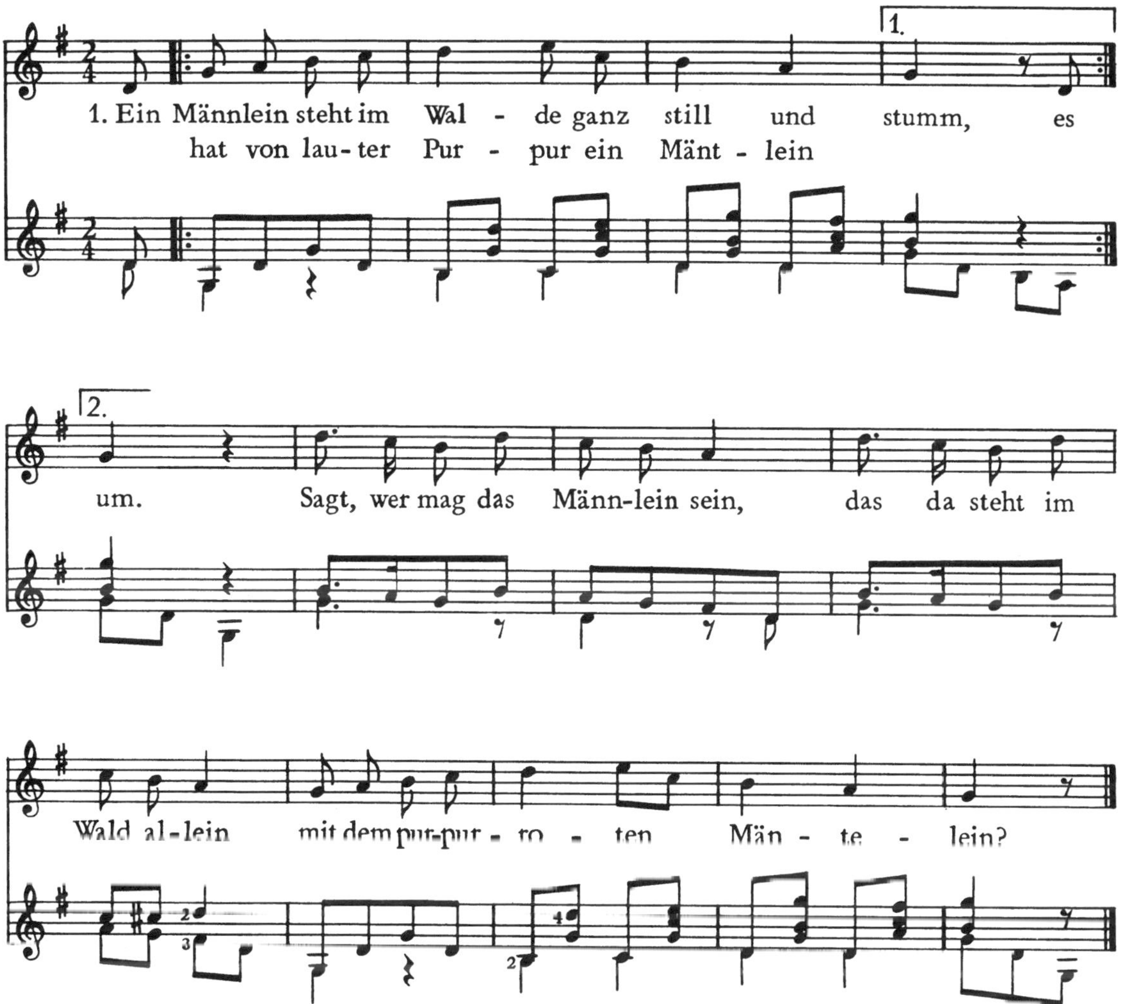

2. Das Männlein steht im Walde auf einem Bein und hat auf seinem Kopfe schwarz Käpplein klein. Sagt, wer mag das Männlein sein, das da steht auf einem Bein mit dem kleinen schwarzen Käppelein?

Ein Kind spricht:
Das Männlein dort auf einem Bein mit seinem roten Mäntelein und seinem schwarzen Käppelein kann nur die Hagebutte sein!

Worte: Heinrich Hoffmann von Fallersleben · Weise: Volkslied

Es hatt' ein Bauer ein schönes Weib

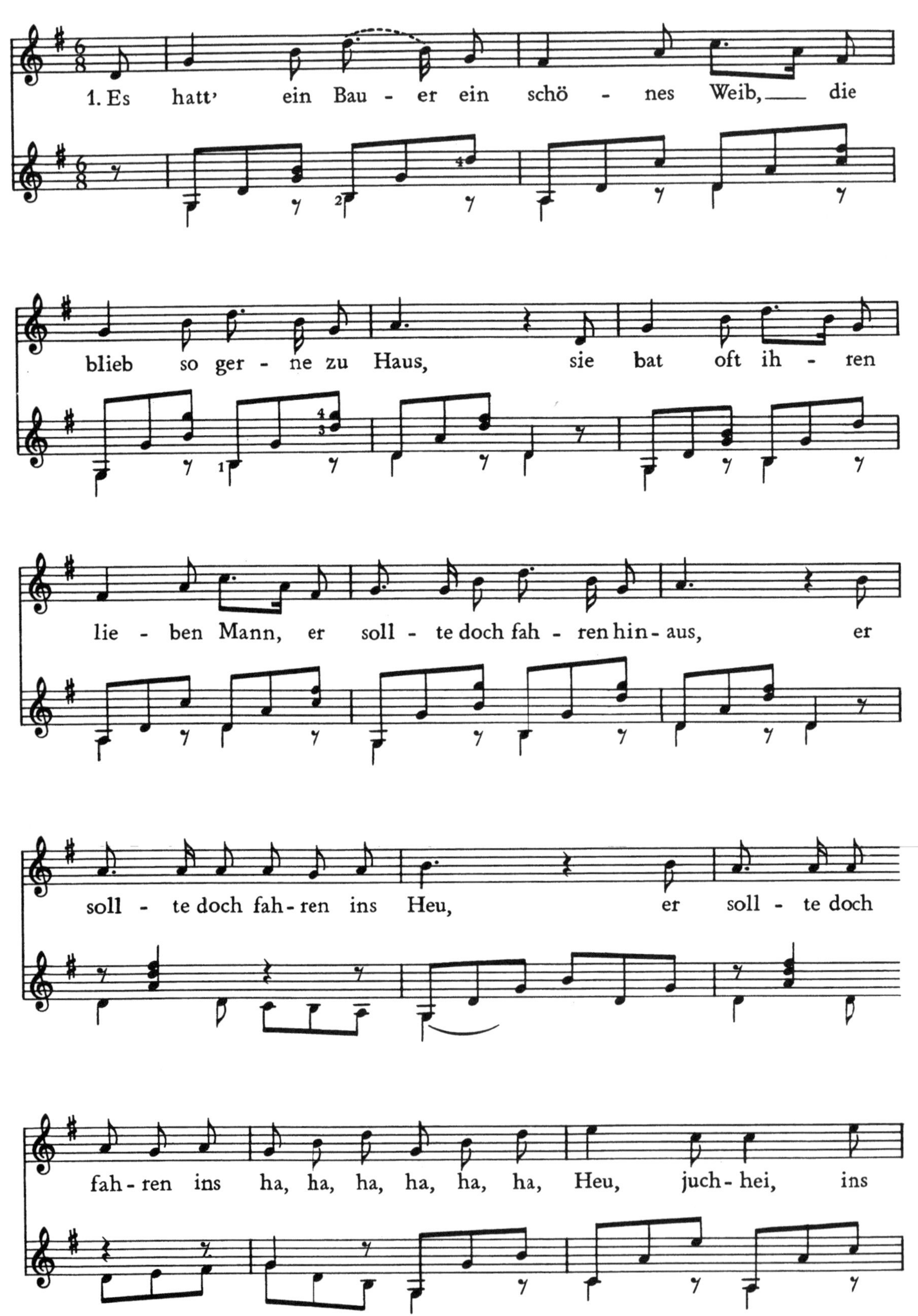

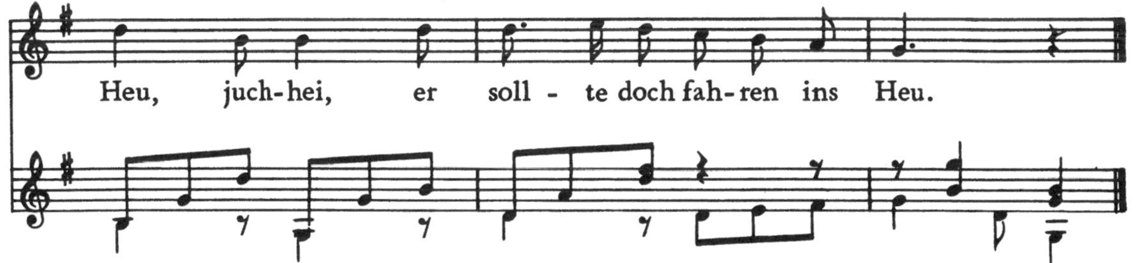

2. Der Mann, der dachte in seinem Sinn: „Die Reden, die sind gut! Ich will mich hinter die Haustür stelln, will sehn, was meine Frau tut. Will sagen, ich fahre ins Heu, will sagen, ich fahre ins ha, ha, ha," usw.

3. Da kam geschlichen ein Reitersknecht zum jungen Weibe herein, und sie umfängt gar freundlich ihn, gab stracks ihren Willen darein. „Mein Mann ist gefahren ins Heu" usw.

4. Er faßte sie um ihr Gürtelband und schwang sie wohl hin und her; der Mann, der hinter der Haustür stand, ganz zornig da trat er herfür: „Ich bin noch nicht 'fahren ins Heu" usw.

5. „Ach trauter, herzallerliebster Mann, vergib mir diesen Fehl! Ich will ja herzen und lieben dich, will kochen dir Mus und Mehl. Ich dachte, du wärest ins Heu" usw.

6. „Und wenn ich gleich gefahren wär' ins Heu und Haberstroh, so sollst du nun und nimmermehr ein' andern lieben also; der Teufel mag fahren ins Heu!" usw.

7. Und der euch dieses Liedchen sang, der wird es singen noch oft, es ist der junge Reitersknecht, er liegt im Heu und im Hof. Er fährt auch manchmal ins Heu, usw.

Worte und Weise: Volkslied aus dem 19. Jh., in verschiedenen textlichen und mundartlichen Varianten bekannt. Die inhaltlich früheste Version des Liedes stammt aus dem Jahre 1535: *Es hätt' ein Biedermann ein Weib*.

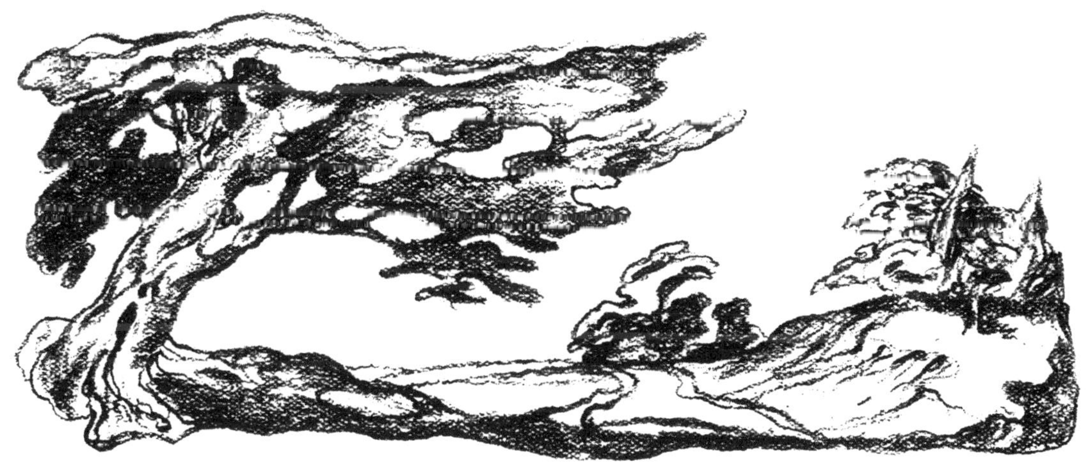

Es zogen auf sonnigen Wegen

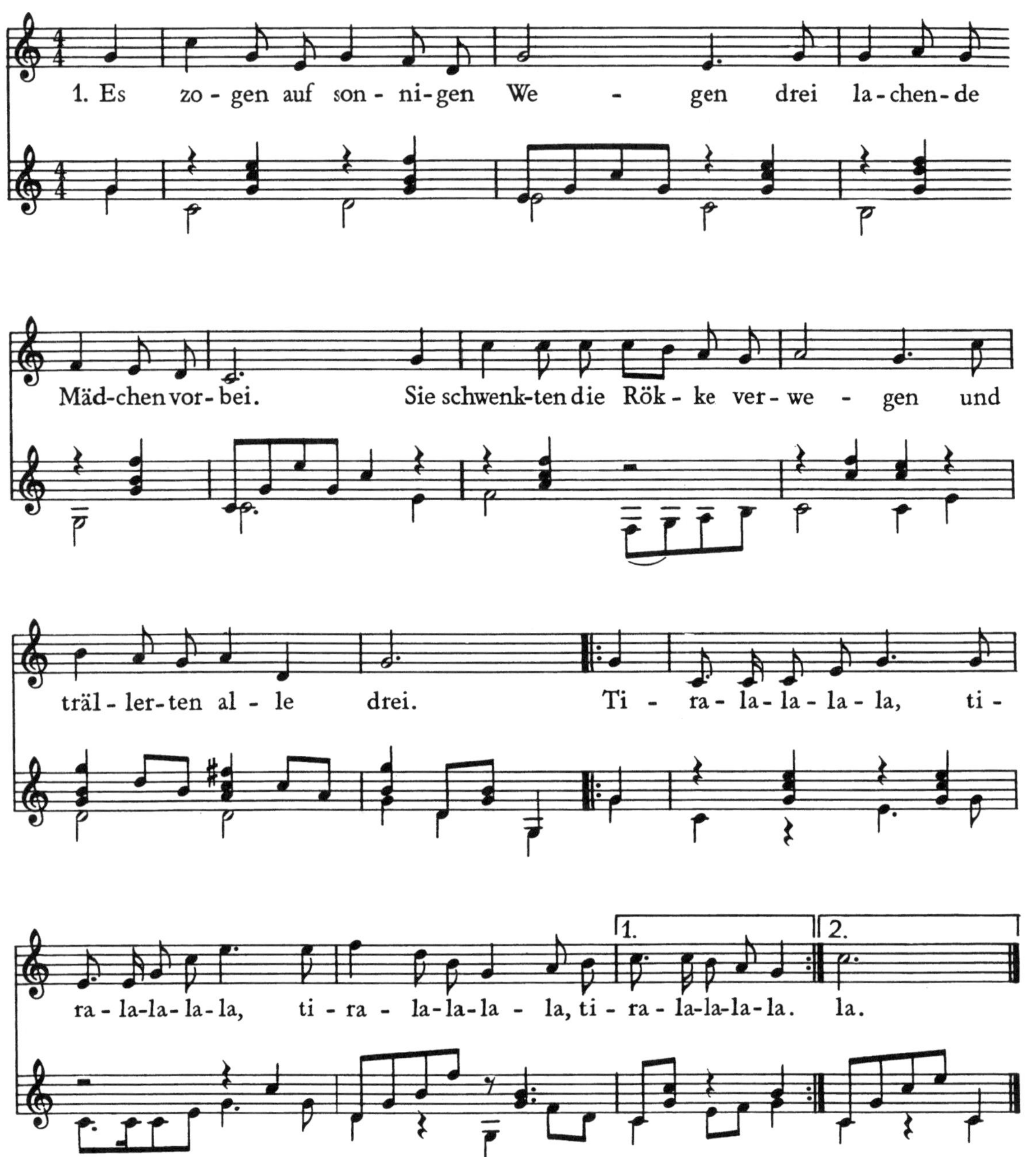

2. Ihr Lied klang so hell in die Weite, sie liefen so froh durch den Mai. Ich konnt mich für keine entscheiden, drum küßt ich sie alle drei. Ti-ra-la-la-la-la usw.

3. Doch, ach, eine jede wollt haben, daß ich ihr Alleiniger sei. Kein Drittel, den ganzen Knaben, den wollten sie alle drei. usw.

4. Du Schwarze, du Blonde, du Braune, vergebt und vergeßt und verzeiht. Will keiner verderben die Laune, drum laß ich euch alle drei. usw.

Worte und Weise: Volkslied

Freut euch des Lebens

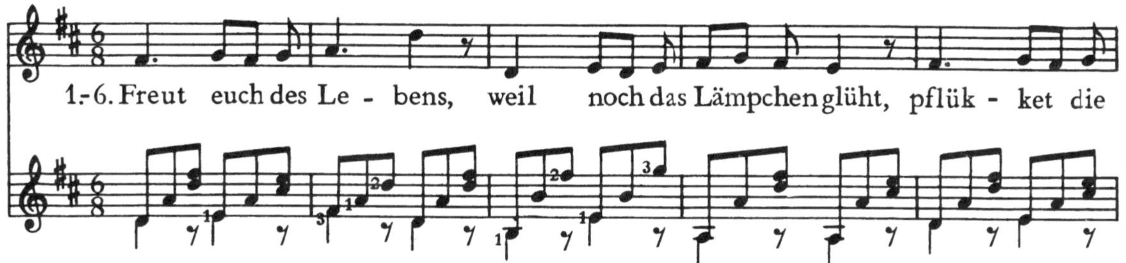

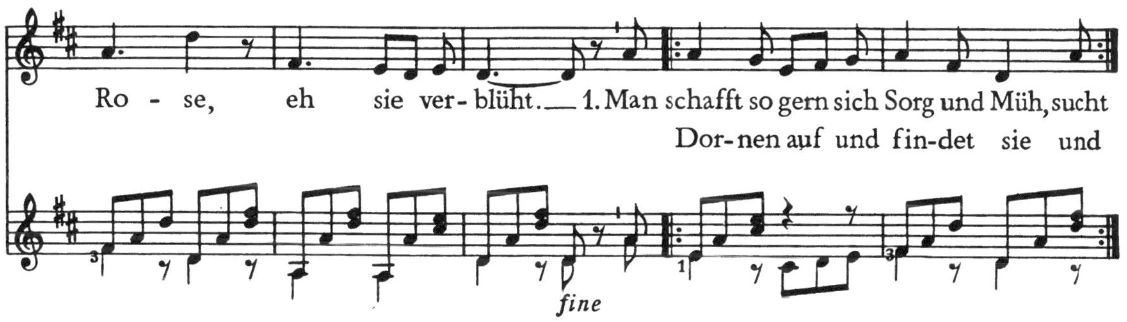

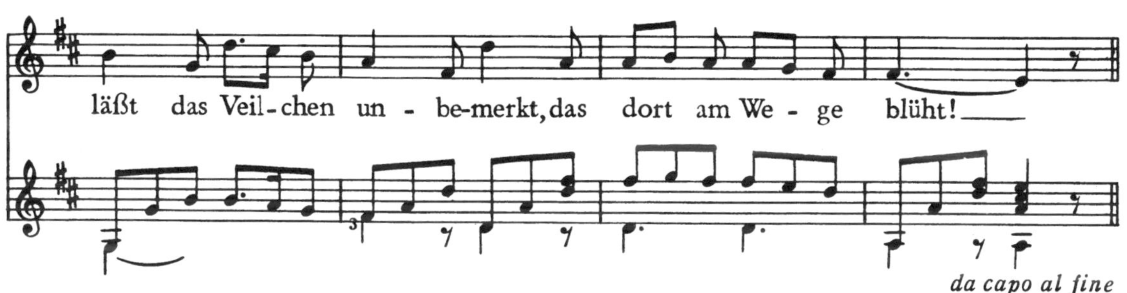

2. Freut euch ... Wenn scheu die Schöpfung sich verhüllt und laut der Donner ob uns brüllt, dann lacht am Abend nach dem Sturm die Sonne uns so schön. Freut euch des Lebens, usw.

3. Freut euch ... Wer Redlichkeit und Treue liebt und gern dem ärmern Bruder gibt, bei dem baut sich Zufriedenheit so fest ihr Hüttchen auf. usw.

4. Freut euch ... Und wenn der Pfad sich furchtbar engt und Mißgeschick uns plagt und drängt, so reicht die Freundschaft schwesterlich dem Redlichen die Hand. usw.

5. Freut euch ... Sie trocknet ihm die Tränen ab und streut ihm Blumen in das Grab; sie wandelt Nacht in Dämmerung und Dämmerung in Licht. usw.

6. Freut euch ... Sie ist des Lebens schönstes Band; schlagt, Brüder, traulich Hand in Hand. So wallt man froh, so wallt man leicht ins bessre Vaterland. usw.

Worte: Martin Usteri (1793) · Weise: vermutlich Hans Georg Nägeli (1793)

Gehn m'r weng 'rüber

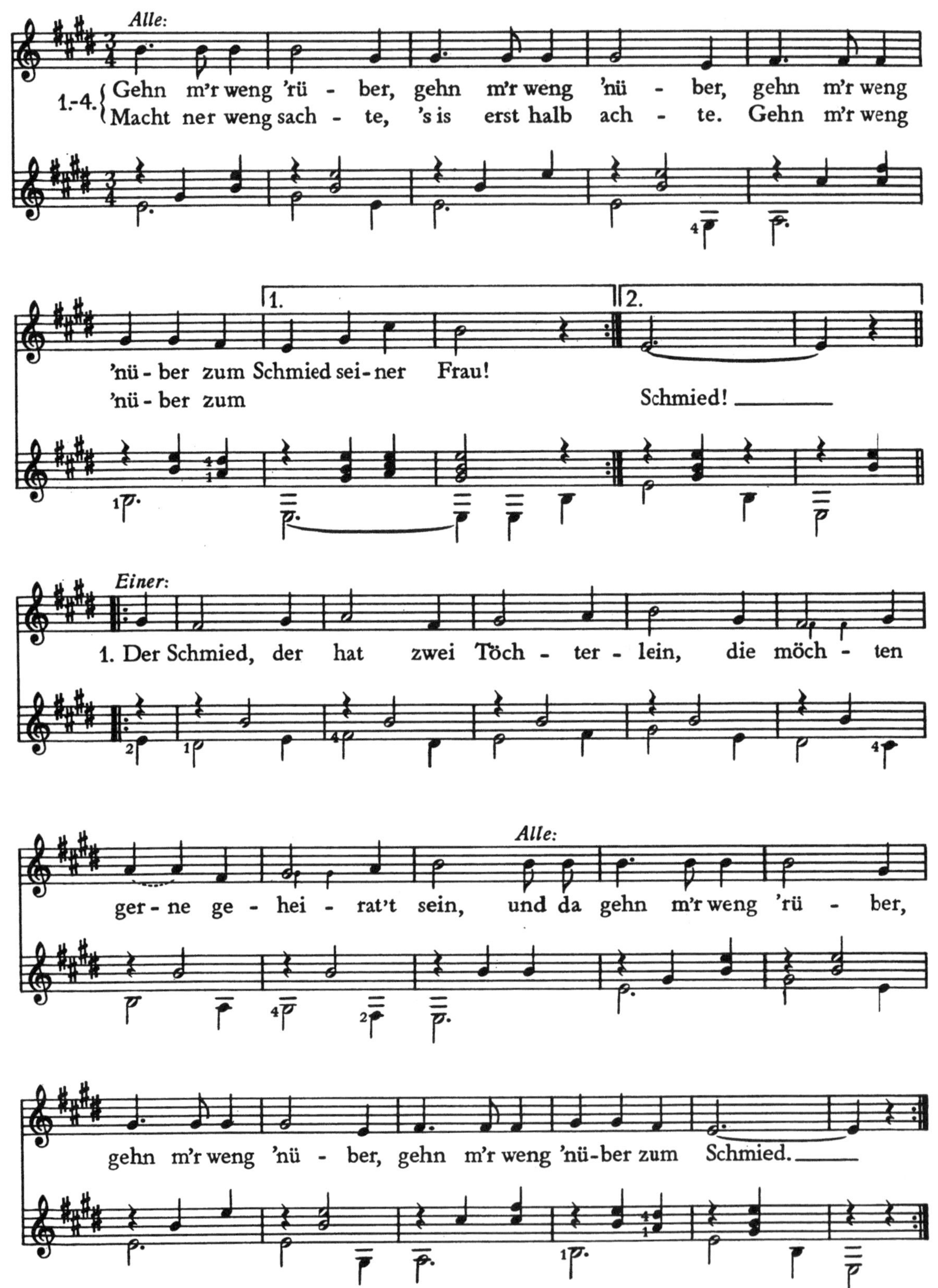

2. Gehn m'r weng ... Der Schmied, der hat e Kanapee, und wenn m'r sich drauf setzt, da geht's in d' Höh, und da gehn m'r weng usw.

3. Gehn m'r weng . . . Der Schmied, der hat en runden Tisch, und wenn m'r sich 'na setzt, da dreht er sich, usw.

4. Gehn m'r weng . . . Der Schmied, der hat 'ne Sau geschlacht't, hat Sägspäh' nei 'de Wurst gemacht, usw.

Worte und Weise: Volkslied aus Thüringen

Hab mein Wage vollgelade

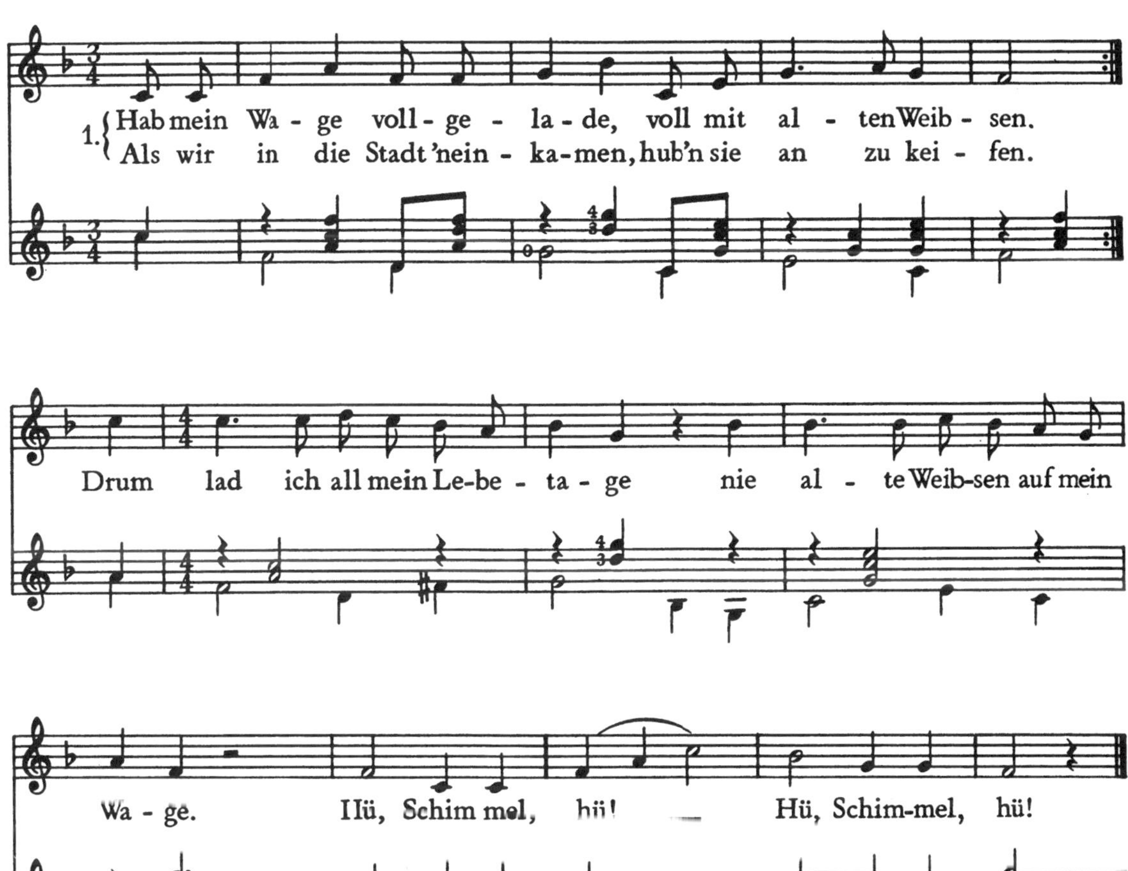

2. Hab mein Wage vollgelade, voll mit Männern, alten. Als wir in die Stadt 'nein-kamen, murrten sie und schalten. Drum lad ich all mein Lebetage nie alte Männer auf mein Wage. Hüh, Schimmel, hüh! usw.

3. Hab mein Wage vollgelade, voll mit jungen Mädchen. Als wir zu dem Tor 'nein-kamen, sangen sie durchs Städtchen. Drum lad ich all mein Lebetage nur junge Mädchen auf mein Wage. usw.

Worte und Weise: Volkslied (17. Jh.), gelangte aus den Niederlanden nach Deutschland, wo es als Fuhrmannslied innerhalb kurzer Zeit weithin bekannt wurde

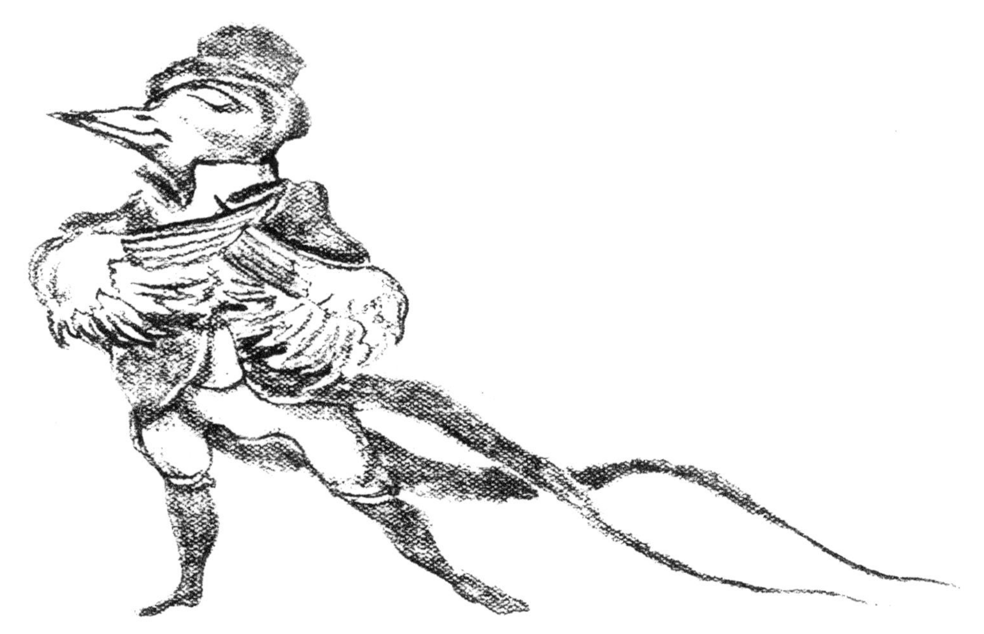

Hans hat Hosen an

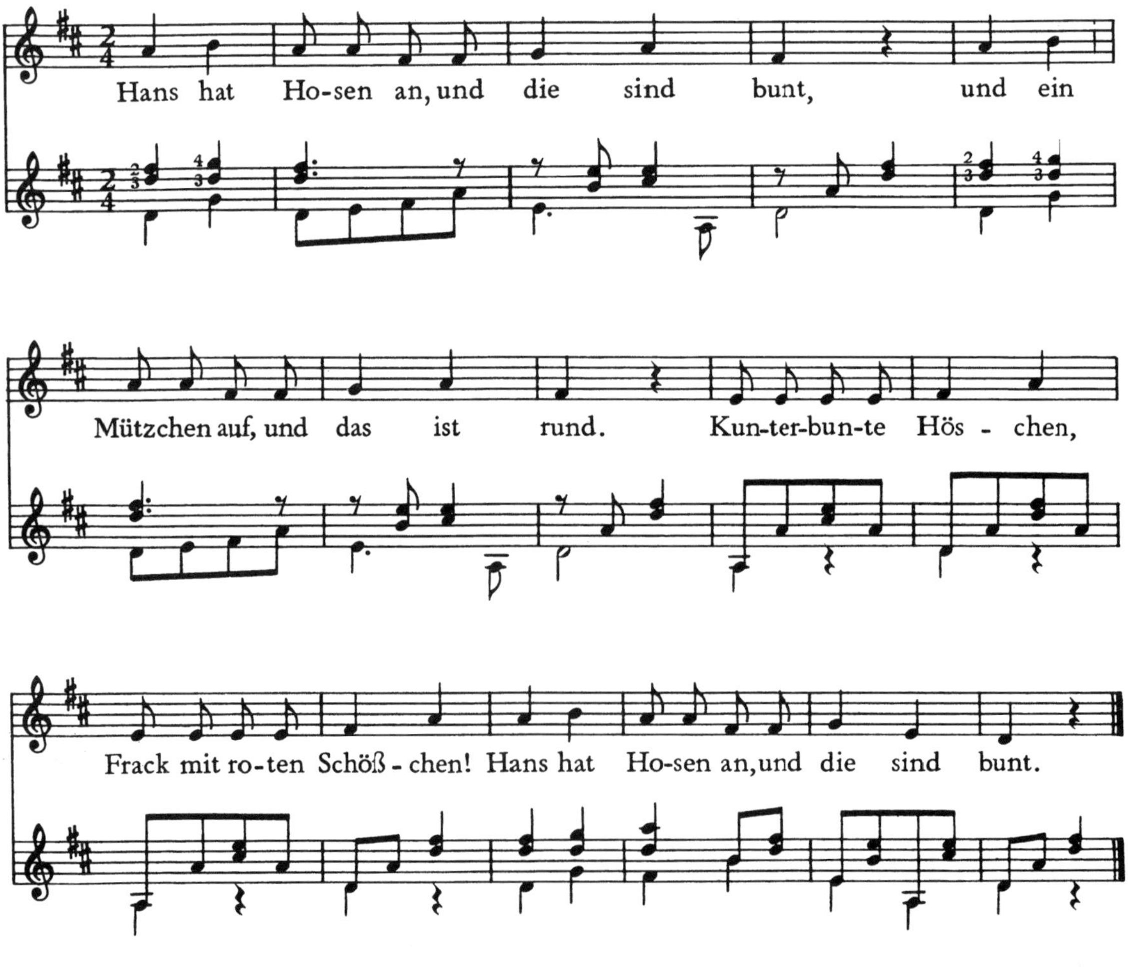

Hans hat Ho-sen an, und die sind bunt, und ein

Mützchen auf, und das ist rund. Kun-ter-bun-te Hös - chen,

Frack mit ro-ten Schöß - chen! Hans hat Ho-sen an, und die sind bunt.

Worte und Weise: Kinderlied, in verschiedenen textlichen, mundartlichen und melodischen Varianten bekannt

Heinrich und Liese

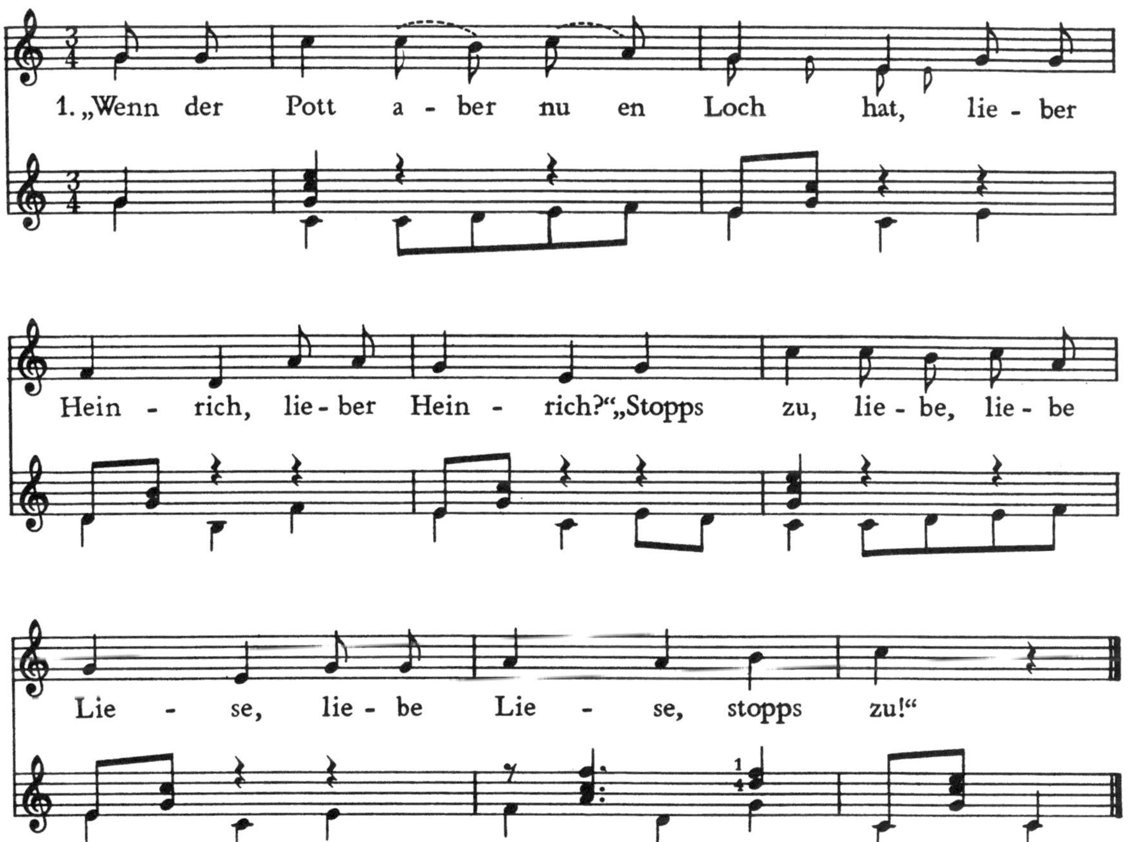

2. „Womit aber soll ich's zustoppen, lieber Heinrich, lieber Heinrich?" „Mit Stroh, liebe, liebe Liese" usw.

3. „Wenn's Stroh aber nun zu lang ist, . . ." „Hau's ab," usw.

4. „Womit soll ich's aber abhaue, . . ." „Mit 'm Beil," usw.

5. „Wenn's Beil aber nun zu stumpf ist, . . ." „Mach's scharf," usw.

6. „Womit soll ich's scharf machen, . . ." „Mit 'm Stein," usw.

7. „Wenn der Stein aber nun zu trocken ist, . . ." „Mach 'n naß," usw.

8. „Womit soll ich'n aber naß mache, . . ." „Mit Wasser," usw.

9. „Womit soll ich's Wasser schöpfe, . . ." „Mit 'n Pott," usw.

10. „Wenn der Pott aber nu en Loch hat, . . ." „Laß es sein, dumme, dumme Liese, dumme Liese, laß es sein!"

Worte und Weise: Volkslied aus dem Hessischen, in mehreren textlichen, mundart - lichen und melodischen Varianten bekannt. Wurde vielfach von Studenten gesungen, in deren *Kommersbuch* es auch 1855 erschien.

Ich ging emol spaziere

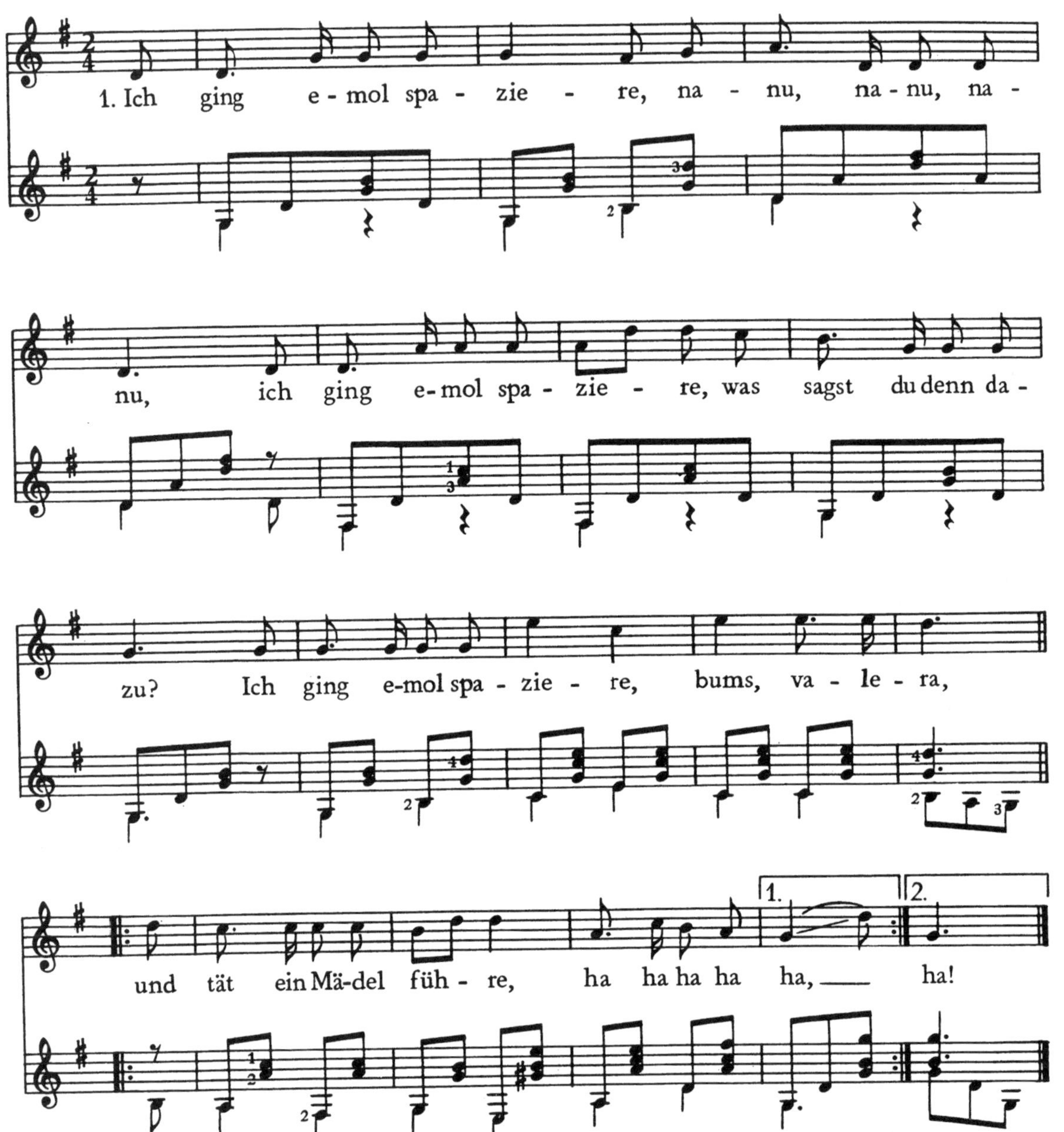

2. |: Sie sagt, sie hätt viel Gulde . . . :| |: 's warn aber lauter Schulde, ha ha ha ha ha! :|

3. |: Sie sagt, sie wär von Adel . . . :| |: ihr Vater führt die Nadel, ha ha ha ha ha! :|

4. |: Sie sagt, sie könnt gut koche . . . :| |: 's war hart wie lauter Knoche, ha ha ha ha ha! :|

5. |: Sie sagt, sie könnt schön tanze . . . :| |: ihr Rock war voller Franse, ha ha ha ha ha! :|

6. |: Sie sagt, ich sollt sie küsse . . . :| |: es braucht niemand zu wisse, ha ha ha ha ha! :|

7. |: Sie sagt, ich sollt sie nehme . . . :||: sie macht mir's recht bequeme, ha ha ha ha ha! :|

8. |: Der Sommer ist gekomme . . . :| |: ich hab sie nicht genomme, ha ha ha ha ha! :|

Worte und Weise: Volkslied aus Hessen, aus Bruchstücken verschiedener Lieder und Texte seit Beginn des 19. Jh. im Volke nach und nach zurechtgesungen

Jetzt fahrn wir übern See

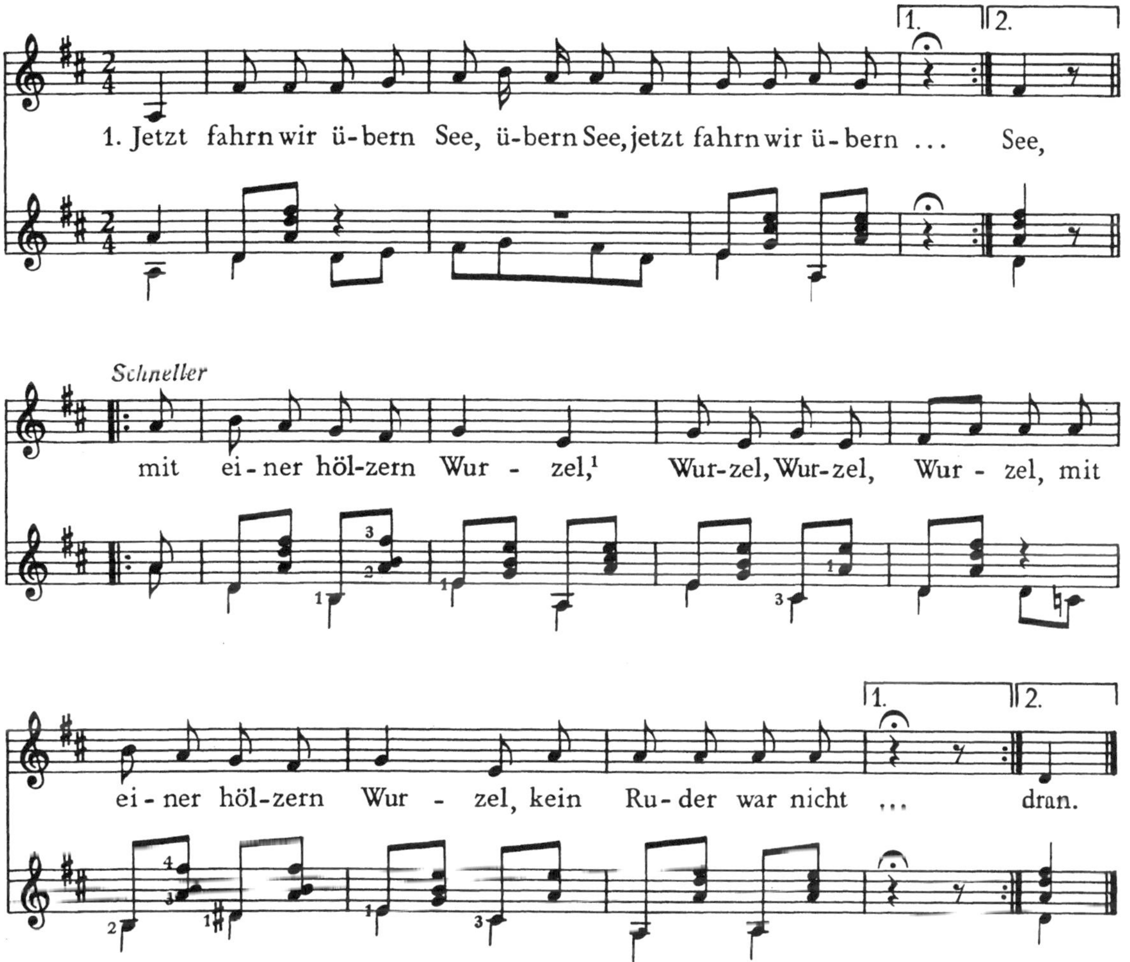

2. |: Und als wir drüber warn, :| |: da sangen alle Vöglein, :| der helle Tag brach an.

3. |: Der Jäger rief ins Horn. :| |: Da bliesen alle Jäger, :| ein jeder in sein Horn.

4. |: Das Liedlein, das ist aus. :| |: Und wer das Lied nicht singen kann, :| der zahlt ein halb Faß Wein.

[1] Waidzelle, Jagdkahn

Worte und Weise: Volkslied aus Böhmen (vor 1891), das von den Hopfenpflückern bei der Arbeit gesungen wurde

Kuckuck und Jägersmann

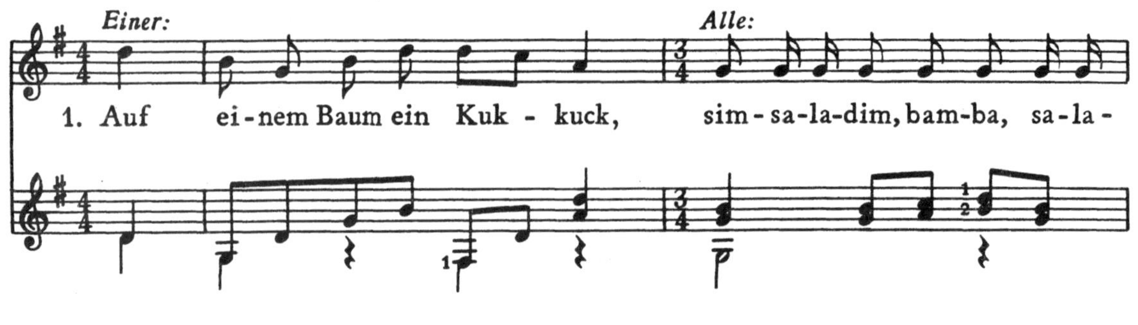

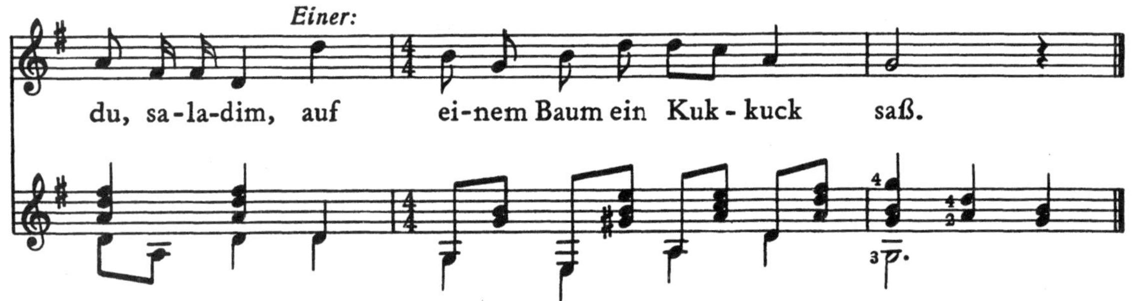

2. Da kam ein junger Jäger, sim-sa-la-dim-bam-ba-sa-la-du-sa-la-dim, da kam ein junger Jägersmann.

3. Der schoß den armen Kuckuck, . . . der schoß den armen Kuckuck tot.

4. Und als ein Jahr vergangen, . . . und als ein Jahr vergangen war:

5. Da war der Kuckuck wieder, . . . da war der Kuckuck wieder da.

6. Da freuten sich die Leute, . . . da freuten sich die Leute sehr.

Worte und Weise: Volkslied aus dem Bergischen (Barmen)

Lustig ist das Zigeunerleben

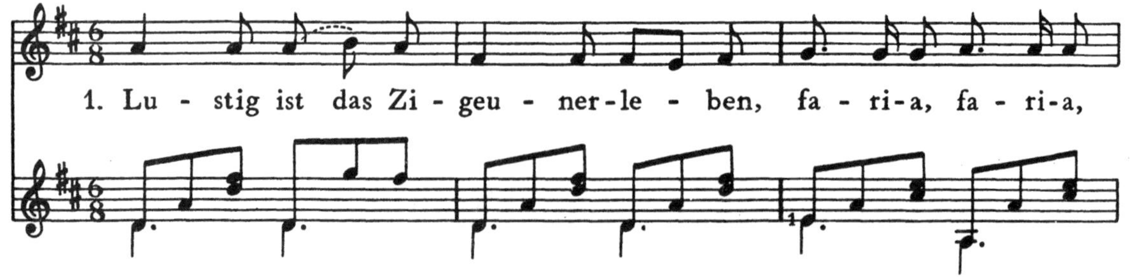

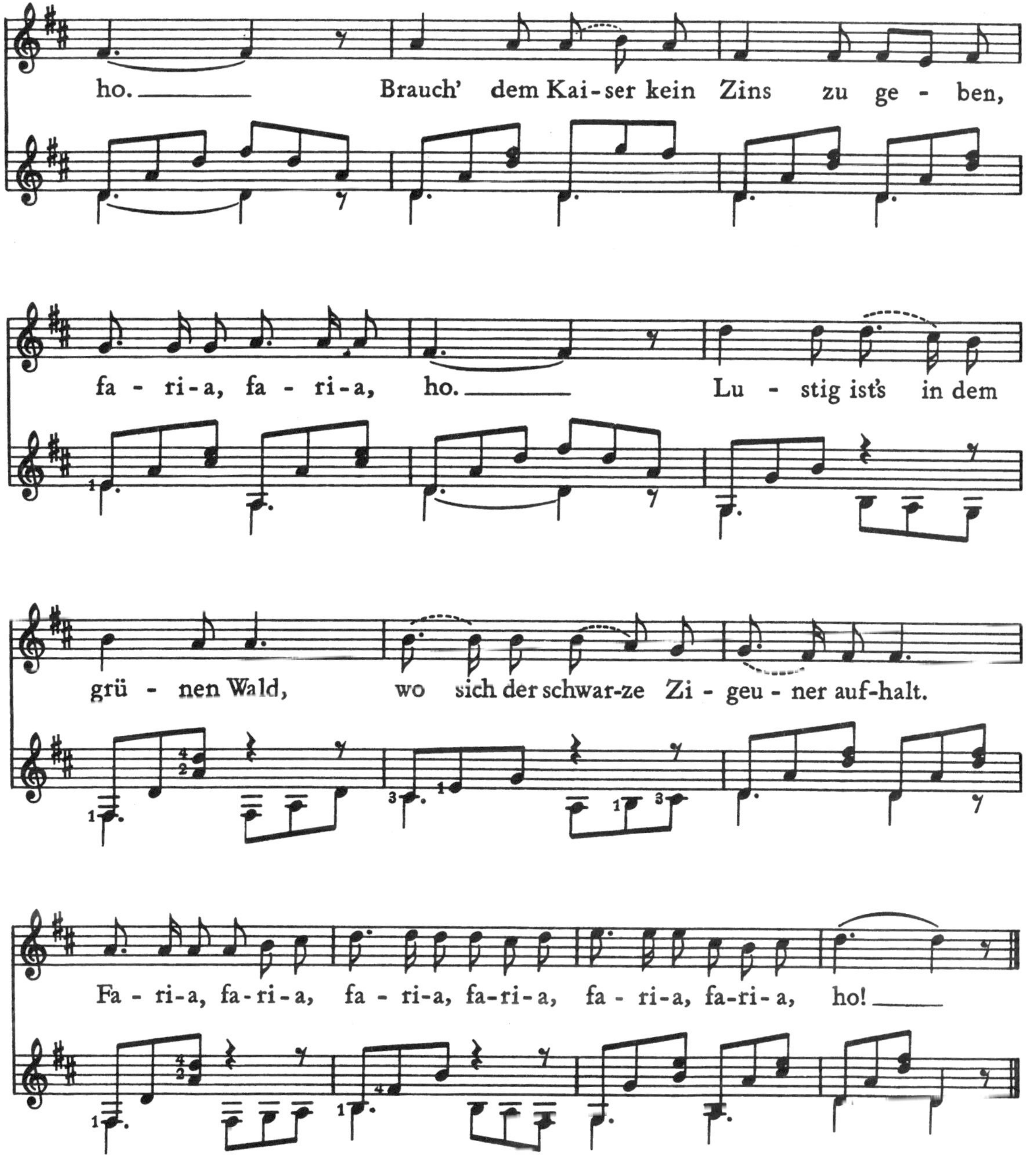

2. Wenn der Hunger uns gleich tut plagen, faria, faria. Tun wir auch ein Häslein jagen, faria, faria. Kommt der Jäger aber nicht, fürchten wir auch sein Hündlein nicht. Faria, faria usw.

3. Mädchen, willst du Tabak rauchen, faria, faria. Mußt du dir ein Pfeifchen kaufen, faria, faria. Dort in meinem Mantelsack steckt ein Pfeif und Rauchtabak. usw.

4. Mädchen, willst du Kaffee trinken, faria, faria. So mußt du die Schale schwenken, faria, faria. Schwenkst du dir die Schale nicht, trinken wir auch den Kaffee nicht. usw.

Worte und Weise: Volkslied, in verschiedenen textlichen und melodischen Varianten aus Niederschlesien, dem Elsaß und Tirol kommend (um 1850).

Dies ist kein Zigeunerlied, sondern ein zur Geselligkeit entstandenes Trinklied.

Mein Christian

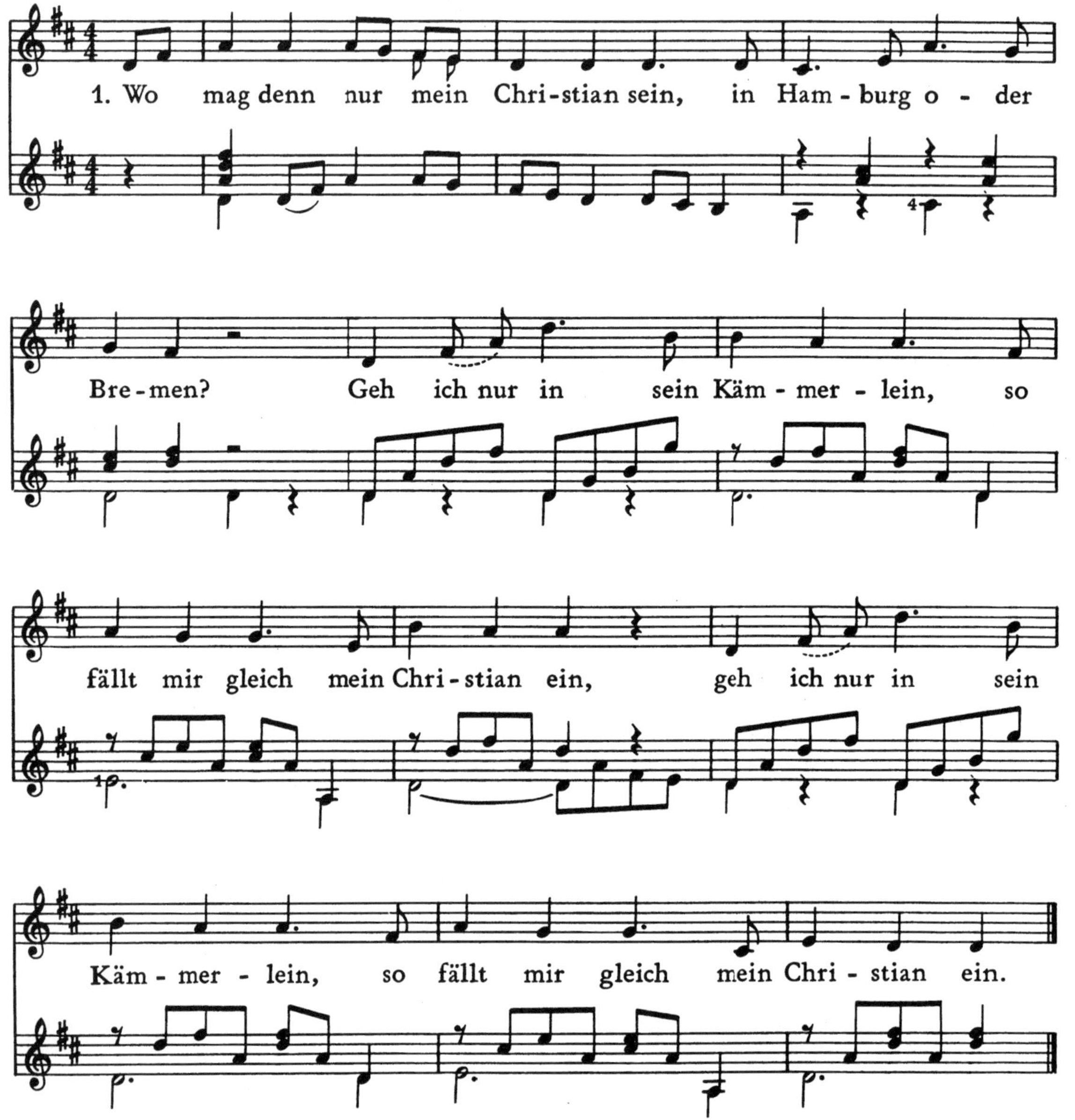

2. Dort auf der Diele, da hängt ein Holz, damit hat er gedroschen. |: Seh ich diesen Flegel an, so denk ich an mein Christian. :|

3. Dort auf dem Hofe, da steht ein Klotz, drauf hat er Holz geschlagen. |: Seh ich diesen Holzklotz an, so denk ich an mein Christian. :|

4. Dort in dem Stalle, da steht 'ne Kuh, die hat er oft gemolken. |: Seh ich dieses Rindvieh an, so denk ich an mein Christian. :|

5. Der Esel, der den Milchwagen zog, der ist schon längst gestorben. |: Hör ich einen Esel schrein, so fällt mir gleich mein Christian ein. :|

Worte und Weise: Volkslied aus Schleswig-Holstein (um 1820)

O du lieber Augustin

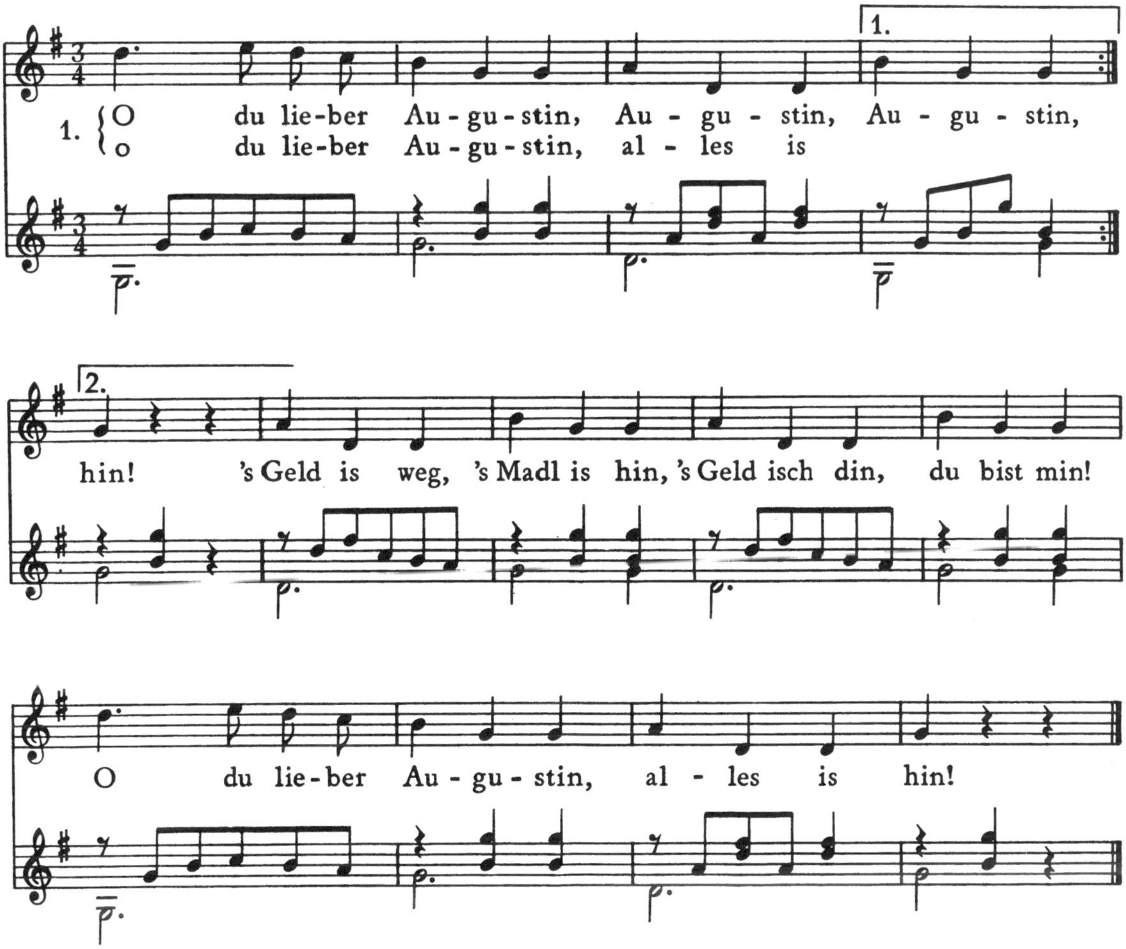

1. {O du lie-ber Au-gu-stin, Au-gu-stin, Au-gu-stin,
o du lie-ber Au-gu-stin, al-les is

hin! 's Geld is weg, 's Madl is hin, 's Geld isch din, du bist min!

O du lie-ber Au-gu-stin, al-les is hin!

2. O, du lieber Augustin ... Rock is weg, Stock is weg, Augustin liegt im Dreck!
O, du lieber Augustin, alles ist hin!

Worte und Weise: Volkslied (vor 1800)

Nach Zeitungsberichten soll Augustin ein Spielmann und Bänkelsänger gewesen und im Jahre 1678 in Wien verstorben sein. Dies ist jedoch nicht belegbar, da sich die Quellen nur bis zum Beginn des 19. Jh. zurückverfolgen lassen. Das vorliegende Lied ist ein beliebtes Variationsthema.

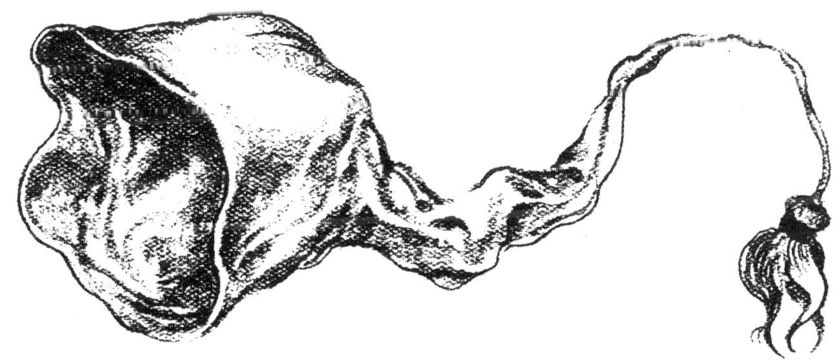

Pastuurn sin Kauh

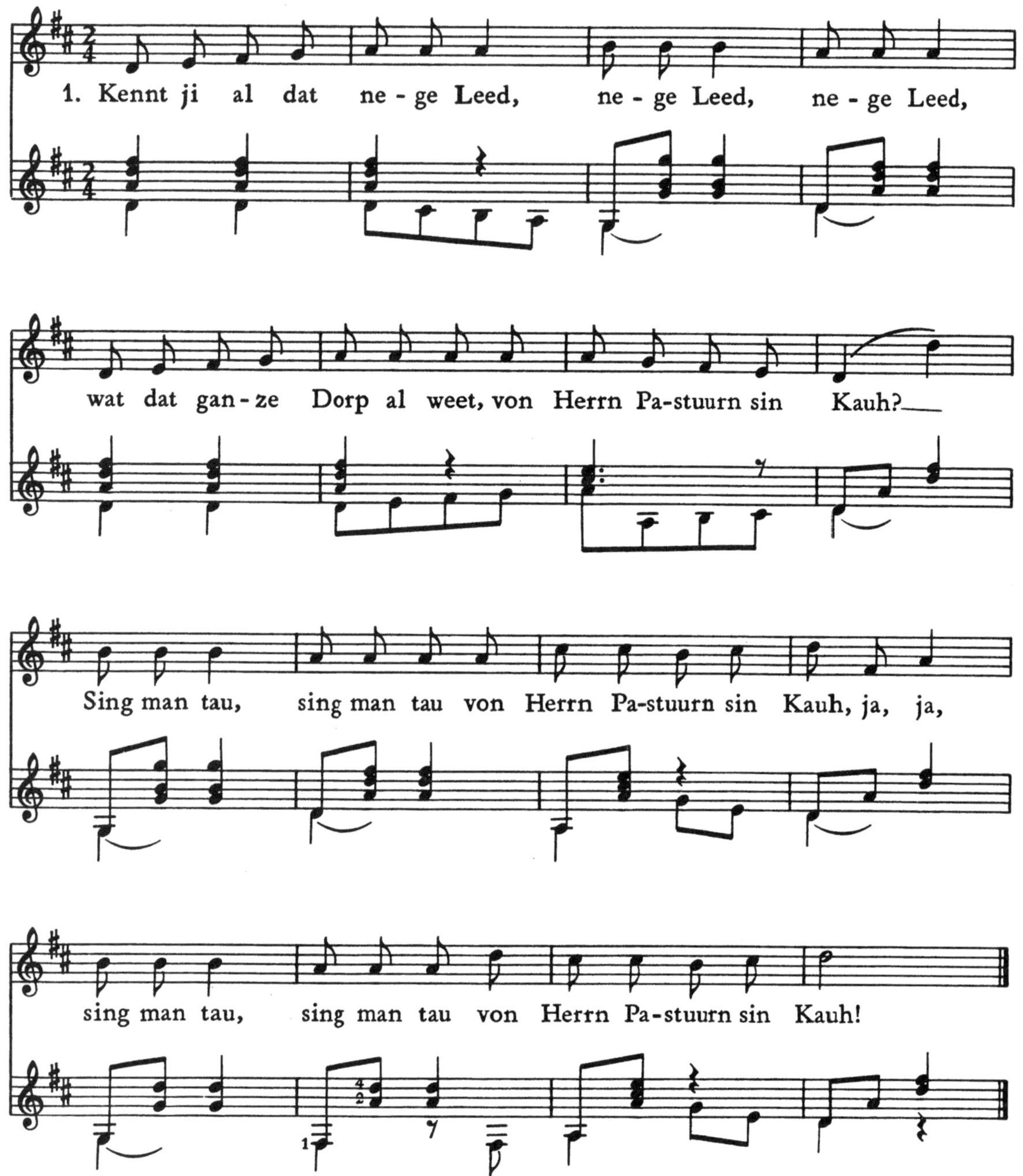

2. Ostern wier se dick un drall, Pingsten leeg se dot in'n Stall, uns' Herrn Pastuurn sin Kauh. usw.

3. As se würd in Stücken snäden, hedd dat ganze Dörp wat krägen von'n Herrn Pastuurn sin Kauh. usw.

4. Pasters Knecht sihr freut sick hedd, kreeg dat ganze Plückenfedd usw.

5. Un de Deenstdiern Emma Smitt kreeg dat ganze Bisewitt usw.

6. Un dat lüdde Kinnermäten kreeg dat Stück, wo't Kalf in säten usw.

7. Un de lüdde düchtig Lihrer kreeg dat grote fedde Ürer usw.

8. Un de Köster Dümelang kreeg den Steert as Klockenstrang usw.

9. De Fru Kanter Häberlin kaakt dat Fleisch sick suer in usw.

10. Nawers Jung steeg oewer'n Tuun, kreeg'n Stück von de Kalduun usw.

11. Un de Vörstand Wollgeraden kreeg'n schönen Festdaagsbraden usw.

12. Un de düchtig Dörpkapell kreeg 'n niges Trummelfell usw.

13. Un de nige Landschandarm kreeg 'n vollen Achterdarm usw.

14. Un de olle Füerwehr kreeg 'n Pott mit Wagensmeer usw.

15. Schriwer Meier kreeg ok wat, de halt sick 'n Ohr as Dintenfatt usw.

16. Dat anner Ohr wier nich to seihn, dat haalten de Grevs'moehlschen Kreihn usw.

17. Un de Wächter Hawerkuurn kreeg ein niges Tutehuurn usw.

18. Un min gode Tanten Egger kreeg von 't Fell 'n Beddvörlegger usw.

19. Dat linke Oog von 'e Priesterkauh, dat kreeg – ick weet 't nicht mihr genau usw.

20. Das rechte Oog hadd'k bald vergäten, ick glöw, dat hebben de Swin upfräten usw.

21. Swinehirte Hannes Riedel kreeg 'n nigen Tabaksbüdel usw.

22. Bälgenträder Babenbäcker kreeg 'n nigen Oewertrecker usw.

23. Chrischan Fedd sin Swigermudder kreeg 'n niges Ünnerfudder usw.

24. Bi dat Prügeln von Sedan hadd Napol'on Stäwel an usw.

25. Sleswig-Holstein meerumslungen hannelt nu mit Ossentungen usw.

26. De Mäkelbörger let't nich slapen, nehm'n den Kopp in't Landeswappen usw.

27. Doch dat Leed ist man ihrst half, in den Stall steiht noch'n Kalf usw.

Worte und Weise: Volkslied aus Mecklenburg und Schleswig-Holstein

Rätsellied

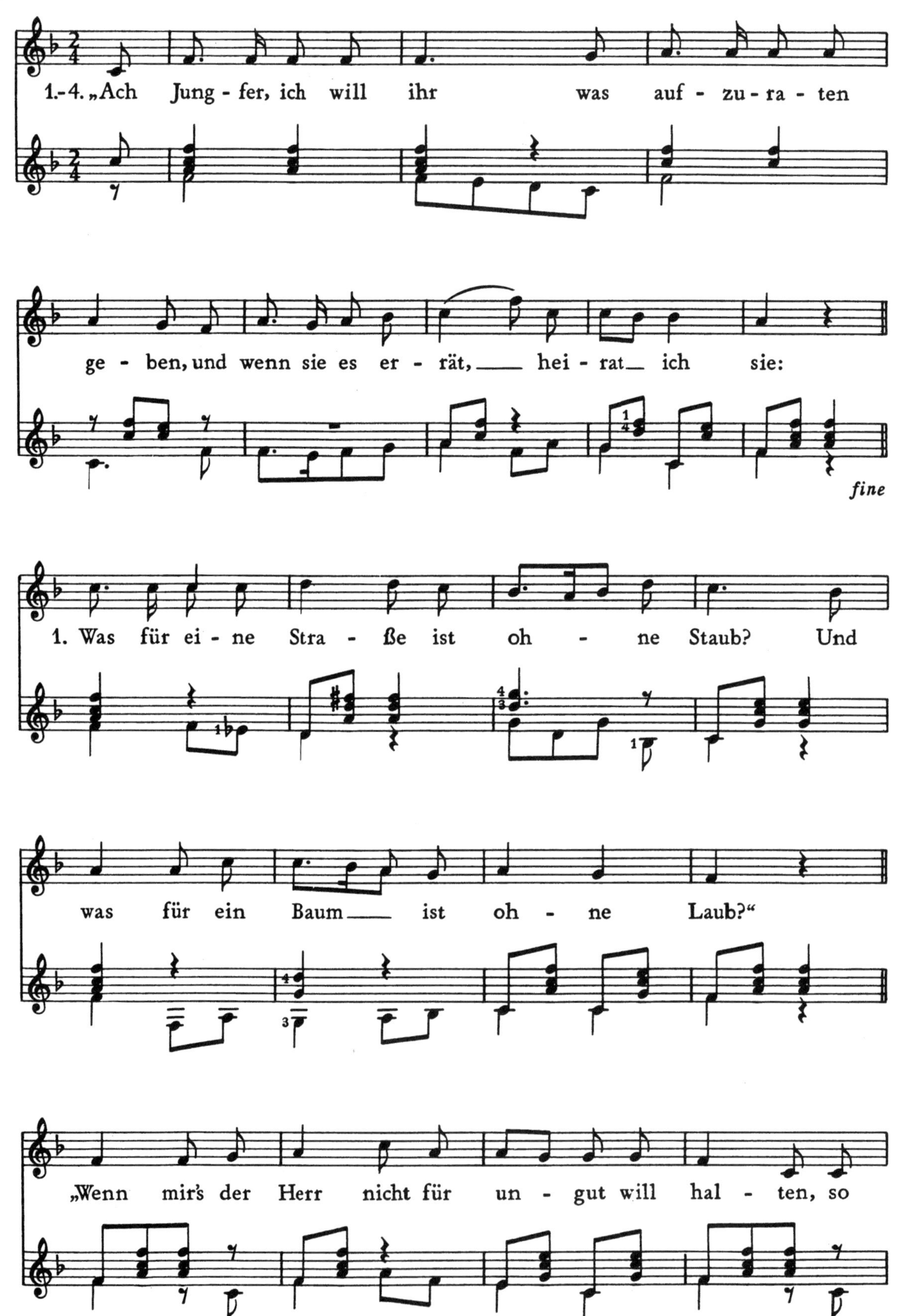

1.-4. „Ach Jung - fer, ich will ihr was auf - zu - ra - ten
ge - ben, und wenn sie es er - rät, hei - rat ich sie:
fine
1. Was für ei - ne Stra - ße ist oh - ne Staub? Und
was für ein Baum ist oh - ne Laub?"
„Wenn mir's der Herr nicht für un - gut will hal - ten, so

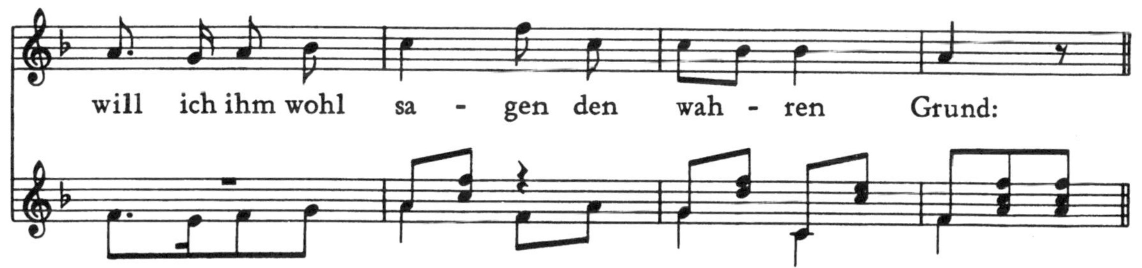

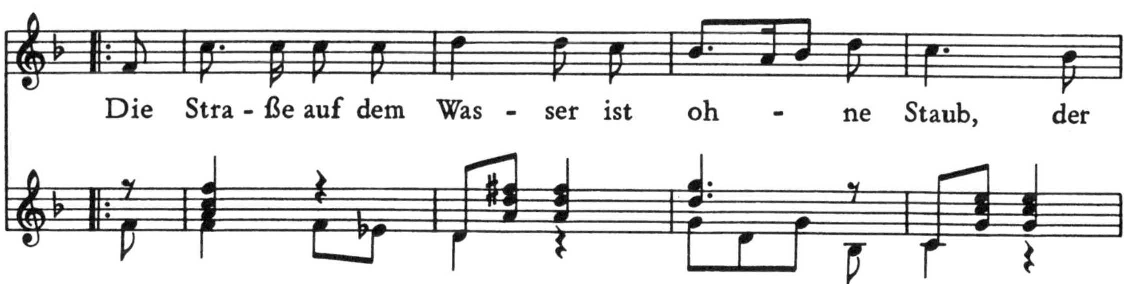

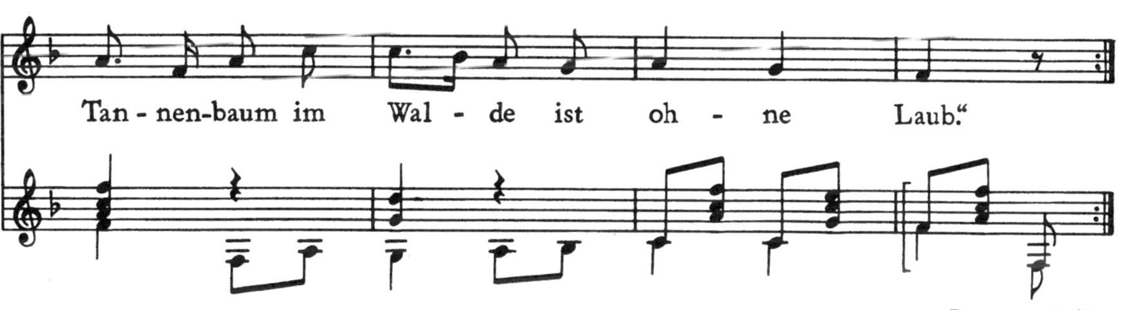

Da capo al fine

2. „Ach Jungfer, ich will ihr ... Was für ein König ist ohne Land, und was für ein Wasser ist ohne Sand?“ „Wenn mir's der Herr ... Der König in den Karten ist ohne Land, das Wasser in den Augen ist ohne Sand.“

3. „Ach Jungfer, ich will ihr ... Was für ein Ochse ist ohne Mut, und was für ein Reicher ist ohne Gut?“ „Wenn mir's der Herr ... Der Ochse in der Winden ist ohne Mut, der Geizhals auf der Bahre ist ohne Gut.“

4. „Ach Jungfer, ich will ihr ... Was für ein Feuer ist ohne Hitz, und was für ein Messer ist ohne Spitz?“ „Wenn mir's der Herr ... Ein abgemaltes Feuer ist ohne Hitz, ein abgebrochenes Messer ist ohne Spitz.“

5. „Ach Jungfer, ich kann ihr nichts mehr zu raten geben, und weil sie alles rät, heirat ich sie. Sie ist wohl die Klügste im ganzen Land, drum reiche ich der Jungfer meine Hand.“ „Kann mir der Herr nichts mehr zu raten geben, so geh er seines Weges nur wieder hin, ich will nur einen haben, der klüger ist als ich, und keinen dummen Schreiber, das merk er sich.“

Worte und Weise: Volkslied, aus Schwedt a. d. Oder und Brandenburg a. d. Havel bekanntgeworden (um 1830)

Schätzle, bist stolz

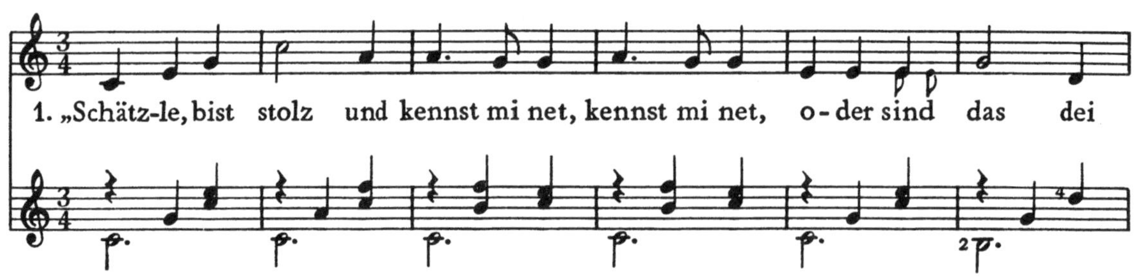

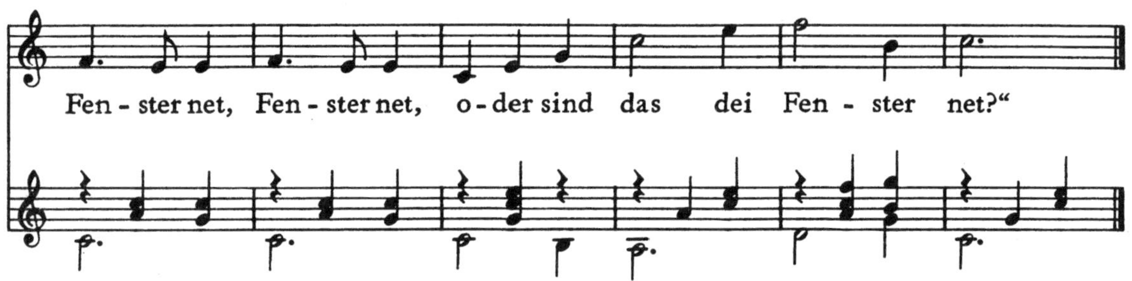

2. „Ich bin nicht stolz, ich |: kenn dich schon. :| Du hast einen Rausch, ich seh dir's an, seh dir's an. Du hast“ usw.

3. „Hab einen Rausch, das |: macht der Wein; :| Schätzle, steh auf und laß mich ein, laß mich ein! Schätzle, steh auf“ usw.

4. „Ich steh net auf, laß |: dich net 'rein. :| Es könnt heut nacht mein Unglück sein, Unglück sein. Es könnt“ usw.

Worte und Weise: Volkslied aus dem Badischen

Schneiders Höllenfahrt

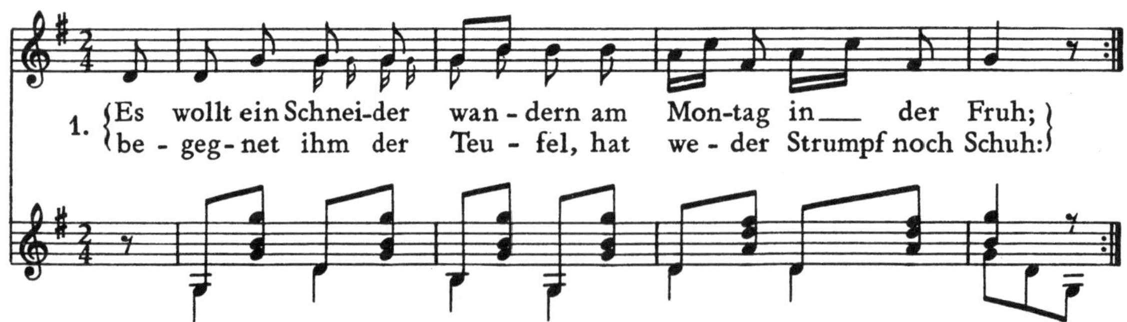

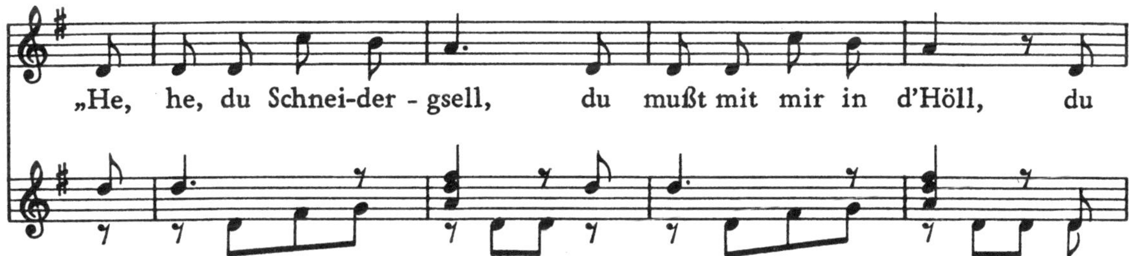

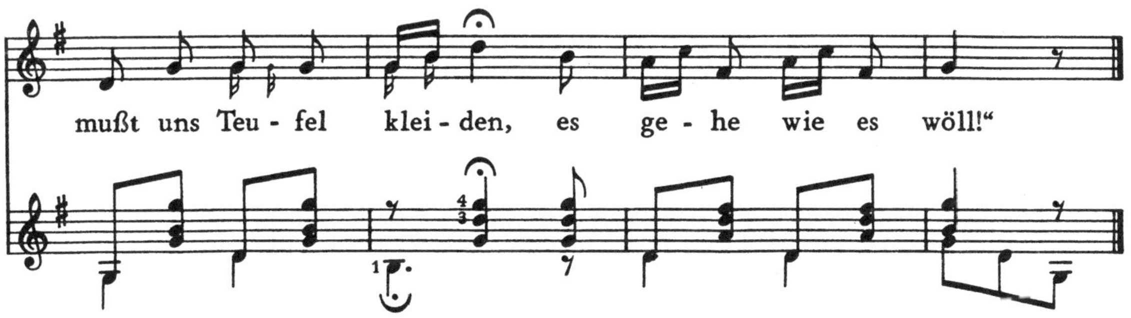

2. Sobald der Schneider in die Höll 'neinkam, nahm er sein Ellenstab, er schlug den Teufeln die Buckel voll, die Höll wohl auf und ab. „He, he, du Schneidergesell, mußt wieder aus der Höll, wir brauchen nicht das Messen, es gehe, wie es wöll!"

3. Nachdem er all' gemessen hatt', nahm er sein' lange Scher und stutzt den Teufeln d'Schwänzeln ab, sie hupften hin und her. „He, he, du Schneidergesell, pack dich nur aus der Höll, wir brauchen nicht das Stutzen, es gehe, wie es wöll!"

4. Da zog er 's Bügeleisen raus und warf's ins Höllenfeuer; er strich den Teufeln die Falten aus, sie schrien ungeheur: „He, he, du Schneidergesell, geh du nur aus der Höll, wir brauchen nicht das Bügeln, es geh halt, wie es wöll!"

5. Drauf nahm er Nadel und Fingerhut und fing zu stechen an; er näht den Teufeln die Nasen zu, so eng er immer kann. „He, he, du Schneidergesell, pack dich nur aus der Höll, wir können nimmer schnaufen, es geh nun, wie es wöll!"

6. Drauf fängt er zu schneiden an, das Ding hat ziemlich 'brennt, er hat den Teufeln mit Gewalt die Ohren abgetrennt. „He, he, du Schneidergesell, marschier nur aus der Höll, sonst brauchen wir den Bader, es geh nun, wie es wöll!"

7. Nach diesem kam der Luzifer und sagt: „Es ist ein Graus! Kein Teufel hat kein Wedel mehr, jagt ihn zur Höll hinaus!" „He, he, du Schneidergesell, pack dich nur aus der Höll, wir brauchen keine Kleider, es geh halt, wie es wöll!"

8. Nachdem er nun hat aufgepackt, da ward ihm erst recht wohl. Er hüpft und springet unverzagt, lacht sich den Buckel voll; ging eilends aus der Höll und blieb ein Schneidergesell. Drum holt der Teufel kein' Schneider mehr, er stehl, so viel er wöll.

Worte und Weise: Volkslied aus der Gegend um Stuttgart (um 1850)

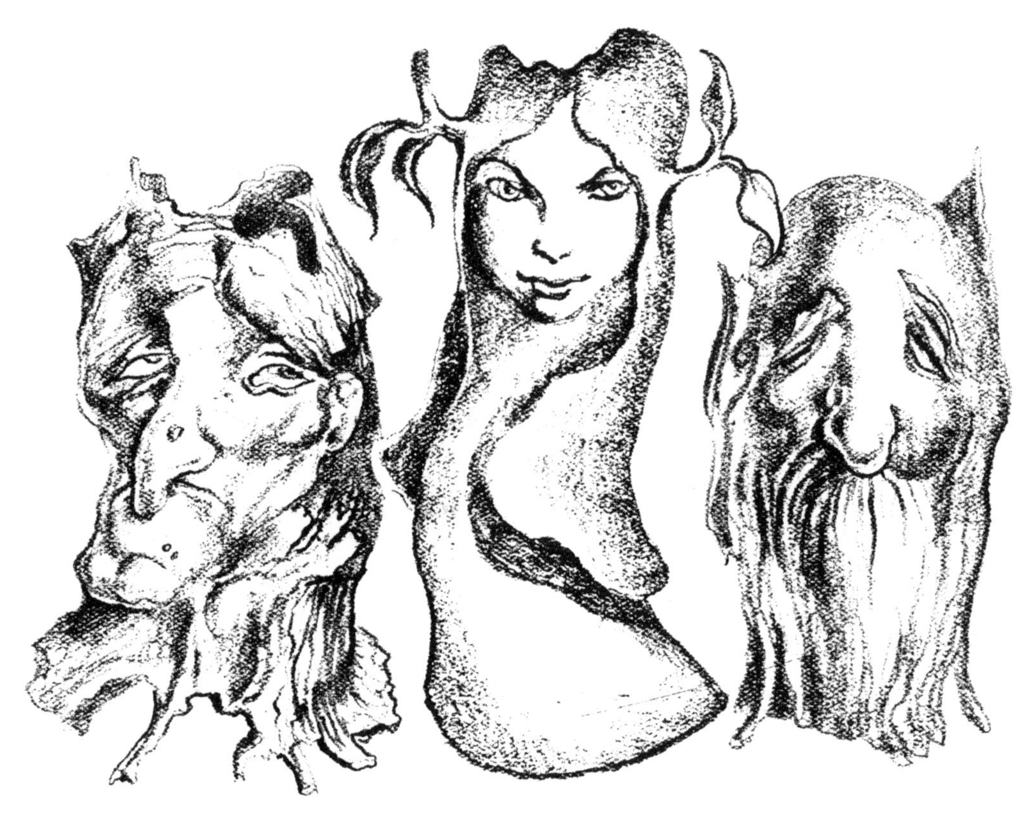

Schnützelputz-Häusel

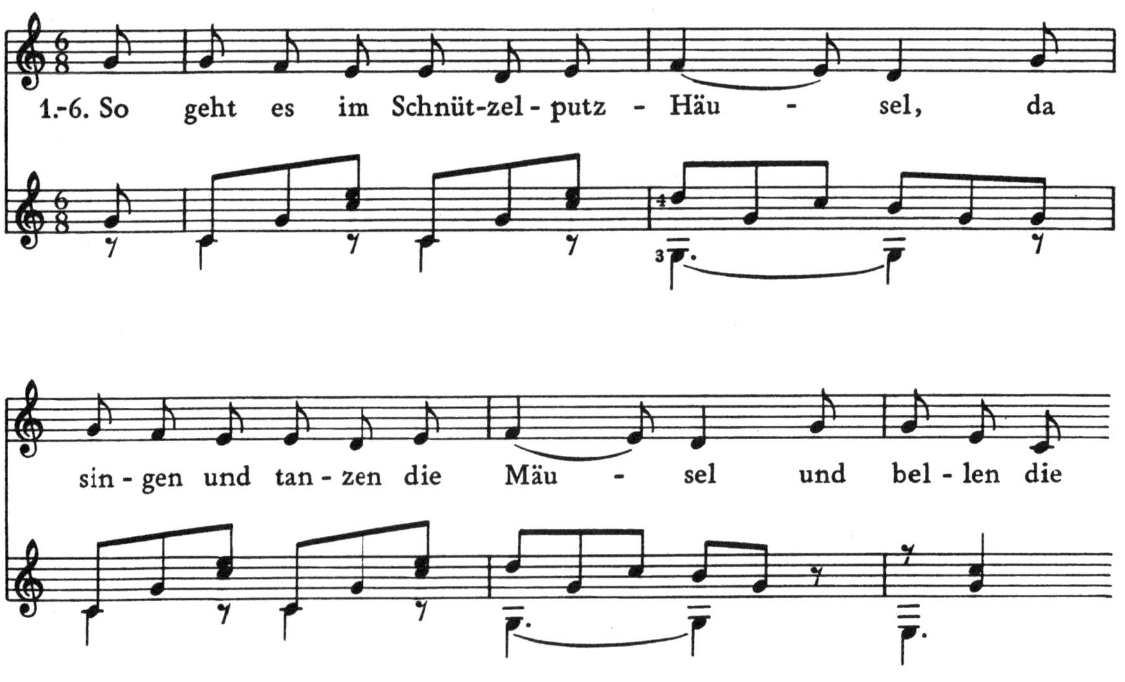

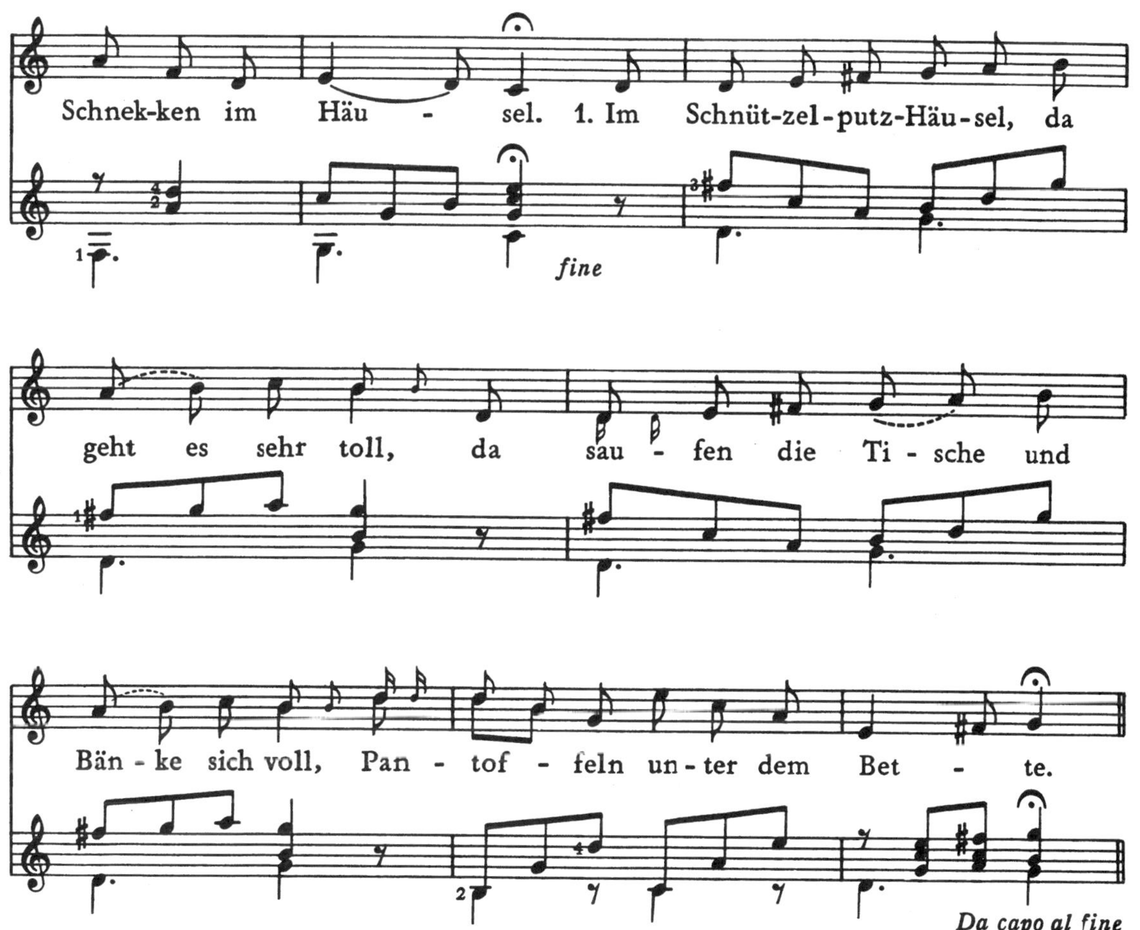

2. So geht es im Schnützelputz . . . Der Tisch lag im Bette und stöhnte so lang, da heulte der Sessel, da weinte die Bank, ganz jämmerlich täten sie klagen. So geht es usw.

3. So geht es im Schnützelputz . . . Da rannte der Kessel ins Hühnerhaus, der Ofen, der lief zur Stuben hinaus, eine spanische Mücke zu fangen. usw.

4. So geht es im Schnützelputz . . . Da saßen zwei Ochsen im Storchennest, die hatten einander gar lieblich getröst' und wollten die Eier ausbrüten. usw.

5. So geht es im Schnützelputz . . . Es zogen zwei Störche wohl auf die Wacht, die hatten ihre Sache gar wohl bedacht mit ihren großmächtigen Spießen. usw.

6. So geht es im Schnützelputz . . . Ich wüßte der Dinge noch mehr zu sagen, die sich im Schnützelputz-Häusel zutragen, gar lächerlich über die Maßen, usw.

Worte: unbekannt, Erstveröffentlichung in *Frankfurter gelehrte Anzeigen* (1776) · Weise: möglicherweise von Johann Friedrich Reichardt (in der Volksliedersammlung von Büsching und Hagen, 1807)

Textgrundlage des Liedes vom Schnützelputz-Häusel bildet das 12 Strophen umfassende Gedicht vom *Schnudelputz-Hausstand.* Es erschien zusammen mit einem anderen Lied auf einem fliegenden Blatt ohne Jahreszahl zu Beginn des 18. Jh.: *„Neues Wunderwerck der Welt, Oder Merckwürdige Beschreibung der unerhört grossen Baß-Geigen. Nebst einem kurzweiligen Weltlichen Lied (das vorstehende). Getruckt in eben diesem Jahr, als die Baß-Geige fertig (ohne das Lügenlied) war.“* Das Lied ist in mehreren textlichen Varianten bekannt.

Schwäfelhelzle

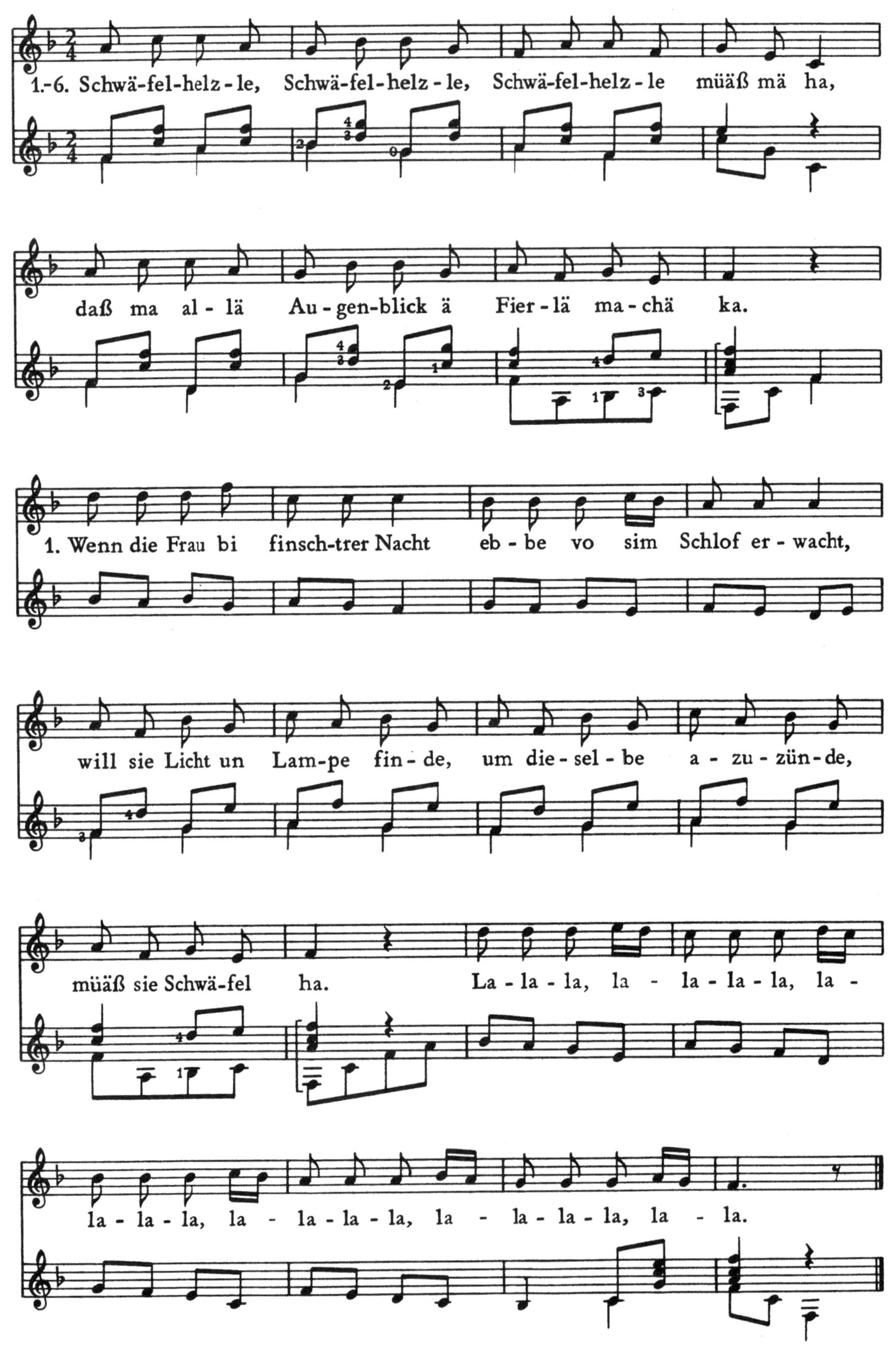

2. Schwäfelhelzle, Schwäfelhelzle ... Unser Hans, der arme Tropf, stoßt sisch fascht ä Loch im Kopf; um nit wieder azurenne, will er jetzt ä Lichtle brenne un muäß Schwäfel ha. Lalala usw.

3. Schwäfelhelzle, Schwäfelhelzle ... Wenn die Kiäli bi der Nacht etwas stärker mumu macht, muäß das Kätel glich uffstehä, um dem Kiäli nozusä un muäß Schwäfel ha. usw.

4. Schwäfelhelzle, Schwäfelhelzle ... Wenn der Fuchs den Winter spirt un der Owä länger wird, will der Handelsmann nit schlofä un der Kinstler no was schaffä, muäß ma Schwäfel ha. usw.

5. Schwäfelhelzle, Schwäfelhelzle ... Mine Schwäfel sin gewiß besser als die in Paris; in ganz Brisgau un in Badä un in jedem Krämerladä muäß ma Schwäfel ha. usw.

6. Schwäfelhelzle, Schwäfelhelzle ... Wiwer, sinn nur nit so stolz, kauffä vo mim Schwäfelholz; wenn er wünn a Sippla kochä, miän er doch gwiß Fier machä un muäß Schwäfel ha. usw.

Worte und Weise: Volkslied (vor 1840)

Das Lied von den Schwefelhölzle entstand vermutlich im dritten Jahrzehnt des vorigen Jahrhunderts, in dem die Schwefelhölzer erfunden wurden. Der vermutlich erste Abdruck des Liedes erfolgte – allerdings mit einer anderen Melodie – in Fink, *Musikalischer Hausschatz* (Leipzig 1843). 1883 veröffentlichte es Weckerlin in den *Chansons populaires d'Alsace* in Paris und bemerkte, daß das Lied in Mühlhausen aufgezeichnet worden sei, aber nicht aus dem Elsaß stamme.

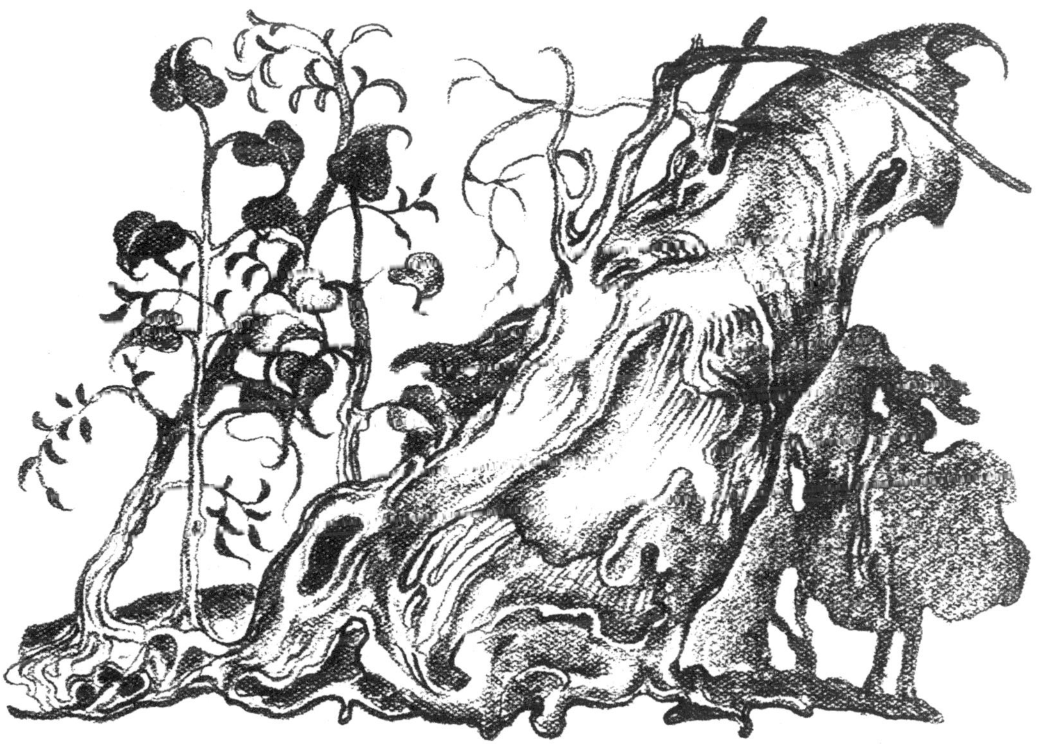

Spannenlanger Hansel

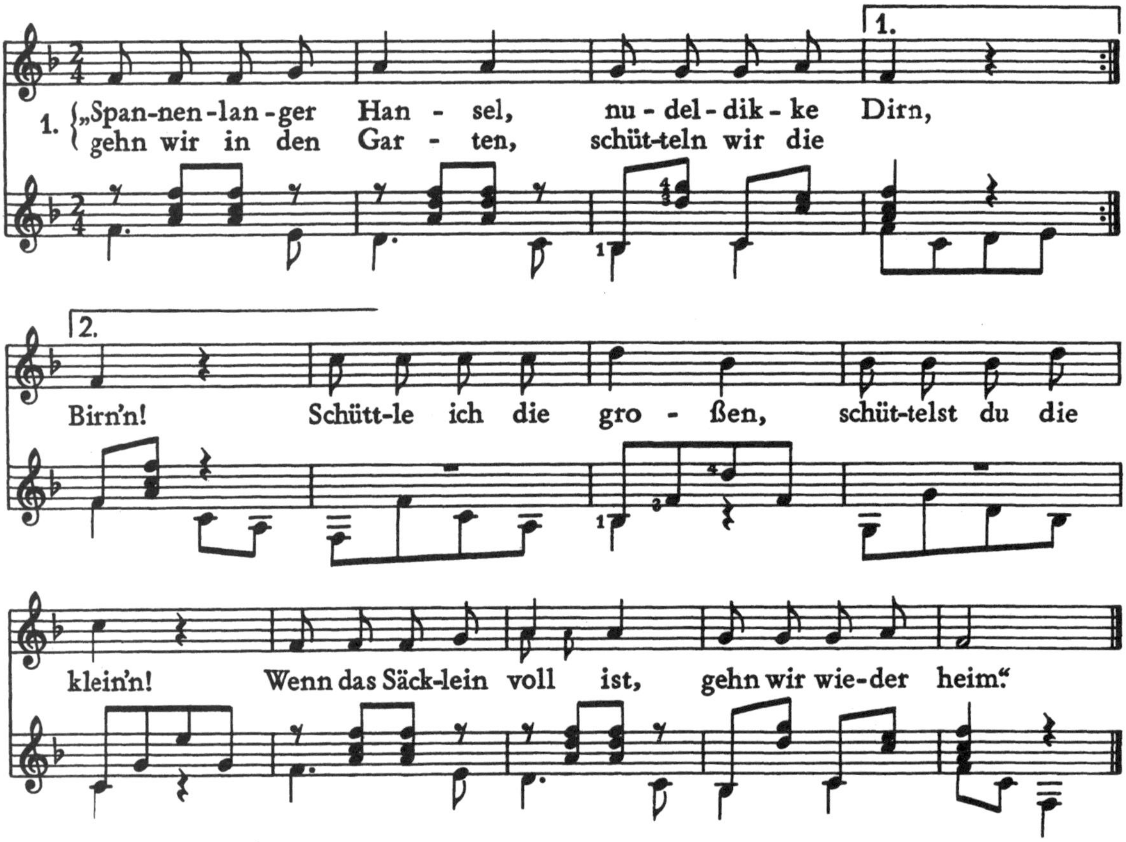

1. „Span-nen-lan-ger Han - sel, nu - del - dik - ke Dirn,
gehn wir in den Gar - ten, schüt-teln wir die Birn'n!
Schütt-le ich die gro - ßen, schüt-telst du die klein'n!
Wenn das Säck-lein voll ist, gehn wir wie-der heim."

2. „Lauf doch nicht so närrisch, spannenlanger Hans! Ich verlier die Birnen und die Schuh noch ganz." „Trägst ja nur die kleinen, nudeldicke Dirn, und ich schlepp den schweren Sack mit den großen Birn'n."

Worte und Weise: Kinderlied

Stände und Farben

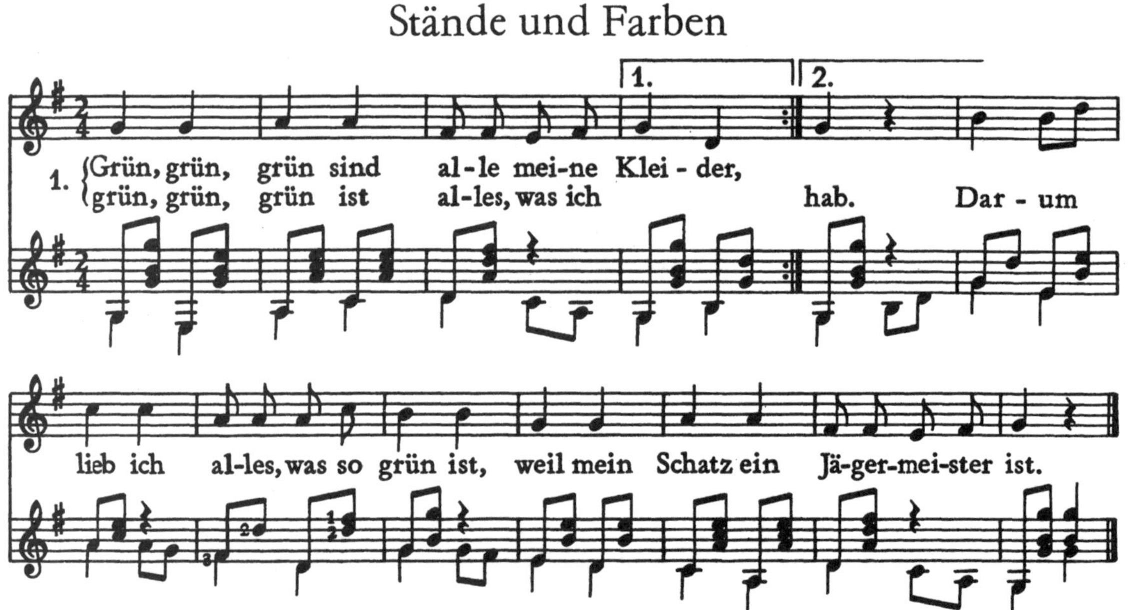

2. Blau, blau, blau sind ... weil mein Schatz ein Färbermeister ist.

3. Schwarz, schwarz, schwarz sind ... weil mein Schatz ein Schornsteinfeger ist.

4. Gelb, gelb, gelb sind ... weil mein Schatz ein Gerbermeister ist.

5. Weiß, weiß, weiß sind ... weil mein Schatz ein Müllermeister ist.

6. Bunt, bunt, bunt sind ... weil mein Schatz ein Malermeister ist.

Worte und Weise: Volkslied, vielfach umgesungen. Die früheste bekannte Version kommt aus der Gegend von Kassel (vor 1870).

Verkehrte Welt

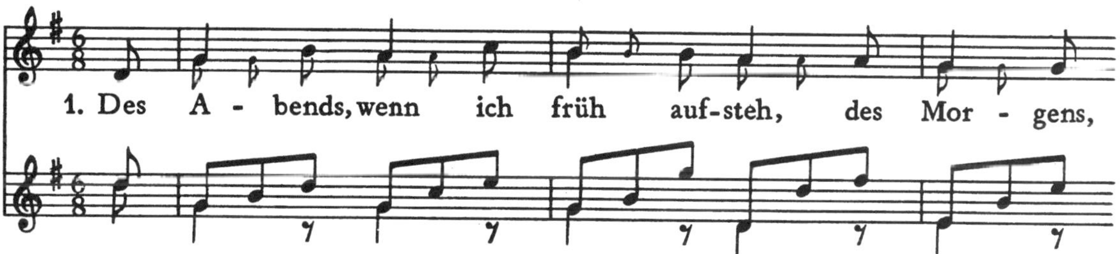

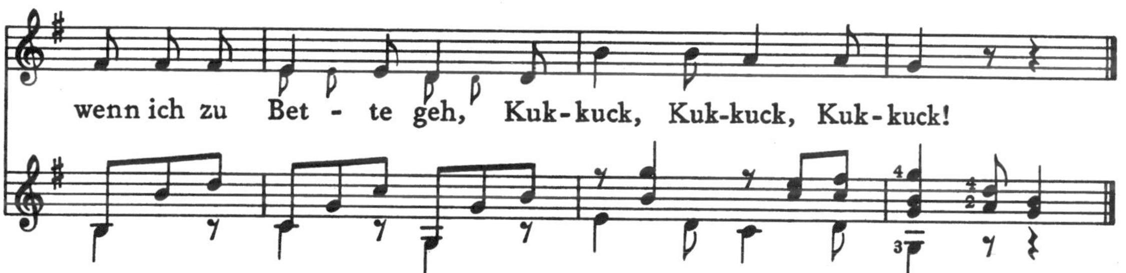

2. So nehm ich den Ofen und heiz das Feuer und schlage drei Suppen wohl unter die Eier. Kuckuck usw.

3. So nehm ich die Stube und kehr den Besen und tu mit dem Fenster den Dreck 'nausfegen. usw.

4. Der Stall ist aus dem Pferd gelassen. Der Branntwein hat sich am Bauer versoffen. usw.

5. Der Amboß und der Mühlenstein, die schwammen zusammen wohl über den Rhein. usw.

6. So ist die ganze Welt verkehrt. Drum singen wir auch das Liedchen verkehrt. usw.

Worte und Weise: Volkslied aus Hennethal bei Schwalbach (1880)

Vetter Michel

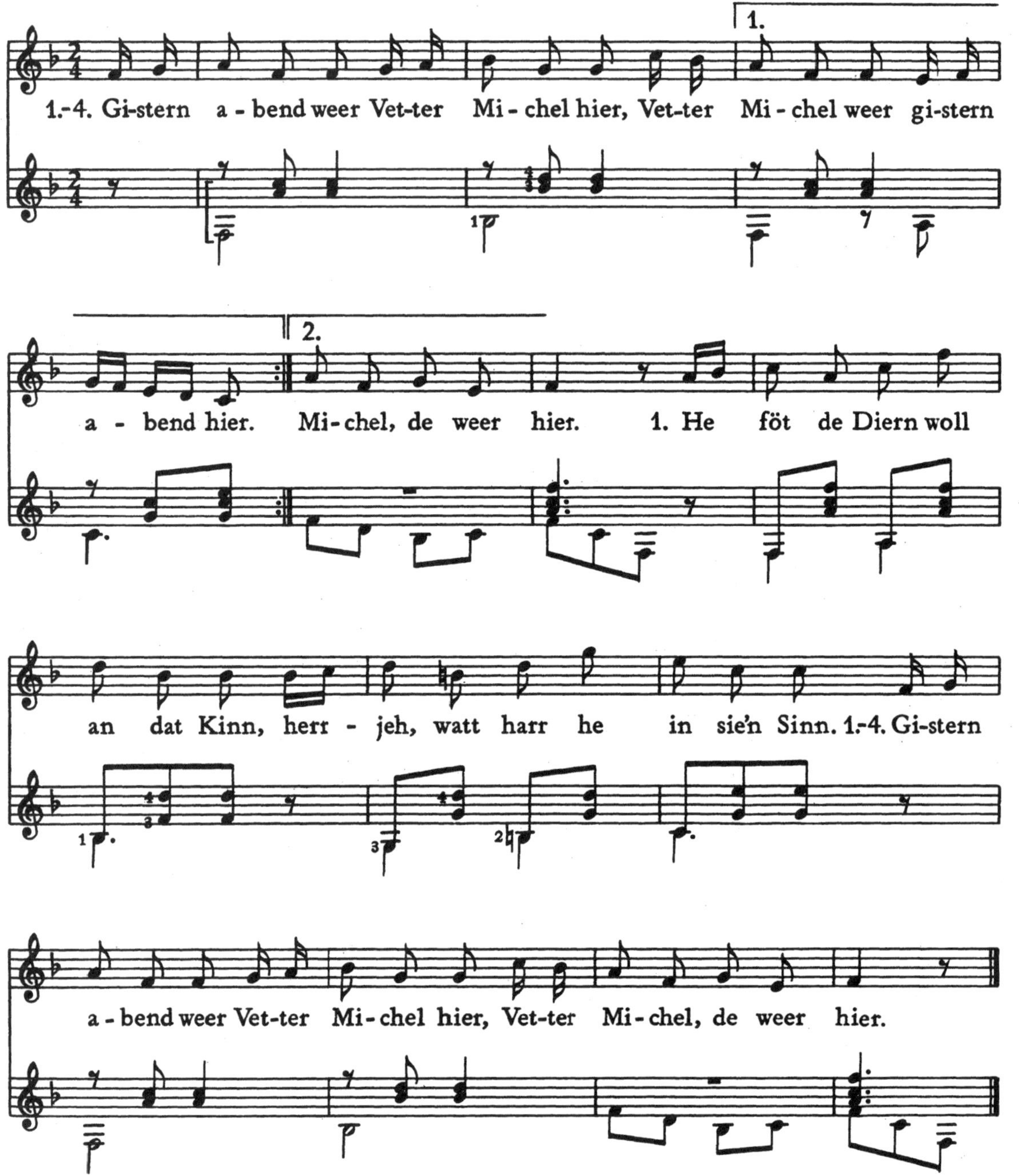

2. Gistern abend ... He nehm de Frunslüd bi de Snut un danz mit ehr to de Husdör rut. Gistern abend usw.

3. Gistern abend ... He kreeg de Deerns wull bi de Knee, wat hebbt se jucht und kreiht, o je! usw.

4. Gistern abend ... He kröp in't Bett und kröp in't Stroh un dar deck he sick warm mit to. usw.

Worte und Weise: Volkslied aus Mecklenburg (um 1750)

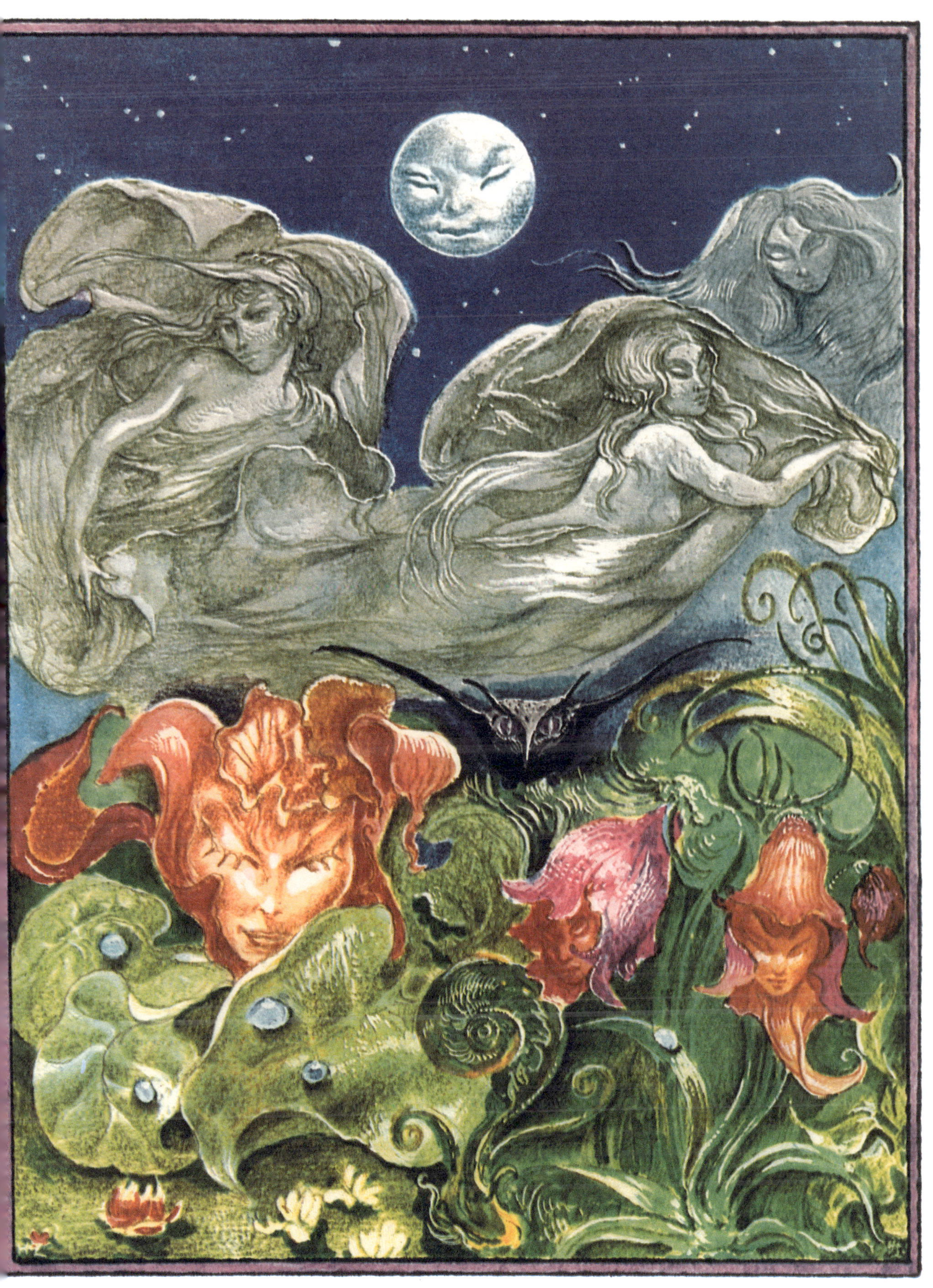

Die Blümelein, sie schlafen

Abend wird es wieder

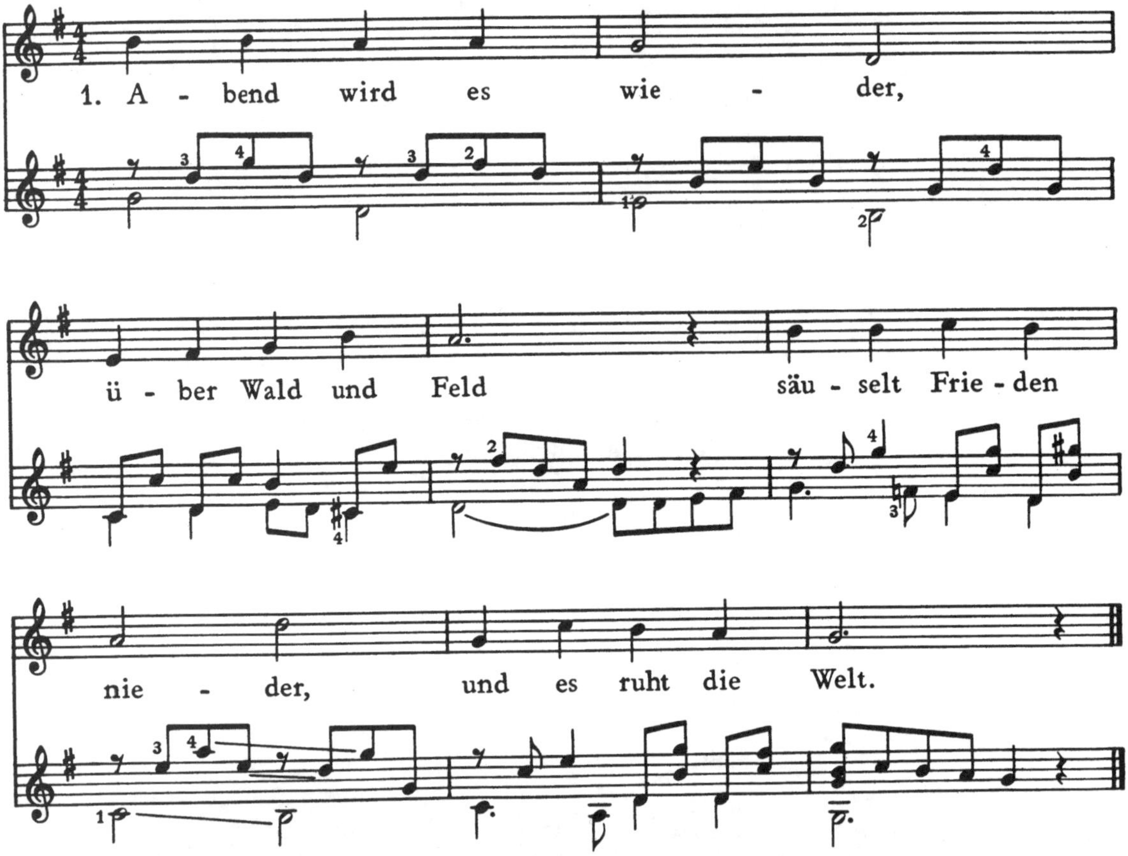

1. A - bend wird es wie - der,

ü - ber Wald und Feld säu - selt Frie - den

nie - der, und es ruht die Welt.

2. Nur der Bach ergießet sich am Felsen dort, und er braust und fließet immer immer fort.

3. Und kein Abend bringet Frieden ihm und Ruh, keine Glocke klinget ihm ein Rastlied zu.

Worte: Heinrich Hoffmann von Fallersleben (1837), gekürzt · Weise: Johann Christian Heinrich Rinck

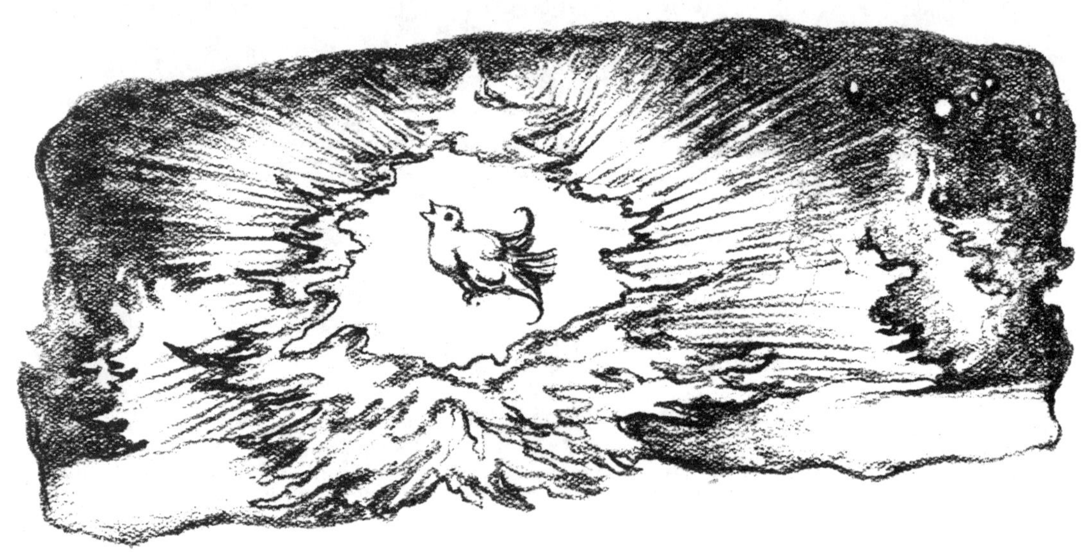

Der Mond ist aufgegangen

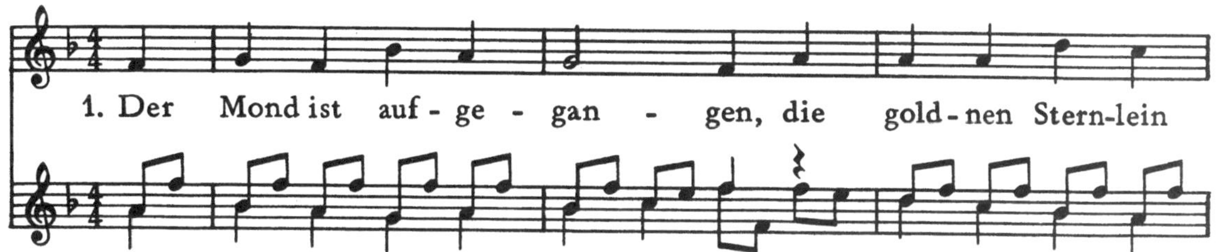

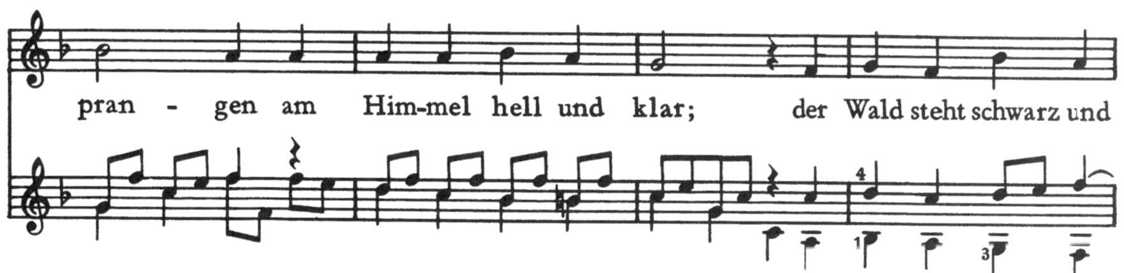

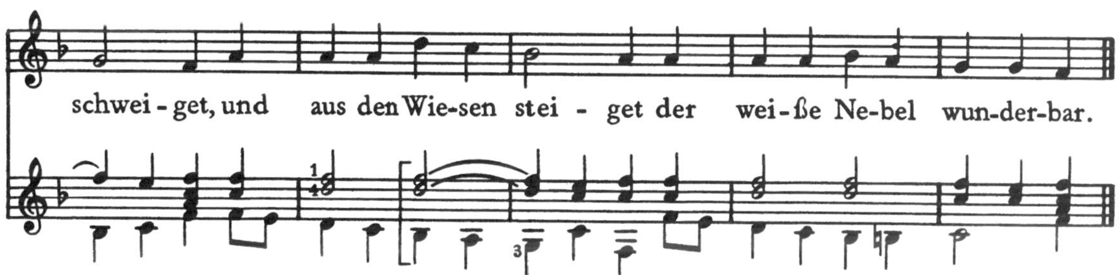

2. Wie ist die Welt so stille und in der Dämmrung Hülle so traulich und so hold; gleich einer stillen Kammer, wo ihr des Tages Jammer verschlafen und vergessen sollt.

3. Seht ihr den Mond dort stehen? Er ist nur halb zu sehen und ist doch rund und schön. So sind wohl manche Sachen, die wir getrost belachen, weil unsre Augen sie nicht sehn.

Worte: Matthias Claudius (1778) · Weise: Johann Abraham Peter Schulz (1790)

Der Text dieses sieben Strophen umfassenden Liedes wurde im Laufe der Zeit von über zwanzig Komponisten vertont, unter ihnen Johann Adam Hiller, Michael Haydn, Franz Schubert und Carl Reinecke. Keine dieser Weisen ist jedoch so populär geworden wie die vorliegende.

Guten Abend, gut' Nacht

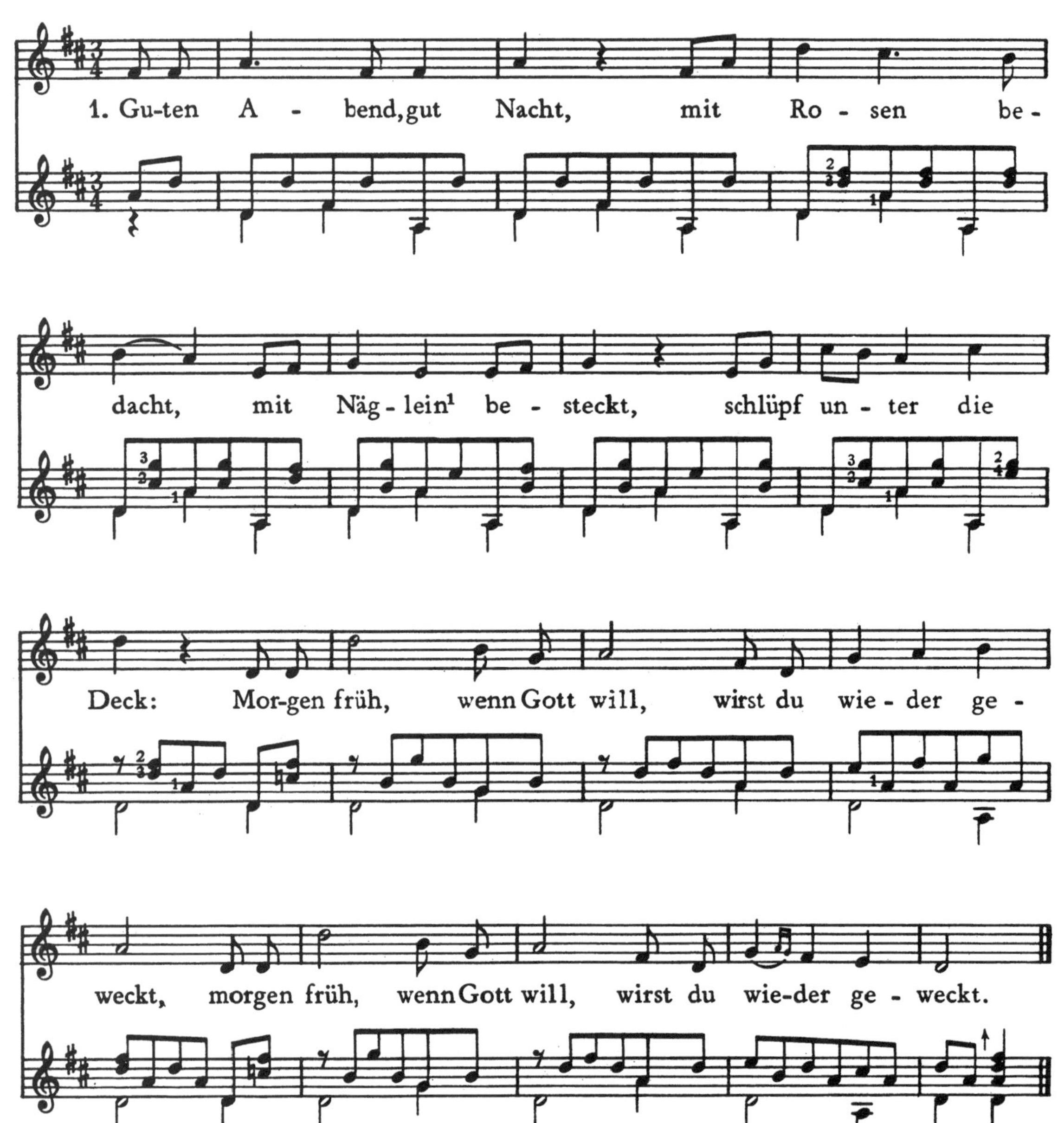

2. Guten Abend, gut' Nacht, von Englein bewacht, die zeigen im Traum dir Christkindleins Baum: |: Schlaf nur selig und süß, schau im Traum 's Paradies. :|

[1] Nelken

Worte: 1. Strophe: altes Volkslied aus *Des Knaben Wunderhorn* (1808), 2. Strophe: Georg Scherer (1849) · Weise: Johannes Brahms, op. 49, Nr. 4 (1868)

Guter Mond, du gehst so stille

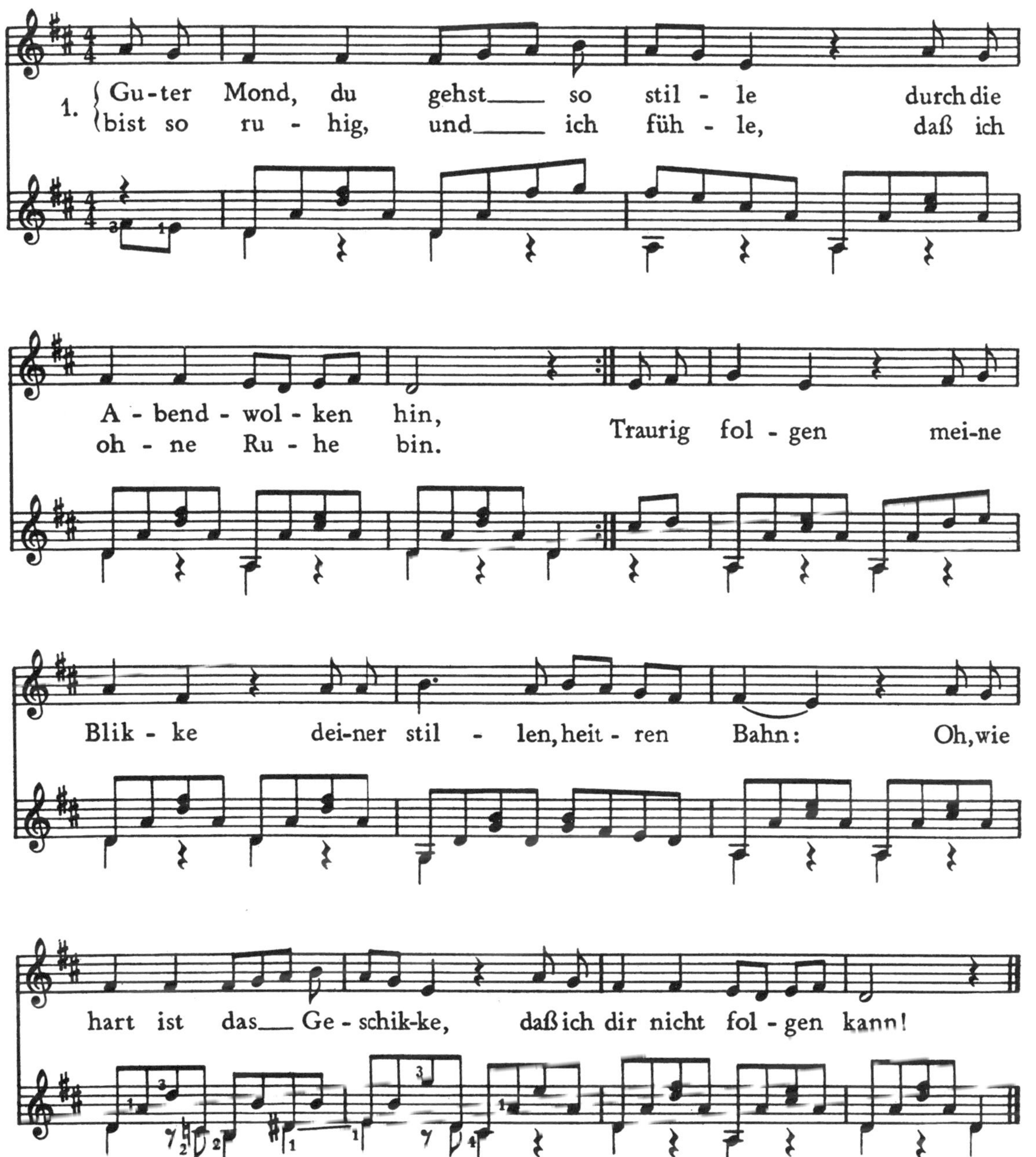

2. Guter Mond, dir will ich's sagen, was mein banges Herze kränkt, und an wen mit bittern Klagen die betrübte Seele denkt! Guter Mond, du kannst es wissen, weil du so verschwiegen bist, warum meine Tränen fließen und mein Herz so traurig ist.

Worte und Weise: ursprünglich ein sieben Strophen umfassendes Liebeslied. In verschiedenen textlichen Varianten, darunter auch der von Karl Wilhelm Enslin, seit Anfang des 19. Jh. bekannt

Ich geh mit meiner Laterne

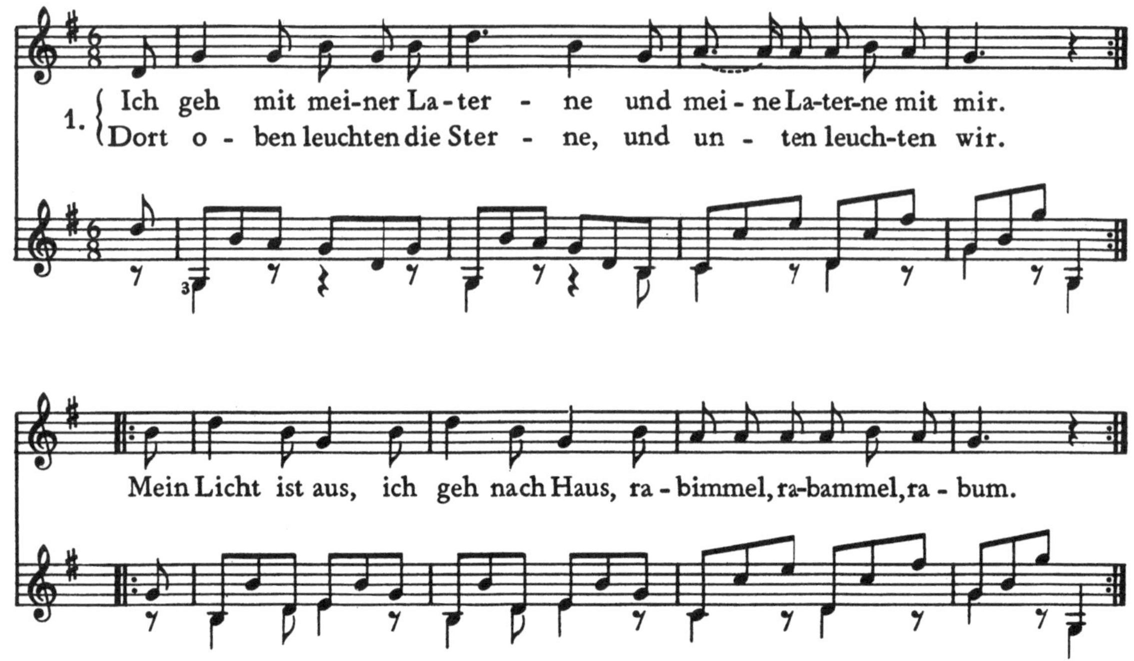

Worte und Weise: Volkslied, in verschiedenen textlichen Varianten bekannt

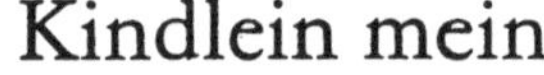

Kindlein mein

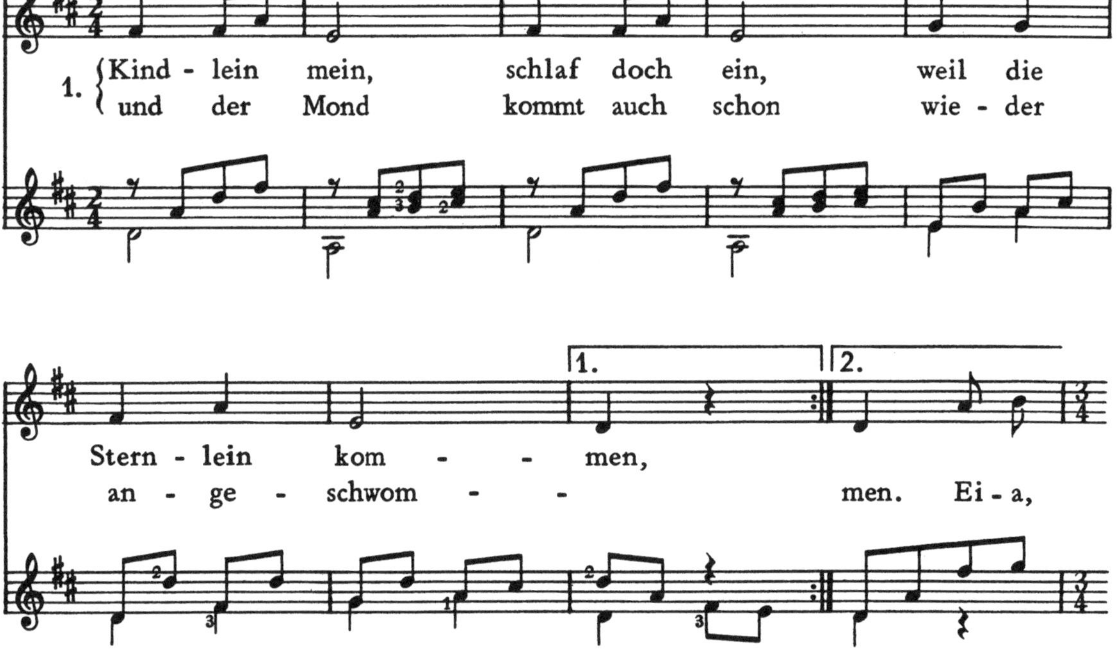

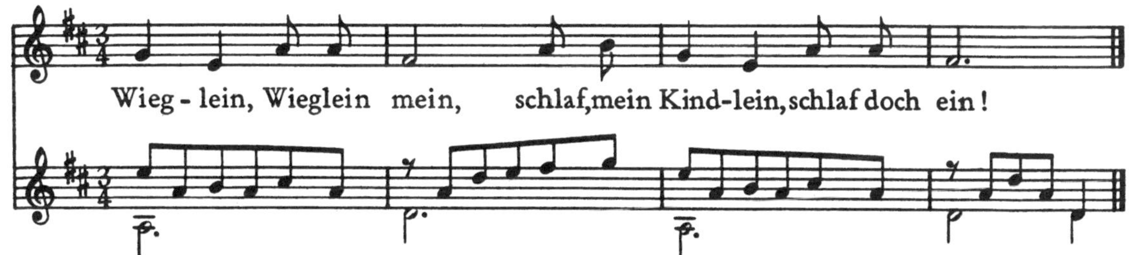

2. Kindlein mein, schlaf doch ein, denn die Nacht kommt nieder, und der Wind summt dem Kind seine Wiegenlieder. Ei-a Wieglein, usw.

Worte und Weise: Volkslied aus Mähren

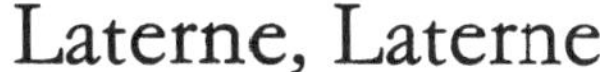

Laterne, Laterne

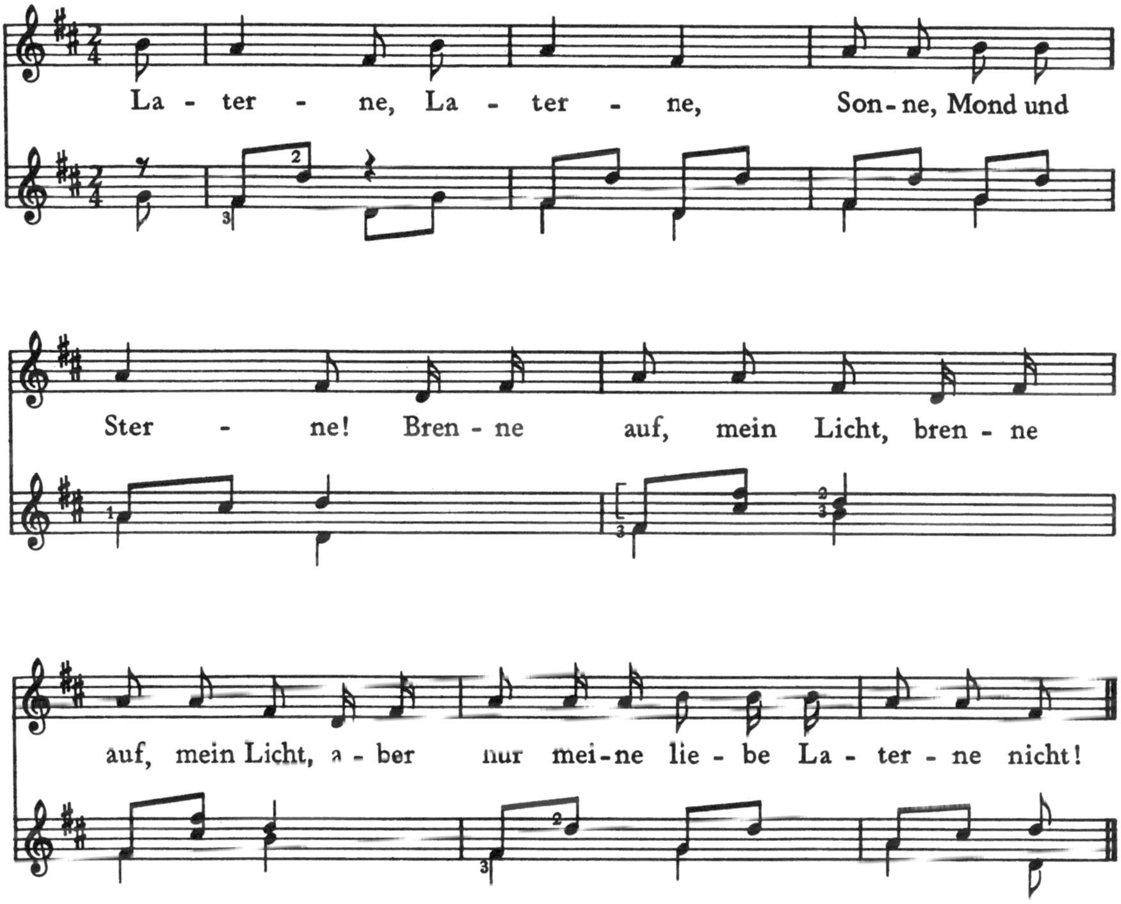

La - ter - ne, La - ter - ne, Son - ne, Mond und Ster - ne! Bren - ne auf, mein Licht, bren - ne auf, mein Licht, a - ber nur mei - ne lie - be La - ter - ne nicht!

Worte und Weise: Volkslied aus Norddeutschland, in verschiedenen textlichen und melodischen Varianten seit 1740 bekannt

Bei Laternenumzügen werden von den Kindern – so sagt es der Brauch – alle Laternenlieder gesungen, die ihnen bekannt sind. Zwischen den einzelnen Liedern, gewissermaßen als Refrain oder Überleitung, wird das hier aufgezeichnete Lied gesungen.

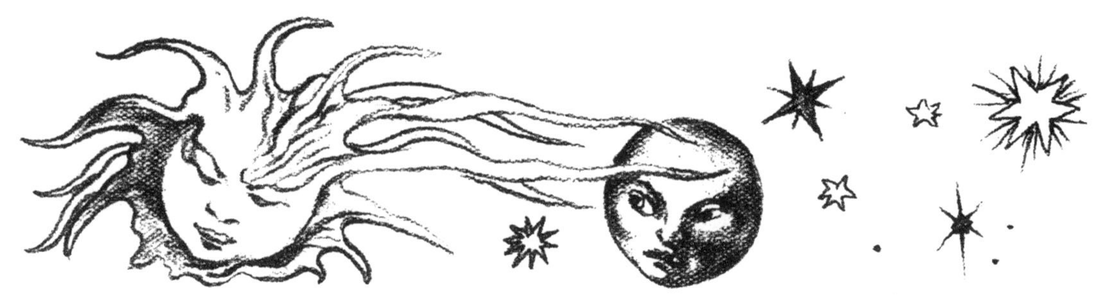

Leise, Peterle, leise

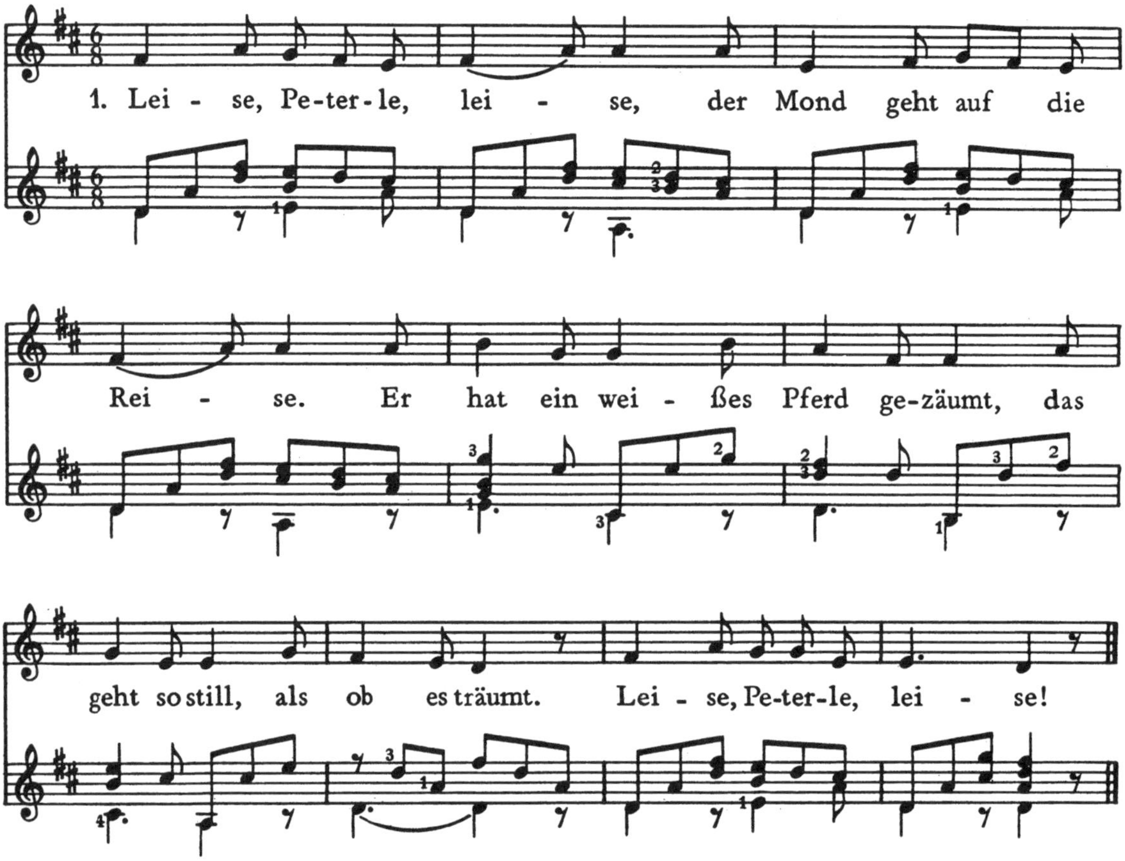

1. Lei - se, Pe-ter-le, lei - se, der Mond geht auf die

Rei - se. Er hat ein wei - ßes Pferd ge-zäumt, das

geht so still, als ob es träumt. Lei - se, Pe-ter-le, lei - se!

2. Stille, Peterle, stille, der Mond hat eine Brille. Ein graues Wölkchen schob sich vor, das sitzt ihm grad auf Nas und Ohr. Stille, Peterle, stille!

3. Träume, Peterle, träume, der Mond guckt durch die Bäume. Ich glaube gar, nun bleibt er stehn, um Peterle im Schlaf zu sehn. Träume, Peterle, träume!

4. Ruhe, Peterle, ruhe, der Mond hat goldne Schuhe. Er hat sie schon bei Tag geputzt, weil er sie ja nur nachts benutzt. Ruhe, Peterle, ruhe!

5. Schlafe, Peterle, schlafe, der Mond hat goldne Schafe. Sie gehn am Himmel still und sacht und sagen Peterle „Gute Nacht!" Schlafe, Peterle, schlafe!

Worte: Paula Dehmel, Strophen vier und fünf aus einem Familienkreis · Weise: Rolf Zimmermann

Sandmännchen

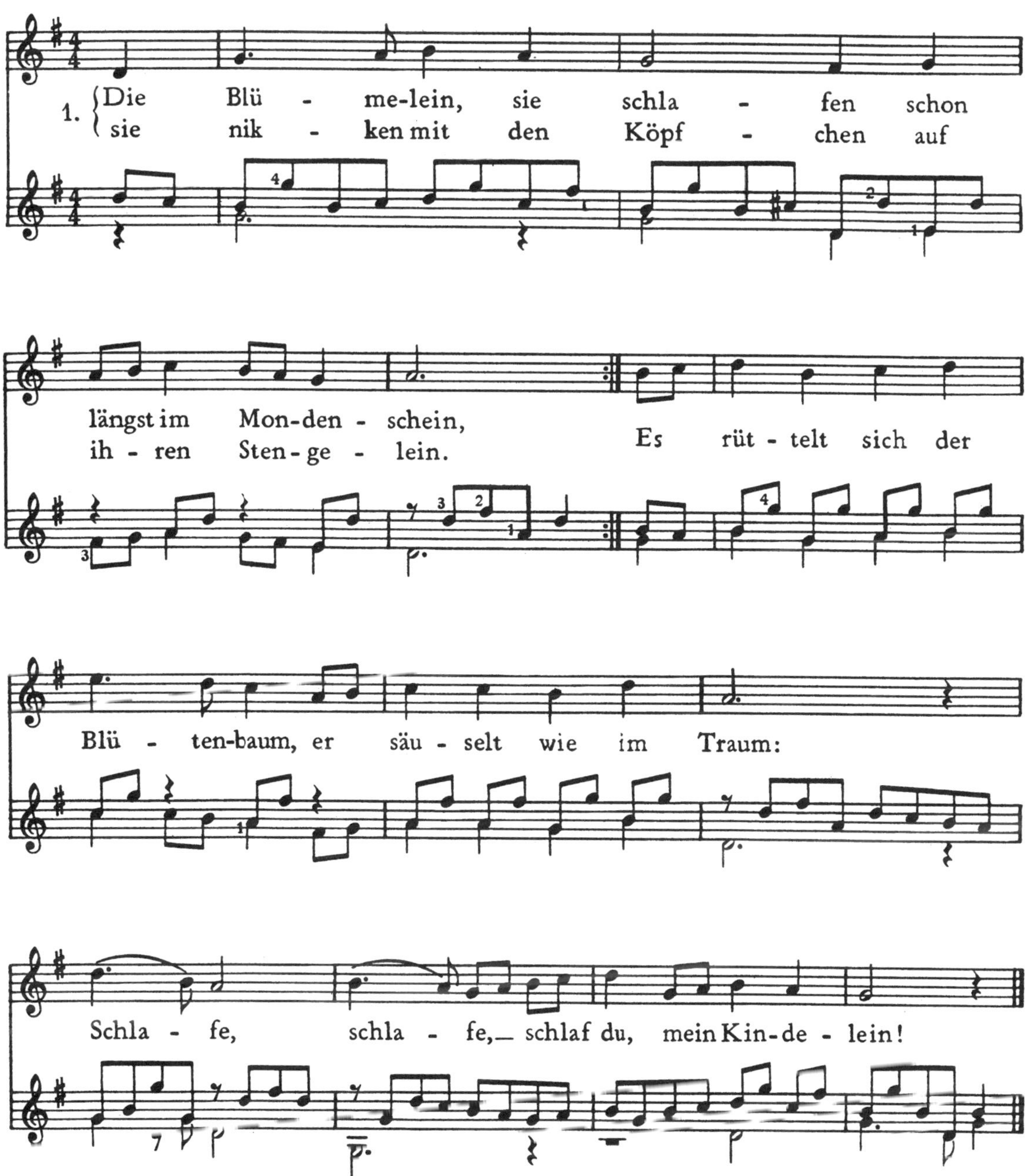

2. Die Vögelein, sie sangen so süß im Sonnenschein; sie sind zur Ruh gegangen in ihre Nestchen klein; das Heimchen in dem Ährengrund, es tut allein sich kund: Schlafe, schlafe, usw.

3. Sandmännchen kommt geschlichen und guckt durchs Fensterlein, ob irgend noch ein Liebchen nicht mag zu Bette sein; und wo er noch ein Kindchen fand, streut er ins Aug ihm Sand: Schlafe, schlafe, usw.

Worte und Weise: Anton Wilhelm Florentin von Zuccalmaglio (1840), frei nach dem geistlichen Lied *Zu Bethlehem geboren* (1697)

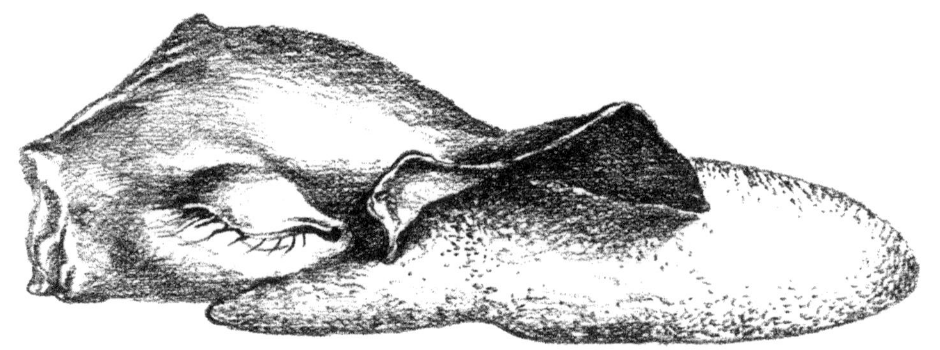

Sandmann, lieber Sandmann

1. Sand - mann, lie-ber Sand - mann, es ist noch nicht so weit! Wir sen - den erst den A - bend - gruß, eh je-des Kind ins Bett-chen muß, du hast ge - wiß noch Zeit.

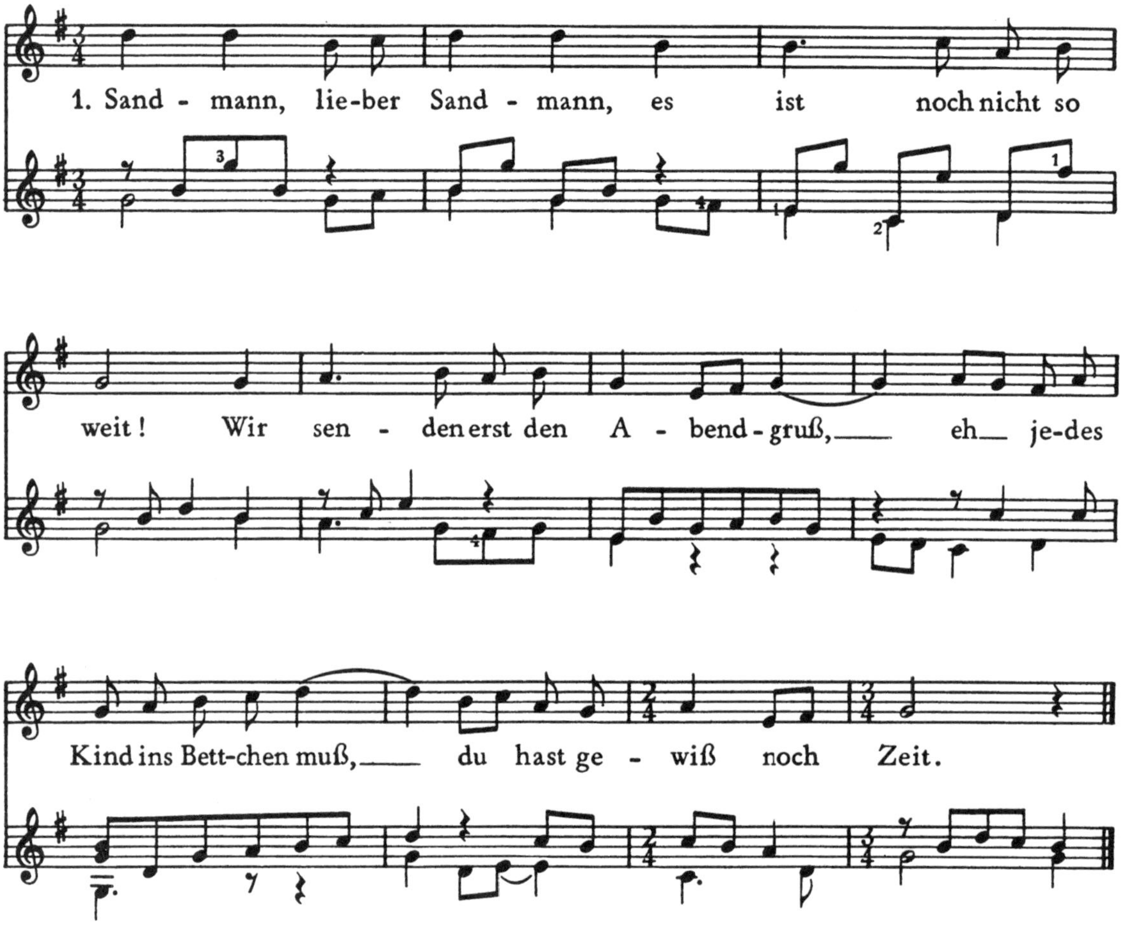

2. „Sandmann, lieber Sandmann, hab nur nicht solche Eil! Dem Abendgruß vom Fernsehfunk lauscht jeden Abend alt und jung, sei unser Gast derweil.“

3. „Kinder, liebe Kinder, das hat mir Spaß gemacht. Nun schnell ins Bett und schlaft recht schön, dann darf auch ich zur Ruhe gehn. Ich wünsch euch gute Nacht.“

Worte: Walter Krumbach · Weise: Wolfgang Richter

Suse, liebe Suse

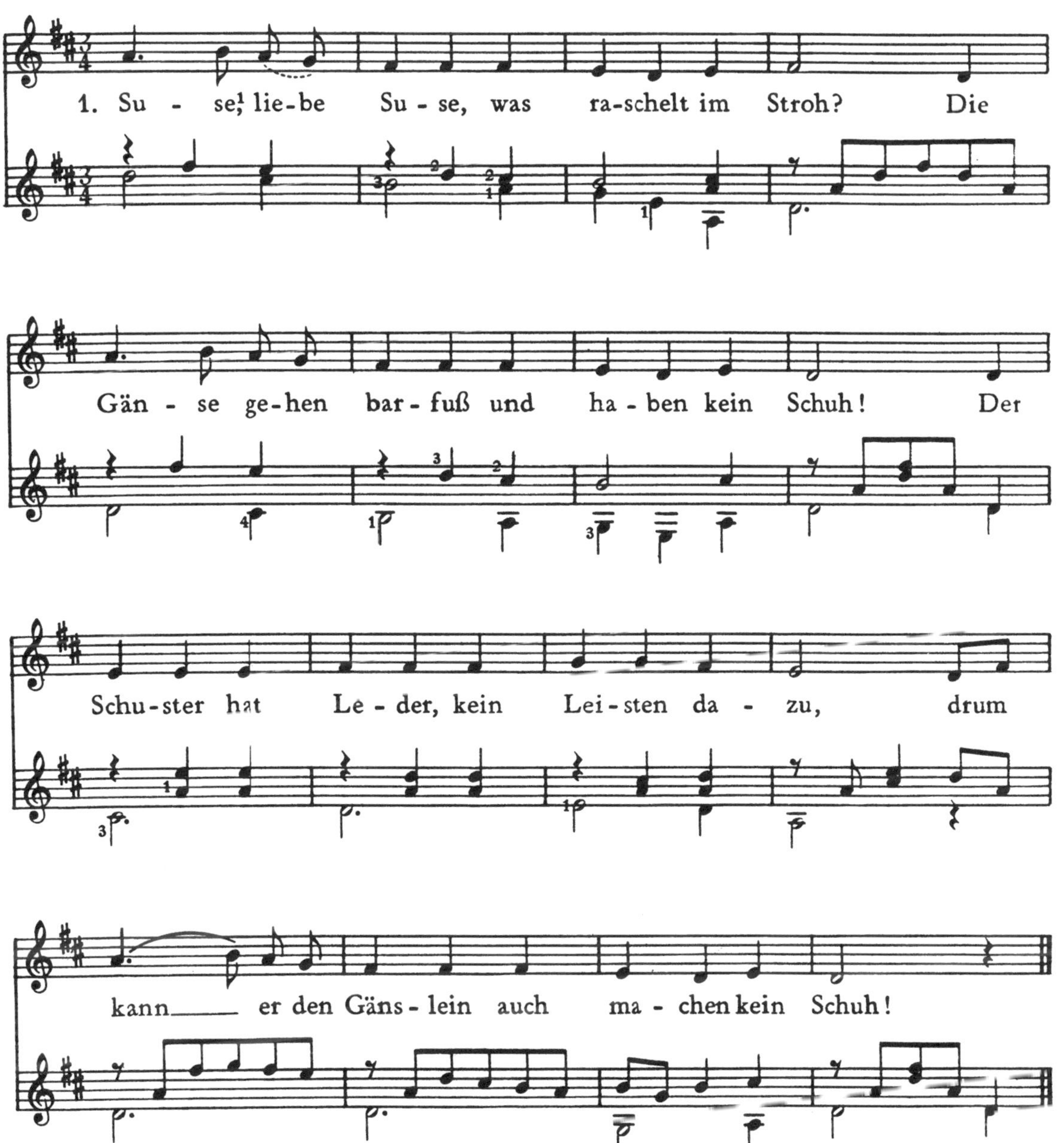

2. Eia popeia, das ist eine Not! Wer schenkt mir einen Dreier für Zucker und Brot? Verkauf ich mein Bettlein und leg mich aufs Stroh, sticht mich keine Feder und beißt mich kein Floh!

3. Eia popeia, schlag's Kikelchen tot! Legt mir keine Eier und frißt mir mein Brot; rupfen wir ihm dann die Federchen aus, machen dem Kindlein ein Bettlein daraus.

[1] „Suse" ist der Imperativ von susen und bedeutet wiegen, d. h. durch Wiegen ein Kind einschläfern.

Worte: aus *Des Knaben Wunderhorn* · Weise: altes, in einigen Bestandteilen auf das 14. Jh. zurückgehendes Wiegenlied

Wanderers Nachtlied

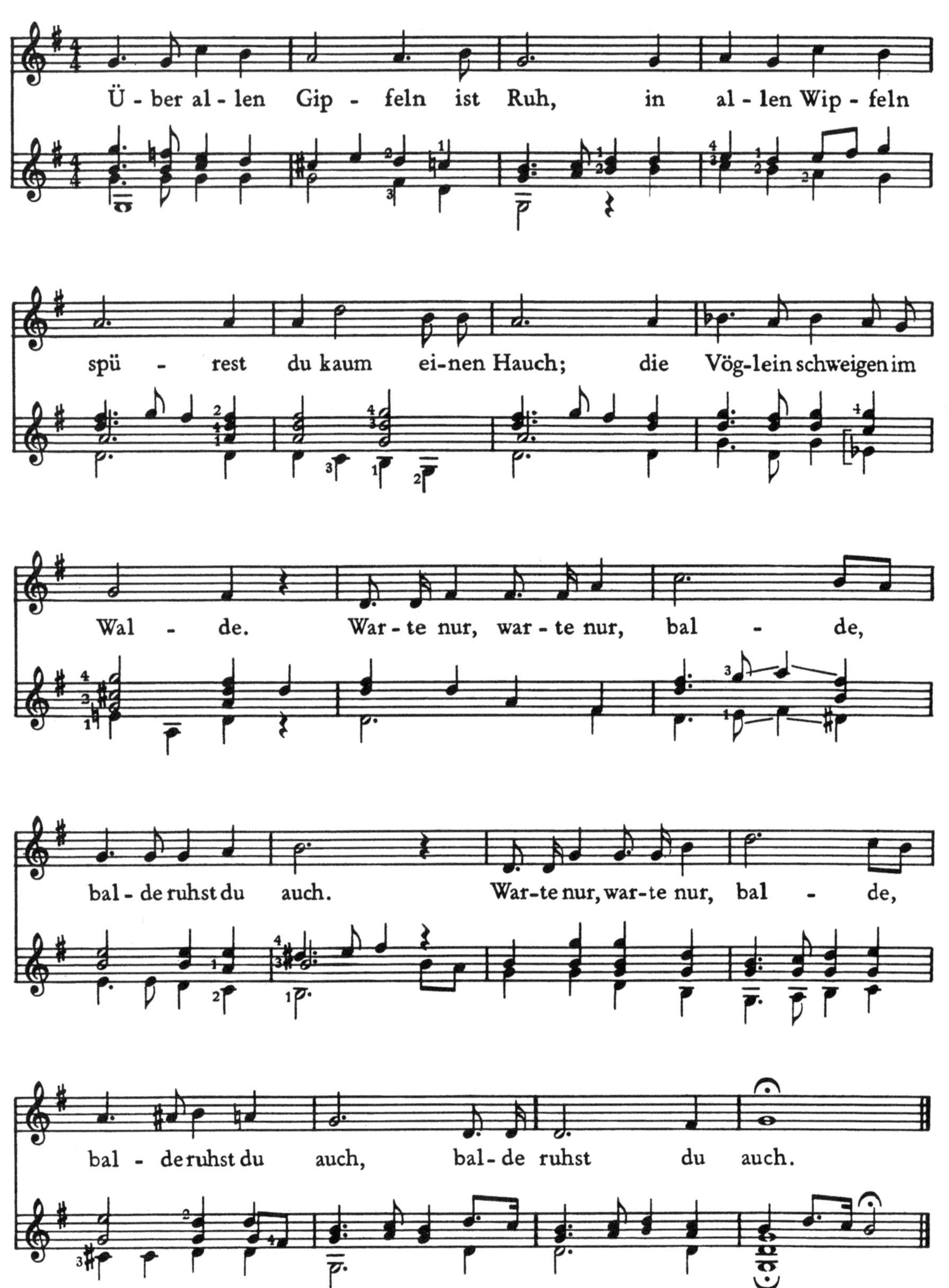

Worte: Johann Wolfgang von Goethe (1780) · Weise: Friedrich Kuhlau (1825)

Weißt du, wieviel Sternlein stehen

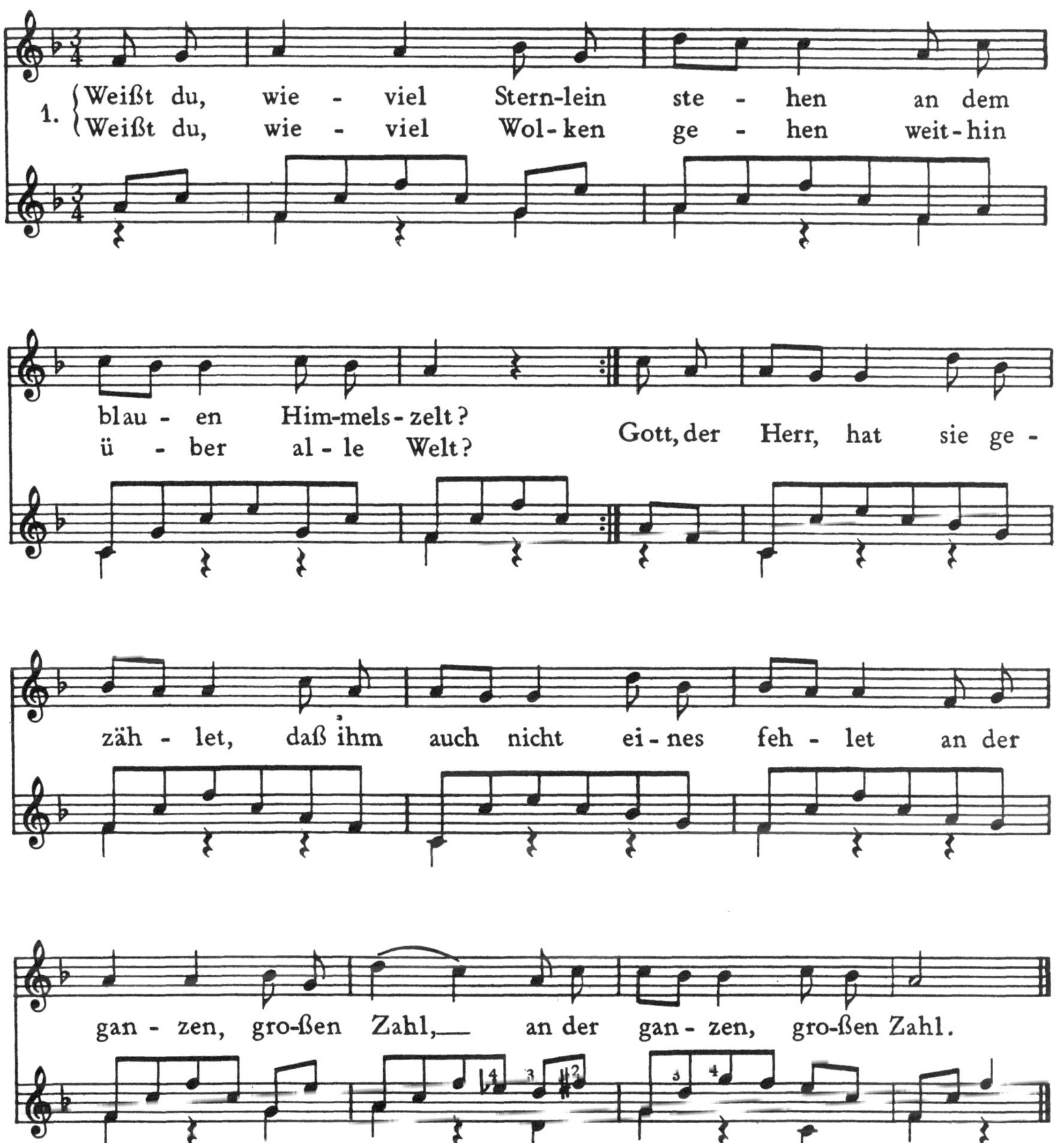

2. Weißt du, wieviel Mücklein spielen in der heißen Sonnenglut, wieviel Fischlein auch sich kühlen in der hellen Wasserflut? Gott, der Herr, rief sie mit Namen, daß sie all ins Leben kamen, |: daß sie nun so fröhlich sind. :|

Worte und Weise: Volkslied, es geht auf das Liebeslied *Soviel Stern, als da stehen* (1823) zurück. Die Melodie des Liebesliedes wiederum fußt auf dem Soldatenabschiedslied *O Deutschland, ich muß marschieren* (1809).

Wer hat die schönsten Schäfchen

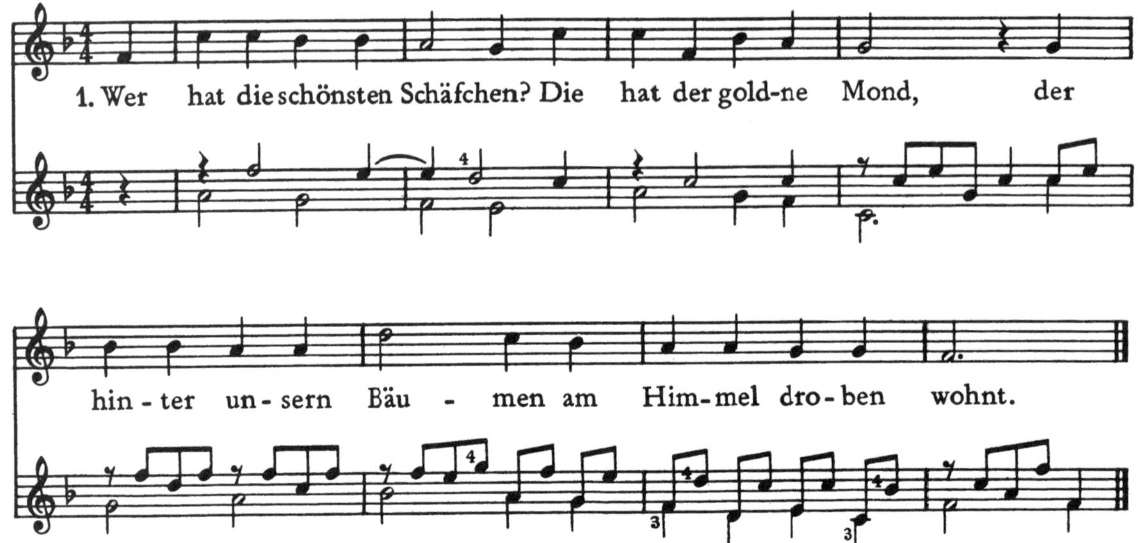

2. Er kommt am späten Abend, wenn alles schlafen will, hervor aus seinem Hause zum Himmel, leis und still.

3. Dann weidet er die Schäfchen auf seiner blauen Flur; denn all die weißen Sterne sind seine Schäfchen nur.

4. Sie tun sich nichts zu Leide, hat eins das andre gern, und Schwestern sind und Brüder da droben Stern an Stern.

5. Und soll ich dir eins bringen, so darfst du niemals schrein, mußt freundlich wie die Schäfchen und wie ihr Schäfer sein.

Worte: Heinrich Hoffmann von Fallersleben · Weise: Joh. Friedrich Reichardt

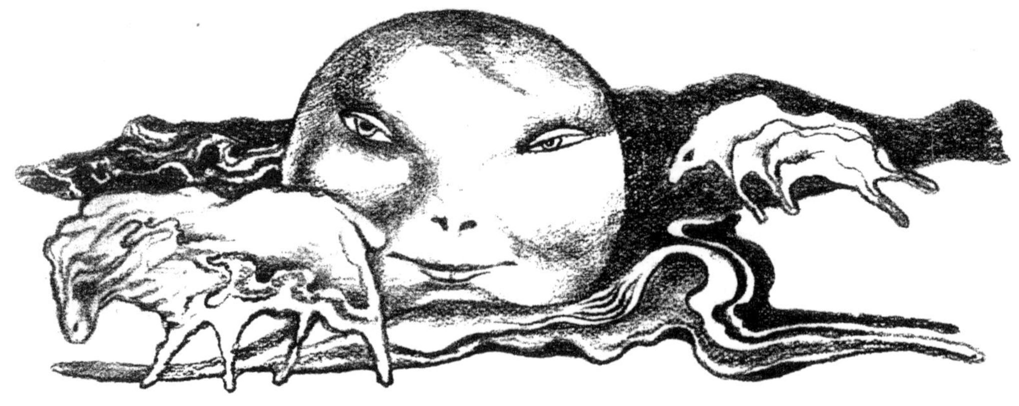

Wiegenlied

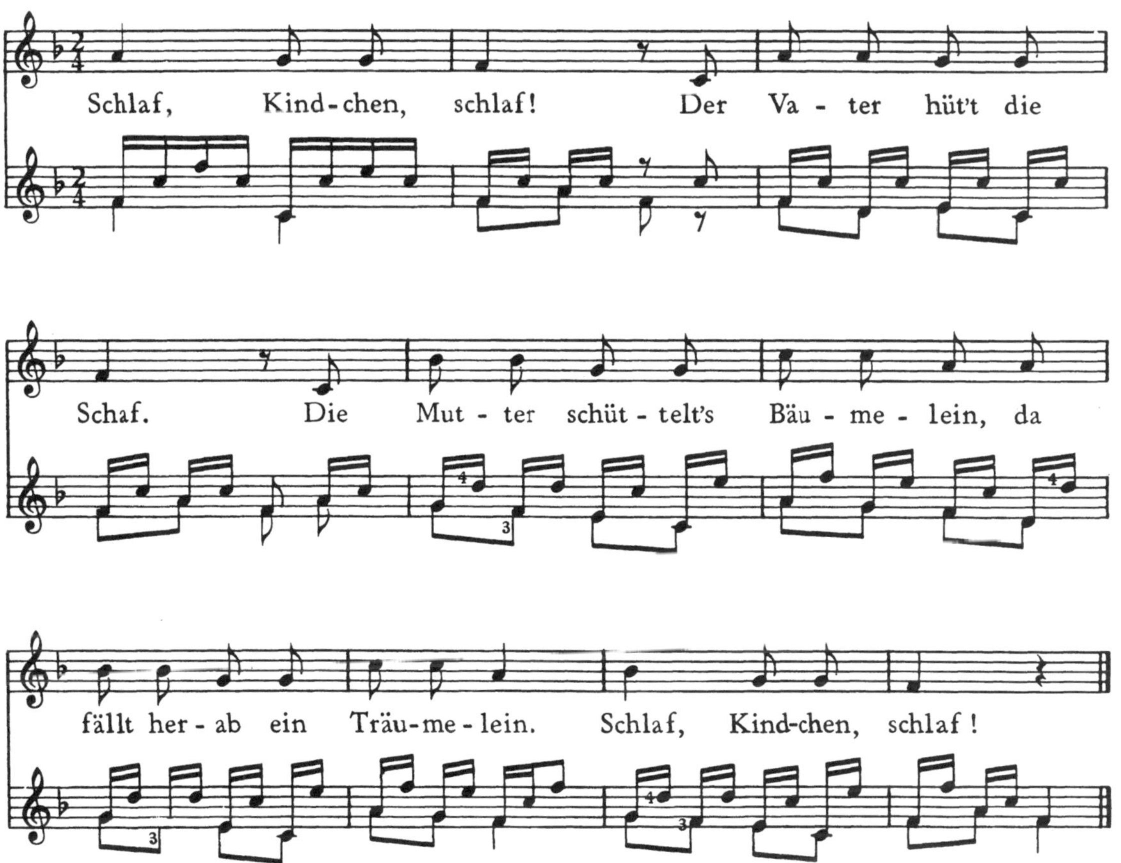

2. Schlaf, Kindchen, schlaf! Am Himmel ziehn die Schaf, die Sterne sind die Lämmerlein, der Mond, der ist das Schäferlein. Schlaf, usw.

3. Schlaf, Kindchen, schlaf! Dein Vater hüt't die Schaf. Dein' Mutter hütet's Böckelein, das bringt dir schöne Röckelein. usw.

4. Schlaf, Kindchen, schlaf! So schenk ich dir ein Schaf, mit einer güldnen Schelle fein, das soll dein Spielgeselle sein. usw.

5. Schlaf, Kindchen, schlaf und blök nicht wie ein Schaf. Sonst kommt des Schäfers Hündelein und beißt mein böses Kindelein. usw.

6. Schlaf, Kindchen, schlaf! Geh fort und hüt die Schaf. Geh fort, du schwarzes Hündelein und weck mir nicht mein Kindelein. usw.

7. Schlaf, Kindchen, schlaf! Da draußen geht ein Schaf, ein Schaf und eine bunte Kuh. Mein Kindchen, mach die Augen zu. usw.

Worte und Weise: Volkslied (Wiegenlied), in zahlreichen textlichen und mundartlichen Varianten bekannt. Die vorliegenden Strophen stammen aus *Des Knaben Wunderhorn.*

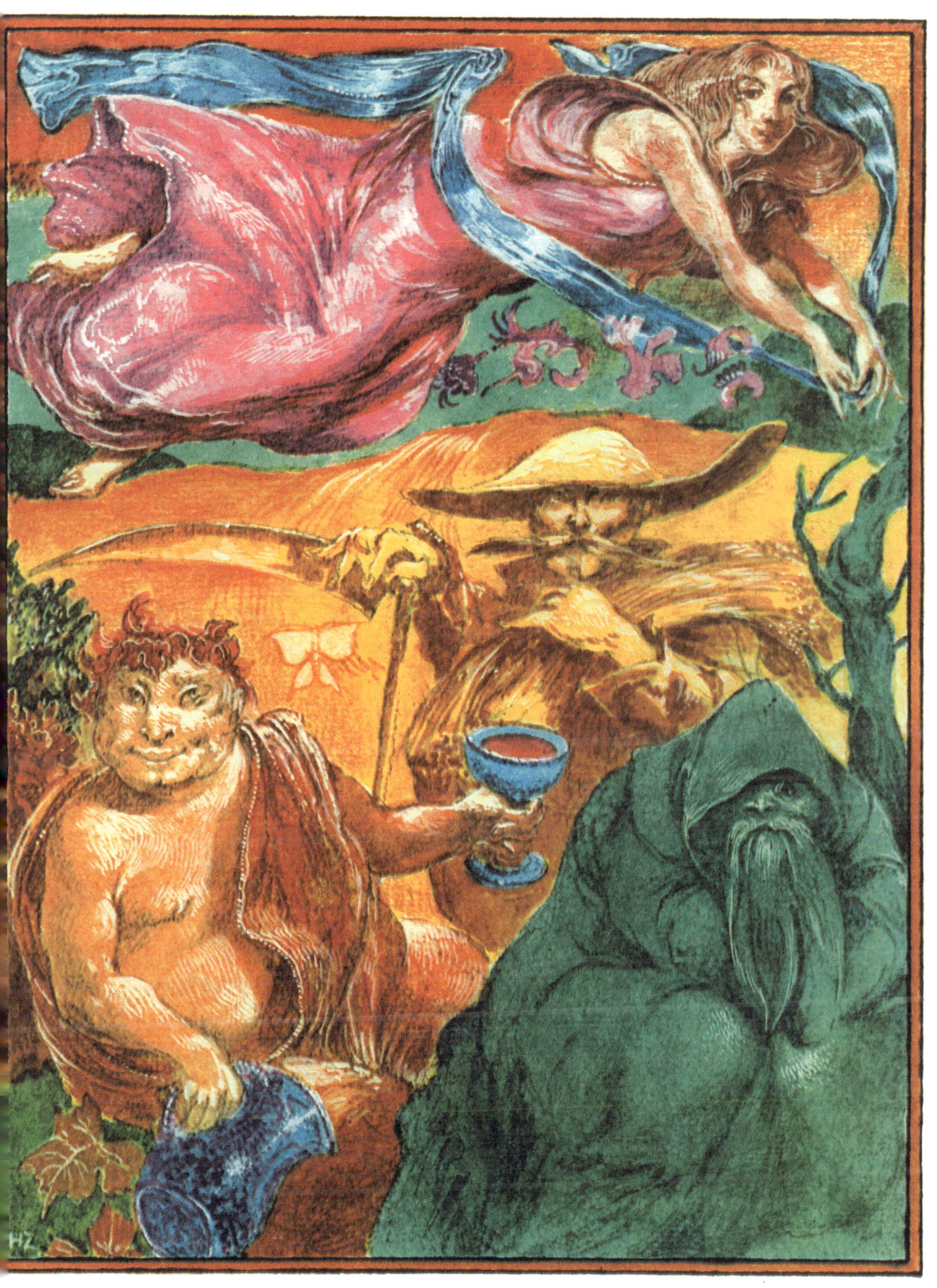

Trarira, der Sommer, der ist da

A, a, a, der Winter, der ist da

1. A, a, a, der Win-ter, der ist da!

Herbst und Som-mer sind ver-gan-gen, Win-ter, der hat an-ge-fan-gen.

A, a, a, der Win-ter, der ist da!

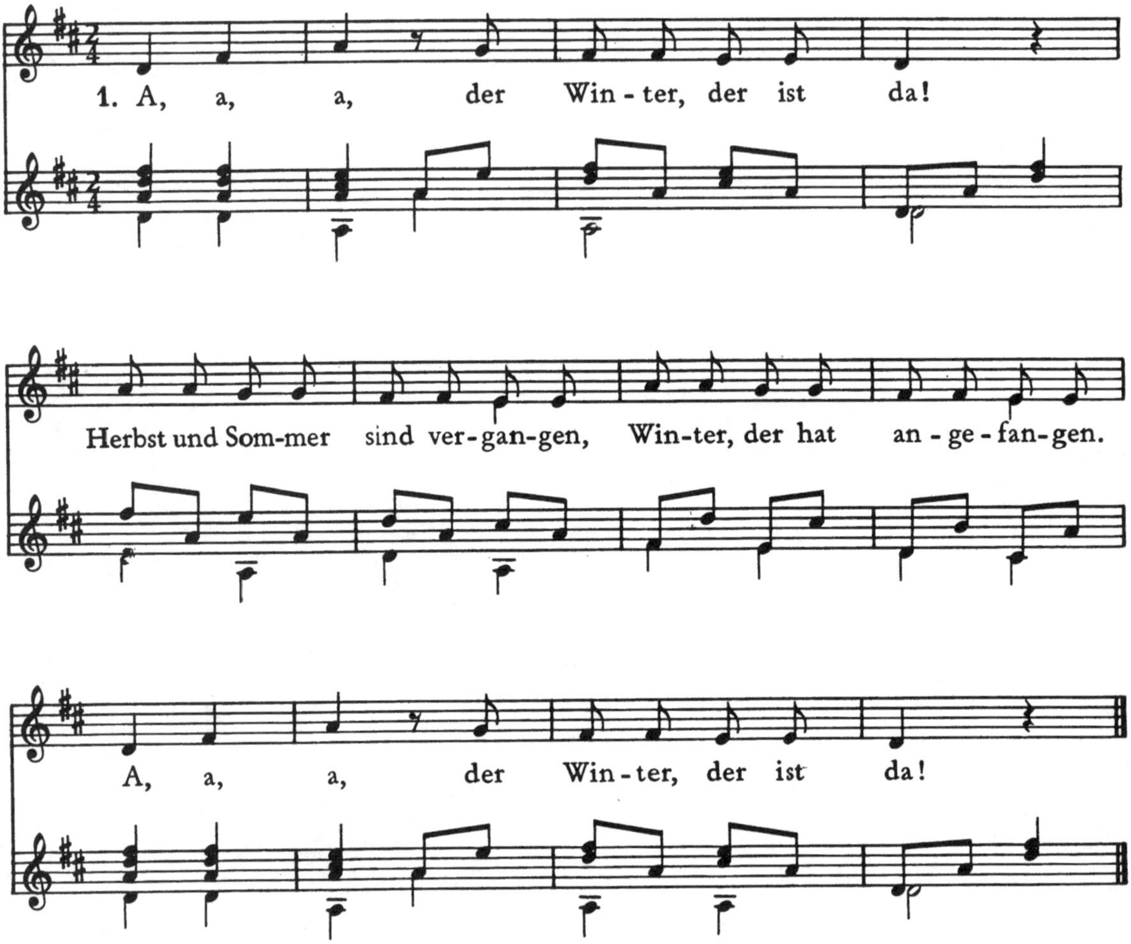

2. E, e, e, nun gibt es Eis und Schnee! Blumen blühn an Fensterscheiben, sind sonst nirgends aufzutreiben. E, e, e, nun gibt es Eis und Schnee!

3. O, o, o, wie sind wir alle froh, wenn der Niklaus wird was bringen und vorm Tannenbaum wir singen. O, o, o, wie sind wir alle froh!

4. U, u, u, die Teiche frieren zu. Hei, nun geht es wie der Wind übers blanke Eis geschwind! U, u, u, die Teiche frieren zu.

Worte: Heinrich Hoffmann von Fallersleben · Weise: Volkslied

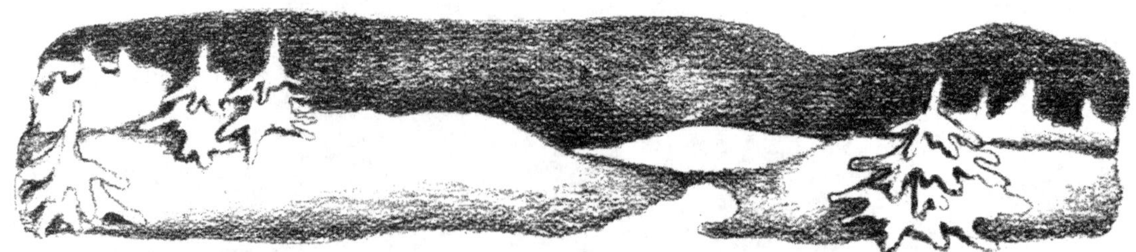

Bunt sind schon die Wälder

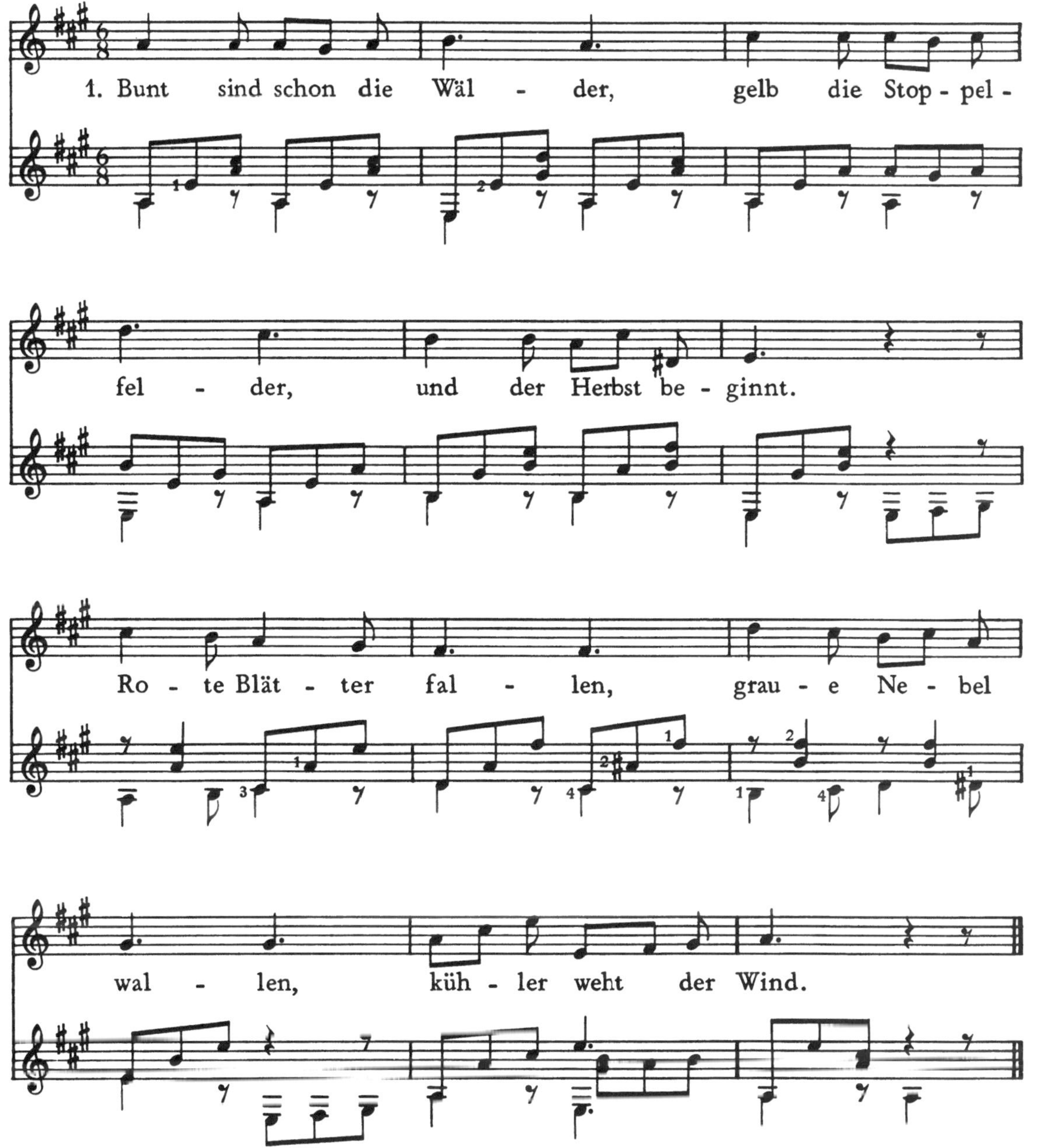

2. Wie die volle Traube aus dem Rebenlaube purpurfarbig strahlt! Am Geländer reifen Pfirsiche mit Streifen, rot und weiß bemalt.

3. Flinke Träger springen, und die Mädchen singen, alles jubelt froh! Bunte Bänder schweben zwischen hohen Reben auf dem Hut von Stroh.

4. Geige tönt und Flöte bei der Abendröte und im Mondesglanz; junge Winzerinnen winken und beginnen frohen Erntetanz.

Worte: Joh. Gaudenz von Salis-Seewis (1782) · Weise: Joh. Friedrich Reichardt (1799)

Der Mai ist gekommen

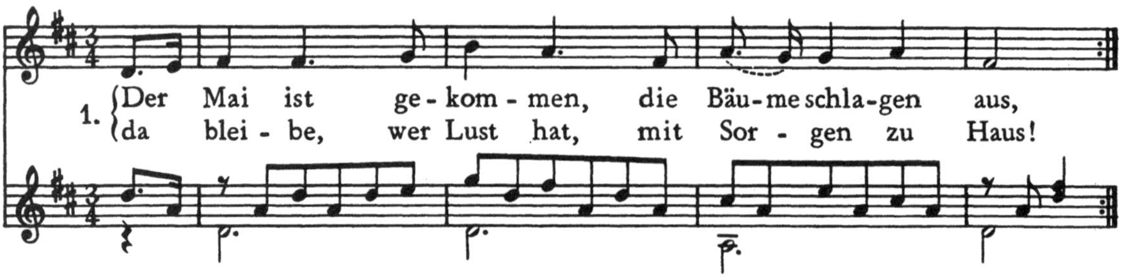

1. {Der Mai ist ge - kom - men, die Bäu - me schla - gen aus,
da blei - be, wer Lust hat, mit Sor - gen zu Haus!

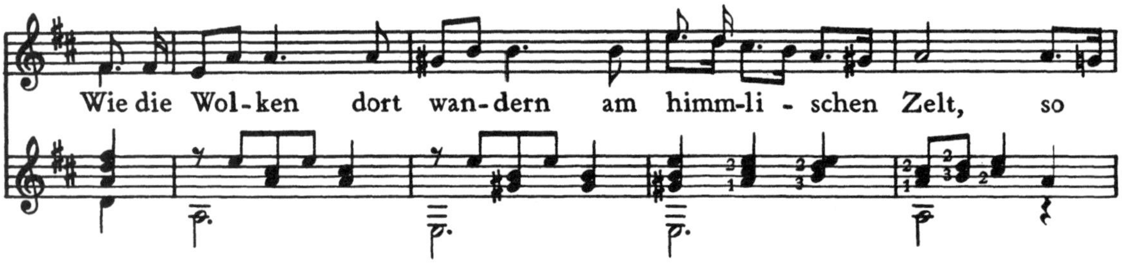

Wie die Wol - ken dort wan - dern am himm - li - schen Zelt, so

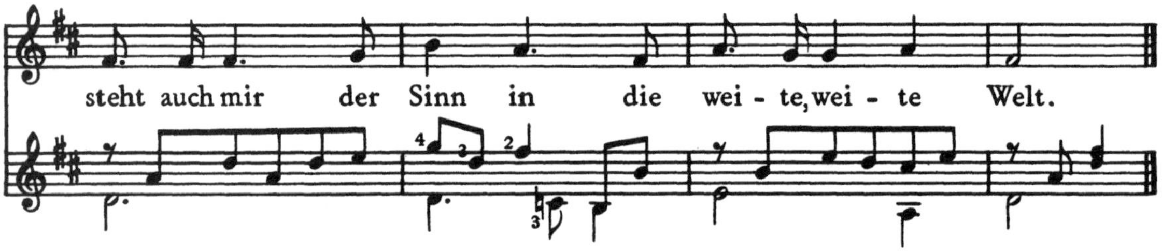

steht auch mir der Sinn in die wei - te, wei - te Welt.

2. Frisch auf drum, frisch auf drum im hellen Sonnenstrahl, wohl über die Berge, wohl durch das tiefe Tal! Die Quellen erklingen, die Bäume rauschen all; mein Herz ist wie 'ne Lerche und stimmet ein mit Schall.

3. O Wandern, o Wandern, du freie Burschenlust! Da wehet der Atem so frisch in die Brust; da singet und jauchzet das Herz zum Himmelszelt: Wie bist du doch so schön, o du weite, weite Welt.

Worte: Emanuel Geibel (1835), gekürzt · Weise: Justus W. Lyra (1842)

Der Nachtigallengesang

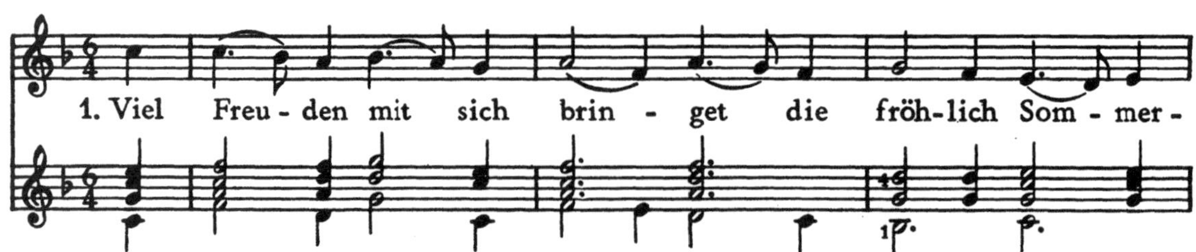

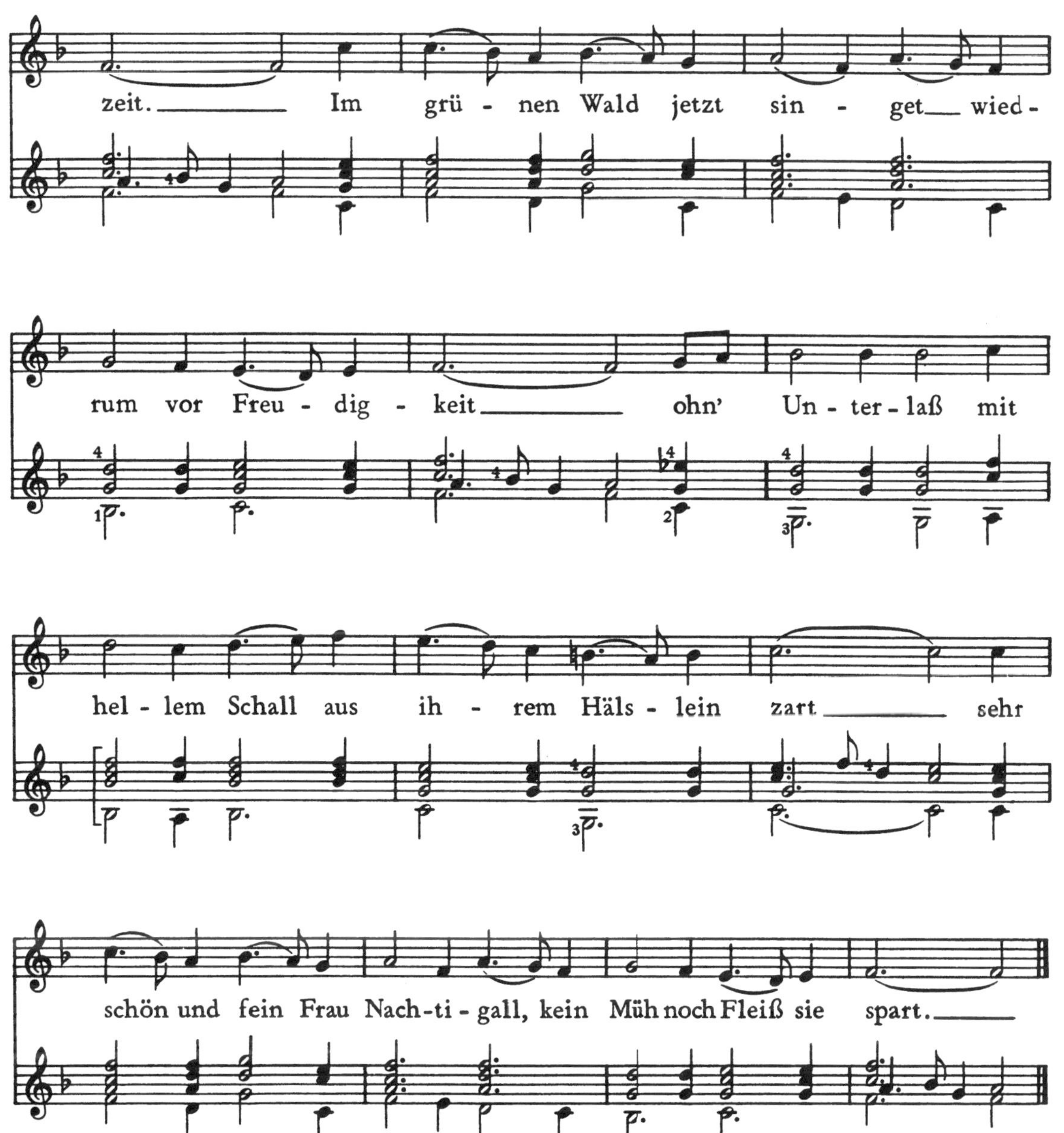

2. Des Nachts, wenn ist fürüber all andrer Vöglein G'sang, so schwingt sie ihr Gefieder und fängt mit lautem Klang bald auf das Neu recht an zu schrein, bis daß anbricht der Tag; ihr wunderschöne Melodein kein Mensch beschreiben mag.

3. Mit ihrem schönen Singen bewegt sie manches Herz, daß es vor Freud möcht springen; das sag ich ohne Scherz; von allen den Waldvögelein, sie seien groß oder klein, ihr keines jemals gleich kann sein, der Ruhm bleibt ihr allein.

4. Ihr schöne Stimm und Weise man ehren tut überall, drum ich sie jetzt auch preise, die edle Nachtigall; mit lieblichem und süßem Ton bringt sie all Sachen für, ihr seltsam schön G'dicht sie ziert ganz schön auf dieser Erden hier.

Worte: nach *Neue Teutsche Weltliche Lieder durch Christophorum Demantium,* Nürnberg 1595, Nr. 27 · Weise: leicht umgesungene Fassung der erstmals in Augustus Nörmigers handschriftlichem Tabulaturbuch (1598) nachweisbaren ursprünglichen Liedversion

Ein Tännlein schlief zur Winternacht

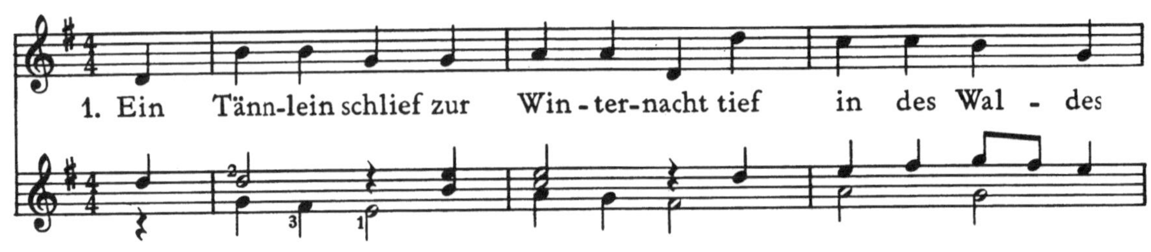

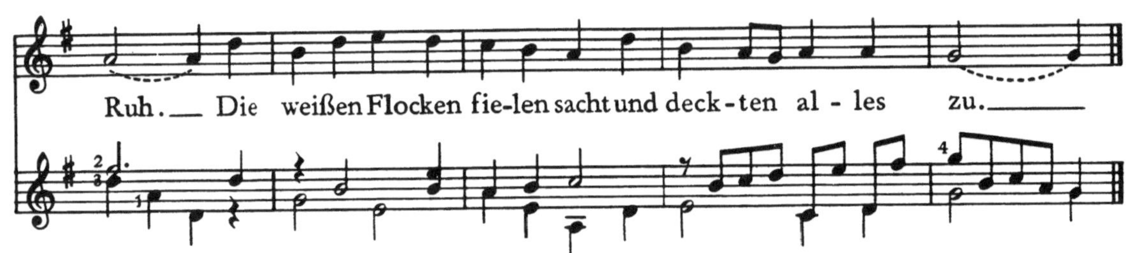

2. Im Zweige fing ein Vögelein so lieblich an zu singen, und seine süße Melodei tat sich gar weithin schwingen.

3. Das Vöglein sang die halbe Nacht auf seinem Ästelein, da ist die Erde aufgewacht und trug einen hellen Schein.

Worte und Weise: Maria-Anita Görischk

Frühlingslied

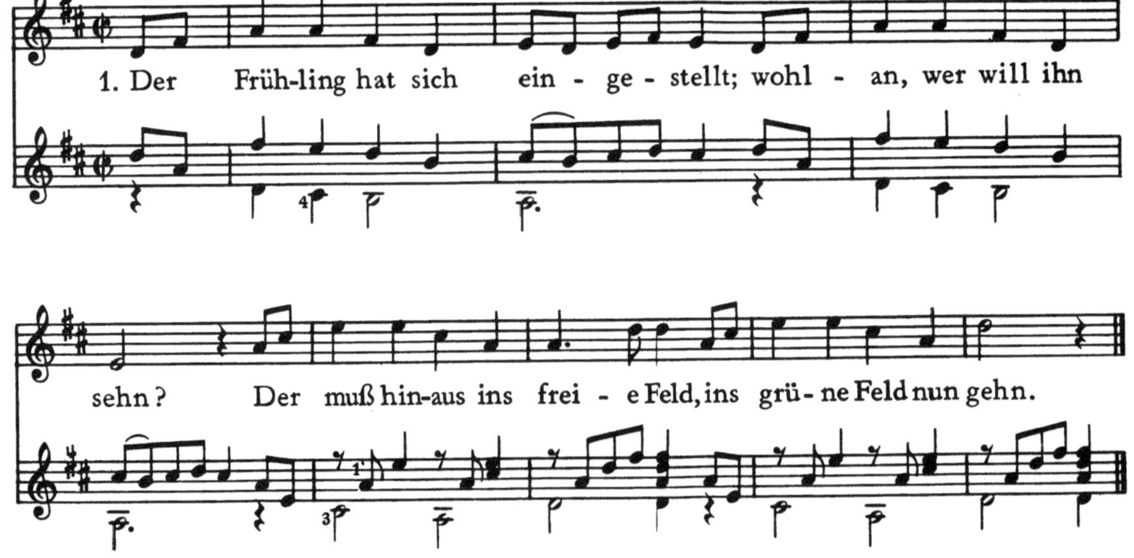

2. Er hielt im Walde sich versteckt, daß niemand ihn mehr sah; ein Vöglein hat ihn aufgeweckt, jetzt ist er wieder da.

3. Jetzt ist der Frühling wieder da; ihm folgt, wohin er zieht, nur lauter Freude fern und nah und lauter Spiel und Lied.

4. Und allen hat er, groß und klein, was Schönes mitgebracht; und sollt's auch nur ein Sträußchen sein, er hat an uns gedacht.

5. Drum frisch hinaus ins freie Feld, ins grüne Feld hinaus! Der Frühling hat sich eingestellt; wer bliebe da zu Haus?

Worte: Heinrich Hoffmann von Fallersleben · Weise: nach Johann Friedrich Reichardt

Frühlingszeit

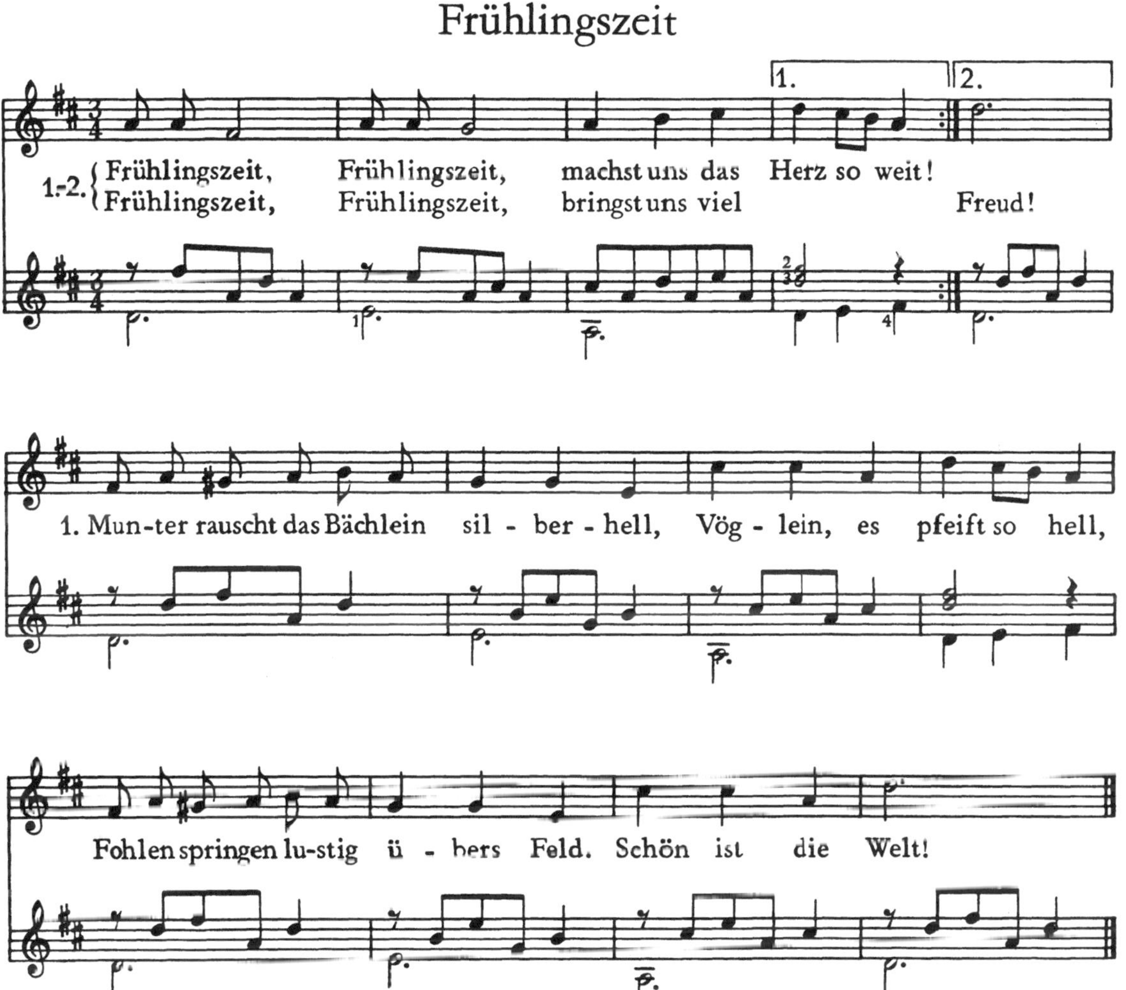

2. Maienlust, Maienlust! Winter hat fortgemußt! Maienlust, Maienlust öffnet die Brust. Alle Menschen sind von Herzen froh, o blieb es immer so! Alle Menschen werden stark und frei. Das ist der Mai!

Worte und Weise: böhmisches Volkslied in deutscher Nachdichtung von Franz Klein

Jetzt fängt das schöne Frühjahr an

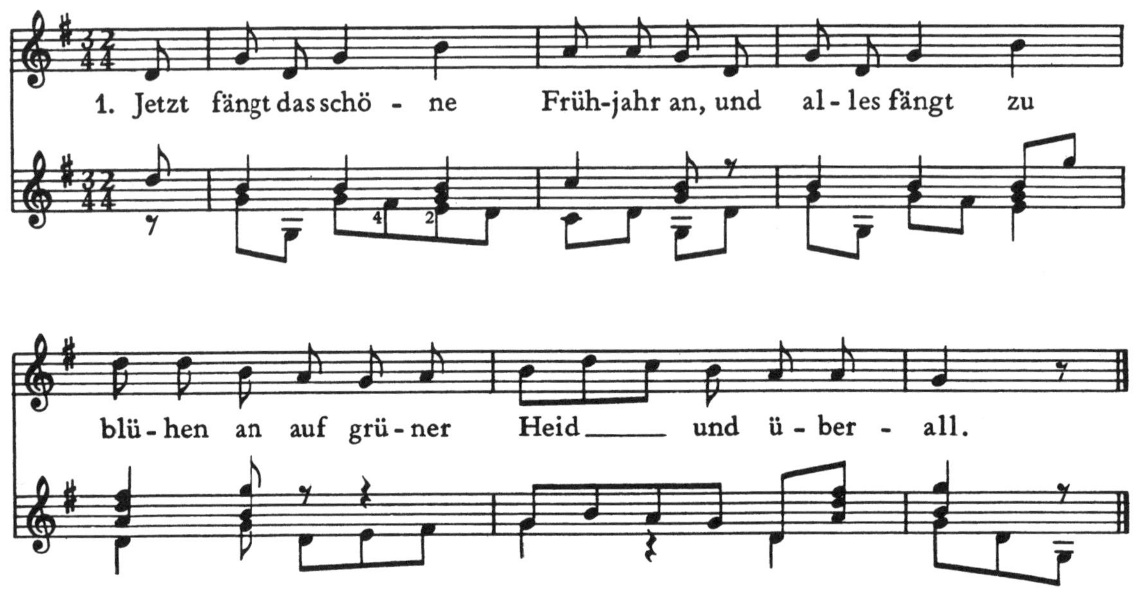

2. Es wachsen Blümlein auf dem Feld, sie blühen blau, weiß, rot und gelb, so wie es meinem Schatz gefällt.

3. Jetzt geh ich über Berg und Tal, da hör ich schon die Nachtigall: auf grüner Heid und überall.

Worte und Weise: Volkslied vom Niederrhein (um 1880)

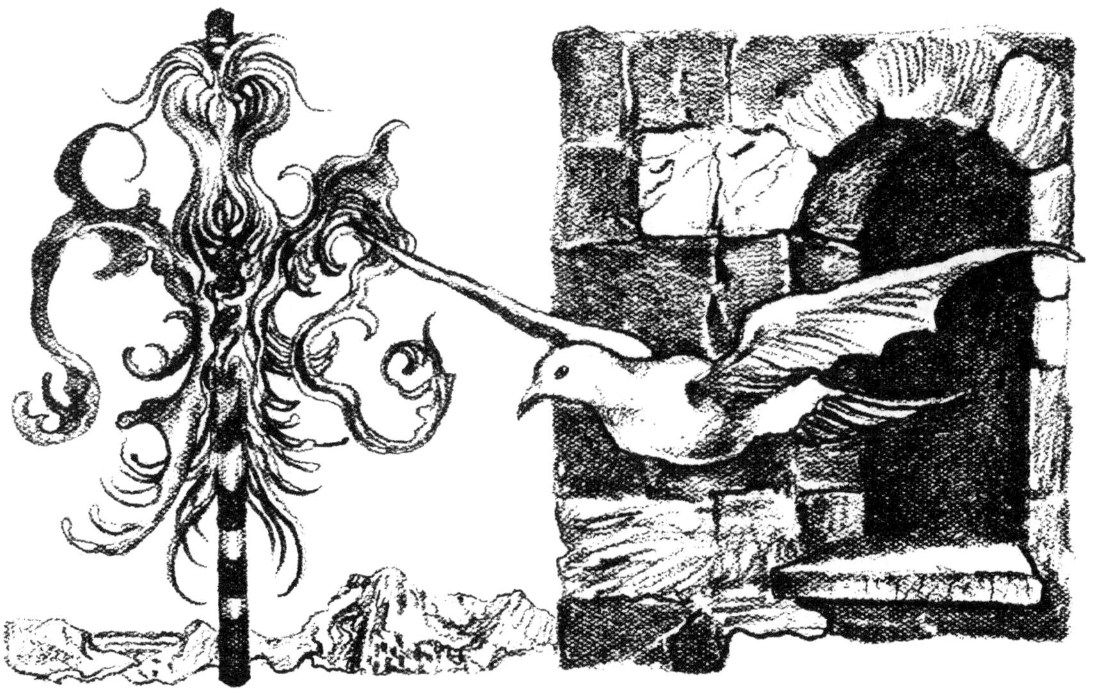

Leise zieht durch mein Gemüt

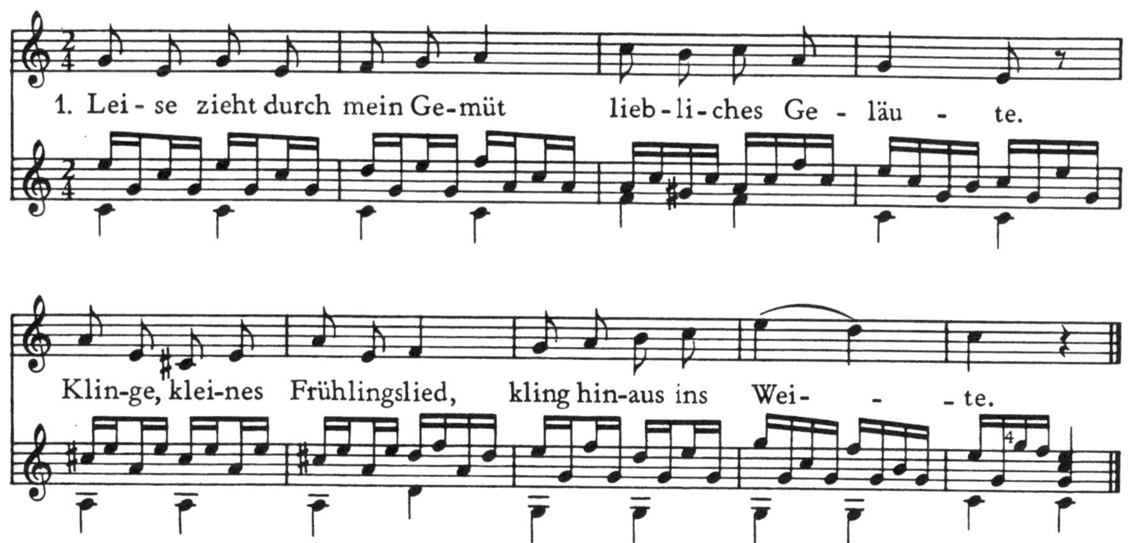

2. Kling hinaus bis an das Haus, wo die Blumen sprießen. Wenn du eine Rose schaust, sag, ich laß sie grüßen.

Worte: Heinrich Heine, aus: *Neuer Frühling* · Weise: Felix Mendelssohn Bartholdy

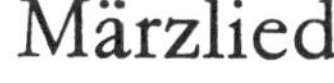

Märzlied

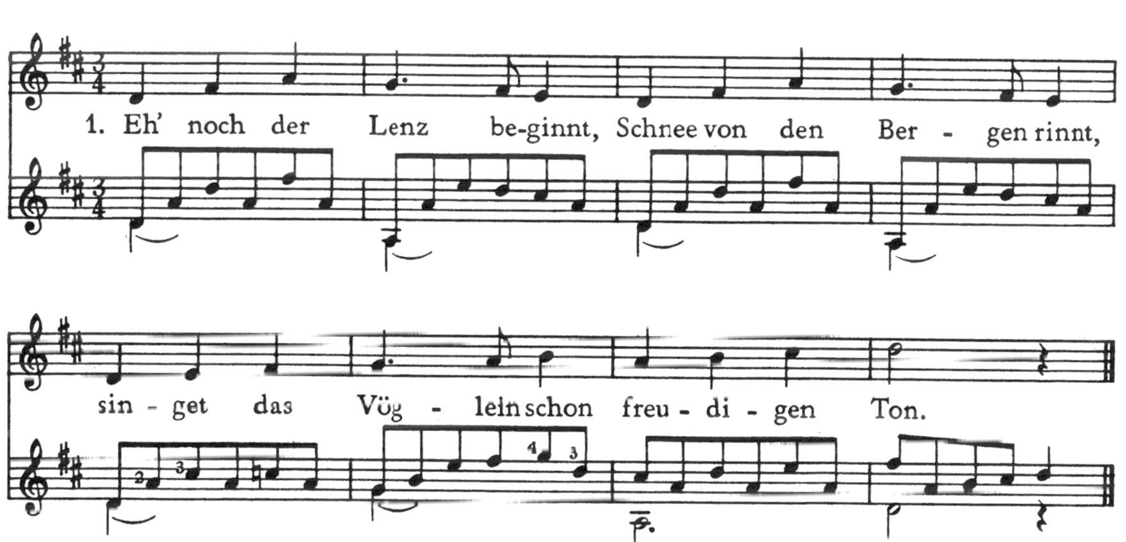

2. Noch blüht kein Veilchen blau, noch ist der Wald so grau, was mag das Vögelein denn so erfreun?

3. Wärme und heller Schein hauchen ihm Ahnung ein: Bald kommt mit neuem Glück Frühling zurück.

Worte: Abraham E. Fröhlich · Weise: Adolf Wendt

Maienfahrt

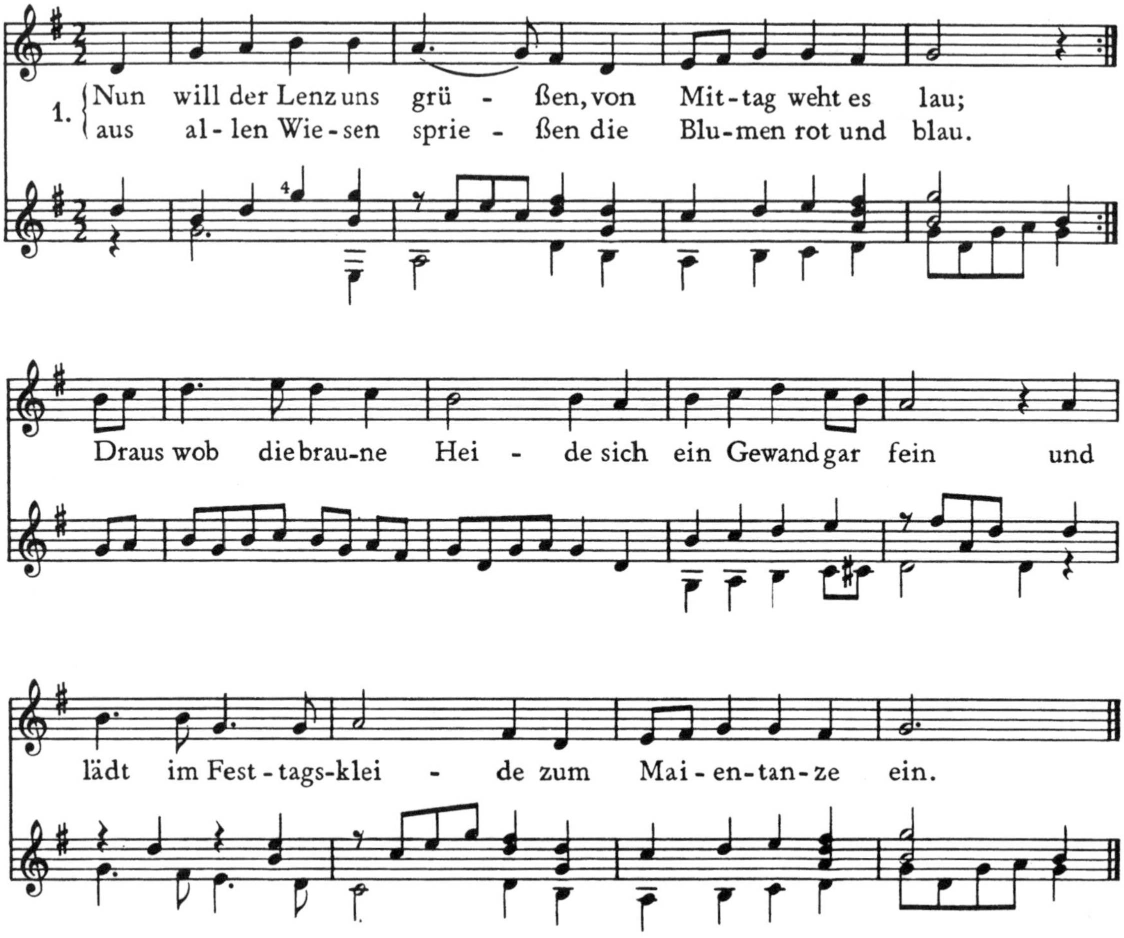

1. { Nun will der Lenz uns grü - ßen, von Mit-tag weht es lau;
aus al-len Wie-sen sprie - ßen die Blu-men rot und blau.

Draus wob die brau-ne Hei - de sich ein Gewand gar fein und

lädt im Fest-tags-klei - de zum Mai-en-tan-ze ein.

2. Waldvöglein Lieder singen, wie ihr sie nur begehrt, drum auf zum frohen Springen, die Reis' ist Goldes wert! Hei, unter grünen Linden, da leuchten weiße Kleid'! Heija, nun hat uns Kinden ein End all Winterleid.

Worte: frei nach Neidhart von Reuenthal (13. Jh.) · Weise: umgesungene Fassung des alten Geusenliedes *Wilhelm von Nassauen* (17. Jh.)

Schneeflöckchen tanze

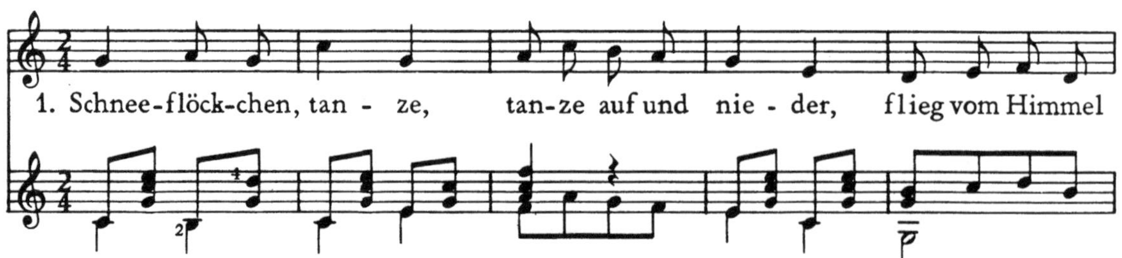

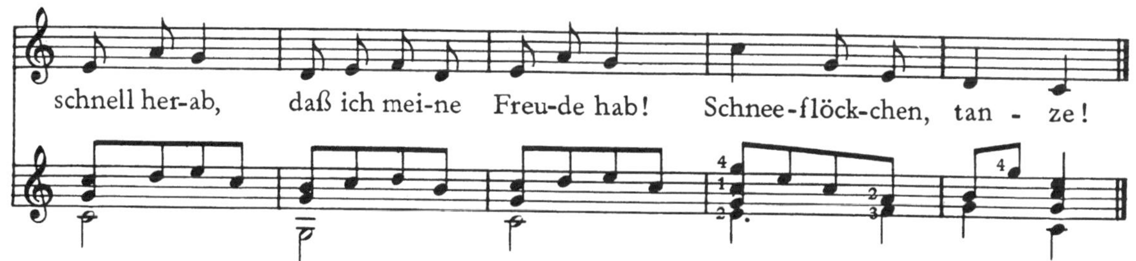

2. Schneeflöckchen, tanze, tanze auf und nieder, daß wir neben unserm Zaun können einen Schneemann baun! Schneeflöckchen, tanze!

3. Schneeflöckchen, tanze, tanze auf und nieder, mach uns eine Rodelbahn, wo man lustig rodeln kann! Schneeflöckchen, tanze!

Worte und Weise: aus einem Kindergarten, aufgezeichnet von Kurt Dittrich

Schneeflöckchen, Weißröckchen

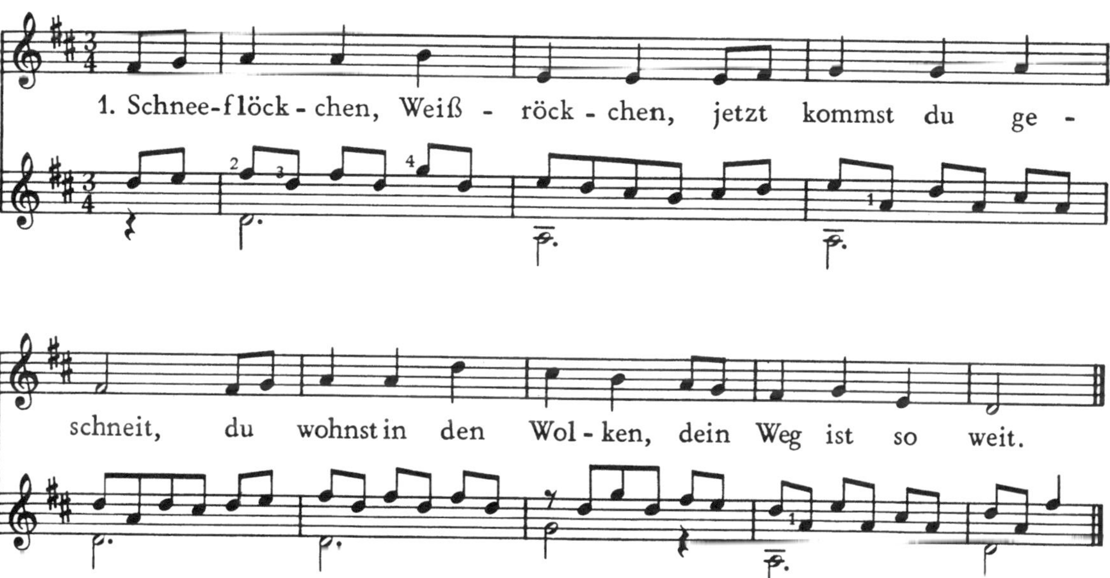

2. Komm, setz dich ans Fenster, du lieblicher Stern, malst Blumen und Blätter, wir haben dich gern.

3. Schneeflöckchen, Weißröckchen, komm zu uns ins Tal, dann baun wir den Schneemann und werfen den Ball.

Worte: nach Hedwig Haferkorn · Weise: Volkslied

Sehnsucht nach dem Frühling

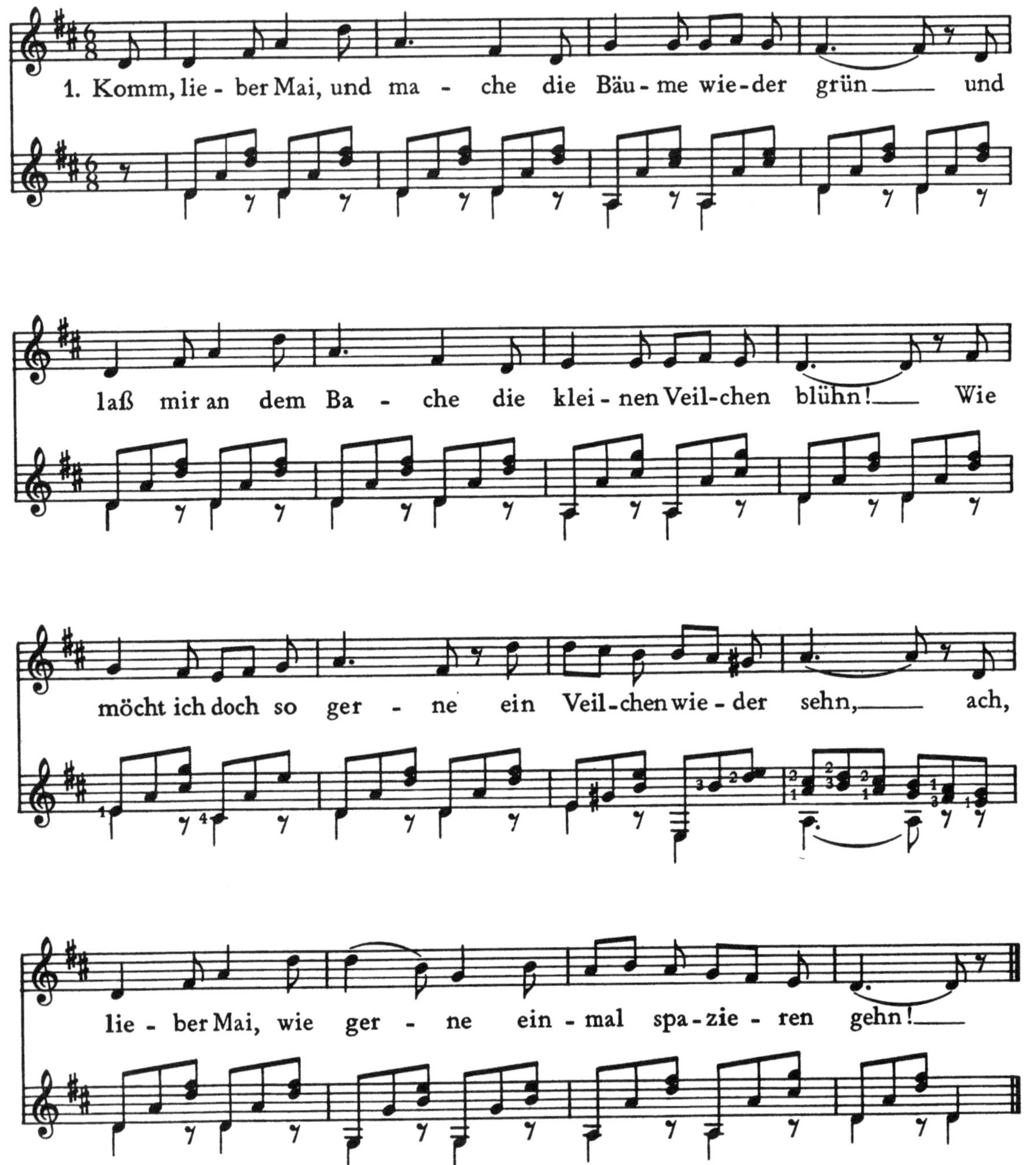

2. Zwar Wintertage haben wohl auch der Freuden viel: man kann im Schnee eins traben und treibt manch Abendspiel, baut Häuserchen von Karten, spielt Blindekuh und Pfand, auch gibt's wohl Schlittenfahrten aufs liebe freie Land.

3. Doch wenn die Vögel singen und wir dann froh und flink auf grünem Rasen springen, das ist ein ander Ding! Jetzt muß mein Steckenpferdchen dort in dem Winkel stehn, denn draußen in dem Gärtchen kann man vor Schmutz nicht gehn.

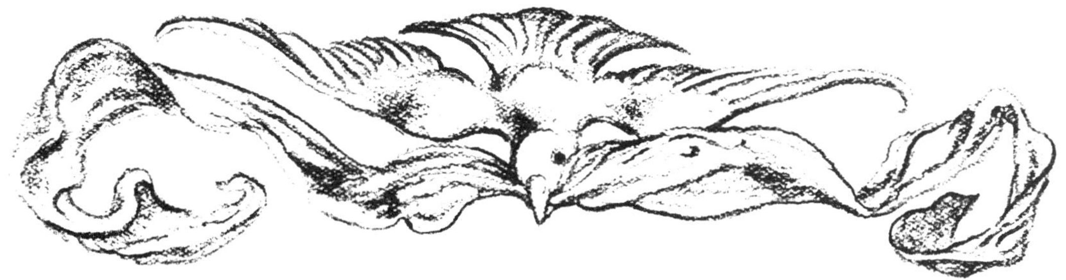

4. Am meisten aber dauert mich Lottchens Herzeleid, das arme Mädchen lauert recht auf die Blumenzeit. Umsonst hol ich ihr Spielchen zum Zeitvertreib herbei, sie sitzt in ihrem Stühlchen wie's Hühnchen auf dem Ei.

5. Ach, wenn's doch erst gelinder und grüner draußen wär! Komm, lieber Mai, wir Kinder, wir bitten gar zu sehr! O komm und bring vor allem uns viele Veilchen mit, bring auch viel Nachtigallen und schöne Kuckucks mit.

Worte: Christian Adolf Overbeck (1775) · Weise: Wolfgang Amadeus Mozart (1791)

So treiben wir den Winter aus

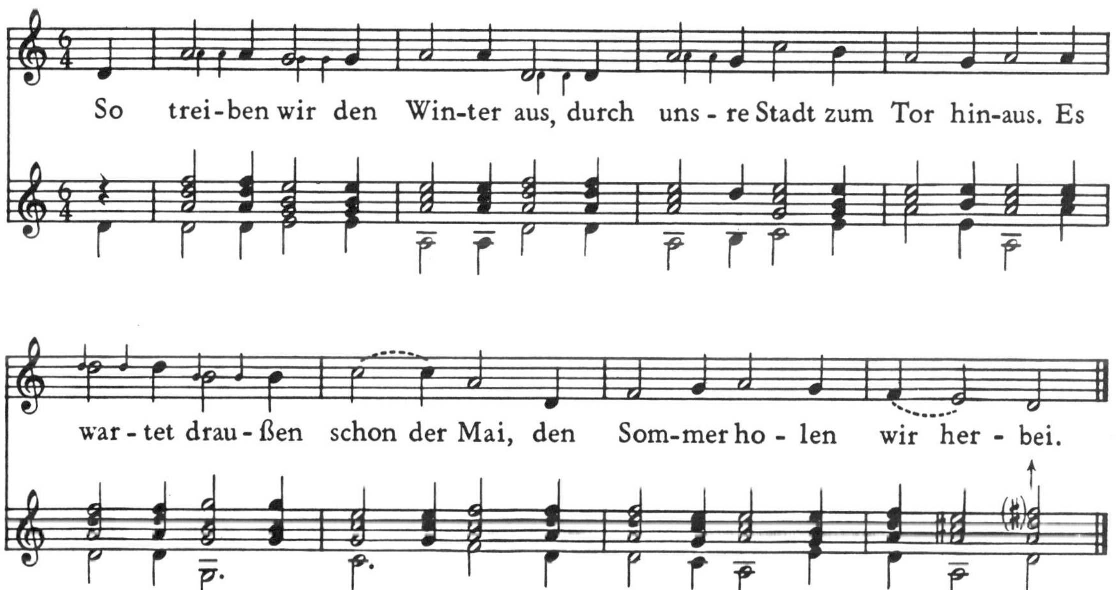

2. Wir stürzen ihn von Berg zu Tal, damit er sich zu Tode fall. Wir jagen ihn unter die Heiden, daß er den Tod muß leiden.

3. Und haben den Winter wir ausgetrieben, so bringen wir den Sommer wieder, den Sommer und den Maien mit Blümlein mancherleien.

Worte: frei nach einem Gespräch über den Gregorianischen Kalender (1584) · Weise: bekannt durch Luthers Parodie *Nun treiben wir den Babst heraus* (Wittenberg, 1545), die auf diese alte vorreformatorische Weise vom Winteraustreiben zurückgeht

Der Brauch vom Winteraustreiben oder Todaustragen geht auf die germanische Mythologie zurück. Von jungen Leuten wurde unter Vorantragen einer Strohpuppe, die symbolisch den Winter darstellte und später verbrannt wurde, der einziehende Frühling angesungen.

Trarira

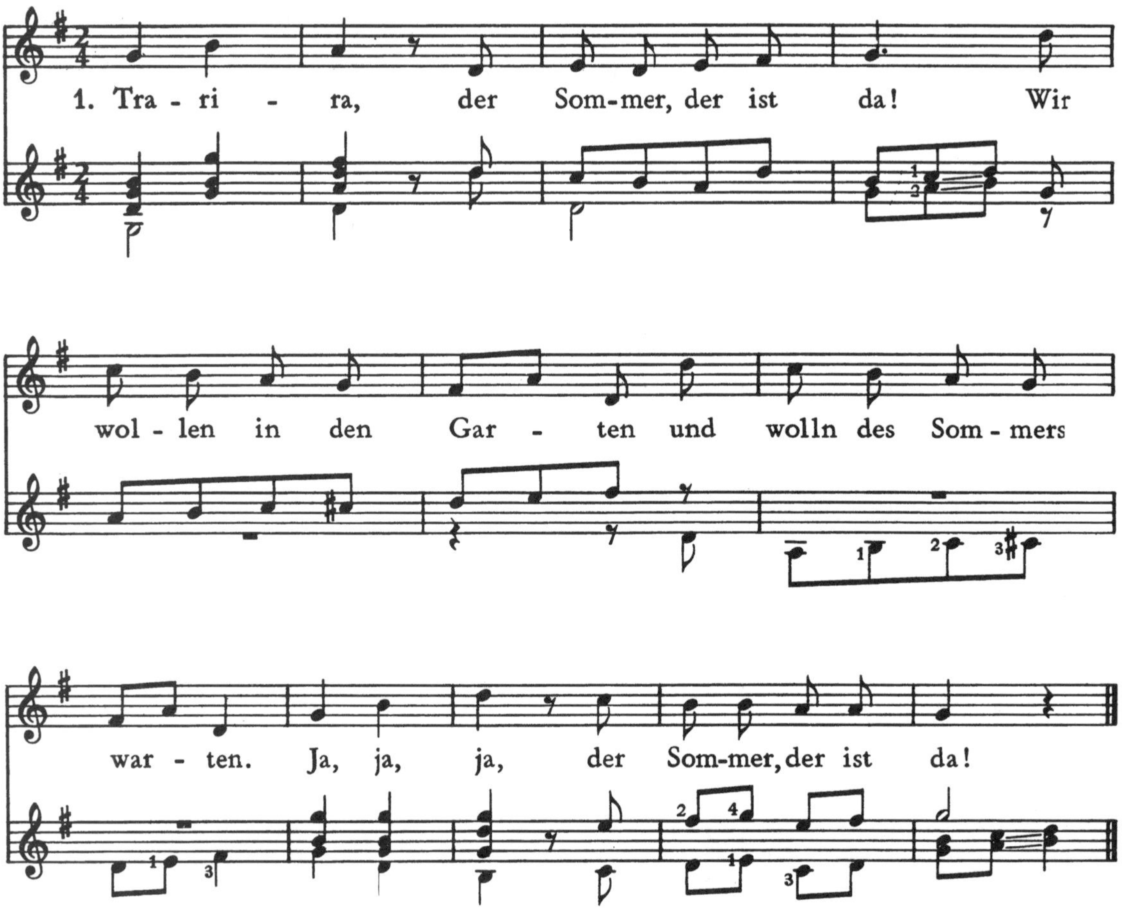

1. Tra - ri - ra, der Som-mer, der ist da! Wir wol - len in den Gar - ten und wolln des Som - mers war - ten. Ja, ja, ja, der Som-mer, der ist da!

2. Trarira, der Sommer, der ist da! Wir wollen an die Hecken und wolln den Sommer wecken. Trarira usw.

3. Trarira . . . Der Winter ist gefangen, wir schlagen ihn mit Stangen. usw.

4. Trarira . . . In meiner Mutter Keller liegt guter Muskateller. usw.

Worte und Weise: altes Volkslied aus der Pfalz. Dort gehen die Kinder mit hölzernen Stäben, an denen mit bunten Bändern geschmückte Brezeln hängen, durch die Straßen und singen am Sonntag Laetare (3. Sonntag vor Ostern) den Frühling an.

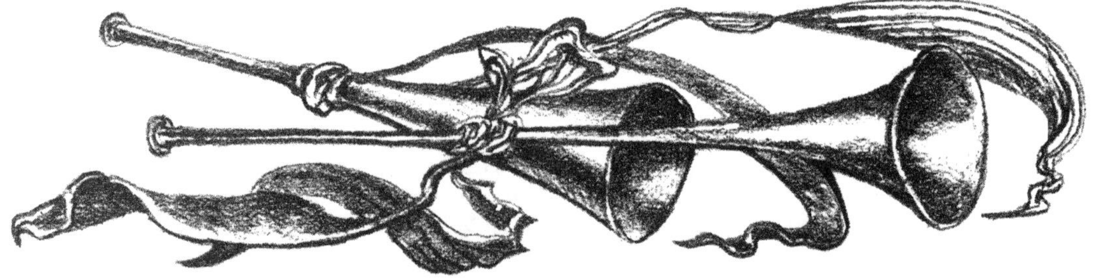

Wettstreit zwischen Sommer und Winter

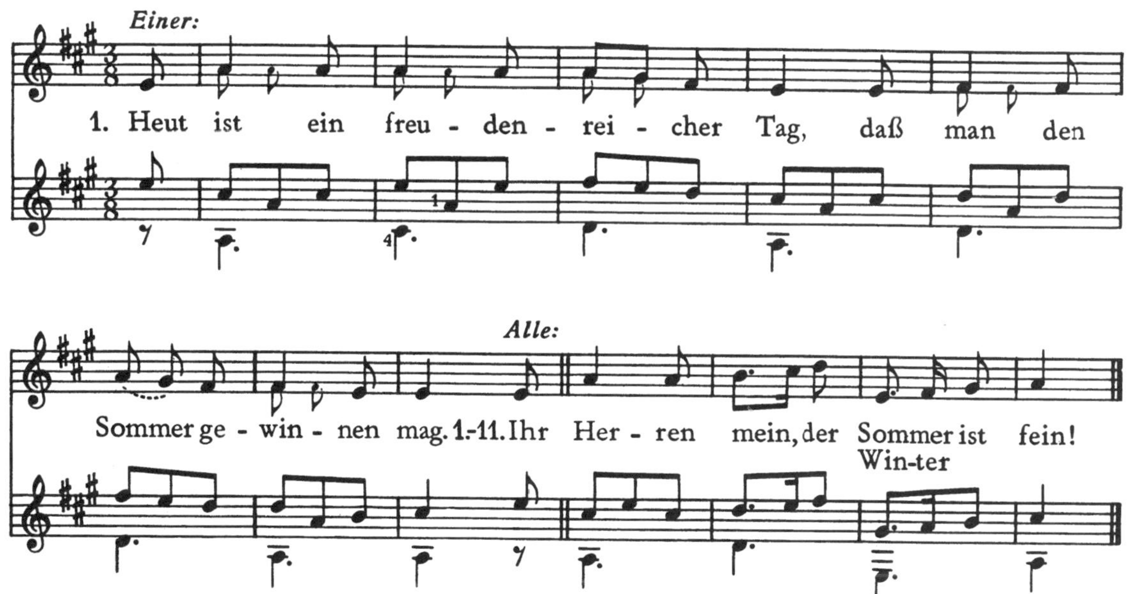

2. Ich bin der Winter mit allem Fleiß, zu meiner Zeit liegen die Felder schneeweiß. Ihr Herren mein, der Winter ist fein.

3. So bin ich, der Sommer, also kühn, zu meiner Zeit werden die Felder grün. Ihr Herren mein, der Sommer ist fein.

4. So komm ich aus dem Gebirg geschwind und bring mit mir den kühlen Wind. usw.

5. Wohlan, wohlan, Johannistag[1] mäh ich mein Gras auf den Wiesen ab. usw.

[1] 24. Juni

6. Mähst du es ab, so heb ich's auf und mach ein gutes Futter draus. usw.

7. Wohlan, wohlan, Jakobitag[2] schneid ich mein Korn und Weizen ab. usw.

[2] 25. Juli

8. Schneidst du es ab, so dresch ich's aus und mach mir gute Kuchen draus. usw.

9. O Winter, du darfst jetzt nicht viel sag'n, bald werd ich dich aus dem Sommerland jag'n. usw.

10. Mein lieber Sommer, jetzt geb ich dir recht, du bist mein Herr und ich bin dein Knecht. usw.

11. Ei, Bruder, reich mir deine Hand, wir reisen mitsammen ins Sommerland. usw.

Worte und Weise: umgesungene Fassung eines alten Volksliedes aus Bayern (17. Jh.)

Die Strophen dieses Liedes werden in Form eines Wettgesanges zwischen Sommer und Winter aufgeteilt. Die letzte Strophe wird von Sommer und Winter gemeinsam gesungen.

Winter, ade

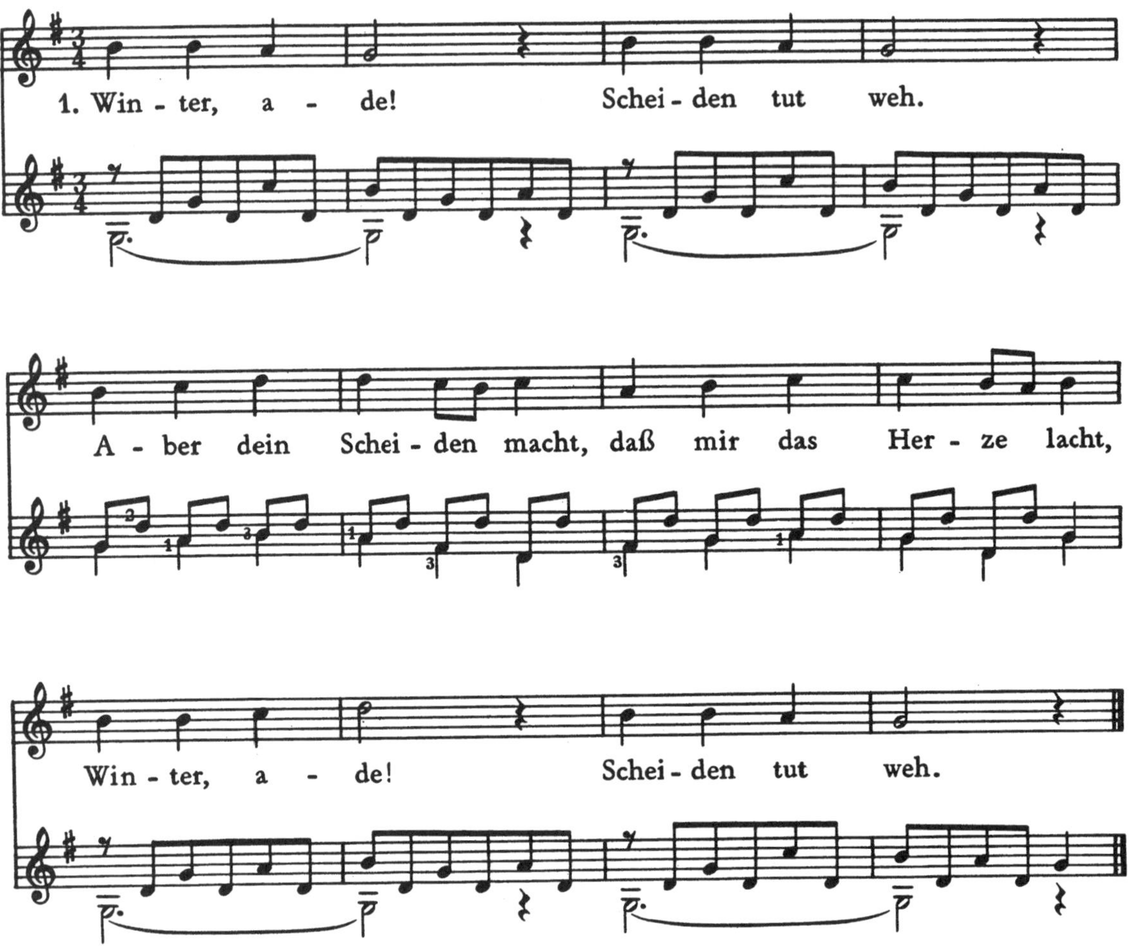

2. Winter, ade! Scheiden tut weh. Gerne vergeß ich dein, kannst immer ferne sein. Winter, ade! Scheiden tut weh.

3. Winter, ade! Scheiden tut weh. Gehst du nicht bald nach Haus, lacht dich der Kuckuck aus. Winter, ade! Scheiden tut weh.

Worte: Heinrich Hoffmann von Fallersleben · Weise: fränkisches Volkslied *Schätzchen, ade,* (1816)

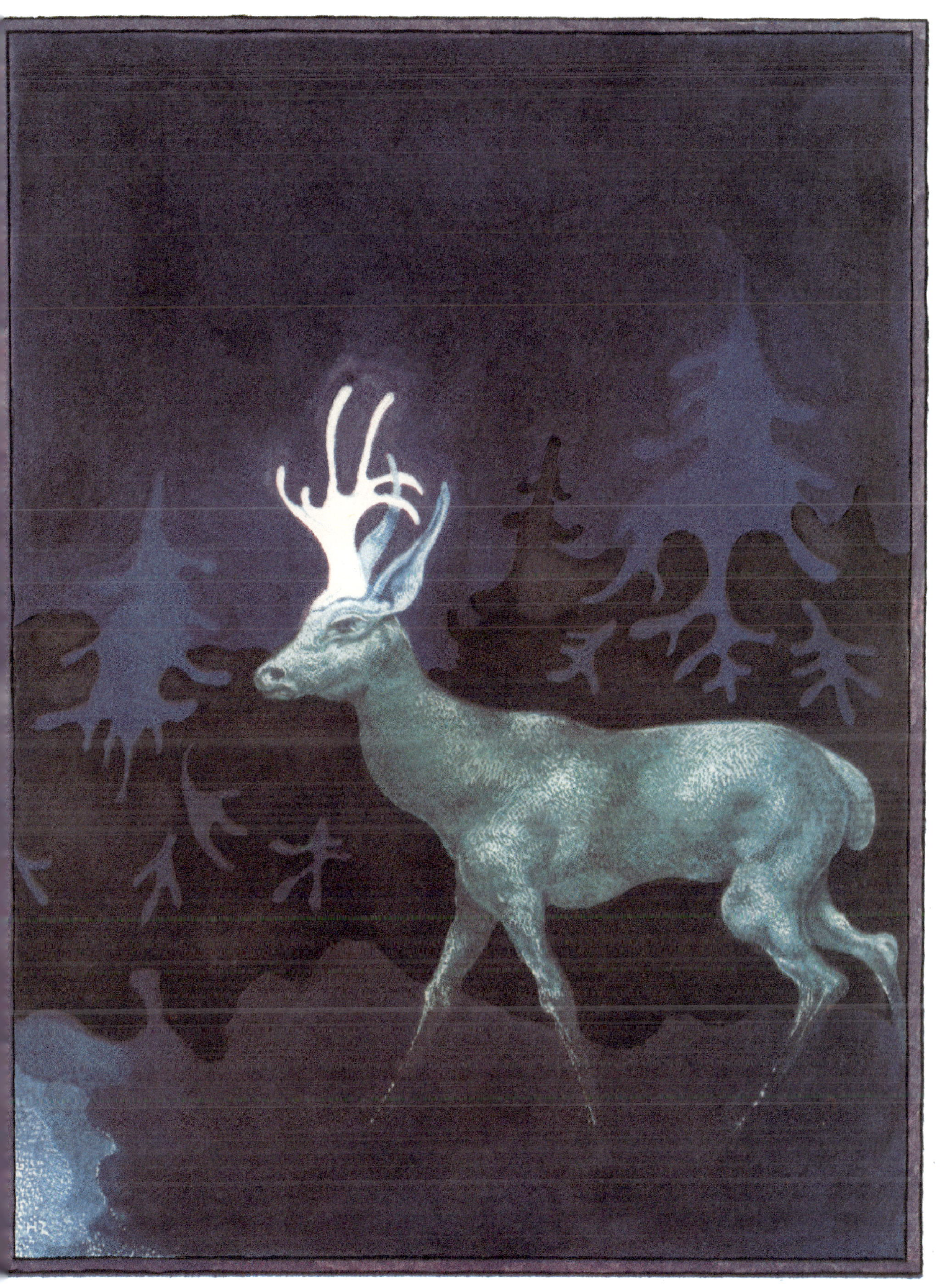

Bald nun ist Weihnachtszeit

Alle Jahre wieder

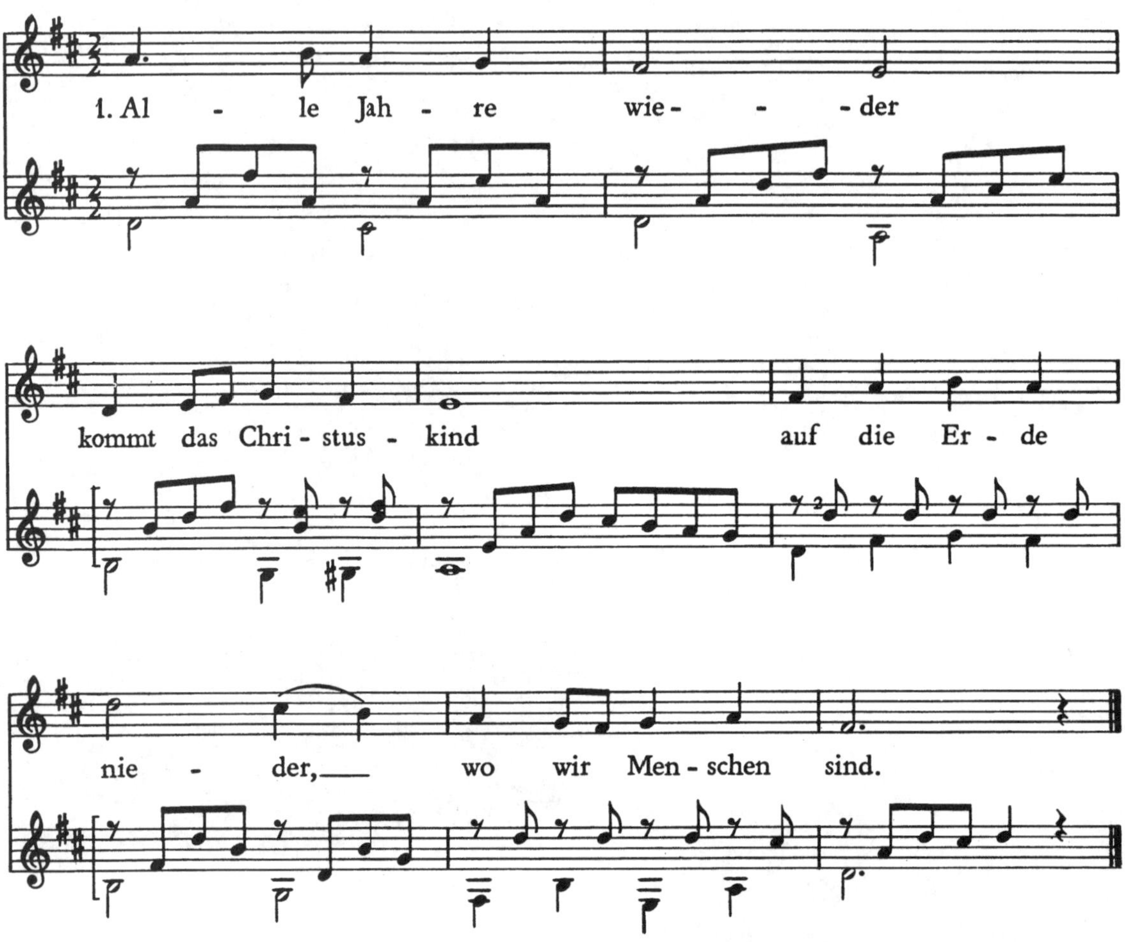

1. Al - le Jah - re wie- - - der
kommt das Chri - stus - kind auf die Er - de
nie - der, wo wir Men - schen sind.

2. Kehrt mit seinem Segen ein in jedes Haus, geht auf allen Wegen mit uns ein und aus.

3. Ist auch mir zur Seite still und unerkannt, daß es treu mich leite an der lieben Hand.

Worte: Wilhelm Hey (1837) · Weise: Friedrich Silcher (1842)

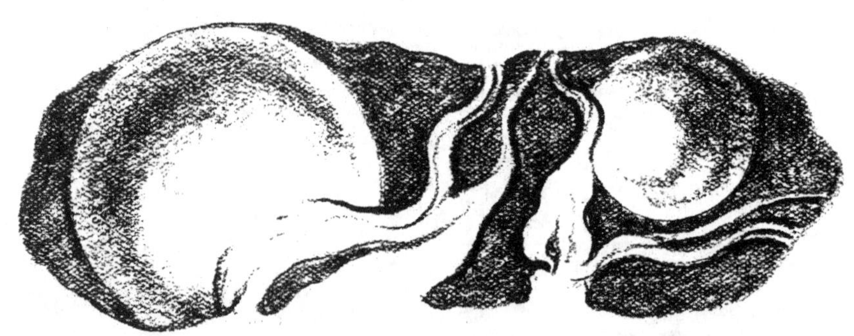

Am Weihnachtsbaum die Lichter brennen

1. Am Weih-nachts - baum ___ die Lich-ter bren - nen, wie glänzt er
fest - lich, lieb und mild, als spräch er: „Wollt ___ in mir er -
ken - nen ge - treu - er Hoff - nung stil - les Bild."

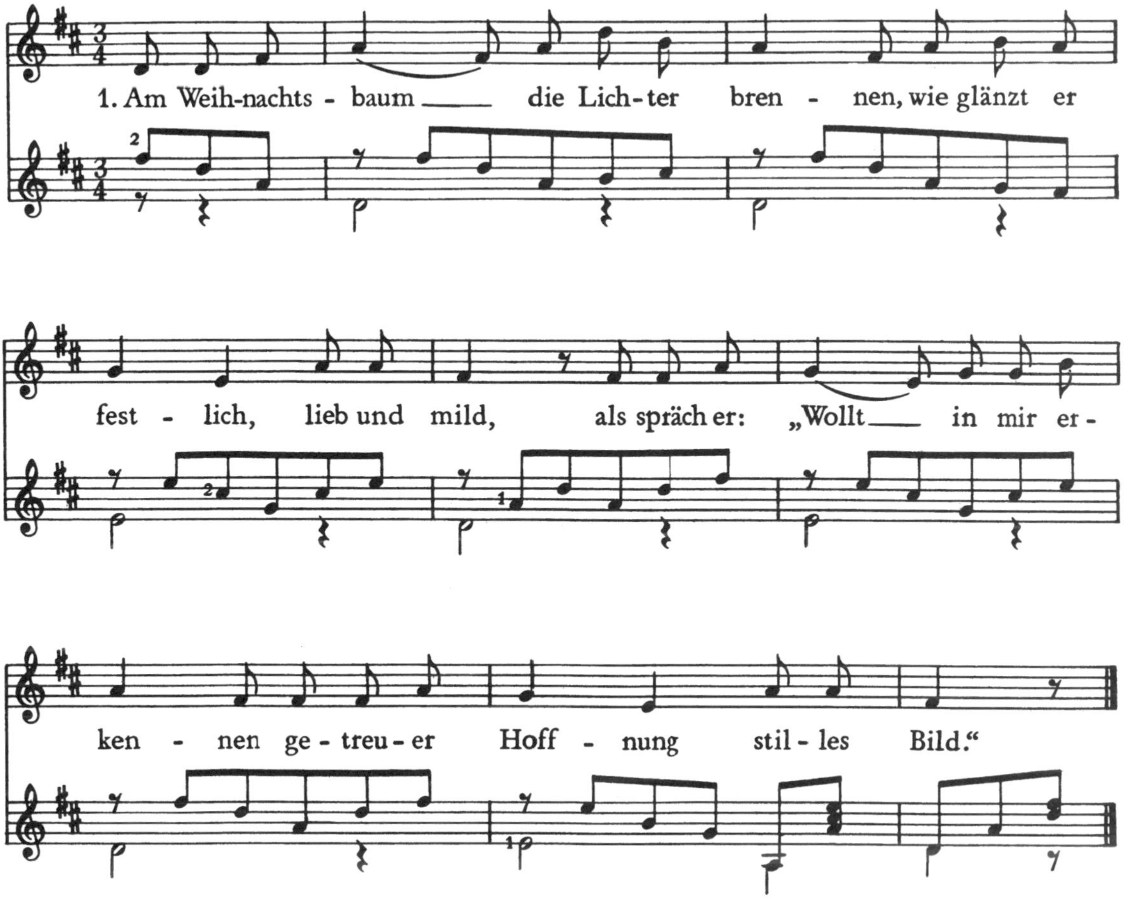

2. Die Kinder stehn mit hellen Blicken, das Auge lacht, es lacht das Herz, o fröhlich, seliges Entzücken, die Alten schauen himmelwärts.

Worte: Hermann Kletke · Weise: Volkslied (1866)

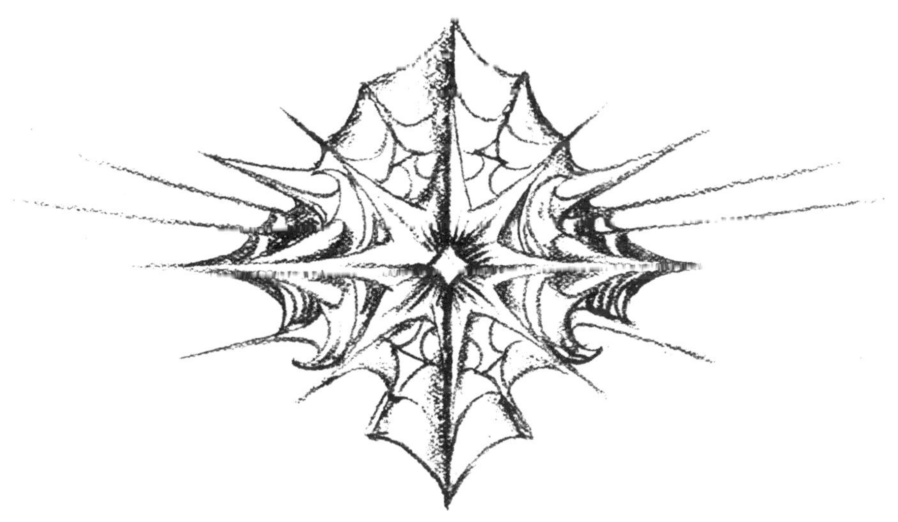

Auf dem Berge, da wehet der Wind

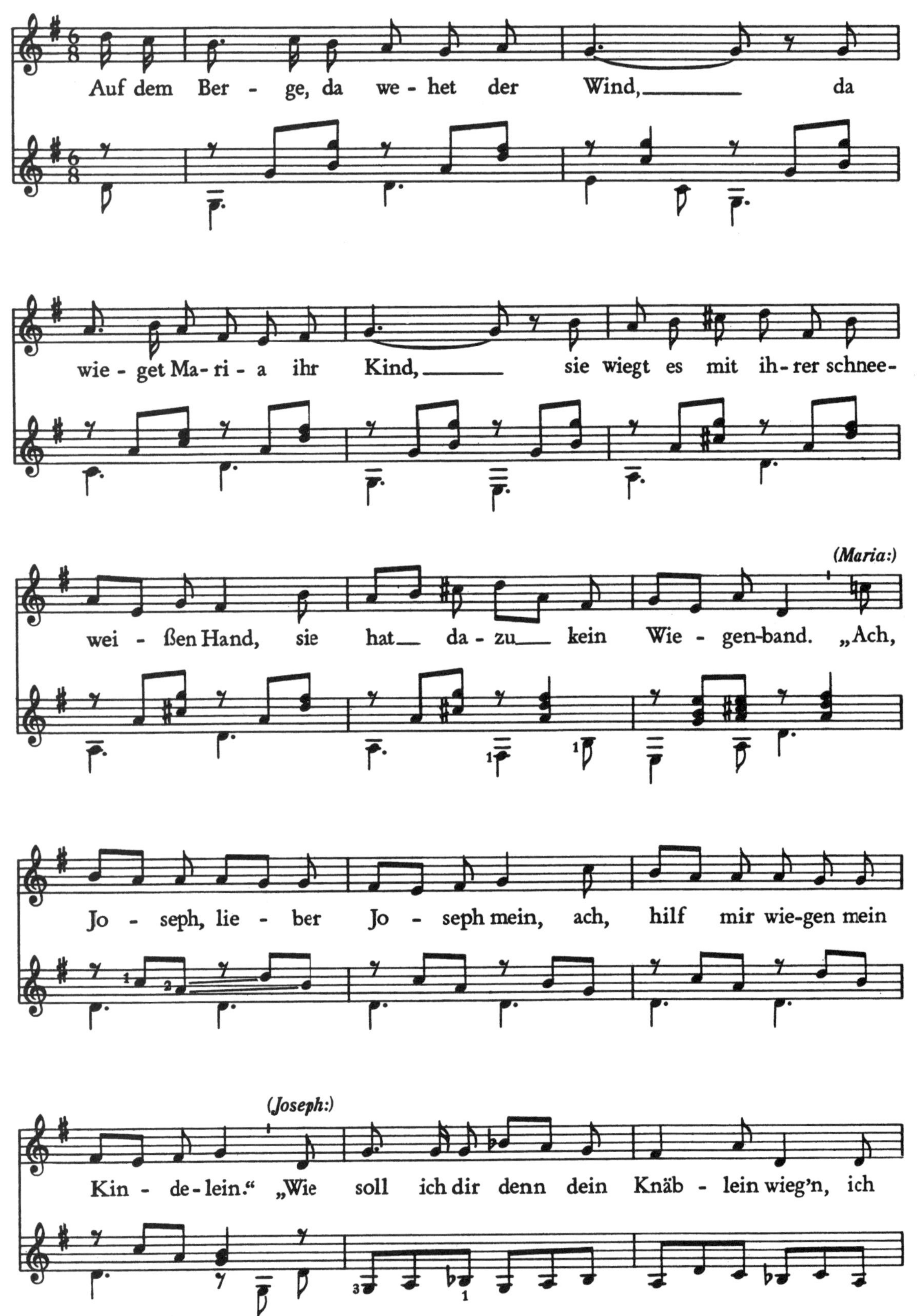

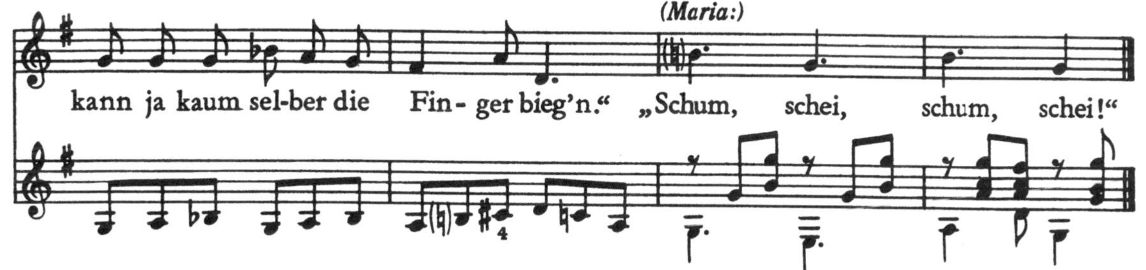

Worte und Weise: Volkslied aus Oberschlesien (vor 1841), in verschiedenen textlichen und melodischen Varianten bekannt

Bald nun ist Weihnachtszeit

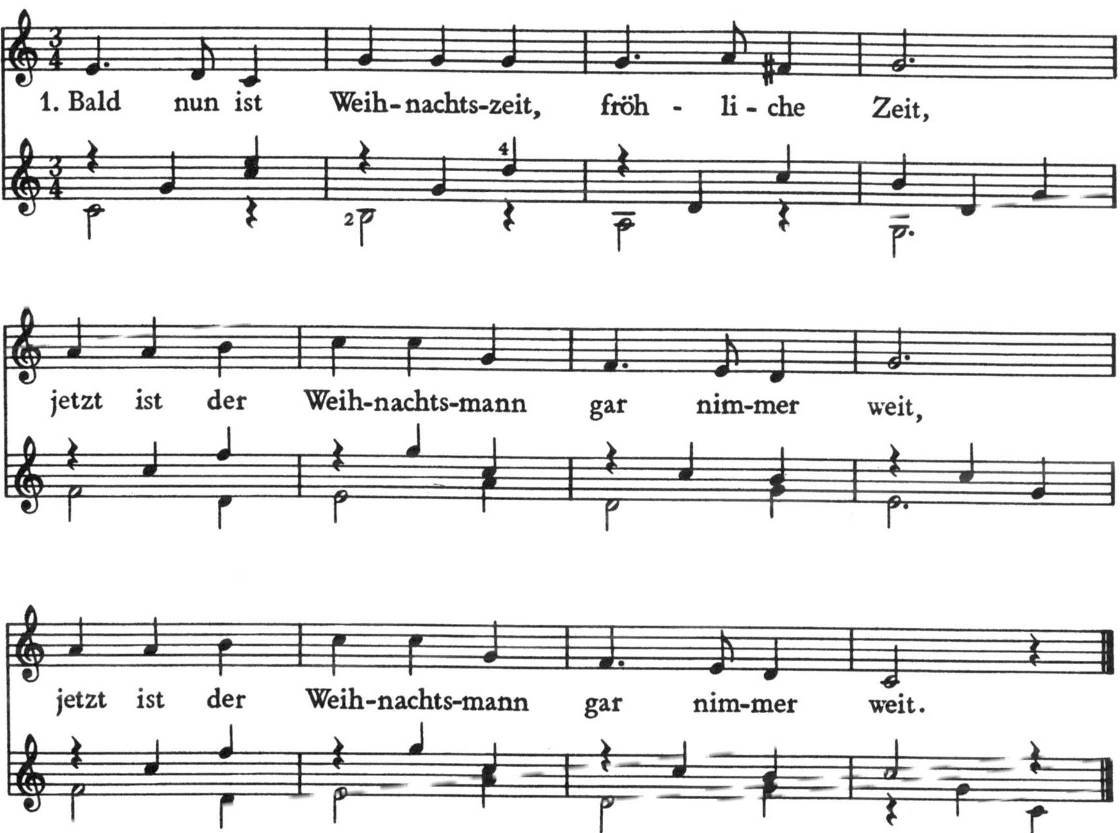

2. Horch nur, der Alte klopft draußen ans Tor, |: mit seinem Schimmelchen steht er davor. :|

3. Leg ich dem Schimmelchen Heu vor das Haus, |: packt gleich Knecht Ruprecht den großen Sack aus. :|

4. Pfeffernuß, Äpfelchen, Mandel, Korinth', |: alles das schenkt er dem artigen Kind. :|

Worte: Carola Wilke · Weise: Hans Helmut

Es ist ein Ros entsprungen

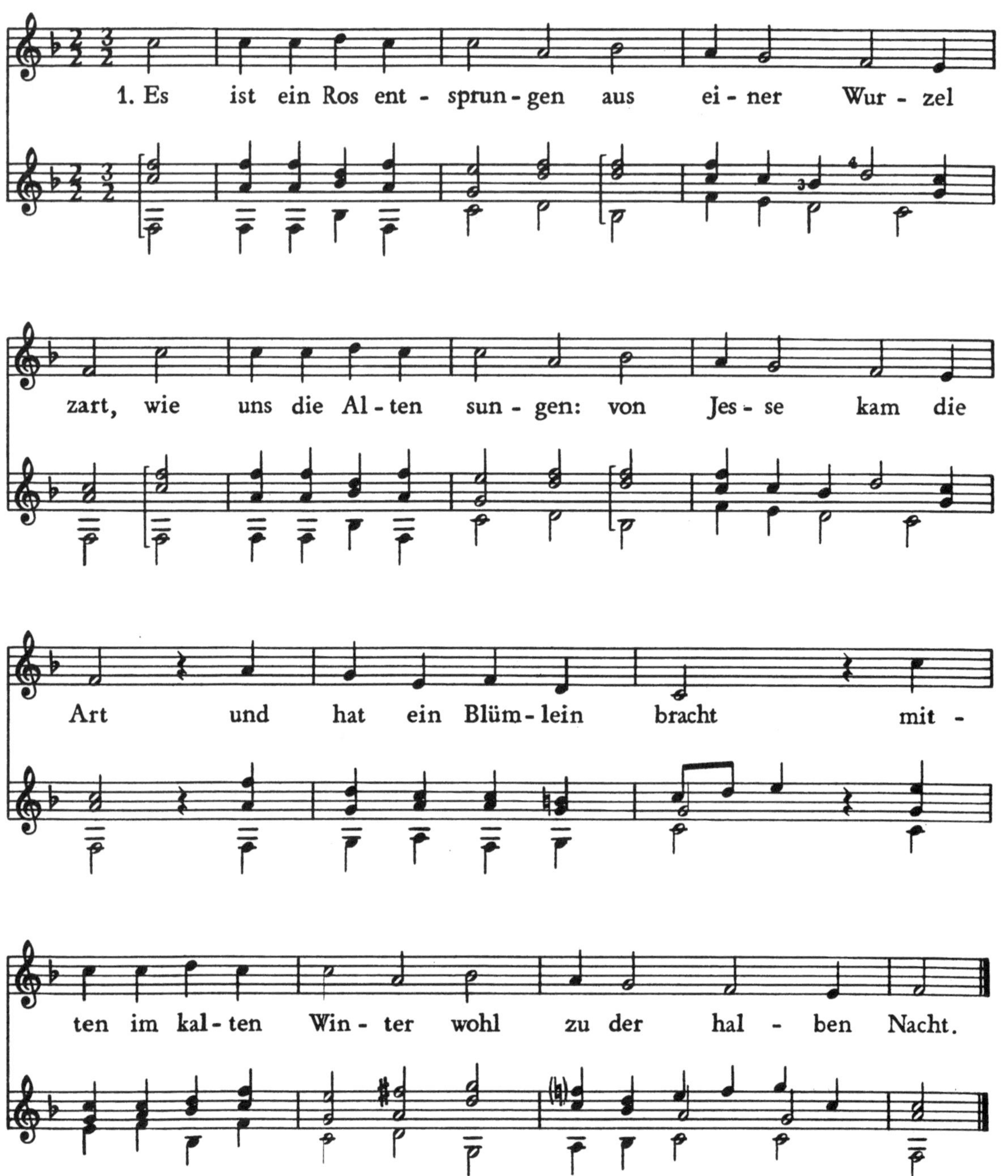

2. Das Röslein, das ich meine, davon Jesaia sagt, ist Maria, die Reine, die uns das Blümlein bracht. Aus Gottes ew'gem Rat hat sie ein Kind geboren und blieb ein reine Magd.

3. Das Blümelein so kleine, das duftet uns so süß; mit seinem hellen Scheine vertreibt's die Finsternis: wahr' Mensch und wahrer Gott, hilft uns aus allem Leide, rettet von Sünd und Tod.

Worte und Weise: Geistliches Volkslied vor 1600. Quelle des ursprünglich 23 Strophen umfassenden Liedes ist das *Speyersche Gesangbuch,* das bei Arnold Quentel in Köln im Jahre 1599 gedruckt wurde. Der Originaltitel des Liedes, *Ein alt Catholisch Triersch Christ liedlein,* läßt auf ein weitaus früheres Entstehungsdatum schließen (15. Jh.). In der biblischen Grundlage, Jesaia 11,1, lautet das entscheidende Wort *virga* (Reis); textlich geläufiger jedoch ist die Version „Es ist ein *Ros* entsprungen". Die 3. Strophe ist eine Zudichtung des 19. Jh. (Friedrich Layritz, 1844), die allgemein bekannt geworden ist. Weite Verbreitung erhielt das Lied in dem klassischen Satz von Michael Praetorius (1609).

Fröhliche Weihnacht überall

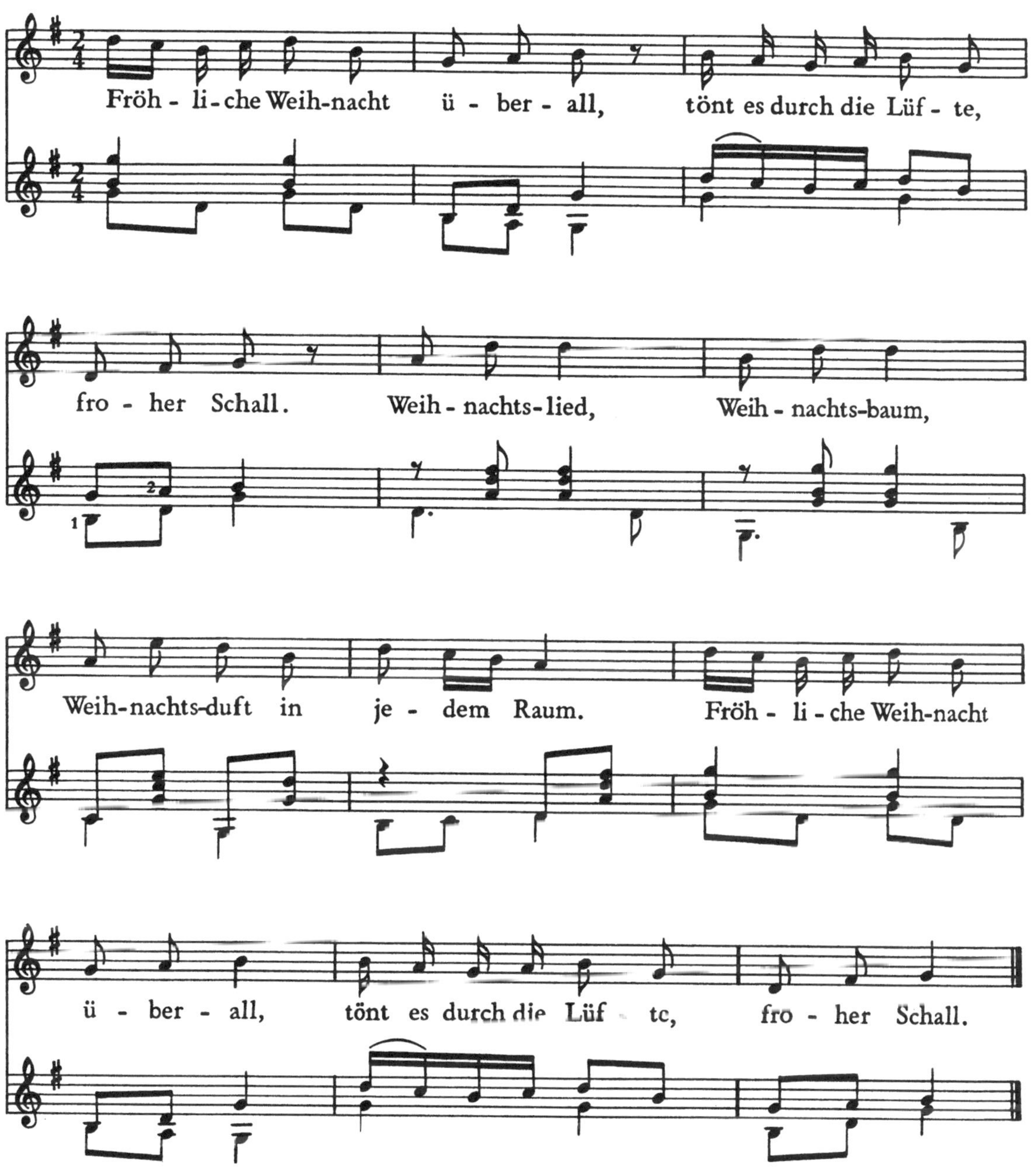

Worte und Weise: nach einem englischen Volkslied

Guten Abend, schön Abend

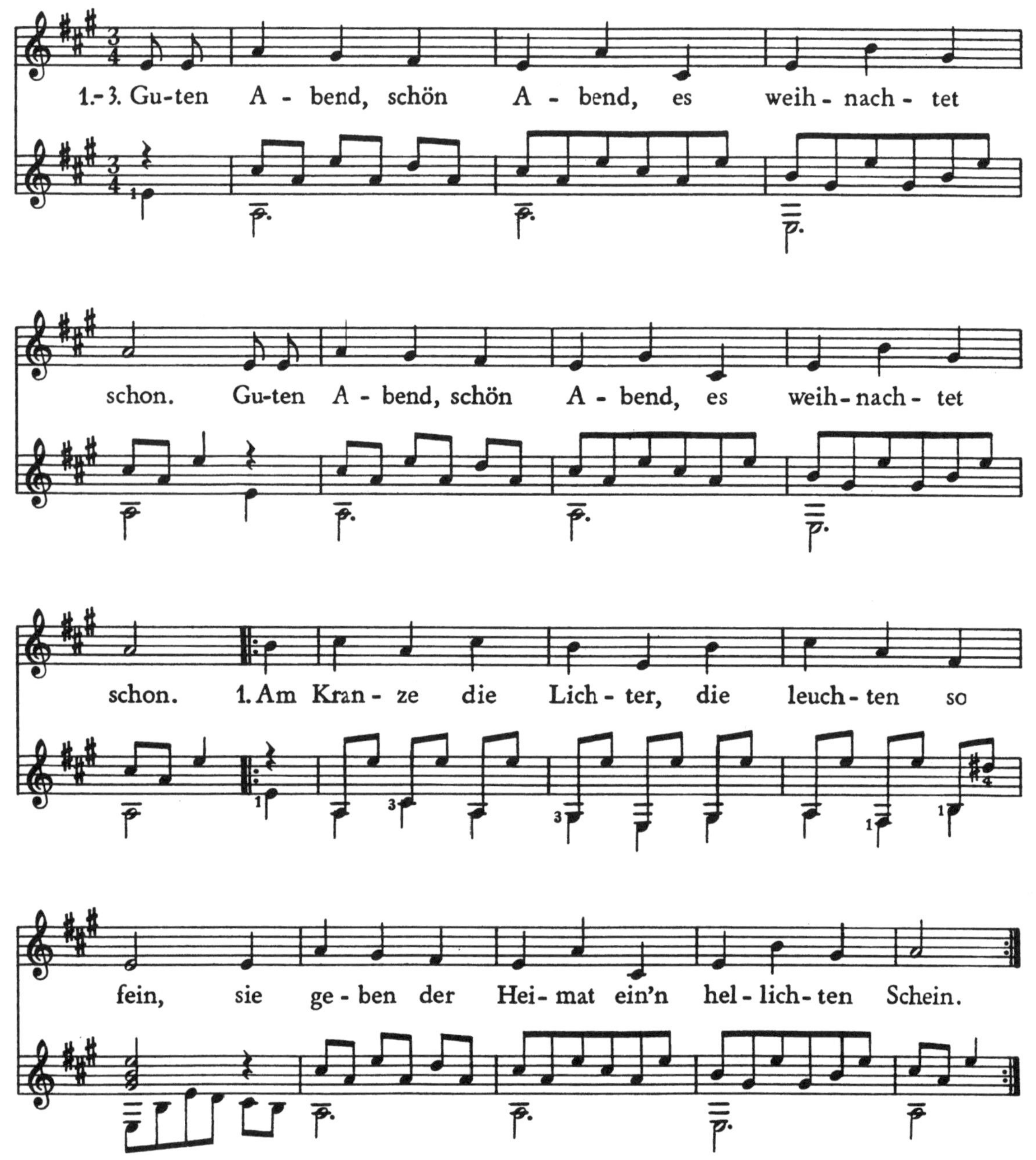

2. |: Guten Abend, schön Abend, es weihnachtet schon. :| Der Schnee fällt in Flocken, und weiß glänzt der Wald. Nun freut euch, ihr Kinder, die Weihnacht kommt bald.

3. |: Guten Abend, schön Abend, es weihnachtet schon. :| Nun singt es und klingt es so lieblich und fein, wir singen die fröhliche Weihnachtszeit ein.

Worte und Weise: Volkslied aus Kärnten, 2. und 3. Strophe von Ilse und Hans Naumilkat

Das Lied kann als Wechselgesang vorgetragen werden (zunächst einer, bei der Wiederholung alle).

Hört doch in den Stuben

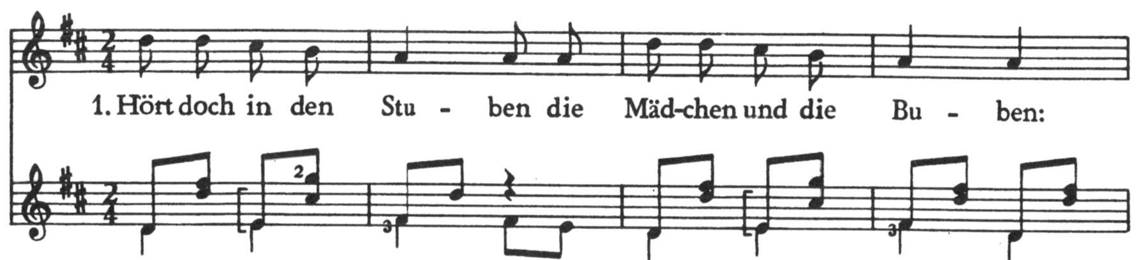

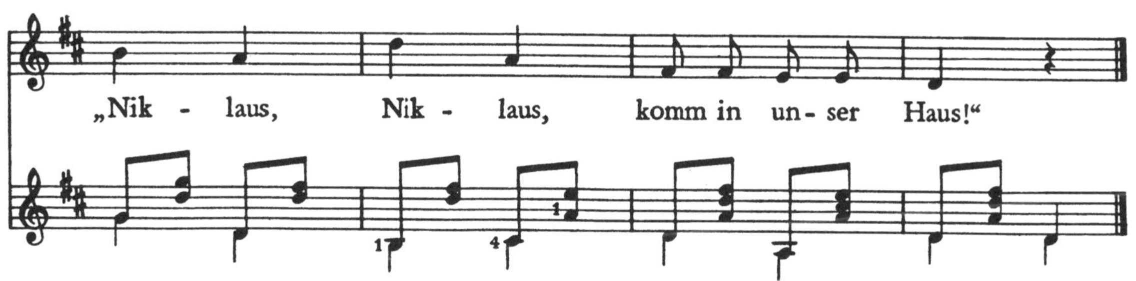

2. „Tu uns nicht erschrecken, ach, laß die Rute stecken! Niklaus“ usw.

3. „Leere deine Taschen, und schenk uns was zu naschen!“ usw.

4. „Laß die Nüsse springen! Wir danken dir mit Singen.“ usw.

Worte und Weise: Wilhelm Bender

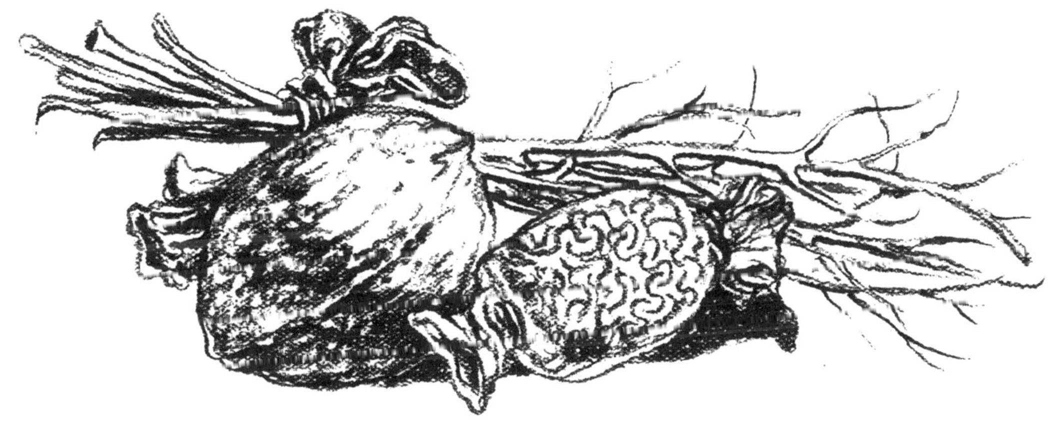

Ihr Kinderlein kommet

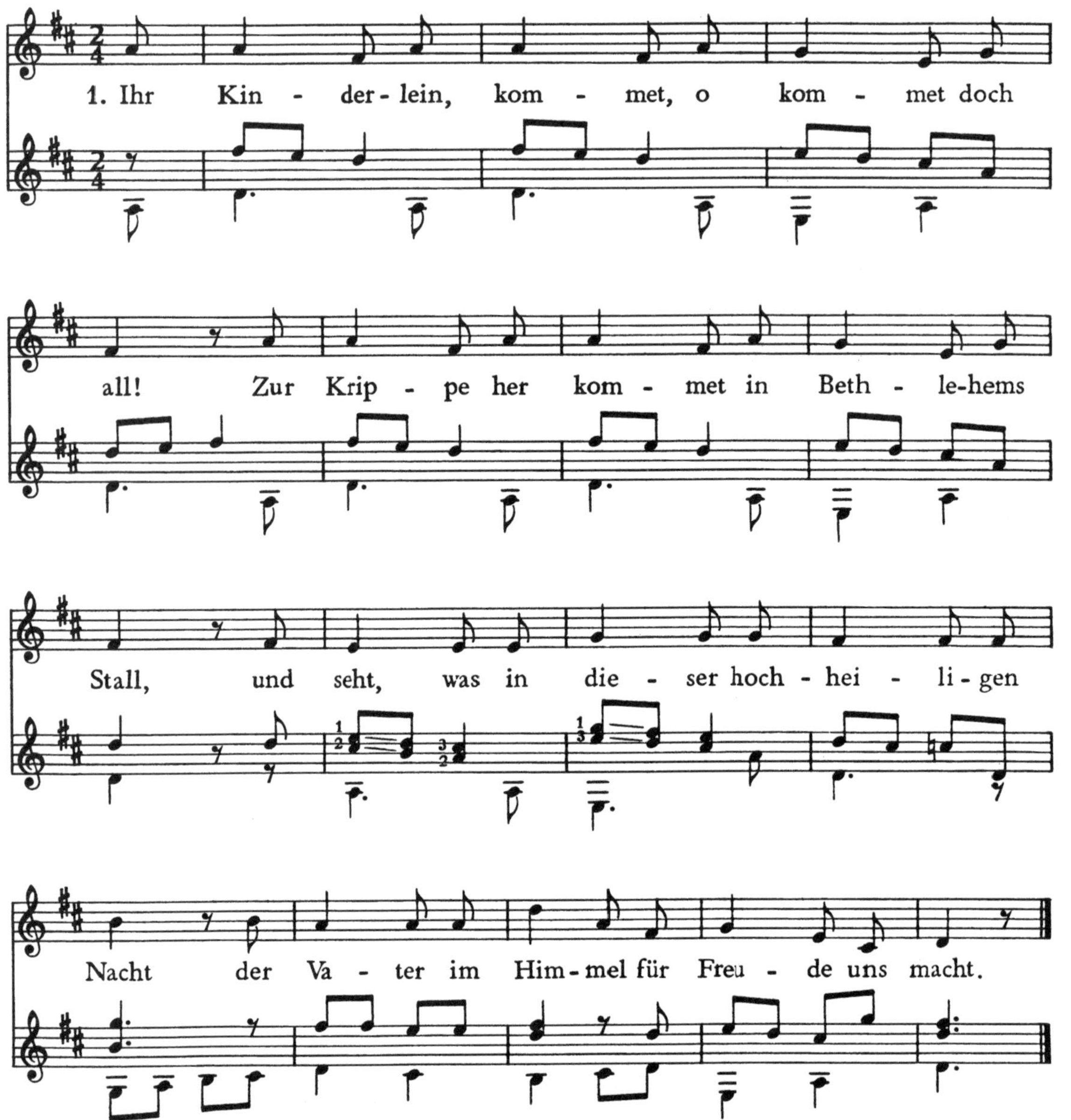

2. O seht in der Krippe im nächtlichen Stall, seht hier bei des Lichtleins hellglänzendem Strahl in reinlichen Windeln das himmliche Kind viel schöner und holder, als Engel es sind.

3. Da liegt es, das Kindlein, auf Heu und auf Stroh, Maria und Joseph betrachten es froh, die redlichen Hirten knien betend davor, hoch oben schwebt jubelnd der Engelein Chor.

4. O beugt wie die Hirten anbetend die Knie, erhebet die Hände und danket wie sie! Stimmt freudig, ihr Kinder, wer sollt sich nicht freun? Stimmt freudig zum Jubel der Engel mit ein.

Worte: Christoph v. Schmid · Weise: Johann Abraham Peter Schulz (1794)

Knecht Ruprecht aus dem Walde

1. Knecht Rup-recht aus dem Wal - de, komm zu uns nur bal - de!

Bring uns sü - ße Äp - fel mit nach gu - tem Brauch und

al - ter Sitt! Ri - a, ri - a, ri - a, rul - la - la!

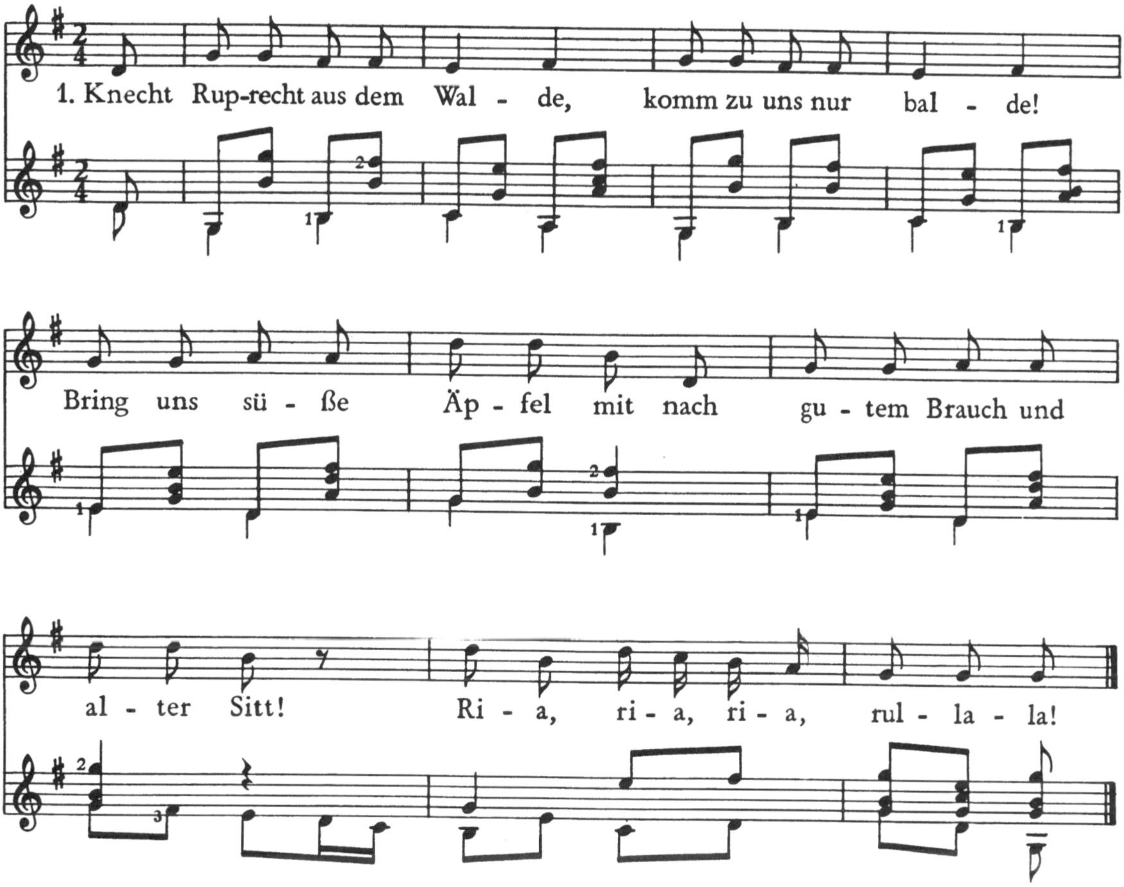

2. Knecht Ruprecht, Freund der Kinder, kommt zu uns im Winter, spielt mit uns und scherzt und lacht und hat viel Schönes mitgebracht. Ria, ria, ria, rullala!

Worte und Weise: Cesar Bresgen

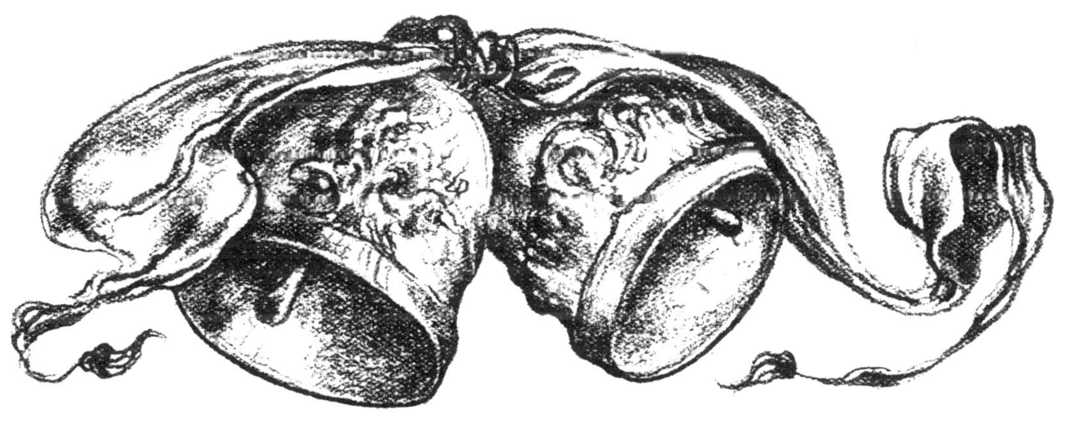

Kommet ihr Hirten

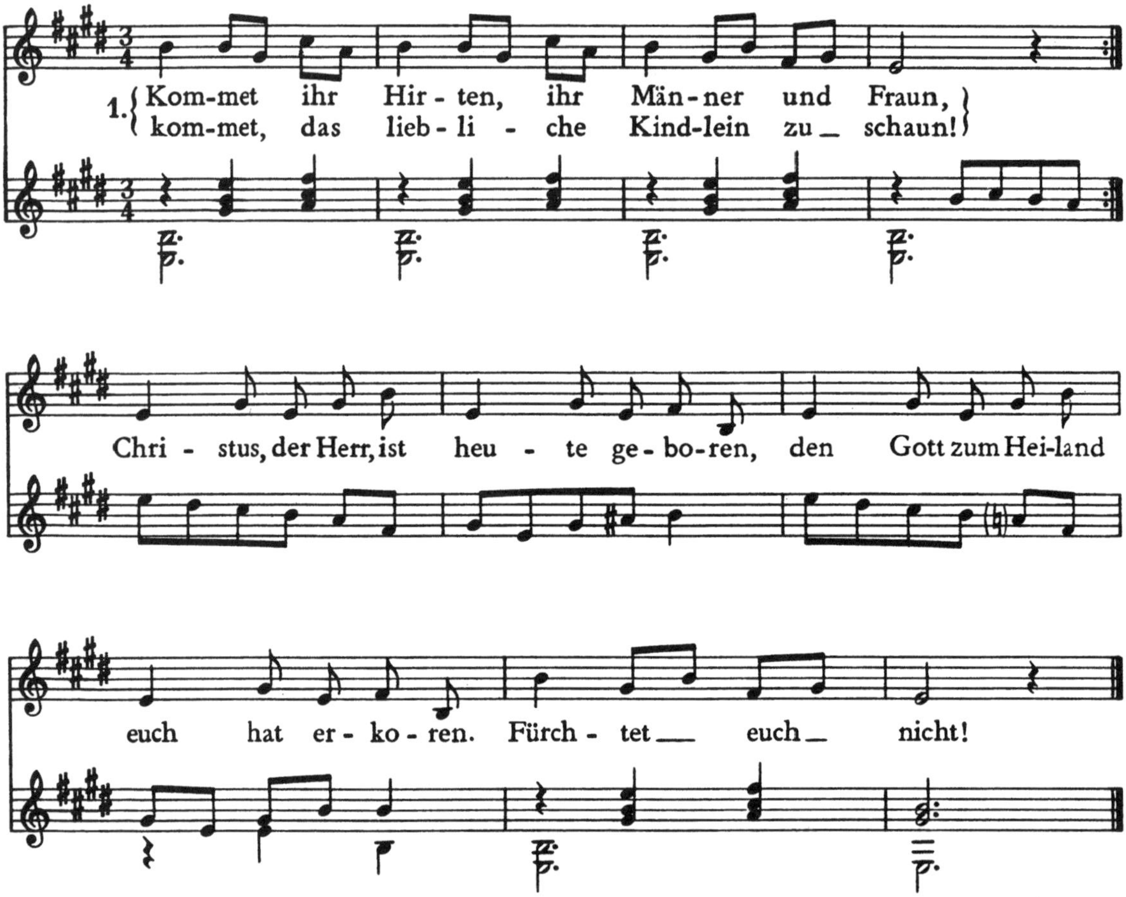

1. Kom-met ihr Hir - ten, ihr Män - ner und Fraun,
kom-met, das lieb - li - che Kind-lein zu_ schaun!

Chri - stus, der Herr, ist heu - te ge - bo - ren, den Gott zum Hei-land

euch hat er - ko - ren. Fürch - tet_ euch_ nicht!

2. Lasset uns sehen in Bethlehems Stall, was uns verheißen der himmlische Schall, was wir dort finden, lasset uns künden, lasset uns preisen in frommen Weisen. Halleluja!

3. Wahrlich, die Engel verkündigen heut Bethlehems Hirtenvolk gar große Freud: Nun soll es werden Friede auf Erden, den Menschen allen ein Wohlgefallen. Ehre sei Gott!

Worte und Weise: Volkslied aus Böhmen. Die erste Veröffentlichung des von Carl Riedel (1827–1888) aus dem Altböhmischen übertragenen Liedes erfolgte in der von ihm herausgegebenen Sammlung *Altböhmische Gesänge,* Leipzig 1880.

Kommt die Weihnachtszeit heran

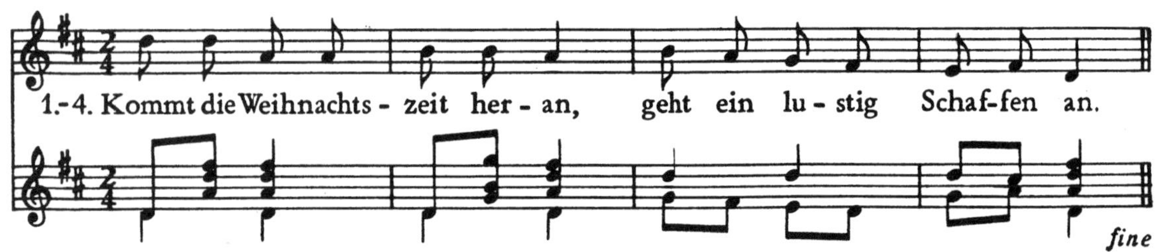

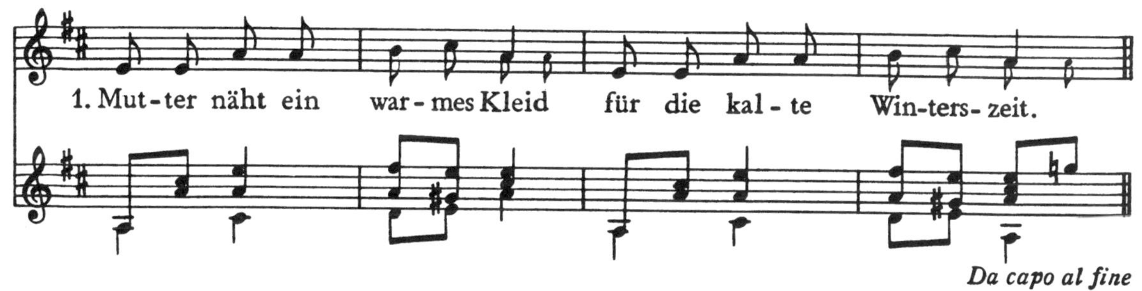

2. Kommt die Weihnachtszeit heran ... Vater macht das Spielzeug ganz, gibt mit Farben neuen Glanz. Kommt die usw.

3. Kommt die ... Puppen kriegen neue Beine und das Pferd die Klingelleine. usw.

4. Kommt die ... Honigkuchen wird gebacken, Nüsse gibt es aufzuknacken. usw.

Worte und Weise: Lotte Schuffenhauer

Leise rieselt der Schnee

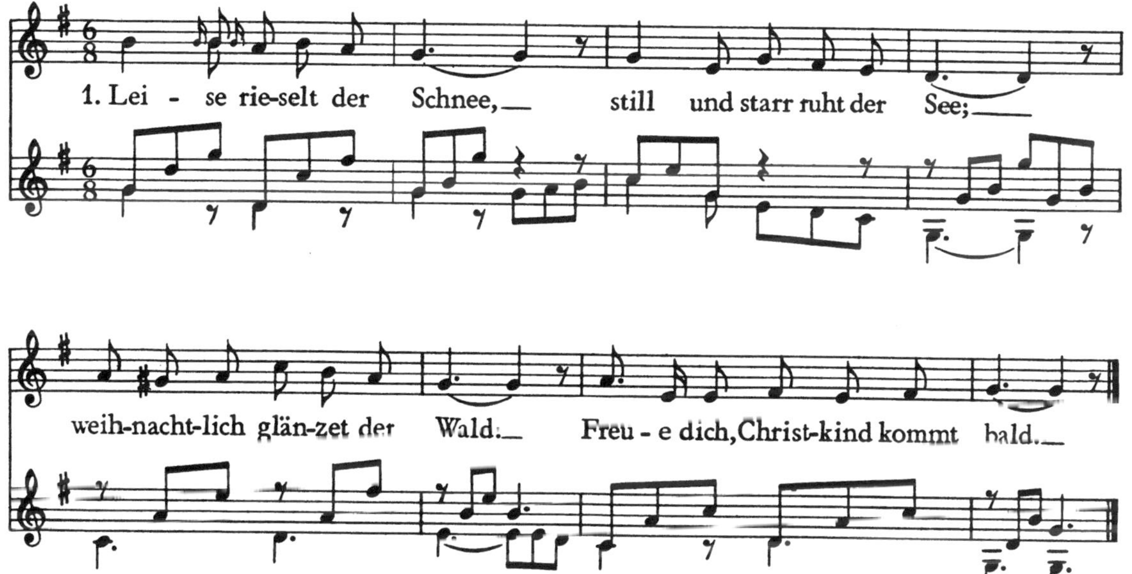

2. In den Herzen ist's warm, still schweigt Kummer und Harm, Sorge des Lebens verhallt: Freue dich usw.

3. Bald ist Heilige Nacht, Chor der Engel erwacht, hört nur, wie lieblich es schallt: Freue dich usw.

Worte und Weise: Eduard Ebel

Morgen, Kinder, wird's was geben

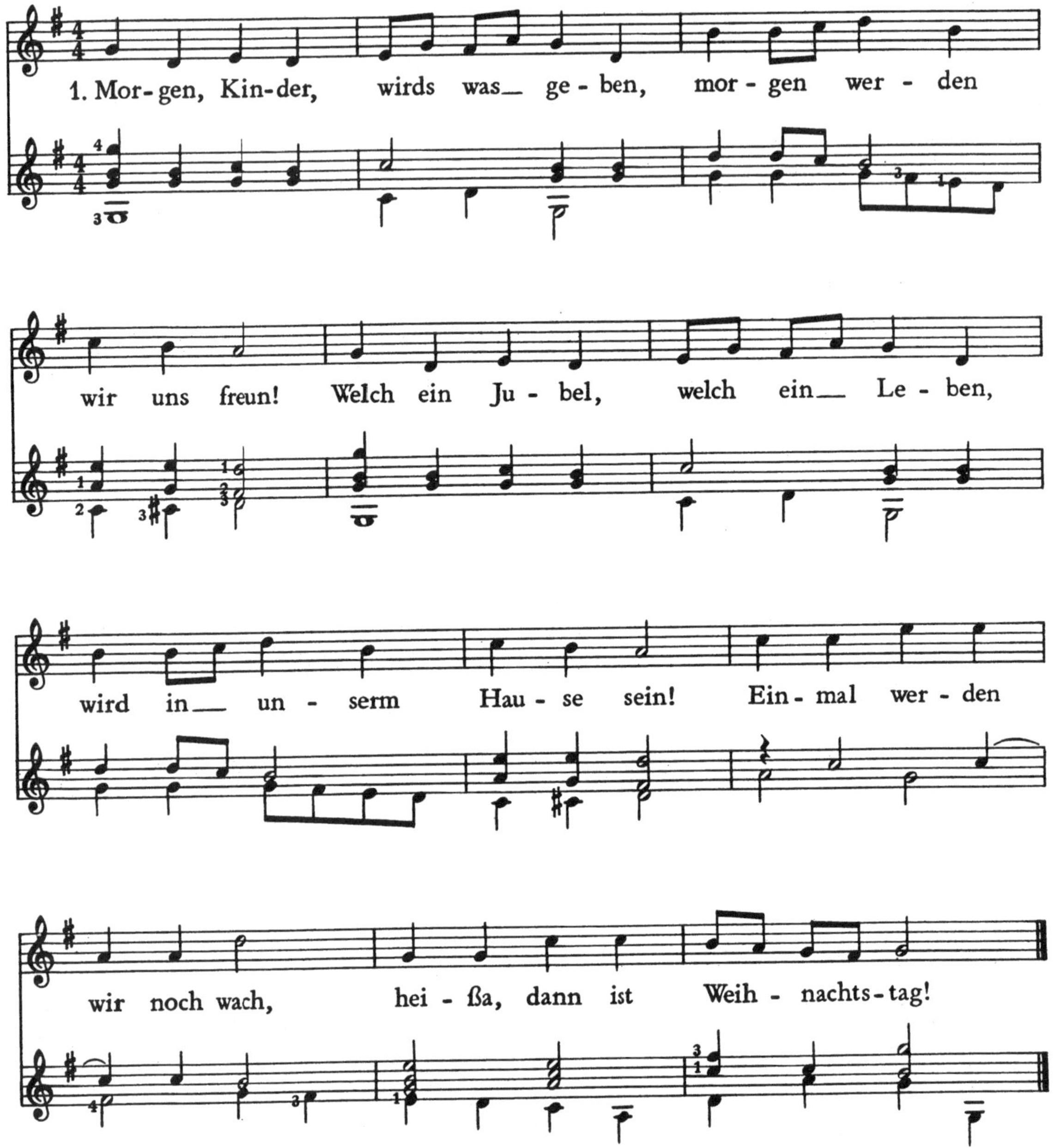

2. Wie wird dann die Stube glänzen von der großen Lichterzahl, schöner als bei frohen Tänzen ein geputzter Kronensaal! Wißt ihr noch vom vor'gen Jahr, wie's am Heil'gen Abend war?

3. Wißt ihr noch mein Reiterpferdchen, Malchens nette Schäferin? Jettchens Küche mit dem Herdchen und dem blankgeputzten Zinn? Heinrichs bunten Harlekin mit der gelben Violin?

4. Wißt ihr noch den großen Wagen und die schöne Jagd von Blei? Unsre Kleiderchen zum Tragen und die viele Näscherei? Meinen fleiß'gen Sägemann mit der Kugel unten dran?

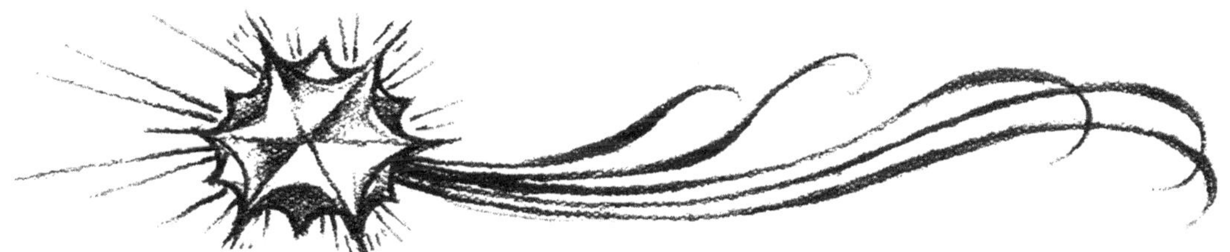

5. Welch ein schöner Tag ist morgen! Neue Freuden hoffen wir. Unsre guten Eltern sorgen lange, lange schon dafür. O gewiß, wer sie nicht ehrt, ist der ganzen Lust nicht wert.

Worte: Philipp Bartsch (1770–1833) · Weise: Carl Gottlieb Hering (1850)

Morgen kommt der Weihnachtsmann

1. Morgen kommt der Weihnachtsmann, kommt mit sei - nen Ga - ben.

Äp - fel, Nüs - se, wünsch ich mir, Zot - tel - bär und Pan-ther-tier,

Roß und E - sel, Schaf und Stier möcht ich ger - ne ha - ben!

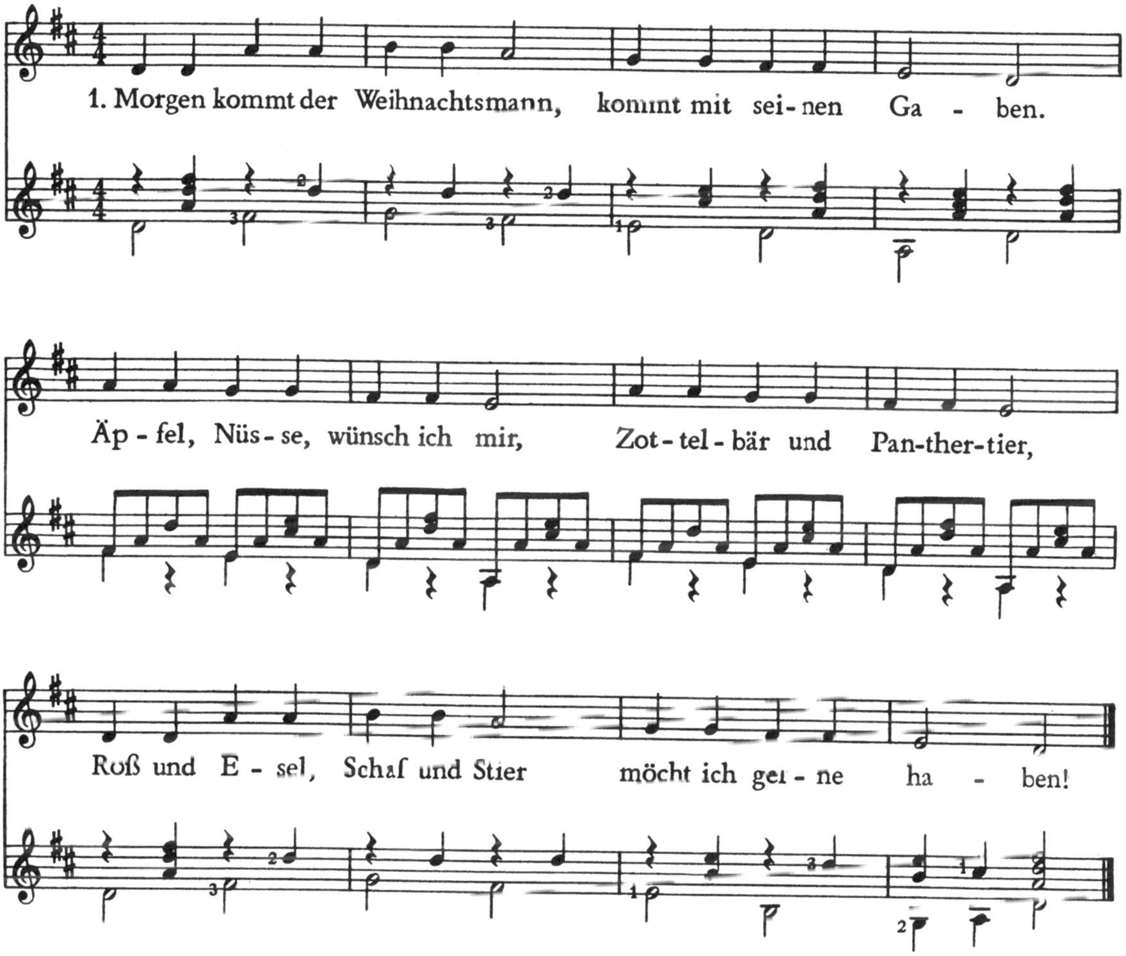

2. Sicher kennt er unsern Wunsch, kennt ja unsre Herzen. Kinder, Vater und Mama, auch sogar der Großpapa, alle, alle sind sie da, warten sein mit Schmerzen.

Worte: in freier Anlehnung an den von Heinrich Hoffmann von Fallersleben im Jahre 1835 geschaffenen Originaltext · Weise: nach dem französischen Volkslied *Ah! vous dirai-je, Maman*

Nikolauslied

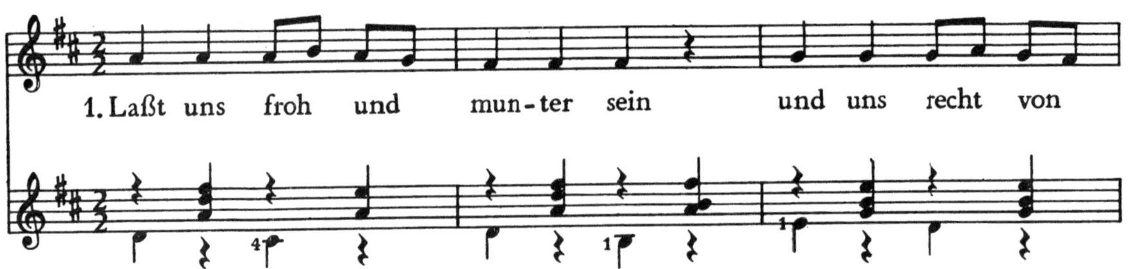

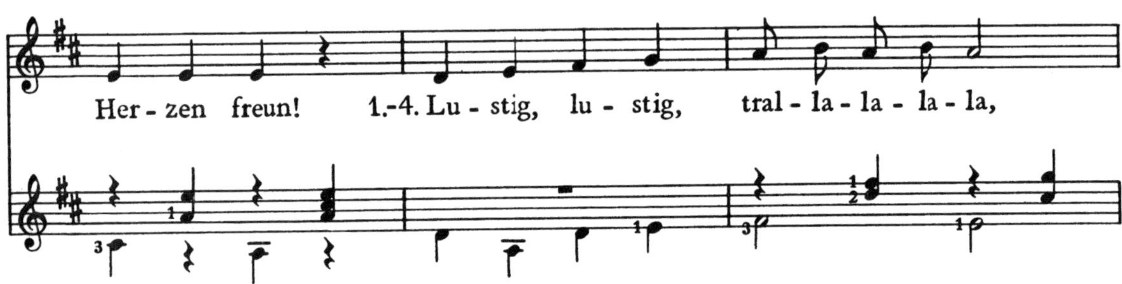

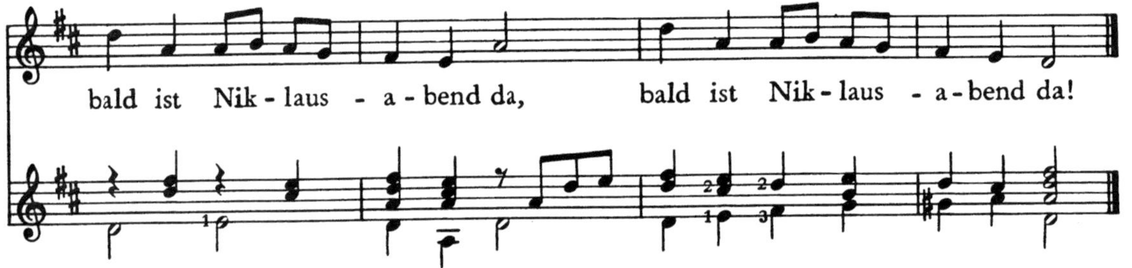

2. Bald ist unsre Schule aus, dann ziehn wir vergnügt nach Haus. Lustig, lustig, trallalalala, usw.

3. Dann stell ich den Teller auf. Niklaus legt gewiß was drauf. usw.

4. Steht der Teller auf dem Tisch, sing ich nochmals froh und frisch: usw.

5. Wenn ich schlaf, dann träume ich: Jetzt bringt Niklaus was für mich. usw.

6. Wenn ich aufgestanden bin, lauf ich schnell zum Teller hin. usw.

7. Niklaus ist ein guter Mann, dem man nicht g'nug danken kann. usw.

Worte und Weise: Volkslied (vor 1870)

O du fröhliche

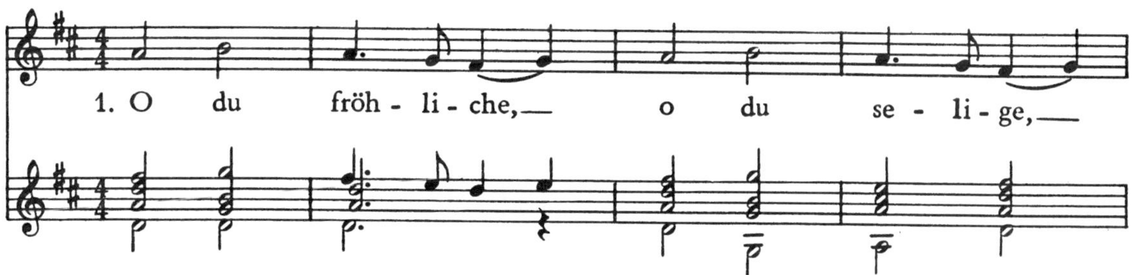

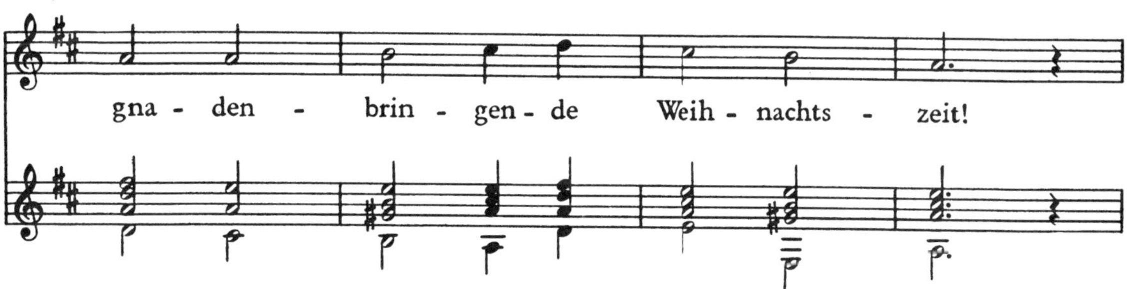

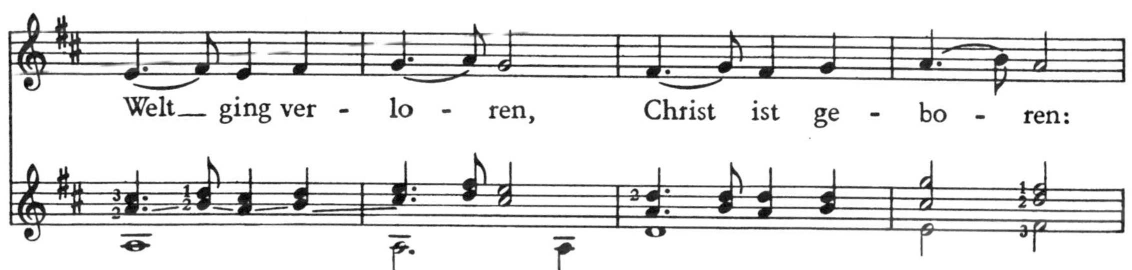

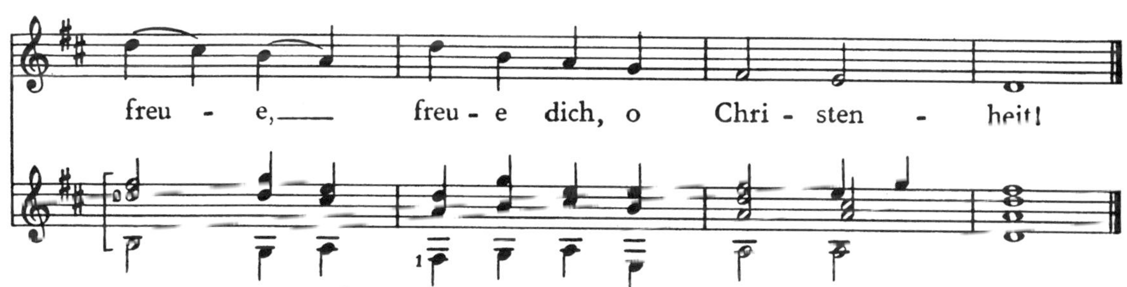

2. O du fröhliche, o du selige, gnadenbringende Weihnachtszeit! Christ ist erschienen, uns zu versühnen: freue, freue dich, o Christenheit!

3. O du fröhliche, o du selige, gnadenbringende Weihnachtszeit! Himmlische Heere jauchzen dir Ehre: freue, freue dich, o Christenheit!

Worte: Strophe 1 von Johannes Falk (1816), Strophen 2 und 3 von Joh. G. Holzschuher (1829) · Weise: nach der sizilianischen Volksweise *O sanctissima*

Oh, es riecht gut

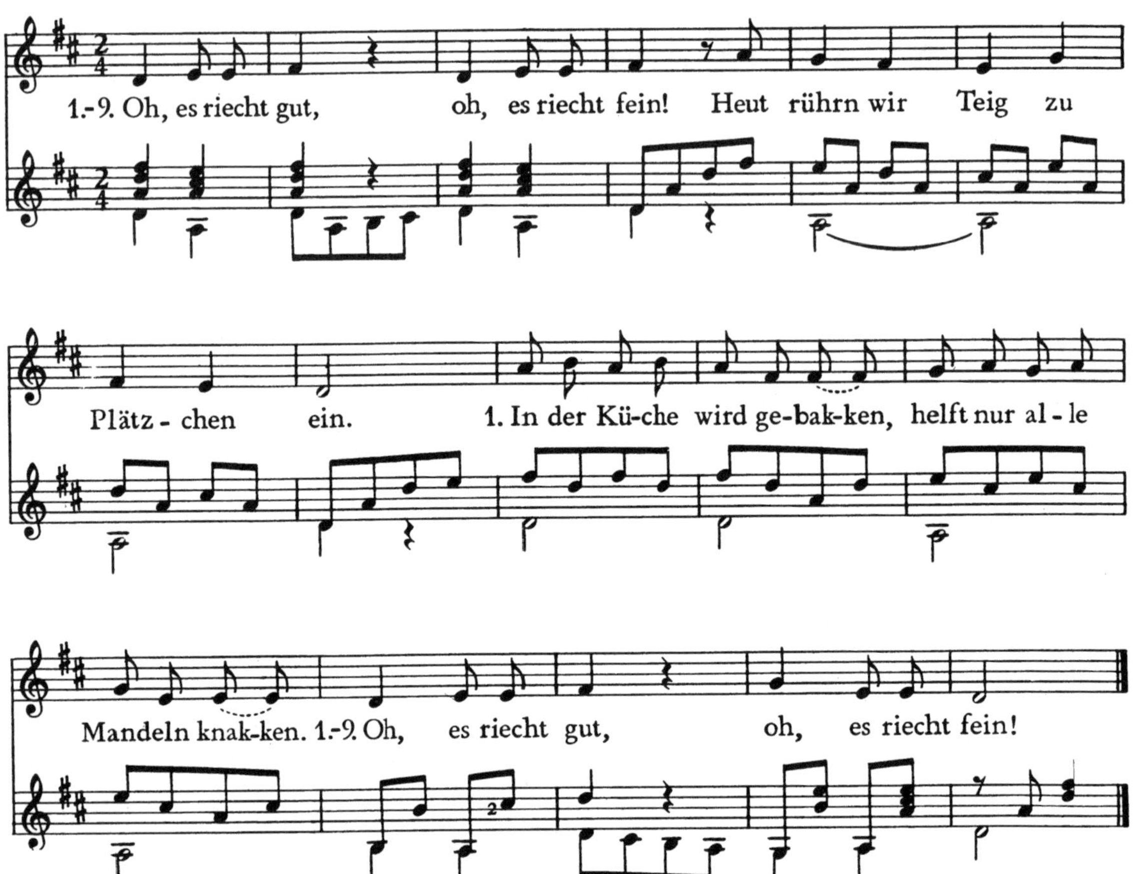

2. Oh, es riecht gut, . . . Butter, Zucker glatt gerührt und die Bleche eingeschmiert! Oh, es riecht gut, oh, es, riecht fein.

3. Oh, es . . . Eier in den Topf geschlagen und die Milch herzugetragen! usw.

4. Oh, es . . . Weißes Mehl, das wolln wir sieben, aber nichts danebenstieben! usw.

5. Oh, es . . . Bärbel trägt heut Mutters Schürze, und sie mischt schon die Gewürze. usw.

6. Oh, es . . . Peter rollt den Teig ganz stolz mit dem runden Nudelholz. usw.

7. Oh, es . . . Inge sticht die Formen aus, Herzen, Sterne werden draus. usw.

8. Oh, es . . . Wenn sie auf den Blechen liegen, heißt es in den Ofen schieben. usw.

9. Oh, es . . . So, nun wolln wir Ordnung machen von den vielen Backesachen. usw.

10. Oh, es riecht gut, oh, es riecht fein! Die Plätzchen werden fertig sein, Weihnachtskringel braun und rund – eins zum Kosten in den Mund. usw.

Worte und Weise: Christel Ulbrich

O Tannenbaum, o Tannenbaum

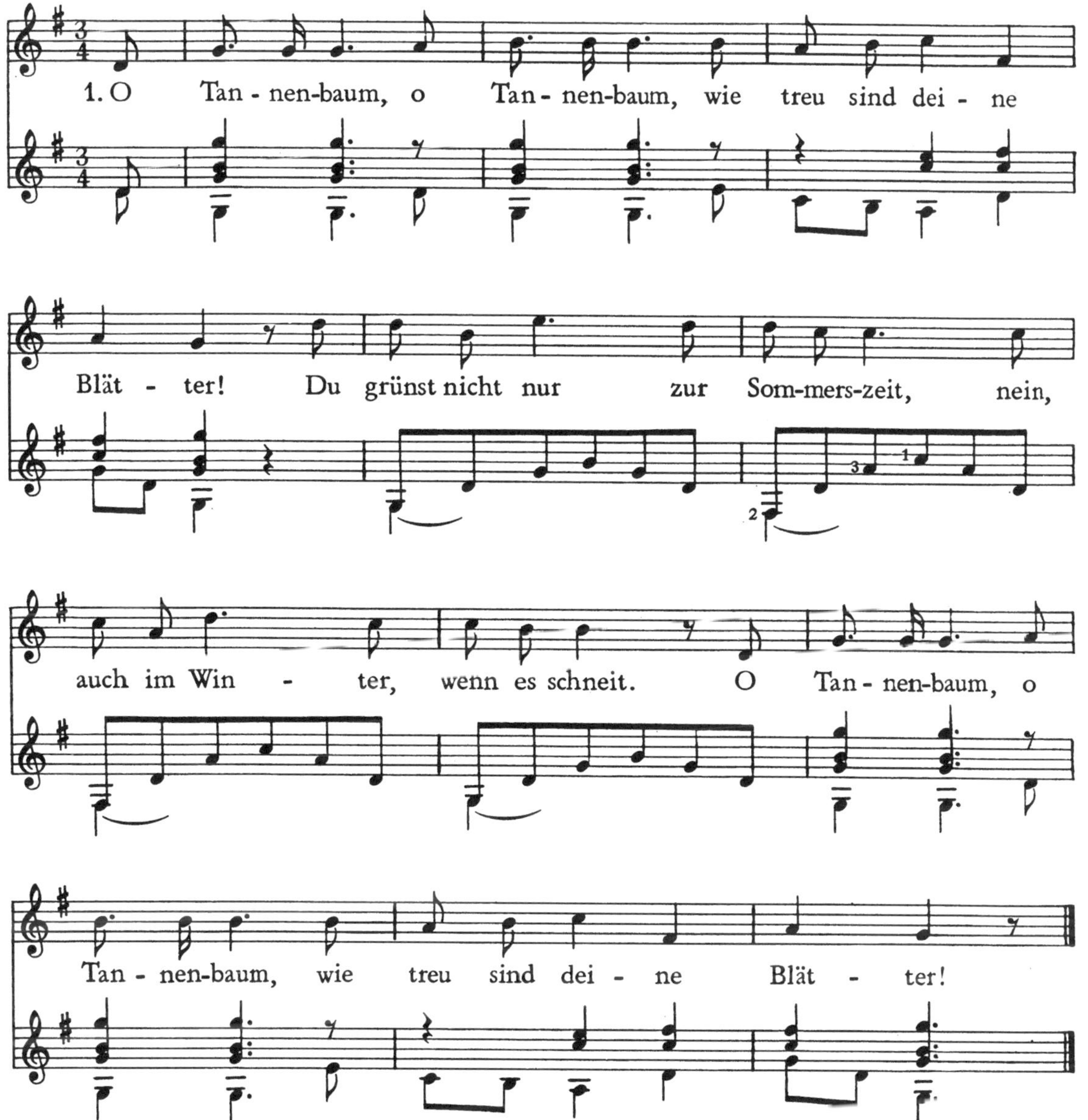

2. O Tannenbaum, o Tannenbaum, du kannst mir sehr gefallen! Wie oft hat nicht zur Weihnachtszeit ein Baum von dir mich hoch erfreut! O Tannenbaum, o Tannenbaum, du kannst mir sehr gefallen!

3. O Tannenbaum, o Tannenbaum, dein Kleid will mich was lehren: die Hoffnung und Beständigkeit gibt Mut und Kraft zu jeder Zeit! O Tannenbaum, o Tannenbaum, dein Kleid will mich was lehren.

Worte: Strophe 1 von J. H. Zarnack (1820), Strophen 2 und 3 von Ernst Anschütz (1824)
Weise: nach den alten Studentenliedern *Lauriger Horatius* und *Gott grüß dich, Bruder Straubinger.* Zur gleichen Melodie wurde auch der Scherzreim *Das neue Lied, das neue Lied* gesungen.

Die heute nur noch als Weihnachtslied bekannte Weise war ursprünglich ein vier Strophen umfassendes Liebeslied, dessen erste Strophe auch die erste Strophe des Weihnachtsliedes bildet.

Sind die Lichter angezündet

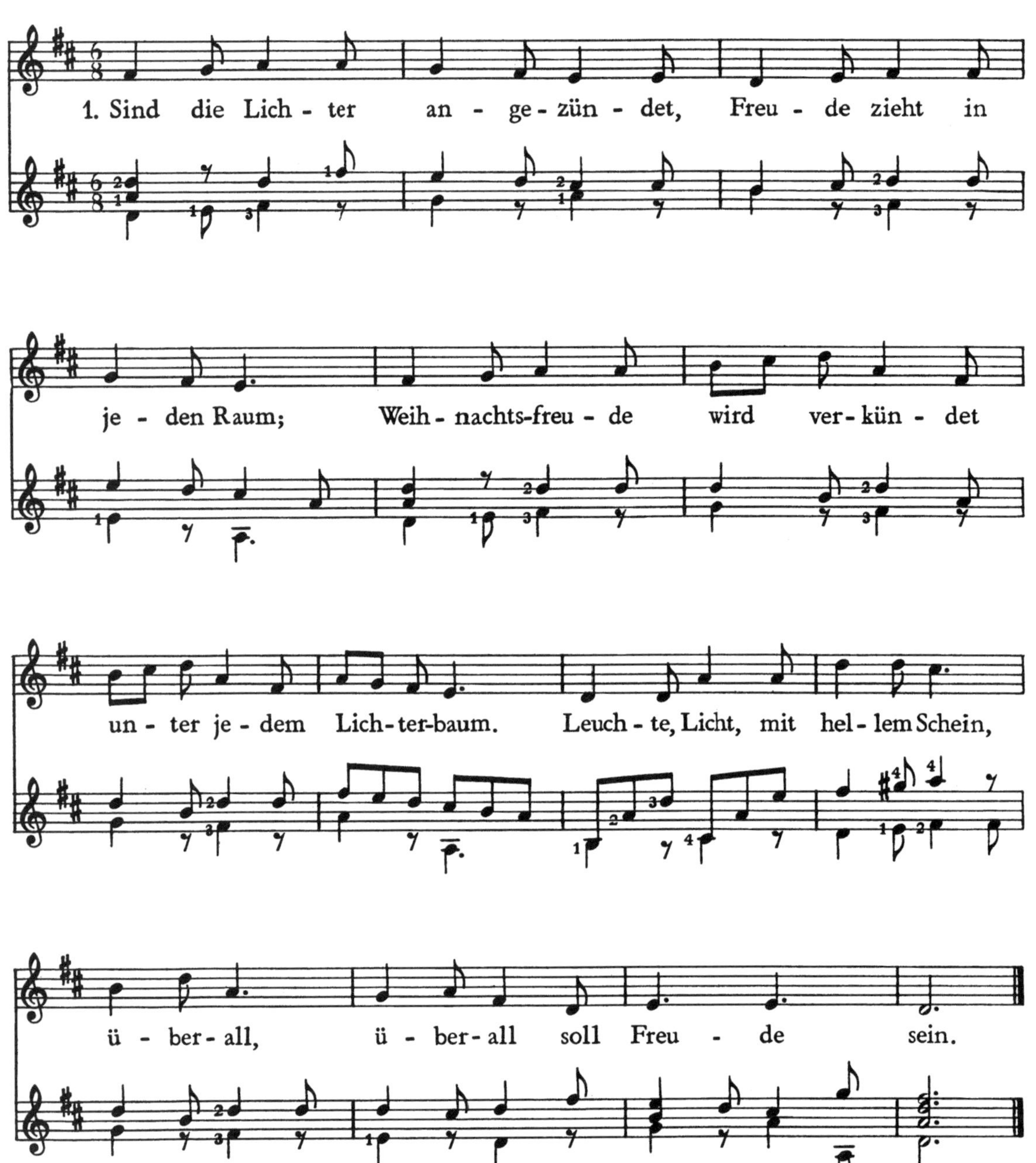

2. Süße Dinge, schöne Gaben gehen nun von Hand zu H. Jedes Kind soll Freude haben, jedes Kind in jedem Land. Leuchte, Licht, m. ellem Schein, überall, überall soll Freude sein!

3. Sind die Lichter angezündet, rings ist jeder Raum erhellt; Weihnachtsfriede wird verkündet, zieht hinaus in alle Welt. Leuchte, Licht, mit hellem Schein, überall, überall soll Friede sein!

Worte: Erika Engel · Weise: Hans Sandig

So viel Heimlichkeit

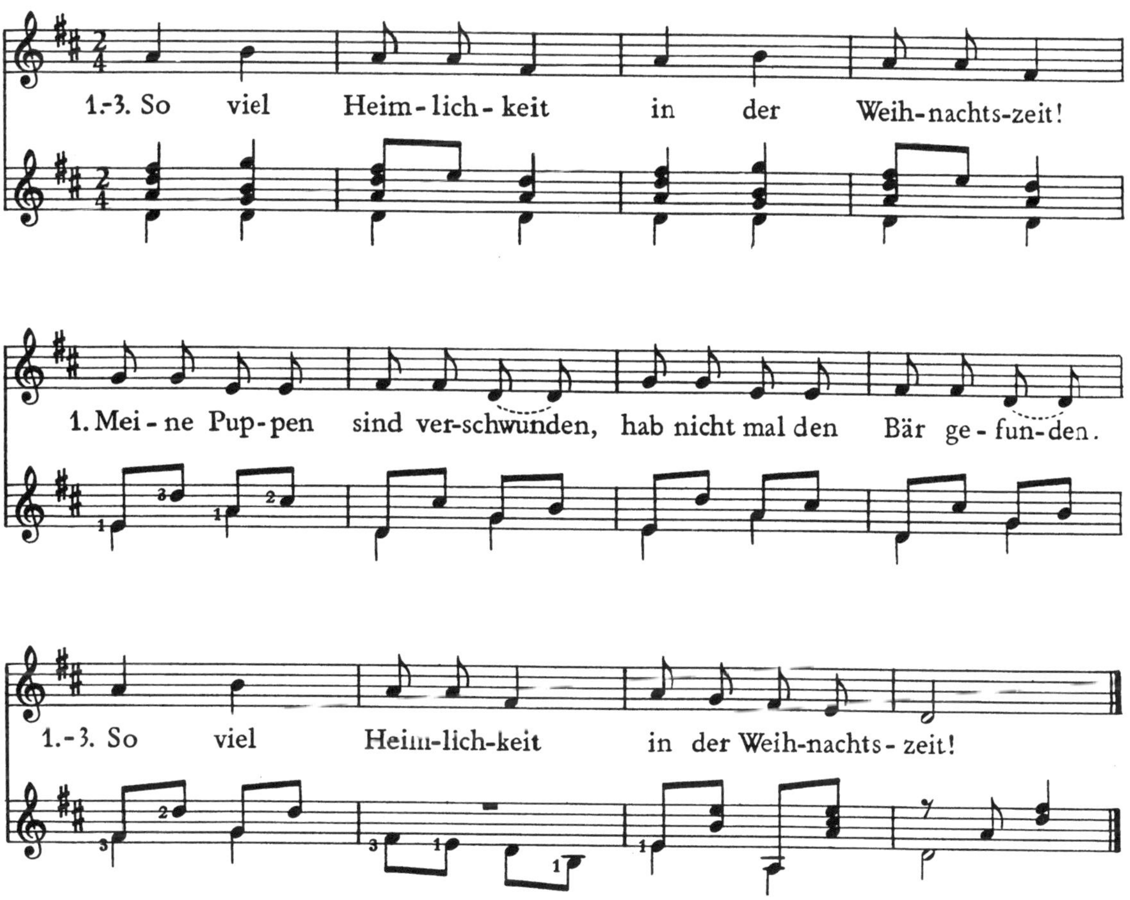

1.-3. So viel Heim-lich-keit in der Weih-nachts-zeit!

1. Mei-ne Pup-pen sind ver-schwun-den, hab nicht mal den Bär ge-fun-den.

1.-3. So viel Heim-lich-keit in der Weih-nachts-zeit!

2. So viel . . . Hansels Eisenbahn ist weg, steht nicht mehr am alten Fleck. So viel Heimlichkeit in der Weihnachtszeit,

3. So viel . . . In der Küche riecht es lecker, ähnlich wie beim Zuckerbäcker. usw.

Worte und Weise: Lotte Schuffenhauer

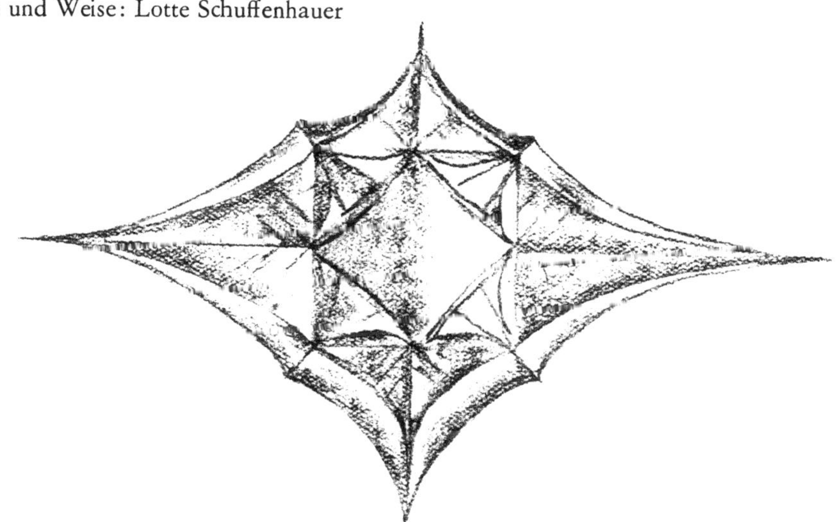

Stille Nacht

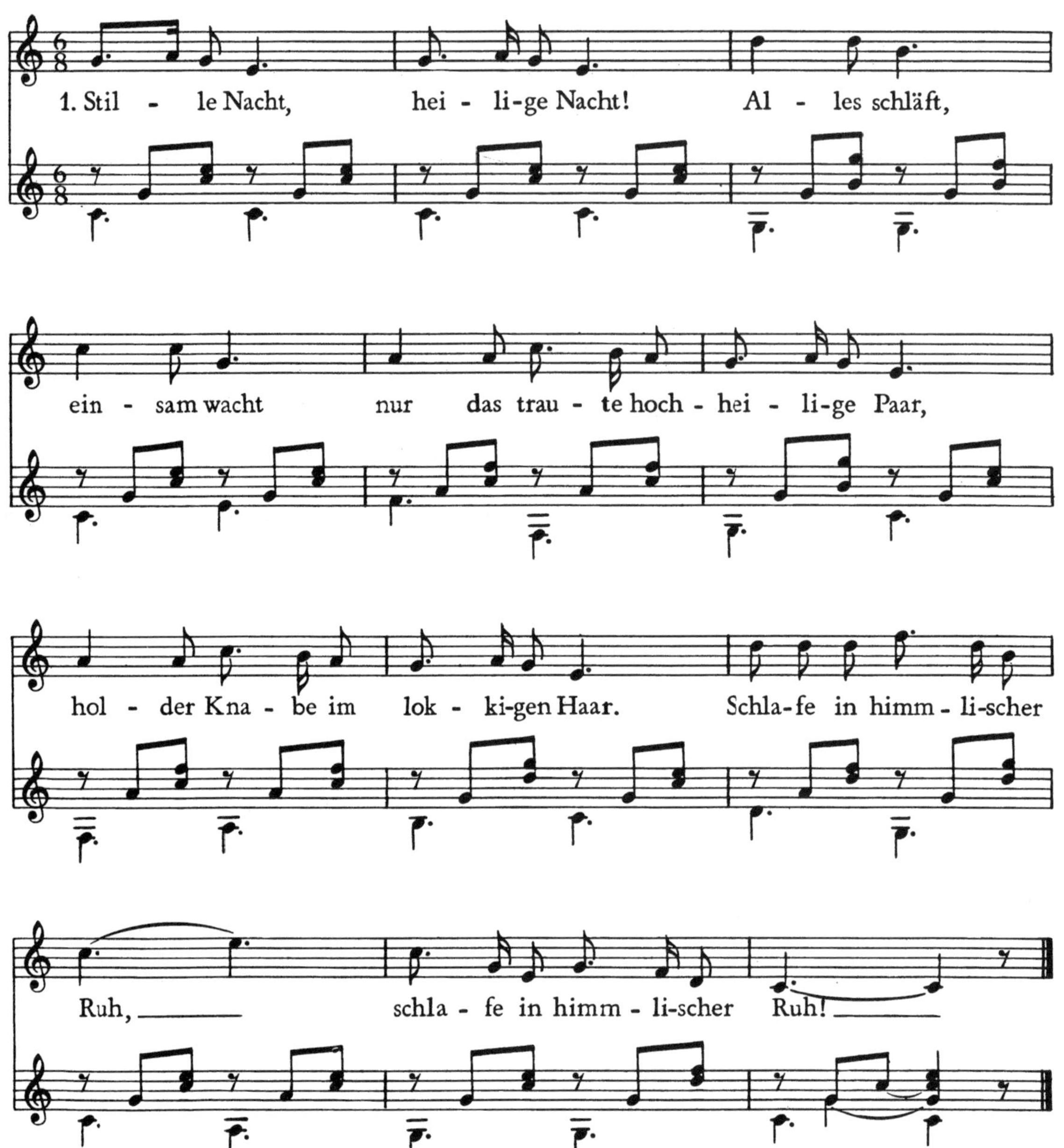

2. Stille Nacht, heilige Nacht! Hirten erst kund gemacht durch der Engel Alleluja, tönt es laut bei fern und nah: |: Christ, der Retter ist da! :|

3. Stille Nacht, heilige Nacht! Gottes Sohn, o wie lacht Lieb aus deinem göttlichen Mund, da uns schlägt die rettende Stund, |: Christ, in deiner Geburt! :|

Worte: Josef Mohr (1818) · Weise: Franz Gruber (1818)

Der Text des Liedes entstand am 23. Dezember des Jahres 1818. Autor war der Hilfsgeistliche Joseph Mohr in Oberndorf nahe Salzburg. Die Vertonung erfolgte wenig später durch den Lehrer Franz Gruber. Wandernde Tiroler brachten das Lied nach Leipzig, wo es als *Tiroler Volkslied* gedruckt und in der ganzen Welt verbreitet wurde. Die vorliegende Fassung gibt die umgesungene populäre Version wieder.

Still, still, still

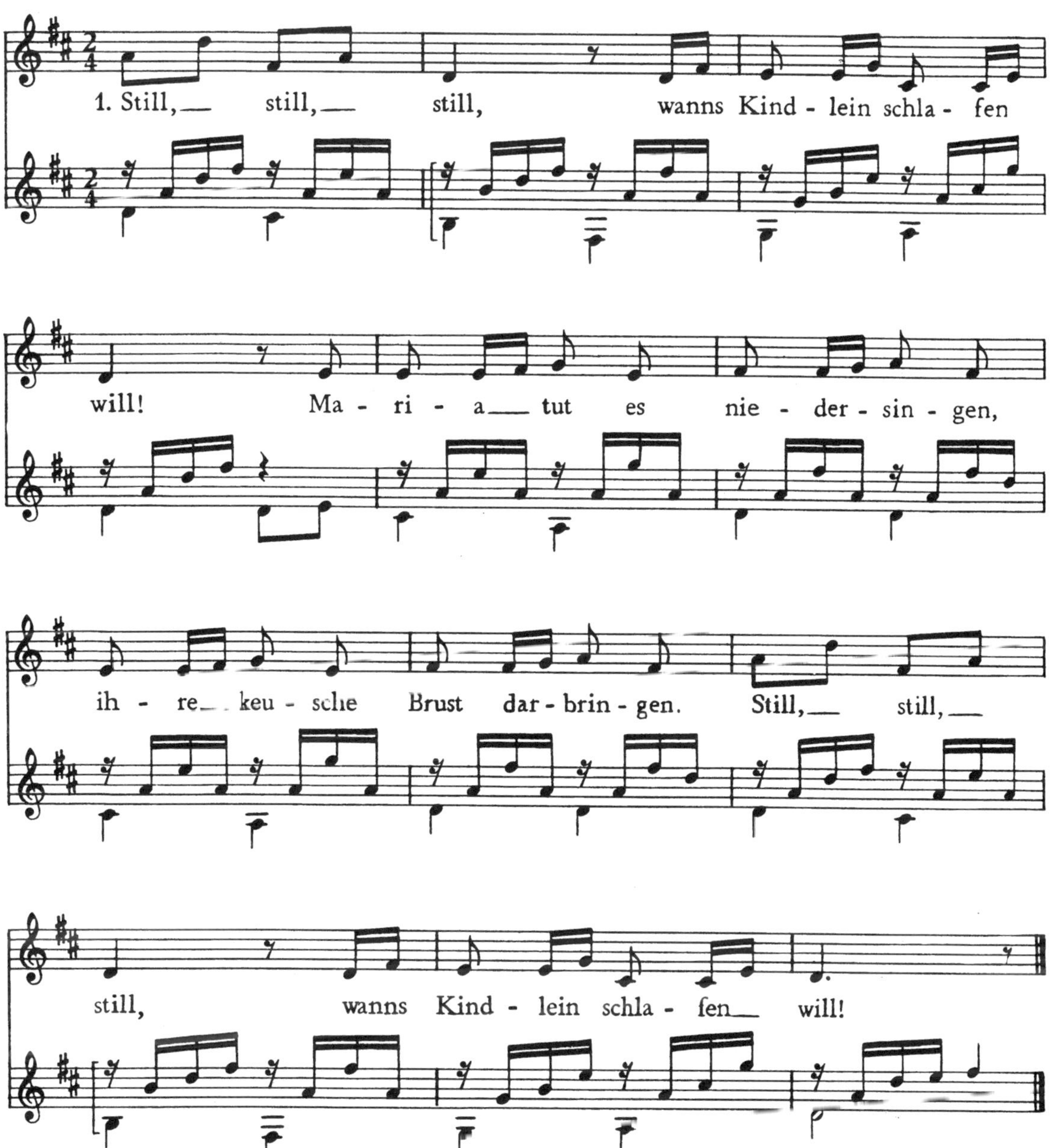

2. Schlaf, schlaf, schlaf, o Jesuskindlein schlaf! Die Engel tun schön musizieren, vor dem Kindlein jubilieren. Schlaf, schlaf, schlaf, o Jesuskindlein schlaf!

3. Groß, groß, groß, die Lieb ist übergroß! Gott hat den Himmelssaal verlassen und will reisen auf der Straßen. Groß, groß, groß, die Lieb ist übergroß!

4. Wir, wir, wir, wir rufen all nach dir. Tu uns das Himmelreich aufschließen, wenn wir einmal sterben müssen: Wir, wir, wir, wir rufen all zu dir.

Worte: G. Götsch · Weise: nach Süß (1819). Das Lied umfaßte ursprünglich 7 Strophen und wurde aus dem Inntal, Tirol und Oberbayern bekannt. Quelle: Hartmann/Abele, *Volkslieder in Bayern, Tirol und Land Salzburg,* Leipzig 1884

Süßer die Glocken nie klingen

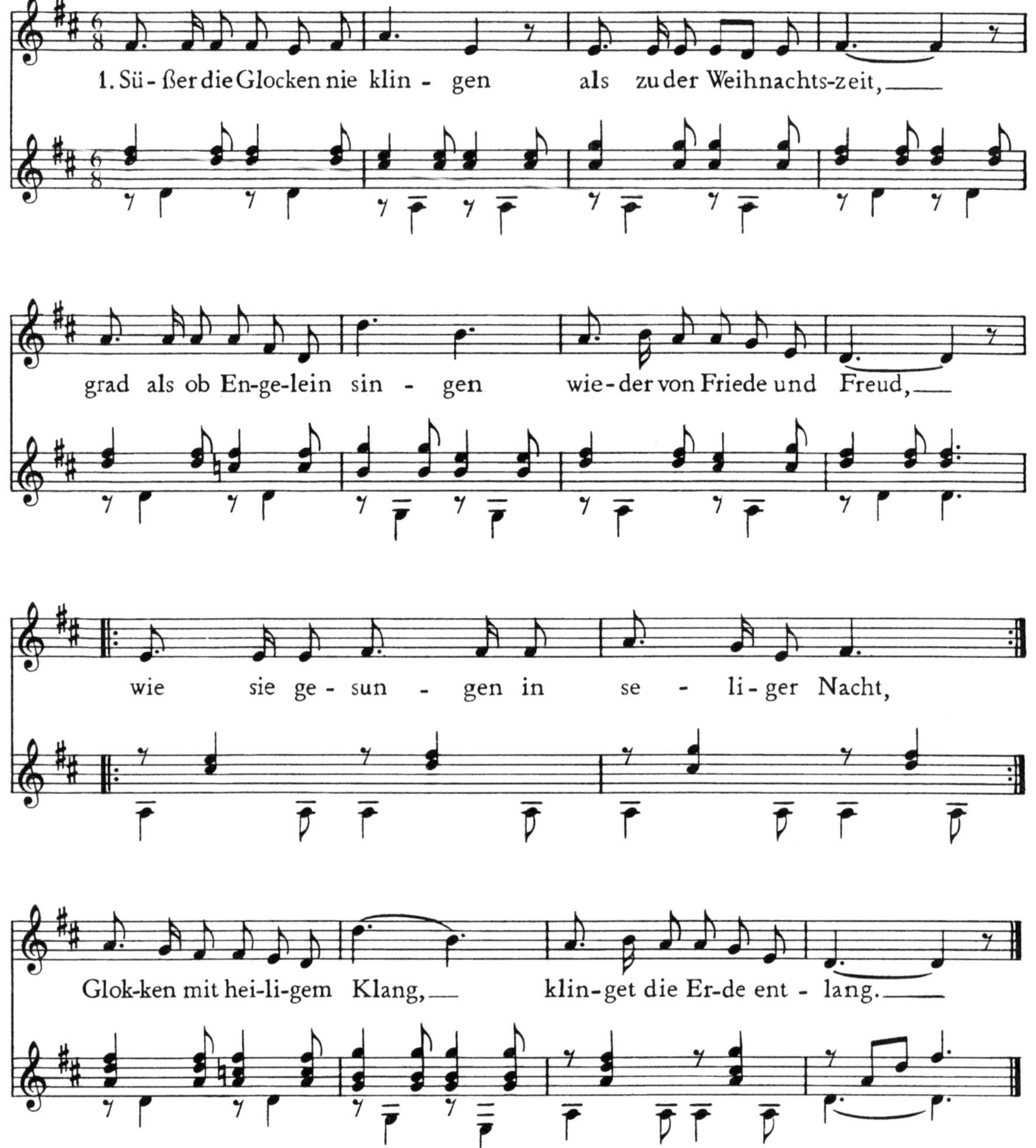

2. Und wenn die Glocken dann klingen, gleich sie das Christkindlein hört, tut sich vom Himmel dann schwingen, eilet hernieder zur Erd, |: segnet den Vater, die Mutter, das Kind. :| Glocken mit heiligem Klang, usw.

3. Klinget mit lieblichem Schalle über die Meere weit, daß sich erfreuen doch alle seliger Weihnachtszeit, |: alle aufjauchzen mit einem Gesang. :| Glocken usw.

Worte: Friedrich Wilhelm Kitzinger · Weise: nach dem um 1850 mündlich aus Thüringen überlieferten volkstümlichen Kunstlied *Dort sinket die Sonne im Westen.* Das Lied selbst entstand etwa um 1830 und fand in zahlreichen Varianten (u. a. *Das Liebchen im Grabe)* weite Verbreitung.

Susani, susani

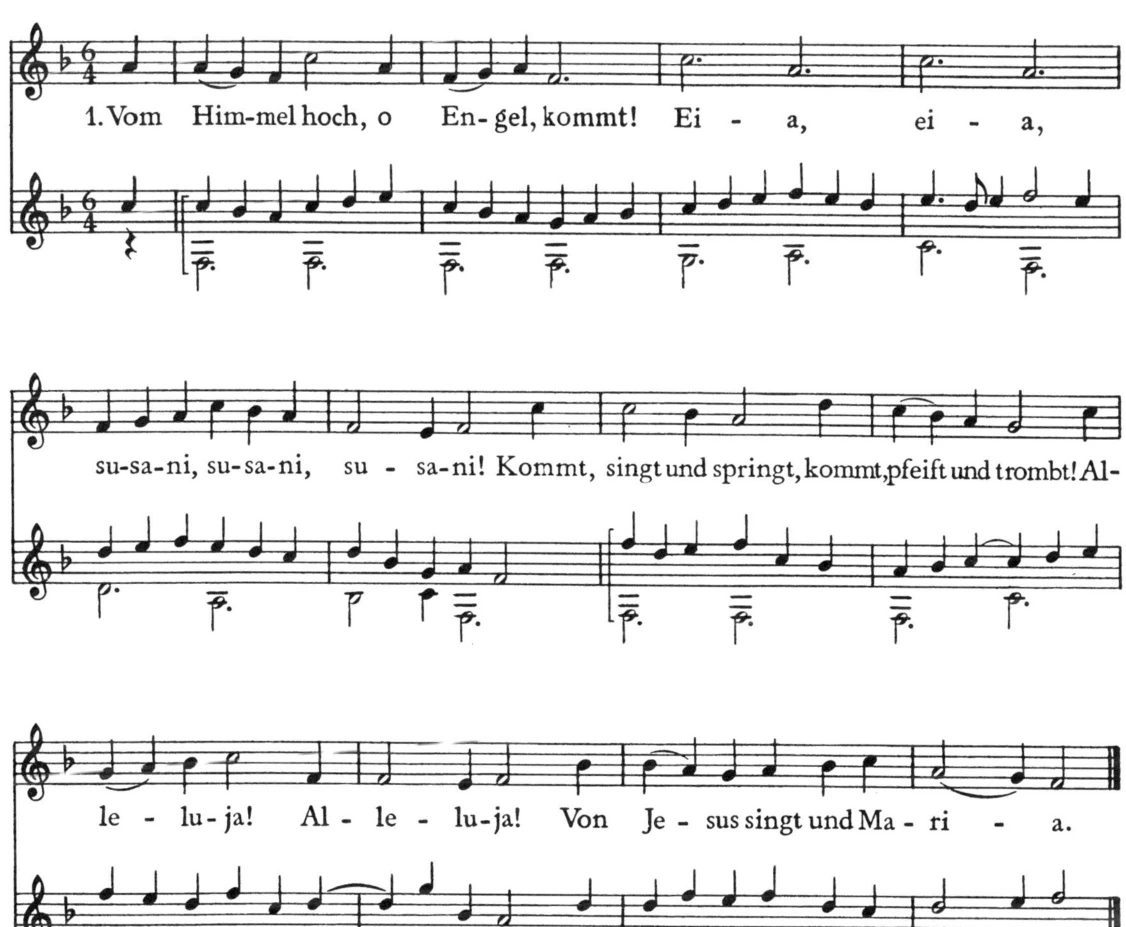

2. Kommt ohne Instrumente nit! Eia, eia, susani ... bringt Lauten, Harfen, Geigen mit! Alleluja usw.

3. Laßt hören euer Stimmen viel ... mit Orgel und mit Saitenspiel! usw.

4. Die Stimmen müssen lieblich gehn ... und Tag und Nacht nicht stille stehn. usw.

5. Sehr süß muß sein der Orgel Klang, ... süß über allen Vogelsang. usw.

6. Das Saitenspiel muß lauten süß, ... davon das Kindlein schlafen muß. usw.

7. Singt Fried den Menschen weit und breit. ... Gott Preis und Ehr in Ewigkeit. usw.

Worte: aus dem *Kölner Gesangbuch* von 1623 (ursprünglich 8 Strophen) · Weise: aus dem *Mainzer Gesangbuch* von 1628. Seit 1616 ist die Melodie auch im Zusammenhang mit dem Text *Ein Kind geborn zu Bethlehem* bekannt.

Tausend Sterne sind ein Dom

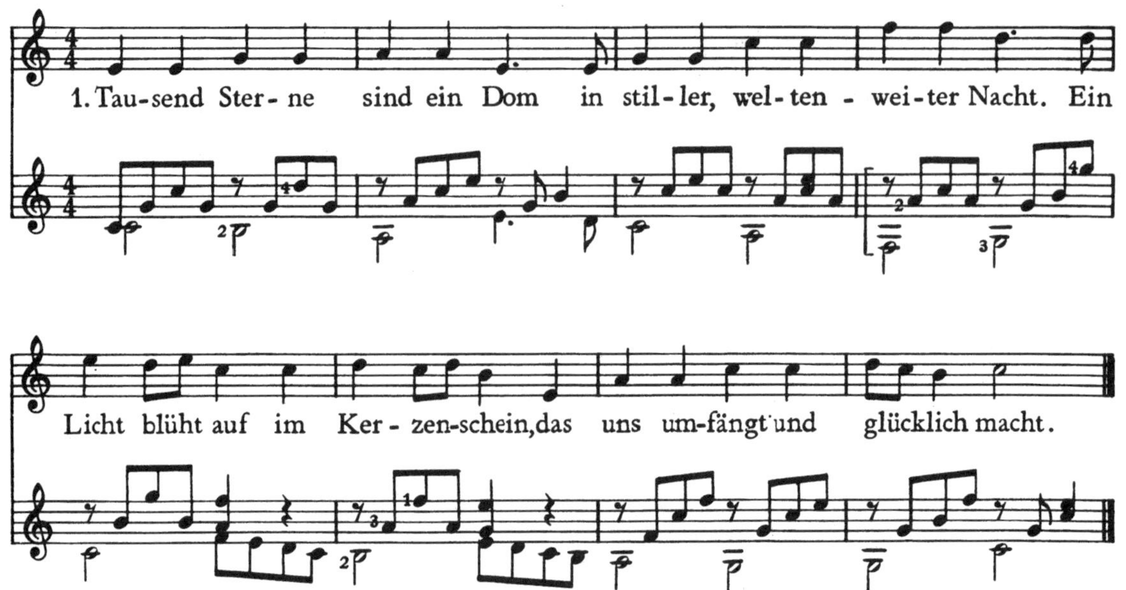

2. All dies Schweigen macht uns froh, ein Leuchten durch die Herzen geht. Und silbern schwingt der hohe Dom, vom Hauch der Weihnacht still umweht.

3. Alles Dunkel sinkt hinweg, wir haben unser Licht entfacht. Es leuchtet uns zum neuen Jahr in tiefer, sternverklärter Nacht.

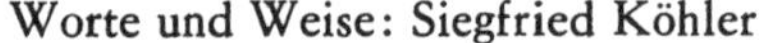
Worte und Weise: Siegfried Köhler

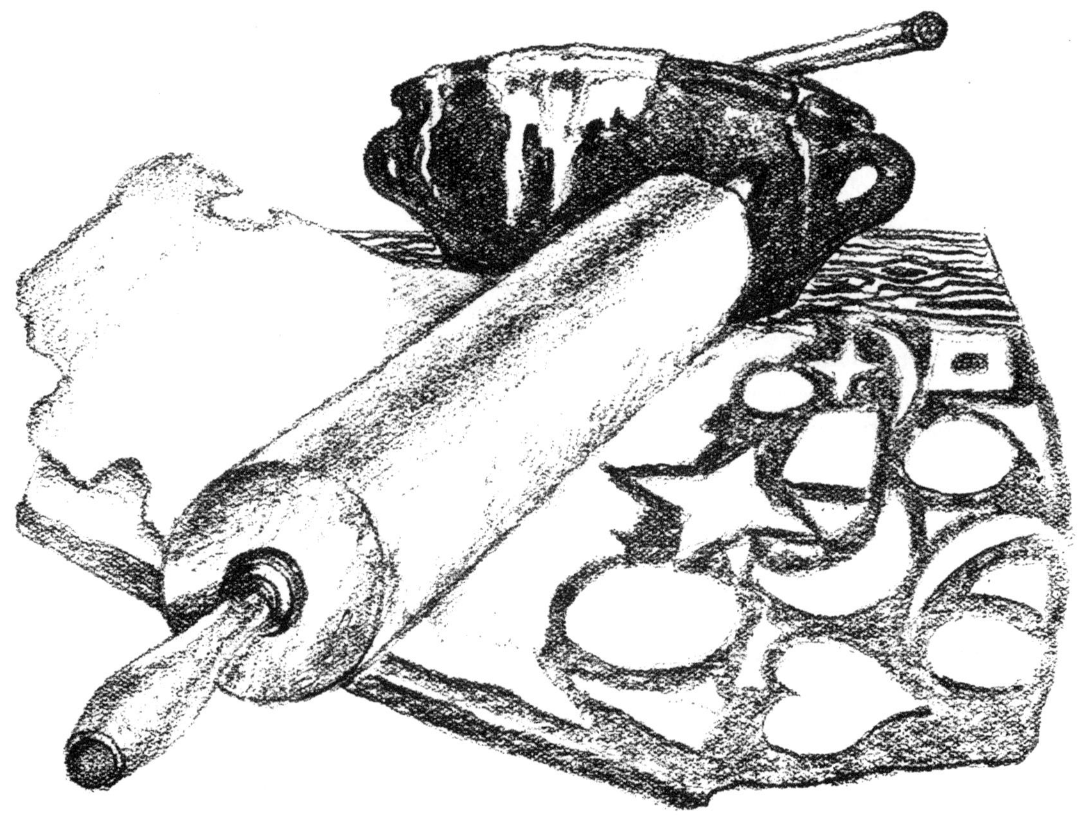

Vorfreude, schönste Freude

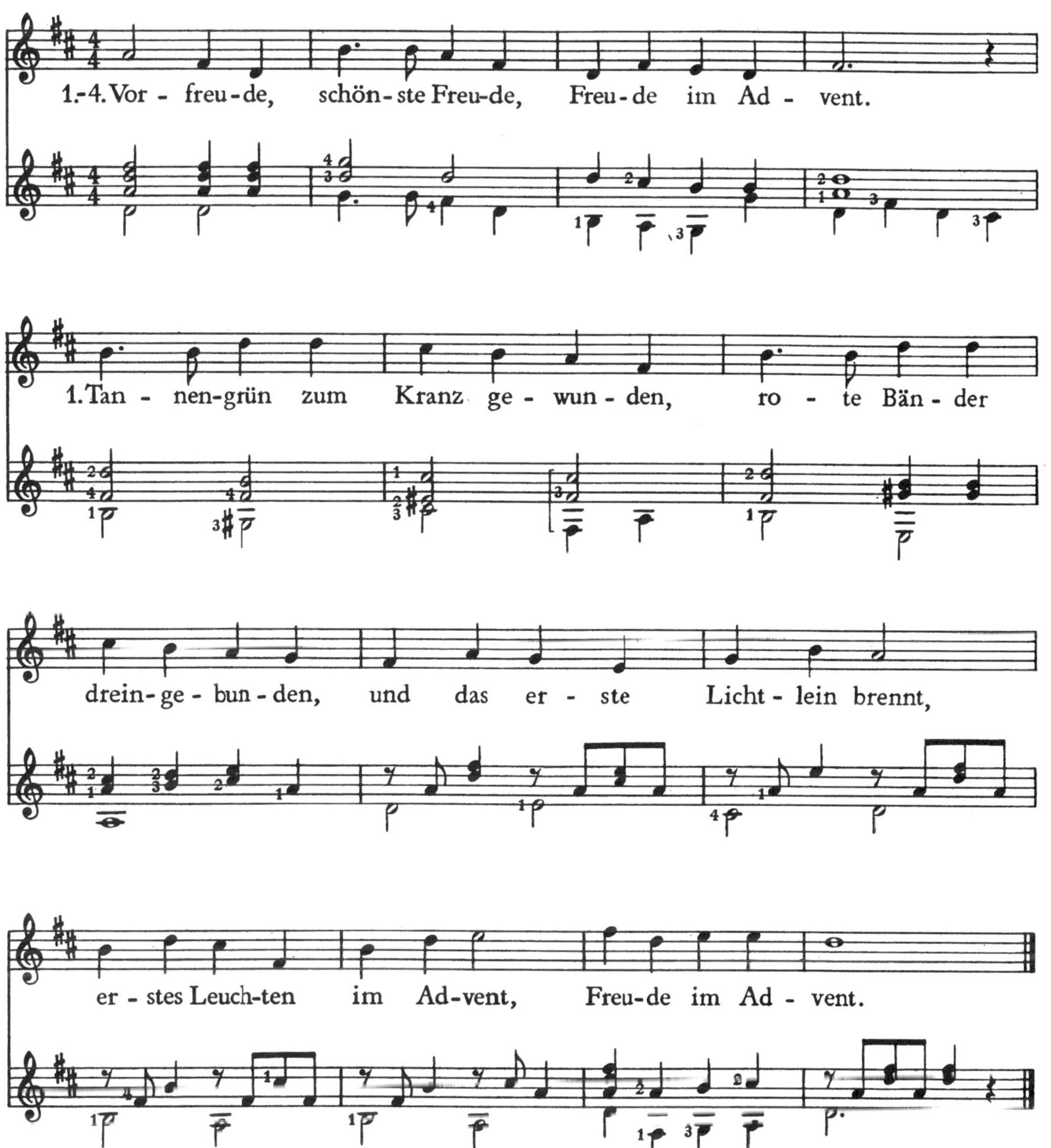

2. Vorfreude ... Heimlichkeit im frühen Dämmern: basteln, stricken, rascheln, hämmern. Und das zweite Lichtlein brennt. Heimlichkeiten im Advent, Freude im Advent!

3. Vorfreude ... Was tut Mutti, könnt ihr's raten? Kuchen backen, Äpfel braten. Und das dritte Lichtlein brennt. Süße Düfte im Advent, Freude im Advent!

4. Vorfreude ... Kinderstimmen, leise, leise, üben manche frohe Weise. Und das vierte Lichtlein brennt. Lieder klingen im Advent, Freude im Advent!

Worte: Erika Engel · Weise: Hans Naumilkat

Weihnachtslied beim Kindelwiegen

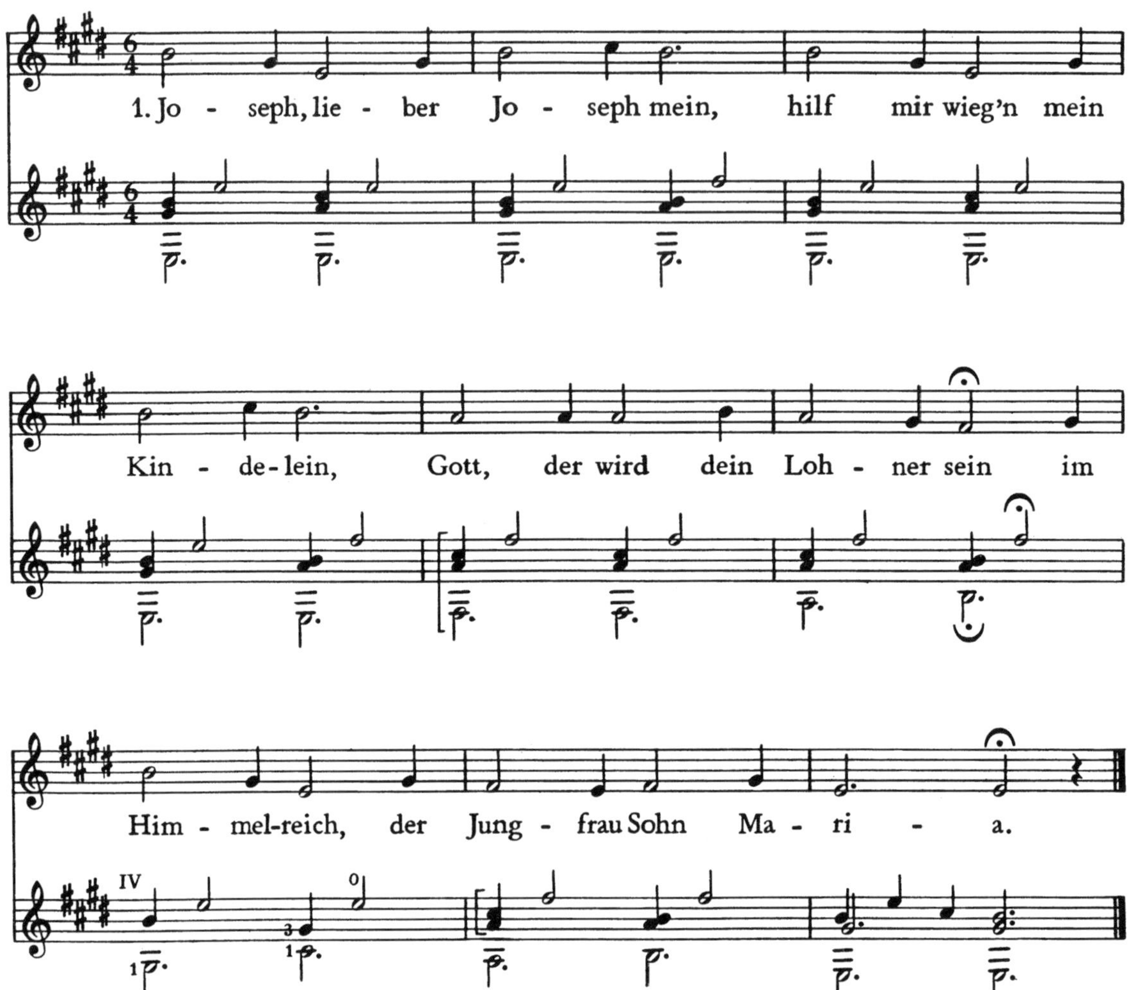

2. Gerne, liebe Muhme mein, helf ich dir wiegen dein Kindelein, daß Gott müsse mein Lohner sein im Himmelreich, der Jungfrau Sohn Maria.

Worte und Weise: altes, nach der Melodie des lateinischen Weihnachtshymnus *Resonet in laudibus* umgesungenes Wiegenlied aus dem 14. Jh. (*Leipziger Liederhandschrift* Cod. 1305). Die 8 Strophen des deutschen Liedes wurden – wie aus den lateinischen Anmerkungen der Handschrift ersichtlich – strophenweise abwechselnd mit lateinischen Texten gesungen. Die Melodie bearbeiteten viele Komponisten, so u. a. Orlando di Lasso, Johannes Brahms und Max Reger.

Nachbemerkung

Singen gehört zu den ältesten Zeugnissen künstlerischer Selbstbetätigung des Menschen. In welcher Form und Funktion auch immer – als orientierender Jagdruf, beschwörende Zauberformel oder als die Lebensumstände und Lebensformen unterschiedlicher sozialer Gruppen und Schichten charakterisierendes Lied – es ist der Gesang, der dem Menschen den Zugang zum Grunderlebnis Musik öffnet.
Kein anderes musikalisches Genre wie überhaupt keine andere Kunstgattung spiegelt auf Grund der sich gegenseitig befruchtenden künstlerischen Wechselwirkung von Dichtung und Musik – vielfach bereichert durch Spiel und Tanz – das Fühlen, Denken und Handeln von Völkern und Nationen so kontinuierlich, differenziert und so offenkundig wider wie das des Volksliedes. Eingebettet in konkrete soziale und politische Lebensumstände, geprägt durch die spezifischen, landschaftlichen, gesellschaftlichen, nationalen, beruflichen, künstlerisch-ästhetischen und musikalischen Lebensumstände eines Volkes vollzieht sich nach bislang nur wenig erforschten Gesetzmäßigkeiten die Entstehung, Auslese, Pflege, Wandlung und Erneuerung des nationalen wie internationalen Liedgutes. Diesen Prozeß, als dessen wichtigster Träger sich über all die Jahrhunderte hinweg im Sinne der kollektiven mündlichen Überlieferung die Schöpferkraft der Völker erwiesen hat, sorgsam zu pflegen und ihn im Rahmen seiner erkennbaren Eigengesetzlichkeit behutsam zu fördern, gehört zu den wichtigsten Aufgaben jeder Generation.
Die vorliegende Sammlung deutscher Volkslieder oder genauer gesagt, von Liedern, die heute in deutschsprachigen Ländern oder Gebieten als Volks- oder Kinderlieder bekannt sind, stellt gemessen an dem von der Volksliedforschung seit Ende des 19. Jahrhunderts in verdienstvoller Weise zusammengetragenen Material einen Bruchteil dessen dar, was eigentlich der Veröffentlichung wert wäre. Sie entstand als seit Jahren von der musikalischen Praxis erwünschtes Pendant zum „Neuen Volksliederbuch für gemischten Chor", dessen mustergültige Herausgabe in den Händen von Ernst Hermann Meyer, Karl Schleifer und Wilhelm Weismann lag. Im Unterschied zu dieser beispielgebenden Edition auf dem Sektor der Chorliteratur ist die hier getroffene Auswahl für das Singen und Musizieren im kleineren Kreis, insbesondere dem der Familie gedacht. Die im Sinne des Benutzerkreises zu erarbeitende Konzeption des Liederbuches konnte natürlicherweise nicht ohne editorische Konsequenzen und Kompromisse bleiben.
Von Inhalt und Form der Sammlung her galt es, einen der musikalischen Praxis gemäßen Querschnitt zu finden, der trotz gegebener umfangsmäßiger und anderer Begrenzungen die wesentlichsten im deutschsprachigen Volksliedgut dokumentierten Themen- und Lebensbereiche zu erfassen sucht. Die unter diesen Aspekten ausgewählten Lieder bedurften hinsichtlich ihrer oft zahlreichen in der Regel aus der mündlichen Tradierung resultierenden textlichen, melodischen und rhythmischen Varianten vergleichender Betrachtung, Untersuchung und Entscheidung, um in einem knappen Anmerkungsapparat wenigstens die notwendigsten historischen Fakten zur Quellen-

und Autorenlage, zu Fragen von Bedeutung, Brauchtum und Wandlung der Lieder sowie im Hinblick auf überlieferte Tanz- und Spielanleitungen zu vermitteln. Hier, wie auch bei dem außerordentlich diffizilen Problem der Anzahl der wiederzugebenden Textstrophen, wurde die Entscheidung unter Zugrundelegung der einschlägigen Primär- und Sekundärquellen aus der Sicht der in der heutigen musikalischen Praxis gegebenen Bedingungen getroffen. Dies trifft auch für die Wahl der Tonarten und für die Art und Weise sowie den Schwierigkeitsgrad der Liedsätze zu. Die Lieder sollen für einen möglichst großen Kreis von Musikfreunden aller Altersgruppen anregend und ausführbar sein.

Wenn die vorliegende Sammlung, die unter rein musikpraktischen Aspekten zu betrachten ist, mit dazu beitragen könnte, die eine oder andere Kostbarkeit unserer an Schätzen so reichen Folklore neu- oder wiederzuentdecken, dann hat sie ihre wesentlichste Zielstellung erreicht.

Der Dank des Herausgebers gilt Herrn Professor Wilhelm Weismann für die kollegialen und freundschaftlichen Ratschläge bei der Erarbeitung der Konzeption des Liederbuches. Danken möchte der Herausgeber ferner Frau Martina Jung und Frau Barbara Steinwachs für die umsichtige redaktionelle Betreuung des Liederbuches, Frau Helga Junghanns und Frau Gisela Leopold für ihre wertvolle Mithilfe im Stadium der Materialaufbereitung, den Notenstechern der traditionsreichen Leipziger Firma Röderdruck in der Offizin Andersen Nexö, insbesondere Herrn Wolfram-Theo Freudenthal für die Gestaltung des Notenbildes sowie Herrn Helmut Steffens für die Gesamtgestaltung der Publikation.

Leipzig, im Herbst 1976 Bernd Pachnicke

INHALT
Thematisches Verzeichnis

Wer will fleißige Handwerker sehn

Heute wollen wir das Ränzlein schnüren

Kein schöner Land

Fuchs, du hast die Gans gestohlen

Dornröschen war ein schönes Kind

Tanzen und springen

Zu Regensburg auf der Kirchturmspitz

Die Blümelein, sie schlafen

Trarira, der Sommer, der ist da

Bald nun ist Weihnachtszeit

Alphabetisches Verzeichnis
der Liedanfänge und Überschriften

A

B

D

E

F

G

H

I

J

K

O

P

R

S

T

U

V

W

Z

Quellenvermerk

„Auf, du junger Wandersmann“ und „Im Frühtau zu Berge“ – Fassung: Walther Hensel. Eigentum des Bärenreiter-Verlages Kassel und Basel

„Hoch auf dem gelben Wagen“ – Copyright 1923 by Richard Birnbach, Musikverlag Berlin 45

„Hummel und Biene“, „Liebster Meister, höre zu“ und „Oh, es riecht gut“ – Alle Rechte beim VEB Deutscher Verlag für Musik, Leipzig

„Alle Kinder, alle Puppen“, „Die Amsel singt“, „Ich habe eine Flöte“, „Kommt die Weihnachtszeit heran“, „Lied der jungen Naturforscher“, „Nach Leipzig steigt ein“, „So viel Heimlichkeit“, „Tausend Sterne sind ein Dom“, „Unsre Heimat“ und „Weihnachtsfreuden“ – Alle Rechte beim VEB Friedrich Hofmeister Musikverlag, Leipzig

„Ich komme aus dem Märchenland“ und „Sandmann, lieber Sandmann“ – Alle Rechte beim VEB Lied der Zeit Musikverlag, Berlin

„Hört doch in den Stuben“ – Aus: Wilhelm Bender „Unsre Katz heißt Mohrle“, mit Genehmigung des Verlages B. Schott's Söhne, Mainz

„Der Schaffner hebt den Stab“ und „Unsre Katz heißt Mohrle“ – Eigentum der Siegel-Musikverlage, München

„Knecht Ruprecht aus dem Walde“ – Eigentum des P. J. Tonger Musikverlages, Köln-Rodenkirchen

Wir danken den genannten Verlagen für die freundliche Genehmigung des Abdrucks.

2., verbesserte Auflage 1978

Lizenz-Nr. 111/B 37/78 · LSV 8366
Umschlaggestaltung: Heinz Zander, Joachim Thamm
Bestell-Nr. NM 332
ISBN 3-7333-0027-0
ISMN M-2032-6147-6

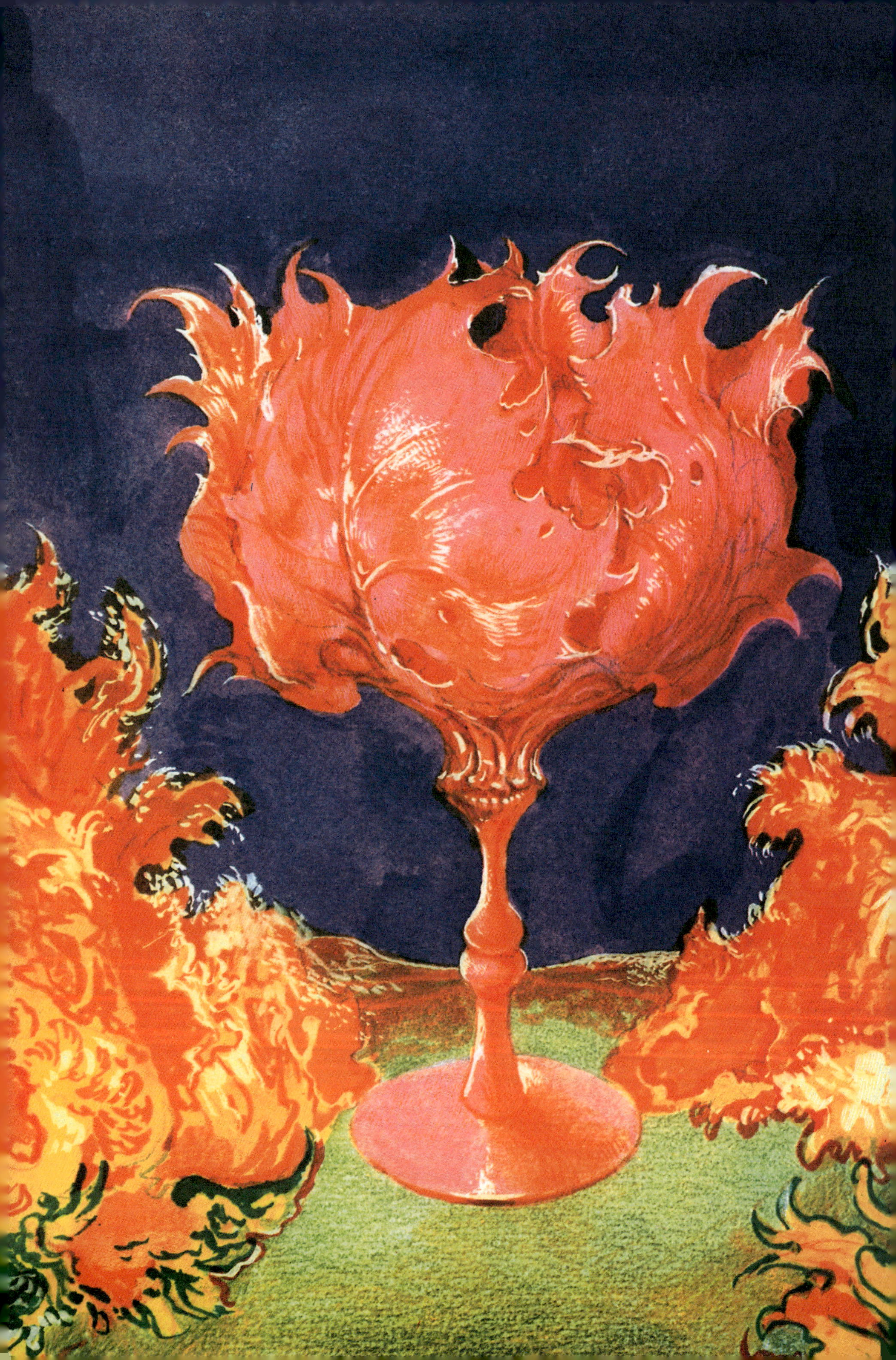